U0216099

吉林人民出版社

新唐书

卷七五下——卷一二一

（五）

［宋］　欧阳修　宋　祁　撰

王小甫等　标点

唐书卷七五下
表第一五下

宰相世系五下

常氏出自姬姓。卫康叔支孙食采常邑，因以为氏。唐有新丰常氏。

绪，咸安令。	毅，杞王府司马。	楚珪，雍王府文学。	无名，礼部员外郎。	礼著，侍御史。	曾，弘农令。			

普，户部郎中。	鲁，渭南尉。	仲孺，谏议大夫。 无为，三省，司农卿。 原丞。	衮，相 代宗， 德宗。	无欲。 无求，右 仆阙。	

常氏宰相一人。衮。

乔氏出自姬姓，本桥氏也。汉太尉玄六世孙勤，后魏平原内史，从孝武入关，居同州，生朗，朗生达，后周文帝命桥氏去"木"，又取高远也。世居太原。

琳，相德宗。	彝。
琛。	

乔氏宰相一人。琳。

关氏出自商大夫关龙逢之后。蜀前将军汉寿亭侯羽，生侍中兴，其后世居信都。裔孙播，相德宗。

关氏宰相一人。播。

浑氏出自匈奴浑邪王，随拓拔氏徙河南，因以为氏。自迴贵至瑊，世袭皋兰州都督。

潭，隋左铃卫大将军。	迴贵，豹韬卫大将军，灵丘县伯。	元庆，镇国大将军，检校灵丘县伯。	大德，左武卫大将军，检校礼部尚	澄之，左领军卫大将府参军。	昊，永王	徽，灵武节度判官。

	正元,吏部员外郎。						
	佺,少府监。特,司农卿。						
		徽,潭州刺史。	宰,扬州司马。	正孙,秦州司马。	斐,检校水部郎中。		
司徒。							景之,坊
书。							

州刺史。	大寿，太仆卿。 释之字释琼，太子中允。 之，左武卫大将军，宁朔郡王。 丞。	铖，相德宗。	铢，左羽林将军。 镐，义武军节度使。	钜，雅州刺史。	钢，天德军防御使。

					使。
				钞，振武军节度使。	
			毡，左领军将军，武当郡王。		
大猷，左羽林大将军，酒泉郡公。	大封，内八作使。	大宁，左卫率府率。			

	大鼎，尚衣奉御。
	大义，左金吾卫大将军。

渾氏宰相一人。瑊。

齐氏出自姜姓。炎帝裔孙吕尚后封于齐，因以为氏。汉有平敬侯齐受，传封四世，居高阳。晋有武邑侯齐瓘。

琰。	健。	澄。				
				肃陳，庾说，检校济部郎中。员外郎。		
				畅。		
	粹。		度，光，知玄，浣，平阳翻，信州			

	翩，左龙抗字退武仓曹参军。	陈，洛阳曹举，相宗。德尉。					
刺史。	瑚，吏部郎中。	总，衢州刺史。					
大守。	翮。						
长山令。							
州刺史。							
氏。	昭，殿中御史。	侍孝若，理正。大					
	汶，泽州刺史。						

瀛州齐氏：

映，相德宗。

晔，京兆司录参军。

照，池州刺史。

昫字德温。

齐氏宰相二人。抗、映。

董氏出自姬姓。黄帝裔孙有飂叔安，生董父，舜赐姓董氏。裔孙有辛有，辛有子孙分适晋，有董狐。裔孙辛有之孙，自广川徙陇西，裔孙徙河东。汉江都相仲舒少子之孙，自广川徙陇西，孙骠，项羽封翟王，都高奴，子孙遂居陇西。

仁琬，梁州大礼博士。

晋字混，新蒲主簿。

全道，殷成，相德宗。

伯良，新蒲主簿。

溪，商州刺史。	从直。	居敬。	全素，太子中舍人。	瀇，太常寺太祝。	

董氏宰相一人。晋。

贾氏出自姬姓。唐叔虞少子公明，康王封之于贾，为贾伯，河东临汾有贾乡，即其地也，为晋所灭，以国为氏。晋公族狐偃之子射姑为晋太师，食邑于贾，字季他，亦号贾季。汉有长沙王太傅贾谊，生璠，尚书中兵郎。生二子：嘉、恽。嘉，宜春太守。五子：洪、润、汭、湘、注。汭，轻骑将军，生晔，下邳太守。二子：冰、渊。渊，辽东太守。丕、纳、邠。邠，秘书监。二子：廷玉、秀玉。武威大守，生衍，兖州刺史。生妻，轻骑将军，徙居武威。二子：釆、诩。诩，魏太尉，关内侯，又徙长乐。二子：通、延。通，侍中，车骑大将军，三子：仲安、仲谋、仲达。仲达，字彦度，轻车将军，雍州刺史，酒泉郡公。二子：乂、康。康，秘书监。二子：儁、钧。钧生寿，散骑侍郎。二子：躬之、匪之。躬之，宋末太宰参军。四子：希镜、希远、希逸、希夌。希镜，南齐外兵郎，又兴郡太守。生㲄，梁太府卿。二子：暹、肇。肇二子：襄、宏。宏，后梁中军长史。生瓛，北齐青兖等州刺史，河东公。二子：嶂、嶙、嶼，殿中监。三子：懿、恕、宪。宪避葛荣之难，避地浮阳。

宪字元楷，后周秘书监。	处静，隋成州长史。	敬言，刑部郎中，清州刺史。	令思，礼晋，部员外郎。	静，卫尉卿。	员外郎。
				恒，司门元敏，员外郎、澄城池州刺史。	令。

		检校				
		尚书，水				激，华原尉。
		部员外郎。				
		翱。				
	眈字敦，司衣	嶙，少府伕，左武惟庆，丹洮，西水翔，				
	晦，相德等主簿。	监，袭魏卫冑曹				嶭，楚州
	诗，相德等主簿。	国公。参军。				刺史。
元逊，	宗。	州刺史，令，				
殿中		河东县				
丞。		男。				
	远则，长知义，沁元琰，					
	源主簿。沁水					
	河尉。　丞。					

		季良，奉曼，检校梭，大理评事。天尉。员外郎。	穜字嘉颖。		
		玄晔。		季邻，长岩。安主簿。	嶷。
敬忠，归州刺史。	玄祎。				
处澄，泾阳令。					

河南贾氏，世居姑臧。

		㻋，著作郎。
胄。	宁。	㻋字子美，相文宗。

贾氏宰相二人。耽，悚。

权氏出自子姓。商武丁之裔孙封于权，其地南郡当阳县权城是也。楚武王灭权，迁于那处，其孙因以为氏。秦灭楚，迁大姓于陇西，因居天水。汉有左辅都尉尉忠，十四世孙襄，字子良，前秦右仆射、安丘敬公。生宣昔，宣襄，后秦黄门侍郎，六世孙荣。

荣，隋仪同、郿城公。	文诞，二州刺史、平凉公。	涪常崇嗣。	南仲。			
		崇基，也，上仁。			良史，泽	

			皋字士德，縊著作郎。	瑒字大圭。	瑂，华州
			舆字载之，著，相宪宗。郑州刺史。	珽字大王。	伋，临颍令。
					隼字少成，桐顼，两当令。蟄，华令。
					华司士参军。
					州司士参军。
州刺史。			崇本，无待，成隆。都尉。城令。		
田员外郎。	崇先，水部员外郎。				

参军。

审字子询。

少清。

侔。
若讷、仿、紫溪有方、长孺字
桂、歈、斳令。 直卿。
梓三州
刺史。

僕，安平达字达埙。
令。 ，咸阳
恩。 丞。
无己。

绛。

伟。
黄。
僎。

同光。	偆。
	佽。

权氏宰相一人。德舆。

皇甫氏出自子姓。宋戴公白生公子充石,字皇父。皇父生季子来,来生南雍缺。缺六世孙孟之,孟之生遇,避地奔鲁。裔孙鸾,汉兴,自鲁徙茂陵,改"父"为"甫"。裔孙晋广魏太守固,生梁,生崇,徙襄阳,后又徙寿春,裔孙珍义。

珍义、赀、建二州刺史。	文亮、高陵镜儿。	枸。	岳。
	邻儿,大子洗马。	愫。	
	憕。		岩。
	悰。		

		珪字德玉薀字待宗。 价。	挑。			
	镛字和卿，太子少保。 璥。	铸，相发卿。				
怡。	愉。			悟。 悸。	翼字谋安，青州刺史。 准。	
			知常，洛州、扬州长史。		文房，黄门侍郎。 希庄，麟台郎。	

皇甫氏宰相一人。镈。

程氏出自风姓。颛顼生称，称生老童，老童二子：重、黎。重为火正，司地，其后世为掌天地之官。商孙封于程，是谓程伯，雒阳有上程聚，即其地也。至周宣王时，程伯休父失其官守，以诸侯入为王司马，又有司马氏。程氏世居长安。

思奉，利州刺史。	子珪，左赞善大夫。	献可，太善大夫。	子左谕德。德。	异字师。举，相宪宗。

程氏宰相一人。异。

令狐氏出自姬姓。周文王子毕公高裔孙毕万，为晋大夫，生芒季，芒季生武子魏犨。犨生颗，颗以获秦将杜回功，别封令狐，生文子颉，因以为氏，世居太原。秦有太原守五马亭侯范，十四世孙汉建威将军迈，与犨又起兵讨王莽，兵败死之。三子：伯友，文公，皆奔敦煌。伯友入龟兹，文公入疏勒，称为故吏史所匿，遂居效毂。称六子：扶、坚、由、表、瑾、孟。由字仲平，后汉伊吾都尉。六子：禹、明、客、霸、涣、淳。禹字巨先，博陵太守。四子：辉、洽、延、溥。溥字文儋，苍梧太守。溥五世孙晋谏议大夫馨，馨孙亚，字就阖，前凉西海太守，安人亭侯。二子：理；绥。亚孙敏，字永昌，前凉鸣沙令。四子：达、忠、裒、遬。敏五世孙虬，字惠献，后魏敦煌郡太守，鹳阴县子。四子：元保、周御正中大夫、彭阳襄公，赐姓宇文氏，生熙。

熙，隋吏部尚书，武康公。	元超，抚没，上郡宁令。令。	承简字昌明令。	承简字原府功曹参军。	楚字壳士，相宪宗。	绹字子直，相宣宗。
	崇亮，昌明令。	居易，大士，相尧少尹。		绪，河南少尹。	滈，太常博士。
					澄。
					专。
					涣，中书舍人。
					从，检校

		湘。	沨字识化。	铖字履定字履常，桂管观察使。	膳部郎中。	
	峄，和	嵋，秘书少监。	玞，大小丞。	巇，刑部员外郎。	滔，丹杨郡司马。	
	嶂。			伯阳。		
				德荣，国子修己。祭酒。		

州刺
史。

令狐氏宰相二人。楚、绹。

段氏出自姬姓。郑武公子共叔段，其孙以王父字为氏。汉有北地都尉印，世居武威。十四世孙后魏晋兴太守纷。五世孙偃师，徙河南。

偃师，太子志玄，右屯卫大将军，褒国忠壮公。	右骁骑、卫大将军、坊州刺史。	怀简，坊州刺史。	
	瓘，朝邑令。	怀昶、德谔、荣州参军。	文昌字成式字柯古。墨卿，相隐宗。

			怀晏。
			怀皎。
		珪，宣州长史。	怀本，礼部郎中。

段氏宰相一人。文昌。

元氏出自拓拔氏。黄帝生昌意，昌意少子悃，居北，十一世为鲜卑君长平文皇帝郁律，二子：什翼犍、乌孤。什翼犍，昭成皇帝也，始号代王，至道武皇帝改号号魏，至孝文帝更为元氏。

什翼犍七子：一曰实君，嗣生太武皇帝焘，焘生景穆皇帝晃。景穆诸子唯浚、新成、子推、天锡、云、桢、胡儿，休八房子孙闻于唐。浚，文成皇帝也。文成诸子唯弘，长乐二房子孙闻于唐。弘，献文皇帝也。献文诸子唯宏、羽、干、羽、勰四房子孙闻于唐。勰四房子孙闻于唐。宏，孝文帝也。七子：恂、恪、怿、愉、悦、怀、憷。恪，宣武皇帝也。怀，广平文穆王怀，生侍中、骠骑大将军，广平王懰，生广平文懿王懰，惏生赟，赟生赞。

谦，后周蒲国公。	周翰蒂提，宝琳，绶，州刺史，	菩提，	昭。	颖。	庭珍。	伯明，陈绍俊，袭文贽，袭应，襄城王府洛。公。公。尉。

瓀，许州文学。

愍，新井令。

承裕，沂阳主簿。

议参军，袭韩公。

顾道，明堂令。

袭公。

什翼犍第六子力真，力真二子：意烈，意劲。意劲，彭城公。五世孙敷州刺史祯，祯二子：岩，成。

岩字君山，琳。隋兵部尚

义恭。

孝节，工部员外

工通理，给从，右司员外

事中。

同员外

郎。	修，河南少尹。	希声，吏部侍郎。		偕，归州刺史。	归州刺史。		伟，平原尉。
郎。		延寿，魏州刺史。睦恺，通州刺史。	延福。	怡。		伍。	
		弘，隋北平太守。义端，魏州刺史。					
书，平昌公。							

泝，汝 宠，比部郎中阳尉。 部郎中 ，舒王 长史。		祀，万年 尉。	积，司农 少卿。	稹字徽之，相穆宗。 道护。 之，相穆 宗。	宵，侍 御史。	延祚，司平叔，绵艳，吏部员外 议郎。州长史。注。 延景，岐排，南 州参军。顿丕。

郎。	洪，饶州晦刺史。	锡字君赐。睨，涧王傅。	复礼。	寿。	靖。铣。	扬，大常博士。持，都官郎		

元氏宰相一人。槙。大历宰相元载,本景氏,故不著。

中。

路氏出自姬姓。帝挚子玄元,尧封于中路,历虞、夏称侯,子孙以国为氏。汉符离侯博德始居平阳。裔孙嘉,字君宾,晋安东太守。孙藻、藁二子纂、建。

纂。	涛,后魏青州刺史。	恃庆,安州刺史。	思令。	君儒,北齐员外郎。	德惟,相州刺史。	励业。	钦正。
						励言,曹州刺史。	钦古。
						励节,华州刺史。	钦训。

					敬潜，中广心，大常，兼监书舍人。理司直。监察御史。		
			文逸，申敬淳，大州司马。常博士。	敬澄。	敬湛，雍畅。州司马。	敬潜，中广心，大常，兼监书舍人。理司直。监察御史。	畿，监察长舆。御史。
州刺史。	勋行，巩令。						幼玉，监齐晖，察御史。二州刺史。
						兖，隋兵部侍郎，文升字元瑞，部侍郎、文升、平勋吏二郎中、爱秦三州刺史、广州都督、宣城县尉。	
建。	建曾孙庆，彩，后魏太常卿。	神龟，恒州刺史。				后周夏州刺史。圉乡公。	

	招隐字希龙。	岳字周翰。	季登，谏诤字正议大夫。大。					
		岩字鲁瞻，相懿宗。						
	德延字昌远。							
	延规字希圣。			库。				
					怂，岳州刺史。	存，岳州黄中。		
					嗣恭字应，宣州	原令。	大一，大果客。	晚金，果州刺史。
							元哲，榆次令。	
公。					刺史。			

懿范，初观察使。名剑客，广州都督，冀国公。	恕，太子昇，兖州楷，司农卿。詹事，鄜刺史。坊节度使。	凭，侍御史。

又有越王府东阁史祭酒节，生惟恕。

| 惟恕，睦州 | 俊之，太子秘字安 | 隋字南 |

刺史。

通事舍人。期，副元帅判官，检校户部郎中。武，相文宗。元宗。

路氏宰相二人。岩。隋。

舒氏出自偃姓。皋陶之后封于蓼，安丰蓼县即其地也。《春秋》鲁文公五年，为楚所灭，其后更复为楚属国，亦名曰舒，又曰群舒，又曰舒蓼，又曰舒庸，又曰舒鸠，一国而有五名。《春秋》鲁襄二十五年，楚又灭之，子孙以国为氏，世居庐江。

恒，武昌军节度将校。元舆，相文宗。

元肱字良哉。

元迥字子

舒氏宰相一人。元舆。

白氏出自姬姓。周大王五世孙虞仲封于虞，为晋所灭。虞之公族井伯奚伯姬于秦，受邑于百里，因号百里奚。奚生视，字孟明，古人皆先字后名，故称为孟明视。孟明视二子：一曰西乞术，二曰白乞丙，其后以为氏。丙孙武安君起，赐死杜邮，始皇思其功，封其子仲于太原，故子孙世为太原人。二十三世孙后魏太原太守邕，邕五世孙建。

颖，山南东道从事。

元褒，司封员外郎。

建字彦举，后周弘农郡守，邵陵县男。

仓部大威，郎中。

梓州刺史。

			居易字乐天，刑部尚书。		
			景受，孟邦翰，司思齐，郑怀观察封郎中。州录事支使，以参军。从子继。		
	知慎，户部郎中。	季庚，幼文，浮襄州别梁簿。驾。		行简字退之，成味道，成膳部少尹。部郎中。	
	知节。	温，检校锽，巩都官郎令。中。衣奉御。			季轸，许昌
君懿，牟州别驾。		土通，利州志善，尚都督。			

	顺求字相几至。宣宗。	敏中字用晦，潾水令。	潾，扬州录事参军。令。	
	崇嗣字光祚。			
	傅规字庆余。			
		季平，河南主簿。		

白氏宰相一人。敏中。

夏侯氏出自姒姓。夏禹裔孙东楼公封为杞侯，至简公为楚所灭，弟他奔鲁，鲁悼公以其夏禹之后，给以采地为侯，因以为氏焉。后去鲁之沛，分沛为谯，遂为郡人。唐有驾部郎中审封。

			映字光文。				
		坦。					
审封。	敏。敬。	孜字好学，潭字虚相宣宗、懿中，礼部宗。侍郎	泽字表中。裴。	漢字司文。敷。			

夏侯氏宰相一人。孜。

蒋氏出自姬姓。周公第三子伯龄封于蒋，其地光州仙居县是也，来改为乐安，蒋为强国所灭，子孙因以为氏。汉有蒋诩，十世孙休，自乐安徙义兴阳羡县。十一世孙元迹，陈左卫将军。其族有太子洗马、弘文馆学士土璵，生将明。

将明，国子司业，集贤殿学士，知院使。	义字德源，秘书监，副兴懿公。	系，义仆射、淮阳公。	检校左兆。	承初字昌远。			
				曙字耀之。			
				庸字台臣。			
			伸字大直，相宣宗、懿宗。	泳字澈之。			
			僧，左朴阙。	仙。			

蒋氏宰相一人。伸。

倍。

琛字献之。

毕氏出自姬姓。周文王第十五子高，封于毕，以国为氏。后汉兖州别驾谌，世居东平。五世孙众庆，宋本州大中正。五世孙憬。

慆，司卫少卿，户部尚书抗，兵部员外郎，吴郡尉王屋镐。

卿、许州刺史、魏景公。

史。

大守，江南采访使。

钰。

镁。

锐。

增。

构，丰王府掾，汾州长匀、协律栩。

诚字存，绍颜，渭。

司马。

郎。

史。

之，相懿宗。南蔚，直史馆。

知颜，千牛备身。

曜，侍御史。

毕氏宰相一人。诚。

曹姓出自颛顼。五世孙陆终第五子安，为曹姓。至曹挟，封之于邾，为楚所灭，复为曹姓。唐有河南曹氏。

周。

景伯。

罅字刚中，相懿宗。希甫字嵩，臣。

汾字道谦，户部侍郎。希干字荷，臣。

曹氏宰相一人。確。

徐氏出自嬴姓。皋陶生伯益，伯益生若木，夏后氏封之于徐，其地下邳僮县是也。至偃王三十二世为周所灭，复封其子宗为徐子。宗十一世孙章禹，为吴所灭，子孙以国为氏。章禹十三世孙诜，为秦庄襄王相。生仲，仲字景伯。生延，字方延。延生由，字智卿。由生该，字昌言。该生光，字子晖，汉下邳太守。光生静，字君安。静生益州刺史万秋，字兰卿。万秋生左曹给事充，字彦通。充生谏议大夫安仁。二子：丰、霸。丰为北祖，霸为南祖。

北祖上房徐氏，司空掾。生明，明字玄通，侍中。生迁，字少卿，侍中。生宣，宣字休敬。二子琳，琳。瑞，瑞。瑞字元珪，下邳太守。二子璞，师俭。二子摸，师俭。师俭字世节，京兆尹。二子述，超。超字彦孙，魏散骑常侍。二子崇，统。统字耀卿，晋江阳太守。三子璵，袟，楮。褚字伟，袟，楮。三子璨，孔，台。台字叔衡，丹杨令。太子洗马。二子宁，恭。宁字安期，吏部侍郎。五子丰之，安之，仁之，祚之，育之。祚之字兴民。三子尚之，袤之，钦之。钦之字真子，宋丞相，东莞公。三子湛之，偃之，迈之。逵之字幼道，中书侍郎。二子淳之，湛之。湛之字景源，丞相，齐太尉，文忠公。六子况，戢，猷，凭，会，嘉，绲。二子孝规，孝嗣。孝嗣字始昌，齐大尉，文忠公。六子况，戢，猷，凭，会，嘉，绲。

| 绲字仲文，齐侍中。 | 君蒨字怀真，陈常侍。 | 荣字子德，隋通事舍人。 | 恕字克己，尚食奉御，直长。 | 蒨字南，春官融，左贤。 | 皎字景谢字择，许州甫，祠部。尚书，校骁卫卫司马，袭员外郎。 | 仪字行雅。 |

江都公。曹参军。	枝江男。	缋字宜远，检校户部郎中。敏，海陵令。	持。华。	向字文伯，衢、江、陈、颍、郑、宋六州刺史。严字景肃，麻城令。敦复。	鄯、光、处、齐、淄、明、泗六州刺史。	爽生景。公闵。臣贤。练字元。

调，景调生巽，巽生侃之。

白，校书郎。

峻之。

谔。

泌。

课。

讷。

谥。

挚。

昭字德孟盛字字
光，虞允义，
部郎安州都郎
中。督。

昕字光诱，冀州绣，饶州绩，
烈，又长史。别驾。

字景 韵,字 修文, 洛州长 史。	君宾字客澈字甘 卿,梁五 兵尚书。	文远字 泉,一名广义,国奉众, 澄,陈秘子博士。王屋 书监。	土安字 莞男,安 定太守。	伦字有功字 弘敏,秋歧,庆二王, 官侍郎,王屋	毂字和 涛字浚 杜。	宰字舜 彦若字 商若字义 钧,大理声,相懿俞之,相
			皓。	晦。	弘毅,大综,江陵吡。 理评事。参军。	

仁规。	仁勗字道海。	仁范。	仁矩字广裕。	仁嗣。	昭宗。生缙，兵部郎中。宗。评事。		
宫字应黄，濮州刺史。单。							
						叟。	翚。

恂字固，越州司法参军。	宠字知行，越州丞。司法参军。	液字既济，金华方，临洪令。	义立字道彰，州别驾。	有庆字襄庙荣，致君，濛州从事。	弘嗣字宣武。州从事。判官，生彦休。

	梁字溘万，义乌尉。	汶字涵，殿中光，又乌器，侍御史。	綎字周，王府长史。	审字远司马。	曹字司户参军。

丰字居言，武进。	灌字海康，金吾卫仓曹参军。

			鲁苗。	禹苗。
丞。	浞，大理天长司直。	毅，句容。澄字瀛，都，淮南从事。		莺字彭次，柯部员外郎。寿卿，洪州别驾。
	愫字元士，扬州孺，法曹参军。	愭字德美，金华令。	有道字挥字揖，河内采访使。弘度，巩丞。	汉字渊，水部员外郎。宁，驾。徽，少监。有业。
	亮字良尉。			

顼，云阳次聃。令。	鹰，武陟令。				
		弘礼。士会。	有庆，忱。盐城令。士雅。	弘仁，扬州司马。士师。	弘信，大原府户曹参军。

						瑾字德 按。
		昌时,长令。	天有邻字善之,金坛令。	悦字之,庐陵府司录参军。	收字蔵之,凤翔州录事参军。	宝符字灵通,杭王州录事参军。 徐州司法参军。
弘度。	奉信。					
	奉诚。					
	文达字幼通,金山令。					

高平北祖上房徐氏:洗次子矩,生邕。矩字弘谋,生邕。邕字文和,生廉。廉字元平,生则。则字元度,生尚。尚字元汉,大司农,生费。费字子文,金威将军,东莞侯,生升。升字玄明,司空掾,袭东莞侯,生珪。珪字少玉,始熟令,生钦。钦字思祖,大中大夫,生长卿。长卿字德师。二子:万,金。万字士谐,平原太守,生续。续字承先,城门校尉。二子:宠,惠。惠字士安,司空掾,生胄。胄字彦光,本郡主簿功曹。二子:允,训。允字仲和,生郡。郡字子顼。二子:访,隆。访字公谋,魏镇北将军。二子畅字彦春,晋陇西内史。四子:沈,胤,敷,兰。兰字石侯,侍御史,生谵。谵字洛川,长寿令,生乾。乾字文祚,给事中,生道娱。道娱

字道福，员外郎，生道祖。道祖字弘业，宋车骑行将军，生玄英。玄英字智仁，奉朝请，生景初，尚书员外郎。二子：弘师、弘道。弘道，世居曹州离狐，隋末徙滑州卫南。至世勣，预属籍为李氏，武后世复旧。

					思顺字湘，知通、鸿沣庐卿。 弘字汉，寿州刺史。 大明，岐王傅。
				敬业、柳州司马。	敬猷，盩厔令。
			震，梓州刺史。		
弘师字德令，南齐直阁舍人。	懋，梁荆州刺史。	琛，侍御史。	元起字山立，濮阳太守。	盖字广，隋讳诩，陵州刺史，舒相太宗、高宗。 国公。	世勣字懋功，
					康字德荣，谯郡太守。 弼，司卫正卿。
弘道字大			珍字大器，元隐字岩，庸字景	羌字景	

孔氏出自子姓。商帝乙长子微子启封于宋，弟微仲衍曾孙滑公捷生弗父何，何生末父周，周生世父胜，胜生正考父，父生孔父嘉，字孔父。孔父生木金父，金父生睪夷父，以王父字为氏。睪夷生防叔，避华父督之难，生伯夏，夏生邹大夫叔梁纥。纥二子：孟皮，仲尼。仲尼为鲁司寇，摄相事。生鲤，字伯鱼。伯鱼生伋，字子思，为鲁穆公师。生白，字子上，字子求。求生箕，字子京，魏相。箕生穿，字子高，穿生谦，一名斌，魏文侯相文信君。三子：鲋，腾，树。腾，字子襄，汉孝惠博士，长沙太傅。生忠，字子贞，博士。忠二子：武，安国。武生延年，大将军，大傅。延年生霸，字次孺，高密相。霸生损，褒成烈君。四子：福，喜，光，振，关内侯。福生房，房生均，字长平，尚书郎。生大司马元成侯志。志生损，黄门侍郎。震，震生嶷，生豫章太守抚，抚生从事中郎懿。自羡以下袭奉圣侯。生末崇圣侯鲜，鲜生后魏崇圣大夫乘，乘生秘书郎灵珍，灵珍生文泰，文泰生渠。自均皆世袭成侯，及损，徙封褒亭侯。生曜，曜生完，无子，以弟子魏奉议郎羡为嗣。羡生晋大常卿，黄门郎。自灵珍以下袭崇圣侯。

渠，后周邹长孙，袭嗣哲，隋德伦，褒崇基，褒隆之字雪，泗水浒卿，青惟旺，兖策。

振字国昭，俭，秘

徐氏宰相三人。商，彦若，世勣。

玄，陈太常卿。
陟，隋太常卿。
客，彭泽令。
明，沛令。
方，郑州长史。

国公。	公。	吴郡主簿圣侯。 绍圣侯。	侯。	藏辉， 都水使 者，袭 文宣 公。	令。	州司兵 参军。	州参军。	文，刑部书郎，曲 员外郎。阜令。
								挦字弘 济。
								郁。
								述字彰 圣。

　下博孔氏出自关内侯福七世孙郁，后汉冀州刺史。生扬，下博亭侯，子孙因居焉。七世孙灵龟，后魏国子博士。生硕。

硕，后魏治安，北齐青 书侍御史。州法曹参	志玄，国 子司业。	国惠元，国 子司业。	国立言， 柯部郎
颖达字 冲远，国 参			

中。

慎言，黄州刺史。

志约，礼踪，洪州部郎中、都督。

志亮，中书舍人。

子祭酒、曲阜宪公。

军。

曲阜宪公颖达族孙务本。自孔子至是三十五世。

务本，东光如珪，海州岑父，著载。

同户参军。作佐郎。

令。

				昌弼字佐化。		昌广。	
毅，给事中。	绚字延休。 温质。	纶字昌言。	缣字徽夫。 温矞。	纬字化文，相僖宗、昭宗。	锋字受文。 铖。	温尭。温裕。	纾字特卿。

					庄字文承恭。	
	续字乱修。		昌序字昭举。	昌庶字几至，虞部郎中。愿。		
		晦字文为。	贝字济美，莱州刺史。			
		温业字逊志。	昌明字昭仪。续。			
	戡字君胜，昭义节度判官。	载，库部员外郎。	温凉。			
				戢。威。		

独孤氏出自刘氏。后汉世祖生沛献王辅，辅生厘王定，定生节王丐。丐二子：广、廑。廑，洛阳令。生穆，穆生度辽将军进伯，击匈奴，兵败被执，因之孤山下。生尸利，单于以为谷蠡王，号独孤部。尸利生乌利，乌利生去卑，二子：猛。猛生副论。副论生路孤，路孤生眷，眷生罗辰，从后魏孝文徙洛阳，为河南人，初以其部为氏，号独孤部，永安公。生廷尉贞公万龄。万龄生籍，字延平，镇东将军，文公。籍生镇东将军归，归生冀。

孔氏宰相一人。纮。

巢父，给事中。

冀字希颜，定州刺史、周大司马。	永业字世基，周淮州刺史、临川郡守、武安公。	子佳，隋义恭。				册，户部
武安烈公。冠，武安王。	王。	义盛。	士约。	义盛。		

郎中。	华,兵部郎中。	颖悰。	丕字山甫,剡主簿。	峻,越州都督、左金吾大将军。
	恩。	文惠、明楷、颖悰。威将军。川郡长史。	甫,剡主簿。万。	
		叔德。		

				明，驸马都尉。
嶼，大理少卿。	元恺，给事中。 思庄，右金吾大将军。		思行，洋州刺史。	
	义顺字伟侥，虞杭简三州刺史，洛南郡公。			思陳，宾庭，左
			元康。	
			元庆。	

鄂令。	朴瞯。	含章，左问俗，鄂勉，扬子州刺史。令。金吾兵曹参军。	勖。	助，太子申叔，校书。舍人。	退叔。	功。	易知。	通理，殿汜，陸州中侍御史，颍川郡长史。	巨，右骁

卫兵曹参军。	及字至之，常州刺史，谥曰文。 朗，协律郎。	郁字古庠字贤风，秘书府。少监。	正，真定尉。 道济，导峡江丞。		幅，左司实，兼殿中侍御郎中。

			回。	损字又损，相昭宗。	逊字后已。	冕字正风。	
史。	叔。	密，云州蒙。刺史。	云字公远，吏部侍郎。				霖，秘书

监。

独孤宰相一人。损。

柳城李氏，世为契丹酋长，后徙京兆万年。

今节，左威重英，鸿胪楷洛，左羽遵宜，将			
卫大将军、卿兼檀州林大将军、军。		遵行，将	光弼，太尉义忠，太仆
幽州经略刺史。朔方节度		军。	兼侍中、临卿。
军副使。副使、蓟郡			淮武穆王。
公。			

			黯，景州刺史。			
象，太仆卿。	汇，宿州刺史。			元奕。		元凭。
		光琰。	光颜，鸿胪卿。	光进字大应，刑部尚书，武威郡王。		

武威李氏本安氏，出自姬姓。黄帝生昌意，昌意次子安，居于西方，自号安息国。后汉末，遣子世高入朝，因居洛阳。晋、魏间，家于安定，后徙辽左，以避乱又徙武威。后魏有难陀孙婆罗，周、隋间，居凉州武威为萨宝。生兴贵、修仁。至抱玉赐姓李。

		绪，京兆府参军，少府少监。	纵，宝鼎主簿。
		抱玉，初名重璋，守司徒、平章事，凉国昭武公。自正字尚贞，守平章事附少府少监。	综，河中参军。
	忠敬，松、鄯、会三州都督。		缧。
兴贵，左武卫大将军、归国公。	文成。		

			抱真，检校司空，平章事，义阳郡王。	少府监。				
					幼成。 幼清。			
		怀恪，陈州司马。	玄晖，殿中侍御史，贝州刺史。 羲仲，阁门果毅。					
				羲穆。 季明。				
元表。 修仁，左骁卫大将军，邠国公。 永寿，右领军将军。		永达。 永昌。						

高丽李氏：

正己，本名纳，平卢节度务。怀玉，平卢度使，检校节度使，守司空。司空，饶阳郡王。		师古，平卢明安，阆州节度使，检司户参军。校司徒兼侍中。师道，平卢弘方。节度使，检校尚书右仆射。

师贤。	师智。	经。	浦，正已从父兄，徐海观察使，检校户部尚书。	浩，徐州团练副使。	

柳城李氏，本奚族，不知何氏，至宝臣为张锁高养子，冒姓张氏，后赐姓李氏。

素，左骁卫大将军。	左金吾卫大将军。
倍、左武卫辅，成德节	宝臣字为惟诚，濮州刺史。

		元孙，三原蔚。		元质，潔阳蔚。	元立，兴平蔚。	衣本，河
度使，守司空，清河郡王。	惟岳，成德军司马。	惟简，凤翔节度使，检校户部尚书，武安郡王。				

南府参军。

铢。

宝正。

鸡田李氏，本河曲部落稽阿跌之族，至光进赐姓李。

良臣，袭鸡田州刺史。

光进，振武节度使。

光颜，河东节度使，守司徒兼侍中。

范阳李氏，自云常山愍王之后。

			正源，右羽			
	载义字方谷，守太保林将军兼侍中，河东节度使，武威郡王。					
			弘源，太子左谕德。			
凝，检校大庭卿，澶州刺史。子宾客兼侍御史。	休祥，蓟州刺史。					

代北李氏，本沙陀部落，姓朱邪氏。至国昌，赐姓李，附郑王属籍。

执宜，代北行营招抚使，蔚州刺史。	国昌本名赤心，代北节度使，检校太尉。	克恭。	
		克俭。	

克用，河东节度使，守刺史、检校太师，中书司空、令、晋王。隰州	存霸。	存渥。	存纪。	存乂。	存美。	存確。	存礼。克柔，代州刺史。			
							赤忠。	奉国。		

李氏三公七人，三师二人。柳城李氏有光弼；武威李氏有抱玉；高丽李氏有正己。又柳城李氏有宝臣；鸡田李氏有光颜；范阳李氏有载义；代北李氏有克用。

曹州王氏，本高丽之族。

				庆威，朔方军将。
				思礼，司空，霍国武烈公。

太原王氏，世居祁县，后徙平州，至缙，从侯希逸南迁，遂居河内温县。

			晏平，永州度使，守太傅，雁门郡王。	智兴字匡谏，宣武节度使事。	瑰，左金吾卫大将军。
					靖，右武卫大将军。

宰，太原节度使。	晏皋，左威卫将军。	晏宝。	晏恭。	晏逸。	晏深。	晏减。	晏韬。

安东王氏，本阿布思之族，世隶安东都护府，曰五哥之，左武卫将军，生末怛活。

末怛活，左	升朝，检校	庭萎，成廗	元逵，检校	绍鼎，检校	景胤，深
金吾卫大	太子宾客，	节度使。	同徒，	同平尚书左仆	州刺史。

将军。	乐安郡王。	章事，成德节度使。	成德节度使。	景崇，检镏，大校大傅，尉中书令、成德节度使，常山郡王。景夢。	昭祚。
				绍懿，检校司空，成德节度使。	

王氏三公二人，三师一人。曹州王氏有思礼；河内王氏有智兴；安东王氏有镕。

田氏出自妫姓。陈厉公子完,字敬仲,仕齐,初有采地,因号田氏。又云,"陈""田"声相近也。至田和篡齐为诸侯,九世至王建,为秦所灭。汉兴,诸田徙阳陵,后徙北平。魏议郎田畴,字子泰。二十二世孙璩。

璩,郑州司马。	守义,安东副都护。	承嗣,魏博节度使,雁门郡王。	维,魏州刺史。	朝,神武将军。	华,太常少卿,驸马都尉。 绛。 纶。 绪。		绪,魏博节度使季和,澶州

	季安字爰，魏博节度使、检校司徒。	怀谏，右监门卫将军。				
		怀礼。				
		怀询。				
		怀让。				
度使、检校刺史。左仆射同平章事、驸马都尉、常山郡王。		季直，魏博衙将。				
			绘。			

		缙字云长，季宗，监察御史。右领军将军，扶风郡公。		季昌，福王府参军。	季革。	季鹰。	季卿。	季黄。	季芳。	早，安南都
纯。	绅。								庭琳。	延晖，安东庭玠，相州弘正字安

					騭，肝
			布字执礼，铴，天平 魏博节度 使，检校工检校尚 部尚书，孝韦左仆 射。 公。	牟，天平节 度使。	在宥，安 南都护。 在宥，安 南都护。 章，洛阳　在宾。
都护府司 马。	剌史。	道，成德节 度使，检校 司徒兼中 书令，沂忠 愍公。			

乌氏出自姬姓。黄帝之后，少昊氏以乌为名官，以世功命氏。齐有乌余之余，裔孙世居北方，号乌洛侯，后徙张掖。

田氏三公一人。承嗣。

脍令。

令。

承嗣。

察，左武卫大将军。			
令望，左领军大将军。			
蒙，左武卫中郎将。			
承恩。			
	承批，右威卫将军。		
	承玭，检校天平节度使，守司空。		
	汉弘，左羽林将军。		
	保，殿中监，昌化郡王。邠国公。		
			行专，密州刺史。

汉贞，左金吾将军。	行方，河南丞。	汉封，卫尉寺丞。	汉章，右骁卫仓曹参军。	行思，左卫仓曹参军。	
					重元。

韦道、李义府、刘仁轨、鎜味道、萧至忠、裴炎、牛僧孺、李宗闵、李德裕、崔铉、杜悰、白敏中、刘瞻、卢携、崔彦昭、萧遘、王徽、陆扆、崔远、裴枢。三入十二人：武承嗣、武三思、李峤、李怀远、李峤、刘幽求、张延赏、王铎、郑畋。四入三人：韦巨源、姚璹、韦安石。五入三人：萧瑀、裴度、崔胤。三公三师七十一人：宗室秦王二十八人：荆王元景、吴王元礼、徐王元礼、韩王元嘉、霍王元轨、荣王元礼、舒王元名、相王旦、宋王宪、申王㧑、宁王宪、邠王守礼、薛王业、庆王琮、广平郡王俶、淮王迈、荣王琬、王琰、韩王迥、薛王业、郑王亮、李勉、房玄龄、长孙无忌、裴寂、孔纬、杜让能、裴度、杜佑、李绛、王播、李㥄、孔纬、韦保衡、韦保衡、韦昭度、韦昭度、李正己、朱泚、裴让能、徐彦若、崔胤、李㥄、李晟、李晟、李抱玉、小国怀恩、李希烈、田承嗣、田承嗣、李克用、李茂贞、王建、韩建、朱全忠。以军功封进者二十八人：李光弼、郭子仪、王思礼、王思礼、王重荣、韩建、朱全忠。以恩泽进者四人：武攸暨、李辅国、于頔、韩弘。乌氏二族。希逸亡其世系。补国、中宫也；怀恩、叛臣也；朱泚、敕臣也；王建、韩建、朱全忠、唐之盗也，皆削而不著。

狄仁杰、姚璹、李元素、娄师德、陆元方、苏味道、宗楚客、魏元忠、杨师道、李勣、郭元振、苏瑰、韦嗣立、韦安石、韦巨源、姚元之、韦安石、韦济、裴耀卿、苗晋卿、李晟、李逢吉、杜鸿渐、李峤、郑余庆、白敏中、令狐绹、夏侯孜、韦保衡、郑从谠、萧遘、韦昭度、李㥄、卢携、豆卢钦望、武三思、崔湜、李峤、李㥄、李晟、裴度、崔胤。五入三人：萧瑀、裴度、崔胤。三公三师、晁元之、韦安石。五入三人：武元衡、徐王元礼、徐王元礼、韩王元嘉、霍王元轨、荣王元礼、李勉、建宁、福郡王、杜佑、裴垍、王涯、王播、王铎、李晟、李克用、李茂贞、王建、韩建、朱全忠、乌氏二族。希逸亡其世系。别著《宰相世系》。皆通见《宰相世系》，皆削而不著。

唐书卷七六
列传第一

后妃上

太穆窦皇后　文德长孙皇后
徐贤妃　王皇后　则天武皇后
和思赵皇后　韦皇后 上官昭容
肃明刘皇后　昭成窦皇后　王皇后
贞顺武皇后　元献杨皇后　杨贵妃

　　唐制：皇后而下，有贵妃、淑妃、德妃、贤妃，是为夫人。昭仪、昭容、昭媛、修仪、修容、修媛、充仪、充容、充媛，是为九嫔。婕妤、美人、才人各九，合二十七，是代世妇。宝林、御女、采女各二十七，合八十一，是代御妻。自余六尚，分典乘舆服御，皆有员次。后世改复不常。开元时，以后下复有四妃非是，乃置惠、丽、华三妃，六仪，四美人，七才人，而尚宫、尚仪、尚服各二，参合前号，大抵踵《周官》相损益云，然则尚矣。

　　礼本夫妇，《诗》始后妃，治乱因之，兴亡系焉。盛德之君，帷薄严奥，里谒不忓于朝，外言不内诸阃，《关雎》之风行，肜史之化修，故淑范懿行，更为内助。若夫艳嬖之兴，常在中主。第裯既交，则情与爱迁；颜辞媚熟，则事为私夺。乘易昏之明，牵不断之柔。险言似忠，故受而不诘；丑行已效，反狃而为好。左右附之，恢壬甚之，狡谋钳其悟先，哀鞪樾于宠初，天下之事已去，而恬不自觉，此武、韦所以遂纂弑而丧王室也。至于杨氏未死，玄乱厥谋；张后制中，肃几敛衽。吁可叹哉！中叶以降，时多故矣，外有攻讨之勤，内寡嬺溺之私，群阉朋进，外戚势分，后妃无大善恶，取充职位而已，故列著于篇。

高祖太穆顺圣皇后窦氏，京兆平陵人。父毅，在周为上柱国，尚武帝姊襄阳长公主。入隋为定州总管、神武公。

后生，发垂过颈，三岁与身等。读《女诫》、《烈女》等传，一过辄不忘。武帝爱之，养宫中，异它甥。时突厥女为后，无宠，后密谏曰："吾国未靖，虏且强，愿抑情抚接，以取合从，则江南、关东不吾梗。"武帝嘉纳。及崩，哀毁同所生。闻隋高祖受禅，自投床下，曰："恨我非男子，不能救舅家祸。"毅遽掩其口，曰："毋妄言，赤吾族！"常谓主曰："此女有奇相，且识不凡，何可妄与人？"因画二孔雀屏间，请昏者使射二矢，阴约中目则许之。射者阅数十，皆不合。高祖最后射，中各一目，逐归于帝。

始元贞太后羸老有疾，而性素严，诸姒娣皆畏，莫敢侍。后事之，独怡谨尽孝，或淹月不释衣履。工为篇章规诫，文有雅体。又善书，与高祖书相杂，人不辨也。崩于涿郡，年四十五。

帝在炀帝时，多畜善马，后见曰："上性乐此，盍以献？徒留之速罪，无益也。"不听，顷果坐谴。帝后见隋政乱，多妄诛殛，乃为自安计，数奏鹰犬异驹，炀帝果喜，擢位将军。因泣谓诸子曰："早用而母言，得此久矣！"帝有天下，诏即所葬园为寿安陵，谥曰穆。及祔献陵，尊为太穆皇后。

始太宗生，有二龙之符，后于诸子中爱视最笃。后即位，过庆善宫，览观梗欷，顾侍臣曰："朕生于此，今母后永违，育我之德不可报。"因号恸，左右皆流涕。乃享后于正寝。它日幸九成宫，梦后若平生，既悟，潜然不自胜。明日，诏有司大发仓赈贫瘠，以为后报焉。上元中，益谥太穆神皇后。

太宗文德顺圣皇后长孙氏,河南洛阳人。其先魏拓拔氏,后为宗室长,因号长孙。高祖稚,大丞相、冯翊王。曾祖裕,平原公。祖兕,左将军。父晟,字季,涉书史,趫鸷晓兵,仕隋为右骁卫将军。

后喜图传,视古善恶以自鉴,矜尚礼法。晟兄炽,为周通道馆学士。尝闻太穆劝抚突厥女,心志之。每语晟曰:"此明睿人,必有奇子,不可以不图昏。"故晟以女太宗。后归宁,舅高士廉妾见大马二丈立后舍外,惧,占之,遇《坤》之《泰》。卜者曰:"《坤》顺承天,载物无疆;马,地类也;之《泰》,是天地交而万物通也,又以辅相天地之宜。繇协《归妹》,妇人事也。女处尊位,履中而居顺,后妃象也。"时隐太子衅阋已构,后内尽孝事高祖,谨承诸妃,消释嫌猜。及帝授甲宫中,后亲尉勉,士皆感奋。寻为皇太子妃,俄为皇后。

性约素,服御取给则止。益观书,虽容栉不少废。与帝言,或及天下事,辞曰:"牝鸡司晨,家之穷也,可乎?"帝固要之,讫不对。后廷有被罪者,必助帝怒请绳治,俟意解,徐为开治,终不令有冤;下嫔生豫章公主而死,后视如所生;媵侍疾病,辍所御饮药资之。下怀其仁。兄无忌,于帝本布衣交,以佐命为元功,出入卧内,帝将引以辅政,后固谓不可,乘间曰:"妾托体紫宫,尊贵已极,不愿私亲更据权于朝。汉之吕、霍,可以为诫。"帝不听,自用无忌为尚书仆射。后密谕令牢让,帝不获已,乃听,后喜见颜间。异母兄安业无行,父丧,逐后、无忌还外家。后贵,未尝以为言。擢位将军。后与李孝常等谋反,将诛,后叩头曰:"安业罪死无赦。然向遇妾不以慈,户知之;今论如法,人必谓妾释憾于兄,无乃为帝累乎!"遂得减流越嶲。太子承乾乳媪请增东宫什器,后曰:"太子患无德与名,器何请为?"

从幸九成宫,方属疾,会柴绍等急变闻,帝甲而起,后舆疾以从,宫司谏止,后曰:"上震惊,吾可自安?"疾稍亟,太子欲请大赦,泛度道人,被塞灾会。后曰:"死生有命,非人力所支。若修福可延,吾不为恶;使善无效,我尚何求?且赦令,国大事,佛、老异方教耳,皆上所不为,岂宜以吾乱天下法!"太子不敢奏,以告房玄龄,玄龄以闻,帝嗟美。而群臣请遂赦,帝既许,后固争止。及大渐,与帝决,时玄龄小遣就第,后曰:"玄龄久事陛下,预奇计秘谋,非大故,愿勿置也。妾家以恩泽进,无德而禄,易以取祸,无属枢柄,以外戚奉朝请足矣。妾生无益于时,死不可以厚葬,愿因山为垅,无起坟,无用棺椁,器以瓦木,约费送终,是妾不见忘也。"又请帝纳忠容谏,勿受谗,省游畋作役,死无恨。崩,年三十六。

后尝采古妇人事著《女则》十篇,又为论斥汉之马后不能检抑外家,使与政事,乃戒其车马之侈,此谓开本源,恤末事。常诫守者:"吾以自检,故书无条理,勿令至尊见之。"及崩,宫司以闻,帝为之恸,示近臣曰:"后此书可用垂后,我岂不通天命而割情乎!顾内失吾良佐,哀不可已已!"谥曰文德,葬昭陵,因九嵕山,以成后志。帝自著表序始末,揭陵左。上元中,益谥文德圣皇后。

太宗贤妃徐惠,湖州长城人。生五月能言,四岁通《论语》、《诗》,八岁自晓属文。父孝德,尝试使拟《离骚》为《小山篇》曰:"仰幽岩而流盼,抚桂枝以凝想。将千龄兮此遇,荃何为兮独往?"孝德大惊,知不可掩,于是所论著遂盛传。太宗闻之,召为才人。手未尝废卷,而辞致赡蔚,文无淹思。帝益礼顾,擢孝德水部员外郎,惠再迁充容。

贞观末,数调兵讨定四夷,稍稍治宫室,百姓劳怨。惠上疏极谏,且言:"东戍辽海,西讨昆丘,士马罢耗,漕饷漂没。捐有尽之农,趋无穷之壑;图未获之众,丧已成之军。故地广者,非常安之术也;人劳者,为易乱之符也。"又言:"翠微、玉华等宫,虽因山藉水,无筑构之苦,而工力和僦,不谓无烦。有道之君,以逸逸人;无道之君,以乐乐身。"又言:"伎巧为丧国斧斤,珠玉为荡心鸩毒,侈丽纤美,不可以不遏。志骄于业泰,体逸于时安。"其剀切精诣,大略如此。帝善其言,优赐之。帝崩,哀慕成疾,不肯进药,曰:"帝遇我厚,得先狗马侍园寝,吾志也。"复为诗连珠以见意。永徽元年卒,年二十四,赠贤妃,陪葬昭陵石室。

惠之弟齐聃,齐聃子坚,皆以学闻;女弟为高宗婕妤,亦有文藻，世以拟汉班氏。

高宗废后王氏，并州祁人，魏尚书左仆射思政之孙。从祖母同安长公主以后婉淑，白太宗以为晋王妃。王居东官，妃亦进册，擢父仁祐陈州刺史。帝即位，立为皇后。仁祐以特进封魏国公；母柳，本国夫人。仁祐卒，赠司空。

初，萧良娣有宠，而武才人贞观末以先帝宫人召为昭仪，俄与后、良娣争宠，更相毁短。而昭仪诡险，即诬后与母挟媚道盅上，帝信之，解魏国夫人门籍，罢后舅柳奭中书令。李义府等阴佐昭仪，以偏言怒帝，遂下诏废后、良娣皆为庶人，囚宫中。后母兄、良娣宗族悉流岭南。许敬宗又奏：“仁祐无他功，以宫掖故，超列三事，今庶人谋乱宗社，罪宜夷宗，仁祐应斫棺，陛下不穷其诛，家止流窜，仁祐不宜引庇荫宥逆子孙。”有诏尽夺仁祐官爵。而后及良娣俄为武后所杀，改后姓为“蟒”，良娣为“枭”。

初，帝念后，间行至囚所，见门禁锢严，进饮食窦中，恻然伤之，呼曰：“皇后、良娣无恙乎？今安在？”二人同辞曰：“妾等以罪弃为婢，安得尊称耶？”流泪呜咽。又曰：“陛下幸念畴日，使妾死更生，复见日月，乞署此为‘回心院’。”帝曰：“朕即有处置。”武后知之。促诏杖二人百，剔其手足，反接投酿瓮中，曰：“令二妪骨醉！”数日死，殊其尸。初，诏旨到，后再拜曰：“陛下万年！昭仪承恩，死吾分也。”至良娣，骂曰：“武氏狐媚，翻覆至此！我后为猫，使武氏为鼠，吾当扼其喉以报。”后闻，诏六宫毋畜猫。武后频见二人被发沥血为厉，恶之，以巫祝解谢，即徙蓬莱宫，厉复见，故多驻东都。中宗即位，皆复其姓。

高宗则天顺圣皇后武氏，并州文水人。父士彟，见《外戚传》。文德皇后崩，久之，太宗闻士彟女美，召为才人，方十四。母杨，恸泣与诀，后独自如，曰：“见天子庸知非福，何儿女悲乎？”母韪其意，止泣。既见帝，赐号武媚。及帝崩，与嫔御皆为比丘尼。高宗为太子时,入寺,悦之。王皇后久无子,萧淑妃方幸,后阴不悦。它日,帝过佛庐,才人见且泣,帝感动。后廉知状,引内后宫,以挠妃宠。

才人有权数,诡变不穷。始,下辞降体事后,后喜,数誉于帝,故进为昭仪。一旦顾幸在萧右,寝与后不协。后性简重,不曲事上下,而母柳见内人尚宫无浮礼,故昭仪伺后所薄,必款结之,得赐予,尽以分遣。由是后及妃所为必得,得辄以闻,然未有以中也。昭仪生女,后就顾弄,去,昭仪潜毙儿衾下,伺帝至,阳为欢言,发衾视儿,死矣。又惊问左右,皆曰:"后适来。"昭仪即悲涕,帝不能察,怒曰:"后杀吾女,往与妃相谇媢,今又尔邪!"由是昭仪得入其誉,后无以自解,而帝愈信爱,始有废后意。久之,欲进号"宸妃",侍中韩瑗、中书令来济言:"妃嫔有数,今别立号,不可。"昭仪乃诬后与母厌胜,帝挟前憾,实其言,将遂废之。长孙无忌、褚遂良、韩瑗及济濒死固争,帝犹豫;而中书舍人李义府、卫尉卿许敬宗素险侧狙势,即表请昭仪为后,帝意决,下诏废后。诏李勣、于志宁奉玺绶进昭仪为皇后,命群臣及四夷酋长朝后肃义门,内外命妇入谒。朝皇后自此始。

后见宗庙,再赠士彟至司徒,爵周国公,谥忠孝,配食高祖庙。母杨,再封代国夫人,家食魏千户。后乃制《外戚诫》献诸朝,解释讥噪。于是逐无忌、遂良,踵死徙,宠煽赫然。后城寓深痛,柔屈不耻,以就大事,帝谓能奉己,故扳公议立之。已得志,即盗威福,施施无惮避,帝亦儒昏,举能钳勒,使不得专,久稍不平。麟德初后召方士郭行真入禁中为盅祝,宦人王伏胜发之。帝怒,因是召西台侍郎上官仪,仪指言后专恣,失海内望,不可承宗庙,与帝意合,乃趣使草诏废之。左右驰告,后遽从帝自诉,帝羞缩,待之如初,犹意其桀,且曰:"是皆上官仪教我!"后讽许敬宗构仪,杀之。

初,元舅大臣怫旨,不阅岁屠覆,道路目语,及仪见诛,则政归房帷,天子拱手矣。群臣朝、四方奏章,皆曰"二圣"。每视朝,殿中垂帘,帝与后偶坐,生杀赏罚惟所命。当其忍断,虽甚爱,不少隐也。帝晚益病风不支,天下事一付后。后乃更为太平文治事,大集诸儒内禁殿,撰定《列女传》、《臣轨》、《百僚新诫》、《乐书》等,大氐千余篇。因令学士密裁可奏议，分宰相权。

始，士彟娶相里氏，生子元庆、元爽。又娶杨氏，生三女：伯嫁贺兰越石，蚤寡，封韩国夫人；仲即后；季嫁郭孝慎，前死。杨以后故，宠日盛，徙封荣国。始，兄子惟良、怀运与元庆等遇杨及后礼薄，后衔不置。及是，元庆为宗正少卿，元爽少府少监，惟良司卫少卿，怀运淄州刺史。它日，夫人置酒，酣，谓惟良曰："若等记畴日事乎？今谓何？"对曰："幸以功臣子位朝廷，晚缘戚属进，忧而不荣也。"夫人怒，讽后伪为退让，请惟良等外迁，无示天下私。繇是惟良为始州刺史，元庆龙州；元爽濠州，俄坐事死振州。元庆至州忧死。韩国出入禁中，一女国姝，帝皆宠之。韩国卒，女封魏国夫人，欲以备嫔职，难于后，未决。后内忌甚，会封泰山，惟良、怀运以岳牧来集，从还京师，后毒杀魏国，归罪惟良等，尽杀之，氏曰"蝮"，以韩国子敏之奉士彟祀。初，魏国卒，敏之入吊，帝为恸，敏之哭不对。后曰："儿疑我！"恶之，俄贬死。杨氏徙酆、卫二国，咸享元年卒，追封鲁国，谥忠烈，诏文武九品以上及五等亲与外命妇赴吊，以王礼葬咸阳，给班剑、葆仗、鼓吹。时天下早，后伪表求避位，不许。俄又赠士彟太尉兼太子太师、太原郡王，鲁国忠烈夫人为妃。

上元元年，进号天后，建言十二事：一、劝农桑，薄赋徭；二、给复三辅地；三、息兵，以道德化天下；四、南北中尚禁浮巧；五、省功费力役；六、广言路；七、杜谗口；八、王公以降皆习《老子》；九、父在为母服齐衰三年；十、上元前勋官已给告身者无追核；十一、京官八品以上益禀入；十二、百官任事久，材高位下者得进阶申滞。帝皆下诏略施行之。

萧妃女义阳、宣城公主幽掖廷，几四十不嫁，太子弘言于帝，后怒，鸩杀弘。帝将下诏逊位于后，宰相郝处俊固谏，乃止。后欲外示宽裕，劫人心使归己，即奏言："今群臣纳半俸、百姓计口钱以赡边兵，恐四方妄商虚实，请一罢之。"诏可。

仪凤三年，群臣、蕃夷长朝后于光顺门。即并州建太原郡王庙。帝头眩不能视，侍医张文仲、秦鸣鹤曰："风上逆，砭头血可愈。"后内幸帝殆,得自专,怒曰:"是可斩,帝体宁刺血处邪?"医顿首请命。帝曰:"医议疾,乌可罪?且吾眩不可堪,听为之!"医一再刺,帝曰:"吾目明矣!"言未毕,后帝中再拜谢,曰:"天赐我师!"身负缯宝以赐。

　　帝崩,中宗即位,天后称皇太后,遗诏军国大务听参决。嗣圣元年,太后废帝为庐陵王,自临朝,以睿宗即帝位。后坐武成殿,帝率群臣上号册。越三日,太后临轩,命礼部尚书摄太尉武承嗣、太常卿摄司空王德真册嗣皇帝。自是太后常御紫宸殿,施惨紫帐临朝。追赠五世祖后魏散骑常侍克己为鲁国公,妣裴即其国为夫人;高祖齐殷州司马居常为太尉、北平郡王,妣刘为王妃;曾祖永昌王咨议参军、赠齐州刺史俭为太尉、金城郡王,妣宋为王妃;祖隋东郡丞、赠并州刺史、大都督华为太尉、太原郡王,妣赵为王妃。皆置园邑,户五十。考为太师、魏王,加实户满五千,妣为王妃,王园邑守户百。时睿宗虽立,实囚之,而诸武擅命。又谥鲁国公曰靖,裴为靖夫人;北平郡王曰恭肃,金城郡王曰义康,太原郡王曰安成,妃从夫谥。太后遣册武成殿使者告五世庙室。

　　于是柳州司马李敬业、括苍令唐之奇、临海丞骆宾王疾太后胁逐天子,不胜愤,乃募兵杀扬州大都督府长史陈敬之,据州欲迎庐陵王,众至十万。楚州司马李崇福连和。盱眙人刘行举婴城不肯从,敬业攻之,不克。太后拜行举游击将军,擢其弟行实楚州刺史。敬业南度江取润州,杀刺史李思文,曲阿令尹元贞拒战死。太后诏左玉钤卫大将军李孝逸为扬州道行军大总管,率兵三十万讨之,战于高邮,前锋左豹韬果毅成三朗为唐之奇所杀。又以左鹰扬卫大将军黑齿常之为江南道行军大总管,并力。敬业兴三月败,传首东都,三州平。

　　始,武承嗣请太后立七庙,中书令裴炎沮止,及敬业之兴,下炎狱,杀之,并杀左威卫大将军程务挺。太后方怫恚,一日,召群臣廷让曰:"朕于天下无负,若等知之乎?"群臣唯唯。太后曰:"朕辅先帝逾三十年,忧劳天下。爵位富贵,朕所与也;天下安佚,朕所养也。先帝弃群臣,以社稷为托,朕不敢爱身,而知爱人。今为戎首者皆将相,何见负之遽?且受遗老臣伉扈难制有若裴炎乎?世将种能合亡命若徐敬业乎?宿将善战若程务挺乎?彼皆人豪,不利于朕,朕能戮之。公等才有过彼,盍为之。不然,谨以事朕,无诒天下笑。"群臣顿首,不敢仰视,曰:"惟陛下命。"

久之,下诏阳若复辟者。睿宗揣非情,固请临朝,制可。乃冶铜瓯为一室,署东曰"延恩",受干赏自言;南曰"招谏",受时政失得;西曰"申冤",受抑枉所欲言;北曰"通玄",受谶步秘策。诏中书门下一官典领。

太后不惜爵位,以笼四方豪桀自为助,虽妄男子,言有所合,辄不次官之,至不称职,寻亦废诛不少纵,务取实材真贤。又畏天下有谋反逆者,诏许上变,在所给轻传,供五品食,送京师,即日召见,厚饵爵赏歆动之。凡言变,吏不得何诘,虽耘夫荛子必亲延见,禀之客馆。敢稽若不送者,以所告罪之。故上变者遍天下,人人屏息,无敢议。

新丰有山因震突出,太后以为美祥,赦其县,更名庆山。荆人俞文俊上言:"人不和,疣赘生,地不和,堆阜出。今陛下以女主处阳位,山变为灾,非庆也。"太后怒,投岭外。

诏毁乾元殿为明堂,以浮屠薛怀义为使督作。怀义,鄠人,本冯氏,名小宝,伟岸淫毒,佯狂洛阳市,千金公主壻之。主上言:"小宝可入侍。"后召与私,悦之。欲掩迹,得通籍出入,使祝发为浮屠,拜白马寺主。诏与太平公主婿薛绍通昭穆,绍父事之。给厩马,中官为驺侍,虽承嗣、三思皆尊事惟谨。至是护作,士数万,巨木率一章千人乃能引。又度明堂后为天堂,鸿丽严奥次之。堂成,拜左威卫大将军、梁国公。

始作崇先庙于西京,享武氏。承嗣伪款洛水石,导使为帝,遣雍人唐同泰献之,后号为"宝图",擢同泰游击将军。于是汜人又上瑞石,太后乃郊上帝谢况,自号圣母神皇,作神皇玺,改宝图曰天授圣图,号洛水曰永昌水,图所曰圣图泉,勒石洛坛左,曰"天授圣图之表"，改汜水曰广武。时柄去王室，大臣重将皆挠不得逞，宗室孤外无寄足地。于是，韩王元嘉等谋举兵唱天下，迎还中宗。琅邪王冲、越王贞先发，诸王仓卒无应者，遂败。元嘉与鲁王灵夔等皆自杀，余悉坐诛，诸王牵连死灭殆尽，子孙虽婴褓亦投岭南。太后身拜洛受图，天子率太子、群臣、蛮夷以次列，大陈珍禽、奇兽、贡物、卤簿坛下，礼成去。

永昌元年，享万象神宫，改服衮冕，搢大圭，执镇圭，睿宗亚献，太子终献。合祭天地，五方帝、百神从，以高祖、太宗、高宗配，引魏王士礭从配。班九条，训百官。遂大飨群臣。号士礭周忠孝太皇，杨忠孝太后。以文水墓为章德陵，咸阳墓为明义陵。太原安成王为周安成王，金城郡王为魏义康王，北平郡王为赵肃恭王，鲁国公为太原靖王。

载初中，又享万象神宫，以太穆、文德二皇后配皇地祇，引周忠孝太后从配。作曌、𡗆、埊、𠧙、囝、〇、𠀠、思、𠀡、𡆡、𢘑、𠀆十有二文。太后自名曌。改诏书为制书。以周、汉为二王后，虞、夏、殷后为三恪，除唐属籍。拜薛怀义辅国大将军，封鄂国公，令与群浮屠作《大云经》，言神皇受命事。春官尚书李思文诡言："《周书》《武成》为篇，辞有'垂拱天下治'，为受命之符。"后喜，皆班示天下，稍图革命。然畏人心不肯附，乃阴忍鸷害，肆斩杀怖天下。内纵酷吏周兴、来俊臣等数十人为爪吻，有不慊若素疑惮者，必危法中之。宗姓侯王及它骨鲠臣将相骈颈就铁，血丹狴户，家不能自保。太后操衮具坐重帏而国命移矣。

御史傅游艺率关内父老请革命，改帝氏为武。又胁群臣固请，妄言凤集上阳宫，赤雀见朝堂。天子不自安，亦请氏武，示一尊。太后知威柄在己，因大赦天下，故国号周，自称圣神皇帝，旗帜尚赤，以皇帝为皇嗣。立武氏七庙于神都。尊周文王为文皇帝，号始祖，妣姒曰文定皇后；武王为康皇帝，号睿祖，妣姜曰康惠皇后；太原靖王为成皇帝，号严祖，妣曰成庄皇后；赵肃恭王为章敬皇帝，号肃祖，妣曰章敬皇后；魏义康王为昭安皇帝，号烈祖，妣曰昭安皇后；

祖周安成王为文穆皇帝,号显祖,妣曰文穆皇后;考忠孝太皇为孝明高皇帝,号太祖,妣曰孝明高皇后。罢唐庙为享德庙,四时祠高祖以下三室,余废不享。至日,祀上帝万象神宫,以始祖及考妣配,以百神从祀。尽王诸武。诏并州文水县为武兴,比汉丰、沛,百姓世给复。以始祖冢为德陵,睿祖为乔陵,严祖为节陵,肃祖为简陵,烈祖为靖陵,显祖为永陵,章德陵为昊陵,明义陵为顺陵。

太后虽春秋高,善自涂泽,虽左右不悟其衰。俄而二齿生,下诏改元为长寿。明年,享神宫,自制大乐,舞工用九百人,以武承嗣为亚献,三思为终献。帝之为皇嗣,公卿往往见之,会尚方监裴匪躬、左卫大将军阿史那元庆、白涧府果毅薛大信、监门卫大将军范云仙潜谒帝,皆腰斩都市,自是公卿不复上谒。

有上封事言岭南流人谋反者,太后遣摄右台监察御史万国俊就按,得实即论决。国俊至广州,尽召流人,矫诏赐自尽,皆号哭不服,国俊驱之水曲,使不得逃,一日戮三百余人。乃诬奏流人怨望,请悉除之。于是太后遣右卫翊府兵曹参军刘光业、司刑评事王德寿、苑南面监丞鲍思恭、尚辇直长王大贞、右武卫兵曹参军屈贞筠,皆摄监察御史,分往剑南、黔中、安南等六道讯鞫,而擢国俊左台侍御史。光业等亦希功于上,惟恐杀人之少。光业杀者九百人,德寿杀七百人,其余亦不减五百人。太后久乃知其冤,诏六道使所杀者还其家。国俊等亦相踵而死,皆见有物为厉云。

太后又自加号金轮圣神皇帝,置七宝于廷:曰金轮宝,曰白象宝,曰女宝,曰马宝,曰珠宝,曰主兵臣宝,曰主藏臣宝,率大朝会则陈之。又尊其显祖为立极文穆皇帝,太祖为无上孝明皇帝。延载二年,武三思率蕃夷诸酋及耆老请作天枢,纪太后功德,以黜唐兴周,制可。使纳言姚璹护作。乃大裒铜铁合冶之,署曰"大周万国颂德天枢",置端门外。其制若柱,度高一百五尺,八面,面别五尺,冶铁象山为之趾,负以铜龙,石镵怪兽环之。柱颠为云盖,出大珠,高丈,围三之。作四蛟,度丈二尺,以承珠。其趾山周百七十尺,度二丈。无虑用铜铁二百万斤。乃悉镂群臣、蕃酋名氏其上。

薛怀义宠稍衰,而御医沈南璆进,怀义大望,因火明堂,太后羞之,掩不发。怀义愈很恣怏怏。乃密诏太平公主择健妇缚之殿中,命建昌王武攸宁、将作大匠宗晋卿率壮士击杀之,以畚车载尸还白马寺。怀义负幸眤,气盖一时,出百官上,其徒多犯法。御史冯思勖劾其奸,怀义怒,遇诸道,命左右殴之,几死,弗敢言。默啜犯塞,拜新平、伐逆、朔方道大总管,提十八将军兵击胡,宰相李昭德、苏味道至为之长史、司马。后猎入禁中,险募力少年千人为浮屠,有逆谋。侍御史周矩劾状请治验,太后曰:"第出,朕将使诣狱。"矩坐台,少选,怀义怒马造廷,直往坐大榻上,矩召吏受辞,怀义即乘马去。矩以闻,太后曰:"是道人素狂,不足治,力少年听穷劾。"矩悉投放丑裔。怀义构矩,俄免官。

太后祀天南郊,以文王、武王、士䢵与唐高祖并配。太后加号天册金轮圣神皇帝。遂封嵩山,禅少室,册山之神为帝,配为后。封坛南有大槲,敕日置鸡其杪,赐号"金鸡树"。自制《升中述志》,刻石示后。改明堂为通天宫,铸九州鼎,各位其方,列廷中。又敛天下黄金作大仪钟,不克。久之,以崇先庙为崇尊庙,礼视太庙,旋复崇尊庙为太庙。

自怀义死,张易之、昌宗得幸,乃置控鹤府,有监,有丞及主簿、录事等,监三品,以易之为之。太后自见诸武王非天下意,前此中宗自房州还,复为皇太子,恐百岁后为唐宗室躏藉无死所,即引诸武及相王、太平公主誓明堂,告天地,为铁券使藏史馆。改昊陵署为攀龙台。久视初,以按鹤监为天骥府,又改奉宸府,罢监为令,以左右控鹤为奉宸大夫,易之复为令。

神龙元年,太后有疾,久不平,居迎仙院。宰相张柬之与崔玄晖等建策,请中宗以兵入诛易之、昌宗,于是羽林将军李多祚等帅兵自玄武门入,斩二张于院左。太后闻变而起,桓彦范进请传位,太后返卧,不复语。中宗于是复即位。徙太后上阳宫,帝率百官诣观风殿问起居,后率十日一诣宫,俄朝朔、望。废奉宸府官,迁东都武氏庙于崇尊庙,更号崇恩,复唐宗庙。诸武王者咸降爵。是岁,后崩,年八十一。遗制称则天大圣皇太后,去帝号。谥曰则天大圣后,祔乾陵。

会武三思烝韦庶人,复用事。于是大旱,祈陵辄雨。三思讽帝诏崇恩庙祠如太庙,斋郎用五品子。博士杨孚言:"太庙诸郎取七品子,今崇恩取五品,不可。"帝曰:"太庙如崇恩可乎?"孚曰:"崇恩庙之私,以臣准君则僭,以君准臣则惑。"乃止。及韦、武党诛,诏则天大圣皇后复号天后,废崇恩庙及陵。景云元年,号大圣天后。太平公主奸政,请复二陵官,又尊后曰天后圣帝,俄号圣后。太平诛,诏黜周孝明皇帝号,复为太原郡王,后为妃,罢昊、顺等陵。开元四年,追号则天皇后。太常卿姜皎建言:"则天皇后配高宗庙,主题天后圣帝,非是,请易题为则天皇后武氏。"制可。

中宗和思顺圣皇后赵氏,京兆长安人。祖绰,武德中,战有功,终右领军将军。父瓌,尚高祖常乐公主。

帝为英王,聘后为妃。高宗于公主恩尤隆。武后不喜,乃幽妃内侍省。瓌自定州刺史、驸马都尉贬括州,绝主朝谒,随瓌之官。妃既囚,扃键牢谨,日给饲料。卫者候其突烟数日不出,披户视之,死腐矣。瓌以寿州刺史与主预越王事,死。神龙元年,追谥妃曰恭皇后,赠瓌左卫大将军。中宗崩,葳陵事,韦庶人不臣,不得祔。有司加上尊谥,以后祔定陵。

中宗庶人韦氏,京兆万年人。祖弘表,贞观中曹王府典军。

帝在东宫,后被选为妃。嗣圣初,立为皇后。俄与帝处房陵,每使至,帝辄恐,欲自杀。后止曰:"祸福何常,早晚等死耳,无遽!"及帝复即位,后居中宫。

是时,上官昭容与政事,方敬晖等将尽诛诸武,武三思惧,乃因昭容入请,得幸于后,卒谋晖等诛之。初,帝幽废,与后约:"一朝见天日,不相制。"至是与三思升御床博戏,帝从旁典筹,不为忤。三思讽群臣上后号为顺天皇后。乃亲谒宗庙,赠父玄贞上洛郡王。左拾遗贾虚己建言："非李氏王者,盟书共弃之。今复国未几,遽私后家,且先朝祸鉴未远,甚可惧也。如令皇后固辞,使天下知后宫谦让,不亦善乎?"不听。神龙三年,节愍太子举兵败。宗楚客率群臣请加号"翊圣",诏可。禁中谬传有五色云起后衣笥,帝图以示诸朝,因大赦天下,赐百官母、妻封号。太史迦叶志忠表上《桑条歌》十二篇,言后当受命,曰:"昔高祖时,天下歌《桃李》;太宗时,歌《秦王破阵》;高宗歌《堂堂》;天后世,歌《武媚娘》;皇帝受命,歌《英王石州》;后今受命,歌《桑条韦》。盖后妃之德专蚕桑,共宗庙事也。"乃赐志忠第一区,彩七百段。太常少卿郑愔因之被乐府。楚客又讽补阙赵延禧离释《桑条》为九十八代,帝大喜,擢延禧谏议大夫。

　　于是昭容以武氏事动后。即表增出母服;民以二十三为丁,限五十九免;五品而上母、妻不繇夫、子封者,丧得用鼓吹。数改制度,阴储人望。稍宠树亲属,封拜之。昭容与母及尚宫贺娄等多受金钱。封巫赵陇西夫人,出入禁中,势与上官垺。繇是墨敕斜封出矣。三年,帝亲郊,引后亚献。明年,正月望夜,帝与后微服过市,彷徉观览,纵宫女出游,皆淫奔不还。国子祭酒叶静能善禁架,常侍马秦客高医,光禄少卿杨均善烹调,皆引入后廷。均、秦客蒸于后,尝丧免,不历旬辄起。

　　帝遇弑,议者欢咎秦客及安乐公主。后大惧,引所亲议计,乃以刑部尚书裴谈、工部尚书张锡辅政,留守东都;诏将军赵承福、薛简以兵五百卫谯王重福;与兄温定策,立温王重茂为皇太子,列府兵五万分二营屯京师,然后发丧。太子即位,是为殇帝。皇太后临朝,温总内外兵,检护宫省。族弟濯、播,宗子捷、璇,璇甥高崇及武延秀,分领左右屯营、羽林、飞骑、万骑。京师大恐,传言且革命。播、璇入军中,鞭督万骑欲立威,士怨不为用。俄而临淄王引兵夜披玄武门入羽林,杀璇、播、崇于寝,斧关叩太极殿。后遁入飞骑营,为乱兵所杀。斩延秀、安乐公主。分捕诸韦、诸武与其支党,悉诛之,枭后及安乐首东市。翌日,追贬为庶人,葬以一品礼。

上官昭容者，名婉儿，西台侍郎仪之孙。父廷芝，与仪死武后时。母郑，太常少卿休远之姊。

婉儿始生，与母配掖廷。天性韶警，善文章，年十四，武后召见，有所制作，若素构。自通天以来，内掌诏命，挦丽可观。尝忤旨当诛，后惜其才，止黥而不杀也。然群臣奏议及天下事皆与之。

帝即位，大被信任，进拜昭容，封郑沛国夫人。婉儿通武三思，故诏书推右武氏，抑唐家，节愍太子不平。及举兵，叩肃章门索婉儿，婉儿曰："我死，当次索皇后、大家矣！"以激怒帝，帝与后挟婉儿登玄武门避之。会太子败，乃免。婉儿劝帝侈大书馆，增学士员，引大臣名儒充选。数赐宴赋诗，君臣赓和，婉儿常代帝及后、长宁安乐二主，众篇并作，而采丽益新。又差第群臣所赋，赐金爵，故朝廷靡然成风。当时属辞者，大抵虽浮靡，然所得皆有可观，婉儿力也。郑卒，谥节义夫人。婉儿请降秩行服，诏起为婕妤，俄还昭容。帝即婉儿居穿沼筑岩穷，饰胜趣，即引侍臣宴其所。是时，左右内职皆听出外，不问止。婉儿与近嬖至皆营外宅，邪人秽夫争候门下，肆狎昵，因以求剧职要官。与崔湜乱，遂引知政事。湜开商山道，未半，因帝遗制，虚列其功，加甄赏。韦后之败，斩阙下。

初，郑方妊，梦巨人畀大称曰："持此称量天下。"婉儿生逾月，母戏曰："称量者岂尔耶？"辄哑然应。后内秉机政，符其梦云。景云中，追复昭容，谥惠文。始，从母子王昱为拾遗，昱戒曰："上往囚房陵，武氏得志矣，卒而中兴，天命所在，不可幸也。三思虽乘衅，天下知必败。今昭容上所信，而附之，且灭族！"郑以责婉儿，不从。节愍诛三思，果索之，始忧惧。及草遗制，即引相王辅政。临淄王兵起，被收。婉儿以诏草示刘幽求，幽求言于王，王不许，遂诛。开元初，裒次其文章，诏张说题篇。

睿宗肃明顺圣皇后刘氏，祖德威，自有传。仪凤中，帝在藩，纳为孺人，俄为妃。生宁王、寿昌代国二公主。帝即位，为皇后。会帝降号皇嗣，复为妃。长寿二年，为户婢诬与窦德妃挟蛊道祝诅武后，并杀之宫中,葬秘莫知。景云无年,追谥肃明皇后。

睿宗昭成顺圣皇后窦氏,曾祖抗,父孝谌,自有传。

后婉淑,尤循礼则。帝为相王,纳为孺人;即位,进德妃。生玄宗及金仙、玉真二公主。与肃明同追谥,并招魂葬东都之南,肃明曰惠陵,后曰靖陵,立别庙曰仪坤以享云。帝崩,追称皇太后,与肃明祔桥陵。后以子贵,故先祔睿宗室。肃明以开元二十年乃得祔庙。

初,太常加谥后曰“大昭成”。或言:“法宜引‘圣真’冠谥,而曰‘大昭成’非也。以单言配之,应曰‘圣昭’若‘睿成’;以复言配之,应曰‘大圣昭成’、‘圣真昭成’。”又引太穆皇后始谥穆,及高祖崩,合帝谥曰太穆,追增太穆神皇后;文德皇后始谥文德,及太宗崩,合谥文德圣皇后。又援范晔著汉光烈等为比。太常谓:“晔以帝号标后谥,是史家记事体,妇人非必与夫同也。入庙称后,系夫;在朝称太,系子。‘文母’,生号也;‘文王’既没谥也。周公岂以夫从妇乎?汉法不可以为据。”制曰“可”。天宝八载制诏,自太穆而下六皇后,并增上“顺圣”二谥云。

玄宗皇后王氏,同州下邽人。梁冀州刺史神念之裔孙。帝为临淄王,聘为妃,将清内难,预大计。先天元年,立为皇后。久无子,而武妃稍有宠,后不平,显诋之。然抚下素有恩,终无肯谮短者。帝密欲废后,以语姜皎。皎漏言,即死。后兄守一惧,为求猒胜,浮屠明悟教祭北斗,取霹雳木刻天地文及帝讳合佩之,曰:“后有子,与则天比。”开元十二年,事觉,帝自临劾有状,乃制诏有司:“皇后天命不祐,华而不实,有无将之心,不可以承宗庙母仪天下,其废为庶人。”赐守一死。

始,后以爱弛,不自安。承间泣曰:“陛下独不念阿忠脱紫半臂易斗面,为生日汤饼邪?”帝悯然动容。阿忠,后呼其父仁皎云。繇是久乃废。当时王谞作《翠羽帐赋》讽帝。未几卒,以一品礼葬。后宫思慕之,帝亦悔。宝应元年,追复后号。

　　玄宗贞顺皇后武氏，恒安王攸止女，幼入宫。帝即位，寝得幸。时王皇后废，故进册惠妃，其礼秩比皇后。

　　初，帝在潞，赵丽妃以倡幸，有容止，善歌舞。开元初，父兄皆美官。及妃进，丽妃恩亦弛，以十四年卒，谥曰和。生太子瑛。而皇甫德仪生鄂王，刘才人生光王，皆藩邸之旧，后爱薄，而妃乃专宠。封所生母杨郑国夫人，弟忠国子祭酒，信秘书监。将遂立皇后，御史潘好礼上疏曰："《礼》，父母仇，不共天。《春秋》，子不复仇，不子也。陛下欲以武氏为后，何以见天下士！妃再从叔三思也，从父延秀也，皆干纪乱常，天下共疾。夫恶木垂荫，志士不息；盗泉飞溢，廉夫不饮。匹夫匹妇尚相择，况天子乎？愿慎选华族，称神祇之心。《春秋》：宋人夏父之会，无以妾为夫人；齐桓公誓葵丘曰：'无以妾为妻。'此圣人明嫡庶之分。分定，则窥竞之心息矣。今人间咸言右丞相张说欲取立后功图复相，今太子非惠妃所生，而妃有子，若一俪宸极，则储位将不安。古人所以谏其渐者，有以也！"遂不果立。

　　妃生子必秀巕，凡二王、一主，皆不育。及生寿王，帝命宁王养外邸。又生盛王、咸宜太华二公主。后李林甫以寿王母爱，希妃意陷太子、鄂光二王，皆废死。会妃薨，年四十余。赠皇后及谥，葬敬陵。

　　玄宗元献皇后杨氏，华州华阴人。曾祖士达，为隋纳言。天授中，以武后母党，追封士达为郑王，父知庆太尉。

　　帝在东宫，后以景云初入宫为良媛。时太平公主忌帝，而宫中左右持两端，纤悉必闻。媛方娠，帝不自安，密语侍读张说曰："用事者不欲吾多子，奈何？"命说挟剂以入，帝于曲室自煮之。梦若有介而戈者环鼎三，而三煮尽覆。以告说，说曰："天命也！"乃止。生男，是为肃宗。

　　帝即位，为贵嫔。其姊，节愍太子妃也。初，肃宗生，卜云："不宜养。"乃命王皇后举之。后无子，抚肃宗如所生。后又生宁亲公主，乃薨。说以旧恩,故子埙得尚宁亲。肃宗即位,至德二载,太上皇自蜀诰有司"其议尊称",遂上册谥。宝应末,祔泰陵。

玄宗贵妃杨氏,隋梁郡通守汪四世孙,徙籍蒲州,遂为永乐人。幼孤,养叔父家。始为寿王妃。开元二十四年,武惠妃薨,后廷无当帝意者。或言妃姿质天挺,宜充掖廷,遂召内禁中,异之,即为自出妃意者,丐籍女官,号"太真",更为寿王聘韦昭训女,而太真得幸。善歌舞,邃晓音律,且智算警颖,迎意辄悟。帝大悦,遂专房宴,宫中号"娘子",仪体与皇后等。

天宝初,进册贵妃,追赠父玄琰太尉、齐国公。擢叔玄珪光禄卿,宗兄铦鸿胪卿;锜侍御史,尚太华公主。主,惠妃所生,最见宠遇。而钊亦寖显。钊,国忠也。三姊皆美劭,帝呼为姨,封韩、虢、秦三国,为夫人,出入宫掖,恩宠声焰震天下。每命妇入班,持盈公主等皆让不敢就位。台省、州县奉请托,奔走期会过诏敕。四方献饷结纳,门若市然。建平、信成二公主以与妃家忤,至追内封物,驸马都尉独孤明失官。它日,妃以谴还铦第,比中仄,帝尚不御食,笞怒左右。高力士欲验帝意,乃白以殿中供帐、司农酒饩百余车送妃所,帝即以御膳分赐。力士知帝旨,是夕,请召妃还,下钥安兴坊门驰入。妃见帝,伏地谢,帝释然,抚尉良渥。明日,诸姨上食,乐作,帝骤赐左右不可资。由是愈见宠,赐诸姨钱岁百万为脂粉费。铦以上柱国门列戟,与锜、国忠、诸姨五家第舍联亘,拟宪宫禁,率一堂费缗千万。见它第有胜者,辄坏复造,务以瑰侈相夸诩,土木工不息。帝所得奇珍及贡献分赐之,使者相衔于道,五家如一。

妃每从游幸,乘马则力士授辔策。凡充锦绣官及冶瑑金玉者,大抵千人,奉须索,奇服秘玩,变化若神。四方争为怪珍入贡,动骇耳目。于是岭南节度使张九章、广陵长史王翼以所献最,进九章银青阶,擢翼户部侍郎,天下风靡。妃嗜荔支,必欲生致之,乃置骑传送,走数千里,味未变已至京师。

天宝九载,妃复得谴还外第,国忠谋于吉温。温因见帝曰:"妇人过忤当死,然何惜宫中一席广为铁锧地,更使外辱乎?"帝感动,辍食,诏中人张韬光赐之。妃因韬光谢帝曰:"妾有罪当万诛,然肤发外皆上所赐,今且死,无以报。"引刀断一缭发奏之曰:"以此留诀。"帝见骇惋,遽召入,礼遇如初。因又幸秦国及国忠第,赐两家巨万。

国忠既遥领剑南,每十月,帝幸华清宫,五宅车骑皆从,家别为队,队一色,俄五家队合,烂若万花,川谷成锦绣,国忠导以剑南旗节,遗钿堕舄,瑟瑟玑琲,狼藉于道,香闻数十里。十载正月望夜,妃家与广宁主僮骑争阆门,鞭挺欢竞,主堕马,仅得去。主见帝泣,乃诏杀杨氏奴,贬驸马都尉程昌裔官。国忠之辅政,其息昢尚万春公主,暄尚延和郡主;弟鉴尚承荣郡主。又诏为玄琰立家庙,帝自书其碑。铦、秦国早死,故韩、虢与国忠贵最久。而虢国素与国忠乱,颇为人知,不耻也。每入谒,并驱道中,从监、侍姆百余骑,炬蜜如昼,靓妆盈里,不施帏障,时人谓为"雄狐"。诸王子孙凡婚聘,必先因韩、虢以请,辄皆遂,至数百千金以谢。

初,安禄山有边功,帝宠之,诏与诸姨约为兄弟,而禄山母事妃,来朝必宴饯结欢。禄山反,以诛国忠为名,且指言妃及诸姨罪。帝欲以皇太子抚军,因禅位,诸杨大惧,哭于廷。国忠入白妃,妃衔块请死,帝意沮,乃止。及西幸至马嵬,陈玄礼等以天下计诛国忠,已死,军不解。帝遣力士问故,曰:"祸本尚在!"帝不得已,与妃诀,引而去,缢路祠下,裹尸以紫茵,瘗道侧,年三十八。

帝至自蜀,道过其所,使祭之,且诏改葬。礼部侍郎李揆曰:"龙武将士以国忠负上速乱,为天下杀之。今葬妃。恐反仄自疑。"帝乃止。密遣中使者具棺椁它葬焉。启瘗,故香囊犹在,中人以献,帝视之,凄感流涕,命工貌妃于别殿,朝夕往,必为鲠欷。

马嵬之难,虢国与国忠妻裴柔等奔陈仓,县令率吏追之,意以为贼,弃马走林。虢国先杀其二子,柔曰:"丐我死!"即并其女刺杀之,乃自刭,不殊,吏载置于狱,问曰:"国家乎?贼乎?"吏曰:"互有之。"乃死,瘗陈仓东郭外。

　　赞曰：或称武、韦乱唐同一辙，武持久，韦亟灭，何哉？议者谓
否。武后自高宗时挟天子威福，胁制四海，虽逐嗣帝，改国号，然赏
罚己出，不假借群臣，僭于上而治于下，故能终天年，阽乱而不亡。
韦氏乘夫，淫蒸于朝，斜封四出，政放不一，既鸩杀帝，引睿宗辅政，
权去手不自知，戚地已疏，人心相挺。玄宗藉其事以撼豪英，故取若
掇遗，不旋踵宗族夷丹，势夺而事浅也。然二后遗后王戒，顾不厚
哉！

唐书卷七七
列传第二

后妃下

张皇后　　章敬吴太后

贞懿独孤皇后　　睿真沈太后

昭德王皇后　韦贤妃　　庄宪王皇后

懿安郭太后　　孝明郑太后

恭僖王太后　　贞献萧太后

宣懿韦太后　尚宫宋若昭　　郭贵妃

王贤妃　　元昭晁太后　　惠安王太后

郭淑妃　　恭宪王太后　　何皇后

　　肃宗废后庶人张氏,邓州向城人,家徙新丰。祖母窦,昭成皇后女弟也。玄宗幼失昭成,母视姨,鞠爱笃备。帝即位,封邓国夫人,亲宠无比。五息子,曰去惑、去疑、去奢、去逸、去盈,皆显官。去盈尚常芬公主。去逸生后。

　　肃宗为忠王时,纳韦元珪女为孺人。既建太子,以孺人为妃,后为良娣。妃兄坚为李林甫构死,太子惧,请与妃绝,毁服幽禁中。安禄山反,陷于贼,至德中薨。

　　始,妃既绝,良娣得专侍太子,慧中而辩,能迎意傅合。玄宗西幸,娣与太子从,度渭,民鄫道乞留复长安,太子不听。中人李辅国密启,娣又赞其谋,逐定计北趣灵武。时军卫单寡,夕次,娣必寝前,太子曰:"暮夜可虞,且捍贼非妇人事,宜少戒。"对曰:"方多事,若仓卒,妾自当之,殿下可徐为计。"驻灵武,产子三日,起缝战士衣,太子敕止,对曰:"今岂自养时邪?"乾元初,册拜淑妃,赠其父尚书左仆射,姊妹皆封号,弟清、潜尚大宁、延和二郡主。逐立为皇后,诏内外命妇悉朝光顺门。

后能牢宠,稍稍豫政事,与李辅国相助,多以私谒桡权。亲蚕苑中,群命妇相礼,仪物甚盛。二年,群臣上帝尊号,后亦讽群臣尊己号"翊圣",帝问李揆,揆争不可。会月蚀,帝以咎在后宫,乃止。又与辅国谋徙上皇西内。端午日,帝召见山人李唐,帝方拥幼女,顾唐曰:"我念之,无怪也。"唐曰:"太上皇今日亦当念陛下。"帝泫然涕下,而内制于后,卒不敢谒西宫。帝不豫,后自箴血写佛书以示诚。初,建宁王倓数短后于帝,上皇在蜀,以七宝鞍赐后,而李泌请分以赏战士,倓助泌请,故后怨,卒被潜死。繇是太子深畏,事后谨甚。后犹欲危之,然以子侣早世而佋幼,故太子得无患。宝应元年,帝大渐,后与内官朱辉光等谋立越王系,而李辅国、程元振以兵卫太子,幽后别殿。代宗已立,群臣白帝请废为庶人,杀之。清、潜与舅窦履信皆流放,支党伏诛。

肃宗章敬皇后吴氏,濮州濮阳人。父令珪,以郫丞坐事死,故后幼入掖廷。

肃宗在东宫,宰相李林甫阴构不测,太子内忧,鬓发班秃。后入谒,玄宗见不悦,因幸其宫,顾廷宇不汛扫,乐器尘蠹,左右无嫔侍,帝愀然谓高力士曰:"儿居处乃尔,将军岂使我知乎?"诏选京兆良家子五人虞侍太子,力士曰:"京兆料择,人得以藉口,不如取掖廷衣冠子,可乎?"诏可。得三人,而后在中,因蒙幸。忽寝厌不寤,太子问之,辞曰:"梦神降我,介而剑,决我胁以入,殆不能堪。"烛至,其文尚隐然。生代宗,为嫡皇孙。生之三日,帝临澡之。孙体挛弱,负姆嫌陋,更取他宫儿以进,帝视之不乐,姆叩头言非是。帝曰:"非尔所知,趣取儿来!"于是见嫡孙,帝大喜,向日视之,曰:"福过其父。"帝还,尽留内乐宴具,顾力士曰:"可与太子饮,一日见三天子,乐哉!"

后性谦柔,太子礼之甚渥,年十八薨。代宗即位,群臣请以后祔肃宗庙,乃追尊为皇后,上谥,合葬建陵。启故宔,貌泽若生,衣皆赭色,见者叹异,谓有圣子之符云。

代宗贞懿皇后独孤氏,失其何所人。父颖,左威卫录事参军。天宝中,帝为广平王,时贵妃杨氏外家贵冠戚里,秘书少监崔峋妻韩国夫人以其女女皇孙为妃。妃生子偲,所谓召王者。妃倚母家,颇骄媚。诸杨诛,礼寝薄,及薨,后以姝艳进,居常专夜。王即位,册贵妃,生韩王迥、华阳公主。

大历十年薨,追号为皇后,上谥。帝悼思不已,故殡内殿,累年不外葬。后三年,始诏于都左治陵,欲朝夕望见之。补阙姚南仲谏而止,乃葬庄陵。诏宰相常衮为哀册,帝于后厚,故送终华广,务称其情,衮极道凄婉,以中帝意。又诏群臣为挽辞,帝择其尤悲者令歌之。

初,后爱遇第一,官其宗叔卓少府监,兄良佐太子中允。

代宗睿真皇后沈氏,吴兴人。开元末,以良家子入东宫,太子以赐广平王,实生德宗。

天宝乱,贼囚后东都掖廷。王入洛,复留宫中。时方北讨,未及归长安,而河南为史思明所没,遂失后所在。代宗立,以德宗为皇太子,诏访后在亡,不能得。

德宗即位,乃先下诏赠后曾祖士衡太保,祖介福太傅,父易直太师,弟易良司空,易直子震太尉。一日封拜百二十七人,诏制皆锦翠池饰,以厩马负载赐其家。易良妻崔入谒,帝易服,召王、韦美人出拜,诏崔勿答。

建中元年，乃具册前上皇太后尊号，帝供张含元殿，具衮冕，出自左序，立东方，群臣在位，帝再拜奉册，欷歔感咽，左右皆泣。于是中书舍人高参上议：“汉文帝即位，遣薄昭迎太后于代。今宜用汉故事，令有司择日分遣诸沈行州县物色咨访，以述宣皇帝孝思意，冀上天降休，灵命允答，须审知皇太后行在，然后遣大臣备法驾奉迎。”帝乃以睦王述为奉迎使，工部尚书乔琳副之，升平公主侍起居，使者分行天下。

故中官高力士女颇能言禁中事，与女官李真一尝从后游，李见高，疑问之，含糊不坚，而年状差似后。又后尝削脯哺帝，伤左指，高亦尝剖瓜伤指。是时宫中无识后者。于是迎还上阳宫，驰以闻。帝喜，群臣皆贺。力士子知非是，具言其情，诏贷之。帝谓左右：“吾宁受百罔。冀一得真。”于是自谓太后者数矣，及索验左，皆辞穷，终帝世无闻焉。贞元七年，诏赠外高祖琳为司徒，封徐国公，为立五庙，以琳为始祖，诏族子房为金吾将军，奉其祀。

宪宗即位，有司建言：“皇太后沈氏厌代二十有七年，大行皇帝至孝，哀思罔极，建中时，发明诏，遣使者奉迎，凡舟车所至罔不逮，岁推月迁，参访理绝。请因大行皇帝启殡，诏群臣为皇太后发哀肃章内殿，中人奉袆衣置幄坐，宫中朝夕上食，告天地宗庙，上太皇太后谥册，作神主祔代宗庙，备法驾，奉袆衣，纳于元陵祠室。”诏曰：“可。”

德宗昭德皇后王氏，本仕家，失其谱系。帝为鲁王时纳为嫔，生顺宗，尤见宠礼。既即位，册号淑妃，赠其父遇扬州大都督，子姓姻出悉得官。

贞元三年，妃久疾，帝念之，遂立为皇后。册礼方讫而后崩，群臣大临三日，帝七日释服，将葬，后母郕国郑夫人请设奠，有诏祭物无用寓，欲祭听之。于是宗室王、大臣李晟、浑瑊等皆祭，自发途日日奠，终发引乃止。葬靖陵，置令丞如它陵台。立庙，奏《坤元之舞》。敕宰相张延赏、柳浑等制乐曲，帝嫌文不工；李纾上谥册曰“大行皇后”，帝又谓不典。并诏翰林学士吴通玄改撰，册曰：“咨后王氏”。然议者谓岑文本所上文德皇后册言：“皇后长孙氏”为得礼。永贞元年，改祔崇陵。

德宗贤妃韦氏，戚里旧族也。祖濯，尚定安公主。初为良娣，德宗贞元四年，册拜贤妃。宫壸事无不听，而性敏淑，言动皆有绳矩，帝宠重之，后宫莫不师其行。帝崩，自表留奉崇陵园。元和四年薨。

顺宗庄宪皇后王氏，琅邪人。祖难得，有功名于世。代宗时，后以良家选入宫，为才人。顺宗在藩，帝以才人幼，故赐之，为王孺人，是生宪宗。王在东宫，册为良娣。后性仁顺，宫中化其德，莫不柔雍。顺宗即位，疾已绵顿，后侍医药不少怠。将立后，会病棘而止。宪宗内禅，尊为太上皇后。元和元年，乃上尊号曰皇太后。

后谨畏，深抑外家，无豪丝假贷，训厉内职，有古后妃风。十一年崩，年五十四。遗令曰：“皇太后敬问具位。万物之理，必归于有极，未亡人婴霜露疾，日以衰顿，幸终天年，得奉陵寝，志愿获矣，其何所哀。易月之典，古今所共。皇帝宜三日听政，服二十七日释。天下吏民，令到临三日止。宫中非朝暮临，无辄哭。无禁昏嫁、祠祀、饮食酒肉。已释服，听举乐，侍医无加罪。陪祔如旧制。”有司上谥，葬丰陵。

宪宗懿安皇后郭氏，汾阳王子仪之孙。父暧，尚升平公主，实生后。宪宗为广陵王，娉以为妃。顺宗以其家有大功烈，而母素贵，故礼之异诸妇，是生穆宗。元和元年，进册贵妃。八年，群臣三请立为后，帝以岁子午忌，又是时后廷多嬖艳，恐后得尊位，钳掣不得肆，故章报闻罢。

穆宗嗣位，上尊号皇太后，赠暧太尉，母齐国大长公主，擢兄钊刑部尚书，鈇金吾大将军。后移御兴庆宫，凡朔望三朝，帝率百官诣宫门为寿。或岁时庆问燕飨，后宫戚里内外妇，车骑骈壅，环佩之声满宫。帝亦豪矜，朝夕供御，务华衍侈大称后意。后尝幸骊山，登览裴回，诏景王督禁甲从，帝自到昭应奉迎，留帐饮数日还。帝崩，中人有为后谋称制者，后怒曰："吾效武氏邪？今太子虽幼，尚可选重德为辅，吾何与外事哉？"

敬宗立，号太皇太后。宝历仓卒，后召江王嗣皇帝位，是为文宗。文宗性谨孝，事后有礼，凡羞果鲜珍及四方奇奉，必先献宗庙、三宫，而后御之。

武宗喜畋游，角武抃，择五坊小儿得出入禁中。它日问后起居，从容请曰："如何可为盛天子？"后曰："谏臣章疏宜审览，度可用用之，有不可，以询宰相。毋拒直言，勿纳偏言，以忠良为腹心，此盛天子也。"帝再拜，还索谏章阅之，往往道游猎事，自是畋幸稀，小儿武抃等不复横赐矣。

宣宗立，于后，诸子也，而母郑，故侍儿，有曩怨。帝奉养礼稍薄，后郁郁不聊，与一二侍人登勤政楼，将自陨，左右共持之。帝闻不喜，是夕后暴崩。有司上尊谥，葬景陵外园。太常官王皞请后合葬景陵，以主祔宪宗室，帝不悦，令宰相白敏中让之。皞曰："后乃宪宗东宫元妃，事顺宗为妇，历五朝母天下，不容有异论。"敏中亦怒，周墀又责谓，皞终不桡，墀曰："皞信孤直。"俄贬皞句容令，懿宗咸通中，皞还为礼官，申抗前论，乃诏后主祔于庙。

宪宗孝明皇后郑氏，丹杨人，或言本尔朱氏。元和初，李锜反，有相者言后当生天子。锜闻，纳为侍人。锜诛，没入掖廷，侍懿安后。宪宗幸之，生宣宗。宣宗为光王，后为王太妃，及即位，尊为皇太后。太后不肯别处，故帝奉养大明宫，朝夕躬省候焉。懿宗立，尊后为太皇太后。咸通三年，帝奉后宴三殿，命翰林学士侍立结绮楼下。六年崩，移仗西内，上谥册，葬景陵旁园。

穆宗恭僖皇后王氏，越州人，本仕家子。幼得侍帝东宫，生敬宗。长庆时，册为妃，敬宗立，上尊号为皇太后，赠后父绍卿司空，母张追封赵国夫人。文宗时,称宝历太后。大和五年,宰相建白以太皇太后与宝历太后称号未辨,前代诏令不敢斥言,皆以宫为称,今宝历太后居义安殿,宜曰义安太后,诏可。会昌五年崩,有司上谥,葬光陵东园。

穆宗贞献皇后萧氏,闽人也。穆宗为建安王,后得侍,生文宗,文宗立,上尊号曰皇太后。

初,后去家入长安,不复知家存亡,惟记有弟,帝为访之。俄有男子萧洪因后姊婿吕璋白见之,太后谓得真弟,悲不自胜,帝拜洪金吾将军,出为河阳三城节度使,稍徙鄜坊。始,节度自神策出者,举军为辨袋,因三倍取偿。洪所代未及偿而死,军中并责偿于洪,洪不许,左军中尉仇士良憾之。会闽有男子萧本又称太后弟,士良以闻,自鄜坊召洪下狱按治,洪乃代人,诏流欢州,不半道,赐死。擢本赞善大夫,宠赠三世,帝以为真,不淹旬,赐累巨万。然太后真弟庸软莫能自达,本给得其家系,士良主之,遂听不疑。历卫尉卿、金吾将军。会福建观察使唐扶上言,泉州男子萧弘自言太后弟,御史台参治非是,昭义刘从谏又为言,请与本辨,有诏三司高元裕、孙简、崔郇杂问,乃皆妄。本流爱州,弘儋州,而太后终不获弟。

初,大和中,懿安太后居兴庆宫,宝历太后居义安殿,后居大内,号"三宫太后"。帝每五日问安及岁时庆谒,率繇复道至南内,群臣及命妇诣宫门候起居。有司献四时新物送三宫,亦称赐,帝曰:"上三宫,何可言赐?"遽索笔灭"赐"为"奉"。开成中,正月望夜,帝御咸泰殿,大然镫作乐,迎三宫太后,奉觞进寿,礼如家人,诸王、公主皆得侍。

武宗时,徙积庆殿,又号积庆太后。大中元年崩,上今谥。

穆宗宣懿皇后韦氏,失其先世。穆宗为太子,后得侍,生武宗。长庆时,册为妃。

武宗立,妃已亡,追册为皇太后,上尊谥,又封后二女弟为夫人。有司奏："太后陵宜别制号。"帝乃名所葬园曰福陵。既又问宰相："葬从光陵与但祔庙孰安?"奏言："神道安于静,光陵因山为固,且二十年,不可更穿。福陵崇筑已有所,当遂就。臣等请奉主祔穆宗庙便。"帝乃下诏："朕因诞日展礼于太皇太后,谓朕曰:'天子之孝,莫大于承续。'今穆宗皇帝虚合享之位,而宣懿太后实生嗣君,当以祔庙。"由是奉后合食穆宗室。

尚宫宋若昭,贝州清阳人,世以儒闻。父廷芬,能辞章,生五女,皆警慧,善属文。长若莘,次若昭、若伦、若宪、若荀。莘、昭文尤高。皆性素洁,鄙薰泽靓妆,不愿归人,欲以学名家,家亦不欲与寒乡凡裔为姻对,听其学。若莘诲诸妹如严师,著《女论语》十篇,大抵准《论语》,以韦宣文君代孔子,曹大家等为颜、冉,推明妇道所宜。若昭又为传申释之。

贞元中,昭义节度使李抱真表其才,德宗召入禁中,试文章,并问经史大谊,帝咨美,悉留宫中。帝能诗,每与侍臣赓和,五人者皆预,凡进御,未尝不蒙赏。又高其风操,不以妾侍命之,呼学士。擢其父饶州司马、习艺馆内教,赐第一区,加谷帛。

元和末,若莘卒,赠河内郡君。自贞元七年,秘禁图籍,诏若莘总领,穆宗以若昭尤通练,拜尚宫,嗣若莘所职,历宪、穆、敬三朝,皆呼先生,后妃与诸王、主率以师礼见。宝历初卒,赠梁国夫人,以卤簿葬。

若宪代司秘书,文宗尚学,以若宪善属辞,粹论议,尤礼之。大和中,李训、郑注用事,恶宰相李宗闵,谮言因驸马都尉沈䓤厚赂若宪求执政。帝怒,幽若宪外第,赐死,家属徙岭南。训、注败,帝悟其谮,追恨之。

若伦、若荀早卒。廷芬男独愚不可教,为民终身。

敬宗贵妃郭氏,右威卫将军义之子,失义何所人。长庆时,后以容选入太子宫。太子即位,为才人,生晋王普。帝以早得子,又淑丽冠后廷，故宠异之。逾年，为贵妃，赠父礼部尚书，兄环少府少监，赐大第。文宗立，爱晋王若己子，待妃礼不衰。亡其薨年。

武宗贤妃王氏，邯郸人，失其世。年十三，善歌舞，得入宫中。穆宗以赐颍王。性机悟。开成末，王嗣帝位，妃阴为助画，故进号才人，遂有宠。状纤颀，颇类帝。每畋苑中，才人必从，袍而骑，校服光侈，略同至尊，相与驰出入，观者莫知孰为帝也。帝欲立为后，宰相李德裕曰："才人无子，且家不素显，恐诒天下议。"乃止。

帝稍惑方士说，欲饵药长年，后寝不豫。才人每谓亲近曰："陛下日燎丹，言我取不死。肤泽消槁，吾独忧之。"俄而疾侵，才人侍左右，帝熟视曰："吾气奄奄，情虑耗尽，顾与汝辞。"答曰："陛下大福未艾，安语不祥？"帝曰："脱如我言，奈何？"对曰："陛下万岁后，妾得以殉。"帝不复言。及大渐，才人悉取所常贮散遗宫中，审帝已崩，即自经幄下。当时嫔媛虽常妒才人专上者，返皆义才人，为之感恸。宣宗即位，嘉其节，赠贤妃，葬端陵之柏城。

宣宗元昭皇后晁氏，不详其世。少入邸，最见宠荅。及即位，以为美人。大中中薨，赠昭容，诏翰林学士萧置铭其窆，具载生郓王、万寿公主。后夔、昭等五王居内院，而郓独出阁。及即位，是为懿宗。外颇疑帝非长。置出铭辞以示外廷，乃解。帝追册昭容为皇太后，上尊谥，诏后二等以上亲悉官之，配主宣宗庙，自建陵曰庆陵，置宫寝。

懿宗惠安皇后王氏，亦失所来。咸通中，册号贵妃，生普王。七年薨。十四年，王即位，是为僖宗。追尊皇太后，册上谥号，祔主懿宗庙，即其园为寿陵。后属缌以上，帝悉官之。

懿宗淑妃郭氏，幼入郓王邸。宣宗在位，春秋高，恶人言立太子事。王以嫡长居外宫，心常忧惴。妃护侍左右，慰安起居，终得无恙。

生女未能言,忽曰:"得活。"王惊异之。及即位,以妃为美人,进拜淑妃。

女为同昌公主,下嫁韦保衡。保衡处内宅,妃以主故,出入娱饮不禁,是时哗言与保衡乱,莫得其端。僖宗立,保衡缘它罪为人所发,且污旧谤,卒贬死。妃犹处禁中。黄巢之难,天子出蜀仓卒,妃不及从,遂流落闾里,不知所终。

懿宗恭宪皇后王氏,其出至微。咸通中,列后廷,得幸,生寿王而卒。王立,是为昭宗,追号皇太后,上谥,祔主懿宗室,即故葬号安陵,召后弟瓌官之。

景福初,瓌位任寖重,帝亦以外家倚之,为中尉杨复恭所娼,表为黔南节度使。瓌之镇,道吉柏江,复恭密喻杨守亮覆其家。

昭宗皇后何氏,梓州人,系族不显。帝为寿王,后得侍,婉丽多智,恩荅厚甚。既即位,号淑妃。从狩华州,诏册为皇后。

光化三年,帝猎夜归,后遣德王还邸,遇刘季述,留王紫廷院。明日,季述等挟王陈兵召百官,胁帝内禅。后恐贼臣加害天子,即取玺授季述,与帝同幽东宫。贼平,反正。

天复中,从帝驻凤翔,李茂贞请帝劳军,不得已,后从御南楼。会朱全忠逼帝东迁,后谓帝曰:"此后大家夫妇委身贼手矣!"涕数行下。帝奔播既屡,威柄尽丧,左右皆悍逆庸奴,后侍膳服,无须臾去侧。至洛,帝忧,忽忽与后相视无死所。已而遇弑。

哀帝即位,尊为皇太后,宫中不敢哭,徙居积善宫,号积善太后。帝将禅天下,后亦遇害。初,蒋玄晖为全忠邀九锡,入喻,后度不免,见玄晖垂泣祈哀,以母子托命。宣徽使赵殷衡谮于全忠曰:"玄晖等铭石像瘗积善宫,将复唐。"全忠怒,遂遣缢后,以丑名加之,废为庶人。

唐书卷七八
列传第三

宗　室

江夏王道宗 　广宁县公道兴

永安王孝基 　涵　　淮阳王道玄 　汉

长平王叔良 　郇国公孝协　彭国公思训

新兴郡王晋　长乐王幼良　襄武王琛

河间王孝恭 　晦　　汉阳王瓌

庐江王瑗　淮安王神通 　胶东王道彦

梁郡公孝逸　国贞　嵩　说　齐物　复

襄邑王神符 　从晦　　陇西公博义

渤海王奉慈 　戬

太祖八子：长延伯，次真，次世祖皇帝，次璋，次绘，次祎，次蔚，次亮。

南阳公延伯，蚤薨，无嗣。高祖武德中，与六王同追封。

谯王真，从太祖战殁，无嗣。

毕王璋，仕周为梁州刺史，与赵王祐谋杀隋文帝，不克，死。生二子：曰韶，曰孝基。韶死隋世，武德时追封东平王，生子道宗。

江夏郡王道宗字承范。高祖即位，授左千牛备身、略阳郡公。裴寂与刘武周战度索原，寂败，贼逼河东，道宗年十七，从秦王讨贼。王登玉壁城以望，谓道宗曰："贼怙众欲战，尔计谓何？"对曰："武周席胜，剡然锋未可当，正宜以计摧之。且乌合之众惮持久，若坚壁以顿其锐，须食尽气老，可不战禽也。"王曰："而意与我合。"既而贼粮匮，夜引去，追战灭之。

出为灵州总管。时梁师都弟洛仁连突厥兵数万傅于垒，道宗闭城守，伺隙出战，破之。高祖谓裴寂曰："昔魏任城王彰有却敌功，道宗似之。"因封任城王。

始，突厥郁射设入居五原，道宗逐出之，震耀威武，斥地赢千里。贞观元年，召拜鸿胪卿，迁大理。太宗方经略突厥，复授灵州都督。三年，为大同道行军总管，助李靖破虏，亲执颉利可汗，赐封六百户，还为刑部尚书。吐谷浑寇边，靖出昆丘道，诏与侯君集为靖副。贼闻兵且至，走嶂山数千里。诸将欲止，独道宗请穷追，靖曰："善。"君集未从。道宗以单师进，去大军十日，及之。吐谷浑拒险殊死斗，道宗阴引千骑超山乘其后，贼惊，遂大溃。徙封江夏，授鄂州刺史。久之，坐贪赃，帝闻，怒曰："朕提四海之富，士马若林，如使辙迹环天下，游观不度，采绝域之玩、海表之珍，顾不得邪？特以劳民自乐，不为也。人心无艺，当以谊制之。今道宗已王，禀赐多而贪不止，顾不鄙哉！"乃免官，削封户，以王就第。明年，召为茂州都督，未行，拜晋州刺史。迁礼部尚书。

侯君集破高昌还，颇怨望。道宗尝从容奏言："君集智小言大，且为戎首。"帝问所以知必反者，对曰："见其忌而矜功，耻为房、李下，官尚书，常郁郁不平。"帝曰："君集诚有功，材无不堪，朕宁惜爵位邪？弟未及耳。不宜轻亿度，使自猜危。"既而君集反，帝笑曰："如公素揣。"

帝将讨高丽，先遣营州都督张俭轻骑度辽规形势，俭畏，不敢深入。道宗请以百骑往，帝许之，约其还，曰："臣请二十日行，留十日览观山川，得还见天子。"因秣马束兵，旁南山入贼地，相易险，度营阵便处。将还，会高丽兵断其路，更走间道，谒帝如期。帝曰："贲、育之勇何以过！"赐金五十斤，绢千匹。

乃诏与李勣为前锋，济辽，拔盖牟城。会贼救至，道宗与总管张君乂领骑裁四千，虏十倍，皆欲浚沟保险须帝至，道宗曰："贼遽来，其兵必疲，我一鼓摧之，固矣。昔耿弇不以贼遗君父，吾为前军，当清道迎乘舆，尚何待？"勣善之。选壮骑数十，突进贼营，左右出入，勣合击，大破之。帝至，咨美，赐奴婢四十口。乃筑拒闉，攻安市城，闉毁傅城，道宗失部分，反为贼据。帝斩其果毅傅伏爱，道宗跣行请罪，帝曰："汉武帝杀王恢，不如秦穆公赦孟明。"遂置不问。在阵伤足，帝亲加砭治，赐御膳。还，以疾辞剧就闲，改太常卿。

高宗永徽初，房遗爱以反诛，长孙无忌、褚遂良与道宗有宿怨，诬与遗爱善，流象州，道病薨，年五十四。无忌等得罪，诏复爵邑。道宗晚好学，接士大夫，不倨于贵。国初宗室，唯道宗、孝恭为最贤。子景恒，封卢国公、相州刺史。

道宗弟道兴，武德初，爵广宁郡王，以属疏降封县公。贞观九年，为交州都督，以南方瘴厉，恐不得年，颇忽忽忧怅，卒于官，赠交州都督。

永安壮王孝基，武德初得王。历陕州总管、鸿胪卿，以罪夺官。

二年，刘武周寇太原，夏人吕崇茂以县应贼。诏孝基为行军总管攻之，工部尚书独孤怀恩、内史侍郎唐俭、陕州总管于筠隶焉。筠请急攻城，绝外援，且当有变。时怀恩挟异计，绐说孝基曰："夏城坚，攻之引日，宋金刚在近，内拒外强，一败涂地。不如顿兵待秦王破贼，则夏自孤，此谓不战而屈人也。"孝基谓然。会尉迟敬德至，与崇茂夹廖官师，遂大败。孝基及筠等皆执于贼，谋亡归，为贼所害。高祖为发哀，优赐其家。晋阳平，购尸不获，招魂以葬，赠左卫大将军及谥。

无子，以兄子道立嗣，封高平王，后降封县公，终陈州刺史。曾孙涵。

涵，简素忠谨，为宗室俊。累授赞善大夫。郭子仪表为关内盐池判官。肃宗至平凉，未知所从。朔方留后杜鸿渐等条士马仓庾，使涵奉笺驰谒肃宗。涵既见，敷奏明辩，肃宗悦，除左司员外郎，再迁宗正少卿。

宝应初，河朔平，涵方母丧，夺哀持节宣慰，所至州县，非公事未尝言，蔬饭水饮，席地以瞑。使还，固请终制，代宗见其癯毁，许之。服除，擢给事中，迁兵部侍郎。

朱希彩杀李怀仙，复宣慰河北，还为浙西观察使。居五岁，入朝，拜御史大夫、京畿观察使。德宗嗣位，以涵和易无所绳举，除太子少傅、山陵副使。以父讳徙光禄卿。未几，迁左散骑常侍，以尚书右仆射致仕，累封襄武县公，卒，赠太子太保。

子鲴，贞元初为饶州别驾。姜高以善歌入宫，鲴因御医许泳通书，坐诛。

雍王绘为隋夏州总管。子赟，追爵河南王，生道玄。

淮阳壮王道玄，性谨厚，习技击，然进止都雅。武德初，例王。年十五，从秦王击宋金刚于介州，先登，王壮之，赏予良厚。讨王世充，战多。窦建德屯虎牢，王轻骑致贼，遣道玄伏以待，贼至，走之。转战氾水，登南坂，贯贼阵出其背，复引还，贼皆靡，所发命中。王喜，以副骑给之。每赴敌，飞矢著身如猬，气益厉。东都平，为洛州总管。府废，更授刺史。俄为山东道行军总管讨刘黑闼，以多见褒。

黑闼再乱，道玄率史万宝战下博，越泞驰，约万宝继进。万宝素少之，不肯前，曰：“吾被诏，以王儿子名大将，而军进退实在我。今其轻斗，若大军竭驰，必陷泞，莫如以王啖贼，我结阵待之，虽不利王,而利国也。"道玄遂战殁,年十九。万宝为贼所乘,举军溃,身独免。太宗追悼曰:"自兵兴,儿常从我,每见我深入辄克,故慕之。惜其少,远图不究,哀哉!"因流涕。赠左骁卫大将军及谥。

无子,以弟道明嗣王,迁左骁卫大将军。贞观十四年,与武卫将军慕容宝节送弘化公主于吐谷浑,坐漏言主非帝女,夺王,终郓州刺史。六世孙汉。

汉字南纪,少事韩愈,通古学,属辞雄蔚,为人刚,略类愈。愈爱重,以子妻之。擢进士第,迁累左拾遗。

敬宗侈宫室,舶贾献沈香亭材,帝受之,汉谏曰:"以沈香为亭,何异瑶台琼室乎?"是时,王政谬僻,汉言切,多所救补。坐婢讦出佐兴元幕府。

文宗立,召为屯田员外郎、史馆修撰。论次《宪宗实录》,书宰相李吉甫事不假借,子德裕恶之。会李宗闵当国,擢知制诰,稍进御史中丞,吏部侍郎。初,德裕贬袁州,汉助为排挤,后德裕复辅政,汉坐宗闵党出为汾州刺史,宗闵再逐,改州司马。诏有司不二十年不得用。然不数岁,徙绛州长史,遂不复振。大中时,召拜宗正少卿,卒。

始,汉为中丞,表孔温业为御史,及汉晚见召,温业已为中丞,每燕集,人以为荣。

郇王祎,为隋上仪同三司。生子叔良、德良、幼良。

长平肃王叔良,武德初,例王。镇泾州,捍薛仁杲。仁杲内史令翟长孙以众降。于是大饥,米斗千钱,叔良不恤士,损粮以渔利,下皆怨。仁杲知之,阳言食尽,去,遣高塘人诡降。叔良遣骠骑刘感受之,未至城,三烽发,仁杲兵自南原噪而还,大战百里细川,感为贼执。叔良惧,悉出金劳军,委事于长孙,乃克安。

久之,突厥入寇,诏叔良率五将军击之,中流矢,道薨。赠左翊卫大将军、灵州总管。

子孝协嗣。

孝协，始王范阳，俄降为郇国公、魏州刺史。麟德中，坐赃抵死，司宗卿陇西王博义等为言于高宗求贷，帝不许，遂自杀。

弟孝斌为原州都督府长史。生子思训，为江都令。武后多杀宗室，思训弃官去。中宗复位，以耆旧擢宗正卿，封陇西郡公，历益州都督府长史。开元初，进彭国公，加户满四百，进右武卫大将军。卒，赠秦州都督，陪葬桥陵。思训善画，世所谓"李将军山水"者。弟思海，为扬州参军事。子林甫自有传。

新兴郡王德良，少以疾不任职。薨，赠凉州都督。

孙晋，先天中，为雍州长史，治有名，袭王。坐豫太平公主谋被诛，改氏"厉"。晋就刑，僚吏奔解，唯司功参军李扬从王如它日，晋死，哭其尸尽哀。姚元崇叹曰："栾、向俦邪！"擢为尚书郎。

长乐郡王幼良，资暴急，高祖数晓勒，不悛。有盗其马者，辄杀之。帝怒曰："盗信有罪，王而专杀可乎？"诏礼部尚书李纲召宗室即朝堂杖之百，乃释。出为凉州都督，啸不逞为左右，市里苦之。

太宗立，或告王阴养士，交境外。诏中书令宇文士及往代，并按状。士及绳之急，左右恐，欲劫王由间道趋长安自明，不即北奔突厥。士及露刻，帝复遣侍御史孙伏伽鞫视，无异辞，遂赐死。六世孙回，别传。

蔡烈王蔚为周朔州总管，生子安、哲。

西平怀王安，仕隋为右领军大将军，封赵公。武德时，例王。生子琛、孝恭、瑊、瓌。

襄武郡王琛字仲宝。木讷少文。隋义宁初，封襄武郡公，与太常卿郑元璹持女伎聘突厥始毕可汗，约和亲。始毕礼之，赠遗蕃渥，遣骨吐禄特勒随琛入献，授刑部侍郎。武德初，始王，历利、蒲、绛三州总管。宋金刚陷浍州，稽胡多叛，诏琛镇隰州，政宽简，为夷夏爱便。薨，子俭袭王，例降为公。

河间元王孝恭，少沉敏，有识量。

高祖已定京师，诏拜山南招尉大使，徇巴蜀，下三十余州。进击朱粲，破之，俘其众，诸将曰："粲徒食人，挚贼也，请坑之。"孝恭曰："不然，今列城皆吾寇，若获之则杀，后渠有降者乎？"悉纵之。由是腾檄所至辄下。

明年，拜信州总管，承制得拜假。当是时，萧铣据江陵，孝恭数进策图铣，帝嘉纳。进王赵郡，以信州为夔州。乃大治舟舰，肄水战。会李靖使江南，孝恭倚其谋，遂图江陵，尽召巴蜀首领子弟收用之，外示引擢而实质也。俄进荆湘道总管，统水陆十二军发夷陵，破铣二镇，纵战舰放江中。诸将曰："得舟当济吾用，弃之反资贼，奈何？"孝恭曰："铣之境，南际岭，左薄洞庭，地险士众，若城未拔而援至，我且有内外忧，舟虽多，何所用之？今铣濒江镇戍，见舻舳蔽江下，必谓铣已败，不即进兵，觇候往返，以引救期，则吾既拔江陵矣。"已而救兵到巴陵，见船，疑不进。铣内外阻绝，遂降。帝悦，迁荆州大总管，诏图破铣状以进。

孝恭治荆，为置屯田，立铜冶，百姓利之。迁襄州道行台左仆射。时岭表未平，乃分遣使者，绥辑安慰，其款附者四十有九州，朝廷号令畅南海矣。

未几，辅公祏反，寇寿阳，诏孝恭为行军元帅讨之。引兵趋九江，李靖、李勣、黄君汉、张镇州、卢祖尚皆禀节度。将发，大飨士，杯水变为血，坐皆失色，孝恭自如，徐曰："祸福无基，唯所召尔！顾我不负于物，无重诸君忧。公祏祸恶贯盈，今仗威灵以问罪，杯中血，乃贼臣授首之祥乎！"尽饮罢，众心为安。公祏将冯惠亮等拒岭邀战，孝恭坚壁不出，遣奇兵绝饷道，贼饥，夜薄营，孝恭卧不动。明日，使赢兵扣贼垒挑之，祖尚选精骑阵以待。俄而兵却，贼追北且器，遇祖尚军，薄战，遂大败。惠亮退保梁山，孝恭乘胜破其别镇，贼赴水死者数千计。公祏穷弃丹杨走，骑穷追，生禽之，江南平。玺书褒美，赐甲第一区、女乐二部、奴婢七百口、宝玩不资。进授东南道行台左仆射。行台废，更为扬州大都督。

孝恭再破巨贼，北自淮，东包江，度岭而南，尽统之。欲以威重夸远俗，乃筑第石头城，陈庐徽自卫。或诬其反，召还，颇为宪司镌诘，既无状，敕为宗正卿。赐实封千二百户。历凉州都督、晋州刺史。贞观初，为礼部尚书，改王河间。

性奢豪，后房歌舞伎百余，然宽恕退让，无矜伐色，太宗用是亲重之，宗室莫比也。尝谓人曰："吾所居颇壮丽，非吾心也。当别营一区，令粗足充事而已。吾殁后，子也才，易以守，不才，不为他人所利。"十四年，中饮暴薨，年五十。帝哭之恸，赠司空、扬州都督及谥，陪葬献陵。

始，隋亡，盗贼遍天下，皆太宗身自讨定，谋臣骁帅并隶麾下，无特将专勚者，惟孝恭独有方面功以自见云。子崇义、晦。

崇义嗣王，降封谯国公，历蒲、同二州刺史、益州都督府长史，有威名。终宗正卿。

晦，乾封中为营州都督，以治状闻，玺书劳赐。迁右金吾将军，检校雍州长史，摧摘奸伏无留隐，吏下畏之。高宗将幸洛，诏晦居守，谓曰："关中事一以属公，然法令牵制，不可以成政，法令外苟可以利人者行之，毋须以闻。"故晦治有异绩。武后时，迁秋官尚书，卒，赠幽州都督。初，晦第起观阁，下临肆区，其人候晦曰："庶人不及以礼，然室家之私，不愿外窥，今将辞公。"晦惊，遽毁彻之。子荣，奉吴王恪祀。

济北郡王瑊，武德中，为尚书左丞，例王。终始州刺史。

汉阳郡王瓌，始为郡公，进王。高祖使持币遗突厥颉利可汗言和亲事。颉利始见璥，倨甚。璥开说，示以厚币，乃大喜，改容加礼，因遣使随入献名马。后复聘，颉利谓其下曰："前璥来，悔不少屈之，当使拜我。"璥伺知之，既见颉利，即长揖。颉利怒，留不遣。璥意象自若，不为屈。虏知不可劫，卒以礼遣。

迁左武候将军，代孝恭为荆州都督，政务清静。岭外酋豪数相攻，璥遣使谕威德，皆如约，不敢乱。后例为公。长史冯长命者，尝为御史大夫，素贵，事多专决，璥怒，杖之，坐免。起为宜州刺史、散骑常侍，薨。

济南郡王哲，为隋柱国、备身将军，追王子瑗。

庐江郡王瑗，字德圭。武德时，例王，累迁山南东道行台右仆射。与河间王孝恭合讨萧铣，无功。更为幽州都督。瑗素懦，朝廷恐不任职，乃以右领军将军王君廓辅行。君廓，故盗也，其勇绝人，瑗倚之，许结婚，寄心腹。

时隐太子有阴谋，厚结瑗。太子死，太宗令通事舍人崔敦礼召瑗，瑗惧有变。君廓内险贼，欲以计陷瑗而取己功，即谓瑗曰："事变未可知，大王国懿亲，受命守边，拥兵十万，而从一使者召乎？且赵郡王前已属吏，今太子、齐王又复尔，大王势能自保邪？"因泣。瑗信之，曰："以命累公。"乃囚敦礼，勒兵，召北燕州刺史王诜与计事。兵曹参军王利涉说瑗曰："王今无诏擅发兵，则反矣。当须权结众心。若诸刺史召之不至，将何以全？"瑗曰："奈何？"对曰："山东豪桀尝为窦建德所用，今失职与编户夷，此其思乱，若旱之望雨。王能发使，使悉复旧职，随在所募兵，有不从，得辄诛之，则河北之地可呼吸而有。然后遣王诜外连突厥，由太原南趋蒲、绛，大王整驾西入关，两军合势，不旬月天下定矣。"瑗从之，以内外兵悉付君廓。利涉以君廓多翻覆，请以兵属诜，瑗犹豫，君廓密知之，驰斩诜首，徇于军曰："李瑗与王诜反，锢敕使，擅追兵，今诜已斩，独瑗在，无能为也。诸君从之且族灭，助我者富贵可得！"众曰："愿讨贼。"乃出敦礼于狱。瑗闻之,率左右数百被甲出。君廓呼曰:"瑗悖乱,诸君皆诖误,若何从之以取夷戮?"众反走。瑗骂君廓曰:"小人卖我,行自及!"即禽瑗缢之,传首京师,废为庶人,绝属籍。

郑孝王亮,仕隋为海州刺史,追王。生子神通、神符。

淮安靖王神通,少轻侠。隋大业末在长安。会高祖兵兴,吏逮捕,亡命入鄠南山,与豪英史万宝、裴勣、柳崇礼等举兵应太原,约司竹贼帅何潘仁连和,进与平阳公主兵合,徇鄠下之。自署关中道行军总管,以万宝为副,勣为长史,崇礼为司马,令狐德棻为记室。从平京师,为宗正卿,典兵宿卫。王永康郡,俄徙淮安。

武德初,拜山东安抚大使,黄门侍郎崔干副之,进击宇文化及于魏。化及败走聊城,神通追北,贼粮尽愿降,神通不肯受,干请纳之,神通曰:"师久暴露,今贼食尽,克不旦暮,正当破之,以玉帛酬战力。若降,吾何所藉手?"干曰:"窦建德危至,而化及未平,我转侧两贼间,势必危,王又贪其玉帛,败不日。"神通怒,囚干军中。

会士及自济北馈军,化及复振。神通进兵薄其垒,贝州刺史赵君德先登扳堞,神通忌其功,止军不进。君德怒,诟而还,城复坚。神通遣兵走魏州取攻具,为莘人所乘,引却。后二日,建德拔聊城,势遂张,山东州县靡然归之。神通麾下多亡,乃退保黎阳,依李世勣,俄为建德所虏。后与同安公主自贼归。及建德灭,复授河北行台左仆射。从平刘黑闼,迁左武卫大将军。薨,赠司空。

神通十一子,得王者七人,道彦、孝察、孝同、孝慈、孝友、孝节、孝义,后皆降王。孝逸爵公,孝锐不得封,有子齐物显。

胶东郡王道彦,幼孝谨。初,神通避吏于鄠,被疾山谷间,累旬食尽。道彦羸服丐人间,或采野实以进,神通未食,不敢先;即有所分,辞以饱,乃藏弃以待。高祖初,封义兴郡公,例得王。贞观初,为相州都督,徙岷州,以父丧解。荷土就坟,躬莳松柏,偃庐柴毁,虽亲友不复识。太宗嗟叹，敕侍中王珪临谕。

服除，复拜岷州都督。间遣入党项谕国威灵，区落降。从李靖击吐谷浑，诏道彦为赤水道总管。帝厚以利啖党项，使为乡导，其酋拓拔赤辞诣靖自言："隋击吐谷浑，我资其军，而隋无信，反见仇剿。今将军若无它，我愿资粮，将复如隋乎？"诸将与歃血遣之。道彦至阔水，见无备，因掠其牛羊，诸羌怨，即引兵障野狐峡，道彦不得进，为赤辞所乘，军大败，死者数万，退保松州。诏减死，谪戍边。久之，召为妫州都督。卒，赠礼部尚书。

初，武德五年同封者，孝察为高密王，孝同淄川王，孝慈广平王，孝友河间王，孝节清河王，孝义胶西王。于是唐始兴，务广支蕃镇天下，故从昆弟子自胜衣以上，皆爵郡王。太宗即位，举属籍问大臣曰："尽王宗子于天下，可乎？"封德彝曰："汉所封，惟帝子若亲昆弟；其属远，非大功不王。如周郇滕、汉贾泽尚不得茅土，所以别亲疏也。先朝一切封之，爵命崇而力役多，以天下为私奉，非所以示至公。"帝曰："朕君天下以安百姓，不容劳百姓以养己之亲。"于是疏属王者皆降为公，唯尝有功者不降。故道彦等并降封公。

孝逸，少好学，颇属文。始封梁郡公。高宗时，四迁益州大都督府长史。武后擅国，入为左卫将军，亲遇之。

徐敬业称兵，以孝逸为左玉铃卫大将军、扬州行军大总管，帅师南讨。至淮，而敬业已攻润州，遣弟敬猷壁淮阴，伪将韦超据都梁山以拒孝逸，超众凭险完屯。孝逸会诸将议曰："贼今负山，攻则士无所用力，骑不得骋，寇救死，伤夷必众。不如偏旅缀之，全军趋扬州，势不数日可破。"支度使薛克构曰："超虽据险，然兵少，若置小敌不击，无以示威；披众以守，则战有阙。舍之则后忧，不如击之。若克超，淮阴自震，淮阴破，楚诸县开门候官军矣。由是以趋江都，逆首可取。"孝逸从之，登山急击超，杀数百人，薄暝解，超夜走。进击敬猷淮阴，破之。敬业回军下阿溪，孝逸引兵直度，敬业大败，遂拔扬州。以功进镇军大将军，徙封吴国公，威名棱然。

武承嗣等忌之，以谗下迁施州刺史。又使人腾恶语闻上，武后信之，以尝有功，贷死，流儋州，薨。景云初，赠金州大都督。

孝同曾孙国贞。

国贞父广业，为剑州长史。国贞刚鲠，有吏才。乾元中，由长安令迁河南尹。史思明寇东都，李光弼壁河阳，国贞率官吏西走陕，数月，召为京兆尹。

上元初，拜剑南节度使，召为殿中监，以户部尚书持节朔方、镇西、北廷、兴平、陈郑节度行营兵马及河中节度都统处置使，治于绛。寻加晋、绛、慈、隰、沁等州观察处置使。既至，粮乏，而所储陈腐，民贫不忍遽敛，上书以闻。而军中欢谤，突将王振乘众怨绐曰："具畚锸以待役事。"众皆怒，夜烧牙门。左右奔告，请避之，国贞曰："吾被命为将，其可弃城乎？"固请，乃逃狱中。振引众劫取之，置食其前曰："食是而役其力，可乎？"国贞曰："与尔等方讨贼，何事役为？正缘储食腐俭，已请诸朝，吾何所负？"众服其言，且引去。振曰："都统不死，吾曹殆矣！"遂害之，并杀其二子及三大将。

有诏以郭子仪代之。国贞清白善用法，世称办吏，然峻于操下，故其众思得子仪，而振因肆其恶。及子仪至，振自谓且见德，子仪怒曰："汝临贼境而害主将，贼若乘虚，是无绛矣，又欲为功乎？"即斩以徇。诏赠国贞扬州大都督。

子锜，自有传。

孝节曾孙暠，少孤，事母孝。始为枝江丞，荆州长史张柬之曰："帝宗千里驹，吾得其人！"累擢卫尉少卿。居母丧，柴瘠，讫除，家人未尝见言笑。与兄升、弟晕相友。

开元初，为汝州刺史，政严简，有治称。昆弟繇东都候之，辄羸服往，州人无知者，其清慎举如此。四迁至黄门侍郎，检校太原以北诸军节度使。太原俗为浮屠法者，死不葬，以尸弃郊饲鸟兽，号其地曰"黄坑"。有狗数百头，习食胔，颇为人患，吏不敢禁。暠至，遣捕群狗杀之，申厉禁条，约不再犯，遂革其风。二十一年，以工部尚书持节使吐蕃，既还，金城公主请明疆场，表石赤岭上，盟遂坚定。还，以奉使有指，再迁吏部。

暠美风仪，以庄重称，当时有宰相望。累为太子少傅、武都县伯。卒，赠益州大都督。

晕至太仆少卿。晕子进亦知名，好从当世贤士游，赒人之急，累擢给事中。至德初，从广平王东征，以工部侍郎署雍王元帅府行军司马，为回纥鞭之几死。迁兵部。卒，赠礼部尚书。

孝节四世孙说，字岩甫。父遇及，天宝时为御史中丞、东畿采访使。说以荫补率府兵曹参军。马燧节度太原，辟署少尹，迁汾州刺史。李自良代燧，复奏为少尹。大将张瑶得士心，尝请告未许，而自良卒，说与监军王定远秘其丧，前给瑶告，以毛朝阳代之，然后告丧。诏以通王为节度大使，授说行军司马、节度留后。

定远自以有劳于说，颇横恣，请别赐印，监军有印自定远始。于是擅补吏，易置诸将。彭令茵者，以久劳不服，定远怒，杀之，埋马矢中，其家请尸，不许，举军怨。说上其事，德宗以奉天扈从功，恕死免官。诏未至，定远谋刺说，说走而免。定远召诸将，出笥中诏书绐曰："诏以李景略知留后，召说还。公等皆有除。"诸将欲拜，大将马良辅呼曰："妄言也，不可受！"定远惧，走乾阳楼，召麾下皆不至，自投下死。说尽斩同谋者，乃安。擢说检校礼部尚书、节度使。累封陇西县男。

说精于职，筑天成军，边备积完。晚被疾，不能事，军几乱。卒，赠尚书右仆射。

齐物字道用。天宝初，擢累陕州刺史。开砥柱，通漕路，发重石，下得古铁戟若锌然，铭曰"平陆"。上之，诏因以名县。迁河南尹，坐与李适之善，贬竟陵太守，还，迁京兆尹、太子太傅，兼宗正卿。卒，赠太子太师。性苛察少恩，喜发人私，然洁廉自喜，吏无敢欺者。忿

陕尉裴冕,械而折愧之,及冕当国,除齐物太子宾客,世善冕能损怨
云。

　　子复。

　　复字初阳,以荫仕,累为江陵司录参军。卫伯玉才之,表江陵
令。迁少尹,历饶、苏二州刺史。李希烈叛,荆南节度使张伯仪数为
贼窘,朝廷以复在江陵得士心,即母丧夺为少尹,充行军司马,佐伯
仪。会伯仪罢,改容州刺史,兼本管招讨使。先是,西原乱,吏获反
者没为奴婢,长役之。复至,使访亲戚,一皆原纵。在容三年,人以
赖安。转岭南节度使,时安南经略使高正平、张应继卒,其佐李元
度、胡怀义等因阻兵胁州县,肆为奸赃。复至,诱怀义杖死,流元度,
南裔肃然。教民作陶瓦,镌谕蛮獠,收琼州,置都督府,以绥定其人。
召拜宗正卿。历华州刺史。贞元十年郑滑节度使李融卒,军乱,以
复检校兵部尚书代融节度。复下令垦营田以禀其军,而赋不及民,
众悦。加检校尚书右仆射。卒,年五十九,赠司空,谥曰昭。复更方
镇,所在称治,然颇嗜财,为世所讥。

　　从父若水,为左金吾大将军,兼通事舍人,容貌瑰伟,在朝三十
年,多识旧仪,每宣劳揖赞,进止闲华,有可观者。

　　襄邑恭王神符,字神符,少孤,事兄谨。高祖兵兴,神符留长安,
为卫文升所囚。京师平,封安吉郡公。帝受禅,例王。迁并州总管。

　　颉利可汗盗边,神符与战汾东,斩级五百,获马二千。又战沙
河,获乙利达官,得可汗所乘马及铠。召为太府卿。迁扬州大都督,
自丹杨度江,治隋江都故郡,扬人利之。然少威严,不为下所畏。累
擢宗正卿,以足不良改光禄大夫,归第,月给羊酒。太宗就第尉问,
又令乘小舆入紫微殿,三卫挟舆以升。迁开府仪同三司。永徽二年
薨,年七十三,赠司空、荆州都督,陪葬献陵。

　　子七人,并爵郡王,例降公。惟德懋、文暕知名。德懋,官少府
监、临川郡公。五世孙从晦。文暕,幽州都督、魏国公。垂拱中,坐

累贬藤州别驾，诛。子挺、捷，捷袭封。挺曾孙程，捷曾孙石，别传。

从晦祖模，仕至德中为猗氏令。史思明陷洛阳，贼帅掠诸县，模率众拒平之。稍迁黔中观察使。终太子宾客，赠太子太保，谥曰敬。从晦宝历初及进士第，擢累太常博士。甘露之祸，御史中丞李孝本被诛，从晦以族昆弟贬朗州司户参军。改澶王府咨议，分司东都。忌者重发前坐，下迁亳州司马。久乃转吏部郎中，兼侍御史，知杂事。出为常州刺史，镇海军节度使。李琢表其政，赐金紫。历京兆尹、工部侍郎、山南西道节度使。又以最就进银青光禄大夫。卒，年六十三，赠吏部尚书。

从晦姿质伟岸，所至以风力闻。少与崔龟从、李景让、裴休善。奖目后进，名知人。杨收方布衣，进谒，从晦一见如雅识，即待以公辅，后果宰相。

世祖四子：长曰澄，次湛，次洪，次高祖神尧皇帝。

梁王澄，蚤薨，无嗣。武德初，与二王同追封。

蜀王湛，生子博义、奉慈。

陇西恭王博义，武德初，与奉慈例王。高宗时，擢累礼部尚书、特进。骄侈不循法度，伎妾数百，曳罗纨，甘粱肉，放于声乐以自娱。其弟奉慈亦荒纵，皆为帝所鄙。尝曰："吾仇人有善且用之，况亲戚乎？王等昵小人，专为不轨，先王坟典不闻学，何以为善哉？"各赐市书绢二百疋，以愧切之，然不自克也。薨，赠开府仪同三司、荆州都督。

渤海敬王奉慈，显庆时，为原州都督，薨。
七世孙戡。

　　戡字定臣，幼孤。年十岁所即好学，大寒，掇薪自炙。夜无然膏，默念所记。年三十，明《六经》，举进士，就礼部试，吏唱名乃入，戡耻之。明日，径返江东，隐阳羡里。阳羡民有斗争不决，不之官而诣戡以辨。凡论著数百篇。常恶元和有元、白诗，多纤艳不逞，而世竞重之。乃集诗人之类夫古者，断为唐诗，以讥正其失云。平卢节度使王彦威表为巡官，府迁，还洛阳卒。

　　赞曰：景、元子孙，当草昧之初，乘运而奋，方高祖攘除四方，所以宣力，皆显显为世豪英。至河间之功，江夏之略，可谓宗室标的者也。

　　始，唐兴，疏属毕王，至太宗，稍稍降封。时天下已定，帝与名臣萧瑀等喟然讲封建事，欲与三代比隆，而魏徵、李百药皆谓不然。徵意以唐承大乱，民人雕丧，始复生业，遽起而瓜分之，故有五不可之说。百药称帝王自有命，历祚之短长不缘封建。又举春秋二百四十二年之祸，亟于哀、平、桓、灵，而诋曹元首、陆士衡之言以为缪悠。而颜师古独议建诸侯，当少其力，与州县杂治，以相维持。然天子由是罢不复议。

　　至名儒刘秩目武氏之祸，则建论以为设爵无土，署官不职，非古之道，故权移外家，宗庙绝而更存。存之之理，在取顺而难逆；绝之之原，在单弱而无所惮。至谓郡县可以小宁，不可以久安。大抵与曹、陆相上下。而杜佑、柳宗元深探其本，据古验今，而反复焉。

　　佑之言曰：“夫为人置君，欲其蕃息则在郡县，然而主胙常促；为君置人，不病其寡则在建国，然而主胙常永。故曰，建国利一宗，列郡利百姓。且立法未有不敝者，圣人在度其患之长短而为之。建国之制，初若磐石，然敝则鼎峙力争，陵迟而后已，故为患也长。列郡之制始天下一轨，敝则世崩俱溃，然而戡定者易为功，故其为患也短。”又谓：“三王以来，未见郡县之利，非不为也，后世诸儒因泥古强为之说，非也。”

　　宗元曰：“封建非圣人意，然而历尧、舜、三王莫能去之，非不欲去之，势不可也。秦破六国，列都会，置守宰，据天下之图，摄制四海，此其得也。二世而亡，有由矣。暴威刑，竭人力，天下相合，劫令杀守，圜视而并起，时则有叛民，无叛吏。汉矫秦枉，剖海内，立宗子功臣，数十年间奔命扶伤不给，时则有叛国，无叛郡。唐兴，制州县，而桀黠时起，失不在州而在于兵，时则有叛将，无叛州。"以为"矫而革之，垂二百年，不在诸侯明矣"。又言"汤之兴，诸侯归者三千，资以胜夏；武王之兴，会者八百，资以灭商。徇之为安，故仍以为俗，是汤、武之不得已也。不得已，非公之大也，私其力于已也。秦革之者，其为制，公之大者也；其情，私也。然而公天下端自秦始"云。

　　观诸儒之言，诚然。然建侯置守，如质文递救，亦不可一概责也。救土崩之难，莫如建诸侯；削尾大之势，莫如置守宰。唐有镇帅，古诸侯比也。故王者视所救为之，勿及于敝则善矣。若乃百药推天命、佑言郡县利百姓而主胙促，乃臆论也。

唐书卷七九
列传第四

高祖二十二子

隐太子建成　　卫王玄霸　　巢王元吉
楚王智云　　荆王元景　　汉王元昌
丰王元亨　　周王元方　　徐王元礼
韩王元嘉 ^{黄公譔}　彭王元则
郑王元懿　　霍王元轨　　虢王凤
道王元庆　　邓王元裕　　舒王元名
鲁王灵夔　　江王元祥　　密王元晓
滕王元婴

　　高祖二十二子：窦皇后生建成、太宗皇帝、玄霸、元吉，万贵妃生智云，莫嫔生元景，孙嫔生元昌，尹德妃生元亨，张氏生元方，郭婕妤生元礼，宇文昭仪生元嘉及第十九子灵夔，王才人生元则，张宝林生元懿，张美人生元轨，杨美人生凤，刘婕妤生元庆，崔嫔生元裕，小杨嫔生元名，杨嫔生元祥，鲁才人生元晓，柳宝林生元婴。

　　隐太子建成小字毗沙门。资简弛，不治常检，荒色嗜酒，畋猎无度，所从皆博徒大侠。

隋末,高祖被诏捕贼汾、晋间,留建成护家,居河东。高祖已起兵,密召与元吉赴太原,隋人购之急,从间道至,授左领军大都督,封陇西郡公。引兵略定西河,从平京师。唐国建,为世子,开府置官属。又迁抚军大将军为东讨元帅,将万人徇洛阳,授尚书令。

高祖受禅,立为皇太子。诏率将军桑显和击司竹群盗,平之。凉州人安兴贵杀李轨,以众降,诏趣原州应接。建成素骄,不恤士,虽甚暑,昼夜驰猎,众不堪其劳,亡者过半。帝欲其习事,乃敕非军国大务听裁决之。又以李纲、邓善果为宫官,参谋议。稽胡刘仚成寇边,诏建成进讨,破之郿州,斩虏千计,引渠长悉官之,使还招群胡。仚成与它大帅降,建成畏其众,绐欲城州县者,使降胡操筑,阴勒兵杀六千人,仚成奔梁师都。尝循行北边,遇贼四百出降,悉戮其耳纵之。

中允王珪、洗马魏徵以帝初兴,建成不知谋,而秦王数平剧寇,功冠天下,英豪归之,阴许立为皇太子,势危甚。会刘黑闼乱河北,珪等进说曰:"殿下特以嫡长居东宫,非有功德为人所称道。今黑闼瘣叛残孽,众不盈万,利兵鏖之,唾手可决,请往讨,因结山东英俊心,自封殖。"建成遂请行。黑闼败洛水,建成问徵曰:"山东其定乎?"对曰:"黑闼虽败,杀伤太甚,其魁党皆县名处死,妻子系虏,欲降无由,虽有赦令,获者必戮,不大荡宥,恐残贼啸结,民未可安。"既而黑闼复振,庐江王瑗弃洺州,山东乱。命齐王元吉讨之,有诏降者赦罪,众不信。建成至,获俘皆抚遣之,百姓欣悦。贼惧,夜奔,兵追战。黑闼众犹盛,乃纵囚使相告曰:"禭而甲还乡里,若妻子获者,既已释矣。"众乃散,或缚其渠长降,遂禽黑闼。

帝晚多内宠,张婕好、尹德妃最幸,亲戚分事宫府。建成与元吉通谋,内结妃御以自固。当是时,海内未定,秦王数将兵在外,诸妃希所见。及洛阳平,帝遣诸妃驰阅后宫,见府库服玩,皆私有求索,为兄弟请官。秦王已封帑簿,及官爵非有功不得,妃媛曹怨之。会为陕东道行台,有诏属内得专处决。王以美田给淮安王神通,而张婕好为父丐之,帝手诏赐田,诏至,神通已前得,不肯与。婕好妄曰:

"诏赐妾父田,而王夺与人。"帝怒,召秦王让曰:"我诏令不如尔教邪?"佗日,谓裴寂曰:"儿久典兵,为儒生所误,非复我昔日子。"秦府属杜如晦骑过尹妃父门,恚其傲,率家童捽殴,折一指。父惧,即使妃前诉秦王左右暴其父,帝不察,大怒,诘王曰:"儿左右乃凌我妃家,况百姓乎?"王自辨晓,讫不置,由是见疏。帝召诸王燕,秦王感母之不及有天下也,偶独泣,帝顾不乐,妃媛因得中伤之,为建成游说曰:"海内无事,陛下春秋高,当自娱,秦王辄悲泣,正为嗔忌妾属耳。使陛下万岁后,王得志,妾属无遗类。东宫慈爱,必能全养。"乃皆悲不自胜。帝恻然,遂无易太子意。

突厥入寇,帝议迁都,秦王苦谏止。建成见帝曰:"秦王欲外御寇,沮迁都议,以久其兵,而谋篡夺。"帝寝不悦。

初,帝令秦王居西宫承乾殿,元吉居武德殿,与上台、东宫昼夜往来,皆携弓刀,相遇如家人礼。由是皇太子令、秦齐二王教与诏敕杂行,内外惧,莫知所从。建成等私募四方骁勇及长安恶少年二千人为宫甲,屯左右长林门,号"长林兵"。又令左虞候率可达志募幽州突厥兵三百内宫中,将攻西宫。或告于帝,帝召建成责谓,乃流志嶲州。

华阴杨文干素凶诐,建成昵之,使为庆州总管,遣募兵送京师,欲为变。时帝幸仁智宫,秦王、元吉从。建成谓元吉曰:"秦王且遍见诸妃,彼金宝多,有以赂遗之也。吾安得箕踞受祸?安危之计决今日。"元吉曰:"善。"乃命郎将尔朱焕、校尉桥公山赍甲遗文干,趣兴兵。焕等惧,至豳乡白反状,宁州人杜凤亦上变。帝遣司农卿宇文颖驿召文干,元吉阴结颖,使告文干,文干遂率兵反。帝以建成首谋,未忍治,即诏捕王珪、魏徵及左卫率韦挺、舍人徐师谟、左卫车骑冯世立,欲杀之以薄太子罪。乃手诏召建成,建成惧,不敢往。师谟劝遂举兵,詹事主簿赵弘智谏建成损车服,轻往谢罪。乃诣行在所,未至,屏官属,径入谒,叩头请死,投身于地,不能起。帝怒,夜囚幕中,使兵卫守。会文干陷宁州,帝惊,以宫近贼,夜率卫士南趣,山行十余里,明乃还宫。召秦王问计,对曰:"文干竖子耳,官司当即禽之,就使假刻漏之久,正须遣一将可办。"帝曰:"事连建成,恐应者众。尔自行,还,吾以尔为太子,使建成王蜀,蜀地狭,不足为变,若不能事汝,取之易也。"秦王率众趣宁州,文干为其下所杀,以其首降,执宇文颖送京师。秦王之行,元吉及内嬖更为建成请,封德彝亦阴说帝,由是意解,复诏建成居守,但责兄弟不相容,而谪王珪、韦挺、天策兵曹参军杜淹于远方。然怨猜日结。

建成等召秦王夜宴,毒酒而进之,王暴疾,眳血数升,淮安王扶掖还宫。帝问疾,因敕建成:"秦王不能酒,毋夜聚。"又谓秦王曰:"吾起晋阳,平天下,皆尔力,将定东宫,尔亟让,故成而美志。又太子立多历年,吾重夺之。观而兄弟终不相下,同在京师,忿阋且深。尔还洛阳行台,自陕以东悉主之,建天子旌旗,如梁孝王故事。"王泣曰:"非所愿也,不可远膝下。"帝曰:"陆贾,汉臣也,犹递过诸子,况我天下主。东西两宫,思汝即往,何所悲邪?"王将行,建成等谋曰:"秦王得土地甲兵,必为患;留之京师,一匹夫耳。"因密使人说帝,言"秦王左右皆山东人,闻还洛,皆洒然喜,观其意,不复来矣"。事果寝。

俄而突厥寇边,太子荐元吉北讨,欲因其兵作乱。长孙无忌、房玄龄、杜如晦、尉迟敬德、侯君集等劝秦王先图之。王乃密奏建成等与后宫乱,因曰:"臣无负兄弟,今乃欲杀臣,是为世充、建德复仇。使臣死,虽地下,愧见诸贼。"帝大惊,报曰:"旦日当穷治,而必早参。"张婕好驰语建成,乃召元吉谋,曰:"请勒宫甲,托疾不朝。"建成曰:"善,然不共入朝,事何由知?"迟明,乘马至玄武门,秦王先至,以勇士九人自卫。时帝已召裴寂、萧瑀、陈叔达、封德彝、宇文士及、窦诞、颜师古等入。建成、元吉至临湖殿,觉变,遽反走,秦王随呼之,元吉引弓欲射,不能毂者三。秦王射建成即死。元吉中矢走,敬德追杀之。俄而东宫、齐府兵三千攻玄武门,闭不得入。接战久之,矢及殿屋。王左右数百骑至,合击之,众遂溃。帝谓裴寂等曰:"事今奈何?"萧瑀、陈叔达曰:"臣闻内外无限,父子不亲,失而弗断,反蒙其乱。建成、元吉自草昧以来,未始与谋,既立,又无功德,

疑贰相济,为萧墙忧。秦王功盖天下,内外归心,立为太子,付军国
大务,陛下释重负矣。"帝曰:"此吾志也!"乃召秦王至,尉抚之曰:
"朕几有投杼之惑。"秦王号泣不能止。

建成死年三十八。长子承宗为太原王,早卒;承道安陆王,承德
河东王,承训武安王,承明汝南王,承义巨鹿王,皆坐诛。诏除建成、
元吉属籍。其党疑惧,更相告,庐江王瑗遂反。乃下诏建成、元吉、
瑗支党不得相告讦,由是遂安。太宗立,追封建成为息王,谥曰隐,
以礼改葬,诏东宫旧臣皆会,帝于宜秋门哭之,以子福为后。十六
年,追今赠。

宇文颖者,代人。自李密所来降,为农圃监,封化政郡公。性贪
昏,与元吉厚善,故豫文干谋。事败,帝责曰:"朕以文干叛,故遣卿,
乃同逆邪?"颖无以对,斩之。

卫怀王玄霸,字大德。幼辩惠。隋大业十年薨,年十六,无子。
武德元年,追王及谥,又赠秦州总管、司空。以太宗子泰为宜都王,
奉其祀,葬芷阳。泰徙封越,更以宗室西平王琼子保定嗣。薨,无子,
国除。

巢剌王元吉,小字三胡。高祖兵已西,留守太原,封姑臧郡公,
进齐国,总十五郡诸军事,加镇北将军、太原道行军元帅。帝受禅,
进王齐,为并州总管。

初,元吉生,太穆皇后恶其貌,不举,侍媪陈善意私乳之。及长,
猎鸷好兵,居边久,益骄侈。常令奴客、诸妾数百人被甲习战,相击
刺,死伤甚众。后元吉中创,善意止之,元吉恚,命壮士拉死,私谥慈
训夫人。

刘武周略汾、晋,诏遣右卫将军宇文歆助守。元吉喜鹰狗,出常
载置罔三十车,曰:"我宁三日不食,不可一日不猎。"夜潜出淫民
家,府门不闭。歆骤谏,不纳,乃显表于帝曰:"王数出与窦诞纵猎,
蹂民田,纵左右攘夺,畜产为尽。每射于道,观人避矢以为乐。百姓

怨毒。不可与共守。"有诏召还。元吉密讽民诣阙请,乃得归。武周以五千骑屯黄蛇岭,元吉使将军张达以步卒百人尝寇,达辞兵少,强之,至则尽没。达怒,导武周陷榆次。元吉保祁,贼急攻之,遁还并州,贼张甚。元吉给司马刘德威曰:"公以老弱守,吾率锐士拒贼。"因赍宝物、携妻妾夜出,委军奔京师,并州陷。帝怒,自是尝令从秦王征讨,不复颛军矣。

寻授侍中、襄州道行台尚书令、稷州刺史。秦王围东都,窦建德来援,王以精骑逆战,留元吉、屈突通守,而世充易之,辄出兵,元吉设伏劫之,斩首八百级,禽其将。东都平,拜司空,赐衮冕服、鼓吹二部、班剑二十人、黄金二千斤,与太子、秦王得三炉铸钱。累进司徒兼侍中、并州大都督。

时秦王有功,而太子不为中外所属,元吉喜乱,欲并图之。乃构于太子曰:"秦王功业日隆,为上所爱,殿下虽为太子,位不安,不早计,还踵受祸矣,请为殿下杀之。"太子不忍,元吉数讽不已,许之。于是邀结宫掖,厚赂中书令封德彝,使为游说,帝遂疏秦王,爱太子。元吉乃多匿亡命壮士,厚赐之使为用。元吉记室参军荣九思为诗刺之曰:"丹青饰成庆,玉帛礼专诸。"元吉见之,弗悟也。其典签裴宣俨免官,往事秦府,元吉疑事泄,鸩杀之。自是人莫敢言。秦王尝从帝幸元吉第,伏护军宇文宝寝内,将以刺王,太子固止之,元吉愠曰:"为兄计,于我何害?"

突厥郁射设入围乌城,建成荐元吉北讨,乃多引秦王府骁将秦叔宝、尉迟敬德、程知节、段志玄与行,又籍秦府精兵益麾下。帝知之,不能禁。元吉承间密请害秦王,帝曰:"是有定四海功,杀之无名。"元吉曰:"王昔平东都,顾望不即西,散金帛树私惠,岂非反邪?"帝不应。太子与元吉谋:"兵行,吾与秦王至昆明池,伏壮士拉之,以暴卒闻,上无不信。然后说帝付吾国,吾以尔为皇太弟,而尽击杀叔宝等。"率更令王晊密以谋告秦王,王召僚属谋,皆曰:"元吉戾很,使得志,且不能事其兄。往者护军薛宝以元吉字合之,其文成'唐',元吉喜曰:'但除秦王,取东宫如反掌耳!'为乱未克,已复倾夺,大王不蚤正之,社稷非复唐有。"秦王由是定计。

死年二十四,子承业为梁郡王,承鸾渔阳王,承奖普安王,承裕江夏王,承度义阳王,并伏诛。贞观初,改葬,追爵海陵郡王及谥。后改封巢,以曹王明嗣。

楚哀王智云,初名稚诠。善射,工书、弈。隋大业末,从建成寓河东。高祖初,建成走太原,吏捕智云送长安,为阴世师所害,年十四。武德元年,追王及谥。

母万贵妃,性恭顺,为帝所礼,宫中事一一咨决。

三年,以太宗子宽为嗣,又赠凉州总管、司徒。宽早薨,国除。贞观二年,复以济南公世都子灵龟嗣,历魏州刺史,为政威严,盗贼不发,凿永济渠,通新市,百姓利之。薨,子福嗣,降为公。卒,子承况嗣,神龙中为右羽林将军,同节愍太子死于难。

荆王元景,武德三年始王赵,与鲁、丰二王同封。贞观初,累迁雍州牧。十年,徙封荆。

明年,诏荆州都督荆王元景、梁州都督汉王元昌、徐州都督徐王元礼、潞州都督韩王元嘉、遂州都督彭王元则、郑州刺史郑王元懿、绛州刺史霍王元轨、虢州刺史虢王凤、豫州刺史道王元庆、邓州刺史邓王元裕、寿州刺史舒王元名、幽州都督燕王灵夔、苏州刺史许王元祥、安州都督吴王恪、相州都督魏王泰、齐州都督齐王祐、益州都督蜀王愔、襄州刺史蒋王恽、扬州都督越王贞、并州都督晋王治、秦州都督纪王慎所任刺史并功臣令世世袭。会长孙无忌等固让,遂废不行。徙鄜州。永徽初,进位司徒,赐实封至千五百户。

房遗爱谋反,坐子则与往还系狱。时吴王亦抵罪,高宗谓大臣曰:"朕欲从公丐叔及兄死。"兵部侍郎崔敦礼曰:"陛下虽申恩,不可屈天下法。"遂赐死。久之,追封沈黎王,以渤海王奉慈子长沙嗣,降为侯。神龙初,复王爵,以孙元逖嗣。薨,无子,国除。

汉王元昌,初王鲁,累迁梁州都督,后徙封汉。有勇力,善骑射。数触轨宪,太宗手诏诲督。乃怨望,附太子承乾,通馈谢。来朝京师,宿东宫,尝有丑语;又见帝侧有宫人善琵琶,乃曰:“事成幸赐我。”承乾许之,割臂血盟。事败,帝弗忍诛,欲免死,高士廉、李勣等固争不奉诏,乃赐死,国除。

丰悼王元亨,贞观二年,授金州刺史,之藩。太宗怜其幼,思之,数遣使为劳问,赐金盏以娱乐之。六年薨,无子,国除。

周王元方,武德四年始王,与邓、宋、荆、滕四王同封。贞观三年薨,无子,国除。

徐康王元礼,性恭畏,善骑射。始王郑,即授郑州刺史。后徙王徐,迁徐州都督。为绛州刺史,有治名,玺书劳勉,实封至千户。永徽中,加司徒兼潞州刺史。薨,赠太尉、冀州大都督,陪葬献陵。

三子,茂为淮南王,余爵公。

茂险薄无行。初,元礼疾,姬赵有美色,茂逼烝之,元礼切责。茂恚,屏侍卫药膳,曰:“为王五十年足矣,何服药为?”以不食薨。茂嗣。上元中,事泄,流死振州。

神龙初,以茂子璀嗣,开元中,为宗正员外卿。薨,子延年嗣。拔汗那王入朝,延年将以女嫁之,为右相李林甫劾奏,贬文安郡别驾,终余杭司马,国除。永泰初,延年婿黔中观察使赵国珍言诸朝,诏以其子讽嗣王。

韩王元嘉,字元嘉。始王宋,后改王徐,为潞州刺史。母昭仪,宇文述女也,宠于高祖,既即位,欲立为后,固辞。元嘉以母宠故,特为帝爱,后出诸子无及者。在潞时,年十五,闻太妃病,涕泣不食。居丧毁甚,太宗数尉勉。少好学,藏书至万卷,皆以古文字参定同异。与弟灵夔友爱,燕见终日如布衣礼,闺门修整,当世称之。

　　贞观九年，更封韩，迁滑州都督。高宗末，为泽州刺史。武后得政，进授太尉，徙定州刺史，以霍王元轨为司徒，舒王元名为司空，滕王元婴开府仪同三司，鲁王灵夔太子太师，越王贞太子太傅，纪王慎太子太保，外示尊宠，而内将图之。

　　垂拱中，元嘉徙绛州刺史，与子谍及越王子冲纠合宗室同举兵，未发。会武后诏宗室朝明堂，元嘉遣使告诸王曰："大享后，太后必尽诛诸王，不如先事起。不然，李氏无种矣。"乃为中宗诏，督诸王发兵。冲即以兵五千攻济州，而诸王仓卒兵不至，遂败。元嘉至京师，谋泄，后逼令自杀，年七十。诏改氏元嘉、鲁王、越王为"虺"。

　　元嘉六子。训，颍川王。谊，武陵王。谌，上党公，早卒。谍，黄公，工为辞章，孟利贞尝称其文曰："刘邻之、周思茂不过也。"出为通州刺史，辞疾归，且谋应越王也。谌通音律，历杭州别驾，与谍俱死。时籍没者众，惟冲、谍家书为多，皆文句详正，秘府所不及。

　　神龙初，追复元嘉爵土，以第五子讷嗣。薨，子叔琚嗣，历国子司业。薨，子炜嗣。建中中，改王郓。后懿宗以郓王即位，复改嗣韩王云。

　　彭思王元则，字彝。初王荆，出为婺州刺史。贞观十年徙王，为遂州都督，以冠服奢僭免。久之。为澧州刺史，更折节厉行。薨，赠司徒、荆州大都督，陪葬献陵。高宗登望春宫，过其丧，哭之恸。

　　无子，以霍王子绚嗣，龙朔中，封南昌王。薨，子志暕嗣，开元中，为宗正卿。

　　郑惠王元懿，始王滕。贞观中，出为兖州刺史，徙王，历郑、潞、绛三州刺史，实封千户。喜经术，数断大狱，务宽平，高宗嘉之，玺诏褒锡。薨，赠司徒、荆州大都督，陪葬献陵。

　　十子，长子璥嗣王，为鄂州刺史。薨，子希言嗣，开元中，为右金吾大将军，再为太子詹事。弟察言，生二子，曰自仙、翩。自仙为楚州别驾，生夷简。翩为陈留公，生宗闵。璥弟琳，安德郡公，生择言，择言生勉。勉、宗闵、夷简皆位宰相，别有传，时称小郑王后，亦曰惠郑王后，以别邓王亮云。

霍王元轨，武德六年始王蜀，与豳、汉二王同封，后徙吴。多材艺，高祖爱之。

太宗尝问群臣曰："朕子弟孰贤？"魏徵曰："臣愚不尽知其能，唯吴王数与臣言，未尝不自失。"帝曰："朕亦器之，然卿以为前代孰比？"对曰："经学文雅，汉河间、东平也。至孝行，曾、闵不能过。"帝由是遇益厚。诏纳徵女为妃。尝从猎，遇群豕，帝使射之，筈不虚彀，豕为尽。帝抚其背曰："尔艺过人，顾今无所施。方天下未定，得若岂不用乎？"

贞观七年，为寿州刺史。高祖崩，去官，毁瘠甚。服除，遂菜食布衣终身。至忌日，辄累昼不食。十年，徙王，历绛、徐、定三州刺史，实封至千户。所至闭阁读书，以吏事委长史、司马。谦慎未尝与物忤。数引见处士刘玄平，为布衣交。或问王所长于玄平，答曰："无长。"问者不解，玄平曰："人有短，所以见长。若王无所不备，吾何以称之。"

突厥寇定州，元轨令开城门，偃旗帜，虏疑，不敢入，夜遁。州人李嘉运潜结贼，诏穷诛支党，元轨以寇近且强，人心危，但杀嘉运，余无所诘，因自劾。帝喜曰："朕固悔之。非王之明，几失定州矣。"

王文操者，与贼战，败，二子凤、贤更以身蔽父，得全，二子死。县抑不为言，元轨廉知之，遣使吊祭，上其事。诏赠凤、贤朝散大夫，旌礼其闾。

元轨每朝，数上疏陈得失，多所裨正，帝尊重之，有大事，常密驿咨逮。帝崩，与侍中刘齐贤同知山陵事。元轨淹练故事，齐贤叹曰："是非吾等及已！"尝遣国令督封租，令请贸易取赢，答曰："汝当正吾失，反诱吾以利邪？"不纳。进司徒，出为襄、青二州刺史。越王败，坐尝通谋，徙黔州，槛车载至陈仓，薨。

六子，绪为江都王，纯安定王，余皆爵为公。绪有名誉，为金州刺史,诛。神龙初,并复官爵,以绪孙晖嗣王,开元中,为左千牛员外将军。

虢庄王凤字季成。始王豳,为邓州刺史。俄徙王,历虢、豫、青三州刺史,实封千户。喜畋游,遇官属尤嫚。使奴蒙虎皮,怖其参军陆英俊几死,因大笑为乐。薨,赠司徒、扬州大都督,陪葬献陵。

七子,长子翼嗣,为平阳王。薨,子宇嗣。宇无子,爵不传。次子茂融,以勇闻,垂拱中为申州刺史。黄公课与越王谋与兵,倚以为助。时诏诸王公赴东都,茂融私问所亲高子贡,子贡报曰:“来必死。”乃称疾不朝,以俟兵期。及得越王书,仓卒不能应,僚属劝白其书,擢太子右赞善大夫,俄为党属所引,诛。

中宗更以凤孙邕嗣王,娶韦后妹,累迁秘书监,知陇右三使仗内诸厩。徙王汴。未几,韦氏败,邕杀其妻,送首于朝,议者鄙之。削爵,贬沁州刺史,不事。后复爵,还户二百,累迁卫尉卿。薨,子巨嗣。

巨刚锐果决,略通书史,好属辞。天宝五载,出为西河太守。坐资给柳勣支党,贬义阳司马。明年,御史中丞杨慎矜得罪,其附离史敬忠与巨善,又坐免官,锢置南宾郡。召拜夷陵太守。

安禄山陷东京,玄宗方择将帅,张垍言巨有谋,可属大事。召至京师,杨国忠忌之,谓人曰:“小儿讵可使对天子?”逾月不得见。帝知之,召入禁中,对合旨,帝大悦,敕宰相与语,久不得罢,国忠急,谓巨曰:“比来人多口打贼,君不尔乎?”巨曰:“谁为相公手打贼者乎?”乃授陈留、谯郡太守,摄御史大夫、河南节度使。明日谢,帝惊曰:“何摄为?”即诏兼御史大夫。巨奏:“方艰难时,贼多诈,有如陛下召臣,何以取信?”乃析契授之。

俄兼统岭南何履光、黔中赵国珍、南阳鲁炅三节度使事。时炅战数屈,诏贬为果毅,以来瑱代之。巨奏:“炅若能存孤城,功足补过,则何以处之”?帝曰:“卿随所处置。”巨至内乡,贼将毕思琛解围走,遂趣南阳,贬炅白衣从军,其暮,称诏复职。

京师平,拜留守,兼御史大夫。明年,拜太子少师,兼河南尹、东畿采访使。征乘牛之出入市者,斥所得佐用度,然稍自盗没。其妃即张皇后从女弟,内不睦。巨选府县官备使令,妃亦引蒲博少年分党招货贿,桡政事。宗正卿李遵素私张,发巨赃事,贬遂州刺史。会段子璋反,道遂州,巨仓卒不知所出,即迎谒,为子璋所杀。

子则之,嗜学,年五十余,尚执经太学,嗣曹王皋荐之。贞元二年,由睦王府长史迁左金吾卫大将军。坐与从甥窦申善,贬昭州司马。

道孝王元庆,始王汉,后徙陈,出为赵州刺史。贞观十年,徙王,授豫州刺史,累实封千户。时诸王奉给薄于帝子,至数窭乏,大臣莫敢言。十八年,黄门侍郎褚遂良为太宗从容言之,不能行。高宗时,历滑州刺史,以治绩闻,数蒙褒赐。迁徐、沁、卫三州刺史。事母谨,及丧,请躬修坟墓,诏不听。薨,赠司徒、益州都督,陪葬献陵。

九子,诱为嗣,王临淮,为澧州刺史,坐赃削爵。更以次子询之子微嗣,终宗正卿。子链嗣,广德中,亦至宗正卿。

邓康王元裕,贞观五年始王郐,十一年徙王。始王及徙,皆与谯、魏、许、密四王同封。累实封至千二百户。

好学,善谈名理,与典签卢照邻为布衣交。五为州刺史,迁兖州都督。薨,赠司徒、益州大都督,陪葬献陵。无子,以江王子广平公炅嗣。薨,子孝先嗣,开元中,为冠军大将军。

舒王元名,始王谯,后徙王。高祖之在大安宫,太宗晨夕使尚宫问起居,元名才十岁,保媪言:"尚宫有品当拜。"元名曰:"此帝侍婢耳,何拜为?"太宗壮之,曰:"真吾弟也!"及长,矜严疏财,未尝问家人生业。历五州刺史,实封至千户。

子豫章王亶,治江州,有美政。高宗以元名善训子,手诏褒美。又欲授元名大州,辞曰:"臣忝属籍,岂以州郡为仕进资邪?"治石州二十年,数游山林,有高蹈意。垂拱中,徙郑州,境接东畿,诸王贵戚为刺史者纵家人暴百姓,元名至,一革之,为治廉威。进加司空。

武后时,宣为丘神勣所构,系诏狱死,元名坐迁利州,寻被杀。神龙初,诏复官爵,赠司徒。时少子郾国公昭已卒,乃以宣子津嗣,开元中,为左威卫将军。薨,子万嗣。薨,子藻嗣。

鲁王灵夔,笃学,善草隶,通音律。初王魏,后王燕,为幽州都督。已而徙王,实封至千户。频历五州刺史,迁太子太师。垂拱元年,徙相州,坐与越王谋起兵,流振州,自杀。

子诜,为清河王,早夭。蔼为范阳王,知越王必败,白发其谋,得不诛。历右散骑常侍,为酷吏所害。神龙初,悉追复王爵,以蔼子道坚嗣。

道坚方严有礼法,闺门肃如也。七为州刺史,迁国子祭酒。开元中,选授汴州刺史、河南道采访使。州据水陆都会,前后刺史多渎利,唯道坚以清毅称。入为宗正卿。薨,赠礼部尚书。子宇嗣,从玄宗至蜀,为右金吾将军。宝应初,皇太子子封鲁王,更封宇为嗣邹王。弟道邃封戴国公,恭默自守,以修山东婚姻故事,数任清职,终尚书右丞。

江安王元祥,始王许,后徙王,四为州刺史,实封至千户。性庸遬,所至营财产无猒。时滕、蒋、虢三王皆贪暴,得其府官者恶之不愿行,故时语曰:"宁向儋、崖、振、白,不事江、滕、蒋、虢。"元祥魁大,带十围,食兼数人。韩、虢、魏亦鸿伟,然不逮也。薨,赠司徒、并州大都督,陪葬献陵。

七子,晔为永嘉王,有禽兽行,诛死;皎为武阳王,余皆爵公,武后时,多及诛。皎子丛,以幼流死岭表,葬南安,人号其冢为"天孙墓"。中宗立,以从子钦嗣王,又以皎封绝,更取弟子继宗嗣,既而以郡王不袭,降澧国公。

　　密贞王元晓，贞观中为虢州刺史，实封至千户。徙泽州。薨，赠司徒、扬州都督，陪葬献陵。

　　子颖嗣，为南安王。薨，子勐嗣，早薨。神龙初，以颖弟亮养子昙嗣。开元五年，更诏元晓再从孙东莞郡公彻嗣，徙封濮阳郡王，历宗正卿、金紫光禄大夫。

　　滕王元婴，贞观十三年始王，实封千户。为金州刺史，骄纵失度。在太宗丧，集官属燕饮歌舞，狎昵厮养；巡省部内，从民借狗求罝，所过为害；以丸弹人，观其走避则乐；城门夜开，不复有节。高宗以书切责曰："朕以王至亲，不忍致于法，今署下上考，冀愧王心。"

　　久之，迁洪州都督。官属妻美者，绐为妃召，逼私之。尝为典签崔简妻郑劫骂，以履抵元婴面血流乃免。元婴惭，历旬不视事。后坐法削户及亲事帐内之半，谪置滁州。起授寿州刺史，徙隆州，复不循法。录事参军事裴聿谏正其失，元婴捽辱之。聿入计具奏，帝迁聿六品上阶。帝尝赐诸王彩五百，以元婴及蒋王贪黩，但下书曰："滕叔、蒋弟不须赐，给麻二车，助为钱缗。"二王大惭。武后时，进拜开府仪同三司、梁州都督。薨，赠司徒、冀州都督，陪葬献陵。

　　子十八人，长子修琦嗣，为长乐王，余爵公。垂拱中，六人死诏狱。神龙初，更以少子修信子涉嗣，开元中，授左骁卫将军。薨，子湛然嗣，从玄宗至蜀，擢左金吾将军。

唐书卷八〇
列传第五

太宗九王

常山王承乾　郁林王恪 成王千里

吴王琨　信安王祎　赵国公峘　嗣吴王祗

嗣吴王巘　濮王泰　庶人祐

蜀王愔　蒋王恽 之芳 **越王贞**

琅琊王冲　**纪王慎** 义阳王琮 **曹王明**

嗣曹王皋　象古　道古

　　太宗十四子：文德皇后生承乾，又生第四子泰、高宗皇帝；后宫生宽；杨妃生恪，又生第六子愔；阴妃生祐；王氏生恽；燕妃生贞，又生第十一子嚣；韦妃生慎；后宫生简；杨妃生福；杨氏生明。

　　常山愍王承乾，字高明，生承乾殿，即以命之。武德三年，始王常山郡，与长沙、宜都二王同封。俄徙中山。太宗即位，立为皇太子。甫八岁，特敏惠，帝爱之。在谅暗，使裁决庶政，有大体，后每行幸，则令监国。及长，好声色慢游，然惧帝，秘其迹。临朝，言谆谆必忠孝，退乃与群不逞狎慢。左右或进谏，危坐敛容，痛自咎，饰非辩给，谏者拜答不暇，故人人以为贤而莫之察。后过恶寝闻，宫臣若孔颖达、令狐德棻、于志宁、张玄素、赵弘智、王仁表、崔知机等皆天下选，每规争承乾，帝必厚赐金帛，欲以厉其心。承乾懦不悛，往往遣人阴图害之。时魏王泰有美名，帝爱重。而承乾病足，不良行，且惧废，与泰交恶。泰亦谋夺长，各树党。

东宫有俳儿，善姿首，承乾嬖爱，帝闻震怒，收儿杀之，坐死者数人。承乾意为泰告，望甚。内念儿不已，筑室图其象，赠官树碑，为起冢苑中，朝夕祭。承乾至其处裴回，涕数行下，愈怨怼，称疾不朝，累数月。

又使户奴数十百人习音声，学胡人椎髻，剪彩为舞衣，寻橦跳剑，鼓鞞声通昼夜不绝。造大铜炉、六熟鼎，招亡奴盗取人牛马，亲视烹煮，召所幸厮养共食之。又好突厥言及所服，选貌类胡者，被以羊裘，辫发，五人建一落，张毡舍，造五狼头纛，分戟为阵，系幡旗，设穹庐自居，使诸部敛羊以烹，抽佩刀割肉相啖。承乾身作可汗死，使众号哭剺面，奔马环临之。忽复起曰："使我有天下，将数万骑到金城，然后解发，委身思摩，当一设，顾不快邪！"左右私相语，以为妖。又襞毡为铠，列丹帜，勒部阵，与汉王元昌分统，大呼击刺为乐。不用命者，披树扶之，或至死，轻者辄腐之。尝曰："我作天子，当肆吾欲，有谏者，我杀之，杀五百人，岂不定？"

又召壮士左卫副率封师进、刺客张师政、纥干承基等谋杀魏王泰，不克，遂与元昌、侯君集、李安俨、赵节、杜荷镵臂血歃之，谋以兵入西宫。贞观十七年，齐王祐反齐州，承乾谓承基等："我宫西墙，去大内正可二十步棘耳，岂与齐州等？"会承基连齐王事系狱当死，即上变。帝诏长孙无忌、房玄龄、萧瑀、李勣、孙伏伽、岑文本、马周、褚遂良杂治，废为庶人，徙黔州。十九年死，帝为废朝，葬以国公礼。

子象，为怀州别驾，厥鄂州别驾。开元中，象子适之为宰相，赠还承乾始王，象越州都督、郇国公。

楚王宽，武德三年，出后楚哀王，早薨，贞观初追封。

郁林王恪，始王长沙，俄进封汉。贞观二年徙蜀，与越、燕二王同封。不之国，久乃为齐州都督。帝谓左右曰："吾于恪岂不欲常见之？但令早有定分，使外作藩屏，吾百岁后，庶兄弟无危亡忧。"十年，改王吴，与魏、齐、蜀、蒋、越、纪六王同徙封。授安州都督。帝赐书曰："汝惟茂亲，勉思所以藩王室，以义制事，以礼制心。外之为君臣，内之为父子，今当去膝下，不遗汝珍，而遗汝以言，其念之哉！"坐与乳媪子博簺，罢都督，削封户三百。高宗即位，拜司空、梁州都督。

恪善骑射，有文武才。其母隋炀帝女，地亲望高，中外所向。帝初以晋王为太子，又欲立恪，长孙无忌固争，帝曰："公岂以非己甥邪？且儿英果类我，若保护舅氏，未可知。"无忌曰："晋王仁厚，守文之良主，且举棋不定则败，况储位乎？"帝乃止。故无忌常恶之。永徽中，房遗爱谋反，因遂诛恪，以绝天下望。临刑呼曰："社稷有灵，无忌且族灭！"四子，仁、玮、琨、璄并流岭表。显庆五年，追王郁林，为立庙，以河间王孝恭孙荣为郁林县侯以嗣。神龙初，赠司空，备礼改葬。

光宅中，仁遇赦还，适会荣以罪斥，故得袭郁林县男，历岳州别驾，爵郡公。尝使江左，州人遗以金，拒不内。武后遣使者劳曰："儿，吾家千里驹。"更名千里。自天授后，宗室贤者多株翦，唯千里诡躁不情，数进符瑞诸异物，得免。中宗反正，改王成纪，未几，进王成。

节愍太子诛武三思，千里与其子天水王禧率数十人斩右延明门以入。太子败，诛死，籍其家，改氏"蝮"。睿宗立，诏还氏及官爵。

玮早卒，中宗追封朗陵王。子袆，出继蜀王愔。开元中，以傍继国改封广汉郡王，迁太仆卿同正员，薨。

琨，武后时历六州刺史，皆有名。圣历中，为岭南招慰使，安辑反獠，甚得其宜。卒，赠司卫卿。神龙初，赠张掖郡王。开元中，以子祎贵，追封吴王。

祎少有志尚，事继母谨，抚异母弟祗，以友称，当袭封，固让祗，中宗嘉其意，特封嗣江王，以继器后。开元时，亦以傍继徙信安郡王。累为州刺史,治严办。迁礼部尚书、朔方节度使。

初,吐蕃据石堡城,数盗塞,诏祎与河西、陇右议攻取。既到屯,谋日进师。或谓:"城险,贼所爱,必固守。今兵深入,有如不捷,吾军必奔,不如持重伺贼势。"祎曰:"人臣之节,岂惮险不进乎?必众寡不敌者,吾以死继之。"于是分兵连贼路,督诸将倍道进,遂拔之。自是河、陇诸军游弈,拓地至千里。玄宗喜,更号其城曰振武军。

契丹牙官可突于叛,诏拜忠王为河北道行军元帅讨之,敕祎以副。王不行,故祎率裴耀卿诸将分道出范阳北,击二蕃,破之,禽酋长以还,余部窜伏。加开府仪同三司,领关内支度营田采访处置使,授二子官。

祎功多,执政害之,赏不雠,为当时所恨。久之,擢兵部尚书,为朔方节度大使。坐事下除衢州刺史。历滑、怀二州。天宝初,以太子少师致仕。明年,迁太师。未拜,薨。

祎治家严,教子有法度,故岷、峄、岘皆显。

岷性质厚,历宦有美名,以王孙封赵国公。杨国忠乱政,悉斥不附己者。岷由考功郎中拜睢阳太守,以清简为二千石最。方入计,而玄宗入蜀,即走行在。除武部侍郎,兼御史大夫。俄拜蜀郡太守、剑南节度采访使。郭千仞反,与陈玄礼共讨平之。上皇还京,迁户部尚书,改越国。

乾元元年,持节都统江淮节度宣慰观察使。都统之号,自岷始。明年,宋州刺史刘展有异志,诏拜展为淮南节度使,密诏岷与扬州长史邓景山图之。时展强扈,既受诏,即悉兵度淮,岷、景山拒之,战寿春,败绩,岷走丹杨。诏贬袁州司马,卒于官,赠扬州大都督,弟岘别传。

祗封嗣吴王,出为东平太守。安禄山反,河南、陈留、荥阳、灵昌相继陷,祗募兵拒贼,玄宗壮之。累迁陈留太守,持节河南道节度采访使。历太仆、宗正卿。代宗大历时,祗既宗室老,以太子宾客为集贤院待制。是时,勋望大臣无职事者皆得待诏于院,给飧钱署舍以厚其礼，自左仆射裴冕等十三人为之。

子嵫，以荫补五品官。祗藂，兄岵得罪，乃以嵫嗣王。累至宗正卿，检校刑部尚书。藂，赠太子少保。性介直，面刺人短。历官清白，居室不能庇风雨。收恤甥侄，慈爱过人，家无留储，公卿合赗乃克葬。

璄，神龙初封归政郡王，历宗正卿，坐千里事，贬南州司马。

濮恭王泰，字惠褒。始王宜都，徙封卫，继怀王后。又徙封越，为扬州大都督，再迁雍州牧、左武候大将军。改王魏。帝以泰好士，善属文，诏即府置文学馆，得自引学士。又以泰大腰腹，听乘小舆至朝。司马苏勖劝泰延宾客著书，如古贤王。泰乃奏撰《括地志》，于是引著作郎萧德言、秘书郎顾胤、记室参军蒋亚卿，功曹参军谢偃等撰次。卫尉供帐，光禄给食，士有文学者多与，而贵游子弟更相因藉，门若市然。泰悟其过，欲速成，乃分道计州，翻缉疏录，凡五百五十篇，历四期成。诏藏秘阁，所赐万段。后帝幸泰延康坊第，曲赦长安死罪，免坊人一年租，府僚以差赐帛。

又泰月禀过皇太子远甚，谏议大夫褚遂良谏曰："圣人尊嫡卑庶，谓之储君，故用物不会，与王共之，庶子不得为比，所以塞嫌萌，杜祸源。先王制法，本诸人情，知有国家者必有嫡庶，庶子虽爱，不得过嫡子。如当亲者疏，当尊者卑，则私恩害公，惑志乱国。今魏王禀料过东宫，议者以为非是。昔汉窦太后爱梁王，封四十余城。王筑苑三百里，治宫室，为复道，费财巨万，出警入跸。一不得意，遂发病死。宣帝亦骄淮阳王，几至于败，辅以退让之臣，乃克免。今魏王新出阁，且当示以节俭，自可在后月加岁增。又宜择师傅，敦以谦俭，勉以文学，就成德器，此所谓圣人之教，不肃而成也。"

帝又敕泰入居武德殿，侍中魏微亦言："王为陛下爱子，欲安全之，则不当使居嫌疑之地。今武德殿在东宫之西，昔海陵居之矣，论者为不可。虽时与事异，人之多言，尚或可畏。又王之心亦弗遑舍，愿罢之,成王以宠为惧之美。"帝悟,乃止。

时皇太子承乾病蹇,泰以计倾之,乃引驸马都尉柴令武、房遗爱等布腹心,而韦挺、杜楚客相继摄府事。二人者,为泰要结中朝臣,津介赂遗,群臣更附为朋党。承乾惧,阴遣人称泰府典签诣玄武门上封,帝省之,书言泰罪,帝怒,即遣捕诘,不获。既而太子败,帝阴许立泰,岑文本、刘洎请遂立泰为太子。长孙无忌固欲立晋王,帝以太原石文有"治万吉",复欲从无忌。泰微知之,因语晋王:"尔善元昌,得无及乎?"王忧甚,帝怪之,以故对,帝怃然悟。会召承乾谴勒,承乾曰:"臣贵为太子,尚何求?但为泰所图,与朝臣谋自安尔。无状之人,遂教臣为不轨事。若泰为太子,正使其得计耳。"帝曰:"是也,有如立泰,则副君可诡求而得。使泰已立,承乾、治俱死;治也立,泰、承乾可无它。"即幽泰将作监,解雍州牧、相州都督、左武候大将军,降王东莱。因诏:"自今太子不道、藩王窥望者,两弃之,著为令。"然帝犹谓无忌曰:"公劝我立雉奴,雉奴仁懦,得无为宗社忧,奈何?"雉奴,高宗小字。

泰寻改王顺阳,居均州之郧乡。帝赏持泰表语左右曰:"泰文辞可喜,岂非才士?我心念泰无已时,但为社稷计,遣居外,使两相完也。"二十一年,进王濮。高宗即位,诏泰开府置僚属,车服羞膳异等。薨郧乡,年三十五,赠太尉、雍州牧。二子:欣、徽。

欣嗣王,武后时为酷吏所陷,贬昭州别驾,薨。子峤,神龙初得嗣王。开元中为国子祭酒,以罪贬邓州别驾,薨。徽封新安郡王。

庶人祐,字赞。武德八年,王宜阳,进王楚,又王燕,已乃封齐,领齐州都督,贞观十一年始归国。明年入朝,以疾留京师。其舅尚乘直长阴弘智,憸人也,说祐曰:"王兄弟多,即上万岁后,何以自全?要须得士自助。"乃引客燕弘信谒祐,祐悦,赐金帛,使募剑客。十五年还州。

初,帝用王府长史、司马,必取骨鲠敢言者,有过失辄闻。而祐溺群小,好弋猎,长史薛大鼎屡谏不听,帝以辅王无状,免之,更用权万纪。万纪性刚急，以法绳祐，有昝君谟、梁猛虎者，骑射得幸，万纪斥之，祐私引与狎昵。帝数以书让祐，万纪恐并获罪，即说祐曰："王，上爱子，上欲王改悔，故数教责王。诚能饬躬引咎，万纪请入朝言之，上意宜解。"祐因上书谢罪。万纪见帝，言祐且自新，帝悦，厚赐万纪，而仍谯戒祐。祐闻万纪见劳，而己蒙责，以为卖己，益不平。会万纪又以疑贰系君谟等，制祐不出国门，悉暴祐罪于朝，祐不胜忿，有诏刑部尚书刘德威临讯，颇实，帝召祐、万纪还京师。祐与燕弘亮等谋，射杀万纪，支解之。左右劝祐遂发兵，乃募城中男子年十五以上悉发，私署左右上柱国、光禄大夫、开府仪同三司，托东、托西等王，斥库资行赏，驱人筑堞浚隍，缮甲兵。人恶之，皆夜缒亡去。

诏兵部尚书李勣与刘德威发便道兵讨之。祐日夜引弘亮等五人对其妃宴乐。语官军，则弘亮妄言："王毋忧，右手持酒啖，左手刀拂之。"祐信爱弘亮，闻之喜。帝手敕祐曰："吾常戒汝勿近小人，正为此耳。往吾子，今国仇。我上惭皇天，下愧后土。"题毕，涕而遣。祐橄诸县，县辄以闻。祐穷蹙，上表曰："臣，帝子也，为万纪谗构，上天降灵，罪人斯得。臣狂失心，惝恍惊悸，左右无兵，即欲颠走，所以颇仗械以自卫护。"时勣未至，而青、淄等州兵已集。或劝祐虏子女走豆子舸为盗，计未决，兵曹杜行敏夜勒兵凿垣入，祐与弘亮等闭门拒，至日中，行敏呼曰："吾为国讨贼，不速降，且焚。"士积薪，祐乃出，执送京师。赐死内侍省，贬为庶人，葬以国公礼。诏齐州给复一年，擢行敏巴州刺史，封南阳郡公。

祐喜养斗鸭，方未反。狸祚鸭四十余，绝其头去。及败，牵连诛死者凡四十余人。

祐之乱，州人罗石头数祐罪，以刀直前刺祐，不克，杀之。诏赠亳州刺史。

尝引骑徇邑聚，野人高君状曰："上亲平寇难，土地甲兵不胜计。今王以数千人为乱，犹一手摇泰山，又如君父何？"祐击禽之，愧其言，不能杀。诏擢榆杜令。

蜀悼王愔,贞观五年始王梁,与郯、汉、申、江、代五王同封。徙王蜀,实封八百户。出为岐州刺史。数畋游,为非法,帝频责教,不悛,怒曰:"禽兽可扰于人,铁石可为器,愔曾不如之!"乃削封户及国官半,徙虢州。久之,还户,增至千。复出驰弋,败民稼。典军杨道整叩马谏,愔捽击之。御史大夫李乾祐劾愔罪,高宗怒,贬黄州刺史。擢道整匡道府折冲都尉。

吴王恪得罪,愔以母弟废为庶人,徙巴州。俄封涪陵王,薨。咸亨初,复爵土,赠益州大都督,陪葬昭陵,以子璠嗣王。璠,武后时谪死归诚州,神龙初,以朗陵王祎子褕嗣。

蒋王恽,始王郯,又徙王蒋,拜安州都督,赐实封千户。永徽三年,徙梁州,恽造器物服玩,多至四百车,所经州县骚然护送,为有司劾奏,诏贷不问。上元中,迁箕州刺史。录事参军张君彻诬告恽反,诏使者按验,恽惶惧自杀。高宗知其枉,斩君彻,赠恽司空、荆州大都督,陪葬昭陵。三子:炜、煌、休道。

炜初王汝南郡,恽薨,遂嗣王,为武后所害。神龙初,以嫡孙绍宗为嗣蒋王,薨,子钦福嗣,为率更令。

煌封蔡国公。孙之芳,有令誉,安禄山奏为范阳司马,禄山反,自拔归京师。历工部侍郎、太子右庶子。广德初,诏兼御史大夫使吐蕃,被留二岁乃得归,拜礼部尚书,改太子宾客。

休道子琚,神龙初封嗣赵王,开元中改王中山。

越王贞,始王汉,后徙原,已乃封越。贞善骑射,涉文史,有吏干,为宗室材王。武后初,迁累太子太傅、豫州刺史。中宗废居房陵,贞乃与韩王元嘉及王子黄公譔、鲁王灵夔、王子范阳王蔼,霍王元轨、王子江都王绪、及子琅邪王冲计议反正。

垂拱四年,明堂成,悉追宗室行享礼,共疑后遂大诛戮不遗种,事且急,譔乃矫帝玺书赐冲曰:"朕幽絷,诸王宜即起兵。"于是命长史萧德琮募兵,告诸王师期:八月,冲先发,诸王莫有应者,独贞将兵攻上蔡，破之，而冲已败。贞稍徇属县，得士七千，列五营：贞为中营，以裴守德为大将军，领中营；赵成美为左中郎将，领左营；闾弘道为右中郎将，领右营；安摩诃为郎将，领后军；王孝志为右将军，领前军。以韦庆礼为司马，署官五百。然胁诱无斗志，家童皆佩符以辟兵。九月，后遣左豹韬卫大将军麹崇裕、夏官尚书岑长倩率兵十万讨之，以凤阁侍郎张光辅为诸军节度，乃下诏削贞父子属籍，改氏‘虺’。崇裕等次豫州，贞少子规及裴守德拒战，兵溃，贞乃闭门守。守德者，骁勇士。贞始起，以女妻之，委以腹心。至是，欲杀贞自赎。会军薄城，家人白贞：“今事乃尔，王岂受戮辱者邪？”即仰药死。规自杀，守德与主俱缢。起凡二十日败。始，贞临水自鉴，不见其首，恶之，未几及祸。

冲，贞长子也。好学，勇而才，累迁博州刺史。初发，有士五千，度河趣武水，武水令告急魏州，州遣莘令马玄素领兵先乘城，冲攻之，因风，积薪焚其门，火作风反，众心沮解。其属董元寂诵言：“王与国家战，乃反尔。”冲斩以徇，众惧，遂溃，唯家僮数十从之。乃走博州，为当关刺死。后命丘神勣讨之，兵未至，冲已死，起七日败。二弟：蔼、温。蔼，常山公，坐死。温以前告，流岭南。

初，贞腾檄寿州刺史赵瓌，谕以兴兵且假道。瓌得檄，许为应，瓌妻常乐长公主亦趣诸王早立功，故瓌与主皆死。济州刺史薛顗与其弟绍谋应冲，率所部庸、调治兵募士，冲败，下狱死。顗，驸马都尉瓘之子，母城阳长公主，封河东县侯。绍尚太平公主，擢累右玉钤卫员外将军，以主婿不加戮，饿死河南狱。

神龙初，敬晖等奏冲父子死社稷，请复爵土，为武三思等沮罢。开元四年，乃复爵土，有司谥死不忘君曰敬。五年，又诏：“王嗣绝国除，朕甚悼焉。其以贞从孙故许王子羡国公琳嗣王，奉王祀。”琳薨，爵不传。

贞最幼息珍子谪岭表，数世不能归。开成中，女孙持四世丧北还，求祔王茔，诏嘉悯，敕宗正寺、京兆府为访其兆，非陪陵者听葬。

女名元真,为道士。

纪王慎,始王申。后徙纪,食户八百。贞观中,迁襄州刺史,以治当最,天子玺书劳勉,人为立石颂德。二十三年,进户至千。文明初,累迁太子太师、贝州刺史。慎少好学,善星步,与越王齐名,当世号"纪越"。

初,贞连诸王起兵,慎知时未可,独拒不与合。将就诛而免,改氏'虺',载以槛车,谪巴州,薨于道。七子:续、琮、睿、秀、献、钦、证。续与秀最知名。

续王东平,历和州刺史,薨。琮义阳王,睿楚国公,秀襄阳郡公,献广化郡公,钦建平郡公,五人并为武后所杀。神龙初,以证嗣王,擢左骁卫将军,薨。子行同嗣。

琮三子:行远、行芳、行休。始,琮与二弟同死桂林。开元四年,行休请身迎枢,既至,无封树,议者谓不可复得。行休归,地布席以祈。是夜梦王乘舟,舟判为二。既而适野,见东洲中断,乃悟焉。又灵堂锁一夕茎自屈,管上有指迹,一奇二并,使卜人筮之,曰:"屈,于文为尸出;指者,示也;一奇二并,三殡也。先王告之矣。"乃趣其所,发之如言,而一节独阙。行休号而寝,梦琮告曰:"在洛南洲。"明日,直殡南得之。于是以三丧归,陪葬昭陵,赠琮陈州刺史。永昌时,行远、行芳斥巂州。六道使至,行远先就戮,行芳幼当赦,抱持请代,遂与俱死,西南人称死悌云。

慎女东光县主,始八岁,闻慎有疾,不食,父哀之,绐云已愈,主察颜色未平,终不肯御,内外称之。长适太子司议郎裴仲将。时妃、主多恃贵,以奢豫相矜,主独俭素,姊弟诮曰:"人生富贵在得志,独勤苦,欲何求?"答曰:"我幼好礼,今行之不违,非得志谓何?且自古贤妃淑女以恭逊著名,骄纵败德。况荣宠贵盛,傥来物也,可恃以凌人乎?"及王死,号恸,呕血数升。免丧,绝膏沐者二十年。始,诸王、妃、主自垂拱后被害者皆藁掩之。神龙初,诏州县普加求访,祭以牲牢,复官爵,诸王皆陪葬昭、献二陵。主闻,感恸,卒,敕其子曰:"为我谢亲戚,酷愤已雪,下见先王无恨矣!"中宗为举哀章善门,下诏褒扬。

江殇王嚣,封之明年薨,无后。

代王简,已封薨,无后。

赵王福,贞观十三年始王,出后隐太子。迁累梁州都督,实封八百户。薨,赠司空、并州都督,陪葬昭陵。无子,神龙初,以蒋王恽孙思顺嗣王。

曹王明,母本巢王妃,帝宠之,欲立为后,魏徵谏曰:"陛下不可以辰嬴自累。"乃止。贞观二十一年,始王曹,累为都督、刺史。高宗诏出后巢王。永隆中,坐太子贤事,降王零陵,徙黔州。都督谢祐逼杀之,帝闻,悼甚,黔官吏皆坐免。景云中,陪葬昭陵。三子:俊、杰、备。

俊嗣王,南州别驾。杰为黎国公,垂拱时并及诛。神龙初,以杰子胤为嗣曹王。是时诸王子孙自岭外还,入见中宗,皆号恸,帝为泣下。初,武后时,壮者诛死,幼皆没为官奴,或匿人间庸保。至是,相继出,帝随属远近封拜云。后备自南还,诏停胤封而封备,历卫尉少卿同正员,薨。开元十二年,复封胤。薨,子戢嗣,位左卫率府中郎将,子皋嗣。

皋字子兰,少补左司御兵曹参军,天宝十一载嗣王。事母太妃郑以孝闻。安禄山反,奉母逃民间,间走蜀,谒玄宗,由都水使者迁左领军将军。上元初旱歉,皋禄不足养,请补外,不许,乃故抵轻法,贬温州长史,俄摄州事。州大饥,发官廪数十万石赈饿者,僚史叩庭请先以闻,皋曰:"人日不再食且死,可俟命后发哉?苟杀我而活众,其利大矣!"既贷,乃自劾,优诏开许,就进少府监。时殿中侍御史李钧与其弟京兆法曹参军锷宦既遂,不肯还乡,母穷不自给。皋行县见之,叹曰:"入则孝,出则悌,有余力则学。若二子者可与事君乎哉?"举劾之,并锢死。召还,未得见,即上书言治道,诏授衡州刺史,为观察使谩劾,贬潮州。会杨炎起道州为宰相,知皋直,复用为衡州刺史。初,御史覆讯,皋惧忧其母,出则囚服,入乃衣冠,貌言如平常。及为潮,以迁入告。至是复位,乃言其实。

建中元年,进拜湖南观察使。前帅辛京杲贪虐,使部将王国良成武冈,赖其富,即劾以死。国良恐,据县反,敛荆、黔、洪、桂兵讨之,再岁不能下。皋至,遗书曰:"观将军非敢大逆者,特逃谗抗死尔!将军遇我,可以降,我固为京杲诬者,幸蒙雪,何忍以兵加将军哉?以为不然,我以阵术破将军阵,以攻法屠将军城,非将军所度也。"国良得书,喜且畏,因请降,然内尚首鼠。皋即日单骑称使者造国良垒,贼延使者入,皋大呼其军曰:"有识曹王者乎?乃我也。来受良降,良今安在?"一军愕眙,不敢动,国良迎拜,叩头请罪。皋执手,约为昆弟,则尽焚攻守具,散其兵。有诏赦之,赐名惟新。

明年,持母丧至江陵。会梁崇义反,夺为左卫大将军,复观察湖南。李希烈反,迁江西节度使。受命日,不宿家,至豫章,大令将吏曰:"有功未申与怀器谋不发者,皆自言。"得裨校伊慎、李伯潜、刘旻,悉补大将。擢王锷为中军,以马彝、许孟容为幕府。治战舰,哀兵二万,以士二千五百委慎等教之。自将五百人,教以秦兵团力法,联其赏罚,弛张如一。乃约以五百人,击慎卒二千五百,莫能当其锋,即尽以教之。初,慎尝从希烈平襄州,至是,希烈惧为皋用,即反间,德宗信之,将诛慎,皋请赦之,使自效。会与贼夹江阵,皋勉慎立功,以所乘马及器铠赐之,使将先锋,斩贼数百级,乃免。

贼栅蔡山不可攻,皋声言西取蕲,引兵舰循崖溯江上。贼闻,以赢师保栅,悉军行江北与皋直。西去蔡山三百里,皋遣步士悉登舟,顺流下,攻蔡山。拔之。间一日,贼救至,遂大败,乃取蕲州,降其将李良,平黄州,兵益振。

会舒王为元帅,授皋前军兵马使。俄而天子狩奉天,盐铁使包佶为陈少游所窘,以运艚溯江,次蕲口,希烈使杜少诚将步骑三万将绝江道,皋遣伊慎兵七千御于永安,走之。以功进工部尚书。帝驻梁州,皋之贡助相望。以天子处外,乃不敢居城府,出屯西塞山大洲,徙郡县为军市。改户部尚书。又遣伊慎、王锷攻安州,未下,希烈遣刘戒虚以步骑八千援之,皋命李伯潜迎击于应山,俘之,遂下安州,斩伪刺史王嘉祥。希烈别遣兵援隋州,皋破之厉乡,因下平静、白雁关,贼遂不敢南略。迁荆南节度使,赐实封三百户。凡战大小三十二,取州五、县二十,斩首三万三千,禽生万六千,未尝败。师所过,不敢伐桑枣、践禾稼。朝廷仰食江淮,而西道出九江,至大别,皆与贼接,皋转战数千里,饷路遂通,江汉倚皋为固。淮西平,乃请护丧归东都,帝走中人赗吊,讫葬来朝,还就镇。

初,江陵东北傍汉有古鄬,不治,岁辄溢。皋修塞之,得其下良田五千顷。规江南废洲为庐舍,构二桥跨江,而流人自占者二千余家。由荆抵乐乡二百里,其间墟聚凡数十,不井饮,皋始命凿井以便人。贞元初,吴少诚擅蔡,故徙皋镇山南东道,割隋、汝以益军,练兵峙粮,市回鹘马以益战骑,岁时大畋以教士,少诚畏之。

皋性勤俭,能知人疾苦,参听微隐。尽得吏下短长,其赏罚必信。所至常平物估,豪举不得擅其利。教为战舰,挟二轮蹈之,鼓水疾进,驶于阵马。有所造作,皆用省而利长。以物遗人,必自视衡量,库帛皆印署,以杜吏谩。扶风马彝未知名,皋识之,卒以正直称。张柬之有园圃在襄阳,皋尝宴集,将市取之。彝曰:"汉阳有中与功,今遗业当百世共保,奈何使其子孙鬻乎?"皋谢曰:"主吏失词,以为君羞,微君安得闻此言?"卒年六十,赠尚书右仆射,谥曰成。

皋尝自创意为欹器,以糅木上出五觚,下锐圆,为盂形,所容二豆,少则水弱,多则强,中则水器力均,虽动摇,乃不覆云。

子象古、道古。

象古,元和中,自衡州刺史擢安南都护,贪纵不法。欢州刺史杨清者,蛮酋也,象古忌其豪,召为牙门将,常郁郁思乱。会讨黄贼,象古发甲助之,乃授清兵三千。清与子志烈还袭安南,杀象古并其家。诏赦清为琼州刺史,以桂仲武为都护。清拒命,仲武分谕渠酋,兵皆附,破城,斩清,夷其族。

　　道古,举进士,献书阙下,擢校书郎、集贤院学士。累迁司门员外郎,历利、隋、唐、睦四州刺史。柳公绰镇鄂岳,为飞谮上闻,宪宗欲代之。裴度言:"嗣曹王皋尝能以江汉兵制李希烈,威惠在人,今以其子将,必有功。"会道古自黔中观察使入朝,乃代公绰,倍道入其军。公绰惶遽出,财资皆被夺。元和十二年,攻申州,破其郛,进围中城。守卒夜驱女子登而噪,发悬门以出,道古众乱,多死于贼。李听守安州,未尝败,道古诬逐之。自将出木陵关,士卒骄,不能制;又度支钱道古悉以馈权幸,故赐不给,其下怨怒,战不甚力,贼亦易之。故再入申,不能下,卒无功。淮西平,加检校御史大夫,召为宗正卿、左金吾将军。

　　帝喜服饵,道古欲自媚,而所善柳泌自谓能化金为不死药,乃因宰相皇甫镈以闻,俄会帝崩。穆宗为太子,恶之,既立,诛泌,贬镈,斥道古为循州司马。终以服丹欧血死。长庆初,诏还其官。道古巧于宦,便佞倾下,游公卿间,常与弈博,伪不胜,厚进所偿,嗜利者多得其欢心,故少盗美名。及死,卖宅以葬。

唐书卷八一
列传第六

三宗诸子

燕王忠　　泽王上金　　许王素节

褒信王璆　　孝敬皇帝弘　　裴居道

章怀太子贤　邠王守礼　广武王承宏

敦煌王承寀　　懿德太子重润　　谯王重福

节愍太子重俊　　让皇帝宪　汝阳王琎

汉中王瑀　景俭　惠庄太子㧑

惠文太子范　嗣岐王珍　　惠宣太子业

嗣薛王知柔

高宗八子：后宫刘生忠，郑生孝，杨生上金，萧淑妃生素节，武后生弘、贤、中宗皇帝、睿宗皇帝。

燕王忠字正本。帝始为太子而忠生，宴宫中，俄而太宗临幸，诏宫臣曰：“朕始有孙，欲共为乐。”酒酣，帝起舞，以属群臣。在位皆舞，赉赐有差。贞观二十年，始王陈。永徽初，拜雍州牧。王皇后无子，后舅柳奭说后，以忠母微，立之必亲己，后然之，请于帝；又奭与褚遂良、韩瑗、长孙无忌、于志宁等继请，遂立为皇太子。后废，武后子弘甫三岁，许敬宗希后旨，建言："国有正嫡，太子宜同汉刘强故事。"帝召见敬宗曰："立嫡若何？"对曰："正本则万事治，太子，国本也。且东宫所出微，今知有正嫡，不自安；窃位而不自安，非社稷计。"帝曰："忠固自让。"敬宗曰："能为太伯，不亦善乎？"于是降封梁王、梁州都督，赐甲第，实封户二千，物二万段。俄徙房州刺史。忠寖惧不聊生，至衣妇人衣，备刺客。数有妖梦，尝自占。事露，废为庶人，囚黔州承乾故宅。

麟德初，宦者王伏胜得罪于武后，敬宗乃诬忠及上官仪与伏胜谋反，赐死，年二十二。无子。明年，太子弘表请收葬，许之。神龙初，追封，又赠太尉、扬州大都督。

原悼王孝，永徽元年始王许，与杞、雍二王同封。早薨。神龙初，追封及谥。

泽王上金，始王杞。永徽三年，遥领益州大都督。历郐、寿二州刺史。武后疾其母，故有司诬奏，削封邑，徙置澧州。久之，后阳若可喜者，表杞王上金、郜阳王素节听朝集，义阳、宣城二公主各增夫秩。由是上金为沔州刺史，素节岳州刺史，然卒不朝。高宗崩，诏上金、素节、二公主赴哀。文明元年，徙王毕，又徙王泽。历五州刺史。载初中，武承嗣讽周兴诬上金、素节谋反，召系御史狱。上金闻素节已被杀，即雉经，七子并流死显州。神龙初，追还官爵，以子义珣嗣王。

义珣始被谪，匿身为佣保，而嗣许王璹利其爵邑，告义珣假冒，复流岭外。开元初，以素节子璆为后，而玉真公主表义珣实上金子，乃夺璆爵，复使义珣嗣王，拜率更令，薨子漼嗣。

许王素节，始王雍，授雍州牧，方羁丱，即诵书日千言，师事徐齐聃，淬勉自强，帝爱之。转岐州刺史，更王郇，母被谮死，出素节为申州刺史，乾封初，诏素节病无入朝。而实不病，乃著《忠孝论》自明。仓曹参军张柬之以闻，欲帝省其诬，武后滋不悦，坐受赇降王鄱阳，削封户什七，徙置袁州，锢终身。仪凤三年，为岳州刺史，更王葛，又徙王，历三州刺史。与上金同追逮赴都，道闻遭丧哭者，谓左右曰："病死何可得，而须哭哉？"至龙门驿被缢，年四十三，葬以庶人礼。子瑛等九人并诛，惟琳、瓘、璆、钦古尚幼，长囚雷州。

中宗复位，追故封，又赠开府仪同三司、许州刺史，陪葬乾陵。诏瓘嗣王，实封户四百。开元初，封琳为嗣越王，璆泽王，琳至右监门卫将军，子随封夔国公。瓘为卫尉卿，以抑上金子不得封，贬鄂州别驾。因诏外继嗣王者皆归宗，乃以嗣江王祎为信安王，嗣蜀王禧为广汉王，嗣密王彻为濮阳王，嗣曹王臻为济国公，嗣赵王琚为中山王，武阳王继宗为澧国公。瓘累迁太子詹事。蒇，赠蜀郡大都督。二子解、需皆幼。以璆子益嗣，天宝十四载，解始袭王。

璆初封嗣泽王，降为郢国公，官宗正、光禄卿，进封褒信王。初，张九龄撰《龙池颂》，刊石兴庆宫，宗子以为不称盛德，更命璆为颂，建花萼楼北。天宝初，复拜宗正卿。性友弟聪敏，宗子有一善，无不荐延，故宗室在省阅者多璆所启。蒇，赠江陵郡大都督。二子：谦为郢国公、梓州刺史，巽汝南郡公。

钦古封巴国公，子贲嗣。

孝敬皇帝弘，永徽六年始王代，与潞王同封。显庆元年，立为皇太子。受《春秋左氏》于率更令郭瑜，至楚世子商臣弑其君，喟而废卷曰："圣人垂训，何书此邪？"瑜曰："孔子作《春秋》，善恶必书，褒善以劝，贬恶以诫，故商臣之罪虽千载犹不得灭。"弘曰："然所不忍闻，愿读它书。"瑜拜曰："里名胜母，曾子不入。殿下睿孝天资，黜凶悖之迹，不存视听。臣闻安上治民，莫善于礼，故孔子称'不学礼，无以立'。请改受《礼》。"太子曰："善。"四年，加元服。又命宾客许敬宗、右庶子许圉师、中书侍郎上官仪、中舍人杨思俭即文思殿撷采古今文章，号《瑶山玉彩》，凡五百篇。书奏，帝赐物三万段，余臣赐有差。又诏五日一赴光顺门决事。总章元年，释采国学，请赠颜回为太子少师,曾参太子少保,制可。

会有司以征辽士亡命及亡命不即首者,身殊死,家属没官。弘谏以为"士遇病不及期,或被略若溺、压死,而军法不因战亡,则同队悉坐,法家曰亡命,而家属与真亡者同没,《传》曰:'与杀不辜,宁失不经。'臣请条别其科,无使沦胥。"诏可。帝幸东都,诏监国。时关中饥,弘视庑下兵食有榆皮、蓬实者,悄然命家令寺给米。

义阳、宣城二公主以母故幽掖廷,四十不嫁,弘闻眙恻,建请下降。武后怒,即以当上卫士配之,由是失爱。又请以同州沙苑分假贫民。会纳妃裴,而有司奏贽用白雁,适苑中获之,帝喜曰:"汉获朱雁,为乐府歌。今得白雁为婚贽,婚乃人伦首,我则无惭。"礼毕,曲赦岐州。

帝尝语侍臣:"弘仁孝,宾礼大臣,未尝有过。"而后将骋志,弘奏请数忤旨。上元二年,从幸合璧宫,遇鸩薨,年二十四,天下莫不痛之。诏曰:"太子婴沈瘵,朕须其痊复,将逊于位。弘性仁厚,既承命,因感结,疾日以加。宜申往命,谥为孝敬皇帝。"葬缑氏,墓号恭陵,制度尽用天子礼,百官从权制三十六日释服,帝自制《睿德纪》,刻石陵侧。营陵功费巨亿,人厖苦之,投石伤所部官司,至相率亡去。妃薨,谥哀皇后,无子。永昌初,以楚王隆基嗣。中宗立,诏以主祔太庙,号义宗。开元中,有司奏:"孝敬皇帝宜建庙东都,以谥名庙。"诏可,于是罢义宗号。

妃即裴居道女,有妇德,而居道以妃故拜内史纳言,历太子少保、翼国公,为酷吏所陷,下狱死。

章怀太子贤,字明允。容止端重,少为帝爱。甫数岁,读书一览辄不忘,至《论语》"贤贤易色",一再诵之。帝问故,对曰:"性实爱此。"帝语李世勣,称其夙敏。始王潞,历幽州都督、雍州牧。徙王沛,累进扬州大都督、右卫大将军。更名德,徙王雍,仍领雍州牧、凉州大都督,实封千户。上元年,复名贤。

是时,皇太子薨,其六月,立贤为皇太子,俄诏监国。贤于处决尤明审,朝廷称焉,帝手敕褒赐。贤又招集诸儒:左庶子张大安、洗马刘讷言、洛州司户参军事格希玄、学士许叔牙成玄一史藏诸周宝宁等,共注范晔《后汉书》。书奏,帝优赐段物数万。

时正谏大夫明崇俨以左道为武后所信,崇俨言英王类太宗,而相王贵,贤闻,恶之。宫人或传贤乃后姊韩国夫人所生,贤益疑,而后撰《少阳政范》、《孝子传》赐贤,数以书让勒,愈不安。调露中,天子在东都,崇俨为盗所杀,后疑出贤谋,遣人发太子阴事,诏薛元超、裴炎、高智周杂治之,获甲数百首于东宫。帝素爱贤,薄其罪,后曰:"贤怀逆,大义灭亲,不可赦。"乃废为庶人,焚甲天津桥,贬大安普州刺史,流讷言于振州,坐徙者十余人。开耀元年,徙贤巴州。

武后得政,诏左金吾将军丘神勣检卫贤第,迫令自杀,年三十四。后举哀显福门,贬神勣叠州刺史,追复旧王。神龙初,赠司徒,遣使迎丧,陪葬乾陵。睿宗立,追赠皇太子及谥。三子:光顺、守礼、守义。

光顺为乐安王,徙义丰,被诛。守义为犍为王,徙封桂阳,薨。先天中,追封光顺莒王,守义毕王。

守礼嗣王,始名光仁,授太子洗马。武后革命,畏疾宗室,而守礼以父得罪,与睿宗诸子闭处宫中十余年。睿宗封相王,许出外邸,于是守礼等始居外,改司议郎。中宗即位,复故封,拜光禄卿,实封户五百,唐隆元年,进封邠王。睿宗立,兼检校左金吾卫大将军,出为幽州刺史,遥兼单于大都护,迁司空。开元初,累为州刺史。时宁、申、岐、薛王同为刺史,皆择僚首持纲纪。守礼惟弋猎酣乐,不领事,故源乾曜、袁嘉祚、潘好礼皆为邠府长史、州佐,督检之。后还诸王京师,守礼以外支为王,不甚才而多宠嬖,子六十余人,无可称者。常负息钱数百万。或劝少治居产,守礼曰:"岂天子兄无葬者邪?"诸王每白上以为欢。岐王尝奏守礼知雨旸,帝问故,答曰:"臣无它,当天后时,太子被罪,臣幽宫中,岁被敕杖凡四三,累创痕肤,前雨则沉懑,霁则佳,以此知之。"因泣下,帝为恻然。薨,年七十,赠太尉。

子承宏、承宁、承寀可记者。

承宏，爵广武王，坐交非其人，贬房州别驾，还为宗正卿。广德元年，吐蕃入京师，天子如陕，虏宰相马重英立承宏为帝，以翰林学士于可封、霍瓌为宰相。贼退，诏放承宏于华州，死。

承宁封嗣邠王。

承寀，敦煌王，拜宗正卿，与仆固怀恩使回纥和亲，即纳其女为妃，封毗伽公主。薨，赠司空。

唐制：嗣郡王加四品阶，亲王子服绯。开元中，张九龄奏："宁、薛及邠王三子为王者赐紫，余皆服绯，官不越六局郎，王府掾属仍员外置。"后从帝至蜀者皆服紫。

中宗四子：韦庶人生重润，后宫生重福、重俊、殇帝。

懿德太子重润，本名重照，避武后讳改焉。帝为皇太子时，生东宫，高宗喜甚，乳月满，为大赦天下，改元永淳。是岁，立为皇太孙，开府置官属，帝问吏部侍郎裴敬彝、郎中王方庆，对曰："礼有嫡子，无嫡孙。汉、魏太子在，子但封王。晋立愍怀太子为皇太孙，齐立文惠子为皇太孙，皆居东宫。今有太子，又立太孙，于古无有。"帝曰："自我作故若何？"对曰："礼，君子抱孙不抱子，孙可以为王父尸者，昭穆同也。陛下肇建皇孙，本支千亿之庆。"帝悦，诏议官属。敬彝等奏置师、傅、友、文学、祭酒、左右长史、东西曹掾、主簿、管记、司录、六曹等官，加王府一级，然卒不补。将封嵩山，召太子赴东都，以太孙留守京师。

中宗失位，太孙府废，贬庶人，别囚之。帝复位，封郡王。大足中，张易之兄弟得幸武后，或谮重润与其女弟永泰郡主及主婿窃议，后怒，杖杀之，年十九。

重润秀容仪，以孝爱称，诛不缘罪，人皆流涕。神龙初，追赠皇太子及谥，陪葬乾陵，号墓为陵，赠主为公主。

　　谯王重福，高宗时王唐昌郡，徙封平恩。长安末乃进王。神龙初，韦庶人谮与张易之兄弟陷重润，贬濮州员外刺史，徙合、均二州，不领事。景龙三年，中宗亲郊，赦天下，十恶者咸宥，流人得还。重福不得归，自陈“苍生皆自新，而一子摈弃，皇天平分，固若此乎?”不报。

　　韦后得政，诏左卫大将军赵承恩、薛思简以兵护守。睿宗立，徙集州，未行，洛阳男子张灵均说重福曰：“大王居嫡长，当为天子。相王虽平大难，安可越居大位? 昔汉诛诸吕，乃东迎代王。今百官士庶皆愿王来。王若阴幸东都，杀留守，拥兵西据陕，徇河南、河北，天下可图也。”重福又遣灵均与其党郑愔计，愔亦密招重福为天子，豫尊睿宗为皇季叔，重茂皇太弟，制称中元克复元年，愔自署左丞相，知内外文武事，以灵均为右丞相、天柱大将军，知出征事，其余以次除署。重福自均州与灵均乘驲趋东都，舍驸马裴巽家。洛阳令候巽，重福惊，遽出，欲劫左右屯营兵，至天津桥，愿从者数百人。侍御史李邕遇之，先驰至右屯营，呼曰：“谯王得罪先帝，擅入都为乱，公等勉立功取富贵。”稍稍闭皇城诸门以拒。重福徇右营不能动，趋左掖门，已阖，怒，纵火烧之。左营兵寖逼，众遂溃，重福走山谷。明日，留守裴谈总兵大索，投漕渠死，年三十一，磔其尸。帝诏以三品礼葬。

　　节愍太子重俊，圣历三年王义兴，神龙初王卫，拜洛州牧，实封千户。俄领扬州大都督，明年为皇太子，与太后丧，杀册礼，诏在藩食封，岁纳东宫。给事中卢粲上言：“太子与列国同入封，不可为法。”诏罢之。

　　重俊性明果，然少法度。既杨璬、武崇训为宾客，二人冯贵宠，无学术，惟狗马蹴踘相戏昵。左庶子姚珽数上疏诤导，右庶子平贞慎又献《孝经议》、《养德》等传，太子纳而不克用。武三思挟韦后势，将图逆，内忌太子，而崇训又三思子，尚安乐公主，常教主辱重俊以非韦出。詈为奴，数请废，自为皇太女。

三年七月,重俊恚忿,遂率李多祚洎左羽林将军李思冲、李承况、独孤祎之、沙吒忠义,矫发左羽林及千骑兵杀三思、崇训并其党十余人,使左金吾大将军成王千里守宫城,自率兵趋肃章门,斩关入,索韦后、安乐公主、昭容上官所在。后挟帝升玄武门,宰相杨再思、苏瓌、李峤及宗楚客、纪处讷统兵二千余人守太极殿,帝召右羽林将军刘仁景等率留军飞骑百人拒之,多祚兵不得进。帝据槛语千骑曰:"尔乃我爪牙,何忽为乱?能斩贼者有赏。"于是士倒戈斩多祚,余党溃。重俊亡入终南山,欲奔突厥,楚客遣果毅赵思慎追之,重俊憩于野,为左右所杀。诏殊首朝堂,献太庙,并以告三思、崇训柩。睿宗立,加赠谥,陪葬定陵。

初,重俊被害,官属莫敢视,惟永和丞宁嘉勖号哭,解衣裹其首,时人义之;楚客怒,收付狱,贬平兴丞,卒。至是,亦赠永和令。

重俊子宗晖,景云三年封湖阳郡王。天宝中,至太常员外卿,薨。

睿宗六子:肃明皇后生宪,宫人柳生㧑,昭成皇后生玄宗皇帝,崔孺人生范,王德妃生业,后宫生隆悌。

让皇帝宪,始王永平。文明元年,武后以睿宗为皇帝,故宪立为皇太子;睿宗降为皇嗣,更册为皇孙,与诸王皆出阁,开府置官属。长寿二年,降王寿春,与衡阳、巴陵、彭城三王同封,复诏入阁。中宗立,改王蔡,固辞不敢当。唐隆元年,进封宋。

睿宗将建东宫,以宪嫡长,又尝为太子,而楚王有大功,故久不定。宪辞曰:"储副,天下公器,时平则先嫡,国难则先功,重社稷也。使付授非宜,海内失望,臣以死请。"因涕泣固让。时大臣亦言楚王有定社稷功,且圣庶抗嫡,不宜更议。帝嘉宪让,遂许之,立楚王为皇太子,以宪为雍州牧,扬州大都督、太子太师,实封至二千户,赐甲第,物段五千,良马二十,奴婢十房,上田三十顷,进尚书左仆射,又兼司徒。让司徒,更为太子宾客。

时太平公主有丑图，姚元崇、宋璟白帝，请出宪及申王成义为刺史，以销释阴计，乃以司徒兼蒲州刺史，进司空。玄宗既讨定萧、岑之难，进宪位太尉，增千户，固辞，更授开府仪同三司，解太尉、扬州大都督。徙王宁，又兼太常卿。开元十四年，表解卿。久之，复为太尉。历泽、岐、泾三州刺史，累封至五千五百户。二十九年薨。

初，帝五子列第东都积善坊，号"五王子宅。"及赐第上都隆庆坊，亦号："五王宅"。玄宗为太子，尝制大衾长枕，将与诸王共之。睿宗知，喜甚。及先天后，尽以隆庆旧邸为兴庆宫，而赐宪及薛王第于胜业坊，申、岐二王居安兴坊，环列宫侧。天子于宫西、南置楼，其西署曰"花萼相辉之楼"，南曰"勤政务本之楼"，帝时时登之，闻诸王作乐，必亟召升楼，与同榻坐，或就幸第，赋诗燕嬉，赐金帛侑欢。诸王日朝侧门，既归，即具乐纵饮，击球、斗鸡、驰鹰犬为乐，如是岁月不绝，所至辄中使劳赐相踵，世谓天子友悌，古无有者。帝于敦睦盖天性然，虽谗邪乱其间，而卒无以摇。时有鹡鸰千数集麟德殿廷树，翔栖浃日。左清道率府长史魏光乘作颂，以为天子友悌之祥。帝喜，亦为作颂。

宪尤谨畏，未尝干政而与人交，帝益信重，尝以书赐宪等曰："魏文帝诗：'西山一何高，高高殊无极。上有两仙童，不饮亦不食。赐我一丸药，光耀有五色。服之四五日，身体生羽翼。'朕每言服药而求羽翼，宁如兄弟天生之羽翼乎？陈思王之才，足以经国，绝其朝谒，卒使忧死，魏祚未终，司马氏夺之，岂神丸效耶？虞舜至圣，舍象傲以亲九族，九族既睦，平章百姓。今数千载，天下归善焉，此朕废寝忘食所慕叹也。顷因余暇，选仙录得神方，云饵之必寿。今持此药，愿与兄弟共之，偕至长龄，永永无极也。"后申王等相继薨，唯宪在，帝亲待愈益厚。每生日必幸其第为寿，往往留宿，居常无日不赐遗，尚食总监及四方所献酒酪异馔，皆分饷之。宪尝请岁尽录赐目付史官，必数百纸。后有疾，护医将膳，骑相望也。僧崇一者疗之，少损。帝喜甚，赐绯袍、银鱼。已而疾寝剧，薨，年六十三。帝失声号恸，左右皆泣下。

帝以宪实推天下，有高世之行，非大号不称，乃追谥让皇帝，遣尚书左丞相裴耀卿、太常卿韦绦持节奉册。其子琎表陈宪宿素退让，不敢当大号。制不许。及敛，出天子服一称，诏右监门大将军高力士以手书置灵坐，赠妃元为恭皇后，葬桥陵旁。及葬，敕中使谕琎等，送终之具，使众见之，示以俭薄。所司请如诸陵，设千味食内圹中，监护使耀卿建言："尚食料水陆千余种及马、牛、驴、犊、獐、鹿、鹅、鸭、鱼、雁体节之味，并药酒三十名，盛夏胎养，不可多杀，考求礼据，无所凭依。陛下每申让帝之志，务存约素，请蠲省折衷。"诏可。既发引，大雨，有诏庆王潭等涉涂泥，步送十里，号其墓曰惠陵。

宪尝从帝按舞万岁楼，帝从复道上见卫士已食，弃其余窦中。帝怒，诏高力士杖杀之，宪从容曰："从复道上窥人之私，恐士不自安，且失大体，岂以性命轻于余飧乎？"帝遽止，谓力士曰："王于我，可谓有急难也。不然，且误杀士。"又凉州献新曲，帝御便坐，召诸王观之。宪曰："曲虽佳，然宫离而不属，商乱而暴，君卑逼下，臣偕犯上。发于忽微，形于音声，播之咏歌，见于人事，臣恐一日有播迁之祸。"帝默然。及安、史乱，世乃思宪审音云。

宪本名成器，避昭成太后谥，与申王成义俱改今名，宪子十九人，其闻者琎、嗣庄、琳、瑀。

琎眉宇秀整，性谨洁，善射，帝爱之。封汝阳王，历太仆卿。与贺知章，褚庭诲、梁涉等善。薨，赠太子太师。

嗣庄幼有令名，为太子左谕德，封济阴王。薨，赠幽州大都督。

琳以秘书监为嗣宁王，从天子幸蜀，薨。

瑀早有材望，伟仪观。始封陇西郡公。从帝幸蜀，至河池，封汉中王，山南西道防御使。乾元初，宁国公主降回纥，诏瑀以特进、太常卿持节册拜回纥为威远可汗。瑀亦知音，尝早朝过永兴里，闻笛音，顾左右曰："是太常工乎？"曰："然。"它日识之，曰："何故卧吹？"笛工惊谢。又闻康昆仑奏琵琶，曰："琵声多，琶声少，是未可弹五十四丝大弦也。"乐家以自下逆鼓曰琵，自上顺鼓曰琶云。肃宗诏收群臣马助战，瑀与魏少游等持不可。帝怒，贬蓬州长史。薨，赠太子太师,谥曰宣。孙景俭。

景俭字宽中。及进士第。强记多闻,善言古成败王霸大略,高
自负,于士大夫无所屈。王叔文等更誉之,以为管仲、诸葛亮比。叔
文败,景俭以母丧得不坐。韦夏卿守东都,辟幕府。窦群任中丞,引
为监察御史,群贬,景俭亦为江陵户曹参军,累擢忠州刺史。元和
末,入朝,不见用,复为澧州刺史。素与元稹、李绅善。二人方在翰
林,言其才。及延英奉辞,景俭自陈见抑远,穆宗怜之,追诏为仓部
员外郎,不遣。阅月,拜谏议大夫。性矜诞,使酒纵气,语侵宰相,萧
俛、段文昌诉于帝,贬建州刺史。稹得君,为之助,故还为谏议大夫。
与冯宿、杨嗣复、温造、李肇等集史官独孤朗所,景俭醉,至中书,慢
骂宰相王播、崔植、杜元颖,吏为逊言厚谢,乃去,坐贬漳州刺史,宿
等皆逐矣。未及漳,稹辅政,改楚州刺史,议者谓景俭辱丞相,贬未
至即迁,非是。稹惧,改少府少监,悉还宿等。景俭既湮厄不得志,
卒。然其为人轻财,笃于义,既没,士怅悼之。

惠庄太子㧑,本名成义。初生,武后以母贱,欲不齿,以示浮屠
万回,回诡曰:“此西土树神,宜兄弟。”后喜,乃畜之。垂拱三年,始
王恒,与卫、赵二王同封。俄改王衡阳。睿宗立,进王申,与岐、薛二
王同封。累迁右卫、金吾二大将军,实封至千户。进司徒,兼益州大
都督,四为州刺史。开元八年,停刺史,复为司徒。薨,册书赠太子
及谥,陪葬桥陵。

㧑性宽裕,仪貌瓌重。无嗣,诏以让帝子珣嗣,为怀宁王,徙封
同安,薨。天宝中,复以让帝子琦嗣。

惠文太子范,始名隆范。玄宗立,与薛王隆业避帝讳去二名。初
王郑,改封卫。俄降封巴陵,进王岐,为太常卿、并州大都督、左羽林
大将军。从玄宗诛太平公主,以功赐封,与薛王业并满五千户。历
为州刺史,迁太子太傅。开元十四年薨,册书赠太子及谥,陪葬桥

陵,帝哭之恸,彻常膳至累旬,群臣勉请乃复。

范好学,工书,爱儒士,无贵贱为尽礼。与阎朝隐、刘廷琦、张
谔、郑繇等善,常饮酒赋诗相娱乐。又聚书画,皆世所珍者。初,隋
亡,禁内图书湮放,唐兴募访,稍稍复出,藏秘府。长安初,张易之奏
天下善工潢治,乃密使摹肖,殆不可辨,窃其真藏于家。既诛,悉为
薛稷取去,稷又败,范得之后卒为火所焚。驸马都尉裴虚己善谶纬,
坐私与范游,徙岭南,廷琦贬雅州司户,谔为山茌丞。然帝于范无少
间也,谓左右曰:"兄弟情天至,于我岂有异哉!趋竞者强相附,我终
不以为纤介。"时王毛仲等起贱微,暴贵,诸王见必加礼,独范接之
自如。子瑾嗣。

瑾落魄不饬名检,沉酒色,历太仆卿,封河东王,暴薨,赠太子
少师。天宝中,复以薛王子略阳公珍为嗣岐王。

珍仪观丰伟,为宗正员外卿,与蔚州镇将朱融善。融尝言珍似
上皇,因有阴谋,往语金吾将军邢济曰:"关外寇近,京师草草,奈
何?"济曰:"我金吾,天子押衙,以死生从,安自脱?"融曰:"见嗣岐
王无虑矣。"济以闻,肃宗诏废珍为庶人,赐死,融党皆诛,擢济为桂
管防御使。

惠宣太子业,始王赵,降封中山,授都水使者。徙彭城,兼陈州
别驾,进王薛,为羽林大将军、荆州大都督。以好学授秘书监,开元
初,进太子少保,即拜太保,累历州刺史。

初,母早终,从母贤妃鞠之。八年。迎贤妃外邸,事之甚谨。其
女弟淮阳、凉国二公主亦早卒,抚甥与己子均,帝益爱之。尝被疾,
帝自祝祫。既愈,幸其第,置酒赋诗为初生欢。帝尝不豫,业妃弟内
直郎韦宾与殿中监皇甫恂妄言休咎事,宾坐死,恂贬锦州刺史。妃
恐,降服待罪,业亦不敢入谒。帝闻,遽召之,业伏殿下请罪,帝趋就
执其手曰:"吾所猜于兄弟者,天地共咎之!"遂复燕欢,仍谕妃复
位。俄进司徒。二十二年,业有疾,帝忧之,一昔容发为变,因假寝,
梦获方,瘳而业少间,邠王守礼等请以事付史官。及薨,帝悲不能

食,册书加赠及谥,陪葬桥陵。

十一子,其闻者瑷、玚、珝,帝后追思业,引见瑷等,伤之,乃下诏共赐实封千户。瑷为乐安王。玚荣阳王、宗正卿。珝为嗣薛王,历鸿胪卿。天宝中,珝舅韦坚为李林甫所构,坐贬夷陵别驾,徙置夜郎、南浦。及安禄山乱,乃还京师。

曾孙知柔,嗣王,再为宗正卿。久之,擢京兆尹。始,郑、白渠梗壅,民不得岁。知柔调三辅,治复旧道,灌浸如约,遂无旱虞,民诣阙请立石纪功,知柔固让得止。加累检校司徒、同中书门下平章事。又诏营缉太庙,判度支,充诸道盐铁转运使。昭宗出莎城,独知柔从,乘舆器用庖顿皆主之,大细毕给。性俭约,虽位通显,无居第。未几,出拜清海军节度使,在镇廉洁,贡献时入,进检校太傅,兼侍中。仕凡四纪,常为宗室冠,卒于镇。

隋王隆悌,始封汝南王。早薨,睿宗追王,赠荆州大都督,爵不传。

赞曰:中宗失道,身为母所废,妻所弑,而四子皆不得其死,嗣亦不传,殆天秽其德而绝之,何耶?彼固自绝于天云尔。睿宗有圣子,一受命,一追帝,三赠太子,天与之报,福流无穷,盛欤!

唐书卷八二
列传第七

十一宗诸子

奉天皇帝琮　太子瑛　棣王琰

鄂王瑶　靖恭太子琬　光王琚

颍王璬　永王璘　寿王瑁　延王玢

盛王琦　丰王珙　汴王璥　越王係

承天皇帝倓　彭王仅　襄王僙

嗣王熅　恭懿太子佋　昭靖太子邈

睦王述　舒王谊　通王谌　虔王谅

肃王详　文敬太子谞　郯王经

惠昭太子宁　澧王恽　绛王悟

建王恪　怀懿太子凑　安王溶

悼怀太子普　陈王成美

庄恪太子永　通王滋　吉王保

德王裕

玄宗三十子：刘华妃生琮、第六子琬、第十二子璲，赵丽妃生瑛，元献皇后生肃宗皇帝，钱妃生琰，皇甫德仪生瑶，刘才人生琚，武惠妃生一、第十五子敏、第十八子瑁、第二十一子琦，高婕妤生琬，郭顺仪生璘，柳婕妤生玢，钟美人生环，卢美人生瑝，阎才人生玼，王美人生珪，陈才人生珙，郑才人生瑱，武贤仪生璇、第三十子敬；余七子夭，母氏失传。

奉天皇帝琮，景云元年，王许昌郡，与真定王同封。先天元年，进王郯，与郢王同封。开元四年，领安西大都护、安抚河东关内陇右诸蕃大使。十三年，徙王庆，与忠、棣、荣、光、仪、颍、永、寿、延、盛、济十一王同封。十五年，与十王并领节度，不出阁。琮以凉州都督兼河西诸军节度大使。天宝元年，改节河东。十载薨，赠太子，谥靖德。

肃宗立，诏曰："靖德太子琮，亲则朕兄，睿悊聪明，朕昔践储极，顾诚非次，君父有命，不敢违，永言恳让，不克如素。宜进谥奉天皇帝，妃窦为恭应皇后。"诏尚书右仆射裴冕持节改葬，群臣素服临送达礼门，帝御门哭以过丧，墓号齐陵。无子，以太子瑛子俅嗣王。

琮始名嗣直，太子嗣谦，棣王嗣真，鄂王嗣初，靖恭太子嗣玄。开元十三年，更名曰潭，曰鸿，曰洽，曰涓，曰滉。后十年改今名。

太子瑛，始王真定，进王郢。开元三年，立为皇太子。七年，诏太子、诸王入国学行齿胄礼，太常择日谒孔子，太子献。诏右散骑常侍褚无量执经，群臣、学官、诸生以差赐帛。明年，瑛加元服，见太庙。十六年，诏九品官息女可配太子者，有司采阅待进止，以太常少卿薛绦女为妃。帝种麦苑中，瑛、诸王侍登，帝曰："是将荐宗庙，故亲之，亦欲若等知稼穑之难。"因分赐侍臣，曰："《春秋》'书无麦禾'，古所甚重，比诏使者阅田亩，所对不以实，故朕自莳以观其成"云。

初，瑛母以倡进，善歌舞，帝在潞得幸。及即位，擢妃父元礼、兄常奴皆至大官。鄂、光二王母亦帝为临淄王时以色选。及武惠妃宠幸倾后宫，生寿王，爱与诸子绝等，而太子、二王以母失职，颇怏怏。惠妃女咸宜公主婿杨洄揣妃旨，伺太子短，哗为丑语，惠妃诉于帝，且泣。帝大怒，召宰相议废之。中书令张九龄谏曰："太子、诸王日受圣训，天下共庆。陛下享国久，子孙蕃衍，奈何一日弃三子？昔晋献公惑嬖姬之谗，申生忧死，国乃大乱；汉武帝信江充巫蛊，祸及太子，京师蹀血；晋惠帝有贤子，贾后谮之，乃至丧亡；隋文帝听后言，废太子勇，遂失天下。今太子无过，二王贤，父子之道，天性也，虽有失，尚当掩之。惟陛下裁赦。"帝默然，太子得不废，俄而九龄罢，李林甫专国，数称寿王美以掜妃意，妃果德之。

二十五年，洄复构瑛、瑶、琚与妃之兄薛锈异谋。惠妃使人诡召太子、二王，曰："宫中有贼，请介以入。"太子从之。妃白帝曰："太子、二王谋反，甲而来。"帝使中人视之，如言，遽召宰相林甫议，答曰："陛下家事，非臣所宜豫。"帝意决，乃诏："太子瑛、鄂王瑶、光王琚同恶均罪，并废为庶人。锈赐死。"瑛、瑶、琚寻遇害，天下冤之，号"三庶人"。岁中，惠妃数见庶人为祟，因大病。夜召巫祈之，请改葬，且射行刑者瘗之，讫不解。妃死，祟亡。宝应元年，诏赠瑛皇太子，瑶等复王。

瑛子五人：俨、伸、倩、㑆、备。瑛之废，帝使庆王畜俨等为子。俨封新平郡王，伸平原郡王，㑆嗣庆王，备太仆卿，倩失传。

棣王琰，开元二年始王�，与鄂、鄞二王同封。后徙王棣，领太原牧、太原以北诸军节度大使。天宝初，为武威郡都督，经略节度河西、陇右。会妃韦以过置别室，而二孺人争宠不平，求巫者密置符琰履中以求媚。仇人告琰厌魅上，帝伺其朝，使人取履视之，信。帝怒责琰，琰顿首谢曰："臣罪宜死，然臣与妇不相见二年，有二孺人争长，臣恐此三人为之。"及推，果验。然帝犹疑琰，怒未置，太子以下皆为请，乃囚于鹰狗坊，以忧薨。妃，缘之女，无子，还本宗。

琰凡五十五子，得王者四人，倎王汝南郡，侨宜都，俊济南，侁顺化，僚太仆卿，侠国子祭酒，仁殿中监，偯秘书监。宝应元年，诏复琰王爵。

鄂王瑶，既封，遥领幽州都督、河北节度大使。开元二十三年，与荣、光、仪、颍、永、寿、延、盛、济、信、义十一王并授开府仪同三司，实封二千户。诏诣东宫、尚书省，上日百官集送，有司供张设乐。是日，悉拜王府官属，然未有府也，而选任冒滥，时不以为荣。

靖恭太子琬，始王鄄，徙王荣，为京兆牧，领陇右节度大使。又诏亲巡按陇右，选关内、河东飞骑五万防盛秋。累兼单于、安北大都护。安禄山反，诏琬为征讨元帅，募河、陇兵屯陕，以高仙芝副之，会薨。琬风格秀整，有素望，中外倚之。及薨，莫不为国怅恨。诏加赠谥。

琬男女五十八人，得王者三人，俯王济阴郡，偕北平，倩陈留，傆卫尉卿，儧秘书监，佩鸿胪卿。

光王琚，开元十三年始王，与仪、颍、永、寿、延、盛、济七王同封。俄领广州都督。勇力善骑射，帝爱之。与鄂王同居，友睦甚，皆笃学。既废，无嗣。初，琚名涺，仪王潍，颍王沄，永王泽，寿王清，延王洄，盛王沐，济王溢，信王沔，义王漼，陈王沚，丰王澄，恒王潓，凉王漎，汴王滔，至二十三年，诏悉改今名。

夏悼王一，生韶秀，以母宠，故钟爱，命之曰一。未免怀薨，追爵及谥。时帝在东都，故葬龙门东岑，欲宫中望见云。

仪王璲，既封，授河南牧。薨，赠太傅。子侁王钟陵郡，僆广陵。

颍王璬，喜读书，好文辞。开元十五年，遥领安东都护。安禄山反，诏领剑南节度大使，以杨国忠为之副。帝西出，令御史大夫魏方进为置顿使，移书剑南属郡，托璬之藩，大设储偫。璬先即镇，更以蜀郡长史崔圆为副。璬济江,舟中以彩席藉步,命彻之,曰:"此可寝,奈何践之?"璬之出遽,不及受节,司马史贲请建大纛,蒙油囊,先驱以威道路。璬笑曰:"既为真王矣,安用假节为?"将至成都,崔圆迎拜马前,璬不为礼,圆衔之。璬视事再逾月,人便其宽,圆奏罢居内宅。乃诏宣慰肃宗于彭原,从还京师。建中四年薨,年六十六。

子伸为荥阳王,僔高邑王,倪楚国公,傅夔国公。

怀思王敏,貌丰秀若图画,帝爱之。甫晬薨,追爵及谥,祔葬敬陵。

永王璘,少失母,肃宗自养视之。长聪敏好学,貌陋甚,不能正视。既封,领荆州大都督。安禄山反,帝至扶风,诏璘即日赴镇,俄又领山南、江西、岭南、黔中四道节度使,以少府监窦昭为副。璘至江陵,募士得数万,补署郎官、御史。

时江淮租赋巨亿万,在所山委。璘生宫中,于事不通晓,见富且强,遂有窥江左意,以薛镠、李台卿、韦子春、刘巨鳞、蔡骀为谋主。肃宗闻之,诏璘还觐上皇于蜀,璘不从,其子襄城王偒,刚鸷乏谋,亦乐乱,劝璘取金陵。即引舟师东下,甲士五千趋广陵,以浑惟明、季广琛、高仙琦为将,然未敢显言取江左也。

会吴郡采访使李希言平牒璘,璘因发怒曰:"寡人上皇子,皇帝弟,地尊礼绝。今希言乃平牒抗威,落笔署字,何邪?"乃使惟明袭希言,而令广琛趋广陵,攻采访使李成式。璘至当涂,希言已屯丹杨,遣将元景曜等拒战,不胜,降于璘,江淮震动。

明年,肃宗遣宦者啖廷瑶等与成式谋招喻之。时河北招讨判官李铣在广陵,有兵千余,廷瑶邀铣屯杨子,成式又遣裴茂以广陵卒三千戍伊娄埭,张旗帜,大阅士。璘与偒登陴望之,有惧色。广琛知事不集,谓诸将曰:"与公等从王,岂欲反邪?上皇播迁,道路不通,而诸子无贤于王者。如总江淮锐兵,长驱雍、洛,大功可成。今乃不然,使吾等名缔叛逆,如后世何?"众许诺,遂割臂盟,于是惟明奔江宁，冯季康奔白沙，广琛以兵六千奔广陵。璘使骑追蹑之，广琛曰："我德王，故不忍决战，逃命归国耳。若逼我，且决死。"追者止，乃免。

是夜，铣阵江北，夜然束苇，人执二炬，景乱水中，觇者以倍告，璘军亦举火应之。偒疑王师已济，携儿女及麾下遁去。迟明觉其绐，复入城，具舟楫，使偒驱众趋晋陵。谍者告曰："王走矣！"成式以兵进，先锋至新丰，璘使偒、仙琦逆击之。铣合势，张左右翼，射偒中肩，军遂败。仙琦与璘奔鄱阳，司马闭城拒。璘怒，焚城门入之，收库兵，掠余干，将南走岭外。皇甫侁兵追及之。战大庚岭，璘中矢被执，侁杀之。偒为乱兵所害，仙琦逃去。

璘未败时，上皇下诏："降为庶人，徙置房陵。"及死，侁送妻子至蜀，上皇伤悼久之。肃宗以少所自鞠，不宣其罪。谓左右曰："皇甫侁执吾弟，不送之蜀而擅杀之，何邪？"由是不复用。薛镠等皆伏诛。

子儹为余姚王，偵莒国公，儇郇国公，伶、仪并国子祭酒。

寿王瑁，母惠妃频妊不育，及瑁生，宁王请养邸中，元妃自乳之，名为己子，故封比诸王最后。开元十五年，遥领益州大都督。初，帝以永王等尚幼，诏不入谒。瑁七岁，请与诸兄众谢，拜舞有仪矩，帝异之。宁王薨，请制服以报私恩，诏可。大历十年薨，赠太傅。

子王者三人，偄王德阳郡，怀济阳郡，偌广阳郡，伉薛国公，杰国子祭酒。

延王玢，母尚书右丞范之孙，帝重其名家，而玢亦仁爱有学。既封，遥领安西大都护。帝入蜀，玢凡三十六子，不忍弃，故徐进，数日，见行在所，帝怒，汉中王瑀申救得解，听归灵武，兴元元年薨。

子倬王彭城郡，偬平阳，倞鲁国公，偃荆国公，优太仆卿。

盛宣王琦，既封。领扬州大都督。帝之西，诏为广陵大都督、淮南江东河南节度大使，以刘汇为副。李成式为副大使，琦不行。广德二年薨，赠太傅。

子偿封真定王，佩武都王，俗徐国公，系许国公。

济王环，逸其薨年。子傃王永嘉郡，偘平乐郡。

信王瑝，开元二十一年始王，与义、陈、丰、恒、凉、汴六王同封。子佟封新安王，偈晋陵王。

义王玭，与信王并失薨年。子仪为舞阳王，僚高密王。

陈王珪，二十一子，得王者三人，伦王安南郡，佗临淮，佼安阳。

丰王珙，已封，为左卫大将军。帝至普安，授珙武威都督、河西陇右安西北庭节度大使，以陇西太守邓景山为副，珙不行。

广德初，吐蕃入京师，代宗幸陕，将军王怀忠闭苑门，以五百骑劫诸王西迎虏，遇郭子仪，怀忠曰："上东迁，宗社无主，今仆奉诸王西奔，以系天下望。公为元帅，惟所废置。"子仪未对。珙辄曰："公何如？"司马王延昌质责珙曰："上虽蒙尘，未有失德，王为藩翰，安得狂悖之言？"子仪亦让之，即护送行在所，帝赦不责。珙语不逊，群臣恐其乱，请除之，乃赐死。

子佻为齐安王。

恒王瑱，好方士，常服道士服。从帝幸蜀，还，代宗时薨。

凉王璇，母高平王重规之女，宫中号小武妃者。璇薨代宗时。子仍为泸阳王。

汴哀敬，于诸子为最少，初封才数岁，容貌秀澈，有成人风，帝爱之。开元二十三年，授右千牛卫大将军。明年，薨。

唐制：亲王封户八百，增至千；公主三百，长公主止六百。高宗时，沛英豫三王、太平公主武后所生，户始逾制。垂拱中，太平至千二百户。圣历初,相王、太平皆三千,寿春等五王各三百。神龙初,相王、太平至五千,卫王三千,温王二千,寿春等王皆七百,嗣雍、衡阳、临淄、巴陵、中山王五百,安乐公主二千,长宁千五百,宣城、宜城、宣安各千,相王女为县主,各三百。相王增至七千,安乐三千,长宁二千五百,宜城以下二千。相王、太平、长宁、安乐以七丁为限,虽水旱不蠲,以国租、庸满之。中宗遗诏,雍、寿春王进为亲王,户千。开元后,天子敦睦兄弟,故宁王户至五千五百,岐、薛五千,申王以外家微,户四千,邠王千八百,帝妹户千,中宗诸女如之,通以三丁为限。及皇子封王,户二千,公主五百,咸宜公主以母惠妃故,封至千,自是,诸公主例千户止。

初,文德皇后崩,晋王最幼,太宗怜之,不使出阁。豫王亦以武后少子不出阁,嗣圣初,即帝位,及降封相王,乃出阁。中宗时,谯王失爱,迁外藩,温王年十七,犹居宫中,遂立为帝。开元后,皇子幼,多居禁内,既长,诏附苑城为大宫,分院而处,号"十王宅",所谓庆、忠、棣、鄂、荣、光、仪、颍、永、延、盛、济等王,以十,举全数也。中人押之,就夹城参天子起居。家令日进膳。引词学士入授书,谓之侍读。寿、信、义、陈、丰、恒、凉七王就封,亦居十宅。鄂、光废死,忠王立为太子,庆、棣继薨,唯荣、仪十四王居院,而府幕列于外坊,岁时通名起居。既又诸孙多,则于宅外更置"百孙院"。天子岁幸华清宫,又置十王、百孙院于宫侧。宫人每院四百余,百孙院亦三四十人。禁中置维城库,以给诸王月奉,诸孙纳妃、嫁女,就十王宅。太子不居东宫,处乘舆所幸别院。太子、亲王、公主婚嫁并供帐于崇仁之礼院。此承平制云。

肃宗十四子:章敬皇后生代宗皇帝,宫人孙生系,张生侹,王生佖,陈婕妤生仅,韦妃生侗,张美人生偲,后宫生荣,裴昭仪生僙,段婕妤生倕,崔妃生偲,张皇后生佋、侗,后宫生僖。

越王係,生开元时。玄宗末年,悉王太子子。故系王南阳郡。帝即位,至德二载十二月,进王赵,与彭、兖、泾、郓、襄、杞、召、兴、定九王同封。

乾元二年,九节度兵溃河北,朝廷震骇,乃以李光弼代郭子仪总兵关东,而光弼请贤王为帅,于是诏系充天下兵马元帅,而光弼以司空兼侍中、蓟国公副,知节度行营事,系留京师。史思明陷洛阳,系请行,不听。明年,徙王越。

帝寝疾,皇太子监国,张皇后与中人李辅国有隙,因召太子入,谓曰:"辅国典禁军,用事久,四方诏令皆出其口。矫天子制,逼徙圣皇,天下侧目。今上疾弥留,辅国常怏怏,忌吾与汝。又程元振阴结黄门,图不轨。若释不诛,祸不移顷。"太子泣曰:"此二人者,陛下勋旧,而上体不裕,重以此事,得无震惊乎?愿出外徐计之。"后曰:"是难与共事者!"乃召系曰:"汝能行此乎?"系许诺,即遣内谒者监段恒俊选材勇宦者二百人,授甲长生殿,以帝命召太子。无元振以告辅国,乃相与勒兵凌霄门,迎太子,以难告。太子曰:"上疾亟,吾可惧死不赴乎?"元振曰:"赴则及祸。"乃以兵护太子止飞龙厩,勒兵夜入三殿,收系及恒俊等百余人系之,幽后别殿。后及系皆为辅国所害。系三子:建王武威郡,迥兴道,逾齐国公。

承天皇帝倓,始王建宁。英毅有才略,善骑射。禄山乱,典亲兵,扈车驾。度渭,百姓遮道留太子,太子使喻曰:"至尊播迁,吾可以违左右乎?"倓进说曰:"逆胡乱常,四海崩分,不因人情图兴复,虽欲从上入蜀,而散关以东非国家有。夫大孝莫若安社稷,殿下当募豪杰,趣河西,收牧马。今防边屯士不下十万,而光弼、子仪全军在河朔,与谋兴复,策之上者。"广平王亦赞之,于是议定。太子北过渭,兵仗盬恶,士气崩沮,日数十战。倓以骁骑数百从,每接战,常身先,血殷袂,不告也。太子或过时未食,倓辄涕泗不自胜,三军皆属目。

至灵武,太子即帝位,议以倓为天下兵马元帅,左右固请广平王。帝曰:"广平既冢嗣,安用元帅?"答曰:"太子从曰抚军,守曰监国。元帅,抚军也,莫宜于广平王。"帝从之,更诏倓典亲军,以李辅国为府司马。时张良娣有宠,与辅国交构。欲以动皇嗣者。俶忠謇,数为帝言之,由是为良娣、辅国所谮,妄曰:"俶恨不总兵。郁郁有异志。"帝惑偏语,赐俶死,俄悔悟。

明年广平王收二京,合李泌献捷。泌与帝雅素,从容语俶事,帝改容曰:"俶于艰难时实自有力,为细人间,阋欲害其兄,我计社稷,割爱而为之所。"泌曰:"尔时臣在河西,知其详。广平于兄弟笃睦,至今言建宁,则鸣咽不自已。陛下此言得之谗口耳。"帝泣下曰:"事已尔,末耐何!"泌曰:"陛下尝闻《黄台瓜》乎? 高宗有八子,天后所生者四人,自为行,而睿宗最幼,长曰弘,为太子,仁明孝友,后方图临朝,鸩杀之,而立次子贤。贤日忧惕,每侍上,不敢有言,乃作乐章,使工歌之,欲以感悟上及后。其言曰:'种瓜黄台下,瓜熟子离离。一摘使瓜好,再摘令瓜稀。三摘尚云可,四摘抱蔓归。'而贤终为后所斥,死黔中。陛下今一摘矣,慎无再!"帝愕然曰:"公安得是言?"是时,广平有大功,亦为后所构,故泌因对及之,广平遂安。及即位,追赠俶齐王。大历三年,有诏以俶当艰难时,首定大谋,排众议,于中兴有功,乃进谥承天皇帝,以兴信公主季女张为恭顺皇后,冥配焉,葬顺陵,祔主奉天皇帝庙,同殿异室云。

初,李泌请加赠俶,代宗曰:"俶性忠孝,而困于谗,追帝之,若何?"答曰:"开元中,上皇兄弟皆赠太子。"帝曰:"是特祖宗友爱耳,岂若俶有功乎?"于是追帝号。遣使迎丧彭原,既至城门,丧辒不动。帝谓泌曰:"岂有恨邪? 卿往祭之,以白朕意。且卿及知俶艰难定策者。"泌为挽词二解,追述俶志,命挽士唱,泌因进爵,辒乃行,观者皆为垂泣。

卫王佖,始王西平。早薨,宝应元年五月,与郓王同追封。

彭王仅,始王新城,进封彭。史思明陷河、洛,人心震骚,群臣请以诸王临统方镇兵,遥相维压。于是诏仅充河西节度,兖王北廷,泾王陇右,杞王陕西,兴王凤翔,并为大使,是岁仅薨。

子镇为常山郡王。

兖王侗，始王颍川，进王兖。宝应元年薨。
泾王侹，始王东阳，进王泾。兴元元年薨。
郓王荣，始王灵昌。早薨，追封。

襄王僙，至德二载始王，与杞、召、兴、定四王同封。贞元七年
薨。子宣为伊吾郡王，寀乐安王。宣裔孙煴。

煴，性谨柔，材无过人者。光启二年，田令孜逼僖宗幸兴元，邠
宁节度使朱玫以五千骑追乘舆不及。煴以疾不能从，玫劫之，驻凤
翔，得台省官百余，乃胁宰相萧遘等率群臣盟石鼻驿，奉煴为嗣襄
王，监军国事。因还京师，即封拜官属。初。遘执不可，于是罢遘，
而玫自为侍中，号令己出。以裴澈为门下侍郎，郑昌图中书侍郎，皆
平章事。遣柳陟等十余人分谕天下嗣襄王所以监国意，皆得进官。
玫又胁太子师裴璩等奉笺劝进。煴五让乃即位，改元建贞，尊僖宗
为太上元皇圣帝。河中节度使王重荣率诸藩贡奉，归者十八九，而
蔡州秦宗权自僭号，惟太原李克用不从。时帝遣使喻重荣、克用，故
二人听命。枢密使杨复恭等传檄三辅，募能斩玫者，以邠宁节度畀
之。其伪将王行瑜自凤州入京师杀玫，而煴与澈、昌图并官属奔东
渭桥。重荣绐使迎之，煴与官属别，且泣曰："朕见重荣，当令备所服
迓公等。"至蒲，执杀之。因械澈等于狱，诛杀伪官，函煴首至行在
所。煴即伪位凡九月败。始，煴首至，群臣白帝御兴元南门受之，百
官称贺。太常博士殷盈孙奏言："礼，公族有罪，有司曰：'某之罪在
大辟。'君曰：'赦之。'如是者三，走出，致刑焉，君为素服不举者三
日。今煴皇族，以不能固节，追胁至此，宜废为庶人，绝属籍，葬以庶
人礼。大捷之庆，须朱玫首至乃贺。"诏可。

杞王倕，贞元十四年薨。

召王偲,元和元年薨。

恭懿太子佋,始封兴王。上元元年薨。佋生,后方专爱,帝最怜之。后数撼储嫡,欲以佋嗣,会薨,计塞。是夕,帝及后梦佋辞决流涕去,帝鲠怅,故册赠皇太子。

定王侗,宝应初薨。

代宗二十子:睿真皇后生德宗皇帝,崔妃生邈,贞懿皇后生迥;十七王,史亡其母之氏、位。

昭靖太子邈,好学,以贤闻。上元二年始王益昌。帝即位,宝应元年进王郑,与韩王同封,淄青牙将李怀玉逐其帅侯希逸,诏邈为平卢淄青节度大使,以怀玉知留后。大历初,代皇太子为天下兵马元帅。八年薨,遂罢元帅府。

均王遐,早薨,贞元八年追封。

睦王述,大历十年,田承嗣不臣,而昭靖夭,无强王,帝乃悉王诸子,领诸镇军,威天下。于是以述为睦王,领岭南节度;逾郴王,渭北鄜坊节度;迥韩王,汴宋节度;造忻王、昭义节度,皆为大使。连为恩王,遘郱王,暹韶王,遇端王,通循王,通恭王,遼原王,逸雅王,并开府仪同三司,然不出阁。

德宗建中初,周天下访太后所在,述于诸王最长,故拜奉迎太后使,以工部尚书乔琳副之。贞元七年薨。

丹王逾,始王郴,建中四年,与简王同徙封。元和十五年薨。
恩王连,元和十二年薨。
韩王迥,始王延庆郡,以母宠,故与郑王先徙封。贞元十二年薨。

简王遘,始王鄜,徙封简。元和四年薨。

益王迺,大历十四年始王。亡薨年。

隋王迅,兴元元年薨。

荆王选,蚤薨,建中二年追王。

蜀王遡,本名遂,大历十四年始王,建中二年改今名。

忻王造,元和六年薨。

韶王暹,贞元十二年薨。

嘉王运,贞元十七年薨。

端王遇,贞元七年薨。

循王通,亡薨年。

恭王通,亡薨年。

原王遾,大和六年薨。

雅王逸,贞元十五年薨。

德宗十一子:昭德皇后生顺宗皇帝,帝取昭靖太子子谊为第一子,又取顺宗子源为第六子;余八王,史亡其母之氏、位。

舒王谊,初名谟。帝爱其幼,取为子。大历十四年始王舒,与通、虔、肃、资四王同封。拜开府仪同三司,诏有司给奉稍,俄以军兴罢。谟于诸王最长,帝欲试以事,故拜泾原节度大使。时尚父郭子仪病笃,帝临轩遣谟持诏往视。谟冠远游冠,御绛袍,乘象辂四马,飞龙士三百,国府官皆裤褶以从。子仪手叩头谢恩。谟宣诏已,乃易服劳问还。

于是,李希烈反,招讨使李勉战不胜,奔宋州,朝廷大震。乃拜谟扬州大都督、荆襄江西沔鄂节度使、诸军行营兵马都元帅,改名谊。军中以哥舒翰由元帅败,而王所封同之,帝乃使徙王普。以兵部侍郎萧复为统军长史,湖南观察使孔巢父为行军左司马,山南东道节度行军司马樊泽为右,刑部员外郎刘从一、侍御史韦偾为判

官,兵部员外郎高参掌书记,右金吾大将军浑瑊为中军虞候,江西
节度使嗣曹王皋为前军兵马使,鄂岳团练使李兼副之,山南东道节
度使贾耽为中军兵马使,荆南节度使张伯仪为后军兵马使,左神武
军使王价、左卫将军高承谦、检校太子詹事郭曙、检校右庶子常愿
为押衙。未及行,泾原兵反,谊从帝出奉天。朱泚攻城,谊昼夜传劳
诸军不解带。帝还京师,复故封扬州大都督如故。永贞元年薨。

通王谌,始王,拜开府仪同三司。贞元九年,领宣武节度大使,
以李万荣为留后。二年徙河东,以李说为留后,皆不出阁。

虔王谅,以王拜开府仪同三司。贞元二年,领蔡州节度大使,以
吴少诚为留后。十年,徙节朔方灵盐,以李栾为留后。明年,领横海,
又徙徐州,以程怀信、张愔为留后,不出阁。

肃王详,资秀异,帝爱之。建中二年薨,甫四岁。帝欲用浮屠说,
塔而不坟,礼仪判官李岩谏非礼,乃止。诏赠扬州大都督。

文敬太子谌,见爱于帝,命为子。贞元初,先诸王王邕。历义武、
昭义二军节度大使,以张茂昭、王虔休为留后,不出阁。十五年薨,
年十八,追赠及谥。葬日群臣以位而哭通化门外。陵及庙置令、丞
云。

资王谦,亡薨年。
代王谌,始王缙云郡。蚤薨,建中二年追王。
昭王诚,贞元二十一年始王。亡薨年。
钦王谔,顺宗即位,与珍王同封。亡薨年。
珍王诚,大和六年薨。

顺宗二十七子:庄宪皇后生宪宗皇帝及缩,张昭训生经,赵昭

仪生结，王昭仪生总、约、绲；余二十王，史亡母之氏、位，四王蚤薨，亡官谥。

郯王经，本名涣。贞元四年，始王建康郡，与广陵、洋川、临淮、弘农、汉东、晋陵、高平、云安、宣城、德阳、河东、洛交十二王同封。二十一年，又与均、溆、莒、密、郇、邵、宋、集、冀、和、衡、钦、会、珍、福、抚、岳、袞、桂、翼二十王皆进王。王二十九年，大和八年薨。

均王纬，初名沔。王洋川，后进王。王三十三年，开成二年薨。

溆王纵，初名洄。王临淮，后进王，王三十二年，开成元年薨。

莒王纾，初名浣。为秘书监。王弘农，后进王。王二十九年，大和八年薨。

密王绸，初名泳。王汉东，后进王。王三年，元和二年薨。

郇王总，初名湜。授少府监。王晋陵，后进王。王四年，元和三年薨。

邵王约，初名淑。为国子祭酒。王高平，进王。王二年，元和元年薨。

宋王结，初名滋。王云安，进王。王十八年，长庆二年薨。

集王缃，初名淮。王宣城，进王。王十八年，长庆二年薨。

冀王绿，初名湑。为太常卿。王德阳，进王。王三十年，大和九年薨。

和王绮，初名沼。王河东，进王。王二十八年，大和七年薨。

衡王绚，王二十二年，宝历二年薨。

会王缳，王六年，元和五年薨。

福王绾，历魏博节度大使。咸通元年，进拜司空。王五十七年，咸通二年薨。

珍王缮，初名况。王洛交，后进王。亡薨年。

抚王纮，咸通初，历司空，又进司徒、太尉。王七十三年，乾符三年薨。

岳王绲，王二十三年，大和二年薨。

袁王绅，王五十六年，咸通元年薨。

桂王纶，王十年，元和九年薨。

翼王绰，王五十八年，咸通三年薨。

蕲王缉，王六年，咸通八年薨。

钦王绩，亡薨年。

宪宗二十子：纪美人生宁，懿安皇后生穆宗皇帝，孝明皇后生宣宗皇帝；余十七王，皆后宫所生，史逸其母之号、氏。

惠昭太子宁，贞元二十一年，始王平原，与同安，彭城、高密、文安四王同封。帝即位，进王邓，与澧、深、洋、绛四王同封。

于是国嗣未立，李绛等建言：“圣人以天下为大器，知一人不可独化，四海不可无本，故建太子以自副，然后人心定，宗祏安，有国不易之常道。陛下受命四年，而冢子未建，是开窥觎之端，乖慎重之义，非所以承列圣，示万世。”帝曰：“善。”以宁为皇太子，更名宙，前以制示绛等。未几，复初名。册礼用孟夏，雨，不克，改用孟秋，亦雨，冬十月克行礼。明年薨，年十九。

澧王恽，始王同安，后进王。惠昭之丧，吐突承璀议复立储副，意属恽，帝自以穆宗为太子。帝崩之夕，承璀死，王被杀，秘不发丧，久之以告，废朝三日。三子：曰汉，王东阳郡；曰源，安陆；曰演，临安。

初，恽名宽，深王察，洋王寰，绛王寮，建王审，元和七年，并改今名。

深王悰，始王彭城郡，进王深。子潭王河内，淑吴兴。

洋王忻，始王高密，进王洋，大和二年薨。子沛王颍川郡。

绛王悟,始王文安,进王。敬宗崩,苏佐明等矫诏以王领军国事。王守澄等立文宗,王见杀。二子:洙王新安,滂高平。

建王恪,元和元年始封。时淄青节度使李师古死,其弟师道丐符节,故诏恪为郓州大都督、平卢军淄青等州节度大使,以师道为留后,然不出阁。长庆元年薨,无嗣。

郾王憬,长庆元年始王,与琼、沔、婺、茂、淄、衢、澶七王同封,开成四年薨。子溥平阳郡王。

琼王悦,子津河间郡王。

沔王恂,子瀹晋陵郡王。

婺王怿,子清新平郡王。

茂王惜,子漊武功郡王。

淄王协,开成元年薨。子浣许昌郡王,涣冯翊郡王。

衢王憺,子涉晋平郡王。

澶王忱,子泞雁门郡王。

棣王惴,大中六年始王,与彭、信二王同封。咸通三年薨,无嗣。

彭王惕,乾宁中,韩建杀之石堤谷。无嗣。

信王憻,咸通八年薨。无嗣。

荣王愦,咸通三年始王。广明初,拜司空。子令平嗣王。

凡八王,史失其薨年。

穆宗五子:恭僖皇后生敬宗皇帝,贞献皇后生文宗皇帝,宣懿皇后生武宗皇帝;余二王亡其母之氏、位。

怀懿太子凑,少雅裕,有寻矩。长庆元年始王漳,与安王同封。文宗即位,疾王守澄颛很引支党桡国,谋尽诛之,密引宰相宋申锡使为计,守澄客郑注伺知之,以告,乃谋先事杀申锡。又以王贤,有中外望,因欲株联大臣族夷之。乃令神策虞候豆卢著上飞变,且言:"宫史晏敬则、朱训与申锡昵吏王师文图不轨,训尝言上多疾,太子幼,若兄终弟及,必漳王立。申锡阴以金币进王,而王亦以珍服厚答。"即捕训等系神策狱,榜掠定其辞。谏官群伏阁极言,出狱牒付外杂治。注等惧事泄,乃请下诏贬王。帝未之悟,因黜凑为巢县公,时大和五年也。命中人持诏即赐,且慰曰:"国法当尔,无它忧!"八年薨,赠齐王。注后以罪诛,帝哀凑被谗死不自明,开成三年追赠。

安王溶。初,杨贤妃得宠于文宗,晚稍多疾,妃阴请以王为嗣,密为自安地。帝与宰相李珏谋,珏谓不可,乃止。及帝崩,仇士良立武宗,欲重己功,即擿溶尝欲以为太子事,杀之。

敬宗五子:妃郭氏生普,余四王,亡母之氏、位。

悼怀太子普,姿性韶悟,宝历元年始王晋。文宗爱之若己子,尝欲为嗣。大和二年薨,帝恻念不能已,故赠恤加焉。

敬宗第二子休复,文宗开成二年封梁王;第三子执中为襄王,第四子言扬为纪王,第五子成美为陈王。执中子寀为乐平郡王。

陈王成美。初,文宗以庄恪薨,大臣数请建东宫,开成四年,帝乃立成美为皇太子,典册未具而帝崩,仇士良立武宗,杀之于邸。子俨王宣城郡。

文宗二子:王德妃生永,后宫生宗俭。

庄恪太子永,大和四年始王鲁,帝以王幼,宜得贤辅,因召见傅和元亮。元亮以卒史进,有所问,不能答。帝责谓宰相:"王可教,官属应任士大夫贤者,宁元亮比邪!"于是剧选户部侍郎庾敬休兼王傅,太常卿郑肃兼长史,户部郎中李践方兼司马。六年,遂立为皇太子。帝承宝历荒怠,身勤俭率天下,谓晋王生谨敏,欲引为嗣,会早夭，故久不议东宫事。及太子立，天下属心焉。

开成三年，诏宫臣诣宗明门谒朔望，侍读偶日入对。太子稍事燕豫，不能壹循法，保傅戒告，愁不纳。又母爱弛，杨贤妃方幸，数谮之。帝它日震怒，御延英，引见群臣，诏曰："太子多过失，不可属天下，其议废之。"群臣顿首言："太子春秋盛，虽有过，尚可改，且天下本，不可轻动，惟陛下幸赦。"御史中丞狄兼谟流涕固争，帝未决，罢。群臣又连章论救，意稍释，诏太子还少阳院，以中人护视，诛幸昵数十人，敕侍读窦宗直、周敬复诣院授经。然太子终不能自白其谗，而行已亦不加修也。是年暴薨，帝悔之。

明年，下诏以陈王为太子，置酒殿中。有俳儿缘橦，父畏其颠，环走橦下。帝感动，谓左右曰："朕有天下，返不能全一儿乎！"因泣下，即取坊工刘楚才等数人付京兆榜杀之，及禁中女倡十人毙永巷，皆短毁太子者。宰相杨嗣复等不及知，因言："楚才等罪当诛，京兆杀之，不覆奏，敢以请。"翌日，诏京兆后有决死救不覆者，亦许如故事以闻。

蒋王宗俭，开成二年始王。亡薨年。

武宗五子，其母氏、位皆不传。

杞王峻，开成五年始王；益王岘，会昌二年始王，与兖、德、昌三王同封；兖王岐；德王峄；昌王嵯：并逸其薨年。

宣宗十一子：元昭太后生懿宗皇帝，余皆亡其母之氏、位。

靖怀太子渼，会昌六年始王雍，与夔、庆二王同封。大中六年薨，有诏追册。

雅王泾，大中元年始王。亡薨年。

通王滋，会昌六年始王夔，与庆王沂同封。帝初诏郓王居十六宅,余五王处大明宫内院,以谏议大夫郑漳、兵部郎中李郫为侍读,五日一谒乾符门,为王授经。郓王立为懿宗,乃罢,滋徙王。

昭宗乾宁三年,领侍卫诸军。是时,诛王行瑜,而李茂贞怨,以兵入觐,诏滋与诸王分统安圣、奉宸、保宁、安化军卫京师。天子将狩太原,韩建道迎之,留次华州。建畏王等有兵,遣人上急变,告诸王欲杀建,胁帝幸河中。帝惊,召建谕之,称疾不肯入。敕滋与睦王、济王、韶王、彭王、韩王、沂王、陈王谒建自解,建留军中,奏言:“中外异体,臣不可以私见。”又言:“晋八王擅权,卒败天下。请归十六宅,悉罢所领兵。”帝不许。建以兵环行在,请诛大将李筠。帝惧,斩筠以谢。建尽逐卫兵,自是天子孤弱矣。

初,帝使嗣延王戒丕、嗣丹王允往见李克用,二王还,建恶之。又嗣覃王尝督军伐茂贞,于是劾奏:“比岁兵缠近辅,诸王阶其祸,使乘舆越在下藩,不得安,臣已请解其兵。今延、覃、丹三王尚阴计以危国,请诛之。”帝曰:“渠至是邪?”后三日,与刘季述矫诏以兵攻十六宅。诸王被发乘垣走,或升屋极号曰:“帝救我!”建乃将十一王并其属至石堤谷杀之,徐以谋反闻,天下冤之。济、韶、彭、韩、沂、陈、延、覃、丹九王,史逸其系胄云。

庆王沂,大中十四年薨。

濮王泽,大中二年始王。亡薨年。

鄂王润,大中五年始王。乾符三年薨。

怀王洽,大中八年与昭、康二王同封。亡薨年。

昭王汭,乾符三年薨。

康王汶,乾符四年薨。

广王澭,大中十一年始王,与卫王同封,乾符四年薨。

卫王灌,大中十四年薨。

懿宗八子:惠安皇后生僖宗皇帝,恭宪皇后生昭宗皇帝,余六王亡其母氏、位。

魏王佾，咸通三年始王，与凉、蜀二王同封。

凉王侹，乾符六年薨。

蜀王佶。

威王侃，咸通六年始王郢，十年徙王。

吉王保，咸通十三年始王，与睦王同封。王于兄弟为最贤。始，僖宗崩，王最长，将立之，杨复恭独议以昭宗嗣。乾宁元年，李茂贞等以兵入京师，谋废帝立王，会李克用以兵逐行瑜，乃止。

恭哀太子倚，初封睦王。为刘季述所杀，天复初追赠。

僖宗二子，史失其母氏、位。

建王震，中和元年始王；益王升，光启三年始王；并亡薨年。

昭宗十七子：积善皇后生裕及哀皇帝，余皆失母之氏、位。

德王裕，大顺二年始王。帝幸华州，韩建已夺诸王兵，不自安，乃请王皇子之未王者，既又杀诸王，因请立裕为皇太子，释言于四方，时乾宁四年也。刘季述等幽帝东内，奉裕即皇帝位。季述诛，裕匿右军，或请杀之，帝曰："太子冲孺，贼强立之，且何罪？"诏还少阳院，复为王。

朱全忠自凤翔还，见王春秋盛，标宇轩秀，忌之，密语崔胤曰："王既窃帝矣，大义灭亲，渠可留？公任宰相，盍启之？"胤从容言如全忠意，帝不许。他日，以语全忠，全忠曰："此国大事，臣安敢与？此必胤卖臣也。"乃免。帝迁洛，它日谓蒋玄晖曰："德王，朕爱子，全忠奈何欲杀之？"言已泣下，自啮指流血。玄晖即摘语全忠，全忠恚。帝被弑，玄晖置酒邀诸王九曲池，饮酣，皆杀之，投尸水中。

棣王祤，乾宁元年始王，与虔、沂、遂三王同封。

虔王禊。

沂王禋。

遂王祎。

景王祕,乾宁四年始王,与祁王同封。

祁王祺。

雅王禛,光化元年始王,与琼王同封。

琼王祥。

端王祯,天祐元年始王,与丰、和、登、嘉四王同封。

丰王祁。

和王福。

登王禧。

嘉王祐。

颍王禔,天祐二年始王,与蔡王祐同封。

蔡王祐。

赞曰:唐自中叶,宗室子孙多在京师,幼者或不出阁,虽以国王之,实与匹夫不异,故无赫赫过恶,亦不能为王室轩轾,运极不还,与唐俱殚。然则历数短长,自有底止,彼汉七国、晋八王,不得其效,愈速祸云。

唐书卷八三
列传第八

诸帝公主

世祖一女　　高祖十九女
太宗二十一女　　高宗三女
中宗八女　　睿宗十一女
玄宗二十九女　　肃宗七女
代宗十八女　　德宗十一女
顺宗十一女　　宪宗十八女
穆宗八女　　敬宗三女　　文宗四女
武宗七女　　宣宗十一女　　懿宗八女
僖宗二女　　昭宗十一女

世祖一女：

同安公主,高祖同母媦也。下嫁隋州刺史王裕。贞观时,以属尊进大长公主。尝有疾,太宗躬省视,赐缣五百,姆侍皆有赉予。永徽初,赐实户三百,薨年八十六。

裕,隋司徒柬之子,终开府仪同三司。

高祖十九女：

长沙公主，下嫁冯少师。

襄阳公主，下嫁窦诞。

平阳昭公主，太穆皇后所生，下嫁柴绍。初，高祖兵兴，主居长安，绍曰："尊公将以兵清京师，我欲往，恐不能偕，奈何？"主曰："公行矣，我自为计。"绍诡道走并州，主奔鄠，发家资招南山亡命，得数百人以应帝。于是，名贼何潘仁壁司竹园，杀行人，称总管，主遣家奴马三宝喻降之，共攻鄠。别部贼李仲文、向善志、丘师利等各持所领会戏下，因略地盩厔、武功、始平，下之。乃申法誓众，禁剽夺，远近咸附，勒兵七万，威振关中。帝度河，绍以数百骑并南山来迎，主引精兵万人与秦王会渭北。绍及主对置幕府，分定京师，号"娘子军"。帝即位，以功给赉不涯。

武德六年薨，葬加前后部羽葆、鼓吹、大路、麾幢、虎贲、甲卒、班剑。太常议："妇人葬，古无鼓吹。"帝不从，曰："鼓吹，军乐也。往者主身执金鼓，参佐命，于古有邪？宜用之。"

高密公主，下嫁长孙孝政，又嫁段纶。纶，隋兵部尚书文振子，为工部尚书、杞国公。永徽六年主薨，遗命："吾葬必令墓东向，以望献陵，冀不忘孝也。"

长广公主，始封桂阳。下嫁赵慈景。慈景，陇西人，帝美其姿制，故妻之。帝起兵，或劝亡去，对曰："母以我为命，且安往？"吏捕系于狱。帝平京师，引拜开化郡公，为相国府文学。进兵部侍郎。为华州刺史。讨尧君素战死。赠秦州刺史，谥曰忠。

公主更嫁杨师道。聪悟有思，工为诗，豪侈自肆，晚稍折节，以寿薨。

长沙公主，始封万春。下嫁豆卢宽子怀让。

房陵公主，始封永嘉。下嫁窦奉节，又嫁贺兰僧伽。

九江公主，下嫁执失思力。

庐陵公主，下嫁乔师望，为同州刺史。

南昌公主，下嫁苏勖。

安平公主,下嫁杨思敬。

淮南公主,下嫁封道言。

真定公主,下嫁崔恭礼。

衡阳公主,下嫁阿史那社尔。

丹阳公主,下嫁薛万彻。万彻蠢甚,公主羞,不与同席者数月。太宗闻,笑焉,为置酒,悉召它婿与万彻从容语,握槊赌所佩刀,阳不胜,遂解赐之。主喜,命同载以归。

临海公主,下嫁裴律师。

馆陶公主,下嫁崔宣庆。

安定公主,始封千金。下嫁温挺。挺死,又嫁郑敬玄。

常乐公主,下嫁赵瓌。生女,为周王妃,武后杀之。逐瓌括州刺史,徙寿州。

越王贞将举兵,遗瓌书假道,瓌将应之。主进使者曰:“为我谢王,与其进,不与其退。若诸王皆丈夫,不应淹久至是。我闻杨氏篡周,尉迟迥乃周出,犹能连突厥,使天下响震。况诸王国懿亲,宗祏所托,不舍生取义,尚何须邪?人臣同国患为忠,不同为逆,王等勉之。”王败,周兴劾瓌与主连谋,皆被杀。

太宗二十一女:

襄城公主,下嫁萧锐。性孝睦,动循矩法,帝敕诸公主视为师式。有司告营别第,辞曰:“妇事舅姑如父母,异宫则定省阙。”止葺故第,门列双戟而已。锐卒,更嫁姜简。永徽二年薨,高宗举哀于命妇朝堂,遣工部侍郎丘行淹驰驲吊祭,陪葬昭陵。丧次故城,帝登楼望哭以送枢。

汝南公主,蚤薨。

南平公主,下嫁王敬直,以累斥岭南,更嫁刘玄意。

遂安公主,下嫁窦逵,逵死,又嫁王大礼。

长乐公主,下嫁长孙冲,帝以长孙皇后所生,故敕有司装赍视长公主而倍之。魏徵曰:"昔汉明帝封诸王曰:'朕子安得同先帝子乎?'然则长公主者,尊公主矣,制有等差,渠可越也?"帝以语后,后曰:"尝闻陛下厚礼徵而未知也,今闻其言,乃纳主于义,社稷臣也。妾于陛下,夫妇之重,有所言,犹候颜色,况臣下情隔礼殊,而敢犯严颜陈忠言哉!愿许之,与天下为公。"帝大悦,因请赍帛四百匹、钱四十万即徵家赐之。

豫章公主,下嫁唐义识。

比景公主,始封巴陵。下嫁柴令武,坐与房遗爱谋反,同主赐死。显庆中追赠,立庙于墓,四时祭以少牢。

普安公主,下嫁史仁表。

东阳公主,下嫁高履行。高宗即位,进为大长公主。韦正矩之诛,主坐婚家,斥徙集州。又坐章怀太子累,夺邑封。以长孙无忌舅族也,故武后恶之。垂拱中,并二子徙置巫州。

临川公主,韦贵妃所生。下嫁周道务。主工籀隶,能属文。高宗立,上《孝德颂》,帝下诏褒答。永徽初,进长公主,恩赏卓异。永淳初薨。

道务,殿中大监、谯郡公范之子。初,道务孺褓时,以功臣子养宫中。范卒,还第,毁瘠如成人。复内之,年十四乃得出。历营州都督,检校右骁卫将军。谥曰襄。

清河公主名敬,字德贤,下嫁程怀亮。麟德时,陪葬昭陵。怀亮,知节子也,终宁远将军。

兰陵公主名淑,字丽贞,下嫁窦怀悊。薨显庆时。怀悊官兖州都督,太穆皇后之族子。

晋安公主,下嫁韦思安,又嫁杨仁辂。

安康公主,下嫁独孤谌。

新兴公主,下嫁长孙曦。

城阳公主,下嫁杜荷,坐太子承乾事诛,又嫁薛瓘。初,主之婚,帝使卜之,繇曰:"二火皆食,始同荣,末同戚,请昼昏则吉。"马周谏曰:"朝谒以朝,思相戒也;讲习以昼,思相成也;燕饮以昃,思相欢也;婚合以夜,思相亲也。故上下有成,内外有亲,动息有时,吉凶有仪。今先乱其始,不可为也。夫卜所以决疑,若黩礼慢先,圣人所不用。"帝乃止。麟德初,璀历左奉宸卫将军,主坐巫蛊,斥璀房州刺史,主从之官。咸亨中,主薨而璀卒,双枢还京师。

子颢,封河东县侯、济州刺史。琅邪王冲起兵,颢与弟绍以所部庸、调作兵募士,且应之。冲败,杀都吏以灭口。事泄,下狱俱死。

合浦公主,始封高阳,下嫁房玄龄子遗爱。主,帝所爱,故礼异它婿。主负所爱而骄。房遗直以嫡当拜银青光禄大夫,让弟遗爱,帝不许。玄龄卒,主导遗爱异赀,既而反潜之,遗直自言,帝痛让主,乃免。自是稍疏外,主怏怏。会御史劾盗,得浮屠辩机金宝神枕,自言主所赐。初,浮屠庐主之封地,会主与遗爱猎,见而悦之,具帐其庐,与之乱,更以二女子从遗爱,私饷亿计。至是,浮屠殊死,杀奴婢十余。主益望,帝崩无哀容。又浮屠智勖迎占祸福,惠弘能视鬼,道士李晃高医,皆私侍主,主使掖廷令陈玄运伺宫省机祥,步星次。永徽中,与遗爱谋反,赐死。显庆时追赠。

金山公主,蚤薨。

晋阳公主字明达,幼字兕子,文德皇后所生。未尝见喜愠色。帝有所怒责,必伺颜徐徐辩解,故省中多蒙其惠,莫不誉爱。后崩,时主始孩,不之识。及五岁,经后所游地,哀不自胜。帝诸子,唯晋王及主最少,故亲畜之。王每出阁,主送至虔化门,泣而别。王胜衣,班于朝,主泣曰:"兄今与群臣同列,不得在内乎?"帝亦流涕。主临帝飞白书,下不能辨。薨年十二。帝阅三旬不常膳,日数十哀,因以癯羸。群臣进勉,帝曰:"朕渠不知悲爱无益?而不能已,我亦不知其所以然。"因诏有司簿主汤沐余资,营佛祠墓侧。

常山公主,未及下嫁,薨显庆时。

新城公主,晋阳母弟也。下嫁长孙诠,诠以罪徙巂州。更嫁韦正矩,为奉冕大夫,遇主不以礼。俄而主暴薨,高宗诏三司杂治,正矩不能辩,伏诛。以皇后礼葬昭陵旁。

高宗三女：

义阳公主，萧淑妃所生，下嫁权毅。

高安公主，义阳母弟也。始封宣城。下嫁颍州刺史王勔。天授中，勔为武后所诛。神龙初，进册长公主，实封千户，开府置官属。睿宗立，增户千。薨开元时，玄宗哭于晖政门，遣大鸿胪持节赴吊，京兆尹摄鸿胪护丧事。

太平公主，则天皇后所生，后爱之倾诸女。荣国夫人死，后丐主为道士，以幸冥福。仪凤中，吐蕃请主下嫁，后不欲弃之夷，乃真筑宫，如方士薰戒，以拒和亲事。久之，主衣紫袍玉带，折上巾，具纷砺，歌舞帝前。帝及后大笑曰：“儿不为武官，何遽尔？”主曰：“以赐驸马可乎？”帝识其意，择薛绍尚之。假万年县为婚馆，门隘不能容翟车，有司毁垣以入，自兴安门设燎相属，道樾为枯。绍死，更嫁武承嗣，会承嗣小疾，罢昏。后杀武攸暨妻，以配主。主方额广颐，多阴谋，后常谓“类我”。而主内与谋，外检畏，终后世无它訾。

永淳之前，亲王食实户八百，增至千辄止；公主不过三百，而主独加户五十。及圣历时，进及三千户。预诛二张功，增号镇国，与相王均封五千，而薛、武二家女皆食实封。主与相王卫王成王、长宁安乐二公主给卫士，环第十步一区，持兵呵卫，僭肖宫省。神龙时，与长宁、安乐、宜城、新都、定安、金城凡七公主，皆开府置官属，视亲王。安乐户至三千，长宁二千五百，府不置长史。宜城、定安非韦后所生，户止二千。主三子：崇简、崇敏、崇行，皆拜三品。

韦后、上官昭容用事，自以谋出主下远甚，惮之。主亦自以轧而可胜，故益横。于是推进天下士，谓儒者多婆狭，厚持金帛谢之，以动大议，达近翕然向之。

玄宗将诛韦氏，主与秘计，遣子崇简从。事定，将立相王，未有以发其端者，主顾温王乃儿子，可劫以为功，乃入见王曰：“天下事归相王。此非儿所坐。”乃掖王下，取乘舆服进睿宗。睿宗即位，主权由此震天下，加实封至万户，三子封王，余皆祭酒、九卿。主每奏事，漏数徙乃得退，所言皆从。有所论荐，或自寒穴躐进至侍从，旋踵将相,朝廷大政事非关决不下,间不朝,则宰相就第咨判,天子殆画可而已。主侍武后久,善策人主微指,先事逢合,无不中。田园遍近甸,皆上腴。吴、蜀、岭峤市作器用,州县护送,道相望也。天下珍滋诡怪充于家,供帐声伎与天子等。侍儿曳纨縠者数百,奴伯妪监千人,陇右牧马至万匹。

长安浮屠慧范畜资千万,谐结权近,本善张易之。及易之诛,或言其豫谋者,于是封上庸郡公,月给奉稍,主乳媪与通,奏擢三品御史大夫。御史魏传弓劾其奸赃四十万,请论死,中宗欲赦之,进曰:"刑赏,国大事,陛下赏已妄加矣,又欲废刑,天下其谓何?"帝不得已,削银青阶。大夫薛谦光刻慧范不法,不可贷,主为申理,故谦光等反得罪。

玄宗以太子监国,使宋王、岐王总禁兵。主患权分,乘辇至光范门,召宰相白废太子。于是宋璟、姚元之不悦,请出主东都,帝不许,诏主居蒲州。主大望,太子惧,奏斥璟、元之以销戚怨嫌。监察御史慕容珣复劾慧范事,帝疑珣离间骨肉,贬密州司马。主居外四月,太子表追还京师。

时宰相七人,五出主门下。又左羽林大将军常元楷、知羽林军李慈皆私谒主。主内忌太子明,又宰相皆其党,乃有逆谋。先天二年,与尚书左仆射窦怀贞、侍中岑羲、中书令萧至忠崔湜、太子少保薛稷、雍州长史李晋、右散骑常侍昭文馆学士贾膺福、鸿胪卿唐晙及元楷、慈、慧范等谋废太子,使元楷、慈举羽林兵入武德殿杀太子,怀贞、羲、至忠举兵南衙为应。既有日矣,太子得其奸,召岐王、薛王、兵部尚书郭元振、将军王毛仲、殿中少监姜皎、中书侍郎王琚、吏部侍郎崔日用定策。前一日,因毛仲取内闲马三百,率太仆少卿李令问王守一、内侍高力士、果毅李守德叩虔化门,枭元楷、慈于北阙下,缚膺福内客省,执羲、至忠至朝堂,斩之,因大赦天下。主闻变,亡入南山,三日乃出,赐死于第。诸子及党与死者数十人。簿其田资,瑰宝若山,督子贷,凡三年不能尽。

崇简素知主谋,苦谏,主怒,榜掠尤楚,至是复官爵,赐氏李。

始,主作观池乐游原,以为盛集,既败,赐宁、申、岐、薛四王,都人岁祓禊其地。

中宗八女:

新都公主,下嫁武延晖。

宜城公主,始封义安郡主。下嫁裴巽。巽有嬖姝,主恚,刵耳剔鼻,且断巽发。帝怒,斥为县主,巽左迁。久之,复故封。神龙元年,与长宁、新宁、义安、安乐、新平五郡主皆进封。

定安公主,始封新宁郡。下嫁王同皎。同皎得罪,神龙时,又嫁韦濯。濯即韦皇后从祖弟,以卫尉少卿诛,更嫁太府卿崔铣。主薨,王同皎子请与父合葬,给事中夏侯铦曰:"主义绝王庙,恩成崔室,逝者有知,同皎将拒诸泉。"铣或诉于帝,乃止。铦坐是贬泸州都督。

长宁公主,韦庶人所生,下嫁杨慎交,造第东都,使杨务廉营总。第成,府财几竭,乃擢务廉将作大匠。又取西京高士廉第、左金吾卫故营合为宅,右属都城,左俯大道,作三重楼以冯观,筑山浚池,帝及后数临幸,置酒赋诗。又并坊西隙地广鞠场。东都废永昌县,主丐其治为府,以地濒洛,筑郛之,崇台、蜃观相联属,无虑费二十万。魏王泰故第,东西尽一坊,潴沼三百亩,泰薨,以与民。至是,主丐得之,亭阁华诡垝西京。内倚母爱,宠倾一朝,与安乐宜城二主、后娵郦国崇国夫人争任事,赇谒纷纭。东都第成,不及居,韦氏败,斥慎交绛州别驾,主偕往,乃请以东都第为景云祠,而西京鬻第,评木石直,为钱二十亿万。开元十六年,慎交死,主更嫁苏彦伯。务廉卒坐赃数十万,废终身。

永寿公主,下嫁韦铴。蚤薨,长安初追赠。

永泰公主,以郡主下嫁武延基。大足中,忤张易之,为武后所杀,帝追赠,以礼改葬,号墓为陵。

安乐公主,最幼女。帝迁房陵而主生,解衣以褓之,名曰裹儿。姝秀辩敏,后尤爱之。下嫁武崇训。帝复位,光艳动天下,侯王柄臣多出其门。尝作诏,箝其前,请帝署可,帝笑从之。又请为皇太女,左仆射魏元忠谏不可,主曰:"元忠,山东木强,乌足论国事?阿武子尚为天子,天子女有不可乎?"与太平等七公主皆开府,而主府官属尤滥,皆出屠贩,纳訾售官。降墨敕斜封授之,故号"斜封官"。

主营第及安乐佛庐,皆宪写宫省,而工致过之。尝请昆明池为私沼,帝曰:"先帝未有以与人者。"主不悦,自凿定昆池,延袤数里。定,言可抗订之也。司农卿赵履温为缮治,累石肖华山,隥彴横邪,回渊九折,以石潓水。又为宝炉,镂怪兽神禽,间以璨贝珊瑚,不可涯计。

崇训死,主素与武延秀乱,即嫁之。是日,假后车辂,自宫送至第,帝与后为御安福门临观,诏雍州长史窦怀贞为礼会使,弘文学士为傧,相王障车,捐赐金帛不赀。翌日,大会群臣太极殿,主被翠服出,向天子再拜,南面拜公卿,公卿皆伏地稽首。武攸暨与太平公主偶舞为帝寿。赐群臣帛数十万。帝御承天门,大赦,因赐民酺三日,内外官赐勋,缘礼官属兼阶、爵。夺临川长公主宅以为第,旁彻民庐,怨声嚣然。第成,禁藏空殚,假万骑杖内音乐送主还第,天子亲幸,宴近臣。崇训子方数岁,拜太常卿,封镐国公,实封户五百。公主满孺月,帝、后复幸第,大赦天下。

时主与长宁、定安三家厮台掠民子女为奴婢,左台侍御史袁从一缚送狱,主入诉,帝为手诏喻免。从一曰:"陛下纳主诉,纵奴驵掠平民,何以治天下?臣知放奴则免祸,劾奴则得罪于主,然不忍屈陛下法自偷生也。"不纳。

临淄王诛庶人,主方览镜作眉,闻乱,走至右延明门,兵及,斩其首。追贬为"悖逆庶人"。睿宗即位,诏以二品礼葬之。

赵履温谄事主,尝褫朝服,以项挽车。庶人死,蹈舞承天门呼万岁,临淄王斩之,父子同刑。百姓疾其兴役,割取肉去。

成安公主,字季姜,始封新平。下嫁韦捷。捷以韦后从子诛,主后薨。

睿宗十一女:

寿昌公主,下嫁崔真。

安兴昭怀公主,蚤薨。

荆山公主,下嫁薛伯阳。

淮阳公主,下嫁王承庆。

代国公主名华,字华婉,刘皇后所生。下嫁郑万钧。

凉国公主字华庄,始封仙源。下嫁薛伯阳。

薛国公主,始封清阳。下嫁王守一,守一诛,更嫁裴巽。

鄎国公主,崔贵妃所生。三岁而妃薨,哭泣不食三日,如成人。始封荆山。下嫁薛儆,又嫁郑孝义。开元初,封邑至千四百户。

金仙公主,始封西城县主。景云初进封。太极元年,与玉真公主皆为道士,筑观京师,以方士史崇玄为师。崇玄本寒人,事太平公主,得出入禁中,拜鸿胪卿,声势光重。观始兴,诏崇玄护作,日万人。群浮屠疾之,以钱数十万赂狂人段谦冒入承天门,升太极殿,自称天子。有司执之,辞曰:"崇玄使我来。"诏流岭南,且敕浮屠、方士无两竞。太平败,崇玄伏诛。

玉真公主,字持盈,始封崇昌县主。俄进号上清玄都大洞三景师。天宝三载,上言曰:"先帝许妾舍家,今仍叨主第,食租赋,诚愿去公主号,罢邑司,归之王府。"玄宗不许,又言:"妾,高宗之孙,睿宗之女,陛下之女弟,于天下不为贱,何必名系主号、资汤沐,然后为贵?请入数百家之产,延十年之命。"帝知至意,乃许之。薨宝应时。

霍国公主,下嫁裴虚己。

玄宗二十九女:

永穆公主,下嫁王繇。

常芬公主,下嫁张去奢。

孝昌公主,蚤薨。

唐昌公主,下嫁薛锈。

灵昌公主,蚤薨。

常山公主，下嫁薛谭，又嫁窦泽。

万安公主，天宝时为道士。

开元新制：长公主封户二千，帝妹户千，率以三丁为限；皇子王户二千，主半之。左右以为薄。帝曰："百姓租赋非我有，士出万死，赏不过束帛，女何功而享多户邪？使知俭啬，不亦可乎？"于是，公主所禀殆不给车服，后咸宜以母爱益封至千户，诸主皆增，自是著于令。主不下嫁，亦封千户，有司给奴婢如令。

上仙公主，蚤薨。

怀思公主，蚤薨，葬筑台，号登真。

晋国公主，始封高都。下嫁崔惠童。贞元元年，与卫、楚、宋、齐、宿、萧、邓、纪、郑国九公主同徙封。

新昌公主，下嫁萧衡。

临晋公主，皇甫淑妃所生。下嫁郭潜曜。薨大历时。

卫国公主，始封建平。下嫁豆卢建，又嫁杨说。薨贞元时。

真阳公主，下嫁源清，又嫁苏震。

信成公主，下嫁独孤明。

楚国公主，始封寿春。下嫁吴澄江。上皇居西宫，独主得入侍。兴元元年，请为道士，诏可，赐名上善。

普康公主，蚤薨。咸通九年追封。

昌乐公主，高才人所生。下嫁窦锷。薨大历时。

永宁公主，下嫁裴齐丘。

宋国公主，始封平昌。下嫁温西华，又嫁杨徽，薨元和时。

齐国公主，始封兴信，徙封宁亲。下嫁张垍，又嫁裴颖，末嫁杨敷。薨贞元时。

咸宜公主，贞顺皇后所生。下嫁杨洄，又嫁崔嵩。薨兴元时。

宜春公主，蚤薨。

广宁公主，董芳仪所生。下嫁程昌胤，又嫁苏克贞。薨大历时。

万春公主，杜美人所生。下嫁杨朏，又嫁杨锜。薨大历时。

太华公主，贞顺皇后所生，下嫁杨锜。薨天宝时。

寿光公主，下嫁郭液。

乐城公主，下嫁薛履谦，坐嗣岐王珍事诛。

新平公主，常才人所生。幼智敏，习知图训，帝贤之。下嫁裴玲，又嫁姜庆初。庆初得罪，主幽禁中。薨大历时。

寿安公主，曹野那姬所生。孕九月而育，帝恶之，诏衣羽人服。代宗以广平王入谒，帝字呼主曰："虫娘，汝后可与名王在灵州请封。"下嫁苏发。

肃宗七女：

宿国公主，始封长乐。下嫁豆卢湛。

萧国公主，始封宁国。下嫁郑巽，又嫁薛康衡。乾元元年，降回纥英武威远可汗，乃置府。二年，还朝。贞元中，让府属，更置邑司。

和政公主，章敬太后所生。生三岁，后崩，养于韦妃。性敏惠，事妃有孝称。下嫁柳潭。安禄山陷京师，宁国公主方嫠居，主弃三子，夺潭马以载宁国，身与潭步，日百里，潭躬水薪，主躬爨，以奉宁国。初，潭兄澄之妻，杨贵妃姊也，势幸倾朝，公主未尝干以私。及死，抚其子如所生。从玄宗至蜀，始封，迁潭驸马都尉。郭千仞反，玄宗御玄英楼谕降之，不听。潭率折冲张义童等殊死斗，主毂弓授潭，潭手斩贼五十级，平之。肃宗有疾，主侍左右勤劳，诏赐田，以女弟宝章主未有赐，固让不敢当。阿布思之妻隶掖廷，帝宴，使衣绿衣为倡。主谏曰："布思诚逆人，妻不容近至尊；无罪，不可与群倡处。"帝为免出之。自兵兴，财用耗，主以贸易取奇赢千万澹军。及帝山陵，又进邑入千万。代宗初立，屡陈人间利病、国家盛衰事，天子乡纳。吐蕃犯京师，主避地南奔，次商于，遇群盗，主谕以祸福，皆稽颡愿为奴。代宗以主贫，诏诸节度饷亿，主一不取。亲纫裣裳衣，诸子不服纨绮。广德时，吐蕃再入寇，主方妊，入语备边计，潭固止，主曰："君独无兄乎？"入见内殿，翌日，免乳而薨。

郜国公主，始封大宁。下嫁张清。薨贞元时。

纪国公主，始封宜宁。下嫁郑沛。薨元和时。

永和公主,韦妃所生。始封宝章。下嫁王诠。薨大历时。

郜国公主,始封延光。下嫁裴徽,又嫁萧升。升卒,主与彭州司马李万乱,而蜀州别驾萧鼎、澧阳令韦恽、太子詹事李昇皆私侍主家。久之,奸闻。德宗怒,幽主它第,杖杀万,斥鼎、恽、昇岭表。贞元四年,又以厌蛊废。六年薨。子位,坐为蛊祝,囚端州;佩、儒、偲囚房州;前生子驸马都尉裴液囚锦州。主女为皇太子妃,帝畏妃怨望,将杀之,未发,会主薨,太子属疾,乃杀妃以厌灾,谥曰惠。

代宗十八女:

灵仙公主,蚤薨,追封。

真定公主,蚤薨,追封。

永清公主,下嫁裴仿。

齐国昭懿公主,崔贵妃所生。始封升平。下嫁郭暖。大历末,寰内民诉泾水为硙壅不得溉田,京兆尹黎干以请,诏撤硙以水与民。时主及暖家皆有硙,丐留,帝曰:“吾为苍生,若可为诸戚唱!”即日毁,由是废者八十所。宪宗即位,献女伎,帝曰:“太上皇不受献,朕何敢违?”还之。薨元和时,赠虢国,赐谥。穆宗立,复赠封。

华阳公主,贞懿皇后所生。韶悟过人,帝爱之。视帝所喜,必善遇;所恶,曲全之。大历七年,以病丐为道士,号琼华真人。病甚,啮帝指伤。薨,追封。

玉清公主,蚤薨,追封。

嘉丰公主,下嫁高怡。与普宁公主同降,有司具册礼光顺门,以雨不克,罢。薨建中时。

长林公主,下嫁卫尉少卿沈明。贞元二年具册礼,德宗不御正殿,不设乐,遂为故事。薨元和时。

太和公主,蚤薨,追封。

赵国庄懿公主,始封武清。贞元元年,徙封嘉诚。下嫁魏博节度使田绪,德宗幸望春亭临饯。厌翟敝不可乘,以金根代之。公主出降,乘金根车,自主始。薨元和时,赠封及谥,玉虚公主,蚤薨。

普宁公主,下嫁吴士广。

晋阳公主,下嫁太常少卿裴液。薨大和时。

义清公主,下嫁秘书少监柳杲。

寿昌公主,下嫁光禄少卿窦克良。薨贞元时。

新都公主,贞元十二年下嫁田华,具礼光顺门,五礼由是废。

西平公主,蚤薨。

章宁公主,蚤薨。

德宗十一女:

韩国贞穆公主,昭德皇后所生。幼谨孝,帝爱之。始封唐安。将下嫁秘书少监韦宥,未克而朱泚乱,从至城固薨,加封谥。

魏国宪穆公主,始封义阳。下嫁王士平。主恣横不法,帝幽之禁中;锢士平于第,久之,拜安州刺史,坐交中人贬贺州司户参军。门下客蔡南史、独孤申叔为主作《团雪散雪辞》状离旷意。帝闻,怒,捕南史等逐之,几废进士科。薨,追封及谥。

郑国庄穆公主,始封义章。下嫁孝忠子茂宗。薨,加赠及谥。

临真公主,下嫁秘书少监薛钊。薨元和时。

永阳公主,下嫁殿中少监崔谭。

普宁公主,蚤薨。

文安公主,丐为道士。薨大和时。

燕国襄穆公主,始封咸安。下降回纥武义成功可汗,置府。薨元和时,追封及谥。

义川公主,蚤薨。

宜都公主,下嫁殿中少监柳昱。薨贞元时。

晋平公主,蚤薨。

顺宗十一女:

汉阳公主名畅,庄宪皇后所生,始封德阳郡主。下嫁郭钛。辞归第,涕泣不自胜,德宗曰:"儿有不足邪?"对曰:"思相离,无他恨也。"帝亦泣,顾太子曰:"真而子也。"永贞元年,与诸公主皆进封。时戚近争为奢诩事,主独以俭,常用铁簪画壁,记田租所入。文宗尤恶世流侈,因主入,问曰:"姑所服,何年法也? 今之弊,何代而然?"对曰:"妾自贞元年时辞宫,所服皆当时赐,未尝敢变。元和后,数用兵,悉出禁藏纤丽物赏战士,由是散于人间,内外相矜,柤以成风。若陛下示所好于下,谁敢不变?"帝悦,诏宫人视主衣制广狭,遍谕诸主,且敕京兆尹禁切浮靡。主尝诲诸女曰:"先姑有言,吾与若皆帝子,骄盈贵侈,可戒不可恃。"开成五年薨。

梁国恭靖公主,与汉阳同生。始封咸宁郡主,徙普安。下嫁郑何。薨,追封及谥。

东阳公主,始封信安郡主,下嫁崔杞。

西河公主,始封武陵郡主。下嫁沈翚。薨咸通时。

云安公主,亦汉阳同生。下嫁刘士泾。

襄阳公主,始封晋康县主。下嫁张孝忠子克礼。主纵恣,常微行市里。有薛枢、薛浑、李元本皆得私侍,而浑尤爱,至谒浑母如姑。有司欲致诘,多与金,使不得发。克礼以闻,穆宗幽主禁中。元本乃功臣惟简子,故贷死,流象州,枢、浑崖州。

浔阳公主,崔昭仪所生。大和三年,与平恩、邵阳二公主并为道士,岁赐封物七百匹。

临汝公主,崔昭训所生。蚤薨。

虢国公主,始封清源郡主,徙阳安。下嫁王承系。薨,追封。

平恩公主,蚤薨。

邵阳公主,蚤薨。

宪宗十八女:

梁国惠康公主,始封普宁。帝特爱之。下嫁于季友。元和中,徙永昌。薨,诏追封及谥。将葬,度支奏义阳、义章公主葬用钱四千万,有诏减千万。

永嘉公主,为道士。

衡阳公主,蚤薨。

宣城公主,下嫁沈义。

郑国温仪公主,始封汾阳。下嫁韦让。薨,追封及谥。

岐阳庄淑公主,懿安皇后所生。下嫁杜悰,帝为御正殿临遣,由西朝堂出,复御延喜门,止主车,大赐宾从金钱。开第昌化里,疏龙首池为沼。后家上尚父大通里亭为主别馆。贵震当世。然主事舅姑以礼闻,所赐奴婢偃蹇,皆上还,亏直自市。悰为澧州刺史,主与偕,从者不二十婢,乘驴,不肉食,州县供具,拒不受,姑寝疾,主不解衣,药糜不尝不进。开成中,悰自忠武入朝,主疾侵,曰:"愿朝兴庆宫,虽死于道,不恨。"道薨。

陈留公主,下嫁裴损。损为太子谕德。

真宁公主,下嫁薛翃。

南康公主,下嫁沈汾。薨咸通时。

临真公主,始封襄城。下嫁卫洙。薨咸通时。

普康公主,蚤薨。

真源公主,始封安陵。下嫁杜中立。

永顺公主,下嫁刘弘景。

安平公主,下嫁刘异。宣宗即位,宰相以异为平卢节度使,帝曰:"朕唯一妹,欲时见之。"乃止。后随异居外,岁时辄乘驴入朝。薨乾符时。

永安公主,长庆初,许下嫁回鹘保义可汗,会可汗死,止不行。大和中,亏为道士,诏赐邑印,如寻阳公主故事,且归婚资。

义宁公主,未及下嫁薨。

定安公主,始封太和。下嫁回鹘崇德可汗。会昌三年来归,诏宗正卿李仍叔、秘书监李践方等告景陵。主次太原,诏使劳问系途,以黠戛斯所献白貂皮、玉指环往赐。至京师,诏百官谒再拜。故事:邑司官承命答拜,有司议:"邑司官卑,不可当。"群臣请以主左右上媵戴髲帛承拜,两档持命。又诏神策军四百具卤簿,群臣班迓。主乘辂谒宪、穆二室,欷歔流涕,退诣光顺门易服,褫冠镊待罪,自言和亲无状。帝使中人劳慰,复冠镊乃入,群臣贺天子。又诣兴庆宫。明日,主谒太皇太后。进封长公主,遂废太和府。主始至,宣城以下七主不出迎,武宗怒,差夺封绢赎罪。宰相建言:"礼始中壸,行天下,王化之美也,请载于史,示后世。"诏可。

贵乡公主,蚤薨。

穆宗八女:

义丰公主,武贵妃所生。下嫁韦处仁。薨咸通时。

淮阳公主,张昭仪所生。下嫁柳正元。

延安公主,下嫁窦浣。

金堂公主,始封晋陵。下嫁郭仲恭。薨乾符时。

清源公主,薨大和时。

饶阳公主,下嫁郭仲词。

义昌公主,为道士。薨咸通时。

安康公主,为道士。乾符四年,以主在外颇扰人,诏与永兴、天长、宁国、兴唐四主还南内。

敬宗三女:

永兴公主。

天长公主。

宁国公主,薨广明时。

文宗四女:

兴唐公主。

西平公主。

朗宁公主,薨咸通时。

光化公主,薨广明时。

武宗七女：

昌乐公主。

寿春公主。

长宁公主，薨大中时。

延庆公主。

静乐公主，薨咸通时。

乐温公主。

永清公主，薨咸通时。

宣宗十一女：

万寿公主，下嫁郑颢。主，帝所爱，前此下诏："先王制礼，贵贱共之。万寿公主奉舅姑，宜从士人法。"旧制：车舆以镣金扣饰。帝曰："我以俭率天下，宜自近始，易以铜。"主每进见，帝必谆勉笃诲，曰："无鄙夫家，无忤时事。"又曰："太平、安乐之祸，不可不戒！"故诸主祗畏，争为可喜事。帝遂诏："夫妇，教化之端。其公主、县主有子而寡，不得复嫁。"

永福公主。

齐国恭怀公主，始封西华。下嫁严祁，祁为刑部侍郎，主薨大中时，追赠及谥。

广德公主，下嫁于琮。初，琮尚永福公主，主与帝食，怒折匕箸，帝曰："此可为士人妻乎？"更许琮尚主。琮为黄巢所害，主泣曰："今日谊不独存，贼宜杀我！"巢不许，乃缢室中。主治家有礼法，尝从琮贬韶州，侍者才数人，却州县馈遗。凡内外冠、婚、丧、祭，主皆身答劳，疏戚咸得其心，为世闻妇。

义和公主。

饶安公主。

盛唐公主。

平原公主，薨咸通时，已而追封。

唐阳公主。

许昌庄肃公主,下嫁柳陟。薨中和时。

丰阳公主。

懿宗八女:

卫国文懿公主,郭淑妃所生。始封同昌。下嫁韦保衡。咸通十年薨。帝既素所爱,自制挽歌,群臣毕和。又许百官祭以金贝、寓车、廞服,火之,民争取煨以汰宝。及葬,帝与妃坐延兴门,哭以过柩,仗卫弥数十里,冶金为俑,怪宝千计实墓中,与乳保同葬,追封及谥。

安化公主。

普康公主。

昌元公主,薨咸通时。

昌宁公主。

金华公主。

仁寿公主。

永寿公主。

僖宗二女:

唐兴公主。

永平公主。

昭宗十一女:

新安公主。

平原公主,积善皇后所生。帝在凤翔,以主下嫁李茂贞子继侃,后谓不可。帝曰:"不尔,我无安所!"是日,宴内殿,茂贞坐帝东南,主拜殿上。继侃族兄弟皆西向立,主遍拜之。及帝还,朱全忠移茂贞书,取主还京师。

信都公主。

益昌公主。

唐兴公主。

德清公主。

太康公主。

永明公主，蚤薨。

新兴公主。

普安公主。

乐平公主。

赞曰：妇人内夫家，虽天姬之贵，史官犹外而不详。又僖、昭之乱，典策埃灭，故诸帝公主降日、薨年，粗得其概，亡者阙而不书。

唐书卷八四
列传第九

李密　单雄信　祖君彦

　　李密,字玄邃,一字法主,其先辽东襄平人。曾祖弼,魏司徒,赐姓徒何氏,入周为太师、魏国公。祖曜,邢国公。父宽,隋上柱国、蒲山郡公。遂家长安。

　　密趣解雄远,多策略,散家资养客礼贤不爱藉。以荫为左亲卫府大都督、东宫千牛备身。额锐角方,瞳子黑白明澈。炀帝见之,谓宇文述曰:"左仗下黑色小儿为谁?"曰:"蒲山公李宽子密。"帝曰:"此儿顾盼不常,无入卫。"它日,述谕密曰:"君世素贵,当以才学显,何事三卫间哉!"密大喜,谢病去,感厉读书。闻包恺在缑山,往从之。以蒲鞯乘牛,挂《汉书》一帙角上,行且读。越国公杨素适见于道,按辔蹑其后,曰:"何书生勤如此?"密识素,下拜。问所读,曰:"《项羽传》。"因与语,奇之。归谓子玄感曰:"吾观密识度,非若等辈。"玄感遂倾心结纳。尝私密曰:"上多忌,隋历且不长,中原有一日警,公与我孰后先?"密曰:"决两阵之胜,噫呜咄嗟,足以慑敌,我不如公;揽天下英雄驭之,使远近归属,公不如我。"

　　大业九年,玄感举兵黎阳,遣人入关迎密。密至,谋曰:"今天子远在辽左,去幽州尚千里,南限巨海,北阻强胡,号令所通,惟榆林一道尔。若鼓而入蓟,直扼其喉,高丽抗其前,我乘其后,不旬月赍粮竭,举麾召之,众可尽取,然后传檄而南,天下定矣,上计也。关中四塞之地,彼留守卫文升,易人耳。若径行勿留,直保长安,据函、崅，东制诸夏，是隋亡襟带，我势万全，中计也。若因近趣便，先取东都，顿兵坚城下，不可以胜负决，下计也。"玄感曰："公之下计，乃吾上策。今百官家属皆在洛，当先取之，以摇其心。且经城不拔，何以示武？"密计不行。玄感至东都，所战必克，自谓功在旦暮。既获内史舍人韦福嗣，遂任之，故谋不专密。福嗣耻见执，策议皆持两端。密揣其贰，谓玄感曰："福嗣穷，为我虏，志在观望。公初举大事，奸人在侧，事必败，请斩以徇。"不从。密谓所亲曰："玄感好反而不图胜，吾属虏矣！"福嗣果遁去。会左武候大将军李子雄得罪，传送行在，道杀使者，奔玄感，劝举大号。玄感问密，密曰："昔张耳谏陈胜自王，荀彧止魏武求九锡，皆见疑外。今密将无类之乎？然阿谀顺旨，非义士也。且公虽屡胜，而郡县未有应者，东都尚强，救兵踵来，公当率精甲，身定关中，奈何亟自帝？"玄感笑而止。

及隋军至，玄感曰：："策安决？"密曰："元弘嗣方戍陇右，可阳言其反，使迎我，因引军西。"从之。至陕，欲围弘农宫，密曰："今给众入关，机在速，而追兵踵我，若前不得据险，退无所守，何以共完！"玄感不听。留攻三日，不能拔，引去，至阌乡，追及而败。

密赢行入关，为逻所获，与支党护送帝所。密谓众曰："吾等至行在，且菹醢，今尚可以计脱，何为安就鼎镬？"众然之。乃令出所有金示监使曰："即死，幸报德。"使者顾金，禁渐弛，益市酒，饮笑欢哗，守者懈，密等遂夜亡去。抵平原，贼郝孝德不见礼，去之淮阳。岁饥，削木皮以食，变姓名为刘智远，教授诸生自给，郁郁不得志，哀吟泣下。人有告太守赵佗者，佗捕之，遁免。往依婿婿雍丘令丘君明，转匿大侠王季才家，为吏迹捕，复亡去。时东郡贼翟让聚党万人，密因介其徒王伯当以策干让曰："今主昏于上，人怨于下，锐兵尽之辽海，和亲绝于突厥，南巡流连，空弃关辅，此实刘、项挺兴之会。足下资豪杰，士马精勇，指罪诛暴，为天下先，杨氏不足亡也。"让由是加礼，遣说诸贼，至辄下。因为让计曰："今禀无见粮，难以持久，卒遇敌，其亡无时。不如取荥阳，休兵馆谷，待士逸马肥，乃可与人争利。"让听之，遂破金堤关，徇荥阳诸县，皆下。荥阳太守杨庆、河南讨捕大使张须陁合兵讨让,让素惮须陁,欲引去。密曰:"须陁健而无谋,且骤胜易骄,吾为公破之。"让不得已,阵而待。密率骁勇常何等二十人为游骑,伏千兵莽间。须陁素轻让,引兵搏之,让少却,伏发,与游军乘之,遂杀须陁。

十三年,让分兵与密,别为牙帐,号蒲山公。密持军严,虽盛夏号令,士皆若负霜雪,然战得金宝,尽散之,由是人为用。复说让曰:"今群豪竞兴,公宜先天下攘除群凶,宁常剽夺草间求活哉?若直取兴洛仓,发粟以赈穷乏,百万之众一朝可附,霸王之业成矣。"让曰:"仆起畎陇,志不及此,须君得仓,更议之。"

二月,密以千人出阳城北,逾方山,自罗口拔兴洛仓,据之,获县长柴孝和。开仓赈食,众缒属至数十万。隋越王侗遣将刘长恭、房崱讨密,又令裴仁基统兵出成皋西。密乃为十队,跨洛水,抗东、西二军。令单雄信、徐世勣、王伯当骑为左右翼,自引麾下急击长恭等,破之。东都震恐,众保太微城,台寺俱满。

让等乃推密为主,建号魏公。巩南设坛场,即位,刑牲歃血,改元永平,大赦,其文移称行军元帅魏公府。以让为司徒,邴元真左长史,房彦藻右长史,杨德方左司马,郑德韬右司马,单雄信左武候大将军,徐世勣右武候大将军,祖君彦记室。城洛口,周四十里,居之。命护军将军田茂广造云旝三百具,以机发石,为攻城械,号"将军炮"。进逼东都,烧上春门。

四月,隋虎牢将裴仁基、淮阳太守赵佗降,长白山贼孟让以所部归密。以仁基为上柱国,与让率兵二万袭回洛仓,守之。入都城掠居人,火天津桥。隋出军乘之,仁基等败,还保巩。司马杨德方战死。密自督众三万,破隋军于故城,复得回洛仓。俄而德韬死,乃以郑颋为左司马,郑虔象右司马。诸贼帅黎阳李文相、洹水张升、清河赵君德、平原郝孝德皆归密,因袭取黎阳仓。永安大族周法明举江、黄地附之。齐郡贼徐圆朗、任城大侠徐师仁来归。密令幕府移檄州县,列炀帝十罪,天下震动。

护军柴孝和说密曰:"秦地阻山带河,项背之亡,汉得之王。今公以仁基壁回洛,翟让保洛口,公束铠倍道趋长安,百姓谁不郊迎？
是征而不战也。众附兵强,然后东向,指挥豪桀,天下廓廓无事矣。
今迟之,恐为人先。"密曰:"仆怀此久,顾我部皆山东人,今未下洛,
安肯与我偕西？且诸将皆群盗,不相统一,败则扫地矣。"遂止。是
时,隋军益出,密负锐,急与之确,中流矢,卧营中,隋军乘之,密众
溃,弃仓守洛口。

高祖起师太原,密自谓主盟,遣将军张仁则致书于帝,呼为兄,
请以步骑会河内。帝览书笑曰:"密陆梁,不可折简致之。吾方定京
师,未能东略,若不与,是生一隋。密适为吾守成皋,拒东都兵,使不
得西,更遣票将莫如密。吾宁推顺,使骄其志,我得留抚关中,大事
济矣。"令记室温大雅作报书,厚礼尊让。密大喜,示其下,曰:"唐公
见推,顾天下无可虑者。"遂专事隋。

九月,遣将李士才将兵十二万,攻隋鹰扬郎将张珣河阴,举之。
珣极骂不屈死。齐方士徐鸿客上书劝密因士气趋江都,挟帝以令天
下。密异其言,具币邀之,已亡去。炀帝遣王世充选卒十万击密,世
充营洛西,战不利,更陈洛北,登山以望洛口。密引度洛,与世充战。
密兵多骑与长槊,而北薄山,地隘骑迮不复骋。世弃多短兵盾稹,蹙
之,密军却,世充乘胜进攻密月城。密还洛南,引而西,突世充营,世
充奔还。师徒多丧,孝和溺死洛水,密哭之恸。自是大小六十余战。

翟让部将王儒信惮密威望,劝让自为大冢宰,总秉众务,收密
权。让兄宽亦曰:"天子当自取,何乃授人？"密闻之,与郑颋阴图让。
会世充兵又至,让出拒,少退;密驰助之,战石子河,世充走。明日,
高会飨士,让至密所,密令房彦藻引其左右就别帐饮。密出名弓示
让,让挽满,遣剑士蔡建从后击之,并杀其兄、侄及儒信。密驰入让
壁慰谕,士无敢动者,以徐世勣、单雄信、王伯当分统其兵。隋将杨
庆守荥阳,因说下之。世充夜袭仓城,密伏甲歼其众。

义宁二年,世充复营洛北,为浮梁,绝水以战,密以千骑迎击,
不胜。世充进薄其全,密提敢死士数百邀之,世充大溃,士争桥溺死
者数万,洛水为不流,杀大将六人,独世充脱。会夜大雨雪,士卒僵

死且尽。密乘锐拔偃师,修金墉城居之,有众三十万。又与东都留守韦津战上春门,执津于阵。将作大匠宇文恺子儒童、河南留守职方郎柳续、河阳都尉独孤武都、河内郡丞柳燮皆降。于是海岱、江淮间争响附,窦建德、朱粲、杨士林、孟海公、徐圆朗、卢祖尚、周法明等悉上表劝进,府官属亦请之。密曰:"东都未平,且勿议。"

五月,越王侗称帝。六月,宇文化及拥兵十余万至黎阳。侗遣使授密太尉、尚书令、东南道大行台行军元帅、魏国公,令平化及而后入辅,密受之。乃引兵东追化及黎阳。密知化及乏食,利速战,乃持重以老其兵,使徐世勣保黎阳仓,化及攻不可下。密与隔水阵,遥谓化及曰:"公家本戎隶破野头尔,父子兄弟受隋恩,至妻公主。上有失德不能谏,又虐弑之,冒天下之恶,今安往?能即降,尚全后嗣。"化及默然良久,乃瞋目为鄙语辱密。密顾左右曰:"此庸人,图为帝,吾当折棰驱之。"乃以轻骑五百焚其攻具,火终夜不灭。度化及粮尽,乃伪与和,化及喜,使军恣食,既而密馈不至,乃窘。遂大战童山下,密中矢,顿汲县坚壁。化及势穷,掠汲郡,趣魏县。其将陈智略、张童仁等率所部兵归密,前后相踵。

初,化及留辎重东都,遣所署刑部尚书王轨守之。至是,轨举郡降密。由是引而西,遣使朝东都,执弑逆人于弘达献于侗。侗召密入朝,至温,闻世充杀元文都,乃止。遂归金墉,拘侗使不遣。

初,密既杀翟让,心稍骄,不恤士,素无府库财,军战胜,无所赐与,又厚抚新集,人心始离。民食兴洛仓者,给授无检,至负取不胜,委于道,践轹狼扈。密喜,自谓足食,司仓贾润甫谏曰:"人,国本;食,人天。今百姓饥捐,暴骨道路。公虽受命,然赖人之天以固国本。而禀取不节,敖庾之藏有时而偄,粟竭人散,胡仰而成功?"不听,徐世勣数规其违,密内不喜,使出就屯,故下苟且无固志。初,世充乏食,密少帛,请交相易,难之。邴阮真好利,阴劝密许焉。后世充士饱,降者益少,密悔而止。

武德元年九月,世充悉众决战,先以骑数百度河,密遣迎战,骁将十余人皆被创返。明日,密留王伯当守金墉,自引精兵出偃师,北阻邙山待之。密议所便,裴仁基曰:"世充悉劲兵来,东都必虚,请选众二万向洛,世充必自拔归,我整军徐还。兵法所谓彼归我出,彼出我归,以疲之也。"密眩于众,不能用。仁基击地叹曰:"公后必悔!"遂出兵阵。世充阴索貌类密者,使缚之。既两军接,埃雾嚣塞,世充军,江淮士,出入若飞,密兵心动。世充督众疾战,使牵类密者过阵,噪曰:"获密矣!"士皆呼万岁,密军乱,遂溃。裴仁基、祖君彦皆为世充所禽,偃师劫郑颋叛归世充,密提众万余驰洛口,将入城,邴元真已输款世充,潜导其军。密知不发,期世充度兵半洛水,掩击之。候骑不时觉,比出,世充绝河矣。即引骑遁武牢,元真遂降,众稍散。

密将如黎阳,或曰:"向杀翟让,世勣伤几死,疮犹未平,今可保乎?"时王伯当弃金墉屯河阳,密轻骑归之,谓曰:"败矣,久苦诸君,我今自刭以谢众!"伯当抱密恸绝,众皆泣,莫能仰视。密复曰:"幸不相弃,当共归关中,密虽无功,诸君必富贵。"掾柳燮曰:"昔盆子归汉,尚食均输。公与唐同族,虽不共起,然遏隋归路,使无西,故唐不战而据京师,亦公功也。"密又谓伯当曰:"将军族重,岂复与孤俱行哉?"伯当曰:"昔萧何举宗从汉,今不昆季尽行,以为愧。岂公一失利,轻去就哉?虽陨首穴胸,所甘已。"左右感动,遂来归。

初,密建号登坛,疾风鼓其衣,几仆;及即位,狐鸣于旁,恶之。及将败,巩数有回风发于地,激砂砾上属天,白日为晦;屯营群鼠相衔尾西北度洛,经月不绝。

及入关,兵尚二万,高祖使迎劳,冠盖相望,密大喜,谓其徒曰:"吾所举虽不就,而恩结百姓,山东连城数百,以吾故,当尽归国。功不减窦融,岂不以台司处我?"及至,拜光禄卿,封邢国公,殊怨望。帝尝呼之弟,妻以表妹独孤氏。后礼寝薄,执政者又求贿,滋不平。因朝会进食,谓王伯当曰:"往在洛口,尝欲以崔君贤为光禄,不意身自为此。"

未几,闻故所部将多不附世充者,高祖诏密以本兵就黎阳招抚故部曲,经略东都,伯当以左武卫将军为密副。驰驲东至稠桑驿,有诏复召密,密大惧,谋叛。伯当止之,不从,乃曰:"士立义,不以存亡易虑。公顾伯当厚，愿毕命以报，今可同往，死生以之，然无益也。"乃简骁勇数十人，衣妇人服，戴幂䍦，藏刀裙下，诈为家婢妾者，入桃林传舍，须臾变服出，据其城。掠畜产，趣南山而东，驰告张善相以兵应己。

熊州副将盛彦师率步骑伏陆浑县南邢公岘之下，密兵度，横出击，斩之，年三十七，伯当俱死，传首京师。时徐世勣尚为密保黎阳，帝遣使持密首往招世勣。世勣表请收葬，诏归其尸，乃发丧，具威仪，三军缟素，以君礼葬黎阳山西南五里，坟高七仞。密素得士，哭多呕血者。

邴元真之降也，世充以为行台仆射，镇滑州。密故将杜才干恨其背密，伪以兵归之，斩取其首，祭密冢，已乃归国。

单雄信，曹州济阴人。与翟让友善，能马上用枪，密军中号"飞将"。偃师败，降世充，为大将。秦王围东都，雄信拒战，枪几及王，徐世勣呵之曰："秦王也！"遂退，后东都平，斩洛渚上。

祖君彦，齐仆射孝征子。博学强记，属辞赡速。薛道衡尝荐之隋文帝，帝曰："是非杀斛律明月人儿邪？朕无用之。"炀帝立，尤忌知名士，遂调东都书佐，检校宿城令，世谓祖宿城。负其才，常郁郁思乱。及为密草檄，乃深斥主阙。密败，世充见之，曰："汝为贼骂国足未？"君彦曰："跖客可使刺由。但愧不至耳！"世充令扑之。既困卧树下，世充已自欲盗隋，中悔，命医许惠照往视之，欲其苏。郎将王拔柱曰："弄笔生有余罪。"乃蹙其心，即死，戮尸于偃师。

赞曰：或称密似项羽，非也。羽兴五年霸天下，密连兵数十百战不能取东都。始玄感乱，密首劝取关中；及自立，亦不能鼓而西，宜其亡也。然礼贤得士，乃田横徒欤，贤陈涉远矣！噫，使密不为叛，其才雄亦不可容于时云。

王世充　窦建德

　　王世充,字行满。祖西域胡,号支颓耨,后徙新丰,死,其妻与霸城人王粲为庶妻。颓耨子收从之,冒粲姓,仕隋,历怀、汴二州长史。生世充,豺声卷发,忌刻深阻。涉书传,喜兵法,通龟策、推步。以荫为左翊卫,迁御府直长、兵部员外郎,从杨素北伐,为幽州长史。

　　大业初,为民部侍郎,善占对,习法,敢舞文上下。人或辨驳,世充以口舌缘饰,众知其非,亦不能屈也。出为江都赞治,迁郡丞。炀帝数南幸,世充善伺帝颜色,阿邑顺旨。性机巧,饰台沼,阴奏远方珍物以媚帝,帝爱昵之,拜江都通守,兼知宫监事。

　　世充观隋政方乱,而江左浮剽易动,乃阴结豪桀,有系狱者,皆桡法贷减,以树私恩。杨玄感反,吴人朱燮、晋陵人管崇起江南应之,兵十余万。隋将吐万绪、鱼俱罗讨之不克,世充以偏将募江都万人,频击破之。每捷必归功于下,虏获尽推与士卒,故人争为效,由是功最多。

　　大业十年,齐贼孟让转寇诸郡,至盱眙。世充拒之,保都梁山,列五壁不战,赢兵以示弱。让笑曰:“世充文法吏,安知兵? 吾今生缚之,鼓行下江都矣!”时百姓皆入保,野无所掠,让众馁,又苦五壁闭道不得南,即分兵围之。世充数战,阳不利,走壁;让益骄,数日,稍分其下南略,裁留兵足围壁。世充知贼懈,夜夷灶撤幕,为方阵外向,毁垣,旦而出,奋击,大破之,让以数十骑去,斩首万级,虏十余万人。炀帝以世充有将帅略,复委捕诸盗,所向辄定。会突厥围帝雁门,世充悉发江都兵赴难,诈为可喜事以邀声誉。在军蓬首垢面,日夜悲泣,不释甲,卧必席藁。帝以为忠,愈属信之。

厌次贼格谦兵十余万屯豆子航,太仆卿杨义臣杀谦,世充讨其余党,夷之。进击贼卢明月于南阳,俘系数万。还,帝自持酒为劳。

世充启帝:"江淮良家女愿备后廷,无由进。"帝喜,令阅端丽者,以库资为聘,费不可校,署计簿云"敕别用",有司不敢闻。具舟送东都宫,会道路剽夺,使者苦之,或沉舟亡去,世充屏不奏。

李密逼东都,诏世充为将军,以兵屯洛口。大小百余战,无大胜负,诏即拜右翊卫将军,趣破贼。十四年,世充引军与密战洛南,有气若城压其营。世充大败,众几尽,走保河阳,自系狱,请罪于越王侗,侗以书慰勉,赐金帛安之,召还洛,衰亡散得万人,屯含嘉城,畏缩不敢出。

会江都弒逆,群臣奉侗为帝,以世充为吏部尚书,封郑国公。宇文化及拥兵北还,侗听内史令元文都、卢楚等谋,以重官畀李密,使讨贼,若化及破而密兵亦疲,乘其弊,可得志。乃遣使以太尉、尚书令即军中拜密,趣兵北讨。密称臣奉制,引兵从化及黎阳,战胜来告,众大悦。世充独谓其下曰:"文都等刀笔才,必为密禽,且我军与贼战,多杀其父子兄弟,一旦为之下,吾属无类矣!"以此言激众,文都等闻,大惧。

侗欲以文都为御史大夫,世充不许,曰:"尝与公等约,左右仆射、尚书令、御史大夫,留待勋旧。今各欲得,则流竞开矣,何以共守?"文都憾焉,潜与谋,因世充入殿伏甲杀之。纳言段达庸怯,畏不果,驰告世充。世充夜以兵袭含嘉门,围宫城。右武卫大将军皇甫无逸等遣将费曜、田阇拒战太阳门,曜败,世充入之,无逸以单骑遁,收楚杀之。时紫微宫尚闭,世充扣门,绐侗曰:"元文都等欲执陛下降李密,臣不反,诛反者耳。"段达执文都送世充,杀之。世充悉遣腹心代卫士,然后入谢曰:"文都、楚无状,规相屠戮,臣急为此,非敢它。"侗与之盟,进拜尚书左仆射,总督内外诸军事。乃去含嘉城,居尚书省,专宰朝政。以其兄世恽为内史令,居禁中,子弟皆将兵。分官吏为十头,以主军政。

未几,李密破化及,还屯金墉,劲兵良马多死。世充欲击之,恐士心未一,乃谋以鬼动众,令德阳门卫张永通言梦人谓己曰:"我,周公,能以兵助讨密。"世充白恫,立祠洛旁,使巫宣言:"周公令急击密,有大功;不然,兵且疫。"世充下皆楚人,信妖,遂请战。乃简精卒二万、骑二千,跨洛水为三桥以度兵。密军偃师北山,新破敌,有轻世充心,不设壁垒。世充夜遣二百骑蔽山伏,因秣马蓐食,迟明薄之,密阵未成,伏兵上北原,乘高驰下,压其营,纵焚庐落,密众大溃,降其将张童仁、陈智略,进拔偃师。初,密得世充兄世伟及子玄应于化及军,囚之,至是皆归。世充兵次洛口,密长史邴元真,司马郑虔象以城降,悉收美人、宝货而还。密以数十骑跳奔。

于是,世充自为太尉、尚书令,加黄门印绿綟绶,以尚书省为府,置官属。乃设三榜于府外,其一求文学堪济世务者,其一武干绝众、椎锋陷阵者,其一能治冤抑不申者。由是上书陈事日数百,皆慰劳省接,虽吏卒,必饰词诱纳。而世充素诡妄,不能仇其语,士大夫遂贰。初,杀文都,欲诡众取信,乃请事恫母刘太后为假子,至是加号圣感太后。散骑常侍崔德本曰:"此王莽文母何异乎?"后食恫前,得呕疾,疑见毒,遂不复朝。以将张绩、董浚卫宫城。

武德二年,矫恫诏假黄钺,相国总百揆,封郑王,授九锡,冕十有二旒,建天子旌旗,金根车,驾六马,备五时副车,旄头云罕,舞八佾,设宫县,出入警跸。术士桓法嗣自言能决谶,乃上《孔子闭房记》,画男子持一干驱羊状,因说世充曰:"隋,杨姓也;于文,'干一'为'王',王处羊后,大王代隋之符。"又陈庄周《人间世》、《德充符》二篇曰:"上下篇与大王名协,明受符命,德被人间,为天子也。"世充喜曰:"天命也!"拜受之。以法嗣为谏议大夫。又罗取飞鸟,书符命于帛,系鸟颈纵之,有弹捕得鸟而献者亦拜官。讽百官劝进。时纳言苏威老就第,世充以威隋大臣,有素望,每表必署威名。使段达等胁恫曰:"天命不常,今郑王功德甚盛,请揖让,用尧、舜故事。"恫怒曰："天下者,高祖天下。若隋德未究,此言不可发。必天命遂改,尚何禅?公非先帝旧臣乎?朕何赖?"达等流涕。世充以诈曰:"天下未定,须镇以长君,待天下安,则复子明辟。"

四月,矫侗策禅位,幽侗于含凉殿,犹三让。遣诸将以兵清宫,世充袭戎服,法驾,导鼓吹入宫,每历一门,从者必呼。至东上阁,更衮冕,即正殿僭位。建元开明,国号郑。乃封兄世衡为秦王,世伟楚王,世恽齐王,诸族属以次封拜,以子玄应为皇太子,玄恕为汉王。世充每听朝决政,诲喻言语谆复百绪,以示勤笃,百司奏事者听受为疲。出则轻骑,无警跸,游历衢肆,行者但止立,徐谓百姓曰:"故时天子居九重,在下之情无由察。世充非贪位者,本救时耳。正若一州刺史,事皆亲览,当与士人共议之。恐门卫有禁,无以尽通,今止顺天门外置座听事。"又诏西朝堂听冤诉,东朝堂延谏者。由是章牍填委,观省不暇,后亦不能复出。

五月,裴仁基与其子行俨及宇文儒童、崔德本等谋劫世充复立侗,不克,夷三族。六月,鸩杀侗,以绝众望。世充率众东徇地至滑,以兵临黎阳。时黎阳为窦建德守,故建德亦破世充殷州,以报其役。

三年,下书大赦,筑练兵台于伊阙。守将罗士信、豆卢达稍稍归国。世充顾下多背己,乃峻诛暴禁以威之。户一人逃,家无少长皆坐,父子、兄弟、夫妇许相告免。令伍伍相保,一家叛,举伍诛。樵牧出入皆为限,公私不聊生。遣台省官督十二郡营田,行者自谓仙去。以宫城为大狱,意所猜恶,必收系其人,内家属宫中。或命将,亦质其孥乃遣。既而囚质且万口,食不足,饿死者日数十。

七月,高祖诏秦王率兵攻之,至新安,屯保多下,败世充于慈涧城。八月,王陈兵青城宫,世充悉精兵来拒,隔涧言曰:"隋失其国,天下分崩,长安、洛阳各有分地,吾常自守,不敢西顾。熊、谷二州在度内,不取,敦邻好也。今王远涉吾地,越三崤,馈粮千里,勤师远出,将何求?"王曰:"四海之人皆承唐正朔,独公迷不复。东都士民来请师,陛下重违,我是以来。公若降,富贵可保;必拒我,勉之,无多言!"世充约割地,不许。颍州总管田瓒请举山南二十五郡归。九月,王君廓进拔辕辕,徇地至管城,河南州县以次降定。始窦建德与世充隙,至是建德遣使结好,并陈赴援意。世充遣兄子琬、内史令长孙安世报,且乞师。

四年二月,青城宫守将以宫降,王进保之。世充引兵出方诸门,临谷水以战。王阵北邙,令屈突通步士五千逾水击之。兵接,王以骑决战,世充排猥兵殊死斗,自辰及午乃溃,俘斩八千人。王傅城,堑而守之。世充粮且尽,人相食,至以水汨泥去砾,取浮土糅米屑为饼。民病肿股弱,相藉偃道上,其尚书郎卢君业、郭子高等皆饿死。御史大夫郑颐丐为浮屠,世充恶其言,杀之。然气竭,但婴城须建德之救。

五月,王禽建德,并获王琬、长孙安世,俘示东都城下,且遣安世入言败状。世充惶惑,将突围出保襄、汉,谋于诸将,皆不答,遂率将吏降军门。王受之,以属吏,陈兵入城,发府库赍将士。其黄门侍郎薛德音以移檄嫚逆,崔弘丹造弩多伤士,前诛之;又收段达、杨汪、孟孝义、单雄信、杨公卿、郭士衡、郭什柱、董浚、张童仁、朱粲、王德仁等斩洛渚上。以世充归长安,高祖数其罪,世充曰:"计臣罪不容诛,但秦王许臣以不死。"乃赦为庶人,与其族徙于蜀。将行,为羽林将军独孤修德所杀。初,修德父机尝仕越王侗,世充既篡,谋归唐,为所屠者也。高祖免修德官。子玄应、兄世伟,在道谋反,伏诛。世充篡,凡三年灭。

窦建德,贝州漳南人。世为农,自言汉景帝太后父安成侯充之苗裔。材力绝人,少重然许,喜侠节。乡人丧亲,贫无以葬,建德方耕,闻之太息,遽解牛与给丧事,乡党异之。盗夜劫其家,建德立户下,盗入,击三人死,余不敢进。请其尸,建德曰:"可投绳系取之。"盗投绳,建德乃自縻,使盗曳出,跃起捉刀,复杀数人,由是益知名。为里长,犯法亡,会赦归。久之,父卒,里中送葬千余人,所赠予皆让不受。

隋大业七年,募兵伐辽东,建德补队长。方如军,会邑人孙安祖盗羊，为县令捕劾笞辱。安祖刺杀令，亡抵建德，建德阴舍之。时山东饥，群盗起，乃谋曰："往文皇帝时，天下盛强，发百万众伐辽东，犹为所败。今水潦为灾，民力凋敝，主上不是恤，而亲驾临辽。且往岁西征，十不一返，今创夷未平，又重发兵，人情危骇，易以摇动。丈夫不死，当建功于世，渠为亡命虏乎！我闻高鸡泊广袤数百里，葭藘阻奥，可以违难；承间窃出，椎埋掠夺，足以自资。因得聚豪桀，且观时变，以就大计。"安祖然之。建德为招亡兵及民无产者数百，使安祖率之，入高鸡为盗，安祖号"摸羊公。"

时鄃人张金称亦结众万余，依河渚间，蓨人高士达兵千余屯清河鄃上。诸盗往来漳南者多剽杀人，焚乡聚，独不入建德间，郡县意建德与贼通，捕族其家。建德至河间，闻家屠灭，即率麾下二百人亡归士达。士达自称东海公，以建德为司兵。安祖为金称所杀，其下数千人归建德，众益盛，至万人，犹保高鸡泊。然倾身接物，其执苦与士卒均，由是能致人死力。

十二年，涿郡通守郭绚率兵万人讨士达，士达自以智略不及建德，乃推为军司马，以兵属焉。建德既统众，思用奇啟伏群盗，乃请士达守辎重，自发精兵七千迎绚，诈为亡状。士达取所房，阳言建德妻子，杀之。建德遗绚书约降，请前驱执贼自效。绚信之，引兵从建德至长河界，欲与盟，兵懈不设备。建德袭杀其军数千人，获马千匹，绚以数十骑去，追斩于平原，献首士达，威振山东。

隋遣太仆卿杨义臣讨破张金称于清河，残党畏诛，复屯啸归建德。义臣乘胜欲遂入高鸡泊，穷铲根穴。建德谓士达曰："隋善将独义臣耳，新破金称，其锋不可当。宜引兵避之，彼欲战不得，军老食乏，乘之可有功。"士达不纳。留建德守壁，身将兵逆战，置酒享士。建德闻，曰："东海公未捷，遽自矜大，祸至不日矣。隋兵胜，必长驱而来，吾不能独支。"乃留众保壁，帅锐士据险待。后五日，义臣斩士达于阵，追北薄垒，守兵溃。建德不能军，以百余骑走饶阳，饶阳无备，因取之。义臣已杀士达，谓余党不足忧，引去。故建德得还平原，收士达士死啙葬焉。为士达发丧，军皆缟素。招溃卒，得数千人，军复振,自称将军。初,佗盗得隋官及士人必杀之,唯建德恩遇甚备,引故饶阳长宋正本为客,尊任之,参决军议。隋郡县吏多以地归之,势益张,兵至十余万。上谷贼王须拔自号"漫天王",以兵略幽州,战死。其下魏刀儿号"历山飞",壁深泽,众十万,建德以计袭取之,并有其地。

十三年正月,筑坛场于河间乐寿,自立为长乐王。

十四年五月,更号夏王,建元丁丑,署官属,分治郡县。

七月,隋右翊卫将军薛世雄督兵三万讨之,屯河间七里井,建德以劲兵伏旁泽中,悉拔诸城伪遁。世雄以为畏,稍驰备,建德率敢死士千人袭之。会大雾昼冥,跬不可视,隋军惊,遂溃,相腾藉,死者如丘,世雄引数百骑亡去。尽得其众,获河间丞王琮,劳遣之。琮复婴城,建德进攻未下,而河间食尽,闻炀帝遇弑,琮率吏发丧,乘城大临,建德遣使入吊,琮因请降。建德为退舍,饬饩具。琮率郡属素服缚军门,建德亲释徽缧,与言隋之亡,琮伏哭极哀,建德亦为泣。麾下或言:"河间久拒守,多杀士,今力穷而下,请烹之。"建德曰:"琮,谊士也,吾方旌擢以励事君者。且往为盗,可妄杀人,今将安百姓,定天下,而害忠臣乎?"即令其军曰:"与琮隙者敢辄摇,罪三族!"乃授琮瀛州刺史。

始都乐寿,号金城宫,备百官,准开皇故事。冬至,大会僚吏,有五大鸟集其宫,群鸟从之。又宗城人献玄圭一,景城丞孔德绍曰:"昔天以是授禹,今瑞与之侔,国宜称夏。"建德然之,改元五凤,以德绍为内史侍郎。

武德元年,宇文化及至魏县,建德谓其纳言宋正本及德绍曰:"吾,隋民也;隋,吾君也。今化及杀之,大逆不道,乃吾仇,欲为天下诛之,何如?"正本等曰:"大王奋布衣,起漳南,隋之列城莫不争附者,以能杖顺扶义、安四方也。化及为隋姻里,倚之不疑,今戕君而移其国,仇不共天,请鼓行执其罪。"建德善之。即引兵讨化及,连战破之。化及保聊城,乃纵撞车机石。四面乘城,拔之。建德入,先谒萧皇后,语称臣。执宇文智及、杨士览、元武达、许弘仁、孟景等,召隋文武官共临斩之，枭首辕门。囚化及并其子，载以槛车，至大陆县斩之。

建德性约素，不喜食肉，饭脱粟加蔬具，妻曹未尝衣纨绮，及为王，妾侍裁十数。每下城破敌，资宝并散赍将士。至是，得隋宫人尚千数，悉放去；其文武、骁果尚万余，各听所之。乃以诛化及报越王侗，侗封之夏王，遂号大夏。以隋黄门侍郎裴矩为尚书右仆射，兵部侍郎崔君肃为侍中，少府令何稠为工部尚书，余随才署职，委以政事。有愿往关中及东都者，恣听不留，仍给道里费，以兵护出于境。

二年，陷邢、赵、沧三州。复陷冀州，执刺史麴棱，赦之，复以为刺史。八月，陷洺州，虏刺史袁子干，遂迁都焉，更号万春宫。使人如灌津祠充墓，置守冢三十家，又遣使朝侗，因与王世充结欢，北聘突厥，士马益精雄。俄而世充废侗，乃绝之。始建天子旌旗，出入警跸，书称诏。追谥隋炀帝为闵帝，以齐王暕子政道为郧公。义成公主在突厥，遣使迎萧后，建德自将千余骑送之，并献化及首。

未几，连突厥侵相州，刺史吕珉死之。进攻卫州，执河北大使淮安王神通、同安长公主、黎阳守将李世勣，释之。复使世勣守黎阳，馆王、公主，馈以客礼。滑州刺史王轨为奴所杀，奴以首奔建德，建德曰："奴杀主，大逆。纳之不可不赏。赏逆则废教，将焉用为？"命斩奴而返轨首，滑人德之，遂降，齐、济二州亦降。兖贼徐圆朗闻风送款。

三年，世勣自拔归国，吏白建德诛其父，建德曰："世勣唐臣，不忘其主，忠也。父何罪？"释不问。高祖遣使修好，建德即以公主等归京师。尝执赵州刺史张志昂、邢州刺史陈君宾、大使张道源等，将杀之，国子祭酒凌敬谏曰："夫犬吠非其主，彼悉力坚守，以穷就禽，伏节士也。今杀之，无以劝。"建德怒曰："我傅其城，犹不下，劳费士旅，何可赦？"敬曰："王之大将高士兴抗罗艺于易南，兵未交，士兴即降，王以为可乎？"建德悟，即释之。然其大将王伏宝数持兵，功略在诸帅上，或谮其反，建德杀之。伏宝临死呼曰："我无罪，王何信谮，自刘左右手乎？"后战数不利。

九月，建德自帅师围幽州，为罗艺所败，艺乘胜袭其营，建德阵营中，填堑而出，败艺众，进薄其城，不能拔，乃还。济阴贼孟海公兵三万，据周桥城以掠河南，建德自击之。会秦王伐东都，其中书舍人刘斌献说曰：“唐据关内，郑王河南，夏有冀方，此鼎足相持势也。今唐悉兵临郑，出入二年，郑人日蹙。二国兵不解，唐强郑弱，势必举郑，郑灭则大夏有齿寒之忧。为大王计，莫若援郑，使郑抗其内，我攻其外，唐之兵必却，唐却而郑完，然后徐观其变。郑若可图，因而取之。并二国兵，乘唐师老，长驱而西，关中可遂有也。”建德曰：“善。”乃遣使聘世充，与连和，会世充亦自乞师，即令其臣李大师、魏处绘来朝，请解郑围，秦王留之不答。

四年，建德克周桥，虏海公，留其将范愿戍之。悉发海公、徐圆朗之众，并兵号三十万救世充，至滑州，世充行台仆射韩弘开城纳之。建德进逼元、梁、管三州，皆陷，遂屯荥阳。运粮溯河西上，舟相属不绝。壁成皋东原，筑营板渚。遣使与世充约期，又遣秦王以书。

三月，王进据虎牢。翌日，以骑五百觇建德营，设伏道侧，独以数骑去贼营三里，觉，贼出骑追之，王渐却，诱至伏所，卒起奋击。贼骑惊，引去，追斩三百级，获其将殷秋、石瓒，乃报建德以书。建德失二将，又闻唐兵精，得书犹豫，顿六十日不敢西。

时世充弟世辩为徐州行台，亦遣将郭士衡、兵数千人从建德，王遣王君廓以轻骑抄其饷，执贼大将张青特。建德惧，人情携骇，其诸将又新破海公，掠获盈给，日夜思归。凌敬说建德曰：“今唐以重兵围东都，守虎牢，我若悉兵济河，取怀州河阳，以重将戍之，然后鸣鼓建旗，逾太行，入上党，传檄旁郡，进壶口以骇蒲津，收河东地，此上策也。且有三利：乘虚捣境，师有万全，一也；拓土得众，二也；郑围自解，三也。”建德将从之。而王琬、长孙安世日请兵西，每言必流涕，又阴赏金玉啗诸将，以桡其谋。众乃曰：“凌敬书生，岂知战？”建德乃谢曰：“今士心锐，天赞我也，师将大捷。方用众议，不得如公言。”敬固争，建德怒，命扶出。其妻谏曰：“祭酒计甚善，王盍用之？夫自滏口道乘唐之虚，连营渐进以取山北，因招突厥西抄关中，唐必还师自救,郑难纾矣。今顿兵虎牢下,徒自苦,恐无功。"建德曰:"此非女子所知。且郑朝暮待吾来,既许之,岂可见难而退,且示天下不信。"

五月,建德自板渚出为阵,西薄汜南,属鹊山,亘二十里,鼓而前。郭士衡为游兵。秦王登虎牢城望其军,按甲不战,曰:"贼起山东,未尝见大敌,今度险士嚣,令不肃也;逼城而阵,有轻我心。待其饥,破之果矣。"日中,建德士皆坐列,渴争饮,意益怠。王麾军先登,骑怒,尘大涨,乃率史大奈、秦叔宝缠麾帜,驰出贼阵后,建德军顾而惊,遂大溃。建德被重创,窜牛口谷。车骑将军白士让、杨武威获之,传而西,斩长安市,年四十九。初。其军有谣曰:"豆入牛口,势不得久。"至是果败。

建德妻与其左仆射齐善行以骑数百遁还洺州。余党欲立其养子为主,善行曰:"夏王奄定河朔,号为威强,今一出不复,非天命有归哉?不如委心请命,无为涂炭生民也!"遂分府库散给将士,令各解去。善行乃与右仆射裴矩、行台曹旦率官属及建德妻奉山东地并传国八玺来降。建德起兵至灭凡六年。

赞曰:炀帝失德,天丑其为,生人吁辜,群盗乘之,如猬毛而奋。其剧者,若李密因黎阳,萧铣始江陵,窦建德连河北,王世充举东都,皆磨牙摇毒以相噬螫。其间亦假仁义,礼贤才,因之擅王僭帝,所谓盗亦有道者。本夫孽气腥焰,所以亡隋,触唐明德,折北不支,祸极凶殚,乃就歼夷,宜哉!

唐书卷八六
列传第一一

薛举 仁杲　李轨　刘武周
高开道　刘黑闼 徐圆朗

　　薛举,兰州金城人。容貌魁岸,武敢善射。殖产巨万,好结纳边豪,为长雄。隋大业末,任金城府校尉。会岁凶,陇西盗起,金城令郝瑗将讨贼,募兵数千,檄举将。始授甲,大会置酒,举与子仁杲及其党劫瑗于坐,矫称捕反者,即起兵,囚郡县官,发粟以赈贫乏,自号西秦霸王,建元秦兴,以仁杲为齐公,少子仁越为晋公。它贼宗罗睺帅众下之,以为义兴公。更招附余盗,剽马牧。兵锋锐甚,所徇皆下。

　　隋将皇甫绾兵万人屯枹罕,举以精卒二千袭之,遇于赤岸。大风且澍,逆举阵,绾不击。俄反风绾屯,气色曀冥,部伍错乱,举介骑先众乘之,绾阵大溃,进陷枹罕。岷山羌钟利俗以众二万降,举大振。进仁杲为齐王、东道行军元帅,罗睺为义兴王副之;仁越晋王、河州刺史。因徇下鄯、廓二州。不阅旬,尽有陇西地,众十三万。

　　十三年,僭帝号于兰州,以妻鞠为后,仁杲为太子。即其先墓置陵邑,立庙城南,陈兵数万,展墓讫,大飨。使仁杲围秦州;仁越趋剑口,掠河池,太守萧瑀拒却之。遣将常仲兴度河击李轨,与轨将李赟战昌松,仲兴败,军没于轨。仁杲克秦州,举往都之。

　　仁杲寇扶风,汧源贼唐弼拒,不得进。初,弼立李弘芝为天子,有众十万。举遣使招弼,弼杀弘芝从举。仁杲间弼无备,袭之,尽夺其众，弼以数百骑走。军益张，号二十万，将窥京师。会高祖入关，遂留攻扶风，秦王击破之。斩首数千级，逐北至陇还。举畏王，遂逾陇走，问其下曰："古有降天子乎？"伪黄门侍郎褚亮曰："昔赵佗以南粤归汉，蜀刘禅亦仕晋，近世萧琮，其家今存，转祸为福，尝有之。"卫尉卿郝瑗曰："亮之言非也。昔汉祖兵屡败，蜀先主尝亡其妻子。夫战固有胜负，岂可一不胜便为亡国计乎？"举亦悔其言，乃曰："聊试公等。"即厚赐瑗，以为谋主。瑗请连梁师都，厚赂突厥，合从东向。举从之，约突厥莫贺咄设犯京师。会都水监宇文歆使突厥，歆说止其兵，故举谋塞。

武德元年，丰州总管张长逊击罗睺，举悉兵援之，屯析墌，以游军掠岐、豳。秦王御之，次高墌，度举粮少，利速斗，坚壁老其兵。会王疾，卧屯不出，而举数挑战。行军长史刘文静、殷开山观兵于高墌，恃众不设备，举兵掩其后，遂大败，死者十六，大将慕容罗睺、李安远、刘弘基皆没。王还京师，举拔高墌，仁杲进逼宁州。郝瑗谋曰："今唐新破，将卒禽俘，人心摇矣，可乘胜直趋长安。"举然之。方行而病，召巫占视，言唐兵为祟，举恶之，未几死。仁杲代立，伪谥举武皇帝，未葬而仁杲灭。

仁杲多力善骑射，军中号万人敌，性贼悍。初，举每破阵，军获俘，仁杲必断舌刈鼻，或舂斫之。其妻亦凶暴，喜鞭楚人，见不胜痛宛转于地者，则埋其足，露腹背受棰。人畏而不亲。仁杲多杀人，淫略民人妻妾。尝得庾信子立，怒其不降，磔之火，渐割以啖士。拔秦州，取富人倒县，以酢注鼻，或杙其隐，以求财。虽举残猛，亦恶之，每戒曰："汝材略足办事，而伤于虐，终覆吾宗。"

及继立，与诸将素有隙者，咸猜惧。郝瑗哭举，病不起，由是兵稍衰。秦王率诸将复壁高墌，诸将请战，王曰："我军新衄，锐气少；贼骤胜而骄，有轻我心。我闭壁以折之，伺衰而击，可一战禽也。"因令军中曰："敢言战者斩！"久之，仁杲粮乏，挑战，不许。其将牟君才、内史令翟长逊以众降，左仆射钟俱仇以河州降。王策贼可破，遣将军庞玉击宗罗睺于浅水原,战酣,王以劲兵捣其背,罗睺败,王率骑追奔,于是悉军驰之,曰:"势破竹,不可失也。"夜半,至析墌,迟明,围合。仁杲率伪官属降,王受之,以仁杲归京师,及酋党数十人皆斩之。举父子盗陇西五年灭。

初,仁杲降,诸将贺,且问曰:"罗睺虽破,而贼城尚坚,王能下之。何也?"王曰:"罗睺健将,非急追之,使得还城,未可取也。故吾使贼不及计,是以克之。"诸将咨服。

仁杲已败,其将旁仚地降,诏即统其兵,未几复叛。仚地,羌豪也,举父子信倚之。至是入南山,由商洛出汉川,众数千,所过剽害,败大将庞玉。至始州,掠王氏女,醉寝于野,王取仚地所佩刀斩之,送首梁州,诏封女为崇义夫人。

李轨,字处则,凉州姑臧人。略知书,有智辩。家以财雄边,好赒人急,乡党称之。隋大业中,补鹰扬府司兵。薛举乱金城,轨与同郡曹珍、关谨、梁硕、李赟、安修仁等计曰:"举暴悍,今其兵必来。吏屡怯,无足与计者。欲相戮力,据河右,以观天下变,庸能束手以妻子饵人哉?"众允其谋,共举兵,然莫适敢主。曹珍曰:"我闻谶书,李氏当王。今轨贤,非天启乎!"遂共降拜以听命。修仁夜率诸胡入内苑城,建旗大呼,轨集众应之,执虎贲郎将谢统师、郡丞韦士政,遂自称河西大凉王,署官属,准开皇故事。

初,突厥曷娑那可汗弟达度阙设内属,保会宁川,至是称可汗,降于轨。谨等议尽杀隋官,分其产。轨曰:"诸公既见推,当禀吾约。今军以义兴,意在救乱,杀人取财是为贼,何以求济乎?"乃以统师为太仆卿,士政太府卿。会薛举遣兵来侵,轨遣将败之昌松,斩首二千级,悉虏其众,轨纵还之。李赟曰:"今力战而俘,又纵以资敌,不如尽坑之。"轨曰:"不然。若天命归我,当禽其主,此皆我有也;不者,徒留何益?"遂遣之。未几,拔张掖、敦煌、西平、枹罕,悉有河西。

武德元年,高祖方事薛举,遣使凉州,玺书慰结,谓轨为从弟。轨喜,乃遣弟懋入朝。帝拜懋大将军,还之,诏鸿胪少卿张俟德持节册拜轨凉王、凉州总管,给羽葆鼓吹一部。会轨僭帝号,建元安乐,以其子伯玉为太子,长史曹珍为尚书左仆射,攻陷河州。俟德至,轨召其下议曰:"李氏有天下,历运所属,已宅京邑。一姓不可竞王,今欲去帝号,东向受册,可乎?"曹珍曰:"隋亡,英雄焱起,号帝王者瓜分鼎峙。唐自保关、雍,大凉奄河右,业已为天子,奈何受人官?必欲以小事大,请行萧詧故事,称梁帝而臣于周。"轨从之,乃遣伪尚书左丞邓晓来朝,奉书称"从弟大凉皇帝"。帝怒曰:"轨谓朕为兄,此不臣也。"囚晓不遣。

初,轨以梁硕为谋主,授吏部尚书。硕有算略,众惮之,尝见故西域胡种族盛,劝轨备之,因与户部尚书安修仁交怨。又轨子仲琰尝候硕,硕不为起,仲琰憾之。乃相与潜硕。轨不察,赍鸩其家杀之,由是故人稍疑惧,不为用。有胡巫妄曰:"上帝将遣玉女从天来。"遂召兵筑台以候女,多所糜损。属荐饥,人相食,轨毁家资赈之,不能给,议发仓粟,曹珍亦劝之。谢统师等故隋官,内不附,每引结群胡排其用事臣,因是欲离沮其众,乃廷诘珍曰:"百姓饿死皆弱不足事者,壮勇士终不肯困。且储廪以备不虞,岂宜妄散惠屡小乎?仆射苟附下,非国计。"轨曰:"善。"乃闭粟。下益怨,多欲叛去。

会修仁兄兴贵本在长安,自表诣凉州招轨。帝曰:"轨据河西,连吐谷浑、突厥,今兴兵讨击尚为难,单使弄颊可下邪?"兴贵曰:"轨盛强诚然,若晓以逆顺祸福,宜听,如凭固不受,臣世凉州豪望,多识其士民,而修仁为轨信任,典事枢者数十人,若候隙图之,无不济。"帝许之。兴贵至凉州,轨授以左右卫大将军,因间访兴贵以自安策。兴贵对曰:"凉州僻远,财力凋耗,虽胜兵十万,而地不过千里,无险固自守。又滨接戎狄,戎狄,豺狼也,非我族类。今唐家据京师,略定中原,攻必下,战必胜,盖天启也。若举河西地奉图东归,虽汉窦融未足吾比。"轨默不答,久之,曰:"昔吴王濞以江左兵犹称己为东帝,我今举河右,不得为西帝乎?虽唐强大,如我何?君无为唐诱致我。"兴贵惧,谢曰:"窃闻富贵不居故乡,如衣锦夜行。今合宗蒙任,敢有它志!"兴贵知轨不可以说,乃与修仁等潜引诸胡兵围其城,轨以步骑千余出战。先是,薛举柱国奚道宜率羌兵奔轨,轨许以刺史而不与,道宜怨,故共击轨。轨败入城,引兵登陴,须外援。兴贵传言曰:"唐使我来取轨,不从者罪三族。"于是诸城不敢动。轨叹曰:"人心去矣,天亡我乎?"携妻子上玉女台,属酒为别。修仁执送之,斩于长安。自起至亡凡三年。诏兴贵为右武候大将军,封凉国公,赐帛万段;修仁左武候大将军、申国公:并给田宅,封六百户。

时邓晓闻轨败,入贺帝。帝曰:"而委质李轨,以使来,闻其亡,不少戚,乃蹈抃以悦我。不尽心于轨,能竭节于我乎?"遂废不齿。

刘武周,瀛州景城人。父匡,徙马邑,母赵尝夜坐廷中,见若雄鸡,光烛地,飞投其怀,起振衣,无有,感而娠,生武周。

武周为人骁悍,善骑射,喜交豪桀。兄山伯尝詈辱之曰:"汝不择所与,必灭吾宗!"武周因去之洛,为太仆杨义臣帐下。募征辽有功,补建节校尉。还马邑,为鹰扬府校尉。太守王仁恭以其州里雄,颇爱遇之,令总虞候,直阁下。久之,盗仁恭侍儿,惧觉诛,又见天下已乱,阴有异计,因宣言于众曰:"今岁饥,死者骨相枕于野,府君闭仓不恤,岂忧百姓意乎?"以市怒其军,皆愤怨。武周知人已摇,因称疾卧家,豪桀往候谒,遂椎牛纵酒大言曰:"盗贼方起,众又饥,壮士守分,死沟壑。今官粟红腐于仓,谁能与我共取之?"诸恶少年皆愿从。隋大业十三年,与其徒张万岁等十余人候仁恭视事,武周上谒,万岁自后入斩仁恭,持首出徇,郡中无敢动者。遂开仓赈穷绝,驰檄属城,皆下,得兵万余,自称太守,遣使附突厥。

雁门丞陈孝意、虎贲郎将王智辩合兵围其桑乾镇,会突厥至,武周与共击智辩,破之,孝意奔还雁门,雁门人杀之,以城归武周。武周因袭破楼烦,进据汾阳宫,取宫人赂突厥,始毕可汗报以马,其众遂大,攻得定襄。突厥以狼头纛立武周为定杨可汗,僭称皇帝,以妻沮为后,建元天兴,卫士杨伏念为左仆射,妹婿苑君璋为内史令。

初,上谷贼宋金刚有众万余,与魏刀儿连和。刀儿为窦建德所攻,金刚救之,大败,率余众四千保西山。建德招之,金刚恚曰:"建

德杀魏王,吾义不往,诸君可以吾首取富贵。"乃拔刀,将自刎,众抱
之泣,遂与皆归武周。武周素闻金刚善兵,得之喜,封为宋王,属以
军,分家资半遗之。金刚亦自结,出其妻而聘武周妹,说武周取晋
阳,南向争天下。武周授金刚西南道大行台。

武德二年,总兵十万入寇,次黄蛇镇,又连突厥,锋无前,遂破
榆次,拔介州,进围太原。诏遣太常少卿李仲文御之,为贼所执,举
军没,仲文逃还。贼因破平遥,取石州,杀刺史王俭,略浩州。诏右
仆射裴寂为晋州道行军总管拒之,寂战败绩。齐王元吉委并州遁,
武周入据之。遣金刚攻陷晋州,执右骁卫将军刘弘基,进破浍州。夏
县人吕崇茂杀其令,自号魏王以应贼。隋河东守将王行本与武周
合。关中震动。

高祖诏秦王督兵进讨,屯柏壁。又诏永安王孝基与于筠、独孤
怀恩、唐俭等攻夏县,不克,军城南。崇茂与贼将尉迟敬德袭破孝基
军,四将被执。敬德还浍州,王邀战,破之于美良川。敬德复与别帅
寻相援王行本于蒲,王又破却其军,蒲州降。帝幸蒲津关,王自柏壁
轻骑谒行在,金刚遂围绛州。王还屯,金刚引退。武周攻李仲文于
浩州,不胜。遣将黄子英护饷道,骠骑大将军张德政袭斩之,虏其
众,武周部将稍离。金刚以粮道乏卒饥引去,王追至雀鼠谷,日中八
战,贼皆败,斩级数万,获辎重千乘。金刚走介州,官军迫之,以余众
二万出西门,背城阵,亘七里。王令李世勣、程咬金、秦叔宝为北军、
翟长愻、秦武通为南军。既战,小却,王以精骑突击破之。金刚将轻
骑去,贼将尉迟敬德、寻相、张万岁降,收其精兵,遂复介州。武周引
骑五百,弃并州,北走突厥。金刚收散卒,将还拒,众不为用,亦以百
骑奔突厥。并州平,河东地尽复。未几,金刚背突厥,欲还上谷,为
其追骑斩之。武周亦谋归马邑,计露,突厥杀之。起兵六年而灭。

高开道,沧州阳信人。世煮盐为生。少趫勇,走及奔马,隋大业
末,依河间贼格谦,未甚奇之。会谦为隋兵围捕,左右奔散,无救者,
开道独身决战,杀数十人,捕兵解,谦得免,遂引为将军。谦灭,与其

党百余人亡海曲。后出剽沧州，众稍附，因北掠戍保，自临渝至怀远皆破有之。复引兵围北平，未下，隋守将李景自度不能支，拔城去，开道据其地。武德元年，陷渔阳郡有之。有铠马数千，众万人，自号燕王。

先是，怀戎浮屠高昙晟因县令具供，与其徒袭杀令，伪号大乘皇帝，以尼静宣为耶输皇后，建元法轮，遣使约开道为兄弟，封齐王，开道引众从之。居三月，杀昙晟，并其众，复称燕王，建元，署置百官。

窦建德围罗艺于幽州，艺请救，开道以骑二千赴之，建德解去，乃因艺使请降，诏以为蔚州总管、上柱国、北平郡王，赐姓李。开道以轻骑五百抵幽州，欲图艺。自从数骑入都督府，且观艺，艺舆张饮尽欢，知不可图，遂去。五年，幽州饥，开道许输以粟。艺遣老弱凑食，皆厚遇之。艺悦，不为虞，更发兵三千、车数百、马驴千往请粟，开道悉留不遣，遂北连突厥，告绝于艺，复称燕，与刘黑闼联兵入寇。开道攻易州不克，遣将谢棱诡降于艺，请兵应接。艺众至，棱纵击破之，因导突厥俱南，恒、定、幽、易等骚然罹患。颉利以开道善攻具，与俱攻马邑，拔之。时群盗相继平，开道欲降，自疑反覆得罪，犹恃突厥自安。然将士多山东人，思归，众益厌乱。

初，开道募壮士数百为养子，卫阁下，及刘黑闼将张君立亡归，开道命与爱将张金树分督之。金树潜令左右数人伪与养子戏，至夕，入阁，绝其弓弦，又取刀稍聚床下。既暝，金树以其徒噪攻之，数人者抱刀稍出阁，诸义子将搏战，亡弓稍。君立举火外城应之，帐下大扰，养子穷，争归金树。开道顾不免，擐甲挺刃据堂坐，与妻妾奏妓饮酒，金树畏不敢前。天且明，开道先缢其妻妾及诸子而后自杀。金树罗兵取养子，皆斩之，亦杀君立而归。开道起兵凡八年灭。以其地为妫州，诏以金树为北燕州都督。

刘黑闼，贝州漳南人。嗜酒，喜蒲博，不治产，亡赖，父兄患苦之。与窦建德少相友，建德每资其费，黑闼所得辄尽，建德亦弗之计。

隋末，亡命从郝孝德为盗，后事李密为裨将。密败，王世充虏之，以其武健，补马军总管，镇新乡。时李世勣陷于窦建德，建德使攻新乡，虏黑闼献之，建德用为将，封汉东郡公。黑闼与诸盗游，素强武，多狙诈。建德有所经略，常委以斥候，阴入敌中占虚实，每乘隙奋奇兵，出不意，多所摧克，军中号为神勇。

武德四年，建德败，还匿漳南，杜门不出。会高祖召建德故将范愿、董康买、曹湛、高雅贤，将用之。愿等疑畏，谋曰："王世充举洛阳降，骁将杨公卿、单雄信之徒皆夷灭。今召吾等，若西入关，必无全。且夏王于唐固有德，往禽淮安王、同安公主、皆厚遣还之。今唐得夏王，即加害。我不以余生为王复仇，无以见天下义士。"于是谋反。卜所主，刘氏吉。共往见故将刘雅，告之，雅不从，众怒，杀雅去。范愿曰："汉东公黑闼果敢多奇略，宽仁容众，恩结士卒。吾尝闻刘氏当王，今欲收夏王亡众，集大事，非其人莫可。"乃之漳南，谒黑闼以告。黑闼喜，椎牛飨士，得兵百余人。袭漳南县破之。贝州刺史戴元祥、魏州刺史权威合势讨击，元祥等皆败死，收其器械，有众千人。建德故时左右稍归之，兵寖盛。乃设坛漳南，祭建德，告以举兵意。自称大将军。陷历亭，杀守将王行敏。饶阳贼崔元逊攻陷深州，杀刺史裴晞应之。兖州贼徐圆朗亦相连和。遂取瀛州，攻定州，残之。乃移檄赵、魏，建德将吏往往杀令、尉附贼。北连高开道，势雄张。进至宗城，众数万。黎州总管李世勣战败，走洛州，黑闼追之，步卒五千皆覆，世勣挺身免。乃以王琮为中书令，刘斌为中书侍郎，遣使北结突厥颉利，颉利遣俟斤宋邪那率骑从之，军大振，不半年，尽有建德故地。高祖诏秦王及齐王元吉讨之。

五年黑闼陷相州，号汉东王，建元天造，以范愿为左仆射，董康买兵部尚书，高雅贤为左领军，王小胡为右领军，召建德僚属，悉复用之，都洺州。秦王率兵次汲，数困贼，进下相州。棣州人复杀刺史叛归黑闼。二月，秦王破之于列人，取洺水，使总管罗士信守之。黑闼攻陷洺水，士信死。王阻水为连营，分奇兵绝其馈路。黑闼数挑战,坚壁不为动。三月,贼粮尽,王度必决战,豫壅洺水上流,敕吏曰:"须贼度,亟决之。"黑闼果率骑二万绝水阵,与王师大战,众溃,水暴至,贼众不得还,斩首万余级,溺死数千,黑闼与范愿等以残骑奔突厥。山东平,秦王还。

黑闼藉突厥兵复入寇,攻定州。旧将曹该、董康买先逃鲜虞,聚兵应之。帝以淮阳王道玄为河北总管,与原国公史万宝讨贼,战下博,败绩,道玄死于阵,万宝轻骑逸,由是河北复叛归贼。黑闼仍都洺州。九月,略瀛州,杀刺史。诏齐王元吉击之,不进。又诏皇太子督兵并力,频战皆捷。十二月,皇太子、齐王悉兵战馆陶,黑闼大败,引军走,蹑北至毛州。黑闼整众,背永济渠阵,纵骑博之,贼赴水死者数千,黑闼遁去。骑将刘弘基追蹑,贼不得休。明年正月,驰至饶阳,骑能属者才百余,困且馁。黑闼所署总管崔元逊迎拜,延之入。黑闼不许,元逊固请,且泣,乃进城下。元逊馈之,方饭,车骑诸葛德威勒兵前,黑闼骂曰:"狗辈负我!"遂执诣皇太子所斩之。德威举郡降,山东遂定。余党及突厥兵间道亡,定州总管双士洛邀战,破平之。

初,秦王建天策府,其弧矢制倍于常。逐黑闼也,为突厥所窘,自以大箭射却之。突厥得箭,传观,以为神。后余大弓一、长矢五,藏之武库,世宝之,每郊丘重礼,必陈于仪物之首,以识武功云。

徐圆朗者,兖州人,隋末为盗,据本郡,以兵徇琅邪以西,北至东平,尽有之,胜兵二万,附李密。密败,归窦建德。山东平,授兖州总管、鲁郡公。

高祖遣葛国公盛彦师安辑河南,抵任城,会黑闼兵起,圆朗执彦师应之,自号鲁王,黑闼以为大行台元帅。兖、郓、陈、杞、伊、洛、曹、戴等州豪桀皆杀吏应贼。秦王已破黑闼,遣兵屯济阴经略之。圆朗惧。河间人刘复礼说圆朗曰:"鼓城有刘世彻,才略不常,有异相,士大夫许其必王。将军欲自用,恐败,不如迎世彻立之,功无不济。"圆朗谓然,乃迎之。盛彦师以世彻若联叛,祸且不解,即谬说曰:"闻公迎刘世彻，信乎？公亡无日矣！独不见翟让用李密哉？"圆朗信之。世彻至，夺其兵，以为司马，遣徇地，所至皆下，忌而杀之。会淮安王神通、李世勣合兵攻圆朗，圆朗数败，总管任瓌遂围兖州，降者争逾城。圆朗穷，弃城，与下数骑夜亡，为野人所杀。

唐书卷八七
列传第一二

萧铣　辅公祏　沈法兴
李子通　朱粲　林士弘　张善安
梁师都　刘季真

　　萧铣，后梁宣帝曾孙也。祖岩，开皇初叛隋降陈，陈亡，文帝诛之。铣少贫，佣书，事母孝。炀帝以外戚擢为罗川令。

　　大业十三年，岳州校尉董景珍、雷世猛，旅帅郑文秀、许玄彻、万瓒、徐德基、郭华，沔人张绣等谋反隋，且推景珍为主，景珍曰："吾素微，虽假名号，众不厌。罗川令，故梁裔也，宽仁大度，有武皇遗风。且吾闻帝王之兴，必有符命。隋冠带悉号'起梁'，萧氏中兴象也。今推之，以应天顺人，不亦可乎？"乃遣人告铣，铣即报景珍书曰："我先君昔事隋，职贡无废，乃贪我土宇，灭我宗祊，我是以痛心疾首，思刷厥耻。今天诱乃衷，公等降心，将大复梁绪，徼福于先帝，吾敢不纠厉士众以从公哉！"即募兵数千，扬言迹盗，将以应景珍。

　　会颍川贼沈柳生寇县，铣出战不利，谓其下曰："岳阳豪桀将推我为主，今天下叛隋，吾能守节独完哉？且吾先人国于此，若徇其请复梁祚，因以半纸檄召群盗，谁敢不从？"众悦。乃以十月称梁公，旗帜服色悉用其旧。柳生以众归铣，用为车骑大将军。不五日，远近争附，众数万，乃趋巴陵。景珍遣徐德基、郭华率强姓数百迎谒，而先见柳生。柳生与其下谋曰："梁公起，我最先附，勋第一。今岳阳兵众而位多,谁肯为我下,不如杀德基,质其人,独挟梁主以进,则吾谁先?"因杀德基,诣中军白铣。铣惊曰:"今欲拨乱,遽自相屠,我不能为若主矣!"步出军门。柳生惧,伏地请罪。铣责宥之,陈兵而进。景珍曰:"德基倡义谒诚,柳生擅杀之,不诛,无以为政。且凶贼与共处,必为乱。"铣因斩柳生。于是筑坛城南,柴上帝,自称梁王。有异鸟至,建元为凤鸣。

义宁二年,僭称皇帝,署百官,一用梁故事。追谥从父琮为孝靖帝,祖岩河间忠烈王,父璇文宪王。封景珍晋王,雷世猛秦王,郑文秀楚王,许玄彻燕王,万瓚鲁王,张绣齐王,杨道生宋王。隋将张镇州、王仁寿击铣,不能克,及隋亡,乃与宁长真等率岭南州县降于铣。时林士弘据江南,铣遣将苏胡儿拔豫章,使杨道生取南郡,张绣略定岭表。西至三峡,南交趾,北距汉水,皆附属,胜兵四十万。

武德元年,徙都江陵,复园庙。引岑文本为中书侍郎,掌机密。遣道生攻峡州,刺史许绍击破之,士死过半。

三年,高祖诏夔州总管赵郡王孝恭讨之,拔通、开二州,斩伪东平王阇提。诸将擅兵横恣,铣恐寖不制,乃阳议休兵营农,以黜其权。大司马董景珍之弟为将军,怨之,谋作乱,事泄,被诛。景珍方镇长沙,铣下书赦之,召还江陵。景珍惧,遣使诣孝恭,举地降。铣遣张绣攻景珍,景珍曰:"前年醢彭越,往年杀韩信,独不见乎!"奈何相攻?"绣不答,围之。景珍溃而走,麾下杀之。铣进绣为尚书令。绣恃功,亦骄蹇,铣又诛之。铣性外宽内忌,疾胜己者,于是大臣旧将皆疑间,多叛去,铣不能禁,由此愈弱。

四年,诏孝恭与李靖率巴蜀兵顺流下,庐江王瑷由襄阳道,黔州刺史田世康出辰州道,会兵图铣。伪将周法明以四州降,即诏为黄州总管,趋夏口道,攻安州,克之。伪将雷长颖以鲁山降。铣乃遣将文士弘拒孝恭,战清江口,孝恭大破之,获斗舰千艘,拔宜昌、当阳、枝江、松滋,伪江州将盖彦举以城降。孝恭、靖直逼其都。

初,铣放兵,止留宿卫数千人,及仓卒追集,江、岭回远,未及赴。孝恭布长围守之,数日,破其水城,取楼船数千。交州总管丘和、长史高士廉、司马杜之松诣靖降。铣度救不至，谓其下曰："天不祚梁乎？待穷而下，必害百姓。今城未拔，先出降，可免乱。诸人何患无君？"乃麾而令，守陴者皆恸。以太牢告于庙，率官属缌衰布帻诣军门，谢曰："当死者铣尔，百姓非罪也，请无杀掠！"孝恭受之，护送京师。后数日，救兵至，且十余万。知铣降，乃送款。铣至，高祖让之，对曰："隋失其鹿，英雄竞逐。铣无天命，故为陛下禽，犹田横南面，岂负汉哉？"帝怒其不屈，诏斩都市，年三十九。自僭国至灭凡五年。

赞曰：铣故梁子孙，起文吏，掩东南而有之，荆、楚好乱，气俗然也。观铣武虽不足，文有余矣，大抵盗仁义，诡世乱俗者，圣人所必诛。若铣力困计殚，以好言自释于下，系虏在廷，抗辞不屈，伪辩易穷，卒以殊死，高祖圣矣哉！

辅公祏，齐州临济人。隋季与乡人杜伏威为盗，转掠淮南。伏威兵寖盛，自号总管，以公祏为长史。贼李子通据江都，伏威使公祏以精卒数千度江击之。子通拒战，众十倍，锐甚。公祏选甲士千人，操长刀居前，别以千人随之，令曰："却者斩！"公祏以众殿。俄而子通方阵而进，长刀千人皆决死斗，公祏纵左右翼搏之，子通大溃，降其众数千。伏威既遣使归国，武德二年，诏授公祏淮南道行台尚书左仆射，封舒国公。

初，伏威与公祏少相爱，又兄事之，故军中呼辅伯，尊礼略等。伏威稍忌之，乃署养子阚棱为左将军，王雄诞为右将军，推公祏为仆射，阴解其柄。公祏内怏怏不平，乃与故人左游仙伪学辟谷以自晦。

六年，伏威入朝，留公祏居守，复令雄诞握兵副之，阴诫曰："吾至京不失职，无容公祏为变。"后左游仙说公祏反，会雄诞以疾卧家，公祏夺其兵，给言伏威移书令举事。八月，遂僭位，国称宋，即陈故宫都之。杀王雄诞，署百官，以左游仙为兵部尚书、东南道大使、越州总管；增修器械，转廪食，遣将徐绍宗侵海州，陈正通寇寿阳。

诏赵郡王孝恭趋九江，岭南大使李靖下宣城，怀州总管黄君汉出谯，齐州总管李世勣由淮、泗讨之。孝恭取芜湖，下梁山三镇。河南安抚大使任瓌拔扬子城，降伪将龙龛，遂据扬州。公祏复遣将冯惠亮、陈当世屯博望山，陈正通、徐绍宗屯青州山以拒战。孝恭率诸将破之，惠亮、正通走，李靖蹑追百余里，众悉溃，正通等以五百骑奔丹杨。公祏惧，弃城奔左游仙于会稽，兵尚数万。夜至毗陵，能从者裁五百。伪将吴骚、孙安谋执之，公祏弃妻子斩关通，与腹心士数十抵武康，野人执送丹杨，孝恭斩之，传首京师。

始公祏佐伏威起据江东，距公祏死，凡十三年。

沈法兴，湖州武康人。父恪，陈广州刺史。法兴隋大业末为吴兴郡守，东阳贼楼世干略其郡，炀帝诏与太仆丞元祐讨之。

义宁二年，江都乱，法兴自以世南土，属姓数千家，远近向服，乃与祐将孙士汉、陈果仁执祐，名诛宇文化及，三月发东阳，行收兵，趋江都，下余杭，比至乌程，众六万。毗陵通守路道德拒之，法兴约连和，因袭杀之，据其城，遂定江表十余州，自署江南道总管。闻越王侗立，乃上书称大司马、录尚书事、天门公，承制置百官，以陈果仁为司徒，孙士汉司空，蒋元超尚书左仆射，殷芊左丞，徐令言右丞，刘子翼选部侍郎，李百药为掾。后闻侗被废，高祖武德二年，称梁王，建元为延康，易隋官仪，颇用陈氏故事。

法兴自意南方诸城可跂而平，专事威戮，下有细过即诛之，由是将士携解，俄遣子伦救陈棱，击李子通，反为所败。子通乘锋度江，破京口。使将蒋元超战庱亭，大败，死之。法兴惧，弃城与左右数百投吴郡贼闻人嗣安，嗣安遣将叶孝辩迎之。法兴中悔，将杀孝辩，趋会稽，为所觉，惧，自沉于江。起义宁至武德，凡三年灭。

李子通，沂州承人。少贫，以渔猎为生。居其乡，见班白负戴，必代之，家有余，则以赒人，而喜报仇。

隋大业末，长白山贼左才相自号博山公，子通依之，以武力雄其间。乡人有陷贼者，子通专经护之。方是时，群盗暴忍，独子通仁爱，归者遂多，不半岁，有徒万人。才相畏忌，子通乃引众度淮，与杜伏威合。为隋将来整所破，奔海陵得众二万，自称将军。大业十一年僭号楚王。

宇文化及杀炀帝，以右御卫将军陈棱为江都太守，已而棱降，高祖授以总管，即守其郡。子通攻棱，棱穷，乞师于沈法兴、杜伏威。伏威自将屯清流，法兴遣子纶屯扬子，间数十里。子通纳言毛文深请募吴人诈为法兴兵夜袭伏威，二人遂交恶，无敢先战者。子通得悉力取江都，遂据之，棱奔而免。子通僭即皇帝位，国号吴，建元明政。齐贼乐伯通先为化及守丹杨，即以众万余降之，子通用为尚书左仆射。又败法兴兵，遂取晋陵。以法兴所署掾李百药为内史侍郎，典文檄，尚书左丞殷芊为太常卿，司礼乐，由是江南士人多归之。会伏威命辅公祏拔丹杨，进屯溧水，子通战败，粮且尽，弃江都，保京口，伏威尽得其地。俄东走太湖，哀散兵二万人，复张，袭法兴吴郡，破之，据余杭。东举会稽，南距岭，西抵宣城，北太湖，悉有之。

武德四年，伏威遣将王雄诞讨子通。战苏州，败绩，退保余杭，雄诞进傅城。子通穷，乃降，伏威受之，并乐伯通送京师。高祖薄其罪，赐宅一区、田五顷，赉予颇厚。及伏威来朝，子通语伯通曰："东南未靖，而伏威来。我故兵多在江外，若收之，可建大功。"遂皆亡。及蓝田，为关吏所获，并伏诛。

方子通等僭盛时，复有朱粲、林士弘、张善安亦窃名号于淮、楚间。

朱粲，亳州城父人。初为县史。大业中从军，伐贼长白山，亡命去为盗，号"可达寒贼"，自称迦楼罗王，众十万。度淮屠竟陵、沔阳，转剽山南，所至残戮无遗噍。僭号楚帝，建元昌达。攻拔南阳。

义宁末，与山南抚慰使马元规战冠军，大败，收余众，复振，至二十万。粲所克州县皆发藏粟以食，迁徙无常，去辄燔焚咸聚，毁城郭，不务稼穑，专以劫为资。于是人大馁，死者系路，其军亦匮，乃掠小儿炰食之。戒其徒曰："味之珍宁有加人者？弟使佗国有人，我恤无储哉！"勒所部略妇人孺儿分烹之，又税诸城细弱以益粮。隋著作佐郎陆从典、通事舍人颜愍楚谪南阳，粲初引为宾客，后尽食两家。俄而诸城惧，皆逃散。

显州首领杨士林、田瓒起兵攻粲，旁郡响赴，战淮源，粲大败，挈残士奔菊潭，遣使乞降。高祖以前御史大夫段确假散骑常侍劳之。确醉，戏粲曰："君脍人多矣，若为味？"粲曰："唉嗜酒人，正似糟豚。"确悸，骂曰："狂贼，归朝乃一奴耳，复得噬人乎？"粲惧，收确于坐，并从者数十悉饔之，以飨左右。遂屠菊潭，奔王世充，署龙骧大将军。东都平，斩洛水上。士庶竞掷瓦砾击其尸，须臾若冢。

林士弘，饶州鄱阳人。隋季与乡人操师乞起为盗。师乞自号元兴王，建元天成，大业十二年据豫章，以士弘为大将军。隋遣治书侍御史刘子翊讨贼，射杀师乞，而士弘收其众，复战彭蠡，子翊败，死之。遂大振，众十余万，据虔州，自号南越王。俄僭号楚，称皇帝，建元为太平。侍御史郑大节以九江郡下之。士弘任其党王戎为司空。临川、庐陵、南康、宜春豪桀皆杀隋守令以附，北尽九江，南番禺，悉有之。后萧铣以舟师破豫章，士弘独有南昌虔、循、潮之地。铣败，其亡卒稍归之，复振。赵郡王孝恭招慰，降循、潮二州。

武德五年，士弘弟鄱阳王药师以兵二万围循州，总管杨世略破斩之，士弘请降。王戎亦献南昌地，诏戎为南昌州总管。士弘复遁保安城山，诱溃亡，谋复乱，袁人相聚应之，为张善安所察，以兵赴讨。会士弘死，其党乃解。

张善安，兖州方与人。年十七，亡命为盗，转掠淮南。会孟让败，得其散卒八百，袭破庐江郡。依林士弘，不见信，憾之，反袭士弘，焚其郛，去保南康。萧铣取豫章，遣将苏胡儿守之，善安夺其地，据以归国，授洪州总管。

武德六年反，辅公祏以为西南道大行台。善安掠孙州，执总管王戎,袭杀黄州总管周法明。会李大亮兵至,为开晓祸福,答曰:"善安初不反,为部下诖误。降,今易耳,恐不免,奈何?"大亮曰:"总管定降,吾固不疑。"因独入其阵,与善安握手语,乃大喜,将数十骑诣大亮营。大亮引入,命壮士执之。骑皆惊,引去,悉兵来战。大亮谕以善安自归,无庸斗。其党骂曰:"总管卖我!"遂溃。送善安京师,称不与公祏谋,高祖赦之。公祏破,得其书,遂伏诛。

梁师都,夏州朔方人。为郡豪姓。仕隋鹰扬府郎将,大业末罢归,结徒起为盗,杀郡丞唐世宗,据郡称大丞相,联兵突厥。与隋将张世隆战,败之,因略定雕阴、弘化、延安。自为梁国,僭皇帝位,祭天于城南,坎地瘗玉得印,以为瑞,建元永隆。始毕可汗遗以狼头纛,号大度毗伽可汗、解事天子,遂导突厥兵居河南地,拔盐川郡。

武德二年,寇灵州,长史杨则击走之。又与突厥千骑营野猪岭,延州总管段德操勒兵不战,师都气懈,遣兵进击,战酣,德操自以轻骑出其旁乘之,师都大溃,逐北二百里,俘馘甚众。未几,以步骑五千入寇,德操又尽屠其军,降堡将张举、刘旻。师都惧,遣尚书陆季览说处罗可汗曰:"隋亡,中国裂为四五,势均力弱,皆争附突厥。今唐灭刘武周,国益大,兵方四出。师都将朝夕亡,然次亦及突厥,愿可汗如魏孝文,兵引而南,师都请为乡道。"处罗纳之,令莫贺咄设入五原,泥步设与师都趋延州,处罗自攻太原,突利可汗与奚、霫、契丹、靺鞨由幽州道合,窦建德自滏口会晋、绛。已而处罗死,兵不出,又为德操所破。

六年,其将贺遂、索周以所部十二州降。德操悉兵攻之,拔东城,师都保西城不敢出,求救于突厥颉利,颉利以劲兵万骑赴之。先是,稽胡大帅刘仚成以众附师都,因谗见杀,其下疑惧,乃多叛。师都日益蹙,遂往朝颉利,教使南略,故突厥盗边无宁岁,遂窥渭桥。

后突厥政乱,太宗以师都寖危,乃谕以书使归,不从。诏夏州长史刘旻、司马刘兰经略之。获生口,纵以为间,君臣离梜,出轻骑蹂其稼,城中饥虚。又天狗堕其城。辛獠儿、李正宝、冯端皆其健将,谋执师都降，不果，正宝挺身归。

贞观二年，旻、兰表可取状，诏柴绍、薛万均并力，令旻以劲卒直据朔方东城。颉利来援，会大雪，羊马死，绍逆战，破之，进屯城下。其从父弟洛仁斩师都降，擢洛仁为右骁卫将军、朔方郡公。自起至灭十二年。以其地为夏州。

始师都据郡时，刘季真、郭子和者亦俱起，子和自有传。

刘季真，离石胡人。父龙儿，大业十年举兵自称王，以季真为太子，弟六儿为永安王。锋甚锐，将军潘长文连年击，不能下。后虎贲郎将梁德破杀龙儿，众乃散。

唐兵起，六儿复聚为盗，附刘武周，季真从之，自号太子王，六儿为拓定王，迭为边害。西河公张纶、真乡公李仲文合兵讨之，季真降，诏以为石州总管，赐姓李，封彭山郡王。宋金刚战浍州，势未决，遂复连武周。及败，秦王执六儿斩之，季真奔高满政，俄被杀。

唐书卷八八
列传第一三

刘文静　裴寂　赵文恪　李思行　李高迁
姜宝谊　许世绪　刘师立　刘义节　钱九陇　樊兴
公孙武达　庞卿恽　张长逊　张平高　李安远　马三宝
李孟尝　元仲文　秦行师

　　刘文静，字肇仁，自言系出彭城，世居京兆武功。父韶，仕隋战死，赠上仪同三司。文静以死难子，袭仪同。倜傥有器略。大业末，为晋阳令，与晋阳宫监裴寂善。寂夜见逻堞传烽，吒曰："天下方乱，吾将安舍？"文静笑曰："如君言，豪英所资也。吾二人者可终羁贱乎？"

　　高祖为唐公镇太原，文静察有大志，深自结。既又见秦王，谓寂曰："唐公子，非常人也，豁达神武，汉高帝、魏太祖之徒欤！殆天启之也。"寂未谓然。文静俄坐李密姻属系狱，秦王顾它无可与计者，私入视之。文静喜，挑言曰："丧乱方剡，非汤、武、高、光不能定。"王曰："安知无其人哉？今过此，非儿女子姁姁相忧者。世道将革，直欲共大计，试为我言之。"文静曰："上南幸，兵填河、洛，盗贼蜂结，大连州县，小阻山泽，以万数，须真主取而用之。诚能投天会机，奋袼大呼，则四海不足定也。今汾、晋避盗者皆在，文静素知其豪桀，一朝号召，十万众可得也。加公府兵数万，一下令，谁不愿从？鼓而入关，以震天下，王业成矣。"王笑曰："君言正与我意合。"乃阴部署宾客。

将发，恐唐公不从，文静谋因裴寂开说，于是介寂以交王，遂得进议。及突厥败高君雅兵，唐公被劾，王遣文静、寂共说曰："公据嫌疑之地，势不图全。今部将败，方以罪见收，事急矣，尚不为计乎？晋阳士健马强，宫库饶丰，大事可举也。今关中空虚，代王弱，贤豪辈兴，未有适归，愿公引兵西，诛暴除乱，乃受单使囚乎？"唐公私可，会得释而止。

王教文静伪为诏"发太原、西河、雁门、马邑男子年二十至五十悉为兵，期岁尽集涿郡以伐辽。"由是人心愁扰，益思乱。文静谓寂曰："公闻先发制人，后发制于人乎？唐公名载图谶，闻天下，尚可怗怗以待祸哉？"又胁寂曰："公为监，以宫人侍客，公死何憾，奈何累唐公？"寂惧，乃劝起兵。秦王即委文静、长孙顺德等募士，声讨刘武周。文静与寂作符救，发宫监库物佐军兴。会王威、高君雅猜贰，文静与刘政会为急变书，诣留守告二人反，候唐公与威、君雅视事，文静进曰："有密牒言反者。"公目威等省牒，政会不肯，曰："所告乃副留守，唯唐公得观。"公惊曰："讵有是乎？"读已，语威曰："人告公等，信乎？"君雅诟曰："反人欲杀我耳。"文静叱左右执之，由是举兵。

唐公乃开大将军府，以文静为司马。文静劝改旗帜，彰特兴，又请与突厥连和，唐公从之。遣文静使始毕可汗，始毕曰："唐公兵何事而起？"文静曰："先帝废冢嗣以授后主，故大乱。唐公国近戚，惧毁王室，起兵黜不当立者，愿与突厥共定京师，金币、子女尽以归可汗。"始毕大喜，即遣二千骑随文静至，又献马千匹。公喜曰："非君何以致之？"寻拒屈突通于潼关，与其将桑显和苦斗，死者数千。文静度显和军急，以奇兵从后掩之，显和败绩。通兵尚数万，欲引而东，文静命将追执之，徇新安以西，皆下。转大丞相府司马，进光禄大夫、鲁国公。

唐公践天子位，擢纳言。时多引贵臣共榻，文静谏曰："今率土莫不臣，而延见群下，言尚称名。帝坐严尊，屈与臣子均席，此王导所谓太阳俯同万物者也。"帝曰："我虽应天受命，宿昔之好何可忘？

公其无嫌。"薛举寇泾州,以元帅府长史与司马殷开山出战,大败,奔还京师,坐除名。与讨仁杲,平之,得爵邑,授民部尚书、陕东道行台左仆射。从秦王镇长春宫。

文静自以材能过裴寂远甚,又屡有军功,而寂独用故旧恩居其上,意不平。每论政多戾驳,遂有隙。尝与弟散骑常侍文起饮醑,有怨言,拔刀击柱曰:"当斩寂!"会家数有怪,文起忧,召巫夜被发衔刀为禳厌。文静妾失爱,告其兄上变,遂下吏。帝遣裴寂、萧瑀讯状,对曰:"昔在大将军府,司马与长史略等。今寂已仆射,居甲第,宠赉不赀。臣官赏等众人,家无赢,诚不能无少望。"帝曰:"文静此言,反明甚。"李纲、萧瑀明其不反;秦王亦以文静首决非常计,事成乃告寂,今任遇弗等,故怨望,非敢反,宜赐全宥。帝素疏忌之,寂又言:"文静多权诡,而性猜险,忿不顾难,丑言怪节已暴验,今天下未靖,恐为后忧。"帝遂杀之,年五十二。文起亦死,籍其家。文静临刑,抚膺曰:"高鸟尽,良弓藏,果不妄。"

贞观三年,追复官爵,以子树义袭鲁国公,诏尚主。然怨父不得死,谋反,诛。

裴寂,字玄真,蒲州桑泉人。幼孤,兄鞠之。年十四,补郡主簿。及长,伟容貌,涉知书传。隋开皇中,调左亲卫。家贫,徒步走京师,过华山祠,祈神自卜,夜梦老人谓曰:"君年逾四十当贵。"

大业中,为齐州司户参军,历侍御史,晋阳宫副监。唐公雅与厚,及留守太原,契分愈密,至酤酒通昼夜。秦王与刘文静方建大计,未敢白公,以寂最厚善,乃出私钱数百万饷龙山令高斌廉,俾与寂博,阳不胜,寂得进多,大喜,日兹昵。太宗以情告之,许诺。寂尝以宫人侍唐公,恐事发诛,间饮醑,乃白秦王将举兵状,因言:"今盗遍天下,城阓外即战场,虽徇小节,犹不脱死。若举义师,不特免祸,且就大功。"唐公然所计。兵起,寂进宫女五百,米九百万斛,杂彩五万段,铠四十万首。

大将军府建,为长史。下临汾,封闻喜县公。至河东,屈突通未下,而三辅豪桀多归者。唐公欲先取京师,恐通掎其后,犹豫未决,寂说曰:"今通据蒲关,未下而西,我腹背支敌,败之符也。不若破通而后趋京师。"秦王曰:"不然。兵尚权,权利于速。今乘机度河以夺其心。且关中群盗处处屯结,疑力相杖,易以招怀,抚而有之,众附兵强,何向不克。通自守贼耳,庸能患我? 一失其机,胜负未可计也。"唐公两从之,留兵围蒲,而遣秦王入关。长安平,赐寂田千顷、甲第一区,物四万段,迁大丞相府长史,进魏国公,邑三百户。

隋帝禅位,公固让,寂开陈符命以劝,又督太常具仪、撰日。唐公即位,曰:"使我至此者,公也。"拜尚书右仆射,赐服玩不赀,诏尚食日给御膳,视朝必引与同坐,入阁则延卧内,言无不从,呼为裴监不名也,贵震当世。

武德二年,刘武周寇太原,守将数困,寂请行,授晋州道行军总管讨贼,以便宜决事。贼将宋金刚据介州,寂屯度索原,贼埝水上流,寂徙屯,为贼所搏,兵大溃,死亡略尽。寂昼夜驰抵平阳,镇戍皆没。上书谢罪,高祖薄其过,下诏慰谕,俾留抚河东。寂无它才,惟飞檄郡县,促入屯垒相保赘,焚积聚,人益惴骇思乱。夏人吕崇茂杀其令,反,为贼守,寂攻之,复为所败。召还,帝责让良久,以属吏,俄释之,遇待如初。

帝每巡幸,必委以居守。麟州刺史韦云起告寂反,按讯无状,帝谓曰:"朕有天下,公推毂成之也,容有二哉?所以讯吏,欲天下人信公不反耳。"诏三贵妃赍玉食宝器宴其家,经宿去。帝尝从容夸语曰:"前王多兴细微,间关行阵而后成功。我家陇西旧族,世姻娅帝室,一呼唱义,不三月有天下。公复华胄,职宦光显,非刘季亭长、萧曹刀笔吏比也。我与公无愧焉。"四年,改铸钱,赐一炉得自铸。又聘其女为赵王元景妃。迁左仆射。帝置酒含章殿,欢甚,寂顿首曰:"始陛下发太原,约天下已定,许上印绶,今四海妥安,愿赐骸骨归田里。"帝泣下曰:"未也,要当相与老尔。公为宗臣,我为太上皇,逍遥晚岁,不亦善乎!"九年,册拜司空,遣尚书员外郎日一人直第。贞观初,太宗亲郊,命寂与长孙无忌升金辂,寂辞,帝曰:"公有佐命勋，无忌宣力王室，非二人谁可参乘者？"遂同载归。

浮屠法雅坐讹言，辞连寂，坐免官，削封邑半，归故郡。寂请留京师，帝让曰："公勋不称位，徒以恩泽居第一，武德之政，间或弛紊，职公为之。今归扫坟墓，尚何辞？"寂遂归。未几，汾阴狂男子谓寂奴曰："公有天分。"监奴白寂，寂惶惧不敢闻，遣监奴杀所言者。奴盗寂封邑钱百万，寂捕急，遂上变。帝怒曰："寂有死罪四：为三公，与妖人游，一也；既免官，乃恚称国家之兴皆其所谋，二也；匿妖人言不奏，三也；专杀以灭口，四也。我戮之非无辞。"议者多请贷，乃放静州。会山羌反，或言劫寂为主。帝曰："国家于寂有恩，必不尔。"既而寂率家僮破贼。帝念寂功，诏入朝，会卒，年六十。赠相州刺史、工部尚书、河东郡公。

子律师嗣，尚临海长公主，终汴州刺史。律师子承先，武后时为殿中监，酷吏杀之。

始，高祖论太原首功，诏尚书令秦王、尚书左仆射裴寂、纳言刘文静恕二死；左骁卫大将军长孙顺德、右骁卫大将军刘弘基、右屯卫大将军窦琮、左翊卫大将军柴绍、内史侍郎唐俭、吏部侍郎殷开山、鸿胪卿刘世龙、卫尉少卿刘政会，都水监赵文恪、库部郎中武士彠、骠骑将军张平高、李思行、李高迁、左屯卫府长史许世绪等十四人恕一死。

武德九年十月，太宗又定功臣封户，时文静已死，乃自寂而下差功大小第之，总四十三人。寂户千五百，长孙无忌、王君廓、尉迟敬德、房玄龄、杜如晦户千三百，长孙顺德、柴绍、罗艺、赵郡王孝恭户千二百，侯君集、张公谨、刘师立户千、李勣、刘弘基户九百，高士廉、宇文士及、秦叔宝、程知节户七百，安兴贵、安修仁、唐俭、窦轨、屈突通、萧瑀、封德彝、刘义节户六百，钱九陇、樊兴、公孙武达、李孟尝、段志玄、庞卿恽、张亮、李药师、杜淹、元仲文户四百，张长逊、张平高、李安远、李子和、秦行师、马三宝户三百。寂等三十人已见于传。自赵文恪等十八人功不甚显，然参附义始事，班班见当世。今次第其名，总出左方云。

赵文恪，并州人。为隋鹰扬府司马。义兵起，授右三统军。武德二年，擢都水监，封新兴郡公。时中国经大乱，马耗，会突厥讲和，诏文恪至并州，与齐王诱市边马以备军。刘武周寇太原，属城尽没，李仲文守浩州，兵力孤绝，齐王使文恪率步骑千余助守。会太原陷，遂弃城遁，诏下狱死。

李思行，赵州人，避仇太原。唐公将起，使觇诇长安，还，具论机策，以赞大议授左三统军。从破霍邑，平京师，擢累嘉州刺史、乐安郡公。卒，赠洪州都督，谥曰襄。

李高迁，岐州人，客太原，唐公引致左右。执高君雅等有功，以右三统军从下霍邑，围长安战力。迁左武卫大将军、江夏郡公、检校西麟州刺史。突厥寇马邑，高满政请救，诏高迁督兵助守。贼盛，乃夜斩关走，所将皆没，坐除名徙边。后历资州刺史，卒，赠凉州都督。

姜宝谊，秦州上邽人。父远，仕周为秦州刺史、朝邑县公。宝谊游太学，受书，业不进，去为左翊卫，以积劳迁鹰扬郎将，领府兵，从高祖督盗太原。及起兵，授左统军，下西河、霍邑，以多，爵累永安县公，历右武卫大将军。

刘武周使黄子英数盗雀鼠谷，帝遣宝谊击之。贼轻甲挑师，战接而三遁，逐之，伏发，宝谊为贼执，俄亡归。与裴寂拒宋金刚，战汾州，兵合，寂弃军走，宝谊复为所禽。帝闻为泣下曰："彼烈士，必不下贼，死矣！"赐其家物千段，米三百斛。果谋还，被害。且死，西向大呼曰："臣无状，负陛下。"贼平，诏迎其枢，赠左卫大将军、幽州总管，谥曰刚。

子协，字寿，善篆籀。历燕然都护、夏州都督，封成纪县侯，谥曰威。

许世绪，并州人。隋鹰扬府司马。知隋将亡，请唐公曰："天辅德，人与能，乘机不发，后必蹈悔，隋政不纲，天下摇乱，公姓名已著谣箓，今揽五郡之兵，据四战之冲，苟无奇计，祸不反踵。若收取英俊，为天下倡，帝王业也。"公奇之，顾倚亲密。兵起授右一府司马。累除蔡州刺史、真定郡公，卒。

弟洛仁，亦从起晋阳，录功至冠军大将军。卒，赠代州都督，谥曰勇，陪葬昭陵。

刘师立，宋州虞城人。始事王世充为亲将，洛阳平，当诛，秦王壮其才，释不死，引为左亲卫。建成之衅，师立参奉密议，后与尉迟敬德、庞卿恽、李孟尝等九人录功拜左卫率。迁左骁卫将军、襄武郡公，赐绢五千匹。有告师立姓在符谶欲反者，太宗谓曰："人言卿将反，果乎？"师立对曰："臣为隋官，不过六品材驽下，不敢希富贵。今遭非常之会，位将军，顾已极矣，何敢反？"帝笑曰："朕知妄耳！"赐束帛，召入卧内慰勉。

罗艺反，京师震骇，诏师立检校右武候大将军，勒兵备非常。艺平，有司劾党与，师立坐与善，除名。寻以藩邸旧，检校岐州都督。上书请讨吐谷浑，未报，即遣间谕部落，多降附者，列其地为开、桥二州。又党项酋拓拔赤辞先附吐谷浑，倚险自守，亦遣说下之，诏赤辞为西戎州都督。师立以母丧解，岐人表留，遂不得赴哀。时河西党项破丑氏尝苦边，又阻新附，师立讨之。军未至，破丑惧，遁去，师立穷追之，抵恤于真山而还。又战吐谷浑于小莫门川，破之。转始州刺史，卒，谥曰肃。

刘义节，并州人。隋大业末，补晋阳乡长，富于财。裴寂荐之唐公，又与王威、高君雅游，然于唐公为最厚。兵将起，威、君雅疑之，义节刺知其情，得先事禽威等。从平京师，为鸿胪卿。时倾府库为军赏，帑财大乏。义节曰："今京师屯兵多，樵贵帛贱，若伐街苑树为薪，以易布帛，岁数十万可致。"又请轴舒藏内见缯，取羡尺，补杂费,得十余万段,调度遂给,迁太府,封葛国公。

义节本名世龙,或言世龙子名凤昌,父子非人臣兆,高祖不听,更赐今名。贞观初,转少府监,坐货入贾人珠及故出署丞罪,废为民,徙岭南,终钦州别驾。

从子思礼,武后时为箕州刺史。少学相人于张憬藏,憬藏谓思礼历刺史,位至太师。万岁通天二年,授箕州,益喜,以为太师位尊,非佐命不可得,乃结洛州录事参军綦连耀谋反,谓耀曰:“君体有龙气如大帝。”耀亦曰:“公金刀,当辅我。”阴约君臣。思礼因以术眩众,见者必曰:“当三品”,使嗜进者充望,然后云:“綦连耀且受命,公等皆因之。”事败,武懿宗按之,阴弛思礼禁,使多逮引。思礼冀自脱,悉引素相忤者,将刑犹不寤,与众人斩于市。其知名者,如李元素、孙元亨、石抱忠、王勮、勮兄勔、路敬淳等三十余族,窜逐千余人。

钱九陇字永业,湖州长城人。父文强,为吴明彻裨将,与明彻俱败彭城。入隋,以罪没为奴,故九陇事唐公。

善骑射,常备左右。兵起,以功授金紫光禄大夫。从战薛仁杲、刘武周,擢累为右武卫将军。从平洛阳,佐皇太子建成讨刘黑闼魏州,力战破贼,以功最封郇国公,以本官为苑游将军。贞观初,为眉州刺史,改巢国。卒,赠左武卫大将军、潭州都督,谥曰勇,陪葬献陵。

樊兴,安州人。以罪为奴。从唐公平长安,授左监门将军。从秦王积战多,封营国公,数赐黄金杂物。后坐事削爵。

贞观六年,陵州獠反,命讨之,为左骁卫将军。又从李靖击吐谷浑,为赤水道行军总管。后军期,士多死,亡失器仗,以勋减死。后为左监门大将军、襄城郡公。太宗征辽,以兴忠谨,副房玄龄留守京师,检校右武候将军。卒,赠左武候大将军、洪州都督,陪葬献陵。

公孙武达,京兆栎阳人。以豪侠称,为隋骁果。兵兴,武达至长春宫上谒。从秦王讨刘武周,苦战功多,累迁秦府右三军骠骑,封清水县公。

贞观初,为肃州刺史。突厥骑数千、辎重万余入寇,谋南趋吐谷浑,武达以精二千人与战,虏稍却,复殊死斗,薄之张掖河,潜命上流度兵,虏已半济,乃两岸夹击,斩溺略尽。玺书劳之,迁左监门将军。盐州突厥叛,诏武达趋灵州,追及贼,贼方度河,乃据南涯阵,武达击之,斩其帅可逻拔扈,进封东莱郡公。终右武卫大将军,赠荆州都督,陪葬昭陵,谥曰壮。

庞卿恽,并州人。从讨隐太子有功,拜右骁卫将军、邠国公。卒,追改濮国。

子同善,右金吾大将军。同善子承宗,开元初仕至太子宾客。

张长逊,京兆栎阳人。精驰射,在隋为里长,以平陈功,擢上开府,累迁五原郡通守。遭乱,附突厥,突厥号为割利特勒。

义兵起,以郡降,即拜五原太守、安化郡公,徙封范阳。时梁师都、薛举请突厥兵南度河,长逊矫作诏与莫贺咄设,以伐其谋,会唐使亦至,突厥兵不出。武德元年,诏右武候骠骑将军高世静聘始毕可汗,至丰州而始毕死,诏留金币不遣。突厥怒,引兵南至河。长逊遣世静出塞劳之,且若专致赙赐者,虏引还。授总管,改杨国公。及讨薛举,不待命辄引兵会,赐锦袍金甲。或谮长逊居丰久,恐与突厥为唇齿,乃请入朝,授右武候将军,徙息国公,加赐宫人、彩千段。属有疾,高祖亲问之。后窦轨率巴、蜀兵击王世充,以长逊检校益州行台左仆射。历遂、夔二总管,政以惠称。贞观十一年卒。

张平高,绥州人。为隋鹰扬府校尉,戍太原,遂预谋议。从唐公平京城,累授左领军将军,封萧国公。贞观初,为丹州刺史,坐事,以右光禄大夫还第。卒,追封罗国,赠潭州都督。

　　李安远,夏州人。父彻,隋上柱国、云州刺史。世为将家,以财雄。安远少无检,与博徒游,至破产。晚乃折节向书,从士大夫,苟胜己,必倾心交之。袭爵城阳公,与王珪最善,珪坐王颇得罪,当流,安远为营护免。后补正平令。

　　兵起,攻绛州,安远与通守陈叔达婴城拒。唐公素与安远善,及拔绛,抚慰其家,引与同食,授右翊卫统军、正平县公。后从破屈突通,进上柱国、右武卫大将军。数从秦王征讨,积功,累封至广德郡公。奉使吐谷浑,安远与约和,吐谷浑乃请为互市,边场利之。隐太子将乱,阴使诱动,安远介无二志,秦王益亲重。

　　贞观初,尝命统逻骑都下,督盗贼。历潞州都督、怀州刺史,皆以干用显。然急刻少恩,由是损名。卒,赠凉州都督,谥曰安,追封遂安郡公。

　　马三宝,性敏狡。事柴绍为家僮。绍尚平阳公主,高祖兵起,绍间道走太原。三宝奉公主遁司竹园,说贼何潘仁与连和。潘仁入谒,以百兵为主卫,三宝自称总管,抚接群盗,兵至数万。唐公济河,授三宝左光禄大夫。秦王至竹林宫,三宝以兵诣军门谒,遂从平京师,拜太子监门率,别击叛胡刘拔真于北山,破之。从平薛仁杲。与柴绍击吐谷浑于岷州,先锋陷阵,斩名王,俘执数千,以功封新兴县男。后高祖幸司竹园,顾谓曰:"汝兴兵处邪?卫青大不恶。"贞观初,拜左骁卫大将军,进爵为公,卒谥曰忠。

　　李孟尝,赵州人。终右威卫大将军、汉东郡公。

　　元仲文,洛州人。终右监门将军、河南县公。

　　秦行师,并州人。终右监门将军、清水郡公。

　　赞曰:应龙之翔,云雾霁滃然而从,震风薄怒,万空不约而号,物有自然相动耳。观二子非有蹲越之姿,当高祖受命,赫然利见于世,故能或翼或从,尸天之功云。文静数履军陷阵,以才自进,而寂专用串昵显。外者易乘,迩者难疏,故文静先被躁望诛,寂后坐讦言斥,诚异夫萧何、曹参矣!

唐书卷八九
列传第一四

屈突通　尉迟敬德　张公谨

大安　秦琼　唐俭　宪　次　扶　持

彦谦　段志玄　文昌　成式

屈突通,其先盖昌黎徒何人,后家长安。仕隋为虎贲郎将。文帝命覆陇西牧簿,得隐马二万匹,帝怒,收太仆卿慕容悉达、监牧官史千五百人,将悉殊死。通曰:"人命至重,死不复生。陛下以至仁育四海,岂容以畜产一日而戮千五百士?"帝叱之,通进顿首曰:"臣愿身就戮,以挺众死。"帝寤,曰:"朕不明,乃至是。今当免悉达等,旌尔善言。"遂皆以减论。擢左武卫将军。苪官劲正,有犯法者,虽亲无所回纵。其弟盖为长安令,亦以方严显。时为语曰:"宁食三斗艾,不见屈突盖;宁食三斗葱,不逢屈突通。"

炀帝即位,遣持诏召汉王谅。先是,文帝与谅约,若玺书召,验视敕字加点,又与玉麟符合,则就道。及是,书无验,谅觉变,诘通,通占对无屈,竟得归长安。大业中,与宇文述共破杨玄感,以功迁左骁卫大将军。秦、陇盗起,授关内讨捕大使。安定人刘迦论反,众十余万据雕阴。通发关中兵击之,次安定,初不与战,军中意其怯。通阳言旋师,而潜入上郡。贼未之觉,引而南,去通七十里舍,分兵徇地。通候其无备,夜简精甲袭破之,斩迦论并首级万余,筑京观于上郡南山,虏老弱数万口。后隋政益乱,盗贼多,士无斗志,诸将多覆。

通每向必持重，虽不大克，亦不败负。帝南幸，使镇长安。

　　高祖起，代王遣通守河东，战久不下，高祖留兵围之，遂济河，破其将桑显和于饮马泉。通大惧，乃留鹰扬郎将尧君素守蒲，将自武关趋蓝田以援长安。至潼关，阻刘文静兵不得进，相持月余。通令显和夜袭文静，诘朝大战，显和纵兵破二壁，唯文静一壁独完，然数入壁，短兵接，文静中流矢，军垂败，显和以士疲，乃传餐食，文静因得分兵实二壁。会游军数百骑自南山还，击其背，三壁兵大呼，奋而出，显和遂溃，尽得其众。通势蹙，或说之降，曰："吾蒙国厚恩，事二主，安可逃难？独有死报尔！"每自摩其颈曰："要当为国家受人一刀！"其训勉士卒必流涕，故力虽穷，而人尚为之感奋。帝遣其家僮往召，通趋斩之。俄闻京师平，家尽没，乃留显和保潼关，率兵将如洛。既行，而显和来降。文静遣窦琮、段志玄精骑追及于稠桑，通结阵拒之。琮纵其子寿往谕使降，通大呼曰："昔与汝父子，今则仇也！"命左右射之，显和呼其众曰："京师陷，诸君皆家关西，何为复东？"众皆舍兵。通知不免，遂下马东南向，再拜号哭曰："臣力屈兵败，不负陛下。"遂被禽，送长安，帝劳曰："何相见晚邪？"泣曰："通不能尽人臣之节，故至此，为本朝羞。"帝曰："忠臣也！"释之，授兵部尚书、蒋国公，为秦王行军元帅长史。

　　从平薛仁杲，时贼珍用山积，诸将争得之，通独无所取。帝闻曰："清以奉国，名定不虚。"特赍金银六百两、彩千段。判陕东道行台左仆射，从讨王世充。时通三子在洛，帝曰："今以东略属公，如二子何？"通曰："臣老矣，不足当重任。然畴昔陛下释俘累，加恩礼，以蒙更生，是时口与心誓，以死许国。今日之行，正当先驱，二儿死自其分，终不以私害义。"帝太息曰："烈士徇节，吾今见之。"及窦建德来援贼，秦王分麾下半以属通，俾与齐王围洛。世充平，论功第一，拜陕东道大行台右仆射，镇东都。数岁，召为刑部尚书。自以不习文，固辞，改工部。建成之变，复检校行台仆射，驰镇洛。贞观初，行台废，为洛州都督，进左光禄大夫。卒，年七十二，赠尚书左仆射，谥曰忠。后诏配飨太宗庙廷。永徽中，赠司空。

二子寿、诠，寿袭爵。太宗幸洛，思通忠节，故诠以少子拜果毅都尉，赐粟帛恤其家，终瀛州刺史。诠子仲翔，神龙中，复守瀛州。

初，桂州都督李弘节亦以清慎显。既殁，其家卖珠。太宗疑弘节实贪，欲追坐举者。魏徵曰："陛下过矣！且今号清白死不变者，屈突通、张道源。通三子来调，共一马；道源子不能自存。审其清者不加恤，疑其浊者罪所举，亦好善不笃矣。"帝曰："朕未之思。"置不问。故通之清益显云。

尉迟敬德，名恭，以字行，朔州善阳人。隋大业末，从军高阳，积阅为朝散大夫。刘武周乱，以为偏将。与宋金刚南侵，得晋、浍等州，袭破永安王孝基，执独孤怀恩等。武德二年，秦王战柏壁，金刚败奔突厥，敬德合余众守介休，王遣任城王道宗、宇文士及谕之，乃与寻相举地降，引为右一府统军，从击王世充。

会寻相叛，诸将疑敬德且乱，囚之。行台左仆射屈突通、尚书殷开山曰："敬德剽敢，今执之，猜贰已结，不即杀，后悔无及也。"王曰："不然，敬德必叛，宁肯后寻相者邪？"释之，引见卧内，曰："丈夫以气相许，小嫌不足置胸中，我终不以谗害良士。"因赐之金，曰："必欲去，以为汝资。"是日狩榆窠，会世充自将兵数万来战，单雄信者，贼骁将也，骑直趋王，敬德跃马大呼横刺，雄信坠，乃翼王出，率兵还战，大败之，禽其将陈智略，获排矟兵六千。王顾曰："比众人意公必叛，我独保无它，何相报速邪？"赐金银一箧。

窦建德营板渚，王命李勣等为伏，亲挟弓，令敬德执矟，略其垒，大呼致师。建德兵出，乃稍引却，杀数十人，众益进。伏发，大破之。时世充兄子琬使于建德，乘隋帝厩马，铠甲华整，出入军中以夸众。王望见，问："谁可取者？"敬德请与高甑生、梁建方三骑驰往，禽琬，引其马以归，贼不敢动。从讨刘黑闼，贼以奇兵袭李勣，王勒兵掩其后，俄而贼众四面合，敬德率壮士驰入贼，王乘阵乱乃得出。又破徐圆朗。以功授王府左二副护军。

隐太子尝以书招之，赠金皿一车。辞曰："敬德起幽贱，会天下丧乱，久陷逆地，秦王实生之，方以身徇恩。今于殿下无功，其敢当赐？若私许，则怀二心，徇利弃忠，殿下亦焉用之哉？"太子怒而止。敬德以闻。王曰："公之心如山岳然，虽积金至斗，岂能移之？然恐非自安计。"巢王果遣壮士刺之。敬德开门安卧，贼至不敢入。因谮于高祖，将杀之，王固争，得免。

其后隐、巢计日急，敬德与长孙无忌入白曰："大王不先决，社稷危矣！"王曰："我惟同气，所未忍。伺其发，而后以义讨之，如何？"敬德曰："人情畏死，众以死奉王，此天授也。天与不取，反得其咎。大王即不听，请从此亡，不能交手蒙戮。"无忌曰："王不从敬德言，敬德亦非王有，今败矣。"王曰："寡人之谋，未可全弃，公更图之。"敬德曰："处事有疑非智，临难不决非勇。王今自计如何？勇士八百人悉入宫控弦被甲矣，尚何辞？"后又与侯君集等恳熟劝进，计乃定。时房玄龄、杜如晦被斥在外，召不至。王怒曰："是背我邪？"因解所佩刀授之，谓曰："即不从可斩其首以来。"敬德遂往谕玄龄等，与入计议。

隐太子死，敬德领骑七十趋玄武门，王马逸，坠林下，元吉将夺弓窘王，敬德驰叱之，元吉走，遂射杀之。宫、府兵屯玄武门，战不解，敬德持二首示之，乃去。时帝泛舟海池，王命敬德往侍，不解甲趋行在。帝惊曰："今日之乱为谁？尔来何邪？"对曰："秦王以太子、齐王作乱，举兵诛之，恐陛下不安，遣臣宿卫。"帝意悦。于是南衙、北门与府兵尚杂斗，敬德请帝手诏诸军听秦王节度，内外始定。

王为皇太子，授左卫率。时坐隐、巢者百余家，将尽没入之。敬德曰："为恶者二人，今已诛，若又穷支党，非取安之道。"由是普原。论功为第一，赐绢万匹，举齐府金币、什器赐焉。除右武候大将军，封吴国公，实封千三百户。

突厥入寇，授泾州道行军总管。虏至泾阳，轻骑与战，败之。敬德所得财，必散之士卒，然婞直，颇以功自负，又廷质大臣得失，与宰相不平。出为襄州都督，累迁同州刺史。尝侍宴庆善宫，有班其上者，敬德曰："尔何功，坐我上？"任城王道宗解喻之，敬德勃然，击道宗目几眇。太宗不怿，罢，召让曰："朕观汉史，尝怪高祖时功臣少全者。今视卿所为，乃知韩、彭夷戮，非高祖过。国之大事，惟赏与罚，横恩不可数得，勉自修饬，悔可及乎！"敬德顿首谢。后改封鄂国，历鄜、夏二州都督。老就第，授开府仪同三司，朝朔望。

帝将讨高丽，敬德上言："乘舆至辽，太子次定州，两京空虚，恐有玄感之变。夷貊小国，不足枉万乘，愿委之将臣，以时摧灭。"帝不纳。诏以本官行太常卿，为左一马军总管。师还，复致仕。显庆三年卒，年七十四。高宗诏京官五品以上及朝集使赴第临吊，册赠司徒、并州都督，谥曰忠武。给班剑、羽葆、鼓吹，陪葬昭陵。

敬德晚节，谢宾客不与通。饬观、沼，奏清商乐，自奉养甚厚。又饵云母粉，为方士术延年。其战，善避矟，每单骑入贼，虽群刺之不能伤，又能夺取贼矟还刺之。齐王元吉使去刃与之校，敬德请王加刃，而独去之，卒不能中。帝尝问："夺矟与避矟孰难？"对曰："夺矟难。"试使与齐王戏，少选，王三失矟，遂大愧服。

张公谨，字弘慎，魏州繁水人。为王世充洧州长史，与刺史崔枢挈城归天子，授检校邹州别驾，迁累右武候长史，未知名。李勣、尉迟敬德数启秦王，乃引入府。王将讨隐、巢乱，使卜人占之，公谨自外至，投龟于地曰："凡卜以定犹豫，决嫌疑。今事无疑，何卜之为？卜而不吉，其可已乎？"王曰："善。"隐太子死，其徒攻玄武门，锐甚，公谨独闭关拒之。以功授左武候将军，封定远郡公，实封一千户。

贞观初，为代州都督，置屯田以省馈运。数言时政得失，太宗多所采纳。后副李靖经略突厥，条可取状于帝曰："颉利纵肆凶，诛害善良，昵近小人，此主昏于上，可取一也。别部同罗、仆骨、回纥、延陀之属，皆自立君长，图为反噬，此众叛于下，可取二也。突利被疑，以轻骑免，拓设出讨，众败无余，欲谷丧师，无托足之地，此兵挫将败，可取三也。北方霜旱，禀粮乏绝，可取四也。颉利疏突厥，亲诸胡，胡性翻覆，大军临之，内必生变，可取五也。华人在北者甚众，比闻屯聚，保据山险，王师之出，当有应者，可取六也。"帝然所谋。及破定襄,败颉利,玺诏慰劳,进封邹国公,改襄州都督,以惠政闻。卒官下,年四十九。帝将出次哭之,有司奏:"日在辰,不可。"帝曰:"君臣犹父子也,情感于内,安有所避!"遂哭之。诏赠左骁卫大将军,谥曰襄。十三年,追改郯国公。永徽中,加赠荆州都督。

子大素,龙朔中,历东台舍人,兼修国史,著书百余篇,终怀州长史。

次子大安,上元中,同中书门下三品。章怀太子令与刘讷言等共注范晔《汉书》。太子废,故贬为普州刺史,终横州司马。子俳,仕玄宗时为集贤院判官,诏以其家所著《魏书》、《说林》入院,缀修所阙,累擢知图书、括访异书使,进国子司业,以累免官。

秦琼,字叔宝,以字显,齐州历城人。始为隋将来护儿帐内,母丧,护儿遣使禭吊之。吏怪曰:"士卒死丧,将军未有所问,今独吊叔宝何也?"护儿曰:"是子才而武,志节完整,岂久处卑贱邪?"

俄从通守张须陀击贼卢明月下邳,贼众十余万,须陀所统才十之一,坚壁未敢进,粮尽,欲引去。须陀曰:"贼见兵却,必悉众追我,得锐士袭其营,且有利,谁为吾行者?"众莫对。惟叔宝与罗士信奋行。乃分劲兵千人伏莽间,须陀委营遁,明月悉兵追蹑。叔宝等驰叩贼营,门闭不得入,乃升楼拔贼旗帜,杀数十人,营中乱,即斩关纳外兵,纵火焚三十余屯。明月奔还,须陀回击,大破之。又与孙宣雅战海曲,先登。以前后功擢建节尉。

从须陀击李密荥阳。须陀死,率残兵附裴仁基。仁基降密,密得叔宝大喜,以为帐内骠骑,侍之甚厚。密与宇文化及战黎阳,中矢堕马,濒死,追兵至,独叔宝捍卫得免。后归王世充,署龙骧大将军。与程咬金计曰:"世充多诈,数与下咒誓,乃巫妪,非拨乱主也。"因约俱西走,策其马谢世充曰:"自顾不能奉事,请从此辞。"贼不敢逼,于是来降。

高祖俾事秦王府,王尤奖礼。从镇长春宫,拜马军总管。战美良川,破尉迟敬德,功多,帝赐以黄金瓶,劳曰:"卿不恤妻子而来归我,且又立功,使朕肉可食,当割以啖尔,况子女玉帛乎!"寻授秦王右三统军,走宋金刚于介休,拜上柱国。从讨世充、建德、黑闼三盗,未尝不身先锋鏖阵,前无坚对。积赐金帛以千万计,进封翼国公。每敌有骁将锐士震耀出入以夸众者,秦王辄命叔宝往取之,跃马挺枪刺于万众中,莫不如志,以是颇自负。及平隐、巢,功拜左武卫大将军,实封七百户。

后稍移疾,尝曰:"吾少长戎马间,历二百余战,数重创,出血且数斛,安得不病乎?"卒,赠徐州都督,陪葬昭陵。太宗诏有司琢石为人马立墓前,以旌战功。贞观十三年,改封胡国公。

后四年,诏司徒、赵国公无忌,司空、河间王孝恭,司空、莱国公如晦,司空、太子太师、郑国公徵,司空、梁国公玄龄,开府仪同三司、鄂国公敬德,特进、卫国公靖,特进、宋国公瑀,辅国大将军、褒国公志玄,辅国大将军、夔国公弘基,尚书左仆射、蒋国公通,陕东道行台右仆射、郧国公开山,荆州都督、谯国公绍,荆州都督、邳国公顺德,洛州都督、郧国公亮,吏部尚书、陈国公君集,左骁卫大将军、郯国公公谨,左领军大将军、卢国公知节,礼部尚书、永兴郡公世南,户部尚书、渝国公政会,户部尚书、莒国公俭,兵部尚书、英国公勣并叔宝,并图形凌烟阁。高宗永徽六年,遣使致祭名臣图形凌烟阁者凡七人,徵、士廉、瑀、志玄、弘基、世南、叔宝,皆始终著名者也。

唐俭,字茂系,并州晋阳人。祖邕,北齐尚书左仆射。父鉴,隋戎州刺史,与高祖善,尝偕典军卫,故俭雅与秦王游,同在太原。俭爽迈少绳检,然事亲以孝闻。见隋政寖乱,阴说秦王建大计。高祖尝召访之,俭曰:"公日角龙廷,姓协图谶,系天下望久矣。若外啸豪桀,北招戎狄,右收燕赵,济河而南,以据秦、雍,汤、武之业也。"高祖曰:"汤、武之事岂可几?然丧乱方剡,私当图存,公欲拯溺者,吾方为公思之。"及大将军府开,授记室参军、渭北道元帅司马。从定京师,为相国府记室晋昌郡公。

武德初,进内史舍人,还中书侍郎、散骑常侍。吕崇茂以夏县反,与刘武周连和,诏永安王孝基、独孤怀恩、于筠率兵致讨,俭以使适至军。会孝基等为武周所虏,俭亦见禽。始,怀恩屯蒲州,阴与部将元君实谋反,会俱在贼中。君实私语俭曰:"独孤尚书将举兵图大事,犹豫不发,故及此。所谓当断不断而受乱者。"俄而怀恩脱归,诏复守蒲。君实曰:"独孤拔难归,再戍河上,宁其王者不死乎?"俭恐必乱,密遣刘世让归白发其谋。会高祖幸蒲津,舟及中流而世让至,帝惊,曰:"岂非天也!"命趋还舟,捕反者,怀恩自杀,余党皆诛。俄而武周败,亡入突厥。俭封府库、籍兵甲以待秦王。帝嘉俭身幽辱而不忘朝廷,诏复旧官,仍为并州道安抚大使,许以便宜,尽簿怀恩资产赐俭。还为礼部尚书、天策长史、检校黄门侍郎、莒国公。仍为遂州都督,食绵州六百户。

贞观初,使突厥还,太宗谓俭曰:"卿观颉利可取乎?"对曰:"衔国威灵,庶有成功。"四年,驰传往诱使归款,颉利许之,兵懈弛,李靖因袭破之,俭脱身还。

岁余,为民部尚书。从猎洛阳苑,群豕突出于林,帝射四发,辄毙四豕。一豕跃及镫,俭投马搏之。帝拔剑断豕,顾笑曰:"天策长史不见上将击贼邪,何惧之甚?"对曰:"汉祖以马上得之,不以马上治之。陛下神武定四方,岂复快心于一兽?"帝为罢猎。诏其子善识尚豫章公主。

俭居官不事事,与宾客纵酒为乐。坐小法,贬光禄大夫。永徽初,致仕,加特进。显庆初卒,年七十八。赠开府仪同三司、并州都督,陪葬昭陵,谥曰襄。

少子观,为河西令,知名。

孙从心,神龙中,以其子晙娶太平公主女,擢累殿中监。晙太常少卿,坐太平党诛。

俭弟宪。

宪字茂彝,仕隋为东宫左勋卫。太子废,罢归,不治细行,好驰猎，藏亡命，所交皆博徒轻侠。高祖领太原，颇亲遇之，参与大议，义师起，授正议大夫，置左右，尤所信倚。封安富县公。武德中，进累云麾将军，加郡公。贞观中，终金紫光禄大夫。

裔孙次，字文编。建中初，及进士第，历侍御史。窦参数荐之，改礼部员外郎。参贬，出为开州刺史，积十年不迁。韦皋镇蜀，表为副使，德宗谕皋罢之。次身在远，久抑不得申，以为古忠臣贤士罹谗毁被放，至杀身，君且不悟者，因采获其事，为《辨谤略》三篇上之。帝益怒曰：“是乃以古昏主方我！”改夔州刺史。宪宗立，召还，授礼部郎中，知制诰，终中书舍人。宪宗雅恶朋比倾陷者，赏览《辨谤略》，善之。谓学士沈传师曰：“凡君人者，宜所观省。然次编录未尽，卿可广其书。”传师乃与令狐楚、杜元颖论次，起周讫隋，增为十篇，更号《元和辨谤略》。

子扶，字云翔，仕历屯田郎中。大和五年，为山南宣抚使。内乡仓督邓琬负度支漕米七千斛，吏责偿之，系其父子至孙凡二十八年，九人死于狱，扶奏申释之。诏切责盐铁、度支二使，天下监院偿逋系三年以上者，皆原。进中书舍人，出为福州观察使。滥杀人，风绩不立。会卒，奴婢争财，有司按其赀至十余万，时议蚩薄之。

扶弟持，字德守，中进士第。大和中，为渭南尉，试京兆府进士。时尹杜悰欲以亲故托之，持辄趋降阶伏，惊语塞，乃止。累迁工部郎中，出为容州刺史。还给事中，历朔方、昭义节度使，卒。

子彦谦字茂业，多通技艺，尤工为诗，负才无所屈。乾符末，避乱汉南。王重荣镇河中，辟幕府，累表为副，历晋、绛二州刺史。重荣军乱，彦谦贬兴元参军事。节度使杨守亮表为判官，迁副使，终阆、壁二州刺史。

段志玄，齐州临淄人。父偃师，仕隋为太原司法书佐。从义师，官至郢州刺史。志玄姿质伟岸，少无赖，数犯法。大业末，从父客太原，以票果，诸恶少年畏之，为秦王所识。

高祖兴,以千人从,授右领大都督府军头。下霍邑、绛郡,攻永丰仓,榷锋最。历左光禄大夫。从刘文静拒屈突通于潼关。文静为桑显和所袭,军且溃,志玄率壮骑驰贼,杀十余人,中流矢,忍不言,突击自如,贼众乱,军乘之,唐兵复振。通败走,与诸将蹑获于稠桑,以多,授乐游府车骑将军。从讨王世充,深入,马跌,为贼禽。两骑夹持其髻,将度洛,志玄忽腾而上,二人者俱堕,于是夺其马驰归,尾骑数百不敢近。破窦建德,平东都,迁秦王府右二护军。隐太子尝以金帛诱之,拒不纳。秦王即位,累迁左骁卫大将军,封樊国公,实封九百户。诏率兵至青海夺吐谷浑牧马,逗留,免。未几复职。

文德皇后之葬,与宇文士及勒兵卫章武门,太宗夜遣使至二将军所,士及披户内使,志玄拒曰:"军门不夜开。"使者示手诏,志玄曰:"夜不能辨。"不纳。比曙,帝叹曰:"真将军,周亚夫何以加!"改封褒国公,历镇军大将军。

贞观十六年疾,帝临视,泣顾曰:"当与卿子五品官。"顿首谢,请与母弟,顾乃拜志感左卫郎将。及卒,帝哭之恸。赠辅国大将军、扬州都督,陪葬昭陵,谥曰壮肃。

三世孙文昌。

文昌字墨卿,一字景初,世客荆州。疏爽任义节,不为龌龊小行。节度使裴胄礼之。胄采古今礼要为书,数从文昌质判所疑。后依剑南节度韦皋,皋表为校书郎,宰相李吉甫才之,擢登封尉、集贤校理,再迁左补阙。宪宗数欲亲用,颇为韦贯之奇诋,偃蹇不得进。贯之罢,引为翰林学士,迁中书舍人,遂为承旨。穆宗即位,屡召入思政殿顾问,率至夕乃出。俄拜中书侍郎、同中书门下平章事。未逾年,自表还政。授剑南西川节度使、同平章事。

文昌素谙蜀利病,大抵治宽静,间以威断,不常任也,群蛮震服。长庆二年黔中蛮叛,观察使崔元略以闻,文昌使一介下晓,蛮即引还,彭濮蛮大酋蹉禄来请立石刊誓,修贡献。入迁兵部尚书。文宗立,拜御史大夫,进封邹平郡公。俄检校尚书右仆射、平章事,节度淮南。

大和四年,检校左仆射,徙帅荆南。州或旱,袚解必雨;或久雨,遇出游必霁。民为语曰:"旱不苦,祷而雨;雨不愁,公出游。"南诏袭南安,帝以文昌得蛮夷心,诏使下檄尉让,即日解而去。复节度西川。九年卒,赠太尉。

文昌先墓在荆州,岁时享祠,必荐以音乐歌舞,习礼者讥其非。少羁婆,所向少谐。及居将相,享用奢侈,士议尤替。

子成式,字柯古,推荫为校书郎。博学强记,多奇篇秘籍。侍父于蜀,以畋猎自放,文昌遣吏自其意谏止。明日以雉兔遍遗幕府,人为书,因所获俪前世事,无复用者,众大惊。擢累尚书郎,为吉州刺史,终太常少卿。著《酉阳书》数十篇。子安节,乾宁中,为国子司业,善乐律,能自度曲云。

赞曰:屈突通尽节于隋,而为唐忠臣,何哉?惟其一心,故事两君而无嫌也。敬德之来,太宗以赤心付之,桑荫不徙而大功立。君臣相遇,古人谓之千载,顾不谅哉!投机之会,间不容丝,公谨所以抵龟而决也。

唐书卷九〇
列传第一五

刘弘基　　殷开山　　刘政会 _奇

_{崇望　崇龟　崇鲁}　　**许绍**　_{围师　钦寂　钦明}

程知节　　柴绍　　任瑰　　丘和

_{行恭}

　　刘弘基,雍州池阳人。少以荫补隋右勋侍。大业末,从征辽,资乏,行及汾阴,度后期且诛,遂与其属椎牛犯法,吏讽捕系。岁余,以赎论,因亡命,盗马自给。至太原,阴事高祖。又察太宗资度非常,益自托。由是蒙亲礼,出入连骑,间至卧内。兵将举,弘基募士,得二千人。王威等鲠大事,弘基与长孙顺德伏阁后,麾左右执之。从攻下西河,宋老生败,弃马投堑,弘基斩其首,拜右光禄大夫。师至蒲,引兵先济河,下冯翊。为渭北道大使,命殷开山副之。西徇扶风,众至六万,南度渭,次长安故城,振队金光门。隋将卫文升来拒,弘基逆击,擒甲士千余,马数百。时诸军尚未至,弘基最先胜。高祖悦,赐马二十四。京师平,功第一,授右骁卫大将军。

　　讨薛举,战浅水原,八总管军皆没,唯弘基一军战力,矢尽,为贼拘。帝以临难不屈,优护其家。仁杲平,乃克归,言之如初。刘武周犯太原,弘基屯平阳,复陷贼。俄自拔归,授左一总管。从秦王屯柏壁,以劲卒二千由隰州趋西河,蹑贼归路。贼锐甚,弘基坚壁储勇。及宋金刚遁走,率骑尾之介休,与王合击,大破之。累封任国公。

从击刘黑闼，还，除井钺将军。会突厥患边，督步骑万人备塞，自幽北东拒子午岭，西抵临泾，筑障遮虏。

贞观初，李孝常等谋反，坐与交，除名为民。岁余，起为易州刺史，复封爵。召授卫尉卿，改封夔国。以老乞骸，为辅国大将军，朝朔望，禄赐同职事。太宗征辽，召为前大总管，战驻跸山，有功，累加封户至千一百。卒，赠开府仪同三司，并州都督，陪葬昭陵，谥曰襄。

始，弘基病，给诸子奴婢各十五人，田五顷，谓所亲曰："使贤，固不藉多财；即不贤，守此可以脱饥冻。"余悉散之亲党。子仁实，袭封。

殷开山，名峤，以字行，世居江南。祖不害，仕陈为司农卿。陈亡，徙京兆，为鄠人。

开山涉书，工为尺牍，为隋太谷长。高祖兵起，召补大将军掾，从攻西河。为渭北道元帅长史。时关辅群盗骛力自张，不相君，命开山招慰，皆下。与刘弘基屯故城，破卫文升之兵，赐爵陈郡公，迁丞相府掾。

以吏部侍郎从秦王讨薛举。会王疾甚，卧营，委军于刘文静，诫曰："贼方炽，邀速战利。公等毋与争，粮尽众栌，乃可图。"开山锐立事，说文静曰："王属疾，尤公弗克济，故不欲战。今宜逗机制敌，无专以贼遗王也。请勒兵以怖之。"遂战折墌，为举所乘，遂大败。下吏当死，诏贷之，除名为民。顷之，从平仁杲，复爵位，兼陕东道行台兵部尚书，迁吏部。从讨王世充，以功进爵郧国公。

征刘黑闼，道病卒，王哭之恸，诏赠陕东道大行台右仆射，谥曰节。贞观十四年，与淮安王神通、河间王孝恭、民部尚书刘政会俱配飨高祖庙廷。永徽中，加赠司空。

刘政会，滑州胙人。隋大业中，为太原鹰扬府司马，以兵隶高祖麾下，王威等既二，秦王欲先事除之，遣政会为急变书告其反。时募士已集，乃执威等囚之，然后举兵，政会功也。

大将军府建，为户曹参军，迁丞相府掾。武德初，授卫尉少卿，留守太原，调辑戎政，远近欢服。会刘武周寇并州，晋阳豪桀举应之，政会为武周所擒，每密表贼形势。既平，复官爵，历光禄卿，封邢国公。贞观初，转洪州都督，卒。太宗手诏："政会昔预义举，有殊功，葬宜异等。"于是赠民部尚书，谥曰襄。后追徙渝国。

子玄意袭爵，尚南平公主。高宗时为汝州刺史。

次子奇，长寿中，为天官侍郎，荐张鷟、司马锽为监察御史，二人因申屠玚以谢，奇正色曰："举贤本无私，何见谢？"闻者皆竦。后为酷吏陷，被诛。

七世孙崇望，字希徒，及进士第，宣歙王凝辟转运巡官。崔安潜帅许及剑南，崇望昆弟四人同幕府，世以为才。安潜入为吏部尚书，崇望又以员外郎主南曹，选事清办。僖宗幸山南，王重荣怨宦竖，不肯率职，时高选使者，即河中镌谕使自新，崇望以谏议大夫持节往。既至，陈君臣大义动之，重荣顺服，请诛朱玫自效。使还，称旨，擢翰林学士。昭宗即位，进中书侍郎、同中书门下平章事。张浚伐太原，崇望固执不可，浚果败。代为门下侍郎、判度支。玉山都将杨守信反，夜陈兵阙下。帝列兵延喜门，命崇望守度支库。黎旦，含光门未开，禁卒左右植立，将大掠长安中。俄闻传呼宰相来者，门辟，崇望驻马劳曰："上自将在中营，公等禁军也，不帝前杀贼取功，而苟欲剽掠成恶名乎？"士皆唯唯。至长乐门，贼望兵至，乃遁去，军中喊呼"万岁"。是日，京师不乱，繄其力。进尚书左仆射。朱全忠谋取徐、泗，表请以大臣代时溥，乃授崇望武宁军节度使。溥拒命，崇望还为太常卿。会王珂、王珙争河中，诏以崔胤为节度使。珂，李克用婿也。太原邸吏薛志勤曰："崔公镇河中，不若光德刘公于我公最善。"光德，崇望所居坊也。后李茂贞、王行瑜入诛执政，坐是贬昭州司马。行瑜诛，克用直其冤，召为吏部尚书。会王抟以吏部辅政，徙兵部。王建欲并东川，诏崇望为剑南东川节度使、同中书门下平章事。未至，建已使王宗涤知留后，崇望乃还为兵部尚书。卒，赠司空。

兄崇龟，字子长。擢进士，仕累华要，终清海军节度使。广有大贾，约倡女夜集，而它盗杀女，遗刀去。贾入倡家，践其血乃觉，乘艑亡。吏迹贾捕劾，得约女状而不杀也。崇龟方大飨军中，悉集宰人，至日入，乃遣。阴以遗刀易一杂置之。诘朝，群宰即庖取刀，一人不去，曰："是非我刀。"问之，得其主名。往视，则亡矣。崇龟取它囚杀之，声言贾也，陈诸市。亡宰归，捕诘具伏。其精明类此。姻旧或干以财，率不答，但写《荔支图》与之。然不能防检其家，既没，有鬻珠翠者，由是名损。

弟崇鲁，字郊文，亦第进士，擢左补阙、翰林学士，僖宗避难山南，为嗣襄王煴史馆修撰，得不诛。景福中，以水部郎中知制诰。雅与崔昭纬善。帝以韦昭度、李磎辅政，而昭纬外倚邠、岐兵为援，以久其权。于是天子厚礼磎，昭纬惧见夺，共谋沮之。及磎墨麻出，崇鲁辄掠麻大哭。帝问焉，崇鲁曰："今虽乏人，岂宜取憸人为宰相。磎以杨复恭、西门重遂得近职，奈何用之？前日杜让能羞戮未刷，尚忍蹈覆辙乎？"磎由是不得相。磎亦劾奏其奸，因自陈"为山南杨守亮诋毁，不容与复恭交私。"又言："崇望为宰相，使亲吏日夕谒左军，与复恭相亲厚。缞巾惨带，不入禁门；崇鲁向殿哭。厌诅天祚，殆人之妖。且其父坐赇饮药死。崇鲁身为朱玫史官，作劝进表。在太原府使西川，见田令孜，没阶趋，废制度自崇鲁始。"其相詈訾，俚浅稽校，譬市人然。崇龟始闻哭麻，恚不食。曰："吾兄弟未始以声利败名，今不幸乃生是儿。"后王行瑜、崔昭纬相继诛，崇鲁贬崖州司户参军。终水部员外郎。

许绍，字嗣宗，安州安陆人。父法光，在隋为楚州刺史。元皇帝为安州总管，绍时为儿，与高祖同学，相爱也。大业末，任夷陵通守，会盗起，州境独完，流人自占数十万，开仓赈给。炀帝崩问至，绍率人吏三日临，以所部遥属越王侗。后王世充篡立，遂遣使以黔安、武陵、澧阳归国，授峡州刺史，封安陆郡公。高祖赐书道平生旧，以加慰纳。

　　萧铣将董景珍降，命绍率兵应接。以破铣功，擢其子智仁为温州刺史。铣遣杨道生围峡州，绍击走之。铣将陈普环具大舰溯江，与开州贼萧阇提略巴、蜀，绍遣智仁及婿张玄靖、掾李弘节追战西陵，覆其兵，禽普环，悉获战舰。江之南有安蜀城，地直夷陵，荆门城峙其东，皆峭险处。铣以兵戍守，绍遣智仁等攻荆门，取之。制书褒美，许以便宜。绍境连王世充及铣，其下为贼剽者皆见杀，绍得敌人，独资遣之，二邦感义，杀掠为止。进谯国公，赐帛千段。

　　赵郡王孝恭等伐铣，复诏督兵图荆州。会病，卒于军，帝为流涕。贞观中，赠荆州都督。

　　智仁，初以勋授封孝昌县公，绍卒，继守夷陵，终凉州都督。

　　次子圉师。

　　圉师有器干，研涉艺文，擢进士第。累还给事中、黄门侍郎、同中书门下三品。龙朔中，为左相。高宗自书诏赐辽东诸将，谓许敬宗曰："圉师爱书，可示之。"俄坐其子猎犯人田，有辞，怒而射之，圉师掩不奏，为人告擿。帝让曰："宰相而暴百姓，非作威福乎？"圉师谢，且言："作威福者，强兵重镇，嫚天子法。臣文吏，何敢然！"帝曰："慊无兵邪？"敬宗因是刻抵，遂免官。

　　久之，为虔州刺史，稍迁相州，专以宽治，州人刻石颂美。部有受赇者，圉师不忍按，但赐《清白箴》，其人自愧，后修饰，更为廉士。进户部尚书。卒，赠幽州都督，谥曰简，陪葬恭陵。

　　绍初爵谯国公，以子智仁自有封，故诏孙力士袭之，终洛州长史。子钦寂嗣封。万岁通天元年，契丹入寇，诏为陇山军讨击副使，战崇州，败，为虏所禽。方围安东，胁令说属城未下者，钦寂呼安东都护裴玄珪曰："贼朝夕当灭，幸谨守！"贼怒害之。武后下制褒美，赠蕲州刺史，谥曰忠。子辅乾，以父死难，授左监门卫中候，为海东慰劳使，使迎柩还葬。

　　钦寂弟钦明，以军功擢左玉钤卫将军、安西大都护、盐山郡公。出为凉州都督。尝轻骑按部，会突厥默啜兵奄至，被执。贼与皆至灵州，使说之降。钦明至城下，呼曰："我乏食，有美酱乎？有粱米乎？并乞墨一枚！"时贼营四面阻水，惟一路得入。钦明欲选将柬兵，乘夜袭贼也，而城中无窬其庾者，遂见害。兄弟死王事，世名其忠。

程知节本名咬金，济州东阿人。善马矟。隋末所在盗起，知节聚众数百保乡里。后事李密，而密料士八千隶四骠骑，分左右以自卫，号"内军"，常曰："此可当百万。"知节领骠骑之一，恩遇隆特。王世充与密战，知节以内骑营北邙，单雄信以外骑营偃师。世充袭雄信，密遣知节及裴行俨助之。行俨中流矢坠马，知节驰救之，杀数人，军辟易，乃抱行俨重骑驰。追兵以槊撞之，知节折其槊，斩追者，乃免。后密败，为世充所获。恶其为人，与秦叔宝来奔，授秦王府左三统军。从破宋金刚、窦建德、王世充，并领左一马军总管，擎旗先登者不一，以功封宿国公。

七年，隐太子潜之，出为康州刺史，白秦王曰："大王去左右手矣，身欲久全，得乎？知节有死，不敢去！"事平，拜太子右卫率，寻迁右武卫大将军，实封七百户。贞观中，历泸州都督、左领军大将军，改封卢国。

显庆二年，授葱山道行军大总管，以讨贺鲁。师次怛笃城，胡人数千出降，知节屠其城去，贺鲁因远遁。军还，坐免。未几，起为岐州刺史，致仕。卒，赠骠骑大将军、益州大都督，陪葬昭陵。

子处亮，尚清河公主。

柴绍字嗣昌，晋州临汾人。幼趫悍，有武力，以任侠闻。补隋太子千牛备身，高祖妻以平阳公主。将起兵，绍走间道迎谒。时太子建成、齐王元吉亦自河东往，遇诸途。建成曰："追书急，恐吏逮捕，请依剧贼，冀自全。"绍曰："不可。贼知君唐公子，必执以为功，徒死尔。不如疾走太原。"既入雀鼠谷，闻义兵起，谓绍有谋，乃相贺。授右领军大都督府长史，领骁骑，发晋阳。先抵霍邑城下，觇形势。还白："宋老生一夫敌，我兵到必出战，可虏也。"大师至，老生果出，绍力战有功。从下临汾、绛郡，隋将桑显和来战，绍引军缭其背，与史大奈合攻之。显和败，遂平京师。进右光禄大夫，封临汾郡公。高祖即位，拜左翊卫大将军，累从征讨，以多，进封霍国公，迁右骁卫大将军。

吐谷浑、党项寇边，敕绍讨之，虏据高射绍军，雨矢，士失色。绍安坐，遣人弹胡琵琶，使二女子舞。虏疑之，休射观。绍伺其懈，以精骑从后掩击，虏大溃，斩首五百级。

贞观二年，平梁师都，转左卫大将军。出为华州刺史，加镇军大将军，徙谯国。既病，太宗亲问之。卒，赠荆州都督，谥曰襄。二子：哲威、令武。

哲威为右屯卫将军，袭封。坐弟谋反，免死，流邵州。起为交州都督，卒。

令武尚巴陵公主，迁太仆少卿、卫州刺史、襄阳郡公。与房遗爱谋反，贬岚州刺史，自杀。公主亦赐死。

任瓌，字玮，庐州合淝人。父七宝，陈将忠之弟，为陈定远太守。瓌早孤，忠抚爱甚，每曰："吾子虽多，庸保耳。所以寄门户者，瓌也！"年十九，试守灵溪令。迁衡州司马，都督王勇尽以州务属瓌。陈亡，瓌劝勇据岭外，立陈后辅之。勇不从，以地降隋，瓌弃官去。仁寿中，调韩城尉，未几，罢。

高祖讨捕于汾、晋，瓌上谒辕门，承制署河东县户曹。高祖之晋阳，留隐太子托之。义师起，瓌至龙门请见。高祖曰："隋失其政，四海群沸，吾以外戚据重任，不忍坐观其亡。晋阳，天下用武处，兵精马强，今率之，将猷国难。公，将家子，智筭练达，论吾此举其济乎？"瓌曰："今主政残酷，兵役不止，天下之人，思见拯乱，与之息肩。公天付神武，杖顺而起，军令严明，所下城邑，无秋豪之犯。关中起兵者跂踵而待。拥义师，迎众欲，何不济哉！瓌在冯翊久，悉其人情，愿为一介使，入关宣布威灵，以收左辅。由梁山济河，直趣韩城，逼郃阳，徇朝邑。萧造文吏，势当自下。次招诸贼，然后鼓行而前，据永丰积粟,虽未得京师,关中固已定矣。"高祖曰:"是吾心也!"乃授银青光禄大夫。遣陈演寿、史大奈步骑六千趣梁山,以瓌及薛献为招慰大使。高祖谓演寿曰:"阃外事与任瓌筹之。"既而贼孙华、白玄度等果降,且具舟于河以济师。瓌行说下韩城,与诸将进击饮马泉,破之。拜左光禄大夫,留戍永丰仓。

高祖即位,授谷州刺史。王世充数攻新安,瓌拒破之。以功封管国公。秦王东讨,瓌从至邙山,主水运饷军。

关东平,为河南安抚大使,王世辩以徐州降瓌,瓌至宋州,会徐圆朗反,副使柳浚劝退保汴,瓌笑曰:"公何怯?老将居边久,自当有计。"俄而贼陷楚丘,将围虞城,瓌遣崔枢、张公谨自鄢陵领诸州豪质子百余守之。浚曰:"枢等故世充将,且诸州质子父兄皆反,奈何令保城?"瓌不答。枢至,则分质子与土人合队,贼近,质子稍叛,枢即斩其队帅。城中人惧曰:"是皆贼子弟,安可与守乎?"枢因听诸队杀质子,枭首门外。瓌阳怒曰:"去者遣招慰,何乃杀之?"退谓浚曰:"固知崔枢办之。县杀贼子,为怨已大,人今自为战矣。"圆朗攻虞城,不能拔。贼平,迁徐州总管,仍为大使。

辅公祏反,诏以兵自扬子津济江讨之。公祏平,拜邗州都督,迁陕州。瓌弟璨,为隐太子典膳监。太子废,璨得罪,瓌亦左授通州都督。贞观四年卒。

瓌历职有功,然补吏多为亲故人私,至负势赇请,瓌知,不甚禁遏,世以此讥之。瓌卒,时有司以在外对仗白奏,太宗怒曰:"昔杜如晦亡,朕不能事者数日。今瓌丧,所司不以状言,岂朕意乎?有如朕子弟不幸死,当此奏邪!"自是大臣丧,遂不对仗奏云。

丘和,河南洛阳人,后徙家郿。少重气侠,闲弓马,长乃折节自将。仕周开府仪同三司。入隋为右武卫将军,封平城郡公,历资、梁、蒲三州刺史,以宽惠著名。汉王谅反,使卒衣妇人衣袭取蒲州,和挺身免,坐废为民。宇文述有宠,和倾心附纳。俄以发武陵公元胄罪,复拜代州刺史。炀帝北巡,和馈献精腆,至朔州,而刺史杨廓无所进,帝不悦。述盛称和美,帝用为博陵太守,诏廓就视和为式。后帝过博陵,和上食加丰,愈喜。由是所过竞为珍侈献,自和发也。然和善抚吏士,得其心。迁天水郡守,入为左御卫将军。大业末,海南苦吏侵,数怨畔。帝以和所莅称淳良,而黄门侍郎裴矩亦荐之,遂拜交阯太守,抚接尽情,荒憬安之。

烀帝崩,而和未知。于是鸿胪卿宁长真举郁林附萧铣,冯盎举珠崖、番禺附林士弘,各遣使招和,不从。林邑西诸国,数遗和明珠、文犀、金宝,故和富埒王者。铣闻,利之,命长真以南粤蛮、俚攻交阯,和遣长史高士廉率兵击走之,郡为树石勒其功。会隋骁果自江都来,乃审隋亡,和即陈款归国,而岭峤闭阻,乃权附铣。铣平,遂得归。诏李道裕即授和交州总管,爵谭国公。和遣士廉奉表请入朝,诏其子师利迎之。及谒见,高祖为兴,引入卧内,语平生,欢甚,奏九部乐飨之,除左武候大将军。和时已老,以稷州其故乡也,令为刺史以自养。寻除特进。贞观十一年卒,年八十六,赠荆州总管,谥曰襄,陪葬献陵。

有子十五人,多至大官,而行恭为知名。

行恭有勇,善骑射。大业末,与师利聚兵万人保郿城,人多依之,群盗不敢窥境。后原州奴贼围扶风,太守窦琎坚守。贼食尽无所掠,众稍散归行恭。行恭遣其酋说贼共迎高祖,乃自率五百人负粮持牛酒诣贼营。奴帅长揖,行恭手斩之,谓众曰:"若皆豪桀也,何为事奴乎?使天下号曰奴贼。"众皆伏,曰:"愿改事公。"行恭乃率其众,与师利迎谒秦王于渭北,拜光禄大夫。累从战伐,功多,迁左一府骠骑,锡劳甚厚。隐太子诛,以功擢左卫将军。贞观中,坐与兄争葬所生母,废为民。从侯君集平高昌,封天水郡公,进右武候将军。高宗立,迁大将军、冀陕二州刺史,致仕。卒,年八十,赠荆州刺史,谥曰襄,陪葬昭陵。

行恭所守严烈,僚吏畏之。数坐事免,太宗思其功,不逾时辄复官。初,从讨王世充,战邙山。太宗欲尝贼虚实,与数十骑冲出陈[

多所杀伤,而限长堤,与诸骑相失,唯行恭从。贼骑追及,流矢著太宗马,行恭回射之,发无虚镞,贼不敢前。遂下拔箭,以己马进太宗,步执长刀,大呼导之,斩数人,突阵而还。贞观中,诏斫石为人马象拔箭状,立昭陵阙前,以旌武功云。子神勣,见《酷吏传》。

赞曰:帝王之将兴,其威灵气焰有以动物悟人者,故士有一概,皆填然跃而附之,若榱橡梁柱以成大室,义负偃植,各安所施而无遗材,诸将之谓邪。然皆能礼法自完,贤矣哉!

唐书卷九一
列传第一六

温大雅 彦博 大有 佶 造 璋 廷筠 廷皓　　皇甫无逸　　李袭志 袭誉 姜慕 行本 皎 庆初 晦　　崔善为 李嗣真

温大雅,字彦弘,并州祁人。父君攸,北齐文林馆学士,入隋为泗州司马,见朝政不纲,谢病归。大雅性至孝,与弟彦博、大有皆知名。薛道衡见之,叹曰:"三人者,皆卿相才也。"初为东宫学士、长安尉,以父丧解,会天下乱,不复仕。

高祖镇太原,厚礼之。兵兴,引为大将军府记室参军,主文檄。帝受禅,与窦威、陈叔达讨定仪典,迁黄门侍郎,而彦博亦为中书侍郎,对管华近。帝尝从容谓曰:"我起晋阳,为卿一门耳。"进工部侍郎、陕东道大行台尚书。隐太子图乱,秦王表大雅镇洛阳须变,数陈秘画,多所嘉纳。王即位,转礼部,封黎国公。改葬其祖,卜人占其地,曰:"弟则吉,不利于君,若何?"大雅曰:"如子言,我含笑入地矣。"岁余卒,谥曰孝。永徽五年,赠尚书右仆射。

彦博字大临,通书记,警悟而辩。开皇末,对策高第,授文林郎,直内史省。隋乱,幽州总管罗艺引为司马。艺以州降,彦博与有谋,授总管府长史,封西河郡公,召入为中书舍人,迁侍郎。高丽贡方物,高祖欲让而不臣,彦博执不可,曰:"辽东本周箕子国,汉玄菟郡,不使北面,则四夷何所瞻仰?"帝纳而止。

突厥入寇,彦博以并州道行军长史战太谷,王师败绩,被执。突厥知近臣,数问唐兵多少及国虚实,彦博不肯对,囚阴山苦寒地。太宗立,突厥归款,得还。授雍州治中,寻检校吏部侍郎。彦博欲汰择士类,寡术不能厌众,讼牒满廷,时讥其烦碎。复为中书侍郎,迁御史大夫,检校中书侍郎事。贞观四年,迁中书令,封虞国公。突厥降,诏议所以安边者,彦博请如汉置降匈奴五原塞,以为捍蔽,与魏徵廷争,徵不胜其辩,天子卒从之。其后突利可汗弟结社谋反,帝始悔云。

彦博善辞令,每问四方风俗,胪布诰命,若成诵然;进止详华,人皆拭目观。高祖尝宴近臣,遣秦王谕旨,既而顾左右曰:"何如温彦博?"十年,迁尚书右仆射,明年卒,年六十三。

彦博性周慎,既掌机务,谢宾客不通,进见必陈政事利害。卒后,帝叹曰:"彦博以忧国故,耗思殚神,我见其不逮再稘矣,恨不许少闲以究其寿。"家贫无正寝,殡别室,帝命有司为构寝。赠特进,谥曰恭,陪葬昭陵。

子振、挺。振历太子舍人,居丧以毁卒。挺尚千金公主,官延州刺史。

彦博曾孙曦,尚凉国长公主。

大有字彦将。隋仁寿中,李纲荐之,授羽林骑尉。高祖举兵,引为太原令。从秦王徇西河,将行,高祖曰:"士马单少,要须经略,以君参军事,事之济否,卜是行之。"西河下,摄大将军府记室,与兄大雅同掌机近,不自安,请徙它职,帝曰:"我虚心待卿,何所自疑?"武德初,累迁中书侍郎,封清河郡公。卒,赠鸿胪卿,谥曰敬。

初,颜氏、温氏在隋最盛,思鲁与大雅俱事东宫,愍楚、彦博同直内史省,游秦、大有典校秘阁。颜以学业优,而温以职位显于唐云。

大雅四世孙佶，字辅国，以字行。安禄山乱，往见平原太守颜真卿，助为守计。李光弼厚遇之。后居邺，薛嵩荐之朝，授太常丞，一谢嵩即去，屏处郊野，世推其高节。

子造。

造字简舆，姿表瑰杰，性嗜书，然盛气，少所降屈。不喜为吏，隐王屋山，人号其居曰"处士墅"。寿州刺史张建封闻其名，书币招礼，造欣然曰："可人也！"往从之。建封虽咨谋，而不敢縻以职事。及节度徐州，造谢归下邳，慨然有高世心，建封恐失造，因妻以兄子。

时李希烈反，攻陷城邑，天下兵镇阴相撼，逐主帅自立，德宗患之。以刘济方纳忠于朝，密诏建封择纵横士往说济，佐其必。建封强署造节度参谋，使幽州。造与济语未讫，济俯伏流涕曰："僻陋不知天子神圣，大臣尽忠，愿率先诸侯效死节。"造还，建封以闻，诏驰驲入奏。天子爱其才，问造家世及年，对曰："臣五世祖大雅，外五世祖李勣，臣犬马之齿三十有二。"帝奇之。将用为谏官，以语泄乃止。复去，隐东都。乌重胤奏致幕府。

长庆初，以京兆司录为太原幽镇宣谕使，召见，辞曰："臣，府县吏也，不宜行，恐四方易朝廷。"穆宗曰："朕东宫时闻刘总比年上书请觐，使问行期，乃不报。卿为我行喻意，毋多让。"因赐绯衣。至范阳，总橐鞬郊迎。造为开示祸福，总惧，矍然若兵在颈，由是籍所部九州入朝。还，殿中侍御史。田弘正遇害，以起居舍人复宣慰镇州行营。

顷之，李景俭以酒得过宰相，造坐与饮，出为朗州刺史。开后乡渠百里，溉田二千顷，民获其利，号"右史渠"。召授侍御史，知弹奏。请复朱衣豸冠示外庭，不听。夏州节度使李祐拜大金吾，违诏进马，造正衙抨劾。祐曰："吾夜入蔡州擒吴元济，未尝心动，今日胆落于温御史。"迁左司郎中，知御史杂事，进中丞。

大和二年，内昭德寺火，延禁中"野狐落"。野狐落者，宫人所居也，死者数百人。是日，宰相、两省官、京兆尹、中尉、枢密皆集日华门，督神策兵救火所及，独御史府不至。造自劾曰："台系贼，恐人缘以构奸，申警备，乃得入。臣请入三十直，崔蠡、姚合二十直，自赎。"宰相刻造不待罪于朝，而自许轻比，不可听。有诏皆夺一月俸。

造性刚急，人或忤己，虽贵势，亦以气出其上。道遇左补阙李虞，恚不避，捕从者笞辱。左拾遗舒元褒等建言："故事，供奉官惟宰相外无屈避。造弃蔑典礼，无所畏，辱天子侍臣。凡事小而关分理者，不可失，失之，则乱所由生。遗、补虽卑，侍臣也，中丞虽高，法吏也；侍臣见陵则恭不广，法吏自恣则法坏。闻元和、长庆时，中丞呵止不半坊，今乃至两坊，谓之笼街。造擅自尊大，忽僭拟之嫌，请得论罪。"帝乃诏台官、供奉官共道路，听先后行，相值则揖。中丞传呼不得过三百步。造弹击无所回畏，威望隐然，发南曹伪官九十人，主史皆论死。迁尚书右丞，封祁县子。

兴元军乱，杀李绛，众谓造可夷其乱，文宗亦以为能，乃授检校右散骑常侍、山南西道节度使，许以便宜从事。帝虑其劳费，造曰："臣计诸道戍蛮之兵方还，愿得密诏受约束，用此足矣。"许之。命神策将董重质、河中将温德彝、邠阳将刘士和从造。而兴元将卫志忠、张丕、李少直自蜀还，造喻以意，皆曰："不敢二。"乃用八百人自从，五百人为前军。既入，前军呵护诸门。造至，欲大宴，视听事，曰："此隘狭，不足飨士。"更徙牙门。坐定，将卒罗拜，徐曰："吾欲闻新军去住意，可悉前，旧军无得进。"劳问毕，就坐，酒行，从兵合，卒有觉者，欲引去，造传言叱之，乃不敢动，即问军中杀绛状，状志忠、丕夹阶立，拔剑传呼曰："悉杀之！"围兵争奋，皆斩首，凡八百余人。亲杀绛者，醢之；号令者，殊死。取百级祭绛，三十级祭死事官王景延等，余悉投之汉江。监军杨叔元拥造靴祈哀，造以兵卫出之。诏流康州。叔元，始激兵乱者也，人以造不戮为恨。以功加检校礼部尚书，赐万缣赏其兵。

入为兵部侍郎，以病自言，出东都留守。俄节度河阳。奏复怀州古秦渠枋口堰，以溉济源、河内、温、武陟四县田五千顷。召为御史大夫。方倚以相，会疾，不能朝，改礼部尚书。卒，年七十，赠尚书右仆射。

兄邈，弟逊。邈，长庆、大和中，累以拾遗、补阙召，不应。逊尝为邑宰，解印绶去。

造子璋。

璋以父荫累官大理丞。阴平吏盗官物，而焚其帑，璋刺得其情，擢侍御史，赐绯衣。迁婺州刺史，以政有绩，赐金紫。徙庐、宋二州刺史。宣州逐郑薰也，崔铉调淮南兵讨之，以璋为宣州刺史。事平，就拜观察使，擢武宁节度使。银刀军骄横，累将姑息，而璋政严明，惧之，相率逐璋，诏徙邠宁节度，历京兆尹。璋素强干，锄宿弊，豪右慑服，加检校吏部尚书。同昌公主薨，懿宗诛医无状者，系亲属三百余人。璋与刘瞻极谏，贬振州司马，叹曰："生不逢时，死乌足惜！"仰药死。

彦博裔孙廷筠，少敏悟，工为辞章，与李商隐皆有名，号"温李"。然薄于行，无检幅。又多作侧辞艳曲，与贵胄裴诚、令狐滈等蒲饮狎昵。数举进士不中第。思神速，多为人作文。大中末，试有司，廉视尤谨，廷筠不乐，上书千余言，然私占授者已八人，执政鄙其为，授方山尉。徐商镇襄阳，署巡官，不得志，去归江东。令狐绹方镇淮南，廷筠怨居中时不为助力，过府不肯谒。丐钱扬子院，夜醉，为逻卒击折其齿，诉于绹。绹为劾吏，吏具道其污行，绹两置之。事闻京师，廷筠遍见公卿，言为吏诬染。俄而徐商执政，颇右之，欲白用。会商罢，杨收疾之，遂废卒。本名岐，字飞卿。

弟廷皓，咸通中，署徐州观察使崔彦曾幕府。庞勋反，以刃胁廷皓，使为表求节度使，廷皓绐曰："表闻天子，当为公信宿思之。"勋喜。归与妻子决，明日复见，勋索表，倨答曰："我岂以笔砚事汝邪？其速杀我。"勋熟视笑曰："儒生有胆耶，吾动众百万，无一人操橛乎!"囚之,更使周重草表。彦曾遇害,廷皓亦死,诏赠兵部郎中。

皇甫无逸,字仁俭,京兆万年人。父诞,隋并州总管府司马,汉王谅反,逼之不从,见杀。无逸在长安,闻变即号恸,人问故,对曰:"吾父生平重节义,必无苟免者。"顷讣至,果然。时五等废,炀帝嘉诞忠,特封无逸平舆侯,而赠诞柱国、弘义郡公。

无逸历淯阳太守,治为天下最,再迁右武卫将军。帝幸江都,诏居守洛阳。帝被杀,乃与段达、元文都立越王侗。及王世充篡,弃母妻,斩关自归。追骑及,无逸顾曰:"吾有死,终不能同尔为逆。"解金带投之地,曰:"以与尔,无相困。"骑争下取,由是获免。

高祖以无逸本隋勋旧,尊遇之,拜刑部尚书,封滑国公。历陕东道行台民部尚书,迁御史大夫。时蜀新定,吏多横恣,人不聊,诏无逸持节巡抚,得承制除吏。既至,黜贪暴,用廉善,法令严明,蜀人以安。

皇甫希仁,憸人也,诬告无逸为母故阴交世充,帝判其诈,斩希仁,遣给事中李公昌驰谕。又有告无逸交通萧铣者,时无逸舆行台仆射窦璡不协,因表自陈,拜上璡罪。有诏刘世龙、温彦博按之,无状,遂斩告者而黜璡。及还,帝劳曰:"比多潜毁,但以正直为佞人憎尔。"无逸顿首谢,帝曰:"卿无负,何所谢?"

拜民部尚书,出为同州刺史,徙益州大都督府长史,所至辄闭阁不通宾客,左右无敢出入者;所须皆市易它境。尝按部,宿民家,镫炷尽,主人将续进,无逸抽佩刀断带为炷,其廉介类如此。然过自畏慎,每上表疏,读数十犹惧未审,使者上道,追省再三乃得遣。母在长安疾笃,太宗命驰驿召还承问,忧悸不能食,道病卒。赠礼部尚书,谥曰孝。王珪驳曰:"无逸入蜀,不能与母俱,留卒京师,子道未足称,不可谓孝。"乃更谥良。

李袭志,字重光。其先本陇西狄道人,五世祖避地,更为金州安康人。仕隋始安郡丞。大业末,盗贼起,袭志倾私产募士,得三千人,乘城拒盗，萧铣、林士弘屡攻之不下。闻炀帝丧，乃与士民缟素三日临，或说曰："公临郡久，士大夫悦向，蛮夷畏威，虽曰隋臣，实君长也。今四海分裂，自王者非一姓，宜遂据岭表取百粤，岂遽不若尉佗乎？"袭志曰："吾世隋臣，今江都虽沦，宗社尚有奉，诸君当相与戮力刷仇耻，岂怙乱图不义哉？吾宁蹈忠死，不逆节以生，尉佗不足为吾法也。"欲斩说者，众谏乃止。遂固守凡二年，力穷援绝，为铣所陷，伪署工部尚书、桂州总管。

武德初，高祖赐书，命其子玄嗣召之。袭志约岭南酋永平郡守李光度潜图归国。帝复以书谕曰："公朕之宗，不可与异姓比，宜及子弟并豫宗正属籍。"及铣平，岭南六十余州皆送款，袭志诱而致云。赵郡王孝恭承制授桂州总管。五年来朝，进柱国，封始安郡公、江州都督。后讨辅公祏，为水军总管，转桂州都督。袭志守桂二十八年，政尚清省，南荒便之。表请入朝，以光禄大夫、汾州刺史致仕，卒。

弟袭誉，字茂实，通敏有识度。仕隋为冠军府司兵。阴世师辅代王守京师也，三辅盗螘聚，袭誉请以兵据永丰仓，发粟赈穷乏，出库物赏战士，驰檄郡县，共逐捕贼。世师不从。乃求出募山南兵，至汉中，高祖已定长安，召授太府少卿、安康郡公。

伐王世充也，拜潞州总管。时突厥已和亲，又通使世充，袭誉捕斩之。诏委典运，以饷东军。擢累扬州大都督府长史、江南巡察大使，多所黜陟。扬州，江、吴大都会，俗喜商贾不事农；袭誉为引雷陂水，筑句城塘，溉田八百顷，以尽地利，民多归本。召为太府卿。

为人严懻，以威肃闻。居家俭，厚于宗亲，禄禀随多少散之。以余资写书，罢扬州，书遂数车载。尝谓子孙曰："吾性不喜财，遂至婆乏。然负京有赐田十顷，能耕之，足以食；河内千树桑，事之可以衣；江都书，力读可进求宦。吾殁后，能勤此，无资于人矣。"迁凉州都督，改同州刺史。坐在凉州以私憾杖杀番禾丞刘武，当死，废为民，流泉州卒。

姜慕，秦州上邽人。隋大业末，为晋阳长。高祖在太原，谟前识之，谓所亲曰："隋政乱将亡，必有圣人受之。唐公负王霸资度，其必拨乱得天下。"乃深自结。及大将军府建，引为司功参军，从平霍邑、绛郡，兵遂度河，谟部勒一夕济，高祖叹其略。进平长安，除相国胄曹参军、长道县公。

薛举寇秦州，以谟山西豪望，诏安抚陇外，委以便宜。将行，请曰："公天人之望已属，宜膺图纬，光有神器。谟老矣，恐先朝露，幸一见践阼，死不恨。"高祖嘉纳。乃与窦轨出散关，下河池、汉阳，遇薛举，与战，轨败，召谟还朝，为员外散骑常侍。后仁杲平，擢秦州刺史。帝曰："昔人称衣锦故乡，今以本州相授，所以偿功。凉州荒梗，宜有以靖之。"谟至，抚边俗以恩信，盗贼衰止。人喜曰："不意复见太平官府。"改守陇州，以老去职。贞观元年卒，赠岷州都督，谥曰安。

子确。

确字行本，以字显，贞观中，为将作少匠，护作九成、洛阳宫及诸苑御，以干力称，多所赉赏，游幸无不从，迁宣威将军。太宗选赴才，衣五色袍，乘六闲马，直屯营。宿卫仗内，号曰"飞骑"，每出幸，即以从，拜行本左屯卫将军，分典之。

高昌之役，为行军副总管，出伊州，距柳谷百里，依山造攻械，增损旧法，械益精。其处有汉班超纪功碑，行本磨去古刻，更刊颂陈国威灵，遂与侯君集进平高昌，战有功，玺书尉劳。还，为金城郡公，赐奴婢七十人，帛百五十段。帝将征高丽，行本谏未宜轻用师，不从。至盖牟城，中流矢，卒。帝赋诗悼之，赠左卫大将军、郧国公，谥曰襄，陪葬昭陵。子简嗣，

行本性恪敏。所居官，虽祁寒烈暑无懈容，加有巧思，凡朝之营缮，所司必咨而后行。魏徵见其倚昵，恐寖启侈端，劝帝斥之，帝赖其强济，不斥也。

子柔远,美姿容,敷奏详辩。武后时,至左鹰杨卫将军,摄地官尚书,通事舍人内供奉。子皎、晦。

皎,长安中为尚书衣奉御,玄宗在藩邸,皎识其有非常度,委心焉。及即位,自润州长史召授殿中少监。出入卧内,陪燕私,诏许舍敬,坐与妃嫔连榻,间击球斗鸡,呼之不名也。赐宫女、厩马及珍物,前后不胜计。帝在殿廷玩一嘉树,皎盛赞之,帝遽令徙植其家。

后将诛窦怀贞等,皎与密议,以功进殿中监、楚国公,食封四百户。议者讥短皎任遇太过,帝以其藩邸旧,思有以宣布之,乃下诏曰:"殿中监、楚国公皎,往事朕于藩国,虽彭祖同书,子陵共学,不过也。朕赏游长杨、鄠、杜间,皎于时奉侍,数谓朕曰:'相王必登天位,王且储副。'朕叱而后止,复言于朕兄弟近戚。语闻太上皇,太上皇奏之中宗,遣嗣虢王邕等鞫问,皎一意保护,罔或二言。宗楚客、纪处讷等请投皎炎荒,中宗特诏贬润州长史。专以忠力戴朕,谓天且有命,故履危蹈艰而无变焉。朕既即位,又参诛奸臣,将厚以光宠,每所执逊。造膝匪躬,举多规益。而悠悠之谈,丑正恶直,天下之人,其未及识皎之功,何见之异也?昔汉昭之任霍光,魏祖之明程昱,朕之不德,庶几于此。且否当其悔,则必灭乃宗;泰至于亨,则所酬未补。岂流言是听,而厚德之忘哉?苟谋始有之,图终可也。"寻迁太常卿,监修国史。弟晦又为吏部侍郎,有权宠,宋璟以为非久安策,请抑损之。

开元五年,下诏放归田里,使自娱。久之,复为秘书监。十年,坐泄禁中语,为嗣濮王峤所劾,敕中书门下究状。峤亦王守一姻家,中书令张嘉贞阴希其意,传致皎狱,诏免殊死,杖之流钦州。道病死,年五十。亲厚坐谪死者数人,世以为冤。时源乾曜方侍中,不能正,为人所讥诋。帝后思皎旧勋,令递枢还,以礼葬之,存问其家,追赠泽州刺史。后以子尚主,更赠吏部尚书,仍赐封二百户为祠享费。

子庆初。

庆初生方晬，帝许尚主，后沦谪二十余年。天宝初，晈甥李林甫为宰相，为帝言之，始命以官，袭楚国公。十载，尚新平公主。新平故尝归裴玲，玲卒，乃降庆初。主慧淑，闲文墨，帝贤之，历肃、代朝，恩礼加重，庆初亦得幸。旧制，驸马都尉多不拜正官，特拜庆初太常卿。会修植建陵，诏为之使，误毁连冈，代宗怒，下吏论不恭，赐死，建陵使史忠烈等皆诛，裴玲子仿，亦削官。主幽禁中，大历十年薨。

故事，太常职奉陵庙。开元末，濮阳王彻为宗正卿，有宠，始请宗正奉陵。开宝中，张垍以主婿任太常，故复旧。及庆初败，又以陵庙归宗正云。

晦，起家蒲州参军，累为高陵令，治有声，迁长安令，人畏爱之。开元初，擢御史中丞。先是，永徽、显庆时，御史不拜宰相，衔命使四方者，廷中揖见，后稍屈下。至晦，独徇旧体，谓御史曰："不如故事，且奏谴公等。"由是台仪复振。转太常少卿。

时国马乏，晦请以诏书市马六胡州，率得马三十，署游击将军，诏可。闲厩乃稍备。除黄门侍郎，辞不拜，改兵部。满岁，为吏部侍郎，主选。曹史尝请托为奸，前领选者周棘扈藩，检窒内外，犹不禁。至晦，悉除之，示无防限。然处事精明，私相属透，辄辄得，皆以为神。始。晦革旧示简，廷议恐必败，既而赃赇路塞，而流品有叙，众乃伏。晈被放，晦亦左除宗正卿，贬春州司马，徙海州刺史，卒。

崔善为，贝州武城人。祖颙，为魏散骑侍郎。善为巧于历数，仕隋，调文林郎，督工徒五百营仁寿宫，总监杨素索簿阅实，善为执板暗唱，无一差谬，素大惊。自是四方有疑狱，悉令按讯，皆究其情。仁寿中，还楼烦司户书佐，高祖为太守，尤礼接。

善为见隋政日紊，密劝高祖图天下。及兵起，署大将军府司户参军，封清河县公。擢累尚书左丞，用清察称。诸曹史恶之，以其短而伛，嘲曰："曲如钩，例封侯。"欲沮罢所任。帝闻，勉之曰："昔齐末奸吏歌斛律明月，而高纬暗不察，至灭其家。朕虽不德，幸免是。"因下令购谤者,谤乃止。傅仁均撰《戊寅历》,李淳风诋其疏,帝令善为考二家得失,多所裁正。

贞观初,为陕州刺史。时议,户猥地狭者徙宽乡,善为奏:"畿内户众,而丁壮悉籍府兵,若听徙,皆在关东,虚近实远,非经通计。"诏可。历大理、司农二卿,坐与少卿不平,出为秦州刺史。卒,赠刑部尚书,谥曰忠。

初,天下既定,群臣居丧者皆夺服,善为建言其敝。武德二年,始许终丧,然犹时以权迫不能免,如房玄龄、褚遂良者众矣。

李嗣真,字承胄,赵州柏人人。多蓺数,举明经,中之,累调许州司功参军。贺兰敏之修撰东台,表嗣真直弘文馆,与学士刘献臣、徐昭皆少有名,号"三少"。高宗东封还,诏赠孔子太师,命有司为祝,司文郎中雷少颖文不称旨,更命嗣真,成不淹顷,帝览称善,诏加两阶。敏之等倚恩自如,嗣真不喜,求补义乌令。敏之败,学士多连坐,嗣真独免。

调露中为始平令,风化大行。时章怀太子作《宝庆曲》,阅于太清观,嗣真谓道人刘概、辅俨曰:"宫不召商,君臣乖也;角与徵戾,父子疑也。死声多且哀,若国家无事,太子任其咎。"俄而太子废,概等奏其言,擢太常丞,知五礼仪,封常山县子。嗣真常曰:"隋乐府有《堂堂曲》,明唐再受命,比日有'侧堂堂,桡堂堂'之谣,侧,不正也;桡,危也。皇帝病日侵,事皆决中宫,持权与人,收之不易。宗室虽众,居中制外,势且不敌,诸王殆为后所蹂践,吾见难作不久矣。"太常缺黄钟,铸不能成,嗣真居崇业里,疑土中有之,弗得其所。道上逢一车,有铎声甚厉,嗣真曰:"宫声也。"市以归,振于空地,若有应者,掘之得钟,众乐遂和。尝引工展器于廷,后奇其风度应对,召相王府参军阎玄静图之,吏部郎中杨志诚为赞,秘书郎殷仲容书,时以为宠。

永昌初,以右御史中丞知大夫事,请周、汉为二王后,诏可。命巡抚河东,荐宋温瑾、袁嘉祚、李日知,拔州县职,皆至显官。来俊臣狱方炽，嗣真上书谏，以为"昔陈平事汉祖谋疏楚君臣，行反间，项羽遂亡。今殆有如平者谋陛下君臣，恐为社稷祸。"不纳。出为潞州刺史。俊臣诬以反，流藤州，久得还。自筮死日，豫具棺敛，如言卒桂阳。有诏州县护丧还乡里，赠济州刺史，谥曰昭。

武后尝问嗣真储贰事，对曰："程婴、杵臼存赵氏孤，古人嘉之。"后悟，中宗乃安。神龙初，赠御史大夫。所撰述尤多。

时雍州人裴知古亦善乐律，长安中，为太乐令。神龙元年正月，享太庙，乐作，知古密语万年令元行冲曰："金石谐婉，将有大庆，在唐室子孙乎！"是月，中宗复位。人有乘马者，知古闻其嘶，乃曰："马鸣哀，主必坠死。"见新婚者，闻佩声，曰："终必离。"访之，皆然。

唐书卷九二
列传第一七

杜伏威 阚棱　王雄诞　张士贵
李子和　苑君璋　罗艺
王君廓

　　杜伏威，齐州章丘人。少豪荡，不治生赀，与里人辅公祏约刎颈交。公祏数盗姑家牧羊以馈伏威，县迹捕急，乃相与亡命为盗，时年十六。伏威狡谲多算，每剽劫，众用其策皆效。尝营护诸盗，出为导，入为殿，故其党爱服，共推为主。

　　隋大业九年，入长白山，依贼左君行，不得意，舍去，转剽淮南，称将军。下邳贼苗海潮拥众钞暴，伏威遣公祏胁谕曰："天下共苦隋，豪桀相与兴义，然力弱势分不相统，若合以为强，则无事隋矣。公能为主，吾且从，不然，一战以决。"海潮惧，即以众下之。江都留守遣校尉宋颢将兵捕击，伏威与战，伪北，诱颢堕葭蒇泽中，顺风纵火迫之，步骑烧死几尽。海陵贼赵破阵闻伏威兵少，轻之，召使并力。伏威引亲将十人操牛酒谒，勒公祏严兵待变。破阵引伏威入幕，置酒，悉召酋首高会。伏威突斩破阵，众眙骇不及救，复杀数十人，下皆畏服，公祏兵亦至，遂并其众，至数万。攻安宜，屠之。隋遣虎牙郎将来整战于黄花轮，伏威大败，身重创，与公祏财有众数百，亡去。行收卒得八千，与虎牙郎将公孙上哲战盐城，覆其军。

　　炀帝遣右御卫将军陈棱以精兵讨之，棱不敢战，伏威遗以妇人服，书称陈姥，怒其军。棱果悉兵至，伏威迎出挑战，棱军射中其额，伏威怒曰："不杀汝，矢不拔！"遂驰入棱阵，大呼冲击，众披靡。获所射将，使拔箭已，斩之，携其首入棱军示之，又杀数十人，遂大溃，棱走而免。

　　进破高邮，引兵度淮，攻历阳，据之，称总管。分兵徇属县，皆下，江淮群盗争附。伏威选敢死士五千，号"上募"，宠厚之，与均甘苦，每攻取，必先登，战罢，阅创在背者杀之。所虏获必分与麾下，士有战死，以其妻殉，故人自奋战，无完敌。宇文化及以为历阳太守，不受。徙丹杨，自称大行台。始进用士人，缮利兵械，薄赋敛，除殉葬法，民奸若盗及吏受赇，虽轻，皆杀无赦。上表越王侗，侗以为东南道大总管，封楚王。

　　是时，秦王方讨王世充，遣使招怀，伏威乃献款。高祖授以东南道行台尚书令、江淮安抚大使、上柱国、吴王，赐姓，豫属籍，以其子德俊为山阳公，赐帛五千段，马三百匹。伏威遣其将陈正通、徐绍宗以兵会，取世充之梁郡。又遣将王雄诞讨李子通于杭州，禽以献。破汪华于歙州。尽有江东、淮南地，南属岭，东至于海。秦王已平刘黑闼，师次曹、兖，伏威惧，乃入朝。诏拜太子太保兼行台尚书令，留京师，位在齐王元吉上，以宠之。

　　伏威好神仙长年术，饵云母被毒，武德七年二月，暴卒。初，公祏反，矫伏威令以绐众，赵郡王孝恭既平公祏，得反书以闻。高祖追其官，削属籍，没入家产。贞观元年，太宗知其冤，诏复官爵，以公礼葬，仍还其子封。

　　伏威有养子三十人，皆壮士，属以兵，与同衣食，唯阚棱、王雄诞知名。

　　阚棱，伏威邑人也。貌魁雄，善用两刃刀，其长丈，名曰"拍刀"，一挥杀数人，前无坚对。伏威据江淮，以战功显，署左将军。部兵皆群盗，横相侵牟，棱案罪杀之，虽亲故无脱者，至道不举遗。

　　从伏威入朝，拜左领军将军、越州都督。公祏反，棱与南讨，青山之战，与陈正通遇，阵方接，棱脱兜鍪谓众曰："不识我邪？何敢战！"其徒多棱旧部，气遂索，至有拜者。公祏破，棱功多，然颇自伐。公祏被禽，乃诬与己谋；又伏威、王雄诞及棱赀产在丹杨者当原，而赵郡王孝恭悉籍入之，棱自诉，忤孝恭。遂以谋反诛。

王雄诞，曹州济阴人。少强果，膂力绝人。伏威之起，用其计，战多克，署骠骑将军。

初，伏威度淮与李子通合，后子通惮其才，袭之，伏威被创堕马，雄诞负逃葭泽中，哀啸散亡，又为隋将来整所窘，众复溃。别将西门君仪妻王勇决而力，负伏威走，雄诞总麾下壮士十余人从之。追兵至，雄诞还拒，数被创，气弥厉，伏威遂脱。阚棱年长于雄诞，故军中号棱"大将军"，雄诞"小将军"。

后伏威令辅公祏击子通，以雄诞、棱为副，战溧水，子通败，公祏乘胜追之，反为所挤，士皆走壁。雄诞曰："子通狃于胜，无营垒，今急击之，必克。"公祏不从。雄诞独提私卒数百，衔枚夜往，乘风火之，子通大败走，度太湖。武德四年，与子通战苏州，却之。子通以精兵保独松岭，雄诞遣将陈当率千兵出不意，乘高蔽崦，张疑帜，夜缚炬于树，遍山泽。子通惧，烧营遁，保余杭，雄诞追禽之。

歙贼汪华据郡称王且十年，雄诞还师攻之，华以劲甲出新安洞拒战，雄诞伏兵山谷，以弱卒数千斗，辄走壁，华来攻，壁中奋殊死，不可下。会暮还，雄诞伏兵已据洞口，不得归，遽面缚降。苏贼闻遂安据昆山，无所属，伏威使讨之，雄诞以邑险而完，攻之引日，遂单骑造垒门，陈国威灵，因开晓祸福，遂安即降。以前后功授歙州总管，封宜春郡公。

伏威入朝，以兵属雄诞。辅公祏将反，患其异己，纵反间，阳言得伏威教，责雄诞贰。雄诞素质直，信之，乃归卧疾。公祏夺其兵，遣西门君仪谕计，雄诞始悔寤，曰："天下方靖，王在京师，当谨守藩，奈何为族夷事？雄诞虽死，谊不从！"公祏遂缢之。

雄诞爱人，善抚士，能致下死力，每破城邑，整众山立，无丝毫犯。死之日，江南士庶为流涕。高祖嘉其节，以子世果袭宜春郡封。太宗立，优诏赠左骁卫大将军、越州都督，谥曰忠。

世果，垂拱初至广州都督、安西大都护。

张士贵，虢州卢氏人，本名忽峍。弯弓百五十斤，左右射无空发。隋大业末，起为盗，攻剽城邑，当时患之，号"忽峍贼"。

高祖移檄招之，士贵即降，拜右光禄大夫。从征伐有功，赐爵新野县公。又从平洛，授虢州刺史。帝曰："顾令卿衣锦昼游耳。"进封虢国公、右屯卫大将军。贞观七年，为龚州道行军总管，破反獠还，太宗闻其冒矢石先登，劳之曰："赏闻以忠报国者不顾身，于公见之。"累迁左领军大将军。显庆初，卒，赠荆州都督，陪葬昭陵。

李子和，同州蒲城人，本郭氏。为隋左翊卫，以罪徙榆林。大业末，郡饥，子和与死士十八人执丞王才，数以不恤下，斩之，开仓赈穷乏。自号永乐王，建元丑平，号其父为太公，以弟子政为尚书令，子端、子升为左右仆射，有骑兵二千。南连梁师都，北事突厥，纳弟为质。始毕可汗册子和为平杨天子，不敢当，乃更署为屋利设。

武德元年献款，授灵州总管、金河郡公，徙郇国公。袭师都宁朔城，克之。又伺突厥虚实，阴以章闻，为虏逻骑所获，处罗可汗怒，囚子升，于是子和危畏，举部南徙，诏内延州故城。五年，从平刘黑闼有功，赐姓，拜右武卫将军。十一年，为婺州刺史，徙夷国公。显庆初，转黔州都督，乞骸骨，许之，进金紫光禄大夫，卒。

苑君璋，马邑豪也，以趫雄自奋。刘武周以兵入寇，君璋曰："唐以一州兵掇取三辅，所向风靡，此殆天命，非人谋，不可争也。太原而南多岩阻，今束甲深入，无踵军，有失不可偿，不如连突厥与唐合从，南面称孤，上策也。"武周不听，使君璋守朔州，引众内侵，未几败，泣曰："废君言，乃至此！"即与共趋突厥。

武周死，突厥以君璋为大行台，统武周部曲，使郁射设监兵，与旧将高满政夜袭代州，不克。高祖遣使招之，赐铁券，约不死。君璋拒命，进寇代州，刺史王孝德拒却之。满政劝君璋曰："夷狄无礼，岂可北面臣之？请尽杀其众以归唐。"君璋不从，而马邑困于兵，人厌乱，满政因众不忍，夜胁君璋，君璋奔突厥。满政以城归，诏拜朔州总管，封荣国公。君璋引突厥攻陷马邑，杀满政，夷其党，乃去，退保恒安。其部皆中国人，多叛去，君璋穷，乃降，自请郭虏赎罪。

高祖遣雁门人元普赐金券，会颉利亦召之，意犹豫。子孝政谏曰："大人许唐降，又二颉利，自取亡也。今粮尽众携，不即决，恐衿肘变生，孝政不忍见祸之酷也！"即单骑南奔，君璋喻返之，召众与议。恒安人郭子威曰："恒安故王者都，山川足以自固，突厥方强，我援之，可观天下变，何遽降？"君璋然之，执元普送突厥，颉利德之，遗以锦裘羊马。其下怨，投书于门曰："不早附唐，父子诛。"孝政惧，欲自归，为君璋所拘。与突厥寇马邑，犯太原，边人苦之。见颉利政乱，知将亡，遂率所部降，颉利追，击走其兵。

入朝，拜安州都督，封芮国公，食五百户，赐帛四千匹。君璋不晓书，然天资习事，历职有惠称。贞观中，卒。

罗艺，字子廷，襄州襄阳人，家京兆之云阳。父荣，隋监门将军。艺刚愎不仁，勇攻战，善用槊。大业中，以战力补虎贲郎将。辽东之役，李景以武卫大将军督饷北平，诏艺以兵属，分部严一。然任气，尝慢侮景，频为景辱。

天下盗起，涿郡号富饶，伐辽兵仗多在，而仓庾盈羡，又临朔宫多珍宝，屯师且数万，苦盗贼侵掠，留守将赵什住、贺兰谊、晋文衍等不能支。艺捍寇，数破却之，勇常冠军，为诸将忌畏。艺阴自计，因出师，诡说众曰："吾军讨贼数有功，而食乏。官粟若山，而留守不赈恤，岂安人强众意邪？"士皆怨。既还，郡丞出效谒，艺执之，陈兵入，什住等惧，争听命。艺即发库资赐战士，仓粟给穷人，境内大悦。杀异己者渤海太守唐祎等，威动北边，柳城、怀远并归附，黜柳城太守杨林甫，改郡曰营州，以襄平太守邓暠为总管，艺自称幽州总管。

宇文化及至山东，遣使招艺，艺曰："我隋旧臣，今大行颠覆，义不辱于贼。"斩使者，为炀帝发丧三日。时窦建德、高开道亦遣使于艺，艺谓官属曰："建德等皆剧贼，不足共功名，唐公起兵据关中，民望所系，王业必成，吾决归之，敢异议者戮！"会张道源抚辑山东，亦谕艺降，武德二年，乃奉表以地归。诏封燕王，赐姓，豫属籍。数与建德战，多所禽馘。秦王击刘黑闼，高祖诏艺弟监门将军寿以兵从，艺自率众数万破刘什善、张君立于徐河。黑闼引突厥入寇，艺复以兵与皇太子建成会洺州，遂请入朝，帝厚礼之，拜左翊卫大将军。

艺负其功，且贵重不少屈，秦王左右尝至其营，艺疻辱之。高祖怒，以属吏，久乃释。时突厥放横，籍艺威名欲惮虏，诏以本官领天节军将，镇泾州。

太宗即位，进开府仪同三司。艺内惧，乃图反，诡言阅武。兵既集，称被密诏入朝，军至豳，治中赵慈皓出谒，遂据州。帝命长孙无忌、尉迟敬德击之，未至，慈皓与统军杨岌谋诛艺，艺觉，执慈皓。岌居外，即攻之，艺败，弃妻子，从数百骑奔突厥。抵宁州，骑稍亡，左右斩之，传首枭于都市。寿时为利州都督，亦及诛。

先是，济阴女子李，自言通鬼道，能念疾，四方惑之，诏取致京师。尝往来艺家，谓艺妻孟曰："妃相贵，当母天下。"孟令视艺，又曰："妃之贵由于王，贵色且发。"艺妻信之，亦赞以反，既败，与李皆斩。

王君廓，并州石艾人。少孤贫，为驵侩，无行，善盗。尝负竹筲如鱼具，内置逆刺，见鬻缯者，以筲囊其头，不可脱，乃夺缯去，而主不辨也，乡里患之。

大业末，欲聚兵为盗，请与叔俱，不从，乃诬邻人通叔母者，与叔共杀之，遂皆亡命。众稍集，掠夏、长平。河东丞丁荣拒之，且遣使慰召。君廓见使，谬为欲归首者。荣轻之，因陈兵登山，君廓悉伏甲山谷中。荣军还，掩击，破之。又与贼韦宝、邓豹等掠虞乡，宋老生与战，君廓不利，保方山，老生列营迫之。君廓粮尽，诈请降，与老生隔涧语,祈请哀到。老生为感动,稍缓之,君廓一昔遁去。

高祖兵起,召之,不从。归李密,密不甚礼,乃归国。授上柱国、假河内太守、常山郡公,迁辽州刺史,徙封上谷。从战东都有功,为右武卫将军。诏劳之日:"尔以十三人破贼万,自古以少制众,无有也!"赐杂彩百段。别下辕辕、罗川二县,破世充将魏隐,击粮道缑氏,沈米艘三十柁。

进爵彭国公,镇幽州。击突厥,俘斩二千,获马五千匹。入朝,帝赐所乘马,令自廷中乘以出,谓侍臣曰:"昔蔺相如叱秦王,目眦皆裂。君廓往击建德,李勣遇之,至发愤大呼,鼻耳皆流血,其勇何特古人哉! 朕当不以例赏。"乃赐锦袍金带,还幽州。

会大都督庐江王瑗反,欲夺君廓兵以委王诜。君廓本绐瑗使乱为己功,乃从数骑候诜,留骑于外,曰:"闻呼声则入。"乃独款诜,诈曰:"有急变,当白!"诜方沐,握发出,即斩之,因执瑗。以功授幽州都督,瑗家口悉赐之,进左光禄大夫,赐帛千段。

居职不守法度,长史李玄道数以法绳督,猜惑不自安。会被召,至渭南,杀驿史,亡奔突厥,野人斩之。太宗顾前功,为收葬,待其家如初。御史大夫温彦博奏:"君廓叛臣,不宜食封邑,有司失所宜言。"乃贬为庶人。

唐书卷九三
列传第一八

李靖 客师 令问 彦芳 　李勣
敬业　思文

　　李靖，字药师，京兆三原人。姿貌魁秀，通书史。尝谓所亲曰："丈夫遭遇，要当以功名取富贵，何至作章句儒！"其舅韩擒虎每与论兵，辄叹曰："可与语孙、吴者，非斯人尚谁哉！"仕隋为殿内直长，吏部尚书牛弘见之曰："王佐才也！"左仆射杨素拊其床谓曰："卿终当坐此！"

　　大业末，为马邑丞。高祖击突厥，靖察有非常志，自囚上急变，传送江都，至长安，道梗，高祖已定京师，将斩之，靖呼曰："公起兵为天下除暴乱，欲就大事，以私怨杀谊士乎？"秦王亦为请，得释，引为三卫。从平王世充，以功授开府。

　　萧铣据江陵，诏靖安辑，从数童骑道金州，会蛮贼邓世洛兵数万屯山谷间，庐江王瑗讨不胜，靖为瑗谋，击却之。进至峡州，阻铣兵不得前，帝谓逗留，诏都督许绍斩靖，绍为请而免。开州蛮冉肇则寇夔州，赵郡王孝恭战未利，靖率兵八百破其屯，要险设伏，斩肇则，俘禽五千。帝谓左右曰："使功不如使过，靖果然。"因手敕劳曰："既往不咎，向事吾久已忘之。"靖遂陈图铣十策。有诏拜靖行军总管，兼摄孝恭行军长史，军政一委焉。

　　武德四年八月，大阅兵夔州。时秋潦，涛濑涨恶，铣以靖未能下，不设备。诸将亦请江平乃进。靖曰："兵机事，以速为神。今士始集，铣不及知，若乘水傅垒，是震霆不及塞耳，有能仓卒召兵，无以御我，此必禽也。"孝恭从之。

九月，舟师叩夷陵，铣将文士弘以卒数万屯清江，孝恭欲击之，靖曰："不可。士弘健将，下皆勇士，今新失荆门，悉锐拒我，此救败之师，不可当。宜驻南岸，待其气衰乃取之。"孝恭不听，留靖守屯，自往与战，大败还。贼委舟散掠，靖视其乱，纵兵击破之，取四百余艘，溺死者万人。即率轻兵五千为先锋，趋江陵，薄城而营。破其将杨君茂、郑文秀，俘甲士四千。孝恭军继进，铣大惧，檄召江南兵，不及到，明日降。靖入其都，号令静严，军无私焉。或请靖籍铣将拒战者家赀以赏军，靖曰："王者之兵，吊人而取有罪，彼其胁驱以来，藉以拒师，本非所情，不容以叛逆比之。今新定荆、郢，宜示宽大，以慰其心，若降而籍之，恐自荆而南，坚城剧屯，驱之死守，非计之善也。"止不籍。由是江、汉列城争下。以功封永康县公，检校荆州刺史。乃度岭至桂州，分道招慰。酋领冯盎等皆以子弟来谒，南方悉定。裁量款效，承制补官。得郡凡九十六，户六十余万。诏书劳勉，授岭南抚慰大使、检校桂州总管。以岭海陋远，久不见德，非震威武、示礼义，则无以变风。即率兵南巡，所过问疾苦，延见长老，宣布天子恩意，远近欢服。

辅公祏据丹杨反，诏孝恭为帅，召靖入朝受方略，副孝恭东讨，李世勣等七总管皆受节度。公祏遣冯惠亮以舟师三万屯当涂，陈正通步骑二万屯青林，自梁山连锁以断江道。筑却月城，延袤十余里，为掎角。诸将议曰："彼劲兵连栅，将不战疲老我师。若直取丹杨，空其巢窟，惠亮等自降。"靖曰："不然。二军虽精，而公祏所自将亦锐卒也，既保石头，则牢未可拔。我留不得志，退有所忌，腹背蒙患，非百全计。且惠亮、正通百战余贼，非怯野斗，今方持重，特公祏立计尔。若出不意，挑攻其城，必破之。惠亮拔，公祏禽矣。"孝恭听之。靖率黄君汉等水陆皆进，苦战，杀伤万余人，惠亮等亡去。靖将轻兵至丹杨，公祏惧，众尚多，不能战，乃出走，禽之，江南平。置东南道行台，以为行台兵部尚书。赐物千段、奴婢百口、马百匹。行台废，检校扬州大都督府长史。帝叹曰:"靖乃铣、公祏之膏肓也,古韩、白、卫、霍何以加!"

八年,突厥寇太原,为行军总管,以江淮兵万人屯太谷。时诸将多败,独靖以完军归。俄权检校安州大都督。太宗践阼,授刑部尚书,录功,赐实封四百户,兼检校中书令。突厥部种离畔,帝方图进取,以兵部尚书为定襄道行军总管,率劲骑三千由马邑趋恶阳岭,颉利可汗大惊,曰:"兵不倾国来,靖敢提孤军至此?"于是帐部数恐。靖纵谍者离慧腹心,夜袭定襄,破之,可汗脱身遁碛口。进封代国公。帝曰:"李陵以步卒五千绝漠,然卒降匈奴,其功尚得书竹帛。靖以骑三千,蹀血虏庭,遂取定襄,古未有辈,足澡吾渭水之耻矣!"

颉利走保铁山,遣使者谢罪,请举国内附。以靖为定襄道总管往迎之。又遣鸿胪卿唐俭、将军安修仁尉抚。靖谓副将张公谨曰:"诏使到,房必自安,若万骑赍二十日粮,自白道袭之,必得所欲。"公谨曰:"上已与约降,行人在彼,奈何?"靖曰:"机不可失,韩信所以破齐也。如唐俭辈何足惜哉!"督兵疾进,行遇候逻,皆俘以从,去其牙七里乃觉,部众震溃,斩万余级,俘男女十万,禽其子叠罗施,杀义成公主。颉利亡去,为大同道行军总管张宝相禽以献。于是斥地自阴山北至大漠矣。帝因大赦天下,赐民五日酺。

御史大夫萧瑀劾靖持军无律,纵士大掠,散失奇宝。帝召让之,靖无所辩,顿首谢。帝徐曰:"隋史万岁破达头可汗,不赏而诛,朕不然,赦公之罪,录公之功。"乃进左光禄大夫,赐绢千匹,增户至五百。既而曰:"向人谮短公,朕今悟矣。"加赐帛二千匹,迁尚书右仆射。

靖每参议,恂恂似不能言,以沈厚称。时遣使十六道巡察风俗,以靖为畿内道大使,会足疾,恳乞骸骨。帝遣中书侍郎岑文本谕旨曰:"自古富贵而知止者盖少,虽疾顿惫,犹力于进。公今引大体,朕深嘉之。欲成公美,为一代法,不可不听。"乃授检校特进,就第,赐物段千,尚乘马二,禄赐、国官、府佐皆勿废。若疾少间,三日一至门下中书平章政事。加赐灵寿杖。

顷之，吐谷浑寇边。帝谓侍臣曰：“靖能复起为帅乎？”靖往见房玄龄，曰：“吾虽老，尚堪一行。”帝喜，以为西海道行军大总管，任城王道宗、侯君集、李大亮、李道彦、高甑生五总管兵皆属。军次伏俟城，吐谷浑尽火其莽，退保大非川。诸将议，春草未牙，马弱不可战。靖决策深入，遂逾积石山。大战数十，多所杀获，残其国，国人多降，吐谷浑伏允愁蹙自经死。靖更立大宁王慕容顺而还。甑生军由盐泽道后期，靖薄责之。既归而憾，与广州长史唐奉义告靖谋反，有司按验无状，甑生等以诬罔论。靖乃阖门自守，宾客亲戚一谢遣。改卫国公。其妻卒，诏坟制如卫、霍故事，筑阙象铁山、积石山，以旌其功，进开府仪同三司。

帝将伐辽，召靖入，谓曰：“公南平吴，北破突厥，西定吐谷浑，惟高丽未服，亦有意乎？”对曰：“往凭天威，得效尺寸功。今疾虽衰，陛下诚不弃，病且瘳矣。”帝悯其老，不许。二十三年，病甚，帝幸其第，流涕曰：“公乃朕生平故人，于国有劳。今疾若此，为公忧之。”薨，年七十九，赠司徒、并州都督，给班剑、羽葆、鼓吹，陪葬昭陵，谥景武。

子德謇嗣，官至将作少匠，坐善太子承乾，流岭南，以靖故徙吴郡。

靖兄端，字药王，以靖功袭永康公，梓州刺史。

弟客师，右武卫将军，累战功封丹杨郡公。致仕，居昆明池南。善骑射，喜驰猎，虽老犹未衰。自京南属山，西际沣水，鸟鹊皆识之，每出，从之翔噪，人谓之“鸟贼”。卒，年九十，赠幽州都督。

孙令问，玄宗为临淄王时与雅旧。及即位，以协赞功，迁殿中少监。预诛窦怀贞，封宋国公，实封五百户。进散骑常侍，知尚食事，恩待甚渥。然未尝辄干政，率游畋自娱，厚奉养，侈饮食，至躬视刲宰。有讥之者，答曰：“此畜豢，天所以养人，与蔬果何异，安用妄分别邪？”后坐其子与回纥部酋承宗连婚，贬抚州别驾，卒。

靖五代孙彦芳，大和中，为凤翔司录参军。家故藏高祖、太宗赐靖诏书数函，上之。一曰："兵事节度皆付公，吾不从中治也。"一曰："有昼夜视公疾大老妪递来，吾欲熟知公起居状。"皆太宗手墨，它大略如此。文宗爱之不废手。其旧物有佩笔，以木为管弢，刻金其上，别为环以限其间，笔尚可用也。靖破萧铣时，所赐于阗玉带十三胯，七方六刓，胯各附环，以金固之，所以佩物者。又有火鉴、大觿、筭囊等物，常佩于带者。天子悉留禁中。又敕摸诏本，还赐彦芳，并束帛衣服。权德舆尝读太宗手诏，至流涕曰："君臣之际乃尔邪！"

李勣字，懋功，曹州离狐人。本姓徐氏，客卫南。家富，多僮仆，积粟尝数千钟。与其父盖皆喜施贷，所周给无亲疏之间。

隋大业末，韦城翟让为盗，勣年十七，往从之。说曰："公乡壤不宜自剿残，宋、郑商旅之会，御河在中，舟舰相属，往邀取之，可以自资。"让然之。劫公私船取财，由是兵大振。李密亡命雍丘，勣与浚仪王伯当共说让，推密为主。以奇计破王世充。密署勣右武候大将军、东海郡公。当是时，河南、山东大水，隋帝令饥人就食黎阳仓，吏不时发，死者日数万。勣说密曰："天下之乱本于饥，今若取黎阳粟以募兵，大事济矣。"密以麾下兵五千付勣，与郝孝德等济河，袭黎阳，守之。开仓纵食，旬日，胜兵至二十万。宇文化及拥兵北上，密使勣守仓，周掘堑以自环。化及攻之，勣为地道出斗，化及败，引去。

武德二年，密归朝廷，其地东属海，南至江，西直汝，北抵魏郡，勣统之，未有所属。谓长史郭孝恪曰："人众土宇，皆魏公有也。吾若献之，是利主之败为己功，吾所羞也。"乃录郡县户口以启密，请自上之。使至，高祖讶无表，使者以意闻。帝喜曰："纯臣也。"诏授黎州总管，封莱国公。赐姓，附宗正属籍，徙封曹，给田五十顷，甲第一区。封盖济阴王，固辞，改舒国公。诏勣总河南、山东兵以拒王世充。及密以谋反诛，帝遣使示密反状。勣请收葬，诏从之。勣为密服缞绖，葬讫乃释。

俄为窦建德所陷，质其父，使复守黎阳。三年，自拔来归。从秦王伐东都,战有功。东略地至虎牢,降郑州司兵沈悦。平建德,俘世充,乃振旅还,秦王为上将,勣为下将,皆服金甲,乘戎辂,告捷于庙。盖亦自洺州与裴矩入朝,诏复其官。

又从破刘黑闼、徐圆朗,累迁左监门大将军。圆朗复反,诏勣为河南大总管,讨平之。赵郡王孝恭讨辅公祏也,遣勣以步卒一万度淮,拔寿阳,攻江西贼壁,冯惠亮、陈正通相次溃,公祏平。

太宗即位,拜并州都督,赐实封九百户。贞观三年,为通漠道行军总管,出云中,与突厥战,走之。引兵与李靖合。因曰:"颉利若度碛,保于九姓,果不可得,我若约赍薄之,不战缚虏矣。"靖大喜,以与己合,于是意决。靖率众夜发,勣勒兵从之。颉利欲走碛,勣前屯碛口,不得度,由是酋长率部落五万降于勣。诏拜光禄大夫,行并州大都督府长史。父丧解,夺哀还官,徙封英。治并州十六年,以威肃闻。帝尝曰:"炀帝不择人守边,劳中国筑长城以备虏。今我用勣守并,突厥不敢南,贤长城远矣!"召为兵部尚书,未至,会薛延陀子大度设以八万骑侵李思摩,诏勣为朔方道行军总管,将轻骑六千,击度设青山,斩名王一,俘口五万。以功封一子为县公。

晋王为皇太子,授詹事,兼左卫率,俄同中书门下三品。帝曰:"吾儿方位东宫,公旧长史,以宫事相委,勿以资屈为嫌也。"后帝自将征高丽,以勣为辽东道行军大总管。破盖牟、辽东、白崖等城,从战驻跸山。功多,封一子为郡公。延陀部落乱,诏将二百骑发突厥兵讨之,大战乌德鞬山,破之,降其首领梯真达干,而可汗咄摩支遁入荒谷,碛北遂定。改太常卿,仍同中书门下三品,复为詹事。

勣既忠力,帝谓可托大事,尝暴疾,医曰:"用须灰可治。"帝乃自剪须以和药。及愈,入谢,顿首流血。帝曰:"吾为社稷计,何谢为!"后留宴,顾曰:"朕思属幼孤,无易公者。公昔不遗李密,岂负朕哉?"勣感涕,因啮指流血。俄大醉,帝亲解衣覆之。帝疾,谓太子曰:"尔于勣无恩,今以事出之,我死,宜即授以仆射。彼必致死力矣!"乃授叠州都督。

高宗立,召授检校洛州刺史、洛阳宫留守,进开府仪同三司、同中书门下,参掌机密,遂为尚书左仆射。永徽元年,求解仆射,听之,仍以开府仪同三司知政事。四年,册进司空。始太宗时,勣已画象凌烟阁,至是,帝复命图其形,自序之。又诏得乘小马出入东、西台,卑官日一人迎送。

帝欲立武昭仪为皇后,畏大臣异议,未决。李义府、许敬宗又请废王皇后。帝召勣与长孙无忌、于志宁、褚遂良计之,勣称疾不至。帝曰:"皇后无子,罪莫大于绝嗣,将废之。"遂良等持不可,志宁顾望不对。帝后密访勣,曰:"将立昭仪,而顾命之臣皆以为不可,今止矣!"答曰:"此陛下家事,无须问外人。"帝意遂定,而王后废。诏勣、志宁奉册立武氏。帝东封泰山,为封禅大使。尝坠马伤足,帝以所乘马赐之。

高丽莫离支男生为其弟所逐,遣子乞师。诏勣为辽东道行军大总管,率兵二万讨之。破其国,执高藏、男建等,裂其地州县之。诏勣献俘昭陵,明先帝意,具军容告于庙。进位太子太师,增食千一百户。

总章二年,卒,年八十六。帝曰:"勣奉上忠,事亲孝,历三朝未尝有过,性廉慎,不立产业。今亡,当无赢资。有司其厚赗恤之。"因泣下。举哀光顺门,七日不视朝。赠太尉、扬州大都督,谥贞武。给秘器,陪葬昭陵。起冢象阴、铁、乌德鞬山,以旌功烈。葬日,帝与皇太子幸未央古城,哭送,百官送故城西北。

初,勣拔黎阳仓,就食者众,高季辅、杜正伦往客焉,及平虎牢,获戴胄,咸引见卧内,推礼之,后皆为名臣,世以勣知人。平洛阳,得单雄信,故人也。表其材武,且言:"若贷死,必有以报,请纳官爵以赎。"不许。乃号恸,割股肉啖之曰:"生死永诀,此肉同归于土!"为收养其子焉。性友爱,其姊病,尝自为粥而燎其须。姊戒止。答曰:"姊多疾,而勣且老,虽欲数进粥,尚几何?"

其用兵多筹筭,料敌应变,皆契事机。闻人善,抵掌嗟叹。及战胜,必推功于下。得金帛,尽散之士卒,无私贮。然持法严,故人为之用。临事选将,必訾相其奇庞福艾者遣之。或问故,答曰:"薄命之人,不足与成功名。"既没,士皆为流涕。

自属疾,帝及皇太子赐药即服,家欲呼毉巫,不许。诸子固以药进,辄曰:"我山东田夫耳,位三公,年逾八十,非命乎!生死系天,宁就毉求活耶?"弟弼,始为晋州刺史。以勣疾,召为司卫卿,使省视。忽语曰:"我似少愈,可置酒相乐。"于是奏乐宴饮,列子孙于下。将罢,谓弼曰:"我即死,欲有言,恐悲哭不得尽,故一诀耳!我见房玄龄、杜如晦、高季辅皆辛苦立门户,亦望诒后,悉为不肖子败之。我子孙今以付汝,汝可慎察,有不厉言行、交非类者,急榜杀以闻,毋令后人笑吾,犹吾笑房、杜也。我死,布装露车载柩,敛以常服,加朝服其中,倘死有知,庶著此奉见先帝。明器惟作五六寓马,下帐施幔,为皁顶白纱裙,中列十偶人,它不得以从。众妾愿留养子者听,余出之。葬已,徙居我堂,善视小弱。苟违我言,同戮尸矣!"乃不复语。弼等遵焉。勣本二名,至高宗时,避太宗偏讳,故但名勣,后配享高宗庙廷。

季弟感,年十五,有奇操。李密败,陷于世充。世充令作书召勣,对曰:"兄尚节义,今已事主,昆弟不能移也。"固不从,杀之。

勣子震嗣,终桂州刺史。震子敬业、敬猷。

敬业,少从勣征伐,有勇名。历太仆少卿,袭英国公,为眉州刺史。嗣圣元年,坐赃贬柳州司马。会给事中唐之奇贬括苍令,詹事府司直杜求仁贬黝令,长安主薄骆宾王贬临海丞,敬猷自盩厔令坐事免,俱客扬州,失职怏怏。

时武后既废中宗,又立睿宗,实亦囚之。诸武擅命,唐子孙诛戮,天下愤之。敬业等乘人怨,谋起兵,先谕其党监察御史薛璋,求使江都。及至,令雍人韦超告州长史陈敬之反,璋乃收系之。敬业即矫制杀敬之,自称州司马,且言奉密诏募兵,讨高州叛酋。即开府库,令参军李宗臣释系囚、役工数百人,授甲,斩录事参军孙处行以徇。乃开三府,一曰匡复府,二曰英公府,三曰扬州大都督府。自称匡复府上将,领扬州大都督,以之奇为左长史,求仁右长史,宗臣左

司马,璋右司马,江都令韦知止为英公府长史,宾王为艺文令,前盩
厔尉魏思温为军师。旬日,兵十余万。传檄州县,疏武氏过恶,复庐
陵王天子位。又索状类太子贤者奉之,诡众曰:"贤实不死。"楚州司
马李崇福率所部三县应之。

武后遣左玉钤卫大将军李孝逸兵三十万往击之,削其祖父官
爵,毁冢藏,除属籍,赦扬、楚民胁从者。购得敬业首,授官三品,赏
帛五千;得之奇等首,官五品,帛三千。

敬业问计于思温,对曰:"公既以太后幽絷天子,宜身自将兵直
趋洛阳。山东、韩、魏知公勤王,附者必众,天下指日定矣!"璋曰:
"不然。金陵负江,其地足以为固。且王气尚在,宜先并常、润为霸
基,然后鼓行而北。"思温曰:"郑、汴、徐、亳士皆豪桀,不愿武后居
上,蒸麦为饭,以待我师。奈何欲守金陵,投死地乎?"敬业不从。使
敬猷屯淮阴,韦超屯都梁山,自引兵击润州,下之,署宗臣为刺史。
始回兵屯高邮,下阿溪。思温叹曰:"兵忌分,今敬业不知扫地度淮,
率山东士先袭东都,吾知无能为也!"

武后又使黑齿常之将江南兵为孝逸援,进击,淮阴、都梁兵皆
败。后军总管苏孝祥奇兵五千夜度击敬业孝祥死,兵溺者过半,
孝逸军退守石梁。有乌群噪敬业营上,监军御史魏真宰曰:"贼其败
乎! 风顺获乾,火攻之利也。"固请战,遂度溪击之,敬业置阵久,士
疲,皆顾望不正列,孝逸乘风纵火逼其军,军稍却。敬业麾精兵居
前,弱者在后,阵乱不能制,乃败,斩七千余级。敬业与敬猷、之奇、
求仁、宾王轻骑遁江都,悉焚其图籍,携妻子奔润州,潜蒜山下,将
入海逃高丽,抵海陵,阻风遗山江中,其将王那相斩之,凡二十五
首,传东都,皆夷其家。中宗反正,诏还勣官封属籍,茸完茔冢焉。

初,敬业之叔思文为润州刺史,敬业兵起,以使间道闻,固守逾
月。城陷,敬业责曰:"庐陵王继天下,无罪见废,今兵以义动,何过
拒邪? 若太后是助,宜即姓武。"思温等欲杀之,敬业不许。及扬、楚
平,乃独免。后遂赐武姓,历春官尚书,或言本与敬业谋者,乃复徐
氏,卒。子钦宪,开元中,仕至国子祭酒。

赞曰：唐兴，其名将曰英、卫，擢皆罪亡之余，遂能依乘风云，勒功帝籍。盖君臣之际，固有以感之，独推期运，非也。若靖阖门称疾，畏远权逼，功大而主不疑，虽古哲人，何以尚兹？勣之节，见于黎阳，故太宗勤勤于托孤，诚有为也。至以老臣辅少主，会房帷易夺，天子畏大臣，依违不专，委诚取决，惟议是听。勣乃私己畏祸，从而导之，武氏奋而唐之宗属几歼焉。及其孙，因民不忍，举兵覆宗，至掘冢而暴其骨。呜呼，不几一言而丧邦乎？惜其不通学术，昧夫临大节不可夺之谊，反与许、李同科，可不戒哉！世言靖精风角、鸟占、云祲、孤虚之术，为善用兵。是不然，特以临机果，料敌明，根于忠智而已。俗人传著怪诡机祥，皆不足信。故列靖所设施如此。

唐书卷九四
列传第一九

侯君集　张亮　薛万均 万彻

万备　盛彦师　卢祖尚　刘世让　刘兰　李君羡

侯君集，豳州三水人。以材雄称。少事秦王幕府，从征讨有功，擢累左虞候、车骑将军，封全椒县子。预诛隐太子尤力。王即位，拜左卫将军，进封潞国公，邑千户。贞观四年，迁兵部尚书，俄检校吏部尚书，参议朝政。

李靖讨吐谷浑，以君集为碛石道行军总管。师次鄯州，议所向。君集曰："王师已至，而贼不走险，天赞我也，若以精兵掩不备，彼不我虞，必有大利。若遁岨山谷，克之实难。"靖然其计，简锐士，约赍深入，追及其众于库山，大战，破之，进会大非川，平其国。

会诏世封功臣，授陈州刺史，更封陈；群臣不愿封，进吏部尚书。君集本以行伍奋，不知学；后贵，益自喜好书。及典选，分明课最，有誉于时。

吐蕃围松州，授当弥道行军大总管以击之。高昌不臣，拜交河道行军大总管出讨。王麹文泰笑曰："唐去我七千里，碛卤二千里无水草，冬风裂肌，夏风如焚，行贾至者百之一，安能致大兵乎？使能顿吾城下一再旬，食尽当溃，吾且系而虏之。"君集次碛口，而文泰死，子智盛袭位。进营柳谷，候骑言国方葬死君，诸将请袭之。君集曰："不可，天子以高昌骄慢，使吾龚行天罚，今袭人于墟墓间，非问罪也。"于是鼓而前。贼婴城自守，遣谕之，不下。乃刊木塞堑，引撞车毁其堞，飞石如雨，所向无敢当，因拔其城，俘男女七千，进围都城。初，文泰与西突厥欲谷设约，有急相援。及是，欲谷设益惧，西走，智盛失援，乃降。高昌平，君集刻石纪功还。

初，君集配没罪人不以闻，又私取珍宝、妇女，将士因亦盗入，不能制。及还京师，有司劾之，诏君集诣狱簿对。中书侍郎岑文本谏曰：“高昌之罪，议者以其遐远，欲置度外，唯陛下奋独见之明，授决胜之略，君集得指期平殄。今推劳将帅，从征之人悉蒙重赏，未逾数日，更以属吏，天下闻之，谓陛下录过遗功，无以劝后。且古之出师，克敌有重赏，不胜蒙显戮。当其有功也，难贪财纵欲，尚蒙爵邑；其无功也，虽勤躬洁己，不免铁钺。故曰：‘记人之功，忘人之过，宜为君者也。’昔李广利贪不爱卒，陈汤盗所收康居财物，二主皆赦其罪，封侯赐金。夫将帅之臣，廉慎少而贪没多。军法曰：‘使智，使勇，使贪，使愚。故智者乐立其功，勇者好行其志，贪者邀趋其利，愚者不计其死。’是以前圣使人，必收所长而弃所短。陛下宜申宥君集，俾复朝列，以劝有功。”帝寤，释不问。

君集自恃有功，以它罪被系，居怏怏不平。会张亮出洛州都督，君集谬激说曰：“何为见排？”亮曰：“公排我，尚谁咎？”君集曰：“我平一国还，触天子嗔，何能排君？”因攘袂曰：“郁郁不可活，能反乎？当与公反。”亮密以闻。帝曰：“卿与君集皆功臣，今独相语而无左验，奈何？”秘不发，待君集如初。皇太子承乾数有过，虑废，知君集怨望，因其婿贺兰楚石为千牛，私引君集入，问自安计。君集举手谓曰：“此手当为殿下用之。”又遣楚石语承乾曰：“魏王得爱，陛下若有诏召，愿毋轻入。”承乾纳之。然君集常畏谋泄，忽忽不自安，或中夕惊吒，妻怪之，曰：“公，国大臣，何为尔？若有所负。宜自归，首领尚可全。”不从。

承乾事觉，捕君集下狱。楚石告状，帝自临问，曰：“我不欲令刀笔吏辱公。”君集辞穷不能对。帝语群臣曰：“君集于国有功，朕不忍置诸法，将丐其命，公卿其许我乎？”群臣皆曰：“君集罪大逆不道，请论如法。”帝乃谓曰：“与公诀矣，今而后，徒见公遗像已！”因泣下,遂斩之,籍其家。君集临刑色不变,谓监吏曰:"我岂反者乎?蹉跌至此。然尝为将,破二国,若言之陛下,丐一子以守祭祀。"帝闻,原其妻及一子,徙岭表。

始,帝命李靖教君集兵法,既而奏:"靖且反,兵之隐微,不以示臣。"帝以让靖,靖曰:"方中原无事,臣之所教,足以制四夷,而求尽臣术,此君集欲反耳。"靖为右仆射,君集为兵部尚书,同还省,君集马过门数步乃觉,靖语人曰:"君集其有异虑乎?"后果如言。

张亮,郑州荥阳人,起畎亩,志趣奇谲,虽外敦厚而内不情。隋大业末,李密略地荥、汴,亮从之,未甚甄识。时军中有谋叛去者,亮辄以告,密爱其诚,乃署骠骑将军,隶李勣。勣以黎阳归,亮颇佐佑之,擢郑州刺史。会王世充取郑,亮提孤军不敢入,亡命共城山。俄检校定州别驾。勣讨刘黑闼,使亮守相州,贼方盛,弃城遁。

房玄龄以亮沈果有谋,白秦王,引为车骑将军。隐太子将作难,命亮统左右千人之洛阳,阴结山东豪桀以备变。齐王告亮反,高祖以属吏诘讯,终无所言,乃得释。王即位,除右卫将军,封长平郡公。累迁御史大夫,进封郧国公,食益州户五百,历豳夏鄜三州都督、相州长史,徙郧国。召拜工部尚书。亮为政多伺察,发擿隐微,示神明,抑强恤弱,所至有绩。拜太子詹事,出为洛州都督。侯君集已诛,以刑部尚书参预朝政。

时茂州俚童张仲文自称天子,有司论斥乘舆有害当死,摄刑部尚书韦挺奏:"童乃妖言,无死坐。"帝怒曰:"尔作威福于下,而归虐朕耶!"挺失据趋出。亮为挺直之,帝曰:"公欲取刚正名乎?"亮不谢,帝瘳曰:"宁屈我,以申公之请。"童免死。

帝将伐高丽,亮频谏,不纳,因自请行,诏为平壤道行军大总管。引兵自东莱浮海,袭破沙卑城,进至建安,营壁未立,贼奄至,亮不知所为,踞胡床直视无所言,众谓其勇,得自安。于是副将张金树鼓于军,士奋击,因破贼。及从帝还,至并州,乃得罪。

初,亮弃故妻,更娶李氏。李妒悍,私通歌儿,养为子,名慎几。

亮子颛数谏止,亮不纳。李好左道,交通巫觋,桡政事。亮为相州,假子公孙节以谶有"弓长之主当别都",亮自以相旧都,"弓长"其姓,阴有怪谋。术家程公颖者,亮素与厚,阴谓曰:"君前言陛下真天下主,何其神邪!"公颖内晓,即称亮卧若龙,当大贵。亮曰:"国家殆必乱,吾臂龙鳞奋矣,慎几且大贵。"公孙常者,节兄也,亮谓曰:"吾有妾,相者云必为诸王姬。"常曰:"我兄子大品言,有神告公名在谶书。"亮悦。会陕人常德发其谋,并言亮养假子五百。帝使马周案之,亮谰辞曰:"囚等畏死,见诬耳。"因自陈佐命旧臣。帝曰:"亮养子五百将何为? 正欲反耳。"诏百官议,皆言亮当诛。帝遣长孙无忌、房玄龄就狱谓曰:"法者,天下平,与公共为之。公不自修,乃至此,将奈何?"于是斩西市,籍其家。

薛万均,本敦煌人,后徙京兆咸阳。父世雄,大业末为涿郡太守,万均与弟万彻因客幽州,以材武为罗艺所厚善,与艺归款,高祖授万均上柱国、永安郡公。

窦建德帅众十万寇范阳,艺迎拒之。万均曰:"众寡不敌,宜以计胜。"即教艺赢兵阻水以诱之,万均自以精骑百匿城左。建德师度水,邀半度击之,大败其众。明年,建德以二十万骑来攻,兵已缘堞,万均与万彻率死士百人出地道,掩击其背,众惊溃去。秦王平刘黑闼,引万均为右二护军,北门长上。

柴绍之讨梁师都也,以万均为副,万彻亦从。距朔方数十里,突厥兵骤至,王师却,万均兄弟横击之,斩其骁将,虏阵欢,乘之,俘杀相藉。突厥走,遂围师都。诸将以城险未可下,万均曰:"城中气死,鼓不能声,破亡兆也。"既而贼果斩师都降。拜左屯卫将军。

俄为沃沮道行军副总管,从李靖讨吐谷浑。军次青海,万均、万彻各以百骑行前,卒与虏遇,万均单骑驰突,无敢当者。还语诸将曰:"贼易与。"复驰进击,斩数千级,勇盖三军。追奔至积石山,大风折旗,万均曰:"虏且来!"乃勒兵。俄则虏至,万均直前斩其将,众遂溃,追至图伦碛乃还,与靖会青海。玺书勉劳,迁本卫大将军。又副侯君集击高昌,麹智盛坚守未下,万均麾军进,智盛惧,乃降。进潞国公。

会有诉万均与高昌女子乱,太宗欲穷治,魏徵曰:"君使臣以礼,若所诉实,罪且轻,虚则所失重矣。"诏勿治。后帝幸芙蓉园,坐清宫不谨下狱,忧愤卒。帝惊悼,为举哀,诏陪葬昭陵。后尝赐群臣膜皮,及万彻而误呼万均,怆然曰:"万均朕勋旧,忽口其名,岂死者有知,冀此赐乎?"因命以焚之,举坐感叹。

弟万彻、万淑、万备。

万彻与万均归高祖,授车骑将军、武安县公,事隐太子。太子诛,万彻督官兵战玄武门,噪而趋秦府,众失色,乃示以太子首,然后去,与数十骑亡之南山。秦王数使贷谕,乃出谢。王以其忠于所事,不之罪也。

从李靖讨突厥颉利可汗,以功授统军,进爵郡公。历右卫将军、蒲州刺史。副李勣击薛延陀,与虏战碛南。率数百骑为先锋,绕击阵后。虏顾见,遂溃,斩首三千级,获马万五千,封一子为县侯。改左卫将军,尚丹杨公主,加驸马都尉。迁代州都督、右武卫大将军。太宗尝曰:"当今名将,唯李勣、江夏王道宗、万彻而已。勣、道宗虽不能大胜,亦未尝大败;至万彻,非大胜即大败矣。"

贞观二十二年,以青丘道行军总管帅师三万伐高丽,次鸭渌水,以奇兵袭大行城,与高丽步骑万余战,斩虏将所夫孙。虏皆震恐,遂傅泊泞城。虏众三万来援,击走之,拔其城。万彻在军中,任气不能下人,或有上书言状者,帝爱其功,直加让勣而已,即为焚书。副将裴行方亦言其怨望。李勣曰:"万彻位大将军,亲主婿,而内怀不平,罪当诛。"因诏除籍徙边,会赦,还。

高宗永徽二年,授宁州刺史。入朝,与房遗爱昵甚,因曰:"我虽病足,坐置京师,诸辈犹不敢动。"遗爱曰:"若国有变,当与公共辅荆王。"谋泄下狱,诛。临刑曰:"万彻大健儿,留为国效死,安得坐遗爱杀之!"遂解衣顾监刑者曰:"亟斩我!"斩之不殊,叱曰:"胡不力!"三斩乃绝。

万淑亦以战功显。历右领军将军、梁郡公、畅武道行军总管。

万备有至行,居母丧,庐墓前,太宗诏表异其门。以尚辇奉御从伐高丽。李勣围白岩,虏遣兵万余来援,将军契苾何力以八百骑苦战,中槊创甚,为贼所窘,万备单马进救,何力获免。仕至左卫将军。

在武德、贞观时,又有盛彦师、卢祖尚、刘世让、刘兰、李君羡等,颇以功力显,而皆不终,附于左。

盛彦师者,宋州虞城人。少任侠。隋大业末,为澄城长。高祖兵至汾阴,彦师率宾客上谒,授行军总管,从平京师,与史万宝镇宜阳。李密叛,谋出山南,万宝惧,谓彦师曰:"密,骁贼也,以王伯当辅之,挟思东归之士,非计出万全不为也,殆不可当。"彦师笑曰:"请以数千兵为公枭其首。"万宝问计,答曰:"兵诡道也,难豫言。"即引众逾洛水,入熊耳山,命士持满夹道,伏短兵溪谷间,令曰:"贼半度乃击。"所部皆笑曰:"贼趋洛州,何为备此?"彦师曰:"密声言入洛,其实走襄城就张善相,我据其要,必禽之。"密果至,彦师横击,首尾不相救,遂斩密及伯当。以功封葛国公,授武卫将军,镇熊州。

讨王世充也,彦师与万宝军伊阙,绝山南路。世充平,为宋州总管。始,彦师入关,世充以陈宝遇为宋州刺史,待其家不以礼,及是,彦师因事杀之,又杀平生所恶数十家,州人震骇,皆重足立。

徐圆朗反,诏为安抚大使,战败,为贼所执。圆朗待之厚,命作书招其弟,使举虞城叛。彦师为书曰:"吾奉使无状,为贼禽,誓死报国。若宜善侍母,勿以我为念。"圆朗笑曰:"将军,壮士也。"置之。武德六年,圆朗平,彦师得还。高祖以罪诛之。

卢祖尚,字季良,光州乐安人。家饶财,好施,以侠闻。隋大业末,募壮士捕盗,时年十九,善御众,所向有功,盗畏,不入境。宇文化及之乱,据州称刺史,歃血誓众,士皆感泣。越王侗立,遣使归地,

因署本州总管,封沈国公,

王世充僭位,以州归高祖,授刺史,封弋阳郡公。从赵郡王孝恭讨辅公祏,为前军总管,下宣、歙,进击贼帅冯惠亮、陈正通,破之。历蒋州刺史、寿州都督、瀛州刺史,有能名。

贞观二年,交州都督以贿败,太宗方择人任之,咸以祖尚才备文武,可用也。召见内殿,谓曰:"交州去朝廷远,前都督不称职,公为我行,无以道远辞也。"祖尚顿首奉诏,既而托疾自解,帝遣杜如晦等谕意曰:"匹夫不负然诺,公既许朕矣,岂得悔?三年当召,不食吾言。"对曰:"岭南瘴疠,而臣不能饮,当无还理。"遂固辞。帝怒曰:"我使人不从,何以为天下!"命斩朝堂。既而悔之,诏复其官。

刘世让,字元钦,京兆醴泉人。仕隋为征仕郎。高祖入长安,以沣川归,授通议大夫。时唐弼余党寇扶风,世让自请安辑,许之,得其众数千,因授安定道行军总管,率兵二万拒薛举,战不胜,与弟宝皆没于贼。举令至城下,绐说使降。世让阳许之,至则告守者曰:"贼兵极于此矣,善自固!"举重其节,不加害。秦王方屯高墌,世让密遣宝间走王,言贼虚实。高祖悦,赐其家帛千匹。举平,授彭州刺史。俄领陕东道行军总管,从永安王孝基讨吕崇茂于夏县,军败,为贼所囚。闻独孤怀恩有逆谋,唐俭语世让曰:"怀恩谋行,则国难未息,可亡归,白发之。"世让逃还,高祖方济河幸怀恩营,惊曰:"世让之来,天也!"因封为弘农郡公,赐田百亩、钱百万。母丧免,起为检校并州总管。

窦建德之援王世充也,世让率万骑出黄沙岭,袭洺州。会突厥入寇,又诏以兵屯雁门,世让驰骑八百赴之,而可汗军大至,乃保武州。可汗与高开道、苑君璋合众攻之,城数坏,辄立栅完拒。郑元璹先使可汗,可汗使来说,世让叱曰:"丈夫奈何为夷狄作说客邪?"久之,虏引去。元璹还,具道其忠,赐良马、金带。襄邑王神符镇并州,世让数以气凌之,坐是削籍徙康州。

未几,召授广州总管。帝问以备边策,答曰:"突厥数南寇者,恃有马邑为地耳。如使勇将屯崞城,厚储金帛以招降者,数出奇兵略城下,践禾稼,不逾岁,马邑可图也。"帝曰:"非公无可任者。"乃使驰驿经略,于是世让至马邑。

高满政以地来降,突厥患之,纵反间,云:"世让与可汗为乱。"帝不之察,因诛之,籍其家。贞观初,突厥降者言世让无逆谋,乃原其妻子。

刘兰,字文郁,青州北海人。仕隋鄱阳郡书佐。涉图史,能言成败事。性阴狡,以天下将乱,见北海完富,潜介贼破其乡,取子女玉帛。淮安王神通安抚山东,率宗党归顺。

贞观初,梁师都未平,兰上书陈方略,太宗以为夏州都督府司马。师都以突厥兵顿城下,兰仆旗息鼓,贼疑不敢迫,夜引去。兰追击,破之,遂进军夏州。师都平,迁丰州刺史,召为右领军卫将军。十一年,为夏州都督长史。时突厥携贰,郁射设阿史那摸末率属帐居河南,兰纵反间离之,颉利果疑。摸末惧,来降,颉利急追,兰逆拒,却其众。封平原郡公,俄检校代州都督。

初,长社许绚解谶记,谓兰曰:"天下有长年者,咸言刘将军当为天下主。"兰子昭又曰:"谶言海北出天子,吾家北海也。"会鄠县尉游文芝以罪系狱当死,因发其谋,兰及党与皆伏诛。

李君羡,洺州武安人。初事李密,后为王世充骠骑。恶世充为人,率其属归高祖,授上轻车都尉。秦王引置左右,从破宋金刚于介休,加骠骑将军,赐以宫人、缯帛。从讨王世充,为马军副总管。世充子玄应自武牢转粮入洛,君羡俘其军,玄应走。从破窦建德、刘黑闼,所向必先登摧其锋,累授左卫府中郎将。突厥至渭桥,君羡与尉迟敬德击破之。太宗曰:"使皆如君羡者,虏何足忧!"改左武候中郎将,封武连县公,北门长上。在仗读书不休,帝嘉劳。历兰州都督、左监门卫将军。

先是,贞观初,太白数昼见,太史占曰:"女主昌。"又谣言"当有女武王者。"会内宴,为酒令,各言小字,君羡自陈曰:"五娘子"。帝愕然,因笑曰:"何物女子,乃此健邪!"又君羡官邑属县皆"武"也,忌之。未几,出为华州刺史。会御史劾奏君羡与狂人为妖言,谋不轨,下诏诛之。天授中,家属诣阙诉冤,武后亦欲自诧,诏复其官爵,以礼改葬。

赞曰:侯君集位将相私谒太子,张亮养子五百人,薛万彻与狂竖谋,皆死有余责,又何咎哉?以太宗之明德,蔽于谣谶,滥君羡之诛,徒使孽后引以自神,顾不哀哉!

唐书卷九五
列传第二○

高俭 履行 真行 重　窦威 轨 琮 抗
静 诞 玭 德玄

高俭,字士廉,以字显,齐清河王岳之孙。父励,乐安王,入隋为洮州刺史。士廉敏惠有度量,状貌若画,观书一见辄诵,敏于占对。隋司隶大夫薛道衡、起居舍人崔祖浚皆宿臣显重,与为忘年友,由是有名。自以齐宗室,不欲广交,屏居终南山下。吏部侍郎高孝基劝之仕,仁寿中,举文才甲科,补治礼郎。斛斯政奔高丽,坐与善,贬为朱鸢主簿,以母老不可居瘴疬地,乃留妻鲜于奉养而行。会世大乱,京师阻绝,交趾太守丘和署司法书佐。时钦州俚帅宁长真以兵侵交趾,和惧,欲出迎,士廉曰:“长真兵虽多,县军远客,势不得久。城中胜兵尚可战,奈何受制于人?”和因命为行军司马逆击破之。

高祖遣使徇岭南,武德五年与和来降,于是秦王领雍州牧,荐士廉为治中,亲重之。隐太子与王隙已炽,乃与长孙无忌密计讨定,是日率吏卒释囚授甲,趋芳林门助战。王为皇太子,授右庶子。进侍中,封义兴郡公。坐匿王珪奏不时上,左授安州都督。

进益州大都督府长史。蜀人畏鬼而恶疾,虽父母病皆委去,望舍投饵哺之,昆弟不相假财。士廉为设条教,辩告督励,风俗翕然为变。又引诸生讲授经艺,学校复兴。秦时李冰导汶江水灌田,溉水者顷千金,民相侵冒。士廉附故渠厮引旁出,以广溉道,人以富饶。

入为吏部尚书,进封许国公。雅负裁鉴,又详氏谱,所署用,人地无不当者。高祖崩,摄司空,营山陵;加特进,迁尚书右仆射。士廉三世居此官,世荣其贵。

太宗幸洛阳,太子监国,命摄少师。手诏曰:"端拱三川,不忧关中者,以属卿也。"久之,请致仕,听解仆射,加开府仪同三司、同中书门下三品,知政事。帝伐高丽,皇太子监国驻定州,又摄太傅,同掌机务。太子令曰:"寡人资公训道,而比听政,据桉对公,情所未安,所司宜别设桉奉太傅。"士廉固辞。

还至并州,有疾,帝即所舍问之。贞观二十一年疾甚,帝幸其第,为流涕,卒年七十一。又欲临吊,房玄龄以帝饵金石,谏不宜近丧。帝曰:"朕有旧故姻戚之重,君臣之分,卿置勿言。"即从数百骑出。长孙无忌伏马前陈士廉遗言,乞不临丧,帝犹不许,无忌至流涕,乃还入东苑,南向哭。诏赠司徒、并州都督,谥曰文献,陪葬昭陵。方寒食,敕尚宫以食四舆往祭,帝自为文。丧出横桥,又登城西北楼望哭以过丧。高宗即位,加赠太尉,配享太宗庙廷。

士廉进止详华,凡有献纳,搢绅皆属以目。奏议未尝不焚稿,家人无见者。士廉少识太宗非常人,以所出女归之,是为文德皇后。及遗令墓不得它藏,惟置衣一袭与平生所好书示先王典训可用终始者。

初,太宗尝以山东士人尚阀阅,后虽衰,子孙犹负世望,嫁娶必多取资,故人谓之卖昏,由是诏士廉与韦挺、岑文本、令狐德棻责天下谱谍,参考史传,检正真伪,进忠贤,退悖恶,先宗室,后外戚,退新门,进旧望,右膏粱,左寒畯,合二百九十三姓,千六百五十一家,为九等,号曰《氏族志》,而崔干仍居第一。帝曰:"我于崔、卢、李、郑无嫌,顾其世衰,不复冠冕,犹恃旧地以取资,不肖子偃然自高贩鬻松槚,不解人间何为贵?齐据河北,梁、陈在江南,虽有人物,偏方下国,无可贵者,故以崔、卢、王、谢为重。今谋士劳臣以忠孝学艺从我定天下者,何容纳货旧门,向声背实,买昏为荣耶?太上有立德,其次有立功,其次有立言,其次有爵为公、卿、大夫,世世不绝,此谓之门户。今皆反是,岂不惑邪?朕以今日冠冕为等级高下。"遂以崔干为第三姓,班其书天下。

高宗时,许敬宗以不叙武后世,又李义府耻其家无名,更以孔志约、杨仁卿、史玄道、吕才等十二人刊定之,裁广类例,合二百三十五姓,二千二百八十七家,帝自叙所以然。以四后姓、酂公、介公及三公、太子三师、开府仪同三司、尚书仆射为第一姓,文武二品及知政事三品为第二姓,各以品位高下叙之,凡九等,取身及昆弟子孙,余属不入,改为《姓氏录》。当时军功入五品者,皆升谱限,搢绅耻焉,目为“勋格”。义府奏悉索《氏族志》烧之。又诏后魏陇西李宝,太原王琼,荥阳郑温,范阳卢子迁、卢浑、卢辅,清河崔宗伯、崔元孙,前燕博陵崔懿,晋赵郡李楷,凡七姓十家,不得自为昏;三品以上纳币不得过三百匹,四品五品二百,六品七品百,悉为归装,夫氏禁受陪门财。先是,后魏太和中,定四海望族,以宝等为冠。其后矜尚门地,故《氏族志》一切降之。王妃、主婿皆取当世勋贵名臣家,未尝尚山东旧族。后房玄令、魏徵、李勣复与昏,故望不减,然每姓第其房望,虽一姓中,高下县隔。李义府为子求昏不得,始奏禁焉。其后天下衰宗落谱,昭穆所不齿者,皆称“禁昏家”,益自贵,凡男女皆潜相聘娶,天子不能禁,世以为敝云。

士廉六子,履行、审行、真行有名。

履行居母丧毁甚,太宗谕使强食。尚东阳公主,袭爵。由户部尚书为益州大都督府长史,政有名。坐长孙无忌,左授洪州都督,改永州刺史。

真行至左卫将军。其子岐连章怀太子事,诏令自诫切,真行以佩刀刺杀之,断首弃道上,高宗鄙其为,贬睦州刺史。

审行自户部侍郎贬渝州刺史。

士廉五世孙重,字文明。以明经中第,李巽表盐铁转运巡官,善职,凡十年,进累司门郎中。

敬宗慎置侍讲学士,重以简厚惇正,与崔郾偕选,再擢国子祭酒。文宗好《左氏春秋》，命分列国各为书，成四十篇。与郑覃刊定《九经》于石。出为鄂岳观察使，以美政被褒。久之，拜太子宾客，分司东都。卒，赠太子少保。

赞曰：古者受姓受氏以旌有功，是时人皆土著，故名宗望姓，举郡国自表，而谱系兴焉，所以推叙昭穆，使百代不得相乱也。遭晋播迁，胡丑乱华，百宗荡析，士去坟墓，子孙犹挟系录，以示所承，而代阀显者，至卖昏求财，汩丧廉耻。唐初流弊仍甚，天子屡抑不为衰。至中叶，风教又薄，谱录都废，公靡常产之拘，士亡旧德之传，言李悉出陇西，言刘悉出彭城，悠悠世胙，讫无考按，冠冕皂隶，混为一区，可太息哉！

窦威，字文蔚，岐州平陆人。父炽。在周为上柱国，入隋为太傅，太穆皇后，其从兄弟女也。

威沈邃有器局，贯览群言，家世贵，子弟皆喜武力，独威尚文，诸兄诋为书痴。内史令李德林举秀异，授秘书郎，当迁不肯调者十年，故其学益博。而诸兄以军功位通显矣，薄威职闲冗，更谓曰："昔仲尼积学成圣，犹栖迟不偶，汝尚何求耶？"威笑不答。蜀王秀辟为记室，威以秀多不法，谢疾去。秀废，府属皆得罪，威独免。大业中，累迁内史舍人，数谏忤旨，转考功郎中，后坐事免。

高祖入关，召补大丞相府司录参军。方天下乱，礼典湮缺，威多识朝廷故事，乃裁定制度。帝语裴寂曰："威，今之叔孙通也。"武德元年，授内史令。每论政事得失，必陈古为谕，帝益亲瞩，尝引入卧内，谓曰："昔周有八柱国，吾与公家是也。今我为天子，而公为内史令，事固有不等耶？"威惧，顿首谢曰："臣家在汉，再为外戚。至元魏，有三皇后。今陛下龙兴，臣复以姻戚进，凤夜惧不克任。"帝笑曰："公以三后族夸我邪！关东人与崔、卢婚者，犹自矜大，公世为帝戚，不亦贵乎。"

后寝疾，帝临问，及卒，哭之恸。赠同州刺史，追封延安郡公，谥曰靖。威性俭素，家不树产，比丧，无余资，遗令薄葬。诏皇太子、百官临送。

兄子轨，字士则。父恭，仕同为雍州牧、鄩国公。轨性刚果有威，大业中，为资阳郡东曹掾，去官归。高祖起兵，轨募众千余人迎谒长春宫。帝大悦，赐良马十匹，使略地渭南，下永丰仓，收兵五千，从平京师。封赞皇县公，为大丞相咨议参军。

稽胡贼五万掠宜春，诏轨讨之。次黄钦山，遇贼乘高丛射，众为却。轨斩部将十四人，更拔其次代之，身拥数百骑殿，令曰："闻鼓不进者斩。"既鼓，士争赴贼，贼射不胜，大破之，斩首千级，获男女二万。擢太子詹事，赤排羌与薛举叛将钟俱仇寇汉中，拜秦州总管，讨贼连战有功，余党悉降。复鄩国旧封，迁益州道行台左仆射。党项引吐谷浑寇松州，诏轨与扶州刺史蒋善合援之。善合先期至，败之钳川。轨进军临洮，击左封，走其众。度羌必为患，始屯田松州。诏率所部兵从秦王讨王世充。明年，还蜀。

轨既贵，益严酷，然能自勤苦，每出师临敌，身未尝解甲，其下有不用命即诛，至小过亦鞭棰流血，人见者皆重足股栗，由是蜀盗悉平。初以其甥为腹心，尝夜出，呼不时至，斩之。又戒家奴毋出外，忽遣奴取浆公厨，既而悔焉，曰："要当借汝头以明法。"命斩奴，奴称冤，监刑者疑不时决，轨并斩之。后入朝，赐坐御榻，容不肃，又坐对诏，帝怒曰："公入蜀，车骑、骠骑从者二十人，公斩诛略尽，我陇种车骑，尚不足给公。"因系诏狱。俄释之，还镇益州。

轨与行台尚书韦云起、郭行方素不协，及隐太子诛，诏至，轨内诏怀中，云起问诏安在，轨不肯示，因执杀之。行方惧，奔京师，得免。是岁，行台废，授益州都督，加食邑户六百。

贞观元年，召授右卫大将军，出为洛州都督。周洛间，因隋乱，人不土著，轨下令诸县，有游手末作者按之，由是威信大行，民皆趋本。卒，赠并州都督。

子奉节，尚永嘉公主，历左卫将军、秦州都督。

轨弟琮，有武干。大业末，犯法亡命太原，依高祖。与秦王有憾，不自安。王方收天下豪英，降礼接之，与出入卧内，琮意乃释。大将军府建，引为统军。从平西河，破霍邑。授金紫光禄大夫，封扶风郡公。从刘文静击屈突通于潼关，败其将桑显和，通遁去，琮以轻骑追获于稠桑。进兵下陕县，拔太原仓。迁左领军大将军，赐物五百段。隋河阳都尉独孤武潜谋归款，命琮总万骑，自柏崖迎之，逗留不进，武见杀，坐除名。

武德初，为右屯卫大将军。时将图洛阳，诏琮留守陕，护饷道。王世充将罗士信数以兵钞绝，琮使人说降之。东都平，检校晋州总管。从隐太子平刘黑闼，以功封谯国公，赐黄金五十斤。卒，赠左卫大将军，谥曰敬。永徽五年，加赠特进。

威从兄子抗，字道生。父荣定，为隋洛州总管、陈国公；谥曰懿。母，隋文帝姊安成公主也。抗美容仪，性通率，涉见图史。以帝甥早贵，入太学，释褐千牛备身、仪同三司。侍父疾，束带五旬不弛，居丧，哀癯过常。袭爵，累转梁州刺史。将之官，文帝幸其第，酣宴如家人礼。母卒，数号绝，诏宫人节哭。岁余，为岐州刺史，转幽州总管，所至以宽惠闻。汉王谅反，炀帝疑抗为应，遣李子雄驰往代之。子雄因诬抗得谅书不奏，桉鞫无状，然坐是遂废。

抗与高祖少相狎，及杨玄感反，抗谓高祖曰："玄感为我先耳，李氏名在图录，天所启也。"高祖曰："为祸始不祥，公无妄言。"炀帝遣抗出灵武，遄护长城，闻高祖已定京师，喜曰："此吾家婿，豁达有大度，真拨乱主也。"因归长安。高祖见之喜，握手曰："李氏果王，何如？"因置酒为乐，授将作大匠兼纳言，寻罢为左武候大将军。

帝听朝，或引升御坐，既退，入卧内，从容谈笑，极平生欢，以兄呼之，宫中称为舅，或留宿禁省，侍燕豫，然未尝干朝廷事。后从秦王平薛举，功第一；又从征王世充。东都平，册勋于庙者九人，抗与从弟轨与焉。赐女乐一部，珍币不赀。卒，赠司徒，谥曰密。

子衍、静、诞,衍袭爵。

静字元休,在隋佐亲卫,以父得罪炀帝,义不之进。高祖入京师,擢并州大总管府长史。时突厥数为边患,粮道不属,静表请屯田太原,以省馈运。议者以流亡未复,不宜重困,于是召入与裴寂、萧瑀、封伦廷议,寂等不能屈,帝从之,岁收粟十万斛。诏检校并州大总管。又请断石岭以为鄣塞,制突厥之入。

太宗即位,授司农卿,封信都县男。赵元楷为少卿,静鄙其聚敛,因会官属大言曰:“如炀帝奢侈,竭四海自奉,司农须公矣。今天子躬节俭,屈一人安兆庶,恶用公哉?”元楷大惭。改夏州都督。

突厥携贰,诸将出征者过静,静为陈虏中虚实,诸将由是大克获。又间其部落,郁射所部郁孤尼等九俟斤皆内附。帝嘉之,赐马百匹,羊千口。及禽颉利,诏处其众河南。静上书曰:“夷狄穷则搏噬,饱则群聚,不可以刑法绳、仁义教也。衣食仰给,不恃耕桑。今损有为之民,资无知之虏,得之无益于治,失之不害于化。况首丘未忘,则一旦变生,犯我王略矣。不如因其破亡,假以贤王一号,妻之宗女,披其土地部落,使权弱势分,易为羁制,则世为藩臣矣。”帝虽不从,然嘉其忠,优诏答曰:“北方之务,悉以相委,以卿为宁朔大使,送无北顾忧矣。”再迁民部尚书。卒,谥曰肃。

子遽,尚遂安公主,袭爵。

诞,隋末起家朝请郎。义宁初,辟丞相府祭酒,封安丰郡公,尚襄阳公主。从秦王征薛举,为元帅府司马。累迁太常卿。高祖诸子幼,未出宫者十余王,国司家事,皆诞主之。出为梁州都督。

贞观初,召授右领军大将军,进莘国公,为宗正卿。太宗与语,昏谬失对。乃下诏曰:“诞比衰耗,不能事,朕知而任之,是谓不明,且为官择人者治,为人择官者乱。其以光禄大夫罢就第。”卒,赠工部尚书、荆州刺史,谥曰安。

抗弟琎，字之推，性沉厚。隋大业末，为扶风太守。唐兵起，以郡归，历民部尚书。从秦王平薛仁杲，赐锦袍。寻镇益州，时蜀盗贼多，皆讨平之。与皇甫无逸不协，数相诉毁，因请入朝，至半道，诏还之。琎内忧恐。会使者至，琎引宴卧内，厚饷遗。无逸以闻，坐免官。未几，授秘书监，封邓国公。

贞观初，还将作大匠，诏修洛阳宫，鉴池起山，务极侈浮，费不胜算。太宗怒，诏毁之，免其官。以丰王纳琎女为妃，复位。卒，赠礼部尚书，谥曰安。琎有巧思，工书。武德中，与太常少卿祖孝孙受诏定雅乐，是正钟律云。

威从孙德玄，隋大业中，起家国学生。祖照，尚周文帝义阳公主，封巨鹿郡公。父彦，袭爵，终隋西平太守。兄德明，师事陈留王孝逸，通知文史。汉王谅反，遣将綦良攻黎州。德明年十八，募士五千，号令严整，倍道击贼，破之。以功擢累齐王府属，坐事免。高祖兵叩长安，而宗室孝基、神符、道宗及窦诞、赵慈景等并系狱，隋将卫文升、阴世师欲杀之，德明谏曰："罪不在此，杀之无伤于彼，只取怨焉，不如挺之。"乃止。长安平，谒高祖，终不自言，时称长者。拜考功郎中。从秦王击王世充。封显武男，历常、爱二州刺史，卒。

德玄始为高祖丞相府千牛，历太宗时不甚显，高宗以旧臣，自殿中少监为御史大夫，岁中迁司元太常伯。时帝又以源直心为奉常正卿，刘祥道为司刑太常伯，上官仪为西台侍极，郝处俊为太子左中护，凡十余人，皆帝自择，以示宰相李勣等，皆顿首谢。

麟德初，进检校左相，勤职约己，天子尝临朝，咨其清素，加以赐赉。居位数年，赞图封禅事，与李勣皆为使。帝次濮阳，问古谓帝丘，德玄不能对，许敬宗具道其然，帝称善。敬宗自矜于人，德玄知，不为忤，众服其量。礼成，进爵二级。以弟德远未及爵，愿分封，诏可。故德玄封巨鹿男，德远乐安男。德玄迎时取合，未尝有过，然无它补益。卒，年六十九，赠光禄大夫，幽州都督，谥曰恭。

　　赞曰：高、窦虽缘外戚姻家，然自以才猷结天子，厕迹名臣，垂荣无穷，时有遇合，故见诸事业。古来贤豪，不遭兴运，埋光铲采，与草木俱腐者，可胜咤哉！窦宗自魏讫唐，支胄扶疏数百年，所冯厚矣。

唐书卷九六
列传第二一

房玄龄 遗爱　杜如晦 楚客 淹
元颖　审权　让能

房玄龄,字乔,齐州临淄人。父彦谦,仕隋,历司隶刺史。玄龄幼警敏,贯综坟籍,善属文,书兼草隶。开皇中,天下混壹,皆谓隋祚方永,玄龄密白父曰:"上无功德,徒以周近亲,妄诛杀,攘神器有之,不为子孙立长久计,淆置嫡庶,竞侈僭,相倾阋,终当内相诛夷。视今虽平,其亡,跬可须也。"彦谦惊曰:"无妄言!"年十八,举进士。授羽骑尉,校雠秘书省。吏部侍郎高孝基名知人,谓裴矩曰:"仆观人多矣,未有如此郎者,当为国器,但恨不见其聱絜昂霄云。"补隰城尉。汉王谅反,坐累,徙上郡。顾中原方乱,慨然有忧天下志。会父疾,绵十旬,不解衣;及丧,勺饮不入口五日。

太宗以敦煌公徇渭北,杖策上谒军门,一见如旧,署渭北道行军记室参军。公为秦王,即授府记室,封临淄侯。征伐未尝不从,众争取怪珍,玄龄独收人物致幕府,与诸将密相申结,人人愿尽死力。王尝曰:"汉光武得邓禹,门人益亲。今我有玄龄,犹禹也。"居府出入十年,军符府檄,或驻马即办,文约理尽,初不著稿。高祖曰:"若人机识,是宜委任。每为吾儿陈事,千里外犹对面语。"

隐太子与王有隙,王召玄龄与计,对曰:"国难世有,惟圣人克之。大王功盖天下,非特人谋,神且相之。"乃引杜如晦协判大计。累进陕东道大行台考功郎中、文学馆学士。故太子忌二人者,奇潜于帝，皆斥逐还第。太子将有变，王召二人以方士服入，夜计事。事平，王为皇太子，擢右庶子。太子即位，为中书令。第功班赏，与如晦、长孙无忌、尉迟敬德、侯君集功第一，进爵邗国公，食邑千三百户，余皆次叙封拜。帝顾群臣曰："朕论公等功，定封邑，恐不能尽，无有讳，各为朕言之。"淮安王神通曰："义师起，臣兵最先至，今玄龄等以刀笔吏居第一，臣所未喻。"帝曰："叔父兵诚先至，然未尝躬行阵劳，故建德之南，军败不振，讨黑闼反动，望风辄奔。今玄龄等有决胜帷幄定社稷功，此萧何所以先诸将也。叔父以亲，宜无爱者，顾不可缘私与功臣竞先后尔。"初，将军丘师利等皆怙跋攘袂，或指画自陈说，见神通愧屈，乃曰："陛下至不私其亲，吾属可妄诉邪！"

进尚书左仆射，监修国史，更封魏。帝曰："公为仆射，当助朕广耳目，访贤材。比闻阅牒讼日数百，岂暇求人哉？"乃敕细务属左右丞，大事关仆射。

帝尝问："创业、守文孰难？"玄龄曰："方时草昧，群雄竞逐，攻破乃降，战胜乃克，创业则难。"魏徵曰："王者之兴，必乘衰乱，覆昏暴，殆天授人与者。既得天下，则安于骄逸。人欲静，徭役毒之；世方敝，哀刻穷之。国由此衰，则守文为难。"帝曰："玄龄从我定天下，冒百死，遇一生，见创业之难。徵与我安天下，畏富贵则骄，骄则怠，怠则亡，见守文之不为易。然创业之不易，既往矣；守文之难，方与公等慎之。"

会诏大臣世袭，授宋州刺史，徙国梁，而群臣让世袭事，故罢刺史，遂为梁国公。未几加太子少师。始诣东宫，皇太子欲拜之，玄龄让不敢谒，乃止。居宰相积十五年，女为王妃，男尚主，自以权宠隆极，累表辞位，诏不听。顷之，进司空，仍总朝政。玄龄固辞，帝遣使谓曰："让，诚美德也。然国家相眷赖久，一日去良弼，如亡左右手。顾公筋力未衰，毋多让！"晋王为皇太子，改太子太傅，知门下省事，以母丧，赐茔昭陵园。起复其官，会伐辽，留守京师。诏曰："公当萧何之任，朕无西顾忧矣。"凡粮械飞输，军伍行留，悉裁总之。玄龄数上书劝帝，愿毋轻敌，久事外夷。固辞太子太傅，见听。

晚节多病,时帝幸玉华宫,诏玄龄居守,听卧治事。稍棘,召许肩舆入殿,帝视流涕,玄龄亦感咽不自胜。命尚医临候,尚食供膳,日奏起居状。少损,即喜见于色。玄龄顾诸子曰:"今天下事无不得,惟讨高丽未止,上含怒意决,群臣莫敢谏,吾而不言,抱愧没地矣!"遂上疏曰:

上古所不臣者,陛下皆臣之;所不制者,陛下皆制之矣。为中国患,无如突厥,而大小可汗相次束手,弛辫握刀,分典禁卫。延陀、铁勒,披置州县;高昌、吐浑,偏师扫除。惟高丽历代逋命,莫克穷讨。陛下责其弑逆,身自将六军,径荒裔,不旬日拔辽东,虏获数十万,残众、孽君缩气不敢息,可谓功倍前世矣。

《易》曰:"知进退存亡不失其正者,其惟圣人乎!"盖进有退之义,存有亡之机,得有丧之理,为陛下惜者此也。传曰:"知足不辱,知止不殆。"陛下威名功烈既云足矣,拓地开疆亦可止矣。边夷丑种,不足待以仁义,责以常礼,古者以禽鱼畜之。必绝其类,恐兽穷则搏,苟救其死。且陛下每决死罪,必三覆五奏,进疏食,停音乐,以人命之重为感动也。今士无一罪,驱之行阵之间,委之锋镝之下,使肝脑涂地,老父孤子、寡妻慈母望槥车,抱枯骨,摧心掩泣,其所以变动阴阳,伤害和气,实天下之痛也。使高丽违失臣节,诛之可也;侵扰百姓,灭之可也;能为后世患,夷之可也。今无是三者,而坐敝中国,为旧王雪耻,新罗报仇,非所存小、所损大呼?臣愿下沛然之诏,许高丽自新,焚陵波之船,罢应募之众,即臣死骨不朽。

帝得疏,谓高阳公主曰:"是已危惙,尚能忧吾国事乎!"

疾甚,帝命凿苑垣以便候问,亲握手与决。诏皇太子就省。擢子遗爱右卫中郎将,遗则朝散大夫,令及见之。薨,年七十一,赠太尉、并州都督,谥曰文昭,给班剑、羽葆、鼓吹、绢布二千段、粟二千斛,陪葬昭陵。高宗诏配享太宗庙廷。

玄龄当国,夙夜勤强,任公竭节,不欲一物失所。无媚忌,闻人善,若己有之。明达吏治,而缘饰以文雅,议法处令,务为宽平。不以己长望人,取人不求备,虽卑贱皆得尽所能。或以事被让,必稽颡请罪畏惕,视若无所容。

贞观末年,以谴还第,黄门侍郎褚遂良言于帝曰:"玄龄事君自无所负,不可以一眚便示斥外,非天子任大臣意。"帝悟,遽召于家。后避位不出。久之,会帝幸芙蓉园观风俗,玄龄敕子弟汛扫廷庑,曰:"乘舆且临幸。"有顷,帝果幸其第,因载玄龄还宫。帝在翠微宫,以司农卿李纬为民部尚书,会有自京师来者,帝曰:"玄龄闻纬为尚书谓何?"曰:"惟称纬好须,无它语。"帝遽改太子詹事。帝讨辽,玄龄守京师,有男子上急变,玄龄诘状,曰:"我乃告公。"玄龄驲遣追帝,帝视奏已,斩男子,下诏责曰:"公何不自信!"其委任类如此。治家有法度,常恐诸子骄侈,席势凌人,乃集古今家诫,书为屏风,令各取一具,曰:"留意于此,足以保躬矣!汉袁氏累叶忠节,吾心所尚,尔宜师之。"子遗直嗣。

次子遗爱,诞率无学,有武力。尚高阳公主,为右卫将军。公主,帝所爱,故礼与它婿绝。主骄蹇,疾遗直任嫡,遗直惧,让爵,帝不许。主稍失爱,意怏怏。与浮屠辩机乱,帝怒,斩浮屠,杀奴婢数十人,主怨望,帝崩,哭不哀。高宗时,出遗直汴州刺史,遗爱房州刺史。主又诬遗直罪,帝敕长孙无忌鞫治,乃得主与遗爱反状,遗爱伏诛,主赐死。遗直以先勋免,贬铜陵尉。诏停配享。

杜如晦,字克明,京兆杜陵人。祖果,有名周、隋间。如晦少英爽,喜书,以风流自命,内负大节。临机辄断。隋大业中,预吏部选,侍郎高孝基异之,曰:"君当为栋梁用,愿保令德。"因补滏阳尉,弃官去。

高祖平京师,秦王引为府兵曹参军,徙陕州总管府长史。时府属多外迁,王患之。房玄龄曰:"去者虽多,不足吝,如晦王佐才也。大王若终守藩,无所事;必欲经营四方,舍如晦无共功者。"王惊曰:

"非公言,我几失之!"因表留莫府。从征伐,常参帷幄机秘。方多事,裁处无留,僚属共才之,莫见其涯。进陕东道大行台司勋郎中,封建平县男,兼文学馆学士。天策府建,为中郎。王为皇太子,授左庶子,迁兵部尚书,进封蔡国公,食三千户,别食益州千三百户。俄检校侍中,摄吏部尚书,总监东宫兵,进位尚书右仆射,仍领选。

与玄龄共管朝政,引士贤者,下不肖,咸得职,当时浩然归重。监察御史陈师合上《拔士论》,谓一人不可总数职,阴剟讽如晦等。帝曰:"玄龄、如晦不以勋旧进,特其才可与治天下者,师合欲以此离间吾君臣邪?"斥岭表。

久之,以疾辞职,诏给常俸就第,医候之使道相属。会病力,诏皇太子就问,帝亲至其家,抚之梗塞。及未乱,擢其子左千牛构兼尚舍奉御。薨,年四十六,帝哭恸,赠开府仪同三司。及葬,加司空,谥曰成。手诏虞世南勒文于碑,使言君臣痛悼意。

它日,食瓜美,辍其半奠焉。尝赐玄龄黄银带,曰:"如晦与公同辅朕,今独见公。"泫然流泪曰:"世传黄银鬼神畏之。"更取金带,遣玄龄送其家。后忽梦如晦若平生,明日为玄龄言之,敕所御馔往祭。明年之祥,遣尚宫劳问妻子,国府官佐亦不之罢,恩礼无少衰。后诏功臣世袭,追赠密州刺史,徙国莱。

方为相时,天下新定,台阁制度,宪物容典,率二人讨裁。每议事帝所,玄龄必曰:"非如晦莫筹之。"及如晦至,卒用玄龄策也。盖如晦长于断,而玄龄善谋,两人深相知,故能同心济谋,以佐佑帝,当世语良相,必曰房、杜云。

构位慈州刺史。次子荷,性暴诡不循法,尚城阳公主,官至尚乘奉御,封襄阳郡公。承乾谋反,荷曰:"琅邪颜利仁善星数,言天有变,宜建大事,陛下当为太上皇。请称疾,上必临问,可以得志。"及败,坐诛。临刑,意象轩鹜。构以累贬死岭表。

如晦弟楚客,少尚奇节,与叔父淹皆没于王世充。淹与如晦有隙,谮其兄杀之,并囚楚客濒死。世充平,淹当诛。楚客请于如晦,不许。楚客曰："叔残兄,今兄又弃叔,门内几尽,岂不痛哉!"如晦感悟,请之高祖,得释。

方建成难作,楚客遁舍嵩山。贞观四年,召为给事中。太宗曰:"君居山似之矣,谓非宰相不起,渠然邪? 夫走远者自近,人不恤无官,患才不副。而兄与我异支一心者,尔当如兄事吾而辅我。"楚客顿首谢,因擢为中郎将。每入直,尽夕不释仗,帝知而劳之,进蒲州刺史,政有能名,徙瀛州。后为魏王府长史,迁工部尚书,摄府事,以威肃闻。揣帝意薄承乾,乃为王谐媚用事臣,数言王聪睿可为嗣,人或以闻,帝隐恚。及王贬爵,暴其罪,以如晦功免死,废于家,终虔化令。

淹字执礼,材辩多闻,有美名。隋开皇中,与其友韦福嗣谋曰:"上好用隐民,苏威以隐者召,得美官。"乃共入太白山,为不仕者。文帝恶之,谪戍江表。赦还,高孝基为雍州司马,荐授承奉郎,擢累御史中丞。王世充僭号,署少吏部,颇亲近用事。洛阳平,不得调,欲往事隐太子。时封伦领选,以谄房玄龄,玄龄恐失之,白秦王,引为天策府兵曹参军、文学馆学士。尝侍宴,赋诗尤工,赐银钟。庆州总管杨文干反,辞连太子,归罪淹及王珪、韦挺,并流越巂,王知其诬,饷黄金三百两。

及践阼,召为御史大夫,封安吉郡公,食四百户。淹建言诸司文桉稽期,请以御史检促。太宗以问仆射封伦,伦曰:"设官各以其事治,御史劾不法,而索桉求疵,是太苛,且侵官。"淹嘿然。帝曰:"何不申执?"对曰:"伦所引国大体,臣伏其议,又何言?"帝悦,以资博练,帝敕东宫仪典簿最悉听淹裁订。

俄检校吏部尚书,参豫朝政。所荐赢四十人,后皆知名。尝白郅怀道可用,帝问状,淹曰:"怀道及隋时位吏部主事,方炀帝幸江都,群臣迎阿,独怀道执不可。"帝曰:"卿时何云?"曰:"臣与众。"帝折曰:"事君有犯无隐,卿直怀道者,何不谠言?"谢曰:"臣位下,又顾谏不从,徒死无益。"帝曰:"内以君不足谏,尚何仕? 食隋粟忘隋事,忠乎?"因顾群臣:"公等谓何?"王珪曰:"比干谏而死,孔子称仁,泄冶谏亦死,则曰:'民之多僻,无自立辟。'禄重责深,从古则然。"帝笑曰:"卿在隋不谏,宜置。世充亲任,胡不言?"对曰:"固尝言,不见用。"帝曰:"世充愎谏饰非,卿若何而免?"淹辞穷不得对。帝勉曰:"今任卿已,可有谏未?"答曰:"愿死无隐。"

贞观二年疾,帝为临问。卒,赠尚书右仆射,谥曰襄。始,淹典二职,贵重于朝矣,而亡清白名,获讥当世。子敬同袭爵,官至鸿胪卿。

如晦五世孙元颖,贞元末及进士第,又擢宏词。数从使府辟署,稍以右补阙为翰林学士,敏文辞,宪宗特所赏叹。吴元济平,论书诏勤,迁司勋员外郎,知制诰。穆宗以元颖多识朝章,尤被宠,拜中书舍人、户部侍郎,为学士承旨,以本官同中书门下平章事,建安县男。自帝即位,不阅岁至宰相,搢绅骇异。甫再期,出为剑南西川节度使、同平章事,帝为御安福门临饯。

敬宗骄僻不君,元颖每欲中帝意以固幸,乃巧索珍异献之,踵相蹑于道,百工造作无程,敛取苛重,至削军食以助衰畜。又给与不时,戍人寒饥,乃仰足蛮徼,于是人人咨苦,反为蛮内间,戎备不修。大和三年,南诏乘虚袭戎、巂等州,诸屯闻贼至,辄溃,戍者为乡导,遂入成都。已傅城,元颖尚不知,乃率左右婴牙城以守。贼大掠,焚郛郭,残之,留数日去,蜀之宝货、工巧、子女尽矣。初,元颖计迫,将挺身走,会救至乃止。文宗遣使者临抚南诏,南诏上言:"蜀人祈我诛虐帅,不能克,请陛下诛之,以谢蜀人。"由是贬邵州刺史。议者不厌,斥为循州司马。官属崔璜、纥干泉、卢并悉夺秩,分逐之。元颖死于贬所,年六十四。将终,表丐赠官,乞归葬。诏赠湖州刺史。

元颖与李德裕善,会昌初,德裕当国,因赦令复其官。

弟元绛,终太子宾客。元绛子审权。

审权字殷衡,第进士,辟浙西幕府。举拔萃中,为右拾遗。宣宗时,入翰林为学士,累迁兵部侍郎、学士承旨。懿宗立,进同中书门下平章事,再迁门下侍郎,出为镇海军节度使、同平章事。庞勋乱徐州,审权与令狐绹、崔铉连师掎角,馈粟相衔,王师赖济。勋破,进检校司空,入为尚书左仆射、襄阳郡公。继领河中、忠武节度使。卒,赠太子太师,谥曰德。

审权清重寡言,性长厚,居翰林最久,终不漏禁近语。在方镇,视事有常处,要非日入未始就内寝。坐必敛衽,常若对大宾客。或昼日少息,则顾直将解帝;即旁无人,自起彻钩,手拥帘徐下,乃退。与杜悰俱位将相,悰先进,故世谓审权为"小杜公"。

子让能,字群懿,擢进士第,从宣武王铎府为推官,以长安尉为集贤校理。丧母,以孝闻。又辟刘邺、牛蔚二府,稍进兵部员外郎。萧构领度支,引判度支桉,喜宗狩蜀,奔谒行在,三迁中书舍人,召为翰林学士。方关东兵兴,调发绥徕,书诏丛浩,让能思精敏,凡号令行下,处事值机,无所遗筭,帝倚重之。从迁京师,再还兵部尚书,封建平县子。

李克用兵至,帝夜出凤翔,苍黄无知者。让能方直,徙步从十余里,得遗马,褫绅为靮乘之。朱玫兵逼乘舆,帝走宝鸡,独让能从。翌日,孔纬等乃至。俄而进狩梁。是时栈道为山南石君涉所毁,天子间关崄涩,让能未赏暂去侧。帝劳曰:"朕失道,再违宗庙。方艰难时,卿不少舍朕,盖古所谓忠于所事邪!"让能顿首曰:"臣世蒙国厚恩,陛下不以臣不肖,使捍牧圉,临难苟免,臣之耻也。"帝次襄中,擢兵部侍郎、同中书门下平章事。

于时,嗣襄王熅即伪位,强藩大镇附者已十八,贡赋不输行在,无以备赏劳,卫兵往往乏食,君臣搏手无它策。让能建遣大使入河中,以谕王重荣,重荣果奉诏。已而京师平,进中书侍郎,徙封襄阳郡公。官吏多污伪署,有司皆欲论死,让能以胁从不足深治,固争之,多所全贷。昭宗立,进尚书左仆射、晋国公,赐铁券,累进太尉。

李茂贞守凤翔,自大顺后兵寖强,恃有功,不奉法,朝廷弱,弗能制。会杨复恭走山南,茂贞欲兼有梁、汉,请以师问罪,未报而兵出,帝忿其专,然不得已从之。山南平,诏茂贞领兴元、武定,而以徐彦若为凤翔节度使,分果、阆州隶武定军。茂贞怨,不赴镇,上章语悖慢。又诒书让能诋责,以为助守亮为乱,抑忠臣,夺己功,其言丑肆。京师匈惧,日数千人守阙下,候中尉西门重遂出,请与茂贞凤翔地,为百姓计。答曰:“事出宰相,我无预。”茂贞益怨。帝怒,诏让能计议,且趣调发,经月不就第。

时宰相崔昭纬阴结茂贞及王行瑜,让能所言悉漏之,茂贞乃以健儿数百杂市人,候昭纬与郑延昌归第,拥肩舆噪曰:“凤翔无罪,幸公不加讨以震惊都辇!”昭纬曰:“上委杜太尉,吾等何知?”市人不识孰为太尉,即投瓦石妄击,昭纬等走而免,遂丧其印。帝愈怒,捕首恶诛之。京师争避乱,逃山谷间。让能谏帝曰:“茂贞固宜诛,然大盗适去,凤翔国西门,又陛下新即位,愿少宽假,以贞元故事姑息之,不可使怨望。”帝曰:“今诏令不出城门,国制桡弱,贾生恸哭时也。朕顾奄奄度日,坐观此邪!卿为我图之,朕自以兵属诸王。”让能曰:“陛下欲削涤僭嫚,刚主威,隆王室,此中外大臣所宜共成之,不宜专任臣。”帝曰:“卿,元辅,休戚与我均,何所避?”泣曰:“臣位宰相,所以未乞骸骨者,思有以报陛下,敢计身乎!且陛下之心,宪祖心也,但时有所未便。它日臣蒙晁错之诛,顾不足弭七国患,然敢不奉诏!”

景福二年,以嗣覃王为招讨使,神策将李铧副之,率师三万送彦若赴镇。昭纬内畏有功,密语茂贞曰:“上不喜兵,一出太尉。”茂贞乃悉兵迎战盩屋,覃王败,乘胜至三桥。让能曰:“臣固豫言之,臣请归死以纾难。”帝涕下不能已,曰:“与卿决矣!”再贬雷州司户参军。茂贞尚驻兵请必杀之,乃赐死,年五十三。

弟彦林,官御史中丞;弘徽,户部侍郎,皆及诛。帝痛之,后赠太师。

子光义,次子晓,不复仕。晓入梁,贵显于世。

　　赞曰：太宗以上圣之才，取孤隋，攘群盗，天下已半，用玄龄、如晦辅政。兴大乱之余，纪纲雕弛，而能兴仆植僵，使号令典刑粲然罔不完，虽数百年犹蒙其功，可谓名宰相。然求所以致之之迹，逮不可见，何哉？唐柳芳有言："帝定祸乱，而房、杜不言功；王、魏善谏，而房、杜让其直；英、卫善兵，而房、杜济以文。持众美效之君。是后，新进更用事，玄龄身处要地，不吝权，善始以终，此其成令名者。"谅其然乎！如晦虽任事日浅，观玄龄许与及帝所亲款，则谟谋果有大过人者。方君臣明良，志叶议从，相资以成，固千载之遇，萧、曹之勋，不足进焉。虽然，宰相所以代天者也，辅赞弥缝而藏诸用，使斯人由而不知，非明哲曷臻是哉？彼扬己取名，了然使户晓者，盖房、杜之细邪！

唐书卷九七
列传第二二

魏徵 谟

　　魏徵，字玄成，魏州曲城人。少孤，落魄，弃赀产不营，有大志，通贯书术。

　　隋乱，诡为道士。武阳郡丞元宝藏举兵应李密，以徵典书檄。密得宝藏书，辄称善，既闻徵所为，促召之。徵进十策说密，不能用。王世充攻洛口，徵见长史郑颋曰：“魏公虽骤腾，而骁将锐士死伤略尽；又府无见财，战胜不赏。此二者不可以战。若浚池峭垒，旷日持久，贼粮尽且去，我追击之，取胜之道也。”颋曰：“老儒常语耳！”徵不谢去。

　　后从密来京师，久之未知名。自请安辑山东，乃擢秘书丞，驰驲至黎阳。时李勣尚为密守，徵与书曰：“始魏公起叛徒，振臂大呼，众数十万，威之所被半天下，然而一败不振，卒归唐者，固知天命有所归也。今君处必争之地，不早自图，则大事去矣！”勣得书，遂定计归，而大发粟馈淮安王之军。

　　会窦建德陷黎阳，获徵，伪拜起居舍人。建德败，与裴矩走入关，隐太子引为洗马。徵见秦王功高，阴劝太子早为计。太子败，王责谓曰：“尔阅吾兄弟，奈何？”答曰：“太子早从徵言，不死今日之祸。”王器其直，无恨意。

　　即位，拜谏议大夫，封巨鹿县男。当是时，河北州县素事隐、巢者不自安，往往曹伏思乱。徵白太宗曰：“不示至公，祸不可解。”帝曰:"尔行安喻河北。"道遇太子千牛李志安、齐王护军李思行传送京师,徵与其副谋曰:"属有诏,宫府旧人普原之。今复执送志安等,谁不自疑者?吾属虽往,人不信。"即贷而后闻。使还,帝悦,日益亲,或引至卧内,访天下事。徵亦自以不世遇,乃展尽底蕴无所隐,凡二百余奏,无不剀切当帝心者。由是拜尚书右丞,兼谏议大夫。

左右有毁徵阿党亲戚者,帝使温彦博按讯,非是。彦博曰:"徵为人臣,不能著形迹,远嫌疑,而被飞谤,是宜责也。"帝谓彦博行让徵。徵见帝,谢曰:"臣闻君臣同心,是谓一体,岂有置至公,事形迹?若上下共由兹路,邦之兴丧未可知也。"帝矍然,曰:"吾悟之矣!"徵顿首曰:"愿陛下俾臣为良臣,毋俾臣为忠臣。"帝曰:"忠、良异乎?"曰:"良臣,稷、契、咎陶也;忠臣,龙逢、比干也。良臣,身荷美名,君都显号,子孙传承,流祚无疆;忠臣,己婴祸诛,君陷昏恶,丧国夷家,只取空名。此其异也。"帝曰:"善。"因问:"为君者何道而明,何失而暗?"徵曰:"君所以明,兼听也;所以暗,偏信也。尧、舜氏辟四门,明四目,达四聪。虽有共、鲧,不能塞也,靖言庸违,不能惑也。秦二世隐藏其身,以信赵高,天下溃叛而不得闻;梁武帝信朱异,侯景向关而不得闻;隋炀帝信虞世基,贼遍天下而不得闻。故曰,君能兼听,则奸人不得壅蔽,而下情通矣。"

郑仁基息女美而才,皇后建请为充华,典册具。或言许聘矣。徵谏曰:"陛下处台榭,则欲民有栋宇;食膏粱,则欲民有饱适;顾嫔御,则欲民有室家。今郑已约昏,陛下取之,岂为人父母意!"帝痛自咎,即诏停册。

贞观三年,以秘书监参豫朝政。高昌王麹文泰将入朝,西域诸国欲因文泰悉遣使者奉献。帝诏文泰使人厌怛纥干迎之。徵曰:"异时文泰入朝,所过供拟不能具,今又加诸国焉,则濒塞州县以乏致罪者众。彼以商贾来,则边人为之利;若宾客之,中国萧然耗矣。汉建武时,西域请置都护、送侍子,光武不许,不以蛮夷弊中国也。"帝曰:"善。"追止其诏。

于是帝即位四年,岁断死二十九,几至刑措,米斗三钱。先是,帝尝叹曰："今大乱之后，其难治乎？"微曰："大乱之易治，譬饥人之易食也。"帝曰："古不云善人为邦百年，然后胜残去杀邪？"答曰："此不为圣哲论也。圣哲之治，其应如响，期月而可，盖不其难。"封德彝曰："不然。三代之后，浇诡日滋。秦任法律，汉杂霸道，皆欲治不能，非能治不欲。微书生，好虚论，徒乱国家，不可听。"微曰："五帝、三王不易民以教，行帝道而帝，行王道而王，顾所行何如尔。黄帝逐蚩尤，七十战而胜其乱，因致无为。九黎害德，颛顼征之，已克而治。桀为乱，汤放之；纣无道，武王伐之。汤、武身及太平。若人渐浇诡，不复返朴，今当为鬼为魅，尚安得而化哉！"德彝不能对，然心以为不可。帝纳之不疑。至是，天下大治。蛮夷君长袭衣冠，带刀宿卫。东薄海，南逾岭，户阖不闭，行旅不赍粮，取给于道。帝谓群臣曰："此微劝我行仁义，既效矣。惜不令封德彝见之！"

俄检校侍中，进爵郡公。帝幸九成宫，宫御舍围川宫下。仆射李靖、侍中王珪继至，吏改馆宫御以舍靖、珪。帝闻，怒曰："威福由是等邪！何轻我宫人？"诏并按之。微曰："靖、珪皆陛下腹心大臣，宫人止后宫扫除隶耳。方大臣出，官吏咨朝廷法式；归来，陛下问人间疾苦。夫官舍，固靖等见官吏之所，吏不可不谒也。至宫人则不然，供馈之余无所参承。以此按吏，且骇天下耳目。"帝悟，寝不问。

后宴丹霄楼，酒中谓长孙无忌曰："魏微、王珪事隐太子、巢刺王时，诚可恶，我能弃怨用才，无羞古人。然微每谏我不从，我发言辄不即应，何哉？"微曰："臣以事有不可，故谏，若不从辄应，恐遂行之。"帝曰："弟即应，须别陈论，顾不得？"微曰："昔舜戒群臣：'尔无面从，退有后言。'若面从可，方别陈论，此乃后言，非稷、契所以事尧、舜也。"帝大笑曰："人言微举动疏慢，我但见其妩媚耳！"微再拜曰："陛下导臣使言，所以敢然；若不受，臣敢数批逆鳞哉！"

七年，为侍中。尚书省滞讼不决者，诏微平治。微不素习法，但存大体，处事以情，人人悦服。进左光禄大夫、郑国公。多病，辞职，帝曰："公独不见金在矿何足贵邪？善治锻而为器，人乃宝之。朕方自比于金，以卿为良匠而加砺焉。卿虽疾，未及衰，庸得便尔？"微恳请,数却愈牢。乃拜特进,知门下省事,诏朝章国典参议得失,禄赐、国官、防阁并同职事。

文德皇后既葬,帝即苑中作层观,以望昭陵,引徵同升,徵孰视曰:"臣眊昏,不能见。"帝指示之,徵曰:"此昭陵邪?"帝曰:"然。"徵曰:"臣以为陛下望献陵,若昭陵,臣固见之。"帝泣,为毁观。寻以定五礼,当封一子县男,徵请封孤兄子叔慈。帝怆然曰:"此可以励俗。"即许之。

后幸洛阳,次昭仁宫,多所谴责。徵曰:"隋惟责不献食,或供奉不精,为此无限,而至于亡。故天命陛下代之,正当兢惧戒约,奈何令人悔为不奢。若以为足,今不啻足矣;以为不足,万此宁有足邪?"帝惊曰:"非公不闻此言。"退又上疏曰:

《书》称"明德慎罚","惟刑之恤"。《礼》曰:"为上易事,为下易知,则刑不烦。""上多疑,则百姓惑;下难知,则君长劳。"夫上易事,下易知,君长不劳,百姓不惑,故君有一德,臣无二心。夫刑赏之本,在乎劝善而惩恶。帝王所与,天下画一,不以亲疏贵贱而轻重者也。今之刑赏,或由喜怒,或出好恶。喜则矜刑于法中,怒则求罪于律外;好则钻皮出羽,恶则洗垢索瘢。盖刑滥则小人道长,赏谬则君子道消。小人之恶不惩,君子之善不劝,而望治安刑措,非所闻也。且暇豫而言,皆敦尚孔、老;至于威怒,则专法申、韩。故道德之旨未弘,而锲薄之风先摇。昔州犁上下其手而楚法以敝,张汤轻重其心而汉刑以谬,况人主而自高下乎!顷者罚人,可以供张不赡,或不能从欲,皆非致治之急也。夫贵不与骄期而骄自至,富不与奢期而奢自至,非徒语也。

且我之所代,实在有隋。以隋府藏况今之资储,以隋甲兵况今之士马,以隋户口况今之百姓,挈长度大,曾何等级焉!然隋以富强而丧,动之也;我以贫寡而安,静之也。静之则安,动之则乱,人皆知之,非隐而难见、微而难察也。不蹈平易之途,而遵覆车之辙,何哉?安不思危,治不念乱,存不虑亡也。方隋未乱,自谓必无乱,未亡,自谓必不亡。所以甲兵驱动,徭役不息,以至戮辱而不悟灭亡之所由也,岂不哀哉!夫监形之美恶,必就止水;监政之安危,必取亡国。《诗》曰:"殷鉴不远,在夏后之世。"臣愿当今之动静,以隋为鉴,则存亡治乱可得而知。思所以危则安矣。思所以乱则治矣,思所以亡则存矣。存亡之所在,在节嗜欲,省游畋,息靡丽,罢不急,慎偏听,近忠厚,远便佞而已。夫守之则易,得之实难。今既得其所难,岂不能保其所易? 保之不固,骄奢淫泆有以动之也。

帝宴群臣积翠池,酣乐赋诗。徵赋《西汉》,其卒章曰:"终藉叔孙礼,方知皇帝尊。"帝曰:"徵言未尝不约我以礼。"它日,从容问曰:"比政治若何?"徵见久承平,帝意有所忽,因对曰:"陛下贞观之初,导人使谏。三年以后,见谏者悦而从之。比一二年,勉强受谏,而终不平也。"帝惊曰:"公何物验之?"对曰:"陛下初即位,论元律师死,孙伏伽谏以为法不当死,陛下赐以兰陵公主园,直百万。或曰:'赏太厚。'答曰:'朕即位,未有谏者,所以赏之。'此导人使谏也。后柳雄妄诉隋资,有司得,劾其伪,将论死,戴胄奏罪当徒,执之四五然后赦。谓胄曰:'弟守法如此,不畏滥罚。'此悦而从谏也。近皇甫德参上书言'修洛阳宫,劳人也;收地租,厚敛也;俗尚高髻,宫中所化也。'陛下恚曰:'是子使国家不役一人,不收一租,宫人无发,乃称其意。'臣奏:'人臣上书,不激切不能起人主意,激切即近讪谤。'于时,陛下虽从臣言,赏帛罢之,意终不平。此难于受谏也。"帝悟曰:"非公无能道此者。人苦不自觉耳!"

先是,帝作飞山宫,徵上疏曰:

隋有天下三十余年,风行万里,威慑殊俗,一旦举而弃之。彼炀帝者,岂恶治安、喜灭亡哉? 恃其富强,不虞后患也。驱天下,役万物,以自奉养,子女玉帛是求,宫宇台榭是饰,徭役无时,干戈不休,外示威重,内行险忌,谗邪者进,忠正者退,上下相蒙,人不堪命,以致殒匹夫之手,为天下笑。圣哲乘机,拯其危溺。今宫观台榭,尽居之矣;奇珍异物,尽收之矣;姬姜淑媛,尽侍于侧矣;四海九州,尽为臣妾矣。若能鉴彼所以亡,念我所以得,焚宝衣,毁广殿,安处卑宫,德之上也。若成功不废,即仍其旧,除其不急,德之次也。不惟王业之艰难,谓天命可恃,因基增旧,甘心侈靡,使人不见德而劳役是闻,斯为下矣。以暴易暴,与乱同道。夫作事不法,后无以观。人怨神怒,则灾害生;灾害生,则祸乱作;祸乱作,而能以身名令终者鲜矣。

是岁,大雨,谷、洛溢,毁宫寺十九,漂居人六百家,徵陈事曰:

臣闻为国基于德礼,保于诚信。诚信立,则下无二情;德礼形,则达者来格。故德礼诚信,国之大纲,不可斯须废也。传曰:"君使臣以礼,臣事君以忠。""自古皆有死,人无信不立。"又曰:"同言而信,信在言前;同令而行,诚在令外。"然则言而不行,言不信也;令而不从,令无诚也。不信之言,不诚之令,君子弗为也。

自王首休明,绵十余载,仓廪愈积,土地益广,然而道德不日博,仁义不日厚,何哉?由待下之情,未尽诚信,虽有善始之勤,而无克终之美。故便佞之徒得肆其巧,谓同心为朋党,告讦为至公,强直为擅权,忠谠为诽谤。谓之朋党,虽忠信可疑;谓之至公,难矫伪无咎。强直者畏擅权而不得尽,忠谠者虑诽谤而不敢与之争。荧惑视听,郁于大道,妨化损德,无斯甚者。

今将致治则委之君子,得失或访诸小人,是誉毁常在小人,而督责常加君子也。夫中智之人,岂无小惠,然虑不及远,虽使竭力尽诚,犹未免倾败,况内怀奸利,承颜顺旨乎?故孔子曰:"君子而不仁者有矣,未有小人而仁者。"然则君子不能无小恶,恶不积无害于正;小人时有小善,善不积不足以忠。今谓之善人矣,复虑其不信,何异立直木而疑其景之曲乎? 故上不信则无以使下,下不信则无以事上。信之为义大矣!

昔齐桓公问管仲曰:"吾欲使酒腐于爵,肉腐于俎,得无害霸乎?"管仲曰:"此固非其善者,然无害霸也。"公曰:"何如而害霸?"曰:"不能知人,害霸也;知而不能用,害霸也;用而不能任,害霸也;任而不能信,害霸也;既信而又使小人参之,害霸也。"晋中行穆伯攻鼓,经年而不能下,馈间伦曰:"鼓之啬夫,间伦知之,请无疲士大夫,而鼓可得。"穆伯不应。左右曰:"不折一戟,不伤一卒,而鼓可得,君奚不为?"穆伯曰:"间伦之为人也,佞而不仁。若使间伦下之,吾不可以不赏,若赏之,是赏佞人也。佞人得志,是使晋国舍仁而为佞,虽得鼓,安用之!"夫穆伯,列国大夫,管仲,霸者之佐,犹能慎于信任,远避佞人,况陛下之上圣乎?若欲令君子小人是非不杂,必怀之以德,待之以信,厉之以义,节之以礼,然后善善而恶恶,审罚而明赏,无为之化何远之有!善善而不能进,恶恶而不能去,罚不及有罪,赏不加有功,则危亡之期或未可保。

帝手诏嘉答。于是,废明德宫玄圃院赐遭水者。

它日,宴群臣,帝曰:"贞观以前,从我定天下,间关草昧,玄龄功也。贞观之后,纳忠谏,正朕违,为国家长利,徵而已。虽古名臣,亦何以加!"亲解佩刀,以赐二人。帝尝问群臣:"徵与诸葛亮孰贤?"岑文本曰:"亮才兼将相,非徵可比。"帝曰:"徵蹈履仁义,以弼朕躬,欲致之尧、舜,虽亮无以抗。"时上封者众,或不切事,帝猒之,欲加谯黜,徵曰:"古者立谤木,欲闻己过。封事,其谤木之遗乎!陛下思闻得失,当恣其所陈。言而是乎,为朝廷之益;非乎,无损于政。"帝悦,皆劳遣之。

十三年,阿史那结社率作乱,云阳石然,自冬至五月不雨,徵上疏极言曰:

臣奉侍帷幄十余年,陛下许臣以仁义之道,守而不失;俭约朴素,终始弗渝。德音在耳,不敢忘也。顷年以来,寖不克终。谨用条陈,裨万分一。

陛下在贞观初,清净寡欲,化被荒外。今万里遣使,市索骏马,并访怪珍。昔汉文帝却千里马,晋武帝焚雉头裘。陛下居常论议,远辈尧、舜,今所为,更欲处汉文、晋武下乎?此不克终一渐也。子贡问治人。孔子曰："懔乎若朽索之驭六马。"子贡曰："何畏哉?"对曰："不以道导之,则吾仇也,若何不畏!"陛下在贞观初,护民之劳,煦之如子,不轻营为。顷既奢肆,思用人力,乃曰："百姓无事则易骄,劳役则易使。"自古未有百姓逸乐而致倾败者,何有逆畏其骄而为劳役哉?此不克终二渐也。陛下在贞观初,役己以利物,比来纵欲以劳人。虽忧人之言不绝于口,而乐身之事实切诸心。无虑营构,辄曰："弗为此,不便我身。"推之人情,谁敢复争?此不克终三渐也。在贞观初,亲君子,斥小人。比来轻亵小人,礼重君子。重君子也,恭而远之;轻小人也,狎而近之。近之莫见其非,远之莫见其是。莫见其是,则不待间而疏;莫见其非,则有时而昵。昵小人,疏君子,而欲至治,非所闻也。此不克终四渐也。在贞观初,不贵异物,不作无益。而今难得之货杂然并进,玩好之作无时而息,上奢靡而望下朴素,力役广而冀农业兴,不可得已。此不克终五渐也。贞观之初,求士如渴,贤者所举,即信而任之,取其所长,常恐不及。比来由心好恶,以众贤举而用,以一人毁而弃,虽积年任而信,或一朝疑而斥。夫行有素履,事有成迹,一人之毁未必可信,积年之行不应顿亏。陛下不察其原,以为臧否,使谗佞得行,守道疏间。此不克终六渐也。在贞观初,高居深拱,无田猎毕弋之好。数年之后,志不克固,鹰犬之贡,远及四夷,晨出夕返,驰骋为乐,变起不测,其及救乎?此不克终七渐也。在贞观初,遇下有礼,群情上达。今外官奏事,颜色不接,间因所短,诘其细过,虽有忠款,而不得申。此不克终八渐也。在贞观初,孜孜治道,常若不足。比恃功业之大,负圣智之明,长傲纵欲,无事兴兵,问罪远裔。亲狎者阿旨不肯谏,疏远者畏威不敢言。积而不已,所损非细。此不克终九渐也。贞观初,频年霜旱,畿内户口并就关外,携老扶幼,来往数年,卒无一户亡去。此由陛下矜育抚宁,故死不携贰也。比者疲于徭役,关中之人,劳弊尤甚。杂匠当下,顾而不遣。正兵番上,复别驱任。市物褫属于廛,递子背望于道。脱有一谷不收,百姓之心,恐不能如前日之怗泰,此不克终十渐也。

　　夫祸福无门,惟人之召,人无衅焉,妖不妄作。今旱熯之灾,远被郡国,凶丑之孽,起于轂下,此上天示戒,乃陛下恐惧忧勤之日也。千载休期,时难再得,明主可为,而不为臣所以郁结长叹者也!

疏奏,帝曰:"朕今闻过矣,愿改之,以终善道。有违此言,当何施颜面与公相见哉! 方以所上疏,列为屏障,庶朝夕见之,兼录付史官,使万世知君臣之义。"因赐黄金十斤,马二匹。

　　高昌平,帝宴两仪殿,叹曰:"高昌若不失德,岂至于亡! 然朕亦当自戒,不以小人之言而议君子,庶几获安也。"徵曰:"昔齐桓公与管仲、鲍叔牙、宁戚四人者饮,桓公请叔牙曰:'盍起为寡人寿?'叔牙奉觞而起曰:'愿公无忘在莒时,使管仲无忘束缚于鲁时,使宁戚无忘饭牛车下时。'桓公避席而谢曰:'寡人与二大夫能无忘夫子之言,则社稷不危矣。'"帝曰:"朕不敢忘布衣时,公不得忘叔牙之为人也。"

　　帝遣使者至西域立叶护可汗,未还,又遣使赍金帛诸国市马。徵曰:"今立可汗未定,即诣诸国市马,彼必以为意在马,不在立可汗。可汗得立,必不怀恩。诸蕃闻之,以中国薄义重利,未必得马而先失义矣。魏文帝欲求市西域大珠,苏则以为惠及四海,则不求自至;求而得之,不足贵也。陛下可不畏苏则言乎!"帝遂止。

　　是后右仆射缺,欲用徵,徵让,得不拜。皇太子承乾与魏王泰交恶,帝曰:"当今忠謇贵重无逾徵,我遣傅皇太子,一天下之望,羽翼固矣。"即拜太子太师。徵以疾辞,诏答曰:"汉太子以四皓为助,我赖公,其义也。公虽卧,可拥全之。"

　　十七年,疾甚。徵家初无正寝,帝命辍小殿材为营构,五日毕。并赐素褥布被,以从其尚。令中郎将宿其第,动静辄以闻,药膳赐遗无筭,中使者缀道。帝亲问疾,屏左右,语终日乃还。后复与太子至

徵第，徵加朝服，拖带。帝悲憋，拊之流涕，问所欲。对曰："嫠不恤
纬，而忧宗周之亡！"帝将以衡山公主降其子叔玉，时主亦从，帝曰：
"公强视新妇！"徵不能谢。是夕，帝梦徵若平生，及旦，薨。帝临哭，
为之恸，罢朝五日。太子举哀西华堂。诏内外百官朝集使皆赴丧，
赠司空、相州都督，谥曰文贞。给羽葆，鼓吹、班剑四十人，陪葬昭
陵。将葬，其妻裴辞曰："徵素俭约，今假一品礼，仪物褒大，非徵
志。"见许，乃用素车，白布幨帷，无涂车、刍灵。帝登苑西楼，望哭尽
哀。晋王奉诏致祭。帝作文于碑，遂书之。又赐家封户九百。

　　帝后临朝叹曰："以铜为鉴，可正衣冠；以古为鉴，可知兴替；以
人为鉴，可明得失。朕尝保此三鉴，内防己过。今魏徵逝，一鉴亡矣。
朕比使人至其家，得书一纸，始半稿，其可识者曰：'天下之事，有善
有恶，任善人则国安，用恶人则国弊。公卿之内，情有爱憎，憎者惟
见其恶，爱者止见其善。爱憎之间，所宜详慎。若爱而知其恶，憎而
知其善，去邪勿疑，任贤勿猜，可以兴矣'，其大略如此。朕顾思之，
恐不免斯过。公卿侍臣可书之于笏，知而必谏也。"

　　徵状貌不逾中人，有志胆，每犯颜进谏，虽逢帝甚怒，神色不
徙，而天子亦为霁威。议者谓贲、育不能过。尝上冢还，奏曰："向闻
陛下有关南之行，既办而止，何也？"帝曰："畏卿，遂停耳。"始，丧乱
后，典章湮散，徵奏引诸儒校集秘书，国家图籍粲然完整。尝以《小
戴礼》综汇不伦，更作《类礼》二十篇，数年而成。帝美其书，录置内
府。帝本以兵定天下，虽已治，不忘经略四夷也。故徵侍宴，奏《破
阵武德舞》，则俯首不顾，至《庆善乐》，则谛玩无致，举有所讽切如
此。

　　徵亡，帝思不已，登凌烟阁观画像，赋诗悼痛。闻者媚之，毁短
百为。徵尝荐杜正伦、侯君集才任宰相，及正伦以罪黜，君集坐逆
诛，嬻人遂指为阿党；又言徵尝录前后谏争语示史官褚遂良。帝滋
不悦，乃停叔玉昏，而仆所为碑，顾其家衰矣。

　　辽东之役，高丽、靺鞨犯阵，李勣等力战破之。军还，怅然曰：
"魏徵若在，吾有此行邪！"即召其家到行在，赐劳妻子，以少牢祠其

墓，复立碑，恩礼加焉。

四子：叔玉、叔琬、叔璘、叔瑜。叔玉袭爵为光禄少卿。神龙初，以其子膺绍封。叔璘，礼部侍郎，武后时，为酷吏所杀。叔瑜，豫州刺史，善草隶，以笔意传其子华及甥薛稷。世称善书者"前有虞、褚，后有薛、魏"。华为检校太子左庶子、武阳县男。开元中，寝堂火，子孙哭三日，诏百官赴吊。

徵五世孙谟。

谟字申之。擢进士第，同州刺史杨汝士辟为长春宫巡官。文宗读《贞观政要》，思徵贤，诏访其后，汝士荐为右拾遗。谟姿宇魁秀，帝异之。

邕管经略使董昌龄诬杀参军衡方厚，贬溆州司户，俄徙峡州刺史。谟谏曰："王者赦有罪，唯故无赦，比昌龄专杀不辜，事迹暴章，家人衔冤，万里投诉，狱穷罪得，特被矜贷，中外以为屈法。今又授刺史，复使治人，紊宪章，乖至治，不见其可。"有诏改洪州别驾。

御史中丞李孝本，宗室子，坐李训事诛死，其二女没入宫。谟上言："陛下即位，不悦声色，于今十年，未始采择。数月以来，稍意声伎，教坊阅选，百十未已，庄宅收市，嚣嚣有闻。今又取孝本女内之后宫，宗姓不育，宠幸为累，伤治道之本，速尘秽之嫌。谚曰：'止寒莫若重裘，止谤莫若自修。'惟陛下崇千载之盛德，去一旦之玩好。"帝即出孝本女，诏曰："乃祖在贞观时，指事直言，无所避，每览国史，朕与嘉之。谟为拾遗，屡有献纳。夫备洒埽于内，非曰声妓，恤宗女之幼，不为渔取，然疑似之间，不可户晓。谟辞深切，其惜我之失，不亦至乎？谟虽居位日浅，朕何爱一官，增直臣之气，其以谟为右补阙。"

先是，帝谓宰相曰："太宗得徵，参裨阙失，朕今得谟，又能极谏，朕不敢仰希贞观，庶几处无过之地。"教坊有工善为新声者，诏授扬州司马，议者颇言司马品高，郎官、刺史迭处，不可以授贱工，帝意右之。宰相谕谏官勿复言，谟独固谏不可，工降润州司马。荆南监军吕令琛纵傔卒辱江陵令,观察使韦长避不发,移内枢密使言状。谟劾长任察廉,知监军侵屈官司,不以上闻,私白近臣,乱法度,请明其罚。不报。

俄为起居舍人,帝问:"卿家书诏颇有存者乎?"谟对:"惟故笏在。"诏令上送。郑覃曰:"在人不在笏。"帝曰:"覃不识朕意,此笏乃今甘棠。"帝因敕谟曰:"事有不当,毋嫌论奏。"谟对:"臣顷为谏臣,故得有所陈;今则记言动,不敢侵官。"帝曰:"两省属皆可议朝廷事,而毋辞也!"帝索起居注,谟奏:"古置左、右史,书得失,以存鉴戒。陛下所为善,无畏不书;不善,天下之人亦有以记之。"帝曰:"不然。我既尝观之。"谟曰:"向者取观,史氏为失职,陛下一见,则后来所书必有讳屈,善恶不实,不可以为史,且后代何信哉?"乃止。

中尉仇士良捕妖民贺兰进兴及党与治军中,反状具,帝自临问,诏命斩囚以徇。御史中丞高元裕建言:"狱当与众共之。刑部、大理,法官也,决大狱不与知,律令谓何?请归有司。"未报。谟上言:"事系军,即推军中。如齐民,宜付府县。今狱不在有司,法有轻重,何从而知?"帝停决,诏神策军以官兵留仗内,余付御史台。台惮士良,不敢异,卒皆诛死。擢谏议大夫,兼起居舍人、弘文馆直学士,谟固让不见可,乃拜。

始谟之进,李珏、杨嗣复实推引之。武宗立,谟坐二人党,出为汾州刺史。俄贬信州长史。宣宗嗣位,移郢、商二州刺史。召授给事中,迁御史中丞,发驸马都尉杜中立奸赃,权威缩气。俄兼户部侍郎事,谟奏:"中丞,纪纲所寄,不宜杂领钱谷,乞专治户部。"诏可。顷之,进同中书门下平章事。建言:"今天下粗治,惟东宫未立,不早以正人傅导之,非所以存副贰之重。"且泣下,帝为感动。自敬宗后,恶言储嫡事,故公卿无敢开陈者。时帝春秋高,嫡嗣未辨,谟辅政,白发其端,朝议归重。

会詹毗国献象,谟以为非土性,不可畜,请还其献。诏可。河东节度使李业杀降虏,边部震扰,业内恃凭藉,人无敢言者,谟奏徙滑州。迁中书侍郎。大理卿马曙有犀铠数十首,惧而瘗之。奴王庆以怨告曙藏甲有异谋，按之无它状，投曙岭外，庆免。议者谓奴诉主，法不听。谟引律固争，卒论庆死。累迁门下侍郎，兼户部尚书。

大中十年，以平章事领剑南西川节度使。上疾求代，召拜吏部尚书，用久疾，检校尚书右仆射、太子少保。卒，年六十六，赠司徒。

谟为宰相，议事天子前，它相或委抑规讽，惟谟谠切无所回畏。宣宗尝曰："谟名臣孙，有祖风，朕心惮之。"然卒以刚正为令狐绹所忌，谗罢之。

赞曰：君臣之际，顾不难哉！以徵之忠，而太宗之睿，身殁未几，猜谮遽行。始，徵之谏，累数十余万言，至君子小人，未尝不反复为帝言之，以佞邪之乱忠也。久犹不免。故曰："皓皓者易污，峣峣者难全"，自古所叹云。唐柳芳称"徵死，知不知莫不恨惜，以为三代遗直"。谅哉！谟之论议挺挺，有祖风烈，《诗》所谓"是以似之"者欤！

唐书卷九八
列传第二三

王珪　焘　　薛收　元超　元敬　稷　伯阳

马周　载　　韦挺　待价　武　万石

　　王珪，字叔玠。祖僧辩，梁太尉、尚书令。父顗，北齐乐陵郡太守。世居郿。性沈澹，志量隐正，恬于所遇，交不苟合。隋开皇十三年，召入秘书内省，雠定群书，为太常治礼郎。季父颇，通儒有鉴裁，尤所器许。颇坐汉王谅反，诛，珪亡命南山十余年。

　　高祖入关，李纲荐署世子府咨议参军事。建成为皇太子，授中舍人，迁中允，礼遇良厚。太子与秦王有隙，帝责珪不能辅导，流嶲州。太子已诛，太宗召为谏议大夫。帝尝曰：“正主御邪臣，不可以致治；正臣事邪主，亦不可以致治。唯君臣同德，则海内安。朕虽不明，幸诸公数相谏正，庶致天下于平。”珪进曰：“古者，天子有争臣七人，谏不用，则相继以死。今陛下开圣德，收采刍言，臣愿竭狂瞽，佐万分一。”帝可，乃诏谏官随中书、门下及三品官入阁。珪推诚纳善，每存规益，帝益任之。封永宁县男、黄门侍郎，迁侍中。

　　它日进见，有美人侍帝侧，本庐江王瑗姬也。帝指之曰：“庐江不道，贼其夫而纳其室，何有不亡乎？”珪避席曰：“陛下以庐江为是邪？非邪？”帝曰：“杀人而取妻，乃问朕是非，何也？”对曰：“臣闻齐桓公之郭，问父老曰：‘郭何故亡？’曰：‘以其善善而恶恶也。’公曰：‘若子之言，乃贤君也，何至于亡？’父老曰：‘不然，郭君善善不能用，恶恶不能去，所以亡。’今陛下知庐江之亡，其姬尚在，窃谓陛下以为是。审知其非，所谓知恶而不去也。"帝嗟美其言。

帝使太常少卿祖孝孙以乐律授宫中音家，伎不进，数被让。珪与温彦博同进曰："孝孙，修谨士，陛下使教女乐，又责谯之，天下其以士为轻乎！"帝怒曰："卿皆我腹心，乃附下罔上，为人游说邪？"彦博惧，谢罪，珪不谢，曰："臣本事前宫，罪当死，陛下矜其性命，引置枢密，责以忠效。今疑臣以私，是陛下负臣，臣不负陛下。"帝默然惭，遂罢。明日，语房玄龄曰："昔武王不用夷、齐，宣王杀杜伯，自古帝王纳谏固难矣。朕夙夜庶几于前圣，昨责珪等，痛自悔，公等勿惩是不进谏也！"

时珪与玄龄、李靖、温彦博、戴胄、魏徵同辅政。帝以珪善人物，且知言，因谓曰："卿标鉴通晤，为朕言玄龄等材，且自谓孰与诸子贤？"对曰："孜孜奉国，知无不为，臣不如玄龄；兼资文武，出将入相，臣不如靖；敷奏详明，出纳惟允，臣不如彦博；济繁治剧，众务必举，臣不如胄；以谏诤为心，耻君不及尧、舜，臣不如徵。至洁浊扬清，疾恶好善，臣于数子有一日之长。"帝称善。而玄龄等亦以为尽己所长，谓之确论。

进封郡公。坐漏禁近语，左除同州刺史。帝念名臣，俄召拜礼部尚书兼魏王泰师。王见之，为先拜，珪亦以师自居。王问珪何以为忠孝，珪曰："陛下，王之君，事思尽忠；陛下，王之父，事思尽孝。忠孝可以立身，可以成名。"王曰："忠孝既闻命矣，愿闻所习。"珪曰："汉东平王苍称'为善最乐'，愿王志之。"帝闻，喜曰："儿可以无过矣！"

子敬直，尚南平公主。是时，诸主下嫁，以帝女贵，未尝行见舅姑礼。珪曰："主上循法度，吾当受公主谒见，岂为身荣，将以成国家之美。"于是，与夫人坐堂上，主执笲盥馈乃退。其后公主降，有舅姑者备礼，本于珪。

十三年，病，帝遣公主就第省视，复遣民部尚书唐俭增损药膳。卒，年六十九。帝素服哭别次。诏魏王率百官临哭，赠吏部尚书，谥曰懿。

珪少孤且贫，人或馈遗，初无让。及贵，厚报之，虽已亡，必酬赡其家。性不苛察，临官务举纲维，去甚不可者，至仆妾亦不见喜愠。奉寡嫂，家事咨而后行。教抚孤侄，虽其子不过也。宗族匮乏，周恤之，薄于自奉。独不作家庙，四时祭于寝，为有司所劾，帝为立庙愧之，不罪也。世以珪俭不中礼，少之。

始，隐居时，与房玄龄、杜如晦善，母李尝曰："而必贵，然未知所与游者何如人，而试与偕来。"会玄龄等过其家，李窥大惊，敕具酒食，欢尽日，喜曰："二客公辅才，汝贵不疑。"

敬直封南城县男，后坐交皇太子承乾，徙岭外。

珪孙煮、旭。

煮，性至孝，为徐州司马。母有疾，弥年不废带，视絮汤剂。数从高医游，遂穷其术，因以所学作书，号《外台秘要》，讨绎精明，世宝焉。历给事中、邺郡太守，治闻于时。旭，见《酷吏传》。

薛收，字伯褒，蒲州汾阴人。隋内史侍郎道衡子也，出继从父孺。年十二，能属文。以父不得死于隋，不肯仕，郡举秀才，不应。闻高祖兴，遁入首阳山，将应义举。通守尧君素觉之，迎置其母城中，收不得去。及君素东连王世充，遂挺身归国。房玄龄亟言之秦王，王召见，问方略，所对合旨，授府主簿，判陕东大行台金部郎中。是时方讨世充，军事繁综，收为书檄露布，或马上占辞，该敏如素构，初不窜定。

窦建德来援，诸将争言敛军以观贼形势，收独曰："不然。世充据东都，府库盈衍，其兵皆江淮选卒，正苦乏食尔，是以求战不得，为我所持。今建德身总众以来，必飞毂转粮，更相资哺。两贼连固，则伊、洛间胜负未可岁月定也。不若勒诸将严兵缔垒，浚其沟防，戒毋出兵。大王亲督精锐据成皋，厉兵按甲，邀建德路。彼以疲老，当吾堂堂之锋，一战必举。不旬日，二贼可缚致麾下矣。"王曰："善。"遂禽建德，降世充。

王入观隋宫室,且叹炀帝无道,殚人力以事夸侈。收进曰:"峻宇雕墙,殷辛以亡;土阶茅茨,唐尧以昌。始皇兴阿房而秦祸速,文帝罢露台而汉祚永。后主曾不是察,奢虐是矜,死一夫之手,为后世笑,何此之能保哉?"王重其言。俄授天策府记室参军。从平刘黑闼,封汾阴县男。尝上书谏王止畋猎,王答曰:"览所陈,知成我者卿也。明珠兼乘,未若一言,今赐黄金四十挺。"

武德七年,寝疾,王遣使临问,相望于道。命舆疾至府,亲举袂抚之,论叙生平,感激涕泗。卒,年三十三。王哭之恸,与其从兄子元敬书曰:"吾与伯褒共军旅间,何尝不驱驰经略,款曲襟抱,岂期一朝成千古也。且家素贫而子幼,善抚安之,以慰吾怀。"因遣使吊祭,赠帛三百段。其后图学士像,叹其早死不得与。既即位,语房玄龄曰:"收若在,朕当以中书令处之。"又尝梦收如平生,赐其家粟、帛。贞观七年,赠郑州刺史。永徽中,又赠太常卿,陪葬昭陵。

子元超,九岁袭爵。及长,好学,善属文。尚巢王女和静县主,累授太子舍人。高宗即位,迁给事中,数上书陈当世得失,帝嘉纳。转中书舍人、弘文馆学士。省中有盘石,道衡为侍郎时,常据以草制,元超每见辄泫然流涕。以母丧解,夺服授黄门侍郎、检校太子左庶子。所荐豪俊士,若任希古、高智周、郭正一、王义方、孟利贞、郑祖玄、邓玄挺、崔融等,皆以才自名于时。

累拜东台侍郎。李义府流巂州,旧制,流人不得乘马,元超为请,坐贬简州刺史。岁余,又坐与上官仪文章款密,流巂州。上元初,赦还,拜正谏大夫。三年,迁中书侍郎、同中书门下三品。

帝校猎温泉,诸蕃酋长得持弓矢从。元超奏:"夷狄野心,而使挟兵在围中,非所宜。"帝纳可。尝宴诸王,召元超与,从容谓曰:"任卿中书,宁藉多人哉!"俄拜中书令兼左庶子。帝幸东都,留辅太子监国,手敕曰:"朕留卿,若失一臂。顾太子未习庶务,关中事,卿悉专之。"时太子射猎,诏得入禁御,故太子稍息政事。元超谏曰:"内苑之地,缭丛薄,冒翳荟,绝磴险途。殿下截轻禽,逐狡兔,衔橛之变,讵无可虞? 又户奴多反逆余族,或夷狄遗丑,使凶谋窃发,将何以御哉? 夫为人子者,不登高,不临深,谓其近危辱也。天皇所赐书戒丁宁,惟殿下罢驰射之劳,留情坟典,岂不美欤!"帝知之,遣使厚赐慰其意,召太子还东都。

帝疾剧,政出武后。因阳暗,乞骸骨。加金紫光禄大夫。卒,年六十二,赠光禄大夫、秦州都督,陪葬乾陵。

子曜,圣历中,附会张易之,官正谏大夫。

元敬,隋选部郎迈之子,与收及族兄德音齐名,世称"河东三凤"。收为长离,德音为鸑鷟,元敬年最少,为鹓鸰。武德中,为秘书郎、天策府参军,直记室、文学馆学士。是时,收与房、杜处心腹之寄,更相结附。元敬谨畏,未尝申款曲。如晦叹曰:"小记室不可得而亲,不可得而疏!"秦王为皇太子,除舍人。于是军国之务总于东宫,而元敬掌文翰,号称职。卒于官。

稷字嗣通,道衡曾孙。擢进士第。累迁礼部郎中、中书舍人,与从祖兄曜更践两省,俱以辞章自名。景龙末,为谏议大夫、昭文馆学士。初,贞观、永徽间,虞世南、褚遂良以书颛家,后莫能继。稷外祖魏徵家多藏虞、褚书,故锐精临仿,结体遒丽,遂以书名天下。画又绝品。

睿宗在藩,喜之,以其子伯阳尚仙源公主。及践阼,迁太常少卿,封晋国公,实封三百户。会钟绍京为中书令,稷讽使让,因入言于帝曰:"绍京本胥史,无素才望,今特以勋进,师长百僚,恐非朝廷具瞻之美。"帝然之,遂许绍京让,改户部尚书。翌日,迁稷黄门侍郎,参知机务。与崔日用数争事帝前,罢为左散骑常侍。历太子少保、礼部尚书。帝以翊赞功,每召入宫中与决事,恩绝群臣。窦怀贞诛,稷以知本谋,赐死万年狱,年六十五。

伯阳为驸马都尉、安邑郡公,别食实封四百户。稷死,坐贬晋州员外别驾,又流岭表,自杀。

伯阳子谈,尚玄宗恒山公主,拜驸马都尉、光禄员外卿。

马周,字宾王,博州茌平人。少孤,家窭狭。嗜学,善《诗》《春秋》。资旷迈,乡人以无细谨,薄之。武德中,补州助教,不治事。刺史达奚恕数咎让,周乃去,客密州。赵仁本高其才,厚以装,使入关。留客汴,为浚仪令崔贤所辱,遂感激而西,舍新丰,逆旅主人不之顾,周命酒一斗八升,悠然独酌,众异之。至长安,舍中郎将常何家。

贞观五年,诏百官言得失。何,武人,不涉学,周为条二十余事,皆当世所切。太宗怪问何,何曰:"此非臣所能,家客马周教臣言之。客,忠孝人也。"帝即召之,间未至,遣使者四辈敦趣。及谒见,与语,帝大悦,诏直门下省。明年,拜监察御史,奉使称职。帝以何得人,赐帛三百段。周上疏曰:

臣每读前史,见贤者忠孝事,未尝不废卷长想,思履其迹。臣不幸早失父母,犬马之养,已无所施;顾来事可为者,惟忠义而已。是以徒步二千里,归于陛下。陛下不以臣愚,擢臣不次。窃自惟念无以论报,辄竭区区,惟陛下所择。

臣伏见大安宫在宫城右,墙宇门阙方紫极为卑小。东宫,皇太子居之,而在内;大安,至尊居之,反在外。太上皇虽志清俭,爱惜人力,陛下不敢违,而蕃夷朝见,四方观听,有不足焉。臣愿营雉堞门观,务从高显,以称万方之望,则大孝昭矣。

臣伏读明诏,以二月幸九成宫。窃惟太上皇春秋高,陛下宜朝夕视膳。今所幸宫去京三百里而远,非能旦发暮至也。万有一太上皇思感,欲即见陛下,何以逮之?今兹本为避暑行也,太上皇留热处,而陛下走凉处,温清之道,臣所未安。然诏书既下,业不中止,愿示还期,以开众惑。

臣伏见诏宗室功臣悉就藩国,遂贻子孙,世守其政。窃惟陛下之意,诚爱之重欲其裔绪承守,与国无疆也。臣谓必如诏书者,陛下宜思所以安存之,富贵之,何必使世官也?且尧、舜之父,有朱、均之子。若令有不肖子袭封嗣职,兆庶被殃,国家蒙患。正欲绝之,则子文之治犹在也;正欲存之,则栾黡之恶已暴也。必曰与其毒害于见存之人,宁割恩于已亡之臣,则向所谓爱之重之者,适所以伤之也。臣谓宜赋以茅土,畴以户邑,必有材行,随器而授。虽干翮非强,亦可以免累。汉光武不任功臣以吏事,所以终全其世者,良得其术也。愿陛下深思其事,使得奉大恩,而子孙终其福禄也。

　　臣闻圣人之化天下,莫不以孝为本,故曰"孝莫大于严父,严父莫大于配天","国之大事,在祀与戎",孔子亦言"吾不与祭如不祭",是圣人之重祭祀也。自陛下践祚,宗庙之享,未尝亲事。窃惟圣情,以乘舆一出,所费无藐,故忍孝思,以便百姓。而一代史官,不书皇帝入庙,将何以贻厥孙谋、示来叶耶?臣知大孝诚不在俎豆之间,然圣人训人,必以己先之,示不忘本也。

　　臣闻致化之道,在求贤审官。孔子曰:"惟名与器,不可以假人。"是言慎举之为重也。臣伏见王长通、白明达本乐工舆皂杂类;韦般提、斛斯正无他材,独解调马。虽术逾等夷,可厚赐金帛以富其家。今超授高爵,与外廷朝会,驺竖倡子,鸣玉曳履,臣窃耻之。若朝命不可追改,尚宜不使在列,与士大夫为伍。

帝善其言,除侍御史。又言:

　　臣历观夏、商、周、汉之有天下,传祚相继,多者八百余年,少者犹四五百年,皆积德累业,恩结于人,岂无僻王,赖先哲以免。自魏、晋逮周、隋,多者五六十年,少者三二十年而亡。良由创业之君不务仁化,当时仅能自守,后无遗德可思,故传嗣之主,其政少衰,一夫大呼,天下土崩矣。今陛下虽以大功定天下,而积德日浅,固当隆禹、汤、文、武之道,使恩有余地,为子孙立万世之基,岂特持当年而已。然自古明王圣主,虽因人设教,而大要节俭于身,恩加于人,故其下爱之如父母,仰之如日月,畏之如雷霆,卜祚遐长,而祸乱不作也。今百姓承丧乱之后,比于隋时才十分一,而徭役相望,兄去弟还,往来远者五六千里,春秋冬夏,略无休时。陛下虽诏减省,而有司不得废作,徒行文书,役之如故。四五年来,百姓颇嗟怨,以为陛下不存养之。尧之茅茨土阶,禹之恶衣菲食,臣知不可复行于今。汉文帝惜百金之费而罢露台,集上书囊以为殿帷,所幸慎夫人衣不曳地;景帝亦以锦绣纂组妨害女功,特诏除之,所以百姓安乐。至孝武帝虽穷奢极侈,承文、景遗德,故人心不摇。向使高祖之后即值武帝,天下必不能全。此时代差近,事迹可见。今京师及益州诸处,营造供奉器物,并诸王妃主服饰,皆过靡丽。臣闻昧旦丕显,后世犹怠,作法于治,其弊犹乱。陛下少处人间,知百姓辛苦,前代成败,目所亲见,尚犹如此,而皇太子生长深宫,不更外事,即万岁后,圣虑之所当忧也。

臣窃寻自古黎庶怨叛,聚为盗贼,其国无不即灭,人主虽悔,未有重能安全者。凡修政教,当修之于可修之时。若事变一起而后悔之,无益也。故人主每见前代之亡,则知其政教之所由丧,而不知其身之失。故纣笑桀之亡,而幽、厉笑纣之亡,隋炀帝又笑齐、魏之失国也。今之视炀帝,犹炀帝之视齐、魏也。

往贞观初,率土霜俭,一匹绢才易斗米,而天下帖然者,百姓知陛下忧怜之,故人人自安无谤讟也。五六年来,频岁丰稔,一匹绢易粟十余斛,而百姓咸怨,以为陛下不忧怜之。何则?今营为者,多不急之务故也。自古以来,国之兴亡,不由积畜多少,在百姓苦乐也。且以近事验之,隋贮洛口仓而李密因之,积布帛东都而王世充据之,西京府库亦为国家之用。向使洛口、东都无粟帛,王世充、李密未能必聚大众。但贮积者,固有国之常,要当人有余力而后收之,岂人劳而强敛之以资寇邪?

夫俭以息人,贞观初,陛下已躬为之,今行之不难也。为之一日,则天下知之,式歌且舞矣。若人既劳,而用之不息,万一中国水旱,而边方有风尘之警,狂狡窃发,非徒旰食晏寝而已。

古语云："动人以行不以言,应天以实不以文。"以陛下之明,诚欲厉精为政,不烦远采上古,但及贞观初,则天下幸甚。

昔贾谊谓汉文帝云"可痛哭及长叹息者",言:当韩信王楚、彭越王梁、英布王淮南之时,使文帝即天子位,必不能安。又言:赖诸王年少,傅相制之,长大之后,必生祸乱。后世皆以谊言为是。臣窃观今诸将功臣,陛下所与定天下,无威略振主如韩、彭者;而诸王年并幼少,纵其长大,陛下之日,必无他心,然则万代之后,不可不虑。汉、晋以来,乱天下者,何尝不在诸王。皆由树置失宜,不豫为节制,以至灭亡。人主岂不知其然,溺于私爱尔。故前车既覆,而后车不改辙也。今天下百姓尚少,而诸王已多,其宠遇过厚者,臣愚虑之,非特恃恩骄矜也。昔魏武帝宠陈思王,文帝即位,防守禁闭同狱囚焉。何则?先帝加恩太多,故嗣王疑而畏之也。此武帝宠陈思王,适所以苦之也。且帝子身食大国,何患不富,而岁别优赐,曾无限极。里语曰:"贫不学俭,富不学奢。"言自然也。今大圣创业,岂唯处置见子弟而已,当制长久之法,使万代奉行。

臣闻天下者以人为本。必也使百姓安乐,在刺史、县令尔。县令既众,不可皆贤,但州得良刺史可矣。天下刺史得人,陛下端拱岩廊之上,夫复何为?古者郡守、县令皆选贤德,欲有所用,必先试以临人,或由二千石高第入为宰相。今独重内官,县令、刺史颇轻其选。又刺史多武夫勋人,或京官不称职始出补外;折冲果毅身力强者入为中郎将,其次乃补边州。而以德行才术擢者,十不能一。所以百姓未安,殆在于此。

疏奏,帝称善。擢拜给事中,转中书舍人。

周善敷奏,机辩明锐,动中事会,裁处周密,时誉归之。帝每曰:"我暂不见周即思之。"岑文本谓所亲曰:"马君论事,会文切理,无一言可损益,听之缅缅,令人忘倦。苏、张、终、贾正应此耳。然鸢肩火色,腾上必速,恐不能久。"俄迁治书侍御史,兼知谏议大夫,检校晋王府长史。王为皇太子,拜中书侍郎,兼太子右庶子。十八年,迁中书令,犹兼庶子。时置太子司议郎,帝高其除。周叹曰:"恨吾资品妄高,不得历此官。"帝征辽,留辅太子定州。及还,摄吏部尚书,进银青光禄大夫。帝尝以飞白书赐周曰:"鸾凤冲霄,必假羽翼;股肱之寄,要在忠力。"

周病消渴连年,帝幸翠微宫,求胜地为构第,每诏尚食具膳,上医使者视护,躬为调药,太子问疾。疾甚,周取所上章奏悉焚之,曰:"管、晏暴君之过,取身后名,吾不为也!"二十二年卒,年四十八,赠幽州都督,陪葬昭陵。

初,帝遇周厚,周颇自负。为御史时,遣人以图购宅,众以其兴书生,素无资,皆窃笑。它日,白有佳宅,直二百万,周遽以闻,诏有司给直,并赐奴婢什物,由是人乃悟。周每行郡县,食必进鸡,小吏讼之。帝曰:"我禁御史食肉,恐州县广费,食鸡尚何与?"榜吏斥之。及领选,犹废浚仪令。

先是,京师晨暮传呼以警众,后置鼓代之,俗曰"冬冬鼓";品官旧服止黄紫,于是三品服紫,四品五品朱,六品七品绿,八品九品青;城门入由左,出由右;飞驿以达警急;纳居人地租;宿卫大小番直;截驿马尾;城门、卫舍、守捉士,月散配诸县,各取一,以防其过:皆周建白。自周亡,帝思之甚,将假方士术求见其仪形。高宗即位,追赠尚书右仆射、高唐县公。垂拱中,配享高宗庙廷。

子载,咸亨中为司列少常伯,与裴行俭分掌选事,言吏部者称裴、马焉。终雍州长史。

赞曰:周之遇太宗,顾不异哉!由一介草茅言天下事,若素宦于朝明习宪章者,非王佐才,畴以及兹?其自视与筑岩、钓渭亦何以异!迹夫帝锐于立事,而周所建皆切一时,以明佐圣,故君宰间不胶漆而固,恨相得晚,宜矣。然周才不逮傅说、吕望,使后世未有述焉,惜乎!

韦挺,京兆万年人。父冲,仕隋为民部尚书。挺少与隐太子善,高祖平京师,署陇西公府祭酒。累迁太子左卫骠骑,检校左卫率。太子遇之厚,宫臣无与比。武德七年,帝避暑仁智宫。或言太子与宫臣谋逆,又庆州刺史杨文干坐大逆诛,辞连东宫,帝专责宫臣,由是挺与杜淹、王珪等皆流越巂。未几,召拜主爵郎中。贞观初,王珪数荐之,迁尚书右丞。历吏部、黄门侍郎,拜御史大夫、扶阳县男。太宗谓挺曰:"卿之任大夫,独朕意,左右无为卿地者!"挺曰:"臣驽下,不足以辱高位,且非勋非旧,而在藩邸故僚上,愿后臣以劝立功者。"不听。

　　是时承隋大乱,风俗薄恶,人不知教。挺上疏曰:"父母之恩,昊天罔极;创巨之痛,终身何已。今衣冠士族,辰日不哭,谓为重丧;亲宾来吊,辄不临举。又闾里细人,每有重丧,不即发问,先造邑社,待营办具,乃始发哀。至假车乘,雇棺椁,以荣送葬。既葬,邻伍会集,相与酺醉,名曰出孝。夫妇之道,王化所基,故有三日不息烛、不举乐之感。今昏嫁之初,杂奏丝竹,以穷宴欢。官司习俗,弗为条禁。望一切惩革,申明礼宪。"俄复为黄门侍郎,兼魏王泰府事。时泰有宠,太子多过失,帝密欲废立,语杜正伦,正伦以漏言贬。帝谓挺曰:"不忍复置卿于法。"改太常卿。

　　初,挺为大夫时,马周为监察御史,挺不甚礼。及周为中书令,帝欲澜拭用之,周言挺很于自用,非宰相器,遂止。帝将讨辽东,择主饷运者。周言挺才任粗使,帝谓然。挺父故为营州总管,尝经略高丽,故札藏家,挺上之。帝悦曰:"自幽距辽二千里无州县,吾军糜所仰食,卿为朕图之。苟吾军用不乏,是公之功。其自择文武官四品十人为子使,取幽、易、平三州锐士若马各二百以从。"即诏河北列州皆取挺节度,许以便宜。帝亲解貂裘及中厩马赐之。挺遣燕州司马王安德行渠,作漕舻转粮,自桑乾水抵卢思台,行八百里,渠塞不可通。挺以方苦寒,未可进,遂下米台侧,庣之,待冻泮乃运以为解。即上言:"度王师至,食且足。"帝不悦曰:"兵宁拙速,无工迟。我明年师出,挺乃度它岁运,何哉?"即诏繁畤令韦怀质驰按。怀质还劾:"挺在幽州,日置酒,弗忧职,不前视渠长利,即造船行粟,绵八百里，乃悟非是，欲进则不得，还且水涸。六师所须，恐不如陛下之素。"帝怒，遣将作少监李道裕代之。敕治书侍御史唐临驰传，械挺赴洛阳，废为民，使白衣从。

帝破盖牟城，诏挺将兵镇守，示复用。城与贼新城接，日夜转斗无休时。挺以失职，内不平，作书谢所善公孙常。常，善数者也，以他事系，投缳死。索橐中得挺书，言所屯危殆，意怨望，贬象州刺史。岁余卒，年五十八。

子待价、万石。

待价，初为左千牛备身。永徽中，江夏王道宗得罪，待价以婿贬卢龙府果毅。时将军辛文陵招慰高丽，次吐护真水，为虏所袭，待价与中郎将薛仁贵率所部兵杀之，文陵亦苦战，遂免。待价重创，矢著左足，隐不言，卒以疾免。起为兰州刺史。吐蕃盗边，高宗以沛王贤为凉州大都督，而待价为司马。俄迁肃州刺史，以功召拜右武卫将军。仪凤三年，吐蕃复入寇，以待价检校凉州都督，兼知镇守兵马事。召还，封扶阳侯。

武后临朝，摄司空，护营乾陵，改天官尚书、同凤阁鸾台三品。待价起武力，典选无铨总才，故朝野共蚩薄之。俄为燕然道行军大总管，御突厥。逾年还，拜文昌右相、同凤阁鸾台三品。不自安，累表辞职，不听。且请尽力行阵，许之，于是拜安息道行军大总管，督三十六总管以讨吐蕃，进爵公。军至寅识迦河，与吐蕃合战，胜负略相当。会其副阎温古逗留，又天大寒，待价不善抚御，师人多死，饷道乏，乃旋师顿高昌。后大怒，斩温古，流待价绣州，卒。

曾孙武。

武，少孤。年十一，荫补右千牛，累迁长安丞。德宗幸梁州，委妻子奔行在，除殿中侍御史。户部侍郎元琇为水陆转运使，表武以仓部员外郎充判官。谋不用，杜门数月而琇败。转刑部员外郎。是时，帝以反正告郊庙，大兵后，典章苟完，执事者时时咨武。武酌宜约用,得礼之衷,群司奉焉。

后为绛州刺史,凿汾水灌田万三千余顷,玺书劳勉。宪宗时,入为京兆尹,护治丰陵,未成,卒,赠吏部尚书。

万石,颇涉学,善音律。上元中,迁累太常少卿。当时郊庙燕会乐曲,皆万石与太史令姚元辩增损之,号任职。始,万石奏"太乐博士弟子遭丧者,先无它业,请以卒哭追集。"侍御史刘思立劾奏万石曰:"移风易俗,莫善于乐;睦亲化人,莫善于孝。所以三年之礼,天下通丧。今遣音声人释服为乐,带经治音,岂以小人不能执礼,遂欲约为非法?万石官太常,首紊风化,请付吏论罪。"高宗方委任万石,罢其奏。后知吏部选事,卒于官。

赞曰:王者用人非难,尽其才之为难。观太宗之责任也,谋斯从,言斯听,才斯奋,洞然不疑,故人臣未始遗力,天子高拱操成功,致太平矣。始皆奋亡命布衣,嫔然列置上衮。薛收虽早夭,帝本以中书令待之。御臣之方,顾不善哉!挺晚节流落,盖有致而然。

唐书卷九九
列传第二四

李纲 安仁 安静　　李大亮 道裕
迥秀 戴胄 至德　　刘洎 乐彦玮
崔仁师 浞 液 澄

　　李纲，字文纪，观州蓨人。少慷慨，尚风节。始名瑗，慕张纲为人，改焉。仕周为齐王宪参军事。宣帝将杀宪，召僚属诬左其罪，纲矢死无桡辞。及宪诛，露车载尸，故吏奔匿，纲抚棺号恸，为瘗讫，乃去。

　　事隋为太子洗马。太子勇宴宫臣，左庶子唐令则奏琵琶，又歌《武媚娘曲》。纲曰："令则官调护，乃自比倡优，进淫声，惑视听，诚使上闻之，岂不为殿下累乎？臣请正其罪。"勇曰："置之，我欲为乐耳！"后勇废，文帝切让，官属无敢对，纲独曰："陛下不素教，故太子至此。太子资中人，得贤者辅而善，得不肖导而恶，奈何歌舞鹰犬纤儿使日侍侧？何特太子罪邪？"帝曰："以汝为洗马，何不择人？"纲曰："臣非东宫得言者。"帝曰："朕过矣！"擢尚书右丞。时杨素、苏威用事，纲据正不诡迎随，素等参憾。会大将军刘方讨林邑，素言林邑多珍赆，非纲不可任，遂署行军司马。方揣素指，数危辱之，几殆。军还，不得调。稍除齐王府司马。复诏出南海，应接林邑。久不召，乃身入奏。威劾纲擅去所部，以属吏。会赦免，屏居鄠。大业末，贼帅何潘仁劫为长史。

高祖平京师，纲上谒，授丞相府司录参军，封新昌县公，领选举。受禅，拜礼部尚书兼太子詹事。齐王元吉为并州总管，纵左右攘夺，民愁苦，宇文歆谏，不听，腾状显言，王坐免。俄而复留，下危惴。刘武周入太原，元吉惧，弃军奔京师，并州陷。帝怒，谓纲曰："王年少，不习事，故以歆及窦诞佐之。太原，兴王地，兵十万，粟支十年，奈何一旦弃去？歆建此计，我当斩于军。"纲曰："王过恶，诞养成之。歆事王浅，有阙必诤。今赖歆计，使陛下不失爱子，且有功，又可加罪乎？"翼日，帝悟，引纲升御榻，劳曰："卿不言，我几滥罚。"于是释歆，然犹贷诞也。

帝以舞工安叱奴为散骑常侍，纲谏曰："周家均工乐胥不得预士伍，虽复妙如师襄，才如子野，皆继世不易业。故魏武使祢衡击鼓，衡先解朝衣，曰：'不敢以先王法服为伶人衣。'齐高纬封曹妙达为王，以安马驹开府，有国家者，可为鉴戒。今新造天下，开太平之基，功臣赏未及遍，高才犹伏草茅，而先令舞胡鸣玉曳组，位五品，趋丹地，殆非创业垂统、贻子孙之道也。"帝不纳。

纲在东宫，太子建成尤加礼，尝游温汤，纲疾不从。有进鱼者，太子使脍之，唐俭、赵元楷自言其能。太子曰："操刀脍鲤和鼎味，公等善之。若弼谐审谕，固属纲矣。"遣使赐绢二百匹。后太子寖狎亡赖，猜间朝廷，纲频谏不见听，遂乞骸骨。帝骂曰："卿为潘仁长史，而羞朕尚书邪？"纲顿首曰："潘仁，贼也，志残杀，然每谏辄止，为其长史，故无愧。陛下功成厚自伐，臣言如持水内石，敢久为尚书乎？且臣事东宫，东宫又与臣忤，是以上印绶。"帝谢曰："知公直士，幸卒辅吾儿。"乃拜太子少保，尚书、詹事如故。纲上书太子曰："纲老矣，幸未就木，备位保傅，冀得效愚鄙。日殿下饮酒过量，非养生之道。凡为人子，务孝谨，以慰上心，不宜听受邪说，与朝廷生悲间。"太子览书不怿，所为益纵。纲悒悒不自赖，固请老，优诏解尚书。帝以纲隋名臣，手敕未尝名。

贞观四年，复为少师。以足疾赐步舆，听乘至阁，问以政事。诣东宫，太子承乾为拜，每听政，必诏纲与房玄龄、王珪侍坐。尝言曰：

"托六尺之孤,寄百里之命,古人为难,纲以为易!"故发言陈事,毅然不可夺。及疾,帝遣玄龄至家存问。明年卒,年八十五,赠开府仪同三司,谥曰贞,太子为立碑。

初,齐王宪女嫠居,纲厚恤之。及卒,女被发号哭,如丧其亲然。纲在隋,宦不进,筮之得《鼎》。筮人曰:"君当为卿辅,然待易姓乃如志。仕不知退,折足为败。"故纲虽显于唐,数称疾辞位云。

孙安仁、安静。

安仁,永徽中为太子左庶子,太子忠废还邸,寮属奔散,独安仁泣拜而去。终恒州刺史。

安静,天授中为右卫将军。武氏革命,群臣皆劝进,安静独无所请。及收系狱,来俊臣问状,安静曰:"正以我唐旧臣,杀之可也。若诘其状,吾谁欺?"俊臣诬杀之。会昌中,录忠臣后,访子孙已绝,乃赠安静太子少师。

自纲五世同居,安仁、安静复以义烈闻,世称李氏不衰。

李大亮,京兆泾阳人。祖琰,为魏度支尚书。大亮有文武才略,隋末,署庞玉行军兵曹。李密寇东都,玉战败,大亮被禽。贼将张弼异之,就执百余人皆死,独释大亮,引与语,遂定交。

高祖入关,大亮自归,授土门令。方岁饥,境多盗贼。大亮招亡散,抚贫瘠,卖所乘马,稍稍资业之,劝垦田,岁大熟。间出击盗,所至辄平。秦王行北境,下书奖劳,赐马五乘,帛五十段。顷之,胡贼大至,大亮度不能拒,乃单马诣营说豪帅,为分别祸福,贼众感服,遂相率降。大亮杀所乘马与之食,至步而返。帝闻之悦,擢金州总管府司马。王弘烈据襄阳,诏大亮安抚樊、邓,因图之,进击,下十余城。迁安州刺史。复使徇广州,至九江,会辅公祏反,以计禽其将张善安。公祏方围猷州,刺史左难当固守,大亮率兵击走之。迁越州都督。

贞观初,徙交州,封武阳县男。召授太府卿,复出凉州都督。尝有台使见名鹰，讽大亮献之。大亮密表曰："陛下绝畋猎久矣，而使者求鹰。信陛下意邪，乃乖昔旨；如其擅求，是使非其才。"太宗报书曰："有臣如此，朕何忧！古人以一言之重订千金，今赐胡瓶一，虽亡千镒，乃朕所自御。"又赐荀悦《汉纪》，曰："悦论议深博，极为政之体，公宜绎味之。"

时突厥亡，帝遂欲怀四夷，诸部降者，人赐袍一领、帛五匹，首领拜将军、中郎将，列五品者赢百员。又置降胡河南。诏大亮为西北道安抚大使，使以绥大度设、拓设、泥熟特勒及七姓种落之未附者，峙粮碛口赈其饥。大亮上言："臣闻欲绥远者必自近。中国，天下本根，四夷犹枝叶也。残本根，厚枝叶，而曰求安，未之有也。属者突厥倾国入朝，陛下不即俘江淮变其俗，而加赐物帛，悉官之，引处内地，岂久安计哉？今伊吾虽臣，远在荒卤。臣以为诸称藩请附者，宜羁縻受之，使居塞外，畏威怀德，永为藩臣。谓之荒服者，故臣而不内，所谓行虚惠，收实福。河西积困夷狄，州县萧条，加因隋乱，残耗已甚。臣愚愿停招慰，省劳役，使边人得就农亩，此中国利也。"帝纳其计。

八年，为剑南道巡省大使。会讨吐谷浑，为河东道行军总管，与李靖俱出北道，涉青海，观河源，与虏遇蜀浑山，大战，破之，俘其名王，获杂畜数万，进爵为公。拜右卫大将军。晋王为皇太子，诏大亮兼右卫率，又兼工部尚书，身三职，宿卫两宫。每番直，常假寐。帝劳曰："公在，我得酣卧。"

十八年，幸洛阳，诏副房玄龄居守。玄龄称"有王陵、周勃节，可倚大事。"俄寝疾，帝亲和药，驿赐之。临终，表请罢辽东役；又言京师宗庙所在，愿以关中为意。就稿，叹曰："吾闻男子不死妇人手！"命屏左右，言终卒，年五十九。将敛，家无珠玉为含，惟贮米五斛、布三十端。帝哭为恸。赠兵部尚书、秦州都督，谥曰懿，陪葬昭陵。

大亮性忠谨，外若不能言，而内刚烈，不可干非其义。对天子争是非，无回挠。至妻子未始见愠容，事兄嫂以礼闻。位通显，居陋狭甚。在越州写书数百卷，及去，留都督署。初，破公祏，以功赐奴婢百口，谓曰："而曹皆衣冠子女，不幸破亡，吾何忍录而为隶乎？"纵遣之。高祖闻，咨美，更赐婢婢二十。后破吐谷浑，复赐奴婢百五十口，悉以遗亲戚。葬宗族无后者三十余枢，赀禭加焉。

尝以张弼脱其死，及贵，念有以报之。时弼为将作丞，匿不见，大亮求之不能得。一日，识诸途，持弼泣，悉推家财与之，弼拒不受。乃言于帝曰："臣及事陛下，张弼力也，愿悉臣官爵授之。"帝为迁弼中郎将、代州都督。世皆贤大亮能报，而多弼不自伐也。殁后，所育孤姓为大亮行服如所亲者十余人。

兄子道裕，贞观末为将作匠。有告张亮反者，诏百官议。皆言亮当诛，独道裕谓反形未具。帝怒不暇省，斩之。岁余，刑部侍郎缺，宰相屡进名，不可。帝曰："朕得之矣。是尝议张亮者，朕时虽不从，今尚悔之。"遂命道裕。终大理卿。

大亮族孙迥秀。

迥秀字茂之。及进士第，又中英才杰出科。调相州参军事。累转考功员外郎。武后爱其材，迁凤阁舍人。大足初，检校夏官侍郎，仍领选，铨汰文武，号称职，进同凤阁鸾台平章事。张易之兄弟贵骄，因槊意谐媚，士论顿减。俄坐赃贬庐州刺史。易之诛，贬衡州长史。中宗即位，召授将作少监。累迁鸿胪卿、修文馆学士。出朔方道行军大总管，还拜兵部尚书。卒，年五十，赠侍中。

迥秀少聪悟，多通宾客。喜饮酒，虽多不乱，当时称其风流。母少贱，妻尝詈媵婢，母闻不乐，迥秀即出其妻。或问之，答曰："娶妇要欲事姑，苟违颜色，何可留？"武后尝遣内人候其母，或迎置宫中。后所居堂产芝草，犬乳邻猫，中宗以为孝感，旌大门闾。

子齐损，开元中以谋逆诛。

戴胄，字玄胤，相州安阳人。性坚正，干局明强，善簿最。隋末，为门下录事，纳言苏威、黄门侍郎裴矩厚礼之。为越王侗给事郎。王世充谋篡，胄说曰："君臣大分均父子，休戚同之。公当社稷之任，与存与亡,正在今日。愿尊辅王室,拟伊、周以幸天下。"世充诡曰:"善。"俄胁九锡,胄又切谏,不纳。出为郑州长史,使与王行本守武牢。秦王攻拔之,引为府士曹参军,封武昌县男。

大理少卿缺,太宗曰:"大理,人命所系,胄清直,其人哉。"即日命胄。长孙无忌被召,不解佩刀入东上阁。尚书右仆射封德彝论监门校尉不觉,罪死当;无忌赎。胄曰:"校尉与无忌罪均,臣子于尊极不称误。法著:御汤剂、饮食、舟船,虽误皆死。陛下录无忌功,原之可也。若罚无忌,杀校尉,不可谓刑。"帝曰:"法为天下公,朕安得阿亲戚!"诏复议,德彝固执,帝将可胄曰:"不然。校尉缘无忌以致罪,法当轻;若皆误,不得独死。"繇是与校尉皆免。

时选者盛集,有诡资荫冒牒取调者,诏许自首;不首,罪当死。俄有诈得者,狱具,胄以法当流。帝曰:"朕诏不首者死,而今当流,是示天下不以信,卿卖狱邪?"胄曰:"陛下登杀之,非臣所及。既属臣,敢亏法乎?"帝曰:"卿自守法,而使我失信,奈何?"胄曰:"法者,布大信于人;言乃一时喜怒所发。陛下以一朝忿将杀之,既知不可而置于法,此忍小忿、存大信也。若阿忿违信,臣为陛下惜之。"帝大感寤,从其言。胄犯颜据正数矣,参处法意,至析秋豪,随类指擿,言若泉涌。帝益重之,迁尚书左丞,矜其贫,特诏赐钱十万。

会仆射萧瑀免,封德彝卒,帝谓胄曰:"尚书总国纲维,失一事,天下有受其弊者。今以令、仆委卿,宜副朕举。"胄明敏,长于操决,无宿疑。议者美其振职,谓武德以来殆无其辈。复拜谏议大夫,与魏徵更日供奉。进民部尚书。杜如晦遗言,请以选举委胄,由是检校吏部尚书。然好抑文雅,奖法吏,时以寡学为訾。

贞观四年,以本官参豫朝政,进爵郡公。帝将修复洛阳宫,胄上疏谏曰:"比关中、河外置军团,强夫富室悉为兵,九成之役又兴,司农、将作见丁无几。大乱之后,户口单破,一人就役,举室捐业。籍军者督戎仗,课役者责粮赍,竭赀经纪,犹不能济。七月以来,霖潦未止,滨河南北,田正洿下,年之有亡未可知。壮者尽行,赋调不给,则帑藏虚矣。今宫殿足庇风雨、容羽卫,数年后成,犹不谓晚,何惮而遽自生劳扰邪?"帝览奏,罢役。胄所敷内,缘政得失,咸有可观。奏已,即削稿,秘外莫知。帝尝谓左右曰:"胄于我非肺腑亲,然事之机切无不闻,惟其忠概所激耳。"

七年,卒,帝为举哀,赠尚书右仆射,追封道国公,谥曰忠;以第舍陋不容祭,诏有司为立庙。聘其女为道王妃。房玄龄、魏徵与胄善,每至生平故处,辄流涕。

胄无子,以兄子至德为后。

至德,乾封中累迁西台侍郎、同东西台三品。阅十数年,父子继为宰相,世诧其荣。高宗尝为飞白书赐侍臣,赐至德曰"泛洪源,俟舟楫",郝处俊曰"飞九霄,假六翮",李敬玄曰"资启沃,馨丹诚",崔知悌曰"竭忠节,赞皇猷",皆见意于辞云。

迁尚书右仆射。时刘仁轨为左,人有所诉,率优容之;至德乃诘究本末,理直者密为奏,终不显私恩。由是,当时多称仁轨者,号仁轨为"解事仆射"。尝更日听讼,有妪诣省,至德已收牒,妪乃复取,曰:"初以为解事仆射,今乃非是。"至德笑还之。人伏其长者。或以问,至德答曰:"庆赏刑罚,人主之柄,为臣岂得与人主争也!"帝知,叹美之。仪凤四年卒,诏百官哭其第。赠开府仪同三司、并州大都督,谥曰恭。

刘洎,字思道,荆州江陵人。初为萧铣黄门侍郎,南略地岭表,下五十城,未还而铣败,遂以城自归,授南康州都督府长史。

贞观七年,擢给事中,封清苑县男,转治书侍御史。于时,尚书省诏敕稽壅,按成复下,弥年不能决。洎言:"尚书,万机本,贞观初未有令、仆,职并务繁,左丞戴胄、右丞魏徵应事弹举,无所回桡,百司震肃不敢懈。比者勋亲在位,品非其任,功势相倾,虽欲自强,先惧器谤。故郎中嘿夺,惟事咨禀;尚书依违,不得专裁。管辖玩弛,纲纪不振。今宜精选左右丞、两司郎中,使皆得人,非惟救旷滞之弊,固当矫拂趋竞也。"未几,拜尚书右丞。洎健于职,于是尚书复治如徵时。累加银青光禄大夫、散骑常侍,摄黄门侍郎。

太宗好持论,与公卿言古今事,必往复难诘、究藏否。泊谏曰:"帝王之与臣庶,圣哲之与庸愚,等级辽绝,势不伦拟。故课愚对圣,持卑抗尊,虽思自强,不可得已。陛下降慈旨,假柔颜,虚心听纳,犹恐群臣惝缩不敢进。况以神机天辩,饰辞援古,而迮其议哉!夫天以无言为尊,圣以不言为德,皆弗欲烦也。且多记损心,多语耗气,心气内损,形神外劳,初虽无觉,久且为弊。且今之雍平,陛下力行所至耳。欲其长久,匪由辩博,但当忘爱憎,慎取舍,若贞观初可矣!"手诏答曰:"非虑无以临下,非言无以述虑。虽然,骄人轻物,恐由権论致之。若形神心气,不为劳也。"

皇太子初立,泊谓宜尊贤重道,上书曰:"太子宗桃是系,善恶之习,兴亡在焉。弗勤于始,将悔于末。故晁错上书,令通政术;贾谊奏计,务知礼教。今太子孝友仁爱,挺自天姿,然春秋鼎盛,学当有渐。以陛下多才多艺,尚垂精厉志,以博异闻,而太子优游,坐弃白日。陛下每退朝,引见群臣,访以今古,咨以得失;而太子处内,不接正人,不闻正论,臣所未谕。古者,问安而退,以广敬也;异官而处,以远嫌也。间者,太子一入侍,逾旬不出,师傅寮寀,具员而已,非所谓爱之也。臣愚以为授以良书,娱以佳宾,使耳所未闻,睹所未见,储德愈光,群生之福也。"帝于是敕泊与岑文本、马周递日直东宫。帝尝怒苑西监穆裕,有诏斩朝堂,皇太子骤谏。帝喜曰:"朕始得魏徵,朝夕进谏。徵亡,刘泊、岑文本、马周、褚遂良继之。儿在吾膝前,见朕悦谏熟矣,故有今日言也。诚习以性成哉!"稍迁侍中。帝忽谓群臣曰:"朕今欲闻己过,卿等为朕言之。"长孙无忌、李勣、杨师道同辞对曰:"陛下以盛德致太平,臣等愚不见其过。"泊曰:"然项上书有不称旨,或面穷诘,无不羞汗,恐非所以进言者路。"帝曰:"卿言善,朕能改之。"

及征辽东,诏兼太子左庶子、检校民部尚书,辅皇太子监国。帝曰:"以卿辅太子,社稷安危在焉,宜识朕意。"泊曰:"愿无忧!即大臣有罪,臣谨按法诛之。"帝怪其语谬,戒曰:"君不密则失臣,臣不密则失身。卿性疏而果，恐以此败。"泊与褚遂良不相中。帝还，不豫，泊与马周入候，出，见遂良，泣曰："上体患痈，殊可惧！"遂良即诬奏："泊曰国家不足虑，正当辅少主行伊、霍事，大臣有异者，诛之。"帝愈，召泊问状，泊引马周为左。遂良执不已，帝惑之，乃赐死。方死时，索笔牍，欲自言，有司不敢与。帝后知之，有司皆得罪。显庆中，其子弘业诣阙诉遂良潛死状，李义府右之。高宗问近臣，给事中乐彦玮曰："辨之，是暴先帝过刑。"事寝。文明初，诏复官爵。

彦玮字德珪，长安人。麟德元年，以西台侍郎同东西台三品。数月，罢为大司宪。卒，赠齐州都督。

赞曰：刘泊之才之烈，《易》所谓"王臣蹇蹇"者。然性刚疏，辅太子，欲身任安危，以言掩其众，为媚忌所乘，卒陷罪诛。呜呼！以太宗之明，蔽于所忿，泊之忠不能自申于上，况其下哉？古人以言为戒，可不慎欤！

崔仁师，定州安喜人。武德初擢制举，调管州录事参军。陈叔达荐仁师才任史官，迁右武卫录事参军，与修梁、魏史。贞观初，改殿中侍御史。时青州有男子谋逆，有司捕支党，累系填狱，诏仁师按覆。始至，悉去囚械，为具食，饮汤沐以情讯之，坐止魁恶十余人，它悉原纵。大理少卿孙伏伽谓曰："原雪者众，谁肯让死？就决而事变，奈何？"仁师曰："治狱主仁恕，故谚称'杀人刖足，亦皆有礼'。岂有知枉不申，为身谋哉？使吾以一介易十囚命，固吾愿也！"及敕使覆讯，诸囚咸叩头曰："崔公仁恕，必无枉者。"举无异辞。由是知名。

迁度支郎中。尝口陈移用费数千名，太宗怪之，诏黄门侍郎杜正伦持簿，使仁师对唱，无一谬。帝奇之。时校书郎王玄度注《尚书》、《毛诗》，抵孔、郑旧学，请遂废。诏诸儒大议，博士以下不能诘。河间王孝恭请与孔、郑并行，仁师以玄度不经，条不合大义者奏之。玄度报罢。

迁给事中。时有司以律"反逆者缘坐兄弟没官"为轻，诏八坐议。咸言汉、魏、晋谋反夷三族,请改从死。仁师曰:"父子天属,足累其心,此而不恤,何爱兄弟?"房玄龄曰:"祖有荫孙义,则孙祖亲重,而兄弟属轻。今应重者流而轻者死,非用刑意。"遂不改。

后密请魏王为太子,失帝旨,左迁鸿胪少卿。稍进民部侍郎。及征辽东,副韦挺知海运,又别知河南漕事。仁师以漕路回远,恐所输不时至,以便宜发近海租赋饷军。坐运卒亡命不以闻,除名。帝还至中山,起为中书舍人、检校刑部侍郎。幸翠微宫,上《清暑赋》以讽。帝称善,赐帛五十段。二十二年,迁中书侍郎,参知机务,被遇尤渥。中书令褚遂良忌之,会有伏阁诉者,仁师不时上,帝大怒,流连州。永徽初,授简州刺史,卒。

子挹,挹子湜。

湜字澄澜。少以文词称。第进士,擢累左补阙,稍迁考功员外郎。时桓彦范等当国,畏武三思恶构,引湜使阴汋其奸。中宗稍疏功臣,三思日益宠,湜反以彦范等计告三思,骤迁中书舍人。彦范等被徙,又说三思速杀之以绝人望。三思问谁可使者,乃进其外兄周利贞。利贞往,彦范等皆死。擢利贞御史中丞。湜附托昭容上官氏,数与宣淫于外。景龙二年,迁兵部侍郎,而挹为礼部侍郎。武德以来,父子同为侍郎,惟挹、湜云。俄拜中书侍郎、检校吏部侍郎、同中书门下平章事,与郑愔同典选。纳赂遗,铨品无序,为御史李尚隐劾奏,贬江州司马。上官与安乐公主从中申护之,改襄州刺史。未几,入为尚书左丞。韦氏称制,复以吏部侍郎同中书门下三品。睿宗立,出为华州刺史。俄除太子詹事。

初湜建言山南可引丹水通漕至商州,自商镵山出石门,抵北蓝田,可通挽道。中宗以湜充使,开大昌关,役徒数万,死者十五。禁旧道不得行,而新道为夏潦奔阤,数摧压不通。至是论功,加银青光禄大夫。景云中,太平公主引为同中书门下三品,进拜中书令。时挹以户部尚书得谢,而性贪,数为人请托以干湜,湜多不从,由是父子相失。

玄宗在东宫,数至其第申款密。湜阴附主,时人危之,为寒毛。门下客献《海鸥赋》以讽,湜称善而不自悛。帝将诛萧至忠等,召湜示腹心。弟澄谏曰:"上有所问,慎无隐。"湜不从。及见,对问失旨。至忠等诛,湜徙岭外。时雍州长史李晋亦坐诛,叹曰:"此本湜谋,今我死而湜生,何也?"又宫人元称尝与湜谋进鸩于帝。追及荆州赐死,年四十三。

初,在襄州,与谯王数相问遗。王败,湜当死,赖刘幽求、张说护免。及为宰相,陷幽求岭表,密讽广州都督周利贞杀之,不克。又与太平公主逐张说。其猜毒诡险殆天性,虽蛊虺不若也。

与弟液、澄、从兄淮并以文翰居要官。每宴私,自比东晋王、谢。尝曰:"吾一门入仕,历官未尝不为第一。丈夫当先据要路以制人,岂能默默受制于人哉!"故进趣不已,至于败。湜执政时,年三十八,尝暮出端门,缓辔讽诗。张说见之,叹曰:"文与位固可致,其年不可及也。"

液字润甫,尤工五言诗,湜叹,因字呼曰:"海子,我家龟龙也!"官至殿中侍御史。坐湜当流,亡命郢州,作《幽征赋》以见意,词甚典丽。遇赦还,卒。

子论,有吏干,乾元中为州刺史,以治行称。大历末,迁同州刺史,为黜陟使庾何所按,议者不直何,故复用为衢州刺史。德宗以旧族耆年,擢大理卿,卒。

澄本名涤,玄宗改焉。帝在藩,与同里居。出潞州,宾友饯者止国门,而澄独从至华。及即位,宠昵甚。湜既诛,帝仍念之,用为秘书监。开元二年,欲赠其父挹吏部尚书,宰相持不可,遂用四品礼葬,赠和州刺史。澄侍左右,与诸王不让席坐。性滑稽善辩,帝恐漏禁中语,以"慎密"字亲署笏端。累迁金紫光禄大夫,封安喜县子。卒,赠兖州刺史。

唐书卷一〇〇
列传第二五

陈叔达　杨恭仁 _{思训 师道 执柔}
封伦　裴矩　宇文士及
郑善果 _{元璹}　权万纪 _{怀恩}
阎立德 _{立本}　蒋俨　韦弘机
_{岳子}　姜师度 _{强循}　张知謇

陈叔达，字子聪，陈宣帝子也。少封义阳王，历丹杨尹、都官尚书。入隋，久不试。大业中，授内史舍人，出为绛郡通守。高祖西师，以郡听命，授丞相府主簿，封汉东郡公。与温大雅同管机秘，方禅代时，书册诰诏皆其笔也。武德初，授黄门侍郎，判纳言，封江国公。

叔达明辩，善为容，每占奏，缙绅属目。江左士客长安，或汩振，多荐诸朝。尝赐食，得蒲陶不举，帝问之，对曰："臣母病渴，求不能致，愿归奉之。"帝流涕曰："卿有母遗乎？"因赐之，又赍物百段。贞观初，与萧瑀争殿中，坐忿谇不恭，免官。未几，居母丧，又有疾，太宗忧之，遣使禁却吊者。丧除，为遂州都督，病不拜。顷之，擢礼部尚书。始，太子建成等阋间太宗，帝惑之，叔达极意救辩，至是谓曰："武德内难，卿有谠言，故以此报。"叔达谢曰："岂独为陛下，乃社稷计耳。"后闺薄污慢，为有司露劾，帝以名臣为护掩，授散秩归第。卒，谥曰缪。久之，赠户部尚书，更谥曰忠。

杨恭仁，隋观王雄子也。仁寿中，累迁甘州刺史，临事不苛细，徼人安之。文帝谓雄曰："匪特朕得人，乃卿善教子矣。"大业初，转吏部侍郎。杨玄感叛，诏率兵经略，与玄感战破陵，败之。遂与屈突通追获贼。炀帝召见曰："比闻与贼战尤力，向但知卿奉法，而乃勇决如此，朕用自愧。"苏威曰："仁者必有勇，殆谓此邪。"时威及宇文述、裴蕴、裴矩参掌选事，皆受赇不法，恭仁素廉正，故恶之，出为河南道大使，使捕寇贼。至谯郡，为朱粲所败，奔江都。宇文化及弑逆，署吏部尚书，为化及守魏县。元宝藏执送京师，高祖素知之，授黄门侍郎，封观国公。寻为凉州总管。

恭仁久乘边，习种落情伪，悉心绥慰，由葱岭以东，皆奉贡贽。就加纳言。突厥颉利率众数万猎其境，恭仁应机设拒，张疑屯虚帜示之，颉利惧而走。瓜州刺史贺拔行威叛，朝廷未即讨。恭仁募趫荡，倍道进，贼不虞其来，遂克二城。纵所俘还之，众感悦，遂相与缚行威降。召拜吏部尚书，兼中书令，检校凉州诸军事。迁左卫大将军。武德末，拜雍州牧、扬州大都督府长史。迁洛州都督。太宗劳谓曰："洛阳要重，朕子弟不为少，恐非所任，故以委公。"

恭仁性冲厚，以礼自闲卫，未尝与物忤，时人方汉石庆。既贵，不以势尚人，故誉望益重。病，乞骸骨，诏以特进归第。卒，赠潭州都督，陪葬昭陵，谥曰孝。

子思训袭爵。显庆中，历右屯卫将军。从高宗幸并州。右卫大将军慕容宝节夜邀思训与谋乱，思训不敢对。宝节惧，毒酒以进，思训死。妻诉之，流宝节岭表，至龙门，追斩之。乃诏以置毒人者重其法。

思训孙睿交，尚长宁公主，豫诛张易之，赐实封五百户。神龙中为秘书监，贬绛州别驾。

师道字景猷，恭仁弟。清警有才思。客洛阳，为王世充所拘，间归高祖，授上仪同，为备身左右。尚桂阳公主，除吏部侍郎。改太常

卿,封安德郡公。贞观十年,拜侍中,参豫朝政,亲遇隆渥。性周谨,
未尝语禁省事。尝曰:"吾读《孔光传》,想其余风,或庶几云。"太宗
数访群臣才行,师道虽有所推进,而乏甄品。久之,迁中书令。太子
承乾得罪,诏与长孙无忌等杂治其狱。师道妻异姓子赵节与承乾通
谋,乃微讽帝,欲活之。帝怒,罢为吏部尚书。师道起贵胄,四海人
物,非所练悉,至铨署,专抑势贵亲党以远嫌,用人多违其才,不为
时所称。帝亦曰:"师道资性纯淑,自应无过,而实怯懦,罕更事,缓
急不得其力。"从征高丽,摄中书令。军还,颇不职,改工部尚书,复
为太常卿。

师道善草隶,工诗,每与有名士燕集,歌咏自适。帝见其诗,为
摘讽嗟赏。后赐宴,帝曰:"闻公每酣赏,捉笔赋诗,如宿构者,试为
朕为之。"师道再拜,少选辄成,无所窜定,一坐嗟伏。卒,赠吏部尚
书、并州都督,谥曰懿,陪葬昭陵,诏为立碑。

子豫之,尚巢王元吉女寿春县主。居母丧,与永嘉公主乱,为主
婿窦奉节所杀。

执柔,恭仁从孙,历地官尚书。武后母,即恭仁叔父达之女。及
临朝,武承嗣、攸宁相继用事。后曰:"要欲我家及外氏常一人为宰
相。"乃以执柔同中书门下三品。未几,卒。

弟执一,亦以诛张易之功封河东郡公,累官右金吾卫大将军。

始,雄在隋,以同姓贵。自武德后,恭仁兄弟名位益盛。又以武
后外家尊宠,凡尚主者三人,女为王妃五人,赠皇后一人,三品以上
者二十余人。

封伦,字德彝,以字显,观州蓨人。祖隆,北齐太子太保。伦年
方少,舅卢思道曰:"是儿识略过人,当自致卿相。"

隋开皇末,江南乱,内史令杨素讨之,署伦行军记室。泊海上,
素召计事,伦坠水,免,易衣以见,讫不言。久乃素知,问故,谢曰:

"私事也,所不敢白。"素异其为,以从妹妻之。素营仁寿宫,表为土工监,规构鸿侈。宫成,文帝怒曰:"素殚百姓力,为吾掊怨天下。"素大惧,伦曰:"毋恐,皇后至,自当免。"明日,帝果劳素曰:"公知吾夫妇老,无以自娱乐,而盛饰此宫邪?"因大悦。素退问:"何料而知?"伦曰:"上节俭,故始见必怒。然雅听后言。后,妇人,惟侈丽是好。后悦,则帝安矣。"素曰:"吾不及也。"素负才势,多所凌藉,惟于伦降礼赏接,或与论天下事,衮衮不倦,每抚其床曰:"封郎终当据此。"荐之帝,擢内史舍人。

虞世基得幸炀帝,然不悉吏事,处可失宜。伦阴为裁画,内以谄承主意,百官章奏若忤旨,则寝不闻;外以峻文绳天下,有功当赏,辄抑不行。由是世基之宠日隆,而隋政日坏矣。宇文化及乱,持帝出宫,使伦数帝罪,帝曰:"卿,士人,何至是!"伦羞缩去。化及署为内史令,从至聊城,知化及败,乃结士及,得出护饷道。化及死,遂与士及来降。高祖知其谐附逆党,方切让,使就舍。伦以秘策干帝,帝悦,更拜内史舍人。迁侍郎兼内史令。

秦王讨王世充,命伦参谋军事。时兵久不决,帝欲班师,王遣伦西见帝曰:"贼地虽多,羁縻不相使,所用命者洛阳尔,计穷力屈,死在旦暮。今解而西,则贼势磐结,后难以图。"帝纳之。贼平,帝谓侍臣曰:"始议东讨,时多沮解者,唯秦王谓必克,伦赞其行,虽张华叶策晋武,亦何以加于是!"封平原县公,判天策府司马。初,窦建德援洛,王将趣虎牢,伦与萧瑀谏不可,至是入贺。王笑曰:"不用公言,今日幸而捷,岂智者千虑或有失乎?"伦谢素不及。顷之,突厥寇太原,且遣使和亲。帝问计,群臣咸请许之可纾战。伦曰:"不然。彼有轻中国心,谓我不能战,若乘其怠击之,势必胜,胜而后和,威德两全。今虽不战,后必复来。臣以为击之便。"诏可。寻检校吏部尚书,进封赵国公,徙密国。

太宗立,拜尚书右仆射,实封六百户。始,伦之归,萧瑀数荐之。及是,瑀为左仆射,每议事,伦初坚定,至帝前辄变易,由是有隙。贞观元年,遘疾,卧尚书省,帝亲临视,命尚辇送还第。卒,年六十,赠司空,谥曰明。

伦资险佞内挟,数刺人主意,阴导而阳合之。外谨顺,居处衣服陋素,而交宫府,赇赠狼藉。然善矫饰,居之自如,人莫能探其膺肺。隐、剌之乱,数进忠策,太宗以为诚,横赐累万。又密言于高祖曰:"秦王恃功,颉颃太子下,若不早立,则觊图之。"情白太子曰:"为四海不顾其亲,乞羹者谓何?"及高祖议废立,伦固谏止。当时语秘无知者,卒后,事寝闻。十七年,治书侍御史唐临追劾奸状,帝下其议百官。民部尚书唐伦等议:"伦宠极生前,而罪暴身后,所历官不可尽夺,请还赠改谥,以惩恓壬。"有诏夺司空,削食封,改谥为缪。

子言道,尚淮南长公主,官至宋州刺史。

裴矩,字弘大,绛州闻喜人。父讷之,为齐太子舍人。矩在乳而孤,及长好学,有文藻智数。再补高平王文学。齐亡,不得调。隋高祖为定州总管,召补记室,以母忧去职。高祖已受禅,迁给事郎,奏舍人事。帝伐陈,为元帅记室。江左平,诏矩巡抚岭南,未行,而高智慧等乱,道不通,帝难其遣,矩请速进,许之。次南康,得兵数千人。是时,俚帅王仲宣逼广州,遣别将围东衡州,矩与将军鹿愿赴之。贼立九壁,屯大庾岭,矩进击,破之。贼惧,释东衡州之围,据愿长岭,又击破之,斩其帅。自南海趣广州,仲宣惧,溃去。绥集二十余州,承制署渠帅为刺史、县令。还报,帝大悦,诏升殿劳苦之。拜开府,爵闻喜县公,赐赍异等。迁累内史侍郎。时突厥强盛,都蓝与突利构难,屡犯塞,诏太平公史万岁为行军总管,出定襄道,以矩为长史。破达头可汗而万岁诛,矩功不见录。还为尚书左丞,迁吏部侍郎,名称职。

炀帝时,西域诸国悉至张掖交市,帝令矩护视。矩知帝勤远略,乃访诸商胡国俗、山川险易,撰《西域图记》三篇,合四十四国,凡裂三道:北道起伊吾,径蒲类、铁勒、突厥可汗廷,乱北流河至拂菻;中道起高昌、焉耆、龟兹、疏勒,逾葱岭,钹汗、苏对沙那、康、曹、何、大小安、穆诸国,至波斯;南道起鄯善、于阗、朱俱波、喝槃陀,亦度葱

岭,涉护密、吐火罗、挹怛、帆延、漕国,至北婆罗门。皆竟西海。诸
国亦自有空道交通。既还,奏之。帝引内矩问西方事,矩盛言:"胡
多瓌怪名宝,俗土著,易并吞。"帝由是甘心四夷,委矩经略。再迁黄
门侍郎,参豫朝政。

大业三年,帝有事恒山,西方来助祭者十余国。矩遣人说高昌、
伊吾等,啖以厚利,使入朝。帝西巡燕支山,高昌等二十七国谒道
左,皆使佩金玉,服锦罽,奏乐歌舞,令士女盛饰纵观,亘数十里,示
中国强富。后遂破吐谷浑,拓地数千里,遣兵出戍,岁委输巨亿万
计。帝谓矩有绥怀略,擢银青光禄大夫。帝在东都,矩以蛮夷朝贡
踵至,讽帝悉召天下奇倡怪伎,大陈端门前,曳锦縠、珥金琲者十余
万,诏百官都人列缯楼幔阁夹道,被服光丽。廛邸皆供帐,池酒林
胾。译长纵蛮夷与民贸易,在所令邀饮食,相娱乐。蛮夷嗟咨,谓中
国为"仙晨帝所"。天子以为诚,谓宇文述、牛弘曰:"矩所建白,皆朕
之志,要未发,矩辄先闻,非悉心奉国,畴能是邪?"又助城伊吾,胁
处罗入朝。帝益喜,赐貂裘、西胡珍器。从帝巡塞北,幸启民帐。时
高丽遣使先在突厥,启民引见帝。矩因奏言:"高丽本孤竹国,周以
封箕子,汉分三郡,今乃不臣,先帝疾之,欲讨久矣。方陛下时,安得
不事?今其使朝突厥,及见启民,举国臣服,胁令入朝,可致也。请
面诏其使,令归语王,有如旅拒,方率突厥诛之。"帝纳焉。高丽不听
命,征辽自此始。王师再临辽,皆从,以劳加右光禄大夫。时纲纪汩
振,宇文述、虞世基用事,官以贿迁,唯矩挺节无秽声,世颇称之。

矩以始毕可汗众渐盛,建请以宗女嫁叱吉设,建为南面可汗,
分其势。叱吉不敢受。始毕闻之,稍怨望。矩又言:"突厥淳陋易离
间,但内多群胡教导之。臣闻史蜀胡悉尤有谋,幸于始毕,请杀之。"
帝曰:"善。"矩因诡计召胡受赐,斩马邑下,报始毕曰:"史蜀胡悉背
可汗,我所共恶,今既诛之。"始毕知状,由是不朝。后帝北巡,始毕
率骑十万围帝雁门,诏矩与虞世基宿朝堂待顾问。围解,从幸江都
宫。时盗贼蜂结,郡县上奏不可计,矩言于帝。帝怒,遣诣京师,以
疾解。俄而高祖入关,帝令虞世基问方略,矩曰:"唯愿陛下亟西,天

下定矣。"

　　矩性勤谨,未尝忤物,见天下方乱,其待遇士尤厚,虽厮役皆得其欢。是时,卫兵数逃去,帝忧之,以问矩。矩曰:"今乘舆淹狩已二年,诸骁果皆无家,人无匹合,则不久安,臣请皆听纳室。"帝笑曰:"公定多智。"因诏矩尽召江都女子、孀家,恣将士所欲,即配之,人情翕然相悦曰:"裴公惠也!"字文化及乱,众劫矩。贼皆曰:"裴黄门无豫也。"既而众以秦王子浩为帝,诏矩为侍内,随而北。化及僭位,署矩尚书右仆射,为河北道安抚大使。又为窦建德所获,建德以矩隋旧臣,遇之厚。建德起群盗,非有君臣制度,矩为略制朝仪,不阅月,宪章拟王者,建德尊礼之。

　　建德败,来朝,擢殿中侍御史,爵安邑县公。累迁太子詹事、检校侍中。时突厥数盗边,高祖遣使约西突厥连和,突厥因请婚。帝曰:"彼势与我绝,缓急不为用,奈何?"矩曰:"然北房方炽,岁苦边,若权顺许,以示外援,须我完实更议之。"帝然其计。隐太子败,余党保宫城不解。秦王遣矩谕之,乃听命。迁民部尚书。

　　太宗即位,疾贪吏,欲痛惩艾之,乃间遣人遗诸曹,一史受馈缣,帝怒,诏杀之。矩曰:"吏受赇,死固宜。然陛下以计绐之,因即行法,所谓罔人以罪,非道之以德之谊。"帝悦,为群臣言之,曰:"矩遂能廷争,不面从,物物若此,天下有不治哉?"年八十,精明不忘,多识故事,见重于时。贞观元年卒,赠绛州刺史,谥曰敬。

　　宇文士及,字仁人,京兆长安人。父述,为隋右卫大将军。开皇末,以述勋封新城县公。

　　文帝引入卧内,与语奇之。诏尚炀帝女南阳公主,为尚辇奉御,从幸江都。以父丧免,起为鸿胪少卿。其兄化及谋弑逆,以主婿忌之,弗告。已弑帝,乃封蜀王。

　　初,士及为奉御,而高祖任殿中少监,雅自款结。及从化及至黎阳,帝手书召之。士及亦遣家童间道走长安,通谆勤,且献金镮。帝悦曰:"我尝与士及共事,今以此献,是将来矣。"化及兵日蹙,士及劝归命,不从,乃与封伦诡求督饷。俄而化及败,于是济北豪杰谋起齐兵击窦建德以收河北,观形势,士及不纳,与伦等自归。帝让之曰:"汝兄弟率思归之人为入关计,尔时得我父子,尚肯相假乎?今欲何地自处?"士及谢曰:"臣罪当死,但臣往在涿郡,尝与陛下夜论世事,顷又奉所献,冀以此赎罪。"帝笑谓裴寂曰:"彼与我论天下事,逮今六七年,公等皆在其后。"时士及女弟为昭仪,有宠,由是见亲礼,授上仪同。从秦王平宋金刚,录功,复隋旧封,以宗室女妻之,迁王府骠骑将军。从讨王世充等,进爵郢国公。武德八年,权检校侍中,兼太子詹事。

王即位,拜中书令,真食益州七百户,以本官检校凉州都督。时突厥数入寇,士及欲立威以镇耀边鄙,每出入,盛陈兵卫,又痛折节下士。或告其反,讯无状,召为殿中监,以疾改蒲州刺史。政尚宽简,人皆宜之。擢右卫大将军。太宗延入阁语,或至夜分出,遇休沐,往往驰召。士及益自谨,其妻尝问向遽召何所事,士及卒不对。帝尝玩禁中树曰:"此嘉木也!"士及从旁美叹。帝正色曰:"魏徵常劝我远佞人,不识佞人为谁,乃今信然。"谢曰:"南衙群臣面折廷争,陛下不得举手。今臣幸在左右,不少有将顺,虽贵为天子,亦何聊?"帝意解。又尝割肉,以饼拭手,帝屡目,阳若不省,徐啖之。其机悟率类此。后以雅旧,别封一子新城县公。久之,复为殿中监。卒,赠左卫大将军、凉州都督,陪葬昭陵。士及抚幼弟、孤兄子,以友睦称。好周恤亲戚故人,然过自奉养,服玩食饮必极丰侈。有司谥曰恭,黄门侍郎刘洎曰:"士及居家侈肆,不可谓'恭'。"乃改曰纵。

赞曰:封伦、裴矩,其奸足以亡隋,其知反以佐唐,何哉?惟奸人多才能,与时而成败也。妖禽孽狐,当昼则伏自如,得夜乃为之祥。若伦伪行匿情,死乃暴闻,免两观之诛,幸矣。太宗知士及之佞,为游言自解,亦不能斥。彼中材之主,求不惑于佞,难哉!

郑善果,郑州荥泽人,祖在魏为显家。父诚,周大将军、开封县公,讨尉迟迥,战死。善果方九岁,以死事子袭爵,家人为其幼,弗告也;及受诏,号恸不自胜。隋开皇初,进封武德郡公。年十四,为沂州刺史。累转鲁郡太守。

善果母崔,贤明晓政治,尝坐阁内听善果处决,或当理则悦,有不可,则引至床下,责愧之。故善果所至有绩,号清吏。尝与武威太守樊子盖考为天下第一,炀帝赐物千段、黄金百两。再迁大理卿。突厥围帝雁门,以守御功拜右光禄大夫。从幸江都。宇文化及弑逆,署民部尚书,从至辽城。淮安王神通攻之,善果督战,中流矢。神通解。俄为窦建德所获,王琮让之曰:“公,隋大臣,自尊夫人亡,名称衰。今以忠臣子为逆贼徇命至伤夷,谓何?”善果惭,欲自杀,或止之,得不死。建德不之礼,乃归神通。送京师,擢太子左庶子,更封荥阳郡公。数为太子陈得失。未几,检校大理卿,兼民部尚书。奉法持正,风绩显公卿间。诏与裴寂等十人每奏事若侍得升殿,而从父兄元琦亦与,时以为荣。坐事免。会山东平,持节为招抚大使。以选举失实除名。后历刑部尚书。贞观初,出为岐州刺史,以累去。复拜江州刺史,卒。

元琦字德芳,隋沛国公译之子。性察慧,爱尚文艺。以父功拜仪同,袭爵。累迁右卫将军,更封莘国公。大业末,出为文城郡守。

高祖兵兴,遣将张纶西略地,攻拔其城,系致军门,释之,授太常卿。与襄武王琛使突厥,还为参旗将军。元琦习军旅事,帝令教诸屯军法。刘武周将宋金刚与突厥处罗可汗掎角寇汾、晋,诏元琦谕罢可汗兵,不听,乃进为武周援。会暴疾,其下意元琦置毒,囚之。处罗死,颉利立,留帐中数年。帝既许可汗婚,元琦始得还。帝劳曰:“卿不辱于虏,可辈苏武、张骞矣。”拜鸿胪卿,母丧免。

会突厥提精骑数十万,身自将攻太原,诏即苦次起元琦持节往劳。既至,虏以不信咎中国,元琦随语折让,无所屈,徐乃数其背约,突厥愧服。因好谓颉利曰:“突厥得唐地无所用,唐得突厥不可臣而使,两不为用而相攻伐,何哉?今掠财资,劫人口,皆入所部,可汗一不得，岂若仆旗接好，则金玉重币一归可汗。且唐有天下，约可汗为兄弟，使驲衔棰于道，今坐受其利不肯，乃蔑德胎怨，自取劳苦，若何？"颉利当其言，引还。太宗赐书曰："知公口伐，可汗如约，遂使边火息燧，朕何惜金石赐于公哉！"贞观三年，复使突厥，还言："夷狄以马羊准盛衰，今突厥六畜不蕃，人色若菜，牙内饭粟化为血，不三年必亡。"无几，突厥果败。后转左武候大将军，坐事免。起为宜州刺史，以老致仕。卒，赠幽州刺史，谥曰简。

元琦干敏，所至常有誉。五聘绝域，危不脱，终不自为解。然译事后母不谨，隋文帝尝赐《孝经》愧勖之；至元琦亦不以孝闻，士丑其行。

从孙杲，知名武后，世终天官侍郎。

权万纪，其先出天水，后徙京兆，为万年人。父琢珉，隋匡州刺史，以悫愿闻。万纪悻直廉约，自潮州刺史擢治书侍御史。尚书右仆射房玄龄、侍中王珪掌内外官考，万纪劾其不平，太宗按状，珪不伏。魏徵奏言："房玄龄等皆大臣，所考有私，万纪在考堂无订正，今而弹发，非诚心为国者。"帝乃置之，然以为不阿贵近，由是奖礼。万纪又建言："宇文智及受隋恩，贼杀其君，万世共弃，今其子乃任千牛，请斥屏以惩不轨。"帝从之。万纪与侍御史李仁发既以言得进，颇掉罄自肆，众情懔懔。徵奏："万纪等暗大体，诋讦弹射皆不实，陛下收其一切，遂敢附下罔上，钓强直名，迷夺圣明，以小谋大，群下离心。如玄龄等且不得申，况疏贱之臣哉？"帝寤，徙万纪散骑常侍，而免仁发。数年，复召万纪为持书御史，即奏言："宣、饶部中可凿山冶银，岁取数百万。"帝让曰："天子所乏，嘉谋善政有益于下者。公不推贤进善，乃以利规我，欲方我汉桓、灵邪？"斥使还第。

久之，由御史中丞进尚书左丞，出为西韩州刺史。徙吴王长史。王畏其直，善遇之。齐王祐不奉法，帝素奇万纪能左右吴王者，乃徙为祐长史。祐昵比群小，万纪骤谏不入，即条过失以闻。帝遣刘德威按问，因召祐入朝。祐恐，与所嬖燕弘亮谋杀之，而万纪先引道。

祐遣弘亮驰毂骑追击,斩首,殊支体,投圊中。又杀典军韦文振。文振本以校尉从帝征伐,以质谨自将,帝使事祐,典厩马,切谏不纳,辄见万纪道之,故祐内尝忿疾。万纪死,文振惧,驰去,追骑获之。祐平,赠万纪齐州都督、武都郡公,食二千户,谥曰敢;文振左武卫将军、襄阳县公,食千户。

万纪子玄初,高宗时兵部侍郎。

怀恩,万纪族孙。祖弘寿,为隋临汾司仓书佐,高祖平京师,擢太仆卿、卢国公,卒,谥曰恭。故怀恩以荫累迁尚乘奉御,袭爵。驭人安毕罗为高宗所宠,见帝,戏慢不恭,怀恩奏事,适见之,退杖四十。帝嗟赏曰:"良吏也!"擢万年令。赏罚明,见恶辄取。时语曰:"宁饮三斗尘,无逢权怀恩。"其姿状沈毅,每盛服,妻子不敢仰视。更庆、莱、卫、邢、宋五州刺史,洛州长史。所居威名赫然,吏重足立。尝过汴州,时刺史杨德干亦以严称,与怀恩名相埒。汴桥新成,立木中途,止过车者。怀恩适过之,示德干曰:"民不可止邪,焉用此?"德干惭服。迁益州大都督府长史,卒。

从子楚璧,为左领军卫兵曹参军。玄宗在东都,楚璧乃与李迥秀子齐损、陈仓尉卢玢、左屯营长上折冲周履济等谋反,以兄子梁山诈为襄王子,号光帝,拥营兵百余夜入宫城,欲劫留守王志愔,不克。迟明,兵斩楚璧等,传首东都,籍其家。

阎让,字立德,以字行,京兆万年人。父毗,为隋殿内少监,本以工艺进,故立德与弟立本皆机巧有思。武德初,为秦王府士曹参军,从平东都。迁尚衣奉御,制衮冕六服、腰舆、伞扇咸有典法。贞观初,历将作少匠、大安县男。护治献陵,拜大匠。文德皇后崩,摄司空,营昭陵,坐弛职免。起为博州刺史。太宗幸洛阳,诏立德按爽垲建离宫清暑,乃度地汝州西山,控汝水,睨广成泽,号襄城宫,役凡百余万。宫成,烦燠不可居,帝废之,以赐百姓,坐免官。

未几,复为大匠,即洪州造浮海大航五百艘,遂从征辽,摄殿中监,规筑土山,破安市城。师还,至辽泽,亘二百里,淖不可通,立德筑道为桥梁,无留行。帝悦,赐予良厚。又营翠微、玉华二宫,擢工部尚书。帝崩,复摄司空,典陵事,以劳进爵大安县公。永徽五年,高宗幸万年宫,留守京师,领徒四万治京城。卒,赠吏部尚书、并州都督,陪葬昭陵,谥曰康。

立本,显庆中以将作大匠代立德为工部尚书。总章元年,自司平太常伯拜右相、博陵县男。初,太宗与侍臣泛舟春苑池,见异鸟容与波上,悦之,诏坐者赋诗,而召立本俾状。阁外传呼画师阎立本,是时已为主爵郎中,俯伏池左,研吮丹粉,望坐者羞怅流汗。归戒其子曰:“吾少读书,文辞不减侪辈,今独以画见名,与厮役等,若曹慎毋习!”然性所好,虽被訾屈,亦不能罢也。既辅政,但以应务俗材,无宰相器。时姜恪以战功擢左相,故时人有“左相宣威沙漠,右相驰誉丹青”之嘲。咸亨元年,官复旧名,改中书令。卒,谥曰文贞。

立德孙知微,曾孙用之。

知微,圣历初为豹韬卫将军。武后时,突厥默啜请和亲,后遣知微摄春官尚书,持金帛护送武延秀聘其女。默啜怒非天子子,囚延秀,挟知微入寇赵、定,尊之如可汗,以示华人,自河以北萧然。朝廷以知微卖国,夷其族。知微不知,逃还。武后业已然,乃曰:“恶臣疾子,赐百官甘心焉。”于是骨断肴分,非要职者不能得。子则先,以武三思婿免死。玄宗在藩时,以善割蒙宠。开元中,有司奏拟供奉,姚元崇以为则先刑戮家,又逆人姻属,不可留京师。诏曰:“朕在外日,尝驱使,宜令供奉。”

用之,初为彭州参军,尝摄录事,一日纠愆谬不法数十事,太守以为材。后举通事舍人,累迁右卫郎将,知引驾仗。金吾将军李质升殿不解刀,呵却之,请按以法,左右震悚。始,有司以三卫执扇登殿,用之奏三卫皆趫悍,不宜升陛迩御坐,请以宦者代,遂为故事。天宝中,女为义王玭妃。终左金吾将军。

　　蒋俨,常州义兴人。擢明经第,为右屯卫兵曹参军。太宗将伐高丽,募为使者,人皆惮行,俨奋曰:"以天子雄武,四夷畏威,蕞尔国敢图王人?有如不幸,固吾死所也。"遂请行。为莫离支所囚,以兵胁之,不屈,内窟室中。高丽平,乃得归。帝奇其节,授朝散大夫。为幽州司马,刘祥道以巡察使到部,表最状,擢会州刺史。再迁殿中少监,数陈时政病利,高宗辄优纳。进蒲州刺史,户产充夥,诉奸积年不平,前刺史踬以罪去,俨至,发隐禁奸,号良二千石。永隆二年,以老致仕。未几,复召为太仆卿,以父讳辞官,徙太子右卫副率。

　　中宗在东宫,俨数争过失,不见用。自以总司护,不应谏。于是田游岩兴处士为洗马,太子所尊礼,俨诒书责之曰:"太子年鼎盛,圣道有所未尽,足下受调护之寄,居责言之地,唯唯悠悠,不出一谈。向使不食王粟,仆何敢议?今禄及亲矣,尚何酬塞?"游岩愧不能答。俨寻徙右卫大将军,封义兴县子,以太子詹事致仕。卒,年七十八。中宗立,以旧恩赠礼部尚书。

　　韦弘机,京兆万年人。祖元礼,隋浙州刺史。弘机仕贞观时为左千牛胄曹参军,使西突厥,册拜同俄设为可汗。会石国叛,道梗,三年不得归。裂裾录所过诸国风俗、物产,为《西征记》。比还,太宗问外国事,即上其书。帝大悦,擢朝散大夫。累迁殿中监。显庆中,为檀州刺史,以边人陋僻,不知文儒贵,乃修学官,画孔子、七十二子、汉晋名儒象,自为赞,敦劝生徒,由是大化。契苾何力讨高丽,次滦水,会暴涨,师留三日。弘机输给资粮,军无饥,高宗善之,擢司农少卿,主东都营田苑。宦者犯法,杖乃奏,帝嗟赏,赐绢五十匹,曰:"后有犯,治之,毋奏。"迁司农卿。

　　太子弘薨,诏蒲州刺史李冲寂治陵,成而玄堂陜,不容终具,将更为之。役者过期不遣,众怨,夜烧营去。帝诏弘机嗣作,弘机令开程左右为四便房,搏制礼物,裁工程,不多改作,如期而办。帝尝言:"两都,我东西宅,然因隋宫室日仆不完,朕将更作,奈财用何?"弘机即言:"臣任司农十年,省惜常费,积三十万缗,以治宫室,可不劳而成。"帝大悦,诏兼将作、少府二官,督营缮。初作宿羽、高山等宫,徙洛中桥于长夏门,废利涉桥,人便之。天子乃登洛北绝岸,延眺良久,叹其美,诏即其地营宫,所谓上阳者。尚书左仆射刘仁轨谓侍御史狄仁杰曰:"古天子陂池台榭皆深宫复禁,不欲百姓见之,恐伤其心。而今列岸谞廊亘王城外,岂爱君哉?"弘机猥曰:"天下有道,百官奉职,任辅弼者,则思献替事。我乃府藏臣,守官而已。"仁杰非之。俄坐家人犯盗,劾免官。

初,东都方士朱钦遂为武后所宠,奸赃狼藉。弘机白:"钦遂假中宫驱策,依倚形势,亏蠹皇明,为祸乱之渐。"帝遣中使慰谕,敕毋漏言,逐钦遂于边,后恨之。永淳中,帝幸东都,至芳桂宫,召弘机使白衣检校园苑,将复任之,为后掎而止。终检校司农少卿事。

孙岳子、景骏。景骏别传。

岳子,武后时为汝州司马,以办治称。召授尚舍奉御,入见,后赏其能,曰:"卿家事,朕悉知之。"因问旧故,至家人皆不忘。出为太原令,以不习武固辞,忤旨,下迁宋州长史。历庐、海等州刺史,皆著风迹,恩严两施。睿宗立,召为殿中少监,恩遇尤异。窦怀贞等诛,而岳子旧与经过,为姜晈所劾,贬渠州别驾。起授陕州刺史,卒。孙皋,别有传。

姜师度,魏州魏人。擢明经,调丹陵尉、龙岗令,有清白称。神龙初,试为易州刺史、河北道巡察,兼支度营田使。好兴作,始斳沟于蓟门,以限奚、契丹,循魏武帝故迹,并海凿平虏渠,以通饷路,罢海运,省功多。迁司农卿。出为陕州刺史。太原仓水陆运所凑,转属诸河,师度使依高为庣,而注米于舟,以故人不劳。拜太子詹事。

玄宗徙营州治柳城,拜营田支度修筑使。进为河中尹。安邑盐池涸废,师度大发卒,汩引其流,置盐屯,公私收利不资。徙同州刺史。又派洛灌朝邑、河西二县,阙河以灌通灵陂,收弃地二千顷为上田，置十余屯。帝幸长春宫，嘉其功，下诏褒美，加金紫光禄大夫，赐帛三百匹。进将作大匠。左拾遗刘彤建榷天下盐铁利内之官，免贫民赋，诏户部侍郎强循与师度并假御史中丞，会诸道按察使议所以榷之之法，俄为议者沮，阁不行。卒，年七十余。

师度喜渠漕，所至徭役纷纭，不能皆便，然所就必为后世利。是时太史令傅孝忠以知星显，时为语曰："孝忠知仰天，师度知相地。"嘲所嗜也。

强循，字季先，凤州人。仕累雍州司士参军。华原无泉，人畜多喝死。循教人渠水以浸田，一方利之，号强公渠。诏书褒予甚厚。历大理少卿、太子右庶子。为政办给，不为威严，遇人尽信不疑，然当时恨其少文云。

张知謇，字匪躬，幽州方城人，徙家岐。兄弟五人，知玄、知晦、知泰、知默皆明经高第，晓吏治，清介有守，公卿争为引重。调露时，知謇监察御史里行，知默左台侍御史。知謇历十一州刺史，所莅有威严，武后降玺书存问。万岁通天中，自德州刺史入计，后奇其貌，诏工图之，称其兄弟容而才，谓之两绝。又门皆列戟，白雀巢其廷，后数宠赐。知泰历益州长史、中台左丞、兵部侍郎，封陈留县公。

中宗在房州，禁察苛严。知謇与董玄质、崔敬嗣继为刺史，供拟保戴不少弛。帝复位，拜知謇左卫将军，加云麾将军，封范阳郡公；知泰御史台大夫，加银青光禄大夫，封渔阳郡公。伯仲华首同贵，时以为荣。知泰忤武三思，故出为并州刺史、天兵军使。终魏州刺史，谥曰定。知謇历东都副留守、左右羽林大将军、同华州刺史，大理卿致仕。年八十，开元时卒。

知謇敏且亮，恶请谒求进，士或不才冒位，视之若仇。每敕子孙"经不明不得举"，家法可称云。

武后革命，知泰奏置东都诸关十七所，讥敛出入。百姓惊骇，樵米踊贵，卒罢不用，议者羞薄之。

　　知默与监察御史王守慎、来俊臣、周兴掌诏狱，数陷大臣。守慎虽其甥，恶鞫引之暴，不得去，请度为浮屠，后许之。而知默卒陷酷吏，子孙禁锢，为张氏羞。

　　知玄子景升，知泰子景佚，开元中皆显官。

唐书卷一〇一
列传第二六

萧瑀　钧　嗣业　嵩　华　复　俛　傲　廪
遘　定

萧瑀字时文,后梁明帝子也。九岁,封新安王。国除,以女兄为隋晋王妃,故入长安。瑀爱经术,善属文。性鲠急,鄙远浮华。尝以刘孝标《辩命论》诡悖不经,乃著论非之,以为:“人禀天地而生而谓之命,至吉凶祸福则系诸人。今一于命,非先王所以教人者。”通儒柳顾言、诸葛颖叹曰:“是足针孝标膏肓矣!”

晋王为太子,授右千牛。即帝位,妃为后,而瑀寖亲宠,频迁尚衣奉御、检校左翊卫鹰扬郎将。感末疾,不呼医,曰:“天若假吾余年,因得为遁阶矣!”后闻,责谓曰:“尔亡国后不安小官,而高为怪语,罪不测。”瑀复治疾,良已。拜内史侍郎,数言事忤旨,稍见忌。

帝至雁门,为突厥所围,瑀谋曰:“夷俗,可贺敦与兵马事,况义成公主以帝女为之。若走一介使镳喻,宜不战而解。又众商陛下已平突厥,方复事辽东,故急不肯战。愿下诏赦高丽,专讨突厥,则人自奋矣。”帝从之。既而主诡辞谓突厥,果解围去。然帝素意伐辽,又衔瑀以谋撤其机,谓群臣曰:“突厥何能为,瑀乘未解时乃给恐我!”遂出瑀为河池郡守。部有钞贼万人,吏不制,瑀募勇敢士击降之,悉捐赀畜赐有功。又击走薛举众数万。

高祖入京师,招之,挈郡自归,授光禄大夫,封宋国公,拜民部尚书。秦王领右元帅,攻洛阳,署瑀府司马。武德元年,迁内史令,帝委以枢管,内外百务悉关决。或引升御榻,呼曰萧郎。瑀自力孜孜,抑过绳违无所惮。上便宜,每见纳用。手诏曰:"得公言,社稷所赖,朕既宝之,故赐黄金一函,公其勿辞。"

是岁,州置七职,秦王为雍州牧,以瑀为州都督。诏尝下中书,未即行,帝让其稽,瑀曰:"隋季内史诏敕多违舛,百司不知所承。今朝廷初基,所以安危者系号令。比承一诏,必覆审,使先后不谬,始得下,此所以稽留也。"帝曰:"若尔,朕何忧乎?"初,瑀关内田宅悉赐勋家,至是,还给之。瑀尽以分宗族,独留庙室奉祠。王世充平,进尚书右仆射。七年,以荧惑犯右执法,避位,不许。久之,迁左仆射。

贞观初,房玄龄、杜如晦新得君,事任稍分,瑀不能无少望,乘衅切诋,辞旨疏躁。太宗怒,废于家。俄拜特进、太子少师,复为左仆射,实封六百户。帝问瑀:"朕欲长保社稷,奈何?"瑀曰:"三代有天下所以能长久者,类封建诸侯以为藩屏。秦置守令,二世而绝。汉分王子弟,享国四百年。魏、晋废之,亡不旋踵。此封建之有明效也。"帝纳之,始议封建。坐与陈叔达忿争御前不恭,免。岁余,起为晋州都督。入拜太常卿,迁御史大夫,参预朝政。瑀论议明辩,然不能容人短,意或褊驳不通,而向法深,房玄龄、魏徵、温彦博颇裁正之,其言多黜,瑀亦不平。会玄龄等小过失,瑀即痛劾,不报,由是自失,罢为太子少傅,加特进,复为太常卿。拜河南道巡省大使。九年,复参预政事。

帝尝曰:"武德季,太上皇有废立议,顾朕挟不赏之功,于昆弟弗见容,瑀于尔时不可以利怵死惧,社稷臣也。"因赐诗曰:"疾风知劲草,版荡识诚臣。"又曰:"公守道耿介,古无以过,然善恶太明,或有时而失。"瑀顿首谢曰:"既蒙教,又许以忠亮,虽死日,犹生年也。"魏徵曰:"臣有逆众持法,主恕之以公;孤特守节,主恕之以介。昔闻其言,乃今见之。使瑀不遇陛下,庸能自保邪?"晋王为皇太子,拜太子太保、同中书门下三品。帝曰:"三师,以德导太子者也,礼不尊,则无所取法。"乃诏:"师入谒,太子出门迎拜,师答拜;每门,让乃入;师坐,然后坐;书前后著名,称惶恐。"

瑀素贵,但中狭。每燕见,辄言:"玄龄辈朋党盗权,若胶固然,特未反耳。"帝曰:"知臣莫若君。朕虽不明,宁顿槽臧否?"因为瑀晓解。瑀以帝有所偏信,帝积久亦不平。瑀好浮屠法,间请舍家为桑门,帝许之矣,复奏自度不能为,又足疾不入谒,帝曰:"瑀岂不得其所邪?"乃诏夺爵,下除商州刺史。未几,复其封,加特进。卒,年七十四。遗命敛以单衣,无卜日。诏赠司空、荆州都督,陪葬昭陵。太常谥曰肃,帝以其性忌,改谥贞褊。

子锐,尚襄城公主,为太常少卿。

钧,瑀从子,有才誉。永徽中,累迁谏议大夫、弘文馆学士。左武候属卢文操跳堞盗库财,高宗以其职主干,当自盗罪死。钧曰:"囚罪诚死,然恐天下闻,谓陛下重货轻法,任喜怒杀人。"帝曰:"真谏议也。"诏原死。太常工为宫人通讯遗,诏杀之,且附律。钧言:"禁当有渐,虽附律,工不应死。"帝曰:"如姬窃符,朕以为戒,今不滥工死,然喜得忠言。"即宥工,徙远裔。终太子率更令。

子瓒,为渝州长史,居母丧,以毁卒。

钧兄子嗣业,少从炀帝后入突厥,贞观九年归,以其知虏曲折,诏领突厥众。擢累鸿胪卿,兼单于都护府长史。调露中,突厥叛,嗣业与战,败绩。高宗责曰:"我不杀薛仁贵、郭待封,故使尔至此。然尔门与我家有雅旧,故贷死。"乃流桂州。

嵩,瓒子,貌伟秀,美须髯。始,娶会稽贺晦女,僚婿陆象先,宰相子,时为洛阳尉,已有名,士争往交,而嵩泪泪未仕,人不之异。夏荣者善相,谓象先曰:"君后十年,贵冠人臣,然不若萧郎位高年艾,举门蕃炽。"时人不许。

神龙元年,始调洺州参军事。桓彦范为刺史,待以异礼。河北黜陟使姜师度表为判官。开元初,擢中书舍人。时崔琳、王丘、齐浣皆有名,以嵩少术学,不以辈行许也,独姚崇称其远到。历宋州刺史,迁尚书左丞。

十四年,以兵部尚书领朔方节度使。既赴军,有诏供帐饯定鼎门外,玄宗赋诗劳行。会吐蕃大将悉诺逻恭禄及烛龙莽布支陷瓜州,执刺史田元献;回纥又杀凉州守将王君㚟,河、陇大震。帝择堪任边者,徙嵩河西节度使,判凉州事,封兰陵县子。嵩表裴宽、郭虚己、牛仙客置幕府,以建康军使张守珪为瓜州刺史,完树陴坞,怀保边人。于时悉诺逻恭禄威憺诸部,吐蕃倚其健嚙边,嵩乃纵反间,示疑端,赞普果诛之。使悉末明攻瓜州,守珪拒甚力,虏引却。会鄯州都督张志亮破贼青海西,嵩又遣副将杜宾客率强弩四千与吐蕃战祁连城下,自晨斗汔晡,乃大溃,斩一将,虏哭震山谷。露布至,帝大悦,授嵩同中书门下三品,又官一子,恩顾第一。

十七年,进兼中书令。自张说罢宰相,令缺四年,嵩得之,然常遥领河西节度。在公慎密,人莫见其际。子衡,尚新昌公主。嵩妻入谒,帝呼为亲家,仪物贵甚。俄封徐国公。

初,裴光廷与嵩数不协,光廷卒,帝委嵩择相,嵩推韩休。及休同位,峭正不相假,至校曲直帝前。嵩惭,乞骸骨。帝慰之曰:"朕未猒卿,何庸去乎?"嵩伏曰:"臣待罪宰相,爵位既极,幸陛下未猒,得以乞身。有如猒臣,首领且不保,又安得自遂?"因流涕。帝为改容曰:"卿言切矣,朕未能决。弟归,夕当有诏。"俄遣高力士诏嵩曰:"朕将尔留,而君臣谊当有始有卒者。"乃授尚书右丞相,与休皆罢。是日,荆州进黄甘,帝以紫纷包赐之。擢子华给事中。

久之,进太子太师。而幽州节度使张守珪坐赂中人牛仙童得罪,李林甫素忌嵩,因言嵩尝以城南墅遗仙童,贬青州刺史。寻复拜太子太师。固请老,见许。嵩退,修蒔园区,优游自怡。家饶财,而华为工部侍郎,衡以尚主位三品,就养,年逾八十,士艳其荣。天宝八载卒,赠开府仪同三司。

华,谨重方雅,有家法,嗣爵。天宝末,为兵部侍郎。禄山乱,陷

贼,逼守魏州。郭子仪攻安庆绪于相州,华间道奉表,欲举魏以应,
为贼所执。会崔光远得魏州,破械出之。魏人德华庇免,争来诣光
远乞留,有诏即授刺史。思明反,子仪惧复失华,乃表崔光远代之,
而召置军中。相州兵溃,华还朝,犹以污贼降试秘书少监。稍迁尚
书右丞,擢河中晋、绛节度使。上元初,以中书侍郎同中书门下平章
事。李辅国用事,求宰相,华拒之,辅国怨。会肃宗大渐,矫诏罢华
为礼部尚书,引元载以代。方代宗谅暗,载助辅国,贬华为峡州司
马,卒。二子:恒、悟。

复字履初,衡子。生戚里,姻从豪汰,以服御舆马相夸,复常衣
垢弊,居一室,学自力,非名士夙儒不与游,以清操显。华每叹曰:
"此子当兴吾宗!"推主荫为宫门郎。广德中,岁大饥,家百口,不自
振,议鬻昭应墅。宰相王缙欲得之,使弟纮说曰:"以君才宜在左右,
胡不以墅奉丞相取右职?"复曰:"鬻先人墅以济孀单,吾何用美官,
使门内馁且寒乎?"缙憾之,由是废。数岁,乃历歙、池二州刺史,治
状应条。迁湖南观察使。改同州刺史,岁歉,州有京畿观察使储粟,
复辄发以贷人,有司劾治,诏削阶,停刺史。或吊之,复曰:"苟利于
人,胡责之辞!"久乃拜兵部侍郎。

普王为襄汉元帅,进复户部尚书、统军长史。旧制谓"行军长
史",德宗以复父讳更之。未行,扈狩奉天。帝恶库隘,欲西如凤翔
依张镒。复曰:"凤翔乃泚旧兵,今泚悖乱,当有同恶者。虽镒,臣畏
不免。"帝曰:"朕业行,留一日以验尔言!"俄而镒为李楚琳所害,于
是拜吏部尚书、同中书门下平章事。

复尝言:"艰难以来,始用宦者监军,权望太重,是曹正可委宫
掖事,兵要政机,叵使参领。"帝不听。又言:"陛下厥初清明,自杨
炎、卢杞放命秽盛德,播越及兹。今阽于危,当惩乂前败。"因述君臣
大端,即自言:"若使臣依阿偷免,不敢当宰相。"杞对上或诒谀阿
匼,复厉言:"杞词不正!"帝色殆,谓左右曰:"复慢我。"因诏复充山
南、江淮、湖南、岭南等道宣抚、安慰使。

兴元初，进门下侍郎。初，淮南陈少游左附李希烈，而张镒判官韦皋杀邠、陇叛卒，不应楚琳。复还执政，建言："陛下反正，功臣已贵矣，唯甄善汰恶为未明。少游位将相，首臣贼，皋名浅官下，独挺挺抗忠。如以皋代少游，则天下了然知逆顺之理。"帝许之。复出，中官马钦绪揖宰相刘从一，附耳语，既而从一密谂复曰："有诏与公议向所奏，不欲李勉、卢翰闻知。"复曰："尧、舜有'金曰'之言，朝廷大事尚当谋及公卿。如勉等非其人，当罢去。既曰宰相，而谋议可独避之乎？今与公行此或可，弟恐寖以生常，政由是敝。"从一以闻，帝不悦。复辞疾上政事，许之。

弟升，尚郜国大长公主，肃宗女也。升早卒，主以奸蛊事再得罪废，诸子悉逐丑地，女为皇太子妃，太子请离婚，帝衔曩忮，故复坐是检校太子左庶子，废居饶州。贞元四年卒，年五十七。

复望阀高华，厉名节，不通狎流俗。及为相，临事严方，数咈帝意，故居位亟解。然性孝友，既贬晏然，口未尝言所累。

复子湛。湛子寘，咸通中位宰相，无显功，史逸其传。

俛字思谦，恒子。贞元中，及进士第，又以贤良方正对策异等，拜右拾遗。元和六年，召为翰林学士，凡三年，进知制诰。会张仲方以李吉甫数调发疲天下，訾其谥，宪宗怒，逐仲方，而俛坐与善，夺学士，下除太仆少卿。皇甫镈荐为御史中丞。镈与令狐楚皆善俛，两人同辅政，数称其善，故帝待俛厚。袭徐国公。穆宗立，逐镈，议所以代者，楚荐之，授中书侍郎、同中书门下平章事，进门下侍郎。

吐蕃寇泾州，调兵护边，帝因问："兵法有必胜乎？"俛曰："兵凶器，圣人不得已用之，故武不可玩，玩则无震。夫以仁讨不仁，以义讨不义，先招怀，后掩袭，故有不杀厉，不禽二毛，不犯田稼，其救人如免水火，此必胜术也。若乃以小不忍轻任干戈，师曲而敌怨，非徒不胜，又将自危，是以圣王慎于兵。"帝重其言。尝诏俛撰王承宗先铭，俛奏："承宗比不臣，迷而后复，臣不忍称道其先。又辞成当有饷谢，拒之，则非朝廷抚纳意；受之，臣谊不当取。"帝善而止。

令狐楚罢执政,西川节度使王播赂权幸求宰相,俛劾播纤佞不可污台宰,帝不许。自请罢,冀有感寤,帝亦不省。俄罢为尚书左仆射,用播为盐铁使,后卒相。俛自谓辅政浅,固辞仆射,换吏部尚书。又避选事,徙兵部,移病求分司,不许。授太子少保,为同州刺史。复以少保分司东都。

性简洁,以声利为污,疾邪太甚,孤特一概,故轻去位无所藉。文宗即位,召授少师,称疾力不拜,乃还左仆射,许致仕。庄恪太子时,议选旧德,保辅东宫,复以少师召,辄上还制书,坚辞。即迁太子太傅,优诏褒尚。开成初,弟俶为楚州刺史,召见。帝曰:"俛先帝贤宰相,筋力未衰,可一来,尔善道朕意。"乃以诏书并绢三百因俶致之。俛终不起,以寿卒。

母韦,贤明,治家严,俛虽宰相,侍左右如褐衣时。居丧哀毁。既老,家于洛,岁时宾客请谢,以为烦,乃舍济源墅,自放山野,优游穷年。然其居位颇介谨持法,重名器,狭于用人,每除吏,常忧不称,鲜有简拔。

穆宗初,两河底定,俛与段文昌当国,谓四方无虞,遂议太平事,以为武不可黩,劝帝偃革尚文,乃密诏天下镇兵,十之,岁限一为逃、死,不补,谓之销兵。既而籍卒逋亡,无生业,曹聚山林间为盗贼。会朱克融、王廷凑乱燕、赵,一日悉收用之。朝廷调兵不充,乃召募市人乌合,战辄北,遂复失河朔矣。

赞曰:俛议销兵,宁不野哉!当此时,河朔虽挈地还天子,而悍卒顽夫开口仰食者故在,彼皆不能自返于本业者也。又朱克融等客长安,饿且死,不得一官,而俛未有以措置,便欲去兵,使群臣失职,一日叫呼,其从如市,幽、魏相挺,复为贼渊,可谓见豪末而不察舆薪矣。宰相非其人,祸可既乎!

仿字思道,悟子。大和中,擢进士第。除累给事中。宣宗力治,喜直言,尝以李璲为岭南节度使,使者已赐节,而仿封还诏书。帝方作乐，不暇命使，遣优工趋出追之，未及璲所而还。后以封敕脱误，法当罚，侍讲学士孔温裕曰："给事中驳奏，为朝廷论得失，与有司奏事不类，不应罚。"诏可。

令狐绹用李琢经略安南，琢以暴贪免，俛起为寿州团练使，仿劾奏琢无所回，时推其直。自集贤学士拜岭南节度使。南方珍贿丛夥，不以入门。家人病，取槁梅于厨以和剂，仿知，趣市还之。

咸通初，为左散骑常侍。懿宗怠政事，喜佛道，引桑门入禁中为祷祠事，数幸佛庐，广施予。仿谏，以为："天竺法割爱取灭，非帝王所尚慕。今笔梵言，口佛音，不若惩谬赏滥罚，振殃祈福。况佛者可以悟取，不可以相求。"帝虽昏纵，犹嘉叹其言。后官数迁，拜义成军节度使。滑州濒河，累岁水坏西北防，仿徙其流远去，树堤自固，人得以安。以兵部尚书再判度支，进中书侍郎、同中书门下平章事。再迁司空、兰陵县侯。时天下盗起，宦人持兵柄，仿以鲠正为权近所忌。卒年八十。

子廪，字富侯。第进士，迁尚书郎。仿领南海，解官往侍。为人退约少合。南海多谷纸，仿敕诸子缮补残书。廪谏曰："州距京师且万里，书成不可露赍，必贮以囊笥，贪者伺望，得无薏苡嫌乎？"仿曰："善，吾思不及此。"乃止。广明初，以谏议大夫知制诰，请厉止夜行以备贼谍，出太仓粟贱估以济贫民。俄迁京兆尹。田令孜养子有罪亡，击捕吏，系狱，请救踵门，廪不纳，杖杀之，内外畏慑。令孜拒黄巢，以廪为粮料使，辞疾，贬贺州司户参军事。会襄王窃据，挈族逃河朔，镇冀节度使王镕厚礼之。光化中，以给事中召，不至，卒。

遘字得圣，寘子。咸通中，擢进士第，辟节度府。入朝，拜右拾遗。与韦保衡联第，而遘姿宇秀伟，气孤峻，尝慕李德裕为人。保衡才下，诸儒靳薄之，不甚齿，独呼遘太尉，保衡憾焉。于是保衡已为相，擿遘罪，由起居舍人斥播州司马。道三峡，方迫畏不暝，若有人谓曰："公无恐，予为公呵御。"遘恍悟。俄谒白帝祠，见帝貌类向所睹，异之。未几，保衡死，召为礼部员外郎。乾符中，累擢户部侍郎、翰林学士承旨。

僖宗入蜀，以兵部判度支，次绵州，拜同中书门下平章事。始，王铎主贡举而得遘，及是，与铎并位。铎年老，尝入对踏殿中，遘掖起之。帝喜曰："遘善事长，大臣和，予之幸也！"遘曰："不止以长，乃铎门生。"帝笑曰："铎选士，朕选宰相，卿无负我！"遘顿首谢。从还京师，累拜司空，封楚国公。

遘负大节，以王佐自任。既当国，风采峭整，天子器之。时藩镇多兴于盗贼，横放莫能制，权纲灌弛。支详在徐州，引散骑常侍李损子凝吉为佐，会牙将时溥逐详而取节度，溥为饔干所毒，不死，或谗凝吉为详报仇者，溥怒杀之。损时在朝，溥即上言损连谋，请并诛。田令孜受溥金，劾损，付御史狱，中丞卢渥傅成其罪。御史王华嫉恶甚，表损不知状。令孜请移神策狱，华不奉诏，奏言："损近臣，法当死即死，独不宜取辱于宦人手。"遘即时叩延英争曰："凝吉以冤就屠，已不可言。损与子音问不接且数期，安得谓同谋哉？溥恃功坏天子法，请案近臣，卑侮王室，有无将之萌。今损可无罪诛，祸且及臣辈。"帝寤，止免官。当此时，令孜持禁军，权宠可炙，公卿无不附顺，唯遘未尝少下。

后令孜取安邑池盐给卫军，王重荣固争，乃徙重荣它镇，不受诏。令孜以兵讨之，重荣引沙陀拒王师。王师败，逐而西，帝惊，幸凤翔。诸节度共劾令孜生事，离间大臣。遘素恶之，与裴澈计，共召朱玫于邠。玫起邠兵五千奉迎，与沙陀等连和。令孜迫帝幸陈仓，夜出，百官不及从。玫怒令孜并望帝不谅其心，谓遘曰："上奔播六年，中原之人，与贼肝髓流野，得复宗庙，遗老残民闻舆马音，流涕相欢。上曾不念，以诸侯勤王功为敕使之宠。今奸臣为国产怨，我奉命而来，返以为胁君。群臣报国极矣，战力殚矣，尚能垂头塌翅求生于黄门哉！丧君有君公其图之。"遘曰："上无负天下，顾为令孜掣制，每言必涕数行下。陈仓之行，又劫于兵。公诚有忧王室意，宜还藩奉表，请天子复国，策无宜此。"玫曰："诸王才可任天下者不乏。"遘曰："人非伊、霍，欲为祸首，未或利也。"玫退曰："我择一王为帝，违者斩,尚何事?"乃立嗣襄王熅,而召遘作册,遘苦辞,玫更委郑昌图,滋恨遘。及还长安,使昌图相熅,罢遘为太子太保。移疾不出。方其弟蘧为永乐令,往从之。帝还宫,宰相孔纬与遘雅隙,乃劾尝为伪臣,即赐死其所,实光启三年。

遘见柄任凡五期,行完而材,逢世多故,召愎臣以济乱,身污伪署,不得其死,人为哀之。

定字梅臣,瑀曾孙。以荫起家陕州参军事、金城丞。莅事清挺。选补黜陟使裴遵庆表为判官,还调万年主簿。历左右司郎中。为元载所恶,外迁袁、润等六州刺史。大历中,有司差天下刺史治最,定与常州萧复、豪州张镒为第一,而劝桑稼,均赋税,业徕游口,在镒、复右。迁户部侍郎、太常卿。朱泚反,诡姓名为张诞,匿里中,与蒋沇不洝于贼。事平,擢太子少师。卒,年七十七,赠太子太师。

赞曰:梁萧氏兴江左,实有功在民,厥终无大恶,以寝微而亡,故余祉及其后裔。自瑀逮遘,凡八叶宰相,名德相望,与唐盛衰。世家之盛,古未有也。

唐书卷一〇二
列传第二七

岑文本 羲　长倩　格辅元　　**虞世南**
李百药 安期　　**褚亮** 刘孝孙　李玄道
李守素　**姚思廉** 琦　珽
令狐德棻 峘　邓世隆　顾胤　李延寿

　　岑文本，字景仁，邓州棘阳人。祖善方，后梁吏部尚书，更家江陵。父之象，仕隋为邯郸令，坐为人讼，不得申。文本年十四，诣司隶理冤，辨对哀畅无所诎，众属目，命作《莲华赋》，文成，合台嗟赏，遂得直。

　　性沈敏，有姿仪，善文辞，多所贯综。郡举秀才，不应。萧铣僭号，召为中书侍郎，主文记。河间王孝恭平荆州，其下欲掠夺，文本说孝恭曰："自隋无道，四海救死于颈，以望真主。萧氏君臣决策归命者，意欲去危就安。大王诚纵兵剽系，恐江、岭以南，向化心沮，狼顾麋惊。不如厚抚荆州，劝未附，陈天子厚惠，谁非王人？"孝恭善之，遽下令止侵略，署文本别驾。从击辅公祏，典檄符。进署行台考功郎中。

　　贞观元年，除秘书郎，兼直中书省。太宗既藉田，又元日朝群臣，文本奏《藉田》、《三元颂》二篇，文致华赡。李靖复荐于帝，擢中书舍人。时颜师古为侍郎，自武德以来，诏诰或大事皆所草定。及得文本,号善职,而敏速过之。或策令丛遽,敕吏六七人泚笔待,分口占授,成无遗意。师古以谴罢,温彦博为请帝曰:"师古练时事,长于文诰,人少逮者,幸得复用。"帝曰:"朕自举一人,公毋忧。"乃授文本侍郎,专典机要。封江陵县子。是时,魏王泰有宠,侈第舍,冠诸王。文本上疏,劝崇节俭,陈嫡庶分,宜有抑损。帝善之,赐帛三百段。

逾年为令,从伐辽东,事一委倚,至粮漕最目、甲兵凡要、料配差序,筹不废手,由是神用顿耗,容止不常。帝忧曰:"文本今与我同行,恐不与同返矣!"至幽州暴病,帝临视流涕。卒,年五十一。是夕,帝闻夜严,曰:"文本死,所不忍闻。"命罢之。赠侍中、广州都督,谥曰宪,陪葬昭陵。

始,文本贵,常自以兴孤生,居处卑,室无茵褥帏帟。事母以孝显,抚弟侄笃恩义。生平故人,虽羁贱必钧礼。帝每称其忠谨,"吾亲之信之"。晋王为皇太子,大臣多兼宫官,帝欲文本兼摄,辞曰:"臣守一职,犹惧其盈,不愿希恩东宫,请一心以事陛下。"帝乃止,但诏五日一参东宫。每进见,太子答拜。始为中书令,有忧色,母问之,答曰:"非勋非旧,责重位高,所以忧也。"有来庆者,辄曰:"今日受吊不受贺。"或劝其营产业,文本叹曰:"吾汉南一布衣,徒步入关,所望不过秘书郎、县令耳。今无汗马劳,以文墨位宰相,奉稍已重,尚何殖产业邪?"故口未尝言家事。

既任职久,赍锡丰饶,皆令弟文昭主之。文昭任校书郎,多交轻薄,帝不悦,谓文本曰:"卿弟多过,朕将出之。"文本曰:"臣少孤,母所钟念者弟也,不欲离左右。今若外出,母必忧,无此弟,是无老母也!"泣下呜咽。帝愍其意,召文昭让敕,卒无过。

孙羲。从子长倩。

羲字伯华,第进士,累迁太常博士。坐伯父长倩贬郴州司法参军。迁金坛令。时弟仲翔为长洲令,仲休为溧水令,皆有治绩。宰相宗楚客语本道巡察御史:"毋遗江东三岑。"乃荐羲为氾水令。武后令宰相举为员外郎者，韦嗣立荐羲，且言惟长倩为累，久不进。后曰："羲诚材，何诿之拘？"即拜天官员外郎。于是，坐亲废者皆得援而进矣。俄为中书舍人。中宗时，武三思用事，敬晖欲上表削诸武封王者，众畏三思，不敢为草，独羲为之，词谊劲切，由是下迁秘书少监。进吏部侍郎。时崔湜、郑愔及大理少卿李元恭分掌选，皆以贿闻，独羲劲廉，为时议嘉仰。帝崩，诏擢右散骑常侍、同中书门下三品。睿宗立，罢为陕州刺史，再迁户部尚书。景云初，复召同三品，进侍中，封南阳郡公。初，节愍太子之难，冉祖雍诬帝及太平公主连谋，赖羲与萧至忠保护得免，羲监修《中宗实录》，自著其事。帝见之，赏叹，赐物三百段、良马一匹，下诏褒美。

　　时羲兄献为国子司业，仲翔陕州刺史，仲休商州刺史，兄弟子侄在清要者数十人。羲叹曰："物极则反，可以惧矣！"然不能抑退。坐豫太平公主谋诛，籍其家。

　　长倩，少孤，为文本鞠爱。永淳中，累官至兵部侍郎、同中书门下平章事。垂拱初，自夏官尚书迁内史，知夏官事。俄拜文昌右相，封邓国公。武后擅位，喜符瑞事，群臣争言之。长倩惧，间亦开陈，请改皇嗣为武氏，且为周家储贰。后顺许，赐实封户五百，加特进、辅国大将军。凤阁舍人张嘉福、洛州民王庆之建请以武承嗣为皇太子，长倩谓皇嗣在东宫，不宜更立，与格辅元不署，奏请切责嘉福等。和州浮屠上《大云经》，著革命事，后喜，始诏天下立大云寺。长倩争不可，由是与诸武忤，罢为武威道行军大总管，征吐蕃。未至，召还，下狱。来俊臣胁诬长倩与辅元、欧阳通数十族谋反，斩于市，五子同赐死，发暴先墓。睿宗立，追复官爵，备礼改葬。

　　辅元者，汴州浚仪人。父处仁，仕隋为剡丞，与同郡王孝逸、繁师元、靖君亮、郑祖咸、郑师善、李行简、卢协皆有名，号"陈留八俊"。辅元擢明经，累迁殿中侍御史，历御史中丞、同凤阁鸾台平章事。既持承嗣不可，遂及诛。

　　子遵，亦举明经第，为太常寺太祝，亡命匿中牟十余年。神龙初，诉父冤，擢累赞善大夫。

辅元兄希元，洛州司法参军，同章怀太子注范晔《后汉书》者。

虞世南，越州余姚人。出继叔陈中书侍郎寄之后，故字伯施。性
沈静寡欲，与兄世基同受学于吴顾野王余十年，精思不懈，至累旬
不盥栉。文章婉缛，慕仆射徐陵，陵白以类己，由是有名。陈天嘉中，
父荔卒，世南毁不胜丧。文帝高荔行，知二子皆博学，遣使至其家护
视，召为建安王法曹参军。时寄陷于陈宝应，世南虽服除，仍衣布饭
蔬；寄还，乃释布啖肉。至德初，除西阳王友。陈灭，与世基入隋。世
基辞章清劲过世南，而赡博不及也，俱名重当时，故议者方晋二陆。
炀帝为晋王，与秦王俊交辟之。大业中，累至秘书郎。炀帝虽爱其
才，然疾峭正，弗甚用，为七品十年不徙。世基佞敏得君，日贵盛，妻
妾被服拟王者，而世南躬贫约，一不改。宇文化及已弑帝，间杀世
基，而世南抱持号诉请代，不能得，自是哀毁骨立。从至聊城，为窦
建得所获，署黄门侍郎。秦王灭建德，引为府参军，转记室，迁太子
中舍人。王践祚，拜员外散骑侍郎、弘文馆学士。时世南已衰老，屡
乞骸骨，不听，迁太子右庶子，固辞，改秘书监，封永兴县子。

世南貌儒谨，外若不胜衣，而中抗烈，论议持正。太宗尝曰："朕
与世南商略古今，有一言失，未尝不怅恨，其恳诚乃如此！"

贞观八年，进封县公。会陇右山崩，大蛇屡见，山东及江、淮大
水，帝忧之，以问世南，对曰："春秋时，梁山崩，晋侯召伯宗问焉。伯
宗曰：'国主山川，故山崩川竭，君为之不举，降服，乘缦，彻乐，出
次，祝币以礼焉。'梁山晋所主也，晋侯从之，故得无害。汉文帝元
年，齐、楚地二十九山同日崩，水大出，诏郡国无来贡，施惠天下，远
近洽穆，亦不为灾。后汉灵帝时，青蛇见御坐。晋惠帝时，大蛇长三
百步，见齐地，经市入庙。蛇宜在草野，而入市，此所以为怪耳。今
蛇见山泽，适其所居。又山东淫雨，江、淮大水，恐有冤狱枉系，宜省
录累囚，庶几或当天意。"帝然之，于是遣使赈饥民，申挺狱讼，多所
原赦。

后星孛虚、危,历氐,余百日,帝访群臣。世南曰:"昔齐景公时,彗见,公问晏婴,婴曰:'公穿池沼畏不深,起台榭畏不高,行刑罚畏不重,是以天见彗为戒耳。'景公惧而修德,后十六日而灭。臣愿陛下勿以功高而自矜,勿以太平久而自骄,慎终于初,彗虽见,犹未足忧。"帝曰:"诚然,吾良无景公之过,但年十八举义兵,二十四平天下,未三十即大位,自谓三王以来,拨乱之主莫吾若,故负而矜之,轻天下士。上天见变,其为是乎?秦始皇铲除六国,隋炀帝有四海之富,卒以骄败,吾何得不戒邪?"

高祖崩,诏山陵一准汉长陵故事,厚送终礼,于是程役峻暴,人力告弊。世南谏曰:

古帝王所以薄葬者,非不欲崇大光显以荣其亲,然高坟厚陇,宝具珍物,适所以累之也。圣人深思远虑,安于菲薄,为长久计。昔汉成帝造延、昌二陵,刘向上书曰:"孝文居霸陵,凄怆悲怀,顾谓群臣曰:'嗟乎!以北山石为椁,用纻絮斫陈漆其间,岂可动哉?'张释之曰:'使其中有可欲,虽锢南山犹有隙;使无可欲,虽无石椁,又何戚焉?'夫死者无终极,而国家有废兴。孝文寤焉,遂以薄葬。"

又汉法,人君在位,三分天下贡赋之一以入山陵。武帝历年长久,比葬,方中不复容物。霍光暗于大体,奢侈过度,其后赤眉入长安,破茂陵取物,犹不能尽。无故聚敛,为盗之用,甚无谓也。

魏文帝为寿陵,作终制曰:"尧葬寿陵,因山为体,无封树、寝殿、园邑,棺椁足以藏骨,衣衾足以朽肉。吾营此不食之地,欲使易代之后不知其处。无藏金银铜铁,一以瓦器。丧乱以来,汉氏诸陵无不发者,至乃烧取玉匣金缕,骸骨并尽,乃不重痛哉!若违诏妄有变改,吾为戮尸地下,死而重死,不忠不孝,使魂而有知,将不福汝。以为永制,藏之宗庙。"魏文此制,可谓达于事矣。

陛下之德,尧、舜所不逮,而俯与秦、汉君同为奢泰,此臣所以尤戚也。今为丘陇如此,其中虽不藏珍宝,后世岂及信乎?臣愚以为霸陵因山不起坟,自然高显。今所卜地势即平,宜依周制为三仞之坟,明器一不得用金银铜铁,事讫刻石陵左,以明示大小高下之式,一藏宗庙,为子孙万世法,岂不美乎!

书奏,未报。又上疏曰:"汉家即位之初,便营陵墓,近者十余岁,远者五十年。今以数月之程,课数十年之事,其于人力不亦劳矣。汉家大郡,户至五十万,今人众不逮往时,而功役一之,此臣所以致疑也。"时议者颇言宜奉遗诏,于是稍稍裁抑。

帝尝作宫体诗,使赓和。世南曰:"圣作诚工,然体非雅正。上之所好,下必有甚者,臣恐此诗一传,天下风靡。不敢奉诏。"帝曰:"朕试卿耳!"赐帛五十匹。帝数出畋猎,世南以为言,皆蒙嘉纳。尝命写《列女传》于屏风,于时无本,世南暗疏之,无一字谬。帝每称其五绝:一曰德行,二曰忠直,三曰博学,四曰文词,五曰书翰。世南始学书于浮屠智永,究其法,为世秘爱。

十二年,致仕,授银青光禄大夫,弘文馆学士如故,禄赐防阁视京官职事者。卒,年八十一,诏陪葬昭陵,赠礼部尚书,谥曰文懿。帝手诏魏王泰曰:"世南于我犹一体,拾遗补阙,无日忘之,盖当代名臣,人伦准的。今其云亡,石渠、东观中无复人矣!"后帝为诗一篇,述古兴亡,既而叹曰:"钟子期死,伯牙不复鼓琴。朕此诗将何所示邪?"敕起居郎褚遂良即其灵坐焚之。后数岁,梦进说言若平生,翌日,下制厚恤其家。

子昶,终工部侍郎。

李百药,字重规,定州安平人。隋内史令德林子也。幼多病,祖母赵以"百药"名之。七岁能属文,父友陆乂等共读徐陵文,有"刈琅邪之稻"之语,叹不得其事。百药进曰:"《春秋》'鄅子藉稻',杜预谓在琅邪。"客大惊,号奇童。引荫补三卫长。乃性疏悦,喜剧饮。开皇初,授太子通事舍人,兼学士。被谗,辄谢病去。十九年,召见仁寿宫,袭父爵安平公。仆射杨素、吏部尚书牛弘爱其才,署礼部员外郎。奉诏定五礼、律令、阴阳书。

初以疾去舍人也,炀帝在扬州,召不赴,衔之。及即位,夺爵,为桂州司马。官废,还乡里。大业九年,戍会稽,管崇乱,城守有功,帝顾其名谓虞世基曰:"是子故在,宜斥丑处。"乃授建安郡丞。至乌程,江都难作,沈法兴、李子通、杜伏威更相灭,百药转侧寇乱中,数被伪署,危得不死。会高祖遣使招伏威,百药劝朝京师,既至历阳,中悔,欲杀之,饮以石灰酒,因大利,濒死。既而宿病皆愈。伏威诒书辅公祐使杀之,为王雄诞保护得免。公祐反,授吏部侍郎。或谓帝:"百药与同反。"帝大怒。及平,得伏威所与公祐书,乃解,犹贬泾州司户。

太宗至泾州,召与语,悦之。贞观元年,拜中书舍人,封安平县男。明年,除礼部侍郎。时议裂土与子弟功臣,百药上《封建论》,理据详切,帝纳其言而止。四年,授太子右庶子。太子数戏媟无度,乃作《赞道赋》以讽。它日,帝曰:"朕见卿赋,述古储贰事,劝励甚详,向任卿,固所望耳!"赐彩三百段。迁散骑常侍,进左庶子、宗正卿,爵为子。久之,固乞致仕。帝尝与偕赋《帝京篇》,叹其工,手诏曰:"卿何身老而才之壮,齿宿而意之新乎?"卒,年八十四,谥曰康。

百药,名臣子,才行世显,为天下推重。侍父母丧还乡,徒跣数千里。服虽除,容貌癯瘠者累年。好奖荐后进,得俸禄与亲党共之。翰藻沈郁,诗尤其所长,樵厮皆能讽之。所撰《齐史》行于时。

子安期。

安期,亦七岁属文。父贬桂州,遇盗,将加以刃,安期跪泣请代,盗哀释之。贞观初,为符玺郎。累除主客员外郎。高宗即位,迁中书舍人、司列少常伯,数豫决国事。帝屡责侍臣以不能进贤,众不敢对。安期进曰:"邑十室且有忠信,天下至广,不为无贤。比见公卿有所荐进,皆劾为朋党,滞抑者未申,而主荐者已訾,所以人人争嗫默以避嚣谤。若陛下忘其亲仇,旷然受之,惟才是用,塞谗毁路,其谁敢不竭忠以闻上乎?"帝纳之。寻检校东台侍郎、同东西台三品,出为荆州大都督府长史。卒，谥曰烈。

自德林至安期，三世掌制诰，孙羲仲又为中书舍人。

褚亮，字希明，杭州钱塘人。曾祖湮，父玠，皆有名梁、陈间。亮少警敏，博见图史，一经目辄志于心。年十八，诣陈仆射徐陵，陵与语，异之。后主召见，使赋诗，江总诸词人在席，皆服其工。累迁为尚书殿中侍郎。入隋，为东宫学士，迁太常博士。炀帝议改宗庙之制，亮请依古七庙，而太祖、高祖各一殿，法周文、武二祧，与始祖而三，余则分室而祭，始祖二祧，不从迭毁。未及行，坐与杨玄感善，炀帝矜己嫉才，因是亦贬西海司户。时博士潘徽贬威定主簿，亮与俱至陇山。徽死，为敛瘗，人皆义之。

后为薛举黄门侍郎。举灭，秦王谓曰："寡人受命而来，嘉于得贤。公久事无道君，得无劳乎？"亮顿首曰："举不知天命，抗王师，今十万众兵加其颈，大王释不诛，岂独亮蒙更生邪？"王悦，赐乘马、帛二百段，即授王府文学。高祖猎，亲格虎，亮恳恻致谏，帝礼纳其言。王每征伐，亮在军中，尝预秘谋，有裨辅之益。贞观中累迁散骑常侍，封阳翟县侯，老于家。

太宗征辽，子遂良从，诏亮曰："畴日师旅，卿未尝不在中，今朕薄伐，君已老。俯仰岁月，且三十载，眷言及此，我劳如何！今以遂良行，想君不惜一子于朕耳。善居加食。"亮顿首谢。及寝疾，帝遣医、中使候问踵相逮。卒，年八十八，赠太常卿，陪葬昭陵，谥曰康。遂良自有传。

初，武德四年，太宗为天策上将军，寇乱稍平，乃乡儒，宫城西作文学馆，收聘贤才，于是下教，以大行台司勋郎中杜如晦、记室考功郎中房玄龄及于志宁、军咨祭酒苏世长、天策府记室薛收、文学褚亮姚思廉、太学博士陆德明孔颖达、主簿李玄道、天策仓曹参军事李守素、王府记室参军事虞世南、参军事蔡允恭颜相时、著作郎摄记室许敬宗薛元敬、太学助教盖文达、军咨典签苏勖，并以本官为学士。七年，收卒，复召东虞州录事参军刘孝孙补之。凡分三番递宿于阁下，悉给珍膳。每暇日，访以政事，讨论坟籍，榷略前载，无常礼之间。命阎立本图象，使亮为之赞，题名字爵里，号"十八学士"，藏之书府，以章礼贤之重。方是时，在选中者，天下所慕向，谓之"登瀛洲"。

刘孝孙者，荆州人。祖贞，周石台太守。孝孙少知名。大业末，为王世充弟杞王辩行台郎中。辩降，众引去，独孝孙攀援号恸，送于郊。贞观六年，迁著作佐郎、吴王友。历咨议参军。迁太子洗马，未拜，卒。

李玄道者，本陇西人。世居郑州。仕隋为齐王府属。李密据洛口，署记室。密败，为王世充所执，众惧不能寐，独玄道曰："死生有命，尤能一乎？"寝甚安。及见世充，辞色不挠，释缚，为著作佐郎。东都平，为秦王府主簿。贞观初，累迁给事中，姑臧县男。出为幽州长史，佐都督王君廓，专持府事。君廓不法，每以义裁纠之。尝遗玄道婢，乃良家子为所掠，遣去不纳，由是始隙。君廓入朝，玄道寓书房玄龄，玄龄本甥也。君廓发其书，不识草字，疑以谋己，遂反。坐是流巂州。未几，擢常州刺史，风绩清简，下诏褒美，赐缯帛。久之，致仕，加银青光禄大夫，以禄归第，卒。

李守素者，赵州人。王世充平，召署天策府仓曹参军，通氏姓学，世号"肉谱"。虞世南与论人物，始言江左、山东，尚相酬对；至北地，则笑而不答，叹曰："肉谱定可畏。"许敬宗曰："仓曹此名，岂雅目邪？宜有以更之。"世南曰："昔任彦升通经，时称'五经笥'，今以仓曹为'人物志'，可乎？"时渭州刺史李淹亦明谱学，守素所论，惟淹能抗之。

姚思廉，本名简，以字行，陈吏部尚书察之子。陈亡，察自吴兴迁京兆，遂为万年人。思廉少受《汉书》于察，尽传其业。寡嗜欲，惟一于学,未尝问家人生赀。

仕陈会稽王主簿。入隋,为汉王府参军事,以父丧免。服除,补河间郡司法书佐。初,察在陈,尝修梁、陈二史,未就,死,以属思廉。故思廉表父遗言,有诏听续。炀帝又诏与起居舍人崔祖浚修《区宇图志》。迁代王侍读。高祖定京师,府僚皆奔亡,独思廉侍王,兵将升殿,思廉厉声曰:"唐公起义,本安王室,若等不宜无礼于王。"众眙却,布列阶下。帝义之,听扶王至顺阳阁,泣辞去。观者叹曰:"仁者有勇,谓此人乎!"俄授秦王府文学。王讨徐圆朗,尝语隋事,慨然叹曰:"姚思廉蒙素刃以明大节,古所难者。"时思廉在洛阳,遣使遗物三百段,致书曰:"景想节义,故有是赠。"

王为皇太子,迁洗马。即位,改著作郎、弘文馆学士。诏与魏徵共撰梁、陈书,思廉采谢炅、顾野王等诸家言,推究综括,为梁、陈二家史,以卒父业。赐杂彩五百段,加通直散骑常侍。以藩邸恩,凡政事得失,许密以闻,思廉亦展尽无所讳。帝幸九成宫,思廉以为"离宫游幸是秦皇、汉武事,非尧、舜、禹、汤所为"。帝谕曰:"朕尝苦气疾,热即顿剧,岂为游赏者乎?"赐帛五十匹,拜散骑常侍、丰城县男。卒,赠太常卿,谥曰康,陪葬昭陵。

孙璹。

赞曰:隋炀帝失德,高祖总豪英,兴北方,鼓行入关,举京师,轰若震霆。思廉以诸生侍屡王,奋然陈大义,挫尫虎而夺之气,勇夫悍心,褫骇自却,不敢加无礼于其君。诚使有国家者举不失义,天下其何以抗之哉?宜太宗之尊表云。

璹字令璋,少孤,抚昆媦友爱。力学,才辩挍迈。永徽中,举明经第,补太子宫门郎。以论撰劳,进秘书郎。稍迁中书舍人,封吴兴县男。武后时,擢夏官侍郎。坐从弟敬节叛,贬桂州长史。后方以符瑞自神,璹取山川草树名有"武"字者,以为上应国姓,裒类以闻。后大悦,拜检校天官侍郎,擢文昌左丞、同凤阁鸾台平章事。永徽后,左右史唯对仗承旨,仗下谋议不得闻。玚以帝王谟训不可阙纪,请仗下所言军国政要,责宰相自撰,号《时政记》,以授史官。从之。时政有记自玚始。坐事,降司宾少卿。延载初,拜纳言,有司以玚族犯法,不可为侍臣者,玚曰:"王敦犯顺,导典枢机;稽康被戮,绍以忠死。是能为累乎?"后曰:"此朕意,卿无恤浮言。"

证圣初,加秋官尚书。明堂火,后欲避正殿,应天变。玚奏:"此人火,非天灾也。昔宣榭火,周世延;建章焚,汉业昌。且弥勒成佛,七宝台须臾散坏。圣人之道,随物示化,况明堂布政之宫,非宗庙,不宜避正殿,贬常礼。"左拾遗刘承庆曰:"明堂所以宗祀,为天所焚,当侧身思过,振除前犯。"玚挟前语以倾后意。后乃更御端门,大酺,燕群臣,与相娱乐,遂造天枢著己功德,命玚为使,董督之。功费浩广,见金不足,乃敛天下农器并铸。以功赐爵一级。后封嵩山,诏玚总知仪注,为封禅副使。更造明堂,又以使护作,加银青光禄大夫。大食使者献师子,玚曰:"是兽非肉不食,自碎叶至都,所费广矣。陛下鹰犬且不蓄,而厚资养猛兽哉!"有诏大食停献。时九鼎成,后欲用黄金涂之。玚奏:"鼎者,神器,贵质朴,不待外饰。臣观其上先有五采杂眊,岂待涂金为符曜耶?"后乃止。

契丹李尽忠盗塞,副梁王武三思为榆关道安抚使。坐累,下迁益州长史。始,蜀吏贪暴,玚擿发之,无所容贷。后闻,降玺诏慰劳,因谓左右曰:"为二千石清其身者易,使吏尽清者难,唯玚为兼之。"新都丞朱待辟坐赃应死,待辟所厚浮屠理中谋杀玚,据剑南。有密告后者,诏玚穷按。玚深探其狱,迹疑似皆捕逮,株党牵联数千人。狱具,后遣洛州长史宋玄爽、御史中丞霍献可覆视,无所翻,坐没入五十余族,知反流徙者什八以上,道路冤噪。监察御史袁恕己劾奏玚狱不平,有诏勿治。召拜地官、冬官二尚书。久之,致仕。卒,年七十四,遗令薄葬。赠越州都督,谥曰成。

弟班。

班,笃学有立志,擢明经。历六州刺史,政皆有绩,数被褒赐,累封宣城郡公。迁太子詹事,兼左庶子。时节愍太子稍失道,琬凡四上书谏。

其一曰:"臣闻贾谊称'选天下端士,使与太子居处出入,故太子见正事,闻正言,行正道,左右前后皆正人也。夫习与正人居,不能无正;习与不正人居,不能无不正。教得而左右正,则太子正;太子正,天下定矣'。伏见内置作坊,诸工伎得入宫闱之内、禁卫之所,或言语内出,或事状外通,小人无知,因为诈伪,有点盛德。臣望悉出宫内造作付所司。"

其二曰:"汉文帝身弋绨,足革舄。齐高帝阑槛用铜者,皆易以铁。经侯带玉具剑,环佩以过魏太子,太子不视。经侯曰:'魏国亦有宝乎?'太子曰:'主信臣忠,魏之宝也。'经侯委剑佩去,杜门不出。夫圣贤以简素为贵,皇王以菲薄为德,惟殿下留心恭俭,损省玩好,以训天下。"

其三曰:"前世东宫门阁,往来皆有簿籍。殿下时有所须,唯门司宣令,奸伪乘之,因缘增损。近吕升之乃代署宣敕,赖殿下纠发其奸。以后墨令及覆事,并请内印画署,冀免诈缪。"

其四曰:"圣人不专其德,贤智必有所师。今司经无学士,供奉无侍读。宜视膳时奏请其人,俾奉讲劝。夫经所以立行修身,史所以谙识成败,斯急务也。"太子虽称善,不能用其言。及败,索宫中,得琬谏书,中宗嘉叹。时宫臣皆得罪,独琬擢右散骑常侍,迁秘书监。睿宗立,拜户部尚书。所历定州刺史、尚书官,皆与琦相继云。卒,年七十四。

始,曾祖察尝撰《汉书训纂》,而后之注《汉书》者,多窃取其义为己说,琬著《绍训》以发明旧义云。

令狐德棻,宜州华原人。父熙,隋鸿胪卿。其先乃敦煌右姓。德棻博贯文史。大业末,为药城长,属乱,不就官。淮安王神通据太平宫起兵,立总管府,署德棻府记室。高祖入关,引直大丞相府记室。武德初,为起居舍人,迁秘书丞。帝尝问:"大夫冠,妇人髻,比高大,何邪?"德棻对曰:"冠冕在首,君之象也。晋之将亡,君弱臣强,故江左士女,衣小而裳大。宋武帝受命,君德尊严,衣裳随亦变改。此近事验也。"帝然之。

方是时,大乱后,经籍亡散,秘书湮缺,德棻始请帝重购求天下遗书,置吏补录。不数年,图典略备。又建言:"近代无正史,梁、陈、齐文籍犹可据,至周、隋事多脱捐。今耳目尚相及,史有所冯;一易世,事皆汩暗,无所掇拾。陛下受禅于隋,隋承周,二祖功业多在周,今不论次,各为一王史,则先烈世庸不光明,后无传焉。"帝谓然。于是诏中书令萧瑀、给事中王敬业、著作郎殷闻礼主魏,中书令封德彝、舍人颜师古主隋,大理卿崔善为、中书舍人孔绍安、太子洗马萧德言主梁,太子詹事裴矩、吏部郎中祖孝孙、秘书丞魏徵主齐,秘书监窦琏、给事中欧阳询、文学姚思廉主陈,侍中陈叔达、太史令庾俭及德棻主周。整振论撰,多历年不能就,罢之。

贞观三年,复诏撰定。议者以魏有魏收、魏澹二家,书为已详,惟五家史当立。德棻更与秘书郎岑文本、殿中侍御史崔仁师次周史,中书舍人李百药次齐史,著作郎姚思廉次梁、陈二史,秘书监魏徵次隋史,左仆射房玄龄总监。修撰之原,自德棻发之,书成,赐绢四百匹。迁礼部侍郎,兼修国史。累进爵彭城县子。转太子右庶子。太子承乾废,坐除名为民。召拜雅州刺史,又坐事免。会修晋家史,房玄龄奏起之。预柬凡十有八人,德棻为先进,故类例多所诹定。除秘书少监。

永徽初,复为礼部侍郎、弘文馆学士,监修国史,迁太常卿。高宗尝召宰相及弘文学士坐中华殿,问:"何修而王?若而霸?又当执先?"德棻曰:"王任德,霸任刑。夏、殷、周纯用德而王,秦专刑而霸,至汉杂用之,魏、晋以降,王霸两失。若用之,王为先,而莫难焉。"帝曰:"今兹何为而要?"对曰:"古者为政,清心简事为本。今天下无虞,年谷丰衍,惟薄赋敛、省征役为要。"又问禹、汤、桀、纣所以兴亡,对曰:"《传》称:'禹、汤罪己,其兴也勃焉;桀、纣罪人,其亡也忽焉。'然二主惑嬖色,戮谏者,造炮烙之刑,此所以亡也。"帝悦,厚赐以答其言。迁国子祭酒、崇贤馆学士,爵为公。以金紫光禄大夫致仕。卒,年八十四,谥曰宪。

时又有邓世隆、顾胤、李延寿、李仁实皆以史学称当世。

邓世隆者,相州人。隋大业末,王世充兄子太成河阳,引为宾客。秦王攻洛阳,遣书谕太,世隆报书夸慢。洛阳平,亡命,变姓名,号隐玄先生,栖白鹿山。贞观初,召授国子主簿,与崔仁师、慕容善行、刘颜、庾安礼、敬播俱为修史学士。世隆内负罪,居不聊。太宗遣房玄龄谕曰:“尔为太作书,各忠其主耳。我为天子,尚甘心匹夫邪? 毋有后疑。”改著作佐郎,历卫尉丞。初,帝以武功定天下,晚始向学,多属文赋诗,天格赡丽,意悟冲迈。十三年,世隆上疏,请加集录,帝谦不许。终著作郎。

顾胤,苏州吴人。父览,仕隋秘书学士。胤,永徽中累迁起居郎,兼修国史,以撰《太宗实录》劳,加朝散大夫、弘文馆学士。论次国史,加朝请大夫,封余杭县男。终司文郎中。

子琮,武后时为天官侍郎、同凤阁鸾台平章事。卒,后曰:“琮不幸,令虽不举哀,然朕以股肱,特废视事一日。”

李延寿者,世居相州。贞观中,累补太子典膳丞、崇贤馆学士。以修撰劳,转御史台主簿,兼直国史。初,延寿父大师,多识前世旧事,常以宋、齐、梁、陈、齐、周、隋天下参隔,南方谓北为“索虏”,北方指南为“岛夷”。其史于本国详,佗国略,往往訾美失传,思所以改正,拟《春秋》编年,刊究南北事,未成而殁。

延寿既数与论撰,所见益广,乃追终先志。本魏登国元年,尽隋义宁二年,作本纪十二、列传八十八,谓之《北史》;本宋永初元年,尽陈祯明三年,作本纪十、列传七十,谓之《南史》。凡八代,合二书百八十篇,上之。其书颇有条理,删落酿辞,过本书远甚。时人见年少位下,不甚称其书。迁符玺郎,兼修国史,卒。

尝撰《太宗政典》,调露中,高宗观之,咨美直笔,赐其家帛五十段,藏副秘阁,乃别录以赐皇太子云。

李仁实,魏州顿丘人。官至左史。著《格论》、《通历》等书,行于时。

峘,德棻五世孙。天宝末,及进士第。遇禄山乱,去隐南山豹林谷。杨绾微时,数从之游,而峘博学有口辩。绾为礼部侍郎,修国史,荐峘,自华原尉拜右拾遗,兼史职。累迁起居舍人。撰《玄宗实录》,属《起居注》亡散,峘裒掇诏策,备一朝之遗。自开元、天宝间名臣事多漏略,拙于取弃,不称良史。大历中,以刑部员外郎判南曹。迁司封郎中,知制诰,兼史馆修撰。德宗立,诏元陵制度务极优厚,当竭帑藏奉用度。峘谏曰:“臣伏读汉刘向论山陵之诚,良史咨歂。何者?圣贤勤俭,不作无益。昔舜葬苍梧,弗变其肆;禹葬会稽,不改其列;周武葬毕陌,无丘垅处;汉文葬霸陵,不起山坟。禹非不忠,启非不顺,周公非不悌,景帝非不孝,其奉君亲,皆以俭毂为无穷计。宋文公厚葬,《春秋》书华元为不臣;桓魁为石椁,夫子以为不如速朽。由是观之,有德者葬薄,无德者葬厚,章章可见。陛下仁孝功于圣心,然尊亲之义贵合于礼。先帝遗诏,送终之制,一用俭约,不得以金银缘饰。陛下奉先志,无违物,若务优厚,是咈顾命,蠚经谊,臣窃惧之。今赦令甫下,诸条未出,望速诏有司从遗制便。”诏答曰:“朕顷议山陵,荒哀迷谬,以违先旨。卿引据典礼,非唯中朕之失,亦使朕不遗君亲于患。敢不闻义而从,奉以终始?虽古遗直,何以加焉!”

峘在吏部,因尚书刘晏力。时杨炎为侍郎,故峘内德晏,至分阙,以善阙奉晏,恶阙与炎,炎心不平。建中初,峘为礼部侍郎,炎执政,不为憾。炎出故宰相杜鸿渐门下,其子封求弘文生,以托峘,峘谢使者曰:“得公手署,峘得以识。”炎不疑,署送之。峘即日奏言:“宰相迫臣以私,从之负陛下,不从则害臣。”帝以诘炎,炎具道所以然。帝怒曰:“此奸人,无可奈何!”欲杀之,炎苦救解,乃贬衡州别驾,迁刺史。李泌执政,召拜太子右庶子,复为修撰。

性愎且介,人人与为怨。孔述睿同修史,峘忿细故,数侵之,述睿长者,无所校。贞元五年,坐守衡州冒前刺史户口为己最,窦参素恶之,贬吉州别驾,稍迁刺史。齐映为江西观察使,按部及州。峘轻映后出先至宰相,今虽属刺史,自挟所以过映者,至迎谒,颇怏怏。以语其妻,妻曰:"君自视何如人,以白头走小生前。君不以此见映,虽黜死,我无憾。"映至,峘入谒,从容步进,不袜首,属戎器,映以为恨。去至府,擿峘举奏前刺史过失无状,不宜按部,贬衢州别驾。刺史田敦,峘门生也,与峘昧生平,至是迎拜,分俸半以赒给之。在衢十年,顺宗立,以秘书少监召,未至,卒。

初,受诏撰《代宗实录》,未就,会贬,诏听在外成书。元和中,其子太仆丞丕献之。以劳赠工部尚书。

赞曰:文本才猷,世南鲠谔,百乐之持论,亮、思廉之邃雅,德棻之辞章,皆治世华采,而澳汩于隋,光明于唐,何哉?盖天下未尝无贤,以不用亡;不必多贤,以见用兴。夫典章图史,有国者尤急,所以考存亡成败,陈诸前而为之戒。方天下初定,德棻首发其议,而后唐之文物粲然,诚知治之本欤!

唐书卷一〇三
列传第二八

苏世长 良嗣 弁　韦云起 方质
孙伏伽　张玄素

　　苏世长,京兆武功人。祖彤,仕后魏通直散骑常侍。父振,周宕州刺史,建威县侯。世长十余岁,上书周武帝,帝异其幼,问读何书,对"治《孝经》、《论语》"。帝曰:"何言可道?"答曰:"为国者不敢侮于鳏寡,为政以德。"帝曰:"善。"使卒学虎门馆。父死王事,有诏袭爵,世长号踊不自胜,帝爽然改容。

　　入隋,为长安令,数条上便宜。大业末,为都水少监,督漕上江。会炀帝被弑,发丧,恸闻行路。更为王世充太子太保、行台右仆射,与世充兄子弘烈及其将豆卢行褒戍襄阳,高祖与之旧,数遣使者谕降,辄杀之。

　　洛阳平,始与弘烈归,帝诛褒而诮世长,顿首谢曰:"古帝王受命,以比逐鹿,一人得禽,万夫敛手。岂有获鹿后忿同猎者,问争肉罪邪?今陛下应天顺民,安可忘管仲、雍齿事?且武功旧人,乱离以来,死亡略尽,唯臣得见太平。若杀之,是绝其类。"帝笑释之。授玉山屯监。引见玄武门,与语平生,调之曰:"卿自谓佞邪,直邪?"对曰:"愚且直。"帝曰:"若直者,何为背贼归我?"对曰:"洛阳平,天下为一,臣智穷力屈,乃归陛下。使世充不死,臣据汉南,尚为劲敌。"帝大笑,嘲曰:"何名长而意之短,口正而心之邪?"世长曰:"名长意短,诚如圣旨。口正心邪,不敢奉诏。昔窦融以河西降汉,十世侯之;

臣举山南以归，唯蒙屯监。”帝悦，拜谏议大夫。

从猎泾阳，大获。帝入旌门，诧左右曰：“今日畋，乐乎？”世长曰：“陛下废万机，事游猎，不满十旬，未为乐也。”帝色变，既而笑曰：“狂态发邪？”曰：“为臣计则狂，为陛下计忠矣。”时武功、郿新经突厥寇掠，乡聚凋虚，帝将遂猎武功，世长谏曰：“突厥向盗劫人，陛下救恤之言未出口，又猎其地，殆百姓不堪所求。”帝不听。侍宴披香殿，酒酣，进曰：“此炀帝作邪？何雕丽底此！”帝曰：“卿好谏似直，然诈也。岂不知此殿我所营，乃诡云炀帝邪？”对曰：“臣但见倾宫、鹿台，非受命圣人所为者。陛下武功旧第，才蔽风雨，时以为足。今天下猒隋之侈，以归有道，陛下宜刈奢淫，复朴素。今乃即其宫加雕饰焉，欲易其乱，得乎？”帝咨重其言。历陕州长史、天策府军咨祭酒，引为学士。贞观初，使突厥，与颉利争礼，不屈，拒却赂遗，朝廷壮之。出为巴州刺史，舟败，溺死。

世长有机辩，浅于学，嗜酒，简率无威仪。初在陕，邑里犯法不能禁，乃引咎自挞于廛，五伯疾其诡，鞭之流血，世长不胜痛，呼而走，人笑其不情。

子良嗣，高宗时为周王府司马，王年少不法，良嗣数谏王，以法绳府官不职者，甚见尊惮。帝异之，迁荆州长史。帝遣宦者采怪竹江南，将莳上苑，宦者所过纵暴，至荆，良嗣囚之，上书言状。帝下诏慰奖，取竹弃之。徙雍州。时关内饥，人相食，良嗣政上严，每盗发，三日内必禽，号称神明。

垂拱初，迁冬官尚书，拜纳言，封温国公，留守西京，赏遇尤渥。尚方监裴匪躬案诸苑，建言鬻果蔬，储利佐公上。良嗣曰：“公仪休一诸侯相，拔葵去织，未闻天子卖果蔬与人争利。”遂止。迁文昌左相、同凤阁鸾台三品。遇薛怀义于朝，怀义偃蹇，良嗣怒，叱左右批其颊，曳去。武后闻之，戒曰：“弟出入北门，彼南衙宰相行来，毋犯之。”载初元年，罢左相，加特进，仍知政事。与韦方质素不平，方质坐事诛，引逮之。后辨其非，良嗣悸，谢不能兴，舆还第，卒，年八十五。诏百官往吊,赠开府仪同三司、益州都督。

始,良嗣为洛州长史,坐僚婿累,下徙冀州刺史。其人往谢,良嗣色泰定,曰:"初不闻有累。"在荆州时,州有河东寺,本萧察为兄河东王所建,良嗣曰:"江、汉间何与河东乎?"奏易之,而当世恨其少学云。

子践言,官太常丞,为酷吏所陷,死岭南,削父爵,没其家。神龙元年,复赠司空,以践言子务元袭爵,终邠王府长史。

从孙弁,字元容,擢进士,调奉天主簿。德宗出狩,而县令计事在府,官属皆惶恐,欲遁走。弁曰:"昔肃宗幸灵武,至新平、安定,二太守坐伏匿,斩以徇。诸君知之乎?"众乃定。车驾至,储偫毕给,帝嘉之,试大理司直。朱泚平,进监察御史,擢累仓部郎中,判度支案。裴延龄死,帝召弁见延英,赐紫衣金鱼,以度支郎中副知度支事,位郎中上。知度支有副自弁始。弁通学术,吏事精明,承延龄后,平赋缓役,略烦苛,人赖其宽。

久之,迁户部侍郎,判度支,改太子詹事。旧制,詹事位在太常宗正卿下,御史中丞窦参卑之,徙班河南、太原尹下。弁造朝,辄就旧著,有司疑诘,给曰:"我已白宰相,复旧班。"殿中侍御史邹儒立劾奏,待罪金吾,有诏原罪。坐前以腐粟给边,贬汀州司户参军。是时,兄衮为赞善大夫,冤京兆士曹参军,以弁故,贬衮永州,冤信州司户参军。衮年老,瞑不能视,帝闵之,听还。又有称衮才者,帝悔不用,而衮以老先还,重追衮。更问大臣昆弟可任者,左右以王绍之兄纾、韩皋之兄群对。帝乃擢纾右补阙,群考功员外郎,衮遂不复用。数年,起弁为滁州刺史,卒。

弁聚书至二万卷,手自雠定,当时称与秘府埒。弁之判度支,方大旱,州县有逋米,断贞元八年以前,凡三百八十万斛,人亡数在,弁奏请出以贷贫民,至秋而偿,诏可。当时讥其罔君云。

韦云起,京兆万年人。隋开皇中,以明经补符玺直长。尝奏事文帝前，帝曰："外事不便，可言之。"时兵部侍郎柳述侍，云起即奏："述性豪侈，未尝更事，特缘主婿私，握兵要，议者谓陛下官不择贤，此不便者。"帝顾述曰："云起言，而药石也，可师之。"仁寿初，诏百官举所知，述举云起通事舍人。大业初，改谒者，建言："今朝廷多山东人，自作门户，附下罔上为朋党。不抑其端，必乱政。"因条陈奸状。炀帝属大理推究，于是左丞郎蔚之、司隶别驾郎楚之等皆坐免。

会契丹寇营州，诏云起护突厥兵讨之，启民可汗以二万骑受节度。云起使离为二十屯，屯相联络，四道并引，令曰："鼓而行，角而止，非公使，毋走马。"三喻五复之。既而纥斤一人犯令，即斩以徇。于是突厥酋长入谒者，皆膝而进，莫敢仰视。始，契丹事突厥无间，且不虞云起至。既入境，使突厥给云诣柳城与高丽市易，敢言有隋使在者斩。契丹不疑。因引而南，过贼营百里，夜还阵，以迟明掩击之，获契丹男女四万，以女子及畜产半赐突厥，男子悉杀之，以余众还。帝大喜，会百官于廷，曰："云起将突厥兵平契丹，以奇用师，有文武才，朕自举之。"拜治书御史。因劾奏："内史侍郎虞世基、御史大夫裴蕴怙宠放命，四方有变不以闻，闻不以实。朝议少贼，不多发兵，官兵少，贼众，数见败北，贼气日张。请付有司案罪。"大理卿郑善果奏："云起訾大臣，毁朝政，所言不情。"贬大理司直。帝幸江都，请告归。

高祖入关，上谒长乐宫，授司农卿、阳城县公。武德初，进上开府仪同三司，判农圃监。时议讨王世充，云起上言："京师初平，人未坚附，百姓流离，仍岁无年。盩厔司竹、蓝田谷口，盗贼群屯。京都椎剽，乘夜窃发。重以梁师都嫁情北胡，阴计内钞，为腹心患。释此不图，而窥兵函、洛，奸人乘虚，一旦有变，祸且不细。臣愚以为不若戢兵务农，须关中妥安，士气余饱，然议讨伐，一举可定。"从之。

会突厥入寇，诏总豳、宁以北九州兵御之，得一切便宜。改遂州都督、益州行台兵部尚书。时仆射窦轨数奏生獠反，冀得集兵以威众，云起数持掣，轨宣言云起通贼营私，由是始隙。云起弟庆俭、庆嗣事隐太子。太子死，诏轨息驰驿报。轨疑云起有变，阴设备，乃告之。云起不信,曰:"诏安在?"轨曰:"公建成党,今不奉诏,反明矣。"遂杀之。初,云起师太学博士王颇,每叹曰:"韦生识悟,富贵可自致;然疾恶甚,恐不得死。"讫如言。

孙方质,光宅初为凤阁侍郎、同凤阁鸾台平章事,迁地官尚书。尝属疾,武承嗣兄弟往候,方质据床自若。或曰:"倨见权贵,且速祸。"答曰:"吉凶命也,丈夫岂能折节近戚以苟免邪?"俄为酷吏所陷,流死儋州,没其家。神龙初,复官爵。

孙伏伽,贝州武城人。仕隋,以小史累劳补万年县法曹。高祖武德初,上言三事。其一:

臣闻"天子有争臣,虽无道不失其天下"。隋失天下者何?不闻其过也。方自谓功德盛五帝、迈三王,穷侈极欲,使天下士肝脑涂地,户口殚耗、盗贼日滋。当时非无直言之臣,卒不闻悟者,君不受谏,而臣不敢告之也。向使开不讳之路,官贤授能,赏罚时当,人人乐业,谁能摇乱者乎?陛下举晋阳,天下响应,计不旋踵,大业以成。勿以得天下之易,而忘隋失之不难也。天子动则左史书之,言则右史书之。凡搜狩当顺四时,不可妄动。且陛下即位之明日,有献鹞者,不却而受,此前世弊事,奈何行之?相国参军事卢牟子献琵琶,长安丞张安道献弓矢,并被赉赏。以率土之富,何索不致,岂少此物哉?

其二:

百戏散乐,本非正声,隋末始见崇用,此谓淫风,不得不变。近太常假民裙襦五百称,以衣妓工,待玄武门游戏。臣以为非诒子孙之谋。传曰:"放郑声,远佞人。"今散妓者,匪《韶》匪《夏》,请并废之,以复雅正。

其三:

臣闻"性相近,习相远"。今皇太子诸王左右执事,不可不择。大抵不义无赖及驰骋射猎歌舞声色慢游之人,止可悦耳目,备驱驰,至拾遗补阙,决不能也。泛观前世,子姓不克孝,兄弟不克友,莫不由左右乱之。愿选贤才,澄僚友之选。帝大悦,即诏:"周、隋之晚,忠臣结舌,是谓一言丧邦者。朕惟寡德,不能性与天道,然冀弼谐以辅不逮,而群公卿士罕进直言。伏伽至诚慷慨,据义恳切,指朕失无所讳。其以伏伽为治书侍御史,赐帛三百匹。"初,帝授禅,伏伽最先谏,帝欲尽下情,故不次见拔,以示群臣。

是时,军兴赋敛重,伏伽数请厘损。帝语裴寂曰:"隋为无道,主骄于上,臣谄于下,下上蔽蒙,至身死匹夫手,宁不痛哉!我今不然,平乱责武臣,守成责儒臣,程能付事,以佐不逮;虚心尽下,冀闻嘉言。若李纲、孙伏伽,可谓谊臣矣。俯首嗫默,岂朕所望哉?"

东都平,大赦天下,又欲责贼支党,悉流徙恶地。伏伽谏曰:"臣闻王者无戏言,《书》称'尔无不信,朕不食言',言之不可不慎也。陛下制诏曰:'常赦不免,皆原之。'此非直赦有罪,是亦与天下更新辞也。世充、建德所部,赦后乃欲流徙。《书》曰:'歼厥渠魁,胁从罔治。'渠魁尚免,胁从何辜?且跖狗吠尧,吠非其主。今与陛下结发雅故,往为贼臣,彼岂忘陛下哉,壅隔故也。至疏者安得而罪之?由古以来,何始无君,然止称尧、舜者,何也?直由善名难得也。昔天下未平,容应机制变。今四方已定,设法须与人共之。法者陛下自作,须自守之,使天下百姓信而畏也。自为无信,欲人之信,若为得哉?赏罚之行,无贵贱亲疏,惟义所在。臣愚以为贼党于赦当免者,虽甚无状,宜一切加原,则天下幸甚。"又表置谏官。帝皆钦纳。

太宗即位,封乐安县男,迁大理少卿。帝数出驰射,伏伽谏曰:"臣闻天子之居,禁卫九重,出也警,入也跸,非直尊其居处,为社稷生人计也。比闻陛下走马射帖,娱悦群臣,殆非所以导养圣躬、垂宪后代,此直少年诸王务耳,安得既为天子,尚行之乎?窃为陛下不取。"帝悦曰:"卿能方朕失,朕能改之,天下庶有瘳乎!"后坐奏囚失,免官。起为刑部郎中。累迁大理卿。时司农市木橦,倍直与民,右丞韦悰劾吏隐没,事下大理讯鞠。伏伽曰:"缘官市贵,故民直贱。

臣见司农识大体,不见其罪。"帝悟,顾惊曰:"卿不逮伏伽远矣。"久之,出为陕州刺史,致仕。显庆三年卒。

始,伏伽拜御史时,先被内旨,而制未出,归卧于家,无喜色。顷之,御史造门,子弟惊白,伏伽徐起见之。时人称其有量,以比顾雍云。

张玄素,蒲州虞乡人。仕隋,为景城县户曹。窦建德陷景城,执将杀之,邑人千余号泣请代,曰:"此清吏,杀之是无天也。大王即定天下,无使善人解体。"建德命释缚,署治书侍御史,不拜。闻江都已弑,始为建德黄门侍郎。贼平,授景州录事参军。

太宗即位,问以政,对曰:"自古未有如隋乱者,得非君自专、法日乱乎?且万乘之尊,身决庶务,日断十事,五不中,中者信善,有如不中者何?一日万机,积其失,不亡何待?若上贤右能,使百司善职,则高居深拱,畴敢犯之?隋末盗起,争天下者不十数,余皆保城邑以须有道听命,是欲背上怙乱者果鲜,特人君不能安之而挺之乱也。以陛下圣神,迹所以危,鉴所以亡,日慎一日,虽尧、舜何以加!"帝曰:"善。"拜侍御史,迁给事中。

贞观四年,诏发卒治洛阳宫乾阳殿,且东幸。玄素上书曰:

臣惟秦始皇帝藉周之余,夷六国,统壹尊,将贻之万世,及子而亡者,殚嗜奔欲,以逆天害人也。天下不可以力胜,唯当务俭约,薄赋敛,以身先之,乃能大安。

今东都未有幸期,前事土木,戚王出藩,又当营构,科调繁仍,失疲人望,一不可也。陛下向平东都,曾观广殿,皆撤毁之,天下翕然,一口颂歌。岂有初恶侈靡而后好雕丽哉?二不可也。陛下每言巡幸者不急之务,徒焉虚费。今国储无兼年,又兴别都之役,以产怨讟,三不可也。百姓承乱离之后,财赋殚空,虽蒙更生,意未完定,奈何营未幸之都,重耗其力,四不可也。汉祖将都洛阳,娄敬一言,即日西驾。非不知地土中,道里所均,但形胜不及关内,弗敢康也。伏惟陛下化凋弊之俗,为日尚浅,讵可东巡以摇人心？五不可也。

臣尝见隋家造殿，伐木于豫章，二千人挽一材，以铁为毂，行不数里，毂辄坏，别数百人赍毂自随，终日行不三十里。一材之费，已数十万工，揆其余可知已。昔阿房成，秦人散；章华就，楚众离；乾阳毕功，隋人解体。今民力未及隋日，而役残创之人，袭亡国弊，臣恐陛下之过，甚于炀帝。

帝曰："卿谓我不如炀帝，何如桀、纣？"对曰："若此殿卒兴，同归于乱。臣闻东都始平，太上皇诏宫室过度者焚之，陛下谓瓦木可用，请赐贫人，事虽不从，天下称为盛德。今复度而宫之，是隋役又兴。不五六年间，一舍一取，天下谓何？"帝顾房玄龄曰："洛阳朝贡天下中，朕营之，意欲便四方百姓。今玄素言如此，使后必往，虽露坐，庸何苦？"即诏罢役，赐彩二百匹。魏徵名梗挺，闻玄素言，叹曰："张公论事，有回天之力，可谓仁人之言哉。"

历太子少詹事，迁右庶子。时太子承乾事游畋，不悦学。玄素上书曰：

天道无亲，惟德是辅。苟违天道，人神弃之。古者田三驱，非以教杀，除民害也。今反以猎为娱，行之无常，不损盛德哉？《传》曰："事不师古，匪说攸闻。"然则探道在学古，学古在师训。孔颖达奉诏讲劝，宜数逮问，裨万分。博选贤杰，朝夕侍左右，与相规摩。日知所亡，月无忘所能，此则善美矣。

夫在人上者常求为善也，然性不胜情，耽惑成乱，下有谀言，君道乃亏。古人有云："忽以恶小不去，善小不为。"祸福之来，皆根于初，护终若始，犹惧其替，始不护焉，终将安归？

太子不纳。又上书曰：

周公资圣人，而握沐吐飧，下白屋，况下周公之人哉？殿下睿质天就，尚须学以表饰之。孔颖达、赵弘智皆宿德巨髦，兼识政机，望数召见，述古今，增懿明德。雕虫小技，正可间召，代博弈，不宜屡也。骑射畋游，亵戏酣歌，悦耳目，移情灵，不可以御。夫心为万事主，动而无节则乱，败德之原，实在于此。

帝知数财正太子,频擢至银青光禄大夫,行左庶子。

太子久不见宾友,玄素曰:"宫中所见止妇人,不知如樊姬等可与益圣德者几何?若无之,即便诙艳嫒,何足顾哉!上惟东宫之重,高署贤才为寮佐,今乃不得进见,将何以朝纳诲,夕补遗哉?"太子讳其切,夜遣户奴以骑树狙击,危脱死。尝闻宫中击鼓,叩阁正言,太子出鼓,对玄素破之。既不悛,丑德日闻。玄素不能已,上书曰:

孔子曰:"能近取譬,可谓仁之方也。"书传所载或远,臣请以近事喻之。周武帝平山东,库宫陋食以安海内,而太子赟有秽德,乌丸轨以闻,帝慈仁不忍废。及践祚,狂暴日炽,宗祀以亡,隋文帝所代是也。文帝因周衰,藉女资,虽无大功于人,然布德行惠,上下安赖。勇为太子,骄肆败度,今宫中山池,殿下所亲见者也。当是时,自谓有太山之安,讵知壬臣敢进其说哉?向使动静有常,进止有度,亲君子,疏小人,黜浮华,守恭俭,虽有离间,乌能致慈父之隙哉?盖积德弗纯,令问不著,一遭谗,遂成其祸。

今上以殿下父子亲,故所资用不为限节,然诏未六旬,而用逾七万,骄奢亡艺,孰有过此?龙楼、望苑,为工匠之肆,既阙视膳问安之宜,又无悦学好道之实。上违君父慈训之方,下有因缘戮辱之罪。所施与者,不游手杂色,则图画雕镂之人。外所瞻仰,此失已暴,内隐密者,尚可胜计哉?右庶子赵弘智经明行修,臣谓宜数进召,以广徽美;今反猜嫌,谓妄相推引。从善若流,尚恐不逮,饰非拒谏,祸可既乎?

书入,太子怒,遣刺客伺之。会宫废,玄素坐除名为民。顷之,召授潮州刺史,徙邓州,讫不复亲近。高宗时,以老致仕。麟德初卒。

始,玄素与孙伏伽在隋皆为令史,太宗常问玄素宦立所来,深自羞汗。褚遂良见帝曰:"君子不失言于人,明主不失言于戏。故言则史书之,礼成之,乐歌之。居上能礼其臣,乃尽力以奉其上。近世宋武帝侮斳朝臣,攻其门户,至耻惧狼狈,前史以为非。陛下昨问玄素在隋任何官,对曰:'县尉。'又问未为尉时,曰:'流外。'又问何曹司,玄素出不能徒步,颜若死灰,精爽顿尽,见者咸共惊怪。唐家创业,任官以才,卜祝庸保,量能并用。陛下以玄素擢任三品,佐皇储,岂宜复对群臣使辞穷负耻,欲责其伏节死义,安可得乎?"帝曰:"朕亦悔之。"伏伽虽广坐,陈说往事,无少隐焉。

赞曰:始唐有天下,惩刈隋敝,敷内谠言,而世长等仇然献忠,时主方褒听,藉以劝天下,虽触禁忌,而无怍情。及祸乱已平,君位尊安,后者视前人之为,犹以鲠论期荣,故时时遭斥让,为所厌苦。非言有巧拙,所遭之时异也。夫性有不可移,虽尧、舜弗能训。承乾之恶,根著于心,而归责玄素,其何救哉?此士亹辞不能传太子,谅矣。

唐书卷一〇四
列传第二九

于志宁　休烈　敖　琮　庞严　高季辅
张行成　易之　昌宗

　　于志宁，字仲谧，京兆高陵人。曾祖谨，有功于周，为太师、燕国公。父宣道，仕隋至内史舍人。大业末，志宁调冠氏县长，山东盗起，弃官归。

　　高祖入关，率群从迎谒长春宫，诏授渭北道行军元帅府记室，与殷开山参谋议。薛仁杲平，识褚亮于囚虏中，迁天策府中郎、文学馆学士，引亮与同列。贞观三年，为中书侍郎。太宗尝宴近臣，问："志宁安在？"有司奏："敕召三品，志宁品第四。"帝悟，特诏预宴，因加散骑常侍、太子左庶子、黎阳县公。是时议立七庙，群臣请以凉武昭王为始祖，志宁以凉非王业所因，独建议违之。帝诏功臣世袭刺史，志宁奏："古今异时，慕虚名，遗实患，非久安计。"帝皆从之。尝谓志宁曰："古者太子既生，士负之，即置辅弼。昔成王以周、召为师傅，日闻正道，习以成性。今太子幼，卿当辅以正道，无使邪僻启其心。勉之，官赏可不次得也。"太子承乾数有过恶，志宁欲救止之，上《谏苑》以讽。帝见大悦，赐黄金十斤、绢三百匹。俄兼詹事，以母丧免，有诏起复本官，固请终丧，帝遣中书侍郎岑文本敦譬曰："忠孝不两立，今太子须人教约，卿强起，为我卒辅道之。"志宁乃就职。

　　时太子以农时造曲室，累月不止，又好音乐过度。志宁谏，以为"今东宫乃隋所营，当时号为侈丽，岂容复事磨砻彩饰于其间？丁匠官奴皆犯法亡命,钳凿椎杵,往来出入,监门、宿卫、直长、千牛不得奇问。爪牙在外,厮役在内,其可无忧乎?又宫中数闻鼓声,太乐伎儿辄留不出,往年口敕丁宁,殿下可不思之?"太子不纳。而左右多任宦官,志宁复谏曰:"奄官者,体非全气,专柔便佞,托亲近为威权,假出纳为祸福。故伊戾败宋,易牙乱齐,赵高亡秦,张让倾汉。近高齐任邓长颙为侍中,陈德信为开府,内预宴私,外干朝政,齐卒颠覆。今殿下左右前后皆用寺人,轻忽高班,陵轹贵仕,品命失序,经纪不立,行路之人咸以为怪。"太子益不悦。东宫仆御旧得番休,而太子不听,又私引突厥,与相狎比。志宁怀不能已,上疏极言曰:"窃见仆寺司驭,爰及兽医,自春迄夏,不得番息。或家有慈亲,以阙温清,或室有幼弱,以亏抚养,殆非恕爱之意。又突厥达哥支等,人状野心,不可以礼教期,不可以仁信待。狎而近之,无益令望,有损盛德。况引内阁中,使常亲近,人皆震骇,而殿下独安此乎?"太子大怒,遣张师政、纥干承基往刺。二人者入其第,见志宁憔然在苫块中,不忍杀,乃去。太子败,帝知状,谓曰:"闻公数谏,承乾不听公,故至此。"是时宫臣皆罪废,独志宁蒙劳勉。

晋王为皇太子,复拜左庶子,迁侍中,加光禄大夫,进封燕国公,监修国史。永徽二年,洛阳人李弘泰诬告太尉长孙无忌反,有诏不待时斩之。志宁以为:"方春少阳用事,不宜行刑,且诬谋非本恶逆,请依律待秋分乃决。"从之。衡山公主既公除,将下嫁长孙氏。志宁以为:"《礼》,女十五而笄,二十而嫁,有故,二十三而嫁,固知遇丧须终三年。《春秋》,鲁庄公如齐纳币,母丧未再期而图婚,二家不讥,以其失礼明也。今议者云'公除从吉',此汉文创制,为天下百姓耳。公主身服斩衰,服可以例除,情不可以例改。心丧成婚,非人情所忍。"于是诏公主待服除乃婚。拜尚书左仆射、同中书门下三品。顷之,兼太子少师。四年,陨石十八于冯翊,高宗问曰:"此何祥也?朕欲悔往修来以自戒,若何?"志宁对:"《春秋》:'陨石于宋五。'内史过曰:'是阴阳之事,非吉凶所生。'物固有自然,非一系人事。虽然,陛下无灾而戒,不害为福也。"俄迁太傅。尝与右仆射张行成、中书令高季辅俱赐田，志宁奏：“臣家自周、魏来，世居关中，赀业不坠。今行成、季辅始营产土，愿以臣有余赐不足者。”帝嘉之，分其田以与二人。

显庆四年，以老乞骸骨，诏解仆射，更拜太子太师，仍同中书门下三品。王皇后之废，长孙无忌、褚遂良固争不见从，志宁不敢言。武后以其不右己，衔之，后因杀无忌，坐免官，出为荣州刺史，改华州，听致仕。卒，年七十八，赠幽州都督，谥曰定。后追复左光禄大夫、太子太师。

志宁爱宾客，乐引后进，然多嫌畏，不能有所荐达也，为士议所少。凡格式、律令、礼典，皆与论撰，赏赐以巨万。

初，志宁与司空李勣修定《本草》并图，合五十四篇。帝曰：“《本草》尚矣，今复修之，何所异邪？”对曰：“昔陶弘景以《神农经》合杂家《别录》注诠之，江南偏方，不周晓药石，往往纰缪，四百余物，今考正之，又增后世所用百余物，此以为异。”帝曰：“《本草》、《别录》何为而二？”对曰：“班固唯记《黄帝内》、《外经》，不载《本草》，至齐《七录》乃称之。世谓神农氏尝药以拯含气，而黄帝以前文字不传，以识相付，至桐、雷乃载篇册，然所载郡县，多在汉时，疑张仲景、华佗窜记其语。《别录》者，魏、晋以来吴普、李当之所记，其言华叶形色，佐使相须，附经为说，故弘景合而录之。”帝曰：“善。”其书遂大行。

曾孙休烈。

休烈机鉴融敏，善文章，与会稽贺朝万齐融、延陵包融齐名。开元初，第进士，又擢制科，历秘书省正字。吐蕃金城公主请文籍四种，玄宗诏秘书写赐。休烈上疏曰：“戎狄国之寇；经籍，国之典也。戎之生心，不可以无备。昔东平王求《史记》、诸子，汉不与之，以《史记》多兵谋，诸子杂诡术也。东平，汉之懿戚，尚不示征战之书，今西戎国之寇仇，安可贻以经典？且吐蕃之性剽悍果决，善学不回。若达于《书》，则知战；深于《诗》，则知武夫有师干之试；深于《礼》，则知《月令》有废兴之兵；深于《春秋》，则知用师诡诈之计；深于文，则知往来书檄之制：此何异假寇兵资盗粮也！臣闻鲁秉周礼，齐不加兵；吴获乘车，楚屡奔命。丧法危邦，可取鉴也。公主下嫁异国，当用夷礼，而反求良书，恐非本意，殆有奸人劝导其中。若陛下虑失其情，示不得已，请去《春秋》。夫《春秋》，当周德既衰，诸侯盛强，征伐竞兴，情伪于是乎生，变诈于是乎起，有以臣召君、取威定霸之事。诚与之，国之患也。狄固贪婪，贵货易土，正可锡以锦彩，厚以金玉，无足所求以资其智。"疏入，诏中书门下议。侍中裴光庭曰："吐蕃不识礼经，孤背国恩，今求哀启颡，许其降附，渐以《诗》、《书》，陶一声教，斯可致也。休烈但见情伪变诈于是乎生，不知忠信节义亦于是乎在。"帝曰："善。"遂与之。累迁起居郎、直集贤殿学士、比部郎中。杨国忠为宰相，斥不附己者，出为中部郡太守。

肃宗立，休烈奔行在，擢给事中，迁太常少卿，知礼仪事，兼修国史。帝尝谓曰："良史者，君举必书。朕有过失，顾卿何如？"对曰："禹、汤罪己，其兴也勃焉。有德之君不忘规过。"于时经大盗后，史籍燔缺，休烈奏："《国史》、《开元实录》、《起居注》及余书三千八百余篇藏兴庆宫，兵兴焚炀皆尽，请下御史核史馆所由，购府县有得者，许上送官。一书进官一资，一篇绢十匹。"凡数月，止获一二篇，唯韦述以其家藏《国史》百三十篇上献。中兴文物未完，休烈献《五代论》，讨著旧章，天子嘉之。转工部侍郎，仍修史。宰相李揆矜己护前，羞与同史任为等列，奏徙休烈为国子祭酒，权留史馆修撰，以卑下之，休烈安然无屑意。乾元初，始诏百官元日、冬至于光顺门贺皇后。休烈奏："周礼有命夫朝人君，命妇朝女君。自显庆以来，则天皇后甫行此礼，而命妇与百官杂处，在礼不经。"帝罢之。

代宗嗣位，甄别名品，元载称其清谅。拜右散骑常侍，兼修国史，加礼仪使，迁太常卿。累进工部尚书，封东海郡公。虽历清要，不治产。性恭俭仁爱，无喜愠之容。乐贤下善，推毂士甚众。年老，笃意经籍，嗜学不猒。妻韦卒，天子嘉休烈父子著儒行，诏赠韦国夫人，葬给卤簿、鼓吹。岁中，休烈亦卒，年八十一。帝为叹息，赠尚书左仆射,谥曰元,遣谒者就第宣慰,为儒者荣。

二子:益、肃,及休烈时,相继为翰林学士。益,天宝初及进士第。肃,终给事中,赠吏部侍郎。

肃子敖,字蹈中,擢进士,为秘书省校书郎。杨凭、李鄘、吕元膺相继辟幕府。元和初,拜监察御史,五迁至右司郎中。进给事中、左拾遗。庞严为元稹、李绅所厚,与蒋防俱荐为翰林学士。李逢吉诬绅罪逐之,而出严为信州刺史,防汀州刺史。敖封还诏书,揩绅意申严枉,及驳奏下,乃论贬严太轻,众皆嗤噪。逢吉乃厚敖,三迁至户部侍郎,出为宣歙观察使。敖修谨,家世用文学进,初为时所称,及居官,无所建明,不迕物以自容,名益减。卒,赠礼部尚书。

四子:球、珪、瓌、琮,皆清显。琮知名。

庞严者,字子肃,寿州寿春人。第进士,举贤良方正,策第一,拜拾遗。辞章峭丽,累迁驾部郎中,知制诰。坐累出。复入,稍迁太常少卿。大和五年,权京兆尹,强干不阿贵势,然贪利,溺声色。卒于官。

琮字礼用,落魄不事事,以门资为吏,久不调,驸马都尉郑颢独器之。宣宗诏选士人尚公主者,颢语琮曰:"子有美才,不饰细行,为众毁所抑,能为之乎?"琮许诺。中书舍人李潘知贡举,颢以琮托之,擢第,授左拾遗。初尚永福公主,主未降,食帝前,以事折匕箸,帝知其不可妻士大夫,更诏尚广德公主。咸通中,以水部郎中为翰林学士,迁中书舍人。阅五月,转兵部侍郎、判户部。八年,同中书门下平章事,进中书侍郎,兼户部尚书。为韦保衡所构,检校司空、山南东道节度使,三贬韶州刺史。保衡败,僖宗以太子少傅召,未几,复为山南节度使,入拜尚书右仆射。黄巢陷京师,以病卧家,巢欲起为相,琮辞疾,贼迫胁不止,乃曰:"吾死在旦夕,位宰相,义不受污。"贼遂害之。

高冯字季辅,以字行,德州蓨人。居母丧,以孝闻。兄元道,仕隋为汲令,县人反城应贼,杀元道。季辅率其党与县人战,禽之,斩首以祭,贼众畏伏,更归附之,至数千人。俄与武陟李厚德将其众降,授陟州总管府户曹参军。

贞观初,拜监察御史,弹治不避权要。累转中书舍人,列上五事,以为:

今天下大定,而刑未措,何哉?盖谋猷之臣、台阁之吏不崇简易,而昧经远,故执宪者以深刻为奉公,当官者以侵下为益国。如尚书八坐,人主所责成者也,宜择温厚修洁者任之。敦朴素,革浮伪,使家识慈孝,人知廉耻,过行者被嗤于乡,不昵者蒙摈于亲,自然礼节兴矣。

陛下身帅节俭,而营缮未息,丁匠不能给驱使,又和雇以重劳费。人主所欲,何求而不得。愿爱其材,毋使殚;惜其力,毋使弊。畿内数州,京师之本,土狭人庶,储畜少而科役多,宜蒙优贷,令得休息,强本弱支之义也。至江南、河北,人颇舒闲,宜为差等,均量劳逸。

公侯勋戚之家,邑入、俸稍足以奉养,而贷息出举,争求什一,下民化之,竞为锥刀,宜加惩革。

今外官卑品,皆未得禄,故饥寒之切,夷、惠不能全其行。为政之道,期于易从,不恤其匮,而须其廉,正恐巡察岁出,轺轩继轨,而侵渔不息也。宜及户口之繁,仓庾且实,稍加禀赐,使得事父母、养妻子,然后督责其效,则官人毕力矣。

密王元晓等俱陛下懿亲,当正其礼。比见帝子拜诸叔,诸叔答拜。爵封既同,当明昭穆,愿垂训正,以为彝法。

书奏,太宗称善,进授太子右庶子。数上书言得失,辞诚切至。帝赐钟乳一剂,曰:“而进药石之言,朕以药石相报。”后为吏部侍郎,善铨叙人物,帝赐金背镜一,况其清鉴焉。

久之,迁中书令、兼检校吏部尚书,监修国史,进爵蓨县公。永徽初,加光禄大夫、侍中、兼太子少保。感疾归第,有诏以其兄虢州刺史季通为宗正少卿,视疾,遣中使日候增损。卒,年五十八,赠开府仪同三司、荆州都督,谥曰宪。官给辒车,归葬于乡。

子正业,仕至中书舍人。坐善上官仪,贬岭表。

张行成,字德立,定州义丰人。少师事刘炫,炫谓门人曰:"行成体局方正,廊庙才也。"隋大业末,察孝廉,为谒者台散从员外郎。后为王世充度支尚书。世充平,以隋资补谷熟尉。家贫,代计吏集京师,擢制举乙科,改陈仓尉。高祖谓吏部侍郎张锐曰:"今选吏岂无才用特达者?朕将用之。"锐言行成,调富平主簿,有能名。召补殿中侍御史,纠劾严正。太宗以为能,谓房玄龄曰:"古今用人未尝不因介绍,若行成者,朕自举之,无先容也。"

尝侍宴,帝语山东及关中人,意有同异。行成曰:"天子四海为家,不容以东西为限,是示人以隘矣。"帝称善,赐名马一、钱十万、衣一称。自是有大政事,令与议焉。累迁给事中。帝尝谓群臣"朕为人主,兼行将相事,岂不是夺公等名?舜、禹、汤、武得稷、卨、伊、吕而四海安,汉高祖有萧、曹、韩、彭而天下宁,兹事朕皆兼之。"行成退,上疏曰:"有隋失道,天下沸腾,陛下拨乱反正,拯人涂炭,何周、汉君臣所能比数。虽然,盛德含光,规模宏远。左右文武诚无将相材,奚用大庭广众与之量校,损万乘之尊,与臣下争功哉?"帝嘉纳之。转刑部侍郎、太子少詹事。

太子驻定州监国,谓曰:"吾乃送公衣锦过乡邪!"令有司祠其先墓。行成荐里人魏唐卿、崔宝权、马龙驹、张君劼皆以学行闻,太子召见,以其老不可任以事,厚赐遣之。太子使行成诣行在,帝见悦甚,赐劳尤渥。还为河南巡察大使,称旨,检校尚书左丞。是岁,帝幸灵州,诏皇太子从。行成谏曰:"皇太子宜留监国,对百寮日决庶务,既为京师重,且示四方盛德。"帝以为忠。迁侍中、兼刑部尚书。

高宗即位,封北平县公,监修国史。时晋州地震不息,帝问之,对曰:"天,阳也,君象;地,阴也,臣象。君宜动,臣宜静。今静者顾动,恐女谒用事,大臣阴谋。又诸王、公主参承起居,或伺间隙,宜明设防闲。且晋,陛下本封,应不虚发,伏愿深思以杜未萌。"帝然之,诏五品以上极言得失。俄拜尚书左仆射、太子少傅。永徽四年,自三月不雨至五月,行成惧,以老乞身,制答曰:"古者策免,乖罪己之义。此在朕寡德,非宰相咎。"乃赐宫女、黄金器,敕勿复辞。行成固请,帝曰:"公,朕之旧,奈何舍朕去邪?"泫然流涕。行成惶恐,不得已复视事。未几,卒于尚书省舍,年六十七。诏九品以上就第哭。比敛,三遣使赐内衣服,尚宫宿其家护视。赠开府仪同三司、并州都督,祭以少牢,谥曰定。弘道元年,诏配享高宗庙廷。

族子易之、昌宗。

易之幼以门荫仕,累迁尚乘奉御。既冠,顾晰美姿制,音技多所晓通。武后时,太平公主荐其弟昌宗,得侍。昌宗白进易之材用过臣,善治炼药石。即召见,悦之。兄弟皆幸,出入禁中,傅朱粉,衣纨锦,盛饰自喜。即日拜昌宗云麾将军、行左千牛中郎将,易之司卫少卿,赐甲第,帛五百段,给奴婢、橐它、马牛充入之。不数日,进拜昌宗银青光禄大夫,赐防阁,同京官朝朔、望;追赠父希臧为襄州刺史,母韦、母臧并封太夫人,尚宫问省起居。诏尚书李迥秀私侍臧。昌宗兴不旬日,贵震天下。诸武兄弟及宗楚客等争造门,伺望颜色,亲执辔棰,号易之为"五郎",昌宗"六郎"。又加昌宗右散骑常侍。圣历二年,始置控鹤府,拜易之为监。久之,更号奉宸府,以易之为令。乃引知名士阎朝隐、薛稷、员半千为供奉。

后每燕集,则二张诸武杂侍,鄠博争道为笑乐,或嘲诋公卿,淫盅显行,无复羞畏。时无检轻薄者又诡言昌宗乃王子晋后身,后使被羽裳、吹箫、乘寓鹤,裴回庭中,如仙去状,词臣争为赋诗以媚后。后知丑声甚,思有以掩覆之,乃诏昌宗即禁中论著,引李峤、张说、宋之问、富嘉谟、徐彦伯等二十有六人撰《三教珠英》。加昌宗司仆卿、易之麟台监,权势震赫。皇太子、相王请封昌宗为王,后不听,迁春官侍郎,封邺国公,易之恒国公,实封各三百户。

后既春秋高,易之兄弟颛政,邵王重润与永泰郡主窃议,皆得罪缢死。御史大夫魏元忠尝劾奏易之等罪,易之诉于后,反诬元忠与司礼丞高戬约曰:"天子老,当挟太子为耐久朋。"后问:"孰为证左?"易之曰:"凤阁舍人张说。"翌日庭辩,皆不雠,然元忠、说犹皆被逐。其后易之等益自肆,奸赃狼藉,御史台劾奏之,乃诏宗晋卿、李承嘉、桓彦范、袁恕己参鞫,而司刑正贾敬言窥望后旨,奏昌宗强市,罪当赎,诏曰可。承嘉、彦范进曰:"昌宗赃四百万,尚当免官。"昌宗大言曰:"臣有功于国,不应免官。"后问宰相,内史令杨再思曰:"昌宗主炼丹剂,陛下饵之而验,功最大者也。"即诏释之,归罪其兄昌仪、同休,皆贬官。已而后久疾,居长生院,宰相不得进见,惟昌宗等侍侧。昌宗恐后不讳,祸且及,乃引支党日夜与谋为不轨事。然小人疏险,道路皆知之,至有榜其事于衢左者。左台御史中丞宋璟亟请按摄,后阳许璟,俄诏璟外按幽州都督屈突仲翔,更敕司刑卿崔神庆问状。神庆安奏云:"昌宗应原。"璟执奏"昌宗法当斩"。后不答,左拾遗李邕进曰:"璟之言,社稷计也,愿可之。"后终不许。

神龙元年,张柬之、崔玄晖等率羽林兵迎皇太子入,诛易之、昌宗于迎仙院,及其兄昌期、同休、从弟景雄皆枭首天津桥,士庶欢踊,脔取之,一夕尽。坐流贬者数十人。天宝九载,昌期女上表自言,杨国忠助之,诏复易之兄弟官爵,赐同休一子官。

赞曰:于志宁谏太子承乾,几遭贼杀,然未尝惧,知太宗之明,虽匕首椹胸不愧也。及武后立,不敢出一言,知高宗之昧,虽死无益也。季辅、行成数进谏,然雍容有礼,皆长厚君子哉!

唐书卷一〇五
列传第三〇

长孙无忌 敞 操 诠 顺德
褚遂良 璆　韩瑗　来济 恒
李义琰 巢 义琛　上官仪

　　长孙无忌,字辅机。性通悟,博涉书史。始,高祖兵度河,进谒长春宫,授渭北道行军典签。从秦王征讨有功,累擢比部郎中、上党县公。

　　皇太子建成毒王,王病,举府危骇。房玄龄谓无忌曰:"祸隙已牙,败不旋踵矣。夫就大计者遗细行,周公所以纣管、蔡也。"遂俱入白王,请先事诛之,王未许。无忌曰:"大王以舜何如人?"王曰:"浚哲文明,为子孝,为君仁,又何议哉?"对曰:"向使浚井弗出,得为孝乎?涂廪弗下,得为仁乎?大杖避,小杖受,良有以也。"王未决。事益急,乃遣无忌阴召房玄龄、杜如晦定计。无忌与尉迟敬德、侯君集、张公谨、刘师立、公孙武达、独孤彦云、杜君绰、郑仁恭、李孟尝讨难,平之。王为皇太子,授左庶子。即位,迁吏部尚书,以功第一,进封齐国公。帝以无忌皇后兄,又少相友,眷倚日厚,常出入卧内。进尚书右仆射。

　　突厥颉利可汗已盟而政乱,诸将请遂讨之。帝顾新歃血,不取为失机,取之失信,计犹豫,以问大臣。萧瑀曰:"兼弱攻昧,讨之便。"无忌曰:"今我务戢兵,待夷狄至,乃可击。使遂弱,且不能来,我又何求？臣谓按甲存信便。"帝曰："善"。然卒取突厥。

或有言无忌权太盛者，帝持表示无忌曰："我与公君臣间无少疑，使各怀所闻不言，斯则蔽矣。"因普示群臣曰："朕子幼，无忌于我有大功，视之犹子也。疏间亲、新间旧之谓不顺，朕无取焉。"无忌亦自惧贵且亢，后又数言之，遂解仆射，授开府仪同三司。与房玄龄、杜如晦、尉迟敬德皆以元勋封一子郡公。进册司空，知门下、尚书省事，无忌辞，又因高士廉口陈"以外戚位三公，嫌议者谓天子以私后家"。帝曰："朕任官必以才，不者，虽亲若襄邑王神符，不妄授；若才，虽仇如魏徵，不弃也。夫缘后兄爱昵，厚以子女玉帛，岂不得？以其兼文武两器，朕故相之，公等孰不曰然？"无忌固让，诏答曰："黄帝得力牧，为五帝先；夏禹得咎繇，为三王祖；齐桓得管仲，为五伯长；朕得公，遂定天下。公其无让！"帝又思所与共艰难，赖无忌以免，作《威凤赋》以赐，且况其功。

帝欲功臣并世袭刺史，贞观十一年，乃诏有司："朕凭明灵之祐，贤佐之力，克翦多难，清宇内。盖时屯共资其力，世安专享其利，朕所不取。刺史，古诸侯，虽名不同，而监统一也。无忌等义贯休戚，效挺夷险，喜庸懿绩，简在朕心。其改锡土宇，用世及之制。"乃以无忌为赵州刺史，以赵为公国；房玄龄宋州刺史，国于梁；杜如晦赠密州刺史，国于莱；李靖濮州刺史，国于卫；高士廉申州刺史，国于申；侯君集陈州刺史，国于陈；道宗鄂州刺史，王江夏；孝恭观州刺史，王河间；尉迟敬德宣州刺史，国于鄂；李勣蕲州刺史，国于英；段志玄金州刺史，国于褒；程知节普州刺史，国于卢；刘弘基朗州刺史，国于夔；张亮澧州刺史，国于郧。凡十有四人，余官食邑尚不在。无忌等辞曰："群臣披荆棘，事陛下。今四海混一，诚不愿违远左右，而使世牧外州，与迁徙等。"帝曰："割地封功臣，欲公等后嗣长为藩翰，而薄山河之誓，反为怨望，朕亦安可强公土宇邪？"遂止。后帝幸其第，自家人姻娅劳赐皆有差。久之，进位司徒。

太子承乾废，帝欲立晋王，未决，坐两仪殿，群臣已罢，独留无忌、玄龄、勣言东宫事，因曰："我三子一弟，未知所立，吾心亡聊。"

即投床,取佩刀自向,无忌等惊,争抱持,夺刀授晋王,而请帝所欲立。帝曰:"我欲立晋王。"无忌曰:"谨奉诏,异议者斩!"帝顾王曰:"舅许汝矣,宜即谢。"王乃拜。帝复曰:"公等与我意合,天下其谓何?"答曰:"王以仁孝闻天下久矣,固无异辞;有如不同,臣负陛下百死。"于是遂定。以无忌为太子太师、同中书门下三品,"同三品"自此始。帝又欲立吴王恪,无忌密争止之。帝征高丽,诏摄侍中。还,辞师傅官,听罢太子太师,遥领扬州都督。

帝尝从容问曰:"朕闻君圣臣直,人常苦不自知,公宜面攻朕得失。"无忌曰:"陛下神武圣文,冠卓千古,性与天道,非臣等愚所及,诚不见有所失。"帝曰:"朕冀闻过,公等乃相谀悦。朕当评公等可否以相规。"谓:"高士廉心术警悟,临难不易节,所乏者骨鲠耳。唐俭有辞,善和解人,酒杯流行,发言可憙。事朕二十年,未尝一言国家事。杨师道性谨审,自能无过,而懦不更事,缓急非可倚。岑文本敦厚,文章、论议其所长也,谋常经远,自当不负于物。刘洎坚正,其言有益,不轻然诺于人,能自补阙。马周敏锐而正,评裁人物,直道而行,所任皆称朕意。褚遂良鲠亮,有学术,竭诚亲于朕,若飞鸟依人,自加怜爱。无忌应对机敏,善避嫌,求于古人,未有其比;总兵攻战,非所善也。"

二十三年,帝疾甚,召入卧内,帝引手扪无忌颐,无忌哭,帝感塞,不得有所言。翌日,与遂良入受诏,顾遂良曰:"我有天下,无忌力也。尔辅政,勿令谗毁者害之。"有顷,崩。方在离宫,皇太子悲恸,无忌曰:"大行以宗庙、社稷属殿下,宜速即位。"因秘不发丧,请还宫。

太子即位,是为高宗。进无忌太尉,检校中书令,犹知门下、尚书二省。因辞尚书省,许之。帝欲立武昭仪为后,无忌固言不可。帝密以宝器锦帛十余车赐之,又幸其第,擢三子皆朝散大夫,昭仪母复诣其家申请。许敬宗数劝之,无忌厉色折拒。帝后召无忌、遂良及于志宁言后无息,昭仪有子,必欲立之者。无忌已数谏,即曰:"先帝付托遂良,愿陛下访之。"遂良极道不可,帝不听。

后既立，以无忌受赐而不助己，衔之。敬宗揣后指，阴使洛阳人李奉节上无忌变事，与侍中辛茂将临按，傅致反状。帝惊曰："将妄人构间，殆不其然。"敬宗具言："反迹已露，陛下不忍，非社稷之福。"帝泣曰："我家不幸，高阳公主与我同气，往谋反，今舅复尔，使我重愧天下，奈何？"对曰："房遗爱口乳臭，与女子反，安能就事？无忌奸雄，天下所畏伏，一旦窃发，陛下谁使御之？今即急，恐攘袂一呼，以啸同恶，且为宗庙忧。陛下不见隋室乎？宇文化及父宰相，弟尚主，而身掌禁兵，炀帝处之不疑，然而起为戎首，遂亡隋。愿陛下决之。"帝犹疑，更诏审核。明日，敬宗言无忌反明甚，请逮捕。帝泣曰："舅果尔，我决不忍杀，后世其谓我何？"敬宗曰："汉文帝舅薄昭，从代来有功，后坐杀人，帝惜挠法，令朝臣丧服就哭之，昭自杀，良史不以为失。今无忌忘先帝之德，舍陛下至亲，乃欲移社稷、败宗庙，岂特昭比邪？在法夷五族。臣闻当断不断，反受其乱。乘机亟行，缓必生变。无忌与先帝谋取天下，天下伏其智，王莽、司马懿之流。今逆徒自承，何疑而不决？"帝终不质问。遂下诏削官爵封户，以扬州都督一品俸置于黔州，所在发兵护送；流其子秘书监冲等于岭外；从弟渝州刺史知仁贬翼州司马。后数月，又召司空勣、中书令敬宗、侍中茂将等覆按反狱。敬宗令大理正袁公瑜、御史宋之顺等即黔州暴讯。无忌投缳卒，冲免死，杀族子祥，流族弟思于檀口，大抵期亲皆谪徙。

初，无忌与遂良悉心奉国，以天下安危自任，故永徽之政有贞观风。帝亦宾礼老臣，拱己以听。纲纪设张，此两人维持之也。既二后废立计不合，奸臣阴图，帝暗于听受，卒以屠覆，自是政归武氏，几至亡国。

上元元年，追复官爵，以孙元翼袭封。初，无忌自作墓昭陵茔中，至是许还葬。文宗开成三年，诏曰："每览国史至太尉无忌事，未尝不废卷而叹。其以裔孙钧为猗氏令。"

无忌从父敞，字休明。隋炀帝为晋王，敞以库直从畋骊山，王凌危逐鹿，谏曰："大王冒垂堂，淫原兽，可乎？"王遂止。即位，颇见识擢。及幸江都，留守禁籥。高祖入关，率子弟谒新丰，授将作少监，出为杞州刺史。贞观初，坐受赇免。太宗以后属，岁私给禀，偿其费。累封平原郡公。卒赠幽州都督，谥曰良，陪葬昭陵。

从父弟操，字元节。父览，为周大司徒、薛国公。操有学术。初，高祖辟署相国府金曹参军。未几，检校虞州刺史。从秦王征讨，常侍旁，与闻秘谋。徙陕州，城中无井，人勤于汲，操为酾河溜入城，百姓利安。以母丧解，长老守阙颂遗爱。服除，封乐寿县男。为齐、扬、益三州刺史，课皆最，下诏褒扬。永徽初，以陕州刺史卒，赠吏部尚书，谥曰安，葬给鼓吹，至虞罢。

子诠，尚新城公主。诠女兄为韩瑗妻。无忌得罪，诠流巂州，有司希旨杀之。诠有甥赵持满者，工书，善骑射，力搏虎，走逐马，而仁厚下士，京师无贵贱爱慕之。为凉州长史，尝逐野马，射之，矢洞于前，边人畏伏。诠之贬，许敬宗惧持满才能仇己，追至京，属吏讯搒，色不变，曰："身可杀，辞不可枉！"吏代为占，死狱中。

无忌族叔顺德。

顺德仕隋为右勋卫，征辽当行，亡命太原，素为高祖亲厚。太宗将起兵，令与刘弘基募士于外，声备贼，至数万人，乃结队按屯。大将军府建，授统军，从平霍邑、临汾、绛郡有功。与刘文静击屈突通于潼关，通将奔洛阳，顺德跳迫桃林，执通以献，遂定陕县。以多进左骁卫大将军，封薛国公。讨建成余党，食千二百户，赐宫女，诏宿内省。

俄以受赇为有司劾发，帝曰："顺德元勋外戚，爵隆位厚至矣。若令观古今自鉴，有以益国家者，朕当与共府库，何至以贪冒闻乎？"因赐帛数十愧切之。大理少卿胡演曰："顺德以赂破法，不可赦，奈何又赐之？"帝曰："使有耻者，得赐甚于戮；如不能，乃禽兽也，杀之何益？"

李孝常谋反,坐与交,削籍为民。岁余,帝阅功臣图,见其像,怜之,遣宇文士及视顺德,顺德方颓然醉,遂召为泽州刺史,复爵邑。顺德素少检,侈放自如,至是折节为政,以严明称。先时守长多通饷问,顺德绳擿无所容,遂为良吏。前刺史张长贵、赵士达占部中腴田数十顷,夺之以给贫单。寻坐累还第。丧息女,感疾甚,帝薄之,谓房玄龄曰:"顺德无刚气,以儿女牵爱至大病,胡足恤?"未几,卒,遣使吊之,赠荆州都督,谥曰襄。贞观十三年,封邳国公。永徽中,加赠开府仪同三司。

褚遂良,字登善,通直散骑常侍亮子。隋大业末,为薛举通事舍人。仁杲平,授秦王府铠曹参军。贞观中,累迁起居郎。博涉文史,工隶楷。太宗尝叹曰:"虞世南死,无与论书者!"魏徵白见遂良,帝令侍书。帝方博购王羲之故帖,天下争献,然莫能质真伪。遂良独论所出,无舛冒者。

十五年,帝将有事太山,至洛阳,星孛太微,犯郎位。遂良谏曰:"陛下拨乱反正,功超古初,方告成岱宗,而彗辄见,此天意有所未合。昔汉武帝行岱礼,优柔者数年,臣愚愿加详虑。"帝瞿,诏罢封禅。

迁谏议大夫,兼知起居事。帝曰:"卿记起居,大抵人君得观之否?"对曰:"今之起居,古左右史也,善恶必记,戒人主不为非法,未闻天子自观史也。"帝曰:"朕有不善,卿必记邪?"对曰:"守道不如守官,臣职载笔,君举必书。"刘洎曰:"使遂良不记,天下之人亦记之矣。"帝曰:"朕行有三:一,监前代成败,以为元龟;二,进善人,共成政道;三,斥远群小,不受谗言。朕能守而勿失,亦欲史氏不能书吾恶也。"

是时,魏王泰礼秩如嫡,群臣未敢谏。帝从容访左右曰:"方今何事尤急?"岑文本泛言礼义为急,帝以不切,未领可。遂良曰:"今四方仰德,谁弗率者?唯太子、诸王宜有定分。"帝曰:"有是哉!朕年五十,日以衰惫,虽长子守器,而弟、支子尚五十人,心常念焉。自古宗姓无良,则倾败相仍,公等为我柬贤者保傅之。夫事人久,情媚熟,则非意自生,其令王府官不得过四考,著为令。"帝尝怪:"舜造漆器,禹雕其俎,谏者十余不止,小物何必尔邪?"遂良曰:"雕琢害力农,纂绣伤女工,奢靡之始,危亡之渐也。漆器不止,必金为之,金又不止,必玉为之,故谏者救其源,不使得开。及夫横流,则无复事矣。"帝咨美之。

于时皇子虽幼,皆外任都督、刺史,遂良谏曰:"昔二汉以郡国参治,杂用周制。今州县率仿秦法,而皇子孺年并任刺史,陛下诚以至亲捍四方。虽然,刺史,民之师帅也,得人则下安措,失人则家劳劲。故汉宣帝曰:'与我共治,惟良二千石乎。'臣谓皇子未冠者,可且留京师,教以经学,畏仰天威,不敢犯禁,养成德器,审堪临州,然后敦遣。昔东汉明、章诸帝,友爱子弟,虽各有国,幼者率留京师,训饬以礼。讫其世,诸王数十百,惟二人以恶败,自余飡和染教,皆为善良。此前事已验,惟陛下省察。"帝嘉纳。

太子承乾废,魏王泰闲侍,帝许立为嗣,因谓大臣曰:"泰昨自投我怀中云:'臣今日始得为陛下子,更生之日也。臣惟有一子,百年后,当杀之,传国晋王。'朕甚怜之。"遂良曰:"陛下失言。安有为天下主而杀其爱子,授国晋王乎?陛下昔以承乾为嗣,复宠爱泰,嫡庶不明,纷纷至今。若必立泰,非别置晋王不可。"帝泣曰:"我不能。"即诏长孙无忌、房玄龄、李勣与遂良等定策立晋王为皇太子。

时飞雉数集宫中,帝问:"是何祥也?"遂良曰:"昔秦文公时,有俅子化为雉,雌鸣陈仓,雄鸣南阳。俅子曰:'得雄者王,得雌者霸。'文公遂雄诸侯,始为宝鸡祠。汉光武得其雄,起南阳,有四海。陛下本封秦,故雄雌并见,以告明德。"帝悦,曰:"人之立身,不可以无学。遂良所谓多识君子哉!"俄授太子宾客。

薛延陀请婚,帝已纳其聘,复绝之。遂良曰:"信为万事本,百姓所归。故文王许枯骨而不违,仲尼去食存信,贵之也。延陀,曩一俟斤耳。因天兵北讨,荡平沙塞,威加诸外,而恩结于内,以为余寇不可以无酋长,故玺书鼓纛,立为可汗。负抱之恩,与天无极。数遣使

请婚于朝,陛下既开许,为御北门受献食。今一朝自为进退,所惜
少,所失多,亏信夷狄,方生嫌恨,殆不可以训戎兵、励军事也。且龙
沙以北,部落牛毛,中国击之不能尽,亦犹可比败,芮芮兴,突厥亡,
延陀盛。是以古人虚外实内,怀之以德。使为恶,在夷不在华;失信,
在彼不在此也。惟陛下裁幸。"不纳。

　　帝欲自讨辽东,遂良固劝无行:"一不胜,师必再兴,再兴,为忿
兵。兵忿者,胜负不可必。"帝然可。会李勣诋其计,帝意遂决东。遂
良惧,上言:"臣请譬诸身。两京,腹心也;四境,手足也;殊裔绝域,
殆非支体所属。高丽王陛下所立,莫离支杀之。讨其逆,夷其地,固
不可失,但遣一二慎将,付锐兵十万,翔挬云翻,唾手可取。昔侯君
集、李靖皆庸人尔,犹能撅高昌,缨突厥,陛下止发踪指示,得归功
圣明。前日从陛下平天下,虓士爪臣,气力未衰,可驱策,惟陛下所
使。臣闻涉辽而左,或水潦,平地淖三尺,带方、玄菟,海壤荒漫,决
非万乘六师所宜行。"是时,帝锐意荡平,不见省。进黄门侍郎,参综
朝政。莫离支遣使贡金,遂良曰:"古者讨杀君之罪,不受其赂。鲁
纳郜鼎太庙,《春秋》讥之。今莫离支所贡不臣之筐,不容受。"诏可,
以其使属吏。

　　帝既平高昌,岁调兵千人往屯,遂良诵诤不可,帝志取西域,置
其言不用。西突厥寇西州,帝曰:"往魏徵、褚遂良劝我立麹文泰子
弟,不用其计,乃今悔之。"帝于寝宫侧别置院居太子,遂良谏,以为
"朋友深交者易怨,父子滞爱者多怨。宜许太子闲还东宫,近师傅,
专学艺,以广懿德",帝从其言。会父丧免,起复,拜中书令。

　　帝寝疾,召遂良、长孙无忌曰:"汉武帝属霍光,刘备托诸葛亮,
朕今委卿矣。太子仁孝,其尽诚辅之。"谓太子曰:"无忌、遂良在,而
毋忧。"因命遂良草诏。高宗即位,封河南县公,进郡公。坐事出为
同州刺史。再岁,召拜吏部尚书、同中书门下三品,监修国史,兼太
子宾客。进拜尚书右仆射。

　　帝将立武昭仪,召长孙无忌、李勣、于志宁及遂良入。或谓无忌
当先谏,遂良曰:"太尉,国元舅,有不如意,使上有弃亲之讥。"又谓

勣上所重,当进,曰:"不可。司空、国元勋,有不如意,使上有斥功臣之嫌。"曰:"吾奉遗诏,若不尽愚,无以下见先帝。"既入,帝曰:"罪莫大于绝嗣,皇后无子,今欲立昭仪,谓何?"遂良曰:"皇后本名家,奉事先帝。先帝疾,执陛下手语臣曰:'我儿与妇今付卿!'且德音在陛下耳,可遽忘之? 皇后无它过,不可废。"帝不悦。翌日,复言,对曰:"陛下必欲改立后者,请更择贵姓。昭仪昔事先帝,身接帷第,今立之,奈天下耳目何?"帝羞默。遂良因致笏殿阶,叩头流血,曰:"还陛下此笏,丐归田里。"帝大怒,命引出。武氏从幄后呼曰:"何不扑杀此獠?"无忌曰:"遂良受顾命,有罪不加刑。"会李勣议异,武氏立,乃左迁遂良潭州都督。

显庆二年,徙桂州,未几,贬爱州刺史。遂良内忧祸,恐死不能自明,乃上表曰:"往者承乾废,岑文本、刘洎奏东宫不可少旷,宜遣濮王居之,臣引义固争。明日仗入,先帝留无忌、玄龄、勣及臣定策立陛下。当受遗诏,独臣与无忌二人在,陛下方草土号恸,臣即奏请即位大行枢前。当时陛下手抱臣颈,臣及无忌请即还京,发哀大告,内外宁谧。臣力小任重,动贻伊戚,蝼蚁余齿,乞陛下哀怜。"帝昏懦,牵于武后,讫不省。岁余,卒,年六十三。

后二岁,许敬宗、李义府奏长孙无忌逆谋皆遂良驱煽,乃削官爵。二子彦甫、彦冲流爱州,杀之。帝遗诏听其家北还。神龙中,复官爵。德宗追赠太尉。文宗时,昭以遂良五世孙虔为临汝尉。安南观察使高骈表遂良客窆爱州,二男一孙袥。咸通九年,诏访其后护丧归葬阳翟云。

遂良曾孙璆,字伯玉,擢进士第,累拜监察御史里行。先天中,突厥围北廷,诏璆持节监总督诸将,破之。迁侍御史,拜礼部员外郎。而气象凝挺,不减在台时。

韩瑗,字伯玉,京兆三原人。父仲良,武德初,与定律令,建言:"周律,其属三千,秦、汉后约为五百。依古则繁,请崇宽简,以示惟新。"于是采《开皇律》宜于时者定之。终刑部尚书、秦州都督府长史、颍川县公。

瑗少负节行。博学,晓吏事。贞观中,以兵部侍郎袭爵。永徽三年,迁黄门侍郎。俄同中书门下三品,监修国史。进侍中,兼太子宾客。王后之废,瑗雪泣言曰:"皇后乃陛下在藩时先帝所娶,今无罪辄废,非社稷计。"不纳。明日复谏曰:"王者立后,配天地,象日月。匹夫匹妇尚知相择,况天子乎?《诗》云:'赫赫宗周,褒姒灭之。'臣读至此,常辍卷太息,不图本朝亲见此祸。宗庙其方血食乎!"帝大怒,诏引出。褚遂良贬潭州都督,明年瑗上言:"遂良受先帝顾托,一德无二,向日论事,至诚恳切,讵肯令陛下后尧、舜而尘史册哉?遭厚谤丑言,损陛下之明,折志士之锐。况被迁以来,再离寒暑,其责塞矣。愿宽无辜,以顺众心。"帝曰:"遂良之情,朕知之矣。其孥戾好犯上,朕责之,讵有过邪?"瑗曰:"遂良,社稷臣。苍蝇点白,傅致有罪。昔微子既去,殷以亡;张华不死,晋不及乱。陛下富有四海,安于清泰,忽驱逐旧臣,遂不省察乎?"帝愈不听。瑗忧愤,自表归田里,不报。

显庆二年,许敬宗、李义府奏"瑗以桂州授遂良,桂用武地,倚之谋不轨"。于是贬振州刺史,逾年,卒,年五十四。长孙无忌死,义府等复奏瑗与通谋,遣使即杀之;既至,瑗已死,发棺验视乃还。追削官爵,籍其家,子孙谪广州官奴。神龙初,武后遗诏复官爵。

自瑗与遂良相继死,内外以言为讳将二十年。帝造奉天宫,御史李善感始上疏极言,时人喜之,谓为"凤鸣朝阳"。

来济,扬州江都人。父护儿,隋左翊卫大将军。宇文化及难,阖门死之,济幼得免。转侧流离,而笃志为文章,善议论,晓畅时务,擢进士。贞观中,累迁通事舍人。太子承乾败,太宗问侍臣何以处之,莫敢对。济曰:"陛下上不失为慈父,太子得尽天年,则善。"帝纳之。除考功员外郎。十八年,初置太子司议郎,高其选,而以济为之,兼崇贤馆直学士。迁中书舍人。永徽二年,拜中书侍郎,兼弘文馆学士,监修国史。俄同中书门下三品,封南阳县男。迁中书令,检校吏部尚书。

帝将以武氏为后,济谏曰:"王者立后,以承宗庙、母天下,宜择礼义名家、幽闲令淑者,副四海之望,称神祇之意。故文王兴姒,《关雎》之化,蒙被百姓,其福如彼;成帝纵欲,以婢为后,皇统中微,其祸如此。惟陛下详察。"初,武氏被宠,帝特号"宸妃"。济与韩瑗谏:"妃有常员,今别立号,不可。"武氏已立,不自安。后更谮言济等忠鲠,恐前经执奏,辄怀反仄,请加赏慰,而实衔之。帝示济及瑗,济等益惧。

显庆初,兼太子宾客,进爵为侯。帝尝从容问驭下所宜,济曰:"昔齐桓公出游,见老人,命之食,曰:'请遗天下食。'遗之衣,曰:'请遗天下衣。'公曰:'吾府库有限,安得而给?'老人曰:'春不夺农时,即有食;夏不夺蚕工,即有衣。'由是言之,省徭役,驭下之宜也。"于时山东役丁,岁别数万人,又议取庸以偿雇,纷然烦扰,故济对及之。二年,兼詹事。寻坐褚遂良事,贬台州刺史。久之,徙庭州。龙朔二年,突厥入寇,济总兵拒之,谓其众曰:"吾尝缀刑网,蒙赦死,今当以身塞责。"遂不介胄而驰贼,没焉,年五十三。赠楚州刺史,给灵辂还乡。

初,济与高智周、郝处俊、孙处约客宣城石仲览家,仲览衍于财,有器识,待四人甚厚。私相与言志,处俊曰:"愿宰天下。"济及智周亦然。处约曰:"宰相或不可冀,愿为通事舍人足矣。"后济领吏部,处约始以瀛州书佐入调,济遽注曰"如志",遂以处约为通事舍人。后皆至公辅云。

济异母兄恒,上元中,为黄门侍郎、同中书门下三品。父本骁将,而恒、济俱以学行称,相次知政事。时虞世南子昶无才术,历将作少匠、工部侍郎,主工作。许敬宗曰:"护儿儿作相,世南男作匠,文武岂有种邪?"

李义琰,魏州昌乐人,其先出陇西望姓。及进士第,补太原尉。

李勣为都督,僚吏惮其威,义琰独敢廷辨曲直,勣甚礼之。徙白水令,有能名,擢司刑员外郎。义琰姿体魁秀,博学,有智识。累迁中书侍郎。上元中,进同中书门下三品,兼太子右庶子。高宗欲使武后摄国政,义琰与郝处俊固争,事得寝。章怀太子之废,尽赦宫臣罪,庶子薛元超等皆蹈舞,义琰独引咎涕泣,搢绅义之。帝每顾问,必鲠切不回。宅无正寝,弟义琎为市堂材送之。义琰曰:"以吾为国相,且自愧,尚营美宇,是速吾祸,岂爱我者邪?"义琎曰:"凡仕为丞尉,且崇第舍,兄位高,安可逼下哉?"答曰:"不然。事难全遂,物不两兴。既处贵仕,又广居宇,非有令德,必受其殃。"卒不许。后其木久腐,乃弃之。

义琰改葬其先,使舅家移茔而兆其所。帝闻,怒曰:"是人不可使秉政。"义琰惧以疾乞骸骨,迁银青光禄大夫,听致仕,乃归田里。公卿以下悉祖饯通化门外,时人比汉疏广。垂拱初,起为怀州刺史,自以失武后意,辞不拜,卒。

子巢,幼豪俊,善骑射,而不治细行。义琰尝拘之,绝其交游。后亡走阙下,献书陈利害。拜监察御史,与李义府同按柳奭、韩瑗狱,迁殿中。上书忤旨,贬龙编主簿。

义琰从祖弟义琛。

义琛擢进士第,历监察御史。贞观中,文成公主贡金,遇盗于岐州,主名不立。太宗召群御史至,目义琛曰:"是人神情爽拔,可使推捕。"义琛往,数日获贼。帝喜,为加七阶。初,义琰使高丽,其王据榻召见,义琰不拜,曰:"吾,天子使,可当小国之君,奈何倨见我?"王词屈,为加礼。及义琛再使,亦坐召之,义琛匍匐拜伏。时人由是见兄弟优劣。

累迁刑部侍郎。为雍州长史,时关辅大饥,诏贫人就食商、邓,义琛恐流徙不还,上疏固争。左迁黎州都督,终岐州刺史。

子绾,为柏人令,有仁政,县为立祠。

上官仪,字游韶,陕州陕人。父弘,为隋江都宫副监,大业末,为陈棱所杀。时仪幼左右匿免,冒为沙门服。寖工文词,涉贯坟典。贞观初,擢进士第,召授弘文馆直学士。迁秘书郎。太宗每属文,遣仪视藁,宴私未尝不预。转起居郎。高宗即位,为秘书少监,进西台侍郎、同东西台三品。时以雍州司士参军韦绚为殿中侍御史,或疑非迁,仪曰:"此野人语耳。御史供奉赤墀下,接武夔龙,簉羽鹓鹭,岂雍州判佐比乎?"时以为清言。仪工诗,其词绮错婉媚。及贵显,人多效之,谓为"上官体"。

麟德元年,坐梁王忠事下狱死,籍其家。初,武后得志,遂牵制帝,专威福,帝不能堪;又引道士行献胜,中人王伏胜发之。帝因大怒,将废为庶人,召仪与议。仪曰:"皇后专恣,海内失望,宜废之以顺人心。"帝使草诏。左右奔告后,后自申诉,帝乃悔;又恐后怨恚,乃曰:"上官仪教我。"后由是深恶之。始,忠为陈王时,仪为咨议,与王伏胜同府。至是,许敬宗构仪与忠谋大逆,后志也。自褚遂良等元老大臣相次屠覆,公卿莫敢正议,独仪纳忠,祸又不旋踵,由是天下之政归于后,而帝拱手矣。

子庭芝,历周王府属,亦被杀。庭芝女,中宗时为昭容,追赠仪为中书令、秦州都督、楚国公;庭芝黄门侍郎、岐州刺史、天水郡公,以礼改葬。

赞曰:高宗之不君,可与为治邪?内牵嬖阴,外劫谗言,以无忌之亲,遂良之忠,皆顾命大臣,一旦诛斥,忍而不省。反天之刚,挠阳之明,卒使牝咮鸣辰,昨移后家,可不哀哉!天以女戎间唐而兴,虽义士仁人抗之以死,决不可支。然瑗、济、义琰、仪四子可谓知所守矣。噫,使长孙不逐江夏、害吴王,褚不潜死刘洎,其盛德可少訾乎!

唐书卷一○六
列传第三一

杜正伦 求仁 咸　　崔知温 知悌

高智周 石仲览　　郭正一

赵弘智 来章　　崔敦礼

杨弘礼 弘武 元禧 纂　　卢承庆

齐卿　刘祥道 齐贤 从一　　李敬玄

元素　刘德威 审礼 延景 升 延嗣

孙处约 佺　　邢文伟 高子贡

　　杜正伦,相州洹水人。隋世重举秀才,天下不十人,而正伦一门三秀才,皆高第,为世歆美。调武骑尉。太宗素知名,表直秦王府文学馆。贞观元年,魏徵荐其才,擢兵部员外郎。帝劳曰:"朕举贤者,非朕独私,以能益百姓也。我于宗娅故人,苟无能,终不得任。卿宜思有以称吾举者。"俄迁给事中,知起居注。帝尝曰:"朕坐朝,不敢多言,必待有利于民,乃出诸口。"正伦曰:"臣职左史,陛下一言失,非止损百姓,且笔之书,千载累德。"帝悦,赐彩段二百。进累中书侍郎。与韦挺、虞世南、姚思廉论事称旨,帝为设宴具,召四人者,谓曰:"我闻神龙可扰以驯,然颔有逆鳞,婴者死,人君亦有之。卿属遂犯吾鳞,裨阙失,朕其虑危亡哉!思卿至意,故举酒以相乐也。"各赐帛有差。

太子监国,诏正伦行左庶子,兼崇贤馆学士。帝谓正伦:"吾儿幼,未有就德,我常物物戒之。今当监国,不得朝夕见,故辍卿于朝以佐太子。慎之勖之。"它日又言:"朕年十八,犹在人间,情伪无不尝;及即位,处置有失,必待谏,乃释然悟,况太子生深宫不及知邪?且人主不可自骄,今若诏天下,敢谏者死,将无复发言矣。故朕孜孜延进直言。卿其以是晓太子,冀裨益之。"擢中书侍郎,封南阳县侯,仍兼太子左庶子。出入两宫,曲机密,以办治称。后太子稍失道,帝语正伦:"太子数私小人,卿可审喻之,教而不徙,其语我来。"故正伦显谏无所避。太子不从,辄道帝语督切,太子即表闻。帝责曰:"何漏泄我语?"对曰:"开示不入,故以陛下语怖之,冀当反善。"帝怒,出为谷州刺史,再贬交州都督。太子废,坐受金带,流欢州。久之,授郢、石二州刺史。

显庆元年,擢黄门侍郎,兼崇贤馆学士,进同中书门下三品。又兼度支尚书,仍知政事。迁中书令,封襄阳县公。初,正伦已通贵,李义府官尚微,及同执政,不能下。中书侍郎李友益,义府族也,晚附正伦,同摭义府衅缺。义府使人告正伦、友益交通闒上,有异计。高宗恶之,出正伦为横州刺史,流友益峰州。正伦卒于贬。

正伦与城南诸杜昭穆素远,求同谱,不许,衔之。诸杜所居号杜固,世传其地有壮气,故世衣冠。正伦既执政,建言凿杜固通水以利人。既凿,川流如血,阅十日止,自是南杜稍不振。正伦工属文,尝与中书舍人董思恭夜直,论文章。思恭归,谓人曰:"与杜公评文,今日觉吾文顿进。"无子,以兄子志静为嗣。

从子求仁、从孙咸皆显名。

求仁有雅才。永淳中,授监察御史,坐事为黟令。与徐敬业举兵,为兴复府左长史,死于难。

咸擢进士第。累迁右台监察御史。牂柯反,咸监军出讨。贼保垒自固,道荒漫,师不能进。咸乃息士,示不欲战,阴伺之。时旱暑风炽,咸纵火,噪而前,贼眩怖相失,自腾践死,擒其酋,遂平之。迁侍御史,出为汾州长史。开元中,为河北按察使。坐用法深,贬睦州司马。

崔知温,字礼仁,许州鄢陵人。仕为左千牛,稍迁灵州司马。境有浑、斛萨万帐,数扰齐民,农皆释耒习骑射以捍贼。知温表徙河北,房不乐迁,将军契苾何力为言,乃止。知温固请,疏十五报,卒徙河北,自是人得就耕。浑、斛萨至徙地,顾善水草,亦忘迁。后入朝,过州,谢曰:"初徙且怨公,今地膏腴,众孳殖,更荷公恩。"皆再拜。

四迁兰州刺史。党项羌三万入寇,州兵寡,众惧,莫知所出。知温披闿不设备,羌怪之,不敢进。俄会将军权善才率兵至,大破其众。善才欲遂穷追取之,知温曰:"古善战弗逆奔,且溪谷复深,草木荒延,万分一有变,不可悔。"善才曰:"善。"分降口五百赠知温,辞曰:"我议公事,图私利邪?"

累迁尚书左丞,转黄门侍郎,修国史。永隆初,以秩卑,特诏同门下三品,兼修国史,迁中书令。卒,年五十七,赠幽州大都督,谥曰忠。子泰之,开元时,为工部尚书;谞之,为将作少匠,与诛二张功,封博陵县侯,实封户二百,终少府监。

兄知悌,亦至中书侍郎。与戴至德、郝处俊、李敬玄等同赐飞白书赞,而知悌、敬玄以忠勤见表。迁尚书左丞。裴行俭之破突厥,斩泥孰匐,残落保狼山,诏知悌驰往定襄慰将士,佐行俭平遗寇,有功。终户部尚书。

高智周,常州晋陵人。第进士,补越王府参军。迁费令,与丞、尉均取俸,民安其化,刻石颂美。入擢秘书郎、弘文馆直学士。尝覆弈、诵碑,无谬者。三迁兰台大夫。孝敬在东宫,与司文郎中贺敳、司经大夫王真儒并为侍读,得告还乡里,叹曰:"进不知退,取祸之道也。"即移病去。

俄拜寿州刺史,其治尚文雅,行部,先见诸生,质经义及政得失，既乃录狱讼，考耕饷勤堕，以为常。迁正谏大夫、黄门侍郎。仪凤初，进同中书门下三品。迁太子左庶子。是时崔知温、刘景先修国史，故智周与郝处俊监莅。久之，罢为御史大夫，与薛元超、裴炎同治章怀太子狱，无所同异，固表去位。高宗美其概，授右散骑常侍。请致仕，听之。卒，年八十二，赠越州都督，谥曰定。

智周始与郝处俊、来济、孙处约共依江都石仲览。仲览倾产结四人欢，因请各语所期。处俊曰："丈夫惟无仕，仕至宰相乃可。"智周、济如之。处约曰："得为舍人，在殿中周旋吐纳可也。"仲览使相工视之，工语仲览曰："高之贵，君不及见之。来早显而末踬，高晚显而寿。吾闻速登者易颠，徐进者少患，天道也。"后济居吏部，处约以瀛州参军入调，济曰"如志"，拟通事舍人。毕，降阶劳问平生。既仲览卒，而济等益显。

智周所善义兴蒋子慎，有客尝视两人，曰："高公位极人臣，而嗣少弱；蒋侯宦不达，后且兴。"子慎终达安尉。其子缙往见智周，智周方贵，以女妻之。生子挺，历湖、延二州刺史。生子洌、涣，皆擢进士。洌为尚书左丞。涣，永泰初历鸿胪卿，日本使尝遗金帛，不纳，唯取笺一番，为书以贻其副云。挺之卒，洌兄弟庐墓侧，植松柏千余。涣终礼部尚书，封汝南公。洌子链，涣子铢，又有清白名。而高氏后无闻。

郭正一，定州鼓城人。贞观时，由进士署第，历中书舍人、弘文馆学士。永隆中，迁秘书少监，检校中书侍郎，诏与郭待举、岑长倩、魏玄同并同中书门下承受进止平章事。平章事自正一等始。永淳中，真迁中书侍郎。执政久，明习故事，文辞诏敕多出其手。

刘审礼与吐蕃战青海，大败。高宗召群臣问所以制戎，正一曰："吐蕃旷年梗寇，师数出，坐费粮赟。近讨则丧威，深入则不能得其巢穴。今上策莫如少募兵，且明烽候，勿事侵扰，须数年之迟，力有余，人思战，一举可破矣。"刘齐贤、皇甫文亮等议，亦与正一合，帝纳之。

武后专国,罢为国子祭酒,出检校陕州刺史。与张楚金、元万顷皆为周兴所诬构,杀之,籍入其家,妻息流放。文章无存者。

赵弘智,河南新安人,元魏车骑大将军肃之孙。蚤丧母,事父笃孝。通书传,仕隋为司隶从事。武德初,大理卿郎楚之白为詹事府主簿。太宗时,豫论撰,录勤,由太子舍人进黄门侍郎,兼弘文馆学士。移病出为莱州刺史,稍迁太子右庶子。父事兄弘安,俸禄归之,不敢私。弘安卒,哀恸过期,奉嫂谨甚,抚兄子慈均所生。会太子废,免官。俄拜光州刺史。永徽初,入为陈王师。讲《孝经》百福殿,于是宰相、弘文馆学士、太学生皆在,弘智举五孝,诸儒更诘辨,随问酬悉,舌无留语。高宗喜曰:"试为我陈经之要,以辅不逮。"对曰:"'天子有争臣七人,虽无道,不失天下。'愿以此献。"帝悦,赐绢二百、名马一。四年,进国子祭酒,仍为学士。卒,年八十二,谥曰宣。弘安亦终国子祭酒。

曾孙矜,举明经,调舞阳主簿,吴少诚反,以县归,徙襄城主簿,赐牙绯。历襄阳丞。客死柳州,官为敛葬。后十七年,子来章始壮,自襄阳往求其丧,不得,野哭。再阅旬,卜人秦诲为筮曰:"金食其墨,而火以贵,其墓直丑,在道之右,南有贵神,冢土是守。宜遇西人,深目而髯,乃其得实。"明日,有老人过其所,问之,得矜墓,直社北,遂归葬弘安墓次。时人哀来章孝,皆为出涕云。

崔敦礼,字安上。祖仲方,在隋为礼部尚书。其先博陵著姓,魏末,徙为雍州咸阳人。敦礼涉书传,以节义自将。武德中,官通事舍人。善辞令进止,观者皆竦。尝持节幽州召庐江王瑗,瑗已举兵,执之,胁问朝廷事,敦礼不为言,太宗壮之。还,除左卫郎将,赐金币良马。擢中书舍人,四迁兵部侍郎。出为灵州都督。召还,拜兵部尚书。诏抚辑回纥、铁勒部姓,会薛延陀寇边,与李勣合兵破之,置祁连州处其余众。瀚海都督回纥吐迷度为下所杀,诏往绥定,立其嗣而还。敦礼通知四夷情伪,其少慕苏武为人,故屡使突厥,前后建明,允会事机。

永徽四年,拜侍中,监修国史。累封固安县公。进中书令兼检校太子詹事。以久疾,自言不任事奉两宫。更拜太子少师、同中书门下三品。弟余庆,时为定襄都督府司马,召使侍疾。卒,年六十一。高宗为举哀东云龙门,赙布、秘器尤厚,赠开府仪同三司、并州大都督,谥曰昭,陪葬昭陵。余庆位亦至兵部尚书。

杨弘礼,字履庄,隋尚书令素弟之子。雅与玄感不咸,表其必乱。玄感诛,父岳系长安狱,炀帝使赦之,比至,岳已死。高祖即位,以素有功于隋,诏弘礼袭清河郡公,除太子通事舍人。贞观中,累迁中书舍人。

太宗征辽东,拜兵部侍郎。驻跸之役,领步骑二十四军跳出贼背,所向摧靡。帝自山下望其众,袍伏精整,人人尽力,壮之,谓许敬宗曰:"越公儿郎,故有家风。"时宰相悉留定州辅皇太子,唯褚遂良、敬宗、弘礼掌行在机务。还,拜中书侍郎,迁司农卿。为昆丘道副大总管,破处密,杀焉耆王,降驳支部,获龟兹、于阗王,凯旋。会帝崩,大臣疾之,下迁泾州刺史。永徽初,追论其功,迁胜州都督,改太府卿。卒,赠兰州都督,谥曰质。

弟弘武。

弘武少修谨。永徽中,累为吏部郎中、太子中舍人。高宗东封泰山,自荆州司马擢司戎少常伯,从帝。还,诏补授吏部五品官,迁西台侍郎。帝尝让曰:"尔在戎司,授官多非其才,何邪?"弘武曰:"臣妻刚悍,此其所属,不敢违。"以讽帝用后言也,帝笑不罪。乾封二年,同东西台三品。弘武无它才,特谦慎自守,然居职以清简称。卒,赠汴州刺史,谥曰恭。

三子:元亨、元禧、元祎。

元禧为尚舍奉御,善医,武后所信爱。尝忤张易之,易之奏"素在隋有逆节,子孙不可供奉"。后乃诏"素及兄弟有子若孙,不得任京官及侍卫"。贬元亨睦州刺史,元禧资州刺史,元伟梓州司马。易之诛,复任京官,并至刺史。

纂字续卿,弘礼族父。大业时,第进士,为朔方郡司法书佐。坐玄感近属,废居蒲城。高祖度河,上谒长春宫。迁累侍御史。数上书言事,称旨,除考功郎中。贞观初,为长安令,赐爵长安县男。有告女子袁妖逆者,纂按之,情不得。袁败,太宗恶其不忠,将杀之,中书令温彦博以过误当宥,乃免。后为吏部侍郎,有俗才,抑文雅,进黜吏,度时舞,数以自进。终户部尚书,赠幽州都督,谥曰恭。

纂从子昉,武后时为肃机。宇文化及子诉治先荫,昉方食,未即判,遽曰:"肃机,而未食,庸知天下有冤而求食乎?"昉怒,取牒署曰:"父弑隋主,子诉隋资,可乎?"人服其敏。终工部尚书。

卢承庆,字子余,幽州涿人,隋散骑侍郎思道之孙。父赤松,为河东令,与高祖雅故,闻兵兴,迎见霍邑,拜行台兵部郎中,终率更令、范阳郡公。

承庆美仪矩,博学而才。少袭爵。贞观初,为秦州参军,入奏军事,太宗伟其辩,擢考功员外郎。累迁民部侍郎。帝问历代户版,承庆叙夏、商至周、隋增损曲折,引据该详,帝嗟赏。俄兼检校兵部侍郎,知五品选。辞曰:"选事在尚书,臣掌之为出位。"帝不许,曰:"朕信卿,卿何不自信?"历雍州别驾、尚书左丞。

高宗永徽时,坐事贬简州司马。阅岁,改洪州长史。帝将幸汝汤泉,故拜汝州刺史。显庆四年,以度支尚书。同中书门下三品,坐调非法,免。俄拜润州刺史。拜刑部尚书。以金紫光禄大夫致仕,卒。临终,诫其子曰:"死生至理,犹朝有暮。吾死,敛以常服,晦朔无荐牲,葬勿卜日,器用陶漆,棺而不椁,坟高可识,碑志著官号年月,无用虚文。"赠幽州都督,谥曰定。

初,承庆典选,校百官考,有坐漕舟溺者,承庆以"失所载,考中下"以示,其人无愠也。更曰"非力所及,考中中",亦不喜。承庆嘉之曰："宠辱不惊,考中上。"其能著人善类此。

弟承业、承泰。承业继为雍州长史、尚书左丞,有能名。

承泰子齐卿,长安初,为雍州参军。武后诏长史薛季昶择僚吏堪御史者,季昶访于齐卿。齐卿白长安尉卢怀慎、李休光,万年尉李乂、崔湜,咸阳丞倪若水,盩厔尉田崇璧,新丰尉崔日用。季昶用其言,后皆为通显巨人。及拜幽州刺史,而张守珪隶果毅,齐卿厚遇,曰："君十年至节度使。"已而果然。喜饮酒,逾斗不乱。宽厚乐易,士友以此亲之。终太子詹事、广阳县公。

承庆从孙藏用别有传。

刘祥道,字同寿,魏州观城人。父林甫,武德时为内史舍人,典机密,以才称。与萧瑀等撰定律令,著《律议》万余言。历中书、吏部二侍郎,赐爵乐平县男。唐沿隋制,十一月选集,至春停,日薄事丛,有司不及研谛。林甫建请四时听选,随到辄拟,于是官无滞人。始,天下初定,州府及诏使以赤牒授官,至是罢,悉集吏部调,至万员,林甫随才铨录,咸以为宜,论者方隋高孝基。

祥道少袭爵,历御史中丞。显庆中,迁吏部黄门侍郎,知选事。既世职,乃厘补敝阙,上疏陈六事:

一曰:今取士多且滥。入流岁千四百,多也;杂色入流,未始铨汰,滥也。故共务者,善人少,恶人多。臣谓应杂色进者,切责有司试判为四等,第一付吏部,二付兵部,三付主爵,四付司勋。若坐负,当责虽经赦,仍配三司,不者还本贯,则官不杂矣。

二曰:内外官一品至九品万三千四百六十五员。大抵三十而仕,六十而退,取其中数,不三十年,存者略尽。若岁入流五百人,则三十年自相充补。况三十年外,在官犹多,不虑其少。今入流岁千四百,其倍两之,又停选六七千人,复年别新加,其类寖广,殆非经久之制。古者为官择人,不闻取人多而官少也。

三曰:永徽以来,在官者或以善政擢,论事者或以单言进,而庠序诸生未闻甄异，是奖劝之道未周也。

四曰：唐有天下四十年，未有举秀才者，请自六品以下至草野，审加搜访，无令赫赫之辰，斯学遂绝。

五曰：唐、虞三载考绩，黜陟幽明。二汉用人，亦久其职。今任官率四考罢，官知秩满，则怀去就；民知迁徙，则苟且。以去就之官，临苟且之民，欲移风振俗，乌可得乎？请四考进阶，八考听选，以息迎新送故之弊。

六曰：三省都事、主事、主书，比选补，皆取流外有刀笔者，虽欲参用士流，率以侪类为耻。前后相沿，遂成故事。且掖省崇峻，王言秘密，尚书政本，人物所归，专责曹史，理有未尽，宜稍革之，以清其选。

会中书令杜正伦亦言入流者众，为官人敝，乃诏与祥道参议。而执政惮改作，又以勋戚子进取无他门，遂格。

稍迁司刑太常伯。每覆大狱，必歔欷累叹。奏决日，为再不食。诏巡察关内道，多振冤滞。兼沛王府长史。麟德元年，拜右相。祥道性审谨，居宰相，忧畏不自堪，数陈老病丐解。坐与上官仪善，罢为司礼太常伯。高宗封泰山，有司请太常卿亚献，光禄卿终献。祥道建言："三代六卿重，故得佐祠。汉、魏以来，权归台省，九卿为常伯属官。今封岱大礼不以八坐，用九卿，无乃徇古名忘实事乎？"帝可其议，以司徒徐王元礼亚献，祥道终献。礼成，进爵广平郡公。乾封元年，以金紫光禄大夫致仕。卒，年七十一，赠幽州都督，谥曰宣。

子齐贤袭爵，由侍御史出为晋州司马。帝以其方直，尊惮之。时将军史兴宗从猎苑中，言晋州出佳鹞，可捕取。帝曰："齐贤岂捕鹞人邪？卿安得以此待之？"累迁黄门侍郎，修国史。永淳元年，进同中书门下平章事。武后时，代裴炎为侍中，辨炎不反，后怒，左迁普州刺史，道贬吉州长史。永昌中，为酷吏所陷，系州狱，自经死，没其家。建中三年，赠太子太保。

齐贤三世至两省侍郎，典选。从父应道吏部郎中，从父弟令植礼部侍郎，凡八人前后历吏部郎中、员外，世以为罕。

令植孙从一，擢进士宏词第，调渭南尉。雅为常衮、卢杞所厚，荐授监察御史。普王讨李希烈，表为元帅判官。德宗居奉天，超拜刑部侍郎、同中书门下平章事。从幸梁州改中书侍郎，帝遇之善。然无它材能，容身远罪而已。贞元初，以疾自乞，罢为户部尚书。卒，赠太子太傅。

李敬玄，亳州谯人。该览群籍，尤善于礼。高宗在东宫，马周荐其材，召入崇贤馆侍读，假中秘书读之。为人峻整，然造请不惮寒暑。许敬宗颇荐延之。历西台舍人、弘文馆学士。迁右肃机，检校太子右中护。拜西台侍郎、同东西台三品，兼检校司列少常伯。时员外郎张仁祎有敏才，敬玄委以曹事，仁祎为造姓历、状式、铨簿、钳键周密，病心太劳死。敬玄因其法，衡综有序。自永徽后，选员寖多，惟敬玄居职有能称。性强记，虽官万员，遇诸道，未尝忘姓氏。有来诉者，口谕书判参舛及殿累本末无少缪，天下伏其明。杭州参军徐太玄哀其僚张惠以赃抵死，而惠母老，乃诣狱自言与惠偕受，薄其罪，惠得不死，太玄坐免官十年。敬玄廉知之，擢为郑州司功参军，后至秘书少监、申王师，以德行闻。其鉴拔率若此。

咸亨二年，转中书侍郎。又改吏部，兼太子右庶子、同中书门下三品。监修国史。进吏部尚书。居选部久，人多附向。凡三娶皆山东旧族，又与赵李氏合谱，故台省要职多族属姻家。高宗知之，不能善也。仪凤元年，拜中书令，封赵国公。

刘仁轨西讨吐蕃，有所建请，敬玄数持异，由是有隙，因奏河西镇守非敬玄不可。敬玄辞以非将帅才，"且仁轨逞憾，故强臣以不能"。帝猒之，因曰："仁轨若须朕，朕且行，卿安得辞？"乃拜洮河道大总管，兼镇抚大使，检校鄯州都督，统兵十八万，代仁轨。与吐蕃将论钦陵战青海，使刘审礼为先锋，麏房，敬玄按军自如，审礼战殁，尚首鼠不进，乃顿承风岭，又阻沟淖，莫能前，贼屯高压其营。偏将黑齿常之率死士夜击贼，敬玄始得至鄯州。又战湟川，遂大败。数称疾求罢归，许之。既入见，不引谢，即还府视事。帝察实不病，贬衡州刺史。久之，迁扬州长史。卒官，赠兖州都督，谥曰文宪。撰次《礼论》及它书数十百篇。二子：思冲、守一。

思冲，神龙初，历工部侍郎、左羽林军将军，从节愍太子诛武三思，见杀，籍其家。守一，郓令。孙绅别传。

敬玄弟元素，为武德令。刺史李文暕横调民黄金造常满尊以献，官属无敢谏，元素固争，文暕为少损，更以私财助之。延载初，由文昌左丞迁凤阁侍郎、同凤阁鸾台平章事。为武懿宗所构，与綦连耀等同诛。神龙中，追洗其辜。

刘德威，徐州彭城人。姿貌魁秀，有干略。隋大业末，从裴仁基讨淮贼，手剑贼酋，传行在。后归李密，密分麾下兵使守怀州。密降，俱入朝，授左武候将军，封滕县公。诏将兵击刘武周，因判并州总管府司马。裴寂失律，齐王元吉弃州遁，德威总留府事。贼薄城，民皆叛附贼，遂为武周所获，使率本部徇地浩州，得自拔归，尽上贼中虚实，高祖嘉纳，改彭城县公。未几，检校大理少卿，从平洛阳，有功，转刑部侍郎，加散骑常侍，妻以平寿县主。

贞观初，历大理卿、绵州刺史。政号廉平，百姓立石颂德。寻检校益州大都督府长史。入为大理卿。太宗问曰："比刑网寖密，咎安在？"德威曰："在君不在臣。下之宽猛，视主之好。律：失入者减三，失出者减五。今坐入者无幸，坐出者有罪，所以吏务深文，为自营计，非有教使然也。"帝然其言。后迁刑部尚书，检校雍州别驾。诏至齐州按齐王祐狱，还，半道闻祐反，入据济州。诏德威就发河南兵经略之，会母丧免。既除，为同州刺史。永徽三年，卒官，年七十一，赠礼部尚书、幽州都督，谥曰襄，陪葬献陵。

德威于闺门友睦，为人宽平，生平所得奉禄，以分宗亲无留藏。子审礼。

审礼少丧母，为祖母元所养。隋末大乱，道不通，审礼尚少，自乡里负祖母度江，转侧避地。及天下平，西入长安。元每疾病，必亲煮药,尝而进。元曰:"儿孝通幽显,吾一顾念,疾辄间。"贞观中,历左骁卫郎将。父丧免。比葬,徒跣血流,行路咨叹。服除,当袭爵,让其弟,不听。见父执必感泗滂沱。事继母尤谨,与弟延景为闻友,得禄多资之,而妻子执寒苦,晏如也。再从皆同居,合二百口,内外无间言。迁工部尚书,检校左卫大将军。

仪凤三年,吐蕃寇凉州,副中书令李敬玄讨之。遇虏青海上,与战,敬玄逗挠不前,审礼败,为虏执。其子尚乘直长殆庶及延景诣阙待罪,请入贼以赎。有诏审礼徇忠以没,非有罪,宜各还职。特诏殆庶弟易从省之。既至,而审礼卒,易从昼夜哭不止,吐蕃哀其志,乃还父尸,徒跣万里,扶护以归,见者流涕。审礼赠工部尚书,谥曰僖。

延景字冬日,终陕州刺史。睿宗初,以后父追赠尚书右仆射,陪葬乾陵。

易从累迁彭城长史、任城县男。永昌中,为酷吏周兴诬构,坐死。将刑,百姓奔走,争解衣投地,曰:"为长史祈福。"有司平直,乃十余万。当时号'孝义刘家'。及易从以非祸死,天下冤之。

子升,年十余岁流岭表,六道使诛流人,升以信爱为首领所庇免。后易姓温,北归洛。景云中,特授右武卫骑曹参军。开元中,累迁中书舍人、太子右庶子。升能文,善草隶。

审礼从弟延嗣,为润州司马。徐敬业攻润州,延嗣与刺史固守。俄而城陷,敬业邀以降,延嗣曰:"吾世蒙恩,今城不守,所负多矣,讵能苟生为宗族羞?"敬业怒将斩之,其党魏思温救止,系江都狱。敬业败,录忠当叙,以裴炎近亲,裁迁梓州长史。转汾州刺史。宗族至刺史者二十余人。

孙处约,始名道茂,汝州郏城人。贞观中,为齐王祐记室。祐多过失,数上书切谏。王诛,帝得其书,咨叹之,擢中书舍人。高宗即位,令杜正伦请增舍人员。帝曰:"处约一人,足办我事。"止不除。以论撰劳,数赐段物。再迁司礼少常伯。麟德元年,以西台侍郎同东西台三品。为少司成,以老致仕,卒。

　　子佺,延和初,为羽林将军、幽州都督,率兵十二万讨奚李大酺,分三屯,以副将李楷洛、周以悌领之。次冷硎,楷洛与大酺战,不胜,壮校多没。佺气褫,乃绐言:"天子诏我招慰奚,楷洛违诏妄战,当斩。"遣人谢大酺。大酺曰:"审尔,愿出天子赐,明不欺。"佺揪聚军中币万余匹,悉袍、带并与之。大酺知佺诈,好语劝引还,而佺部伍离沮,奚逼之,大败,死者数万。佺、以悌同见获,送默啜所杀之。

　　邢文伟,滁州全椒人。与历阳高子贡、寿春裴怀贵俱以博学闻。咸亨中,历太子典膳丞。时孝敬罕见宫臣,文伟即减膳,上书曰:"古者太子既冠,则有司过之史、亏膳之宰。史不书过,死之;宰不撤膳,死之。皇帝简料英俊,自庶子至司议、舍人、学士、侍读,使佐殿下,成就圣德。比者不甚廷议,谒对稀简,三朝之后,与内人独居,何由发挥天资,使浚哲文明哉?今史既阙官,宰得奉职,谨守礼经以闻。"太子答曰:"幼嗜坟典,欲研精极意,而未闲将卫,耽诵致劳。比苦风虚,奉陛下恩旨,不许强勉,加以趋侍朝夕,无自专之道,屡阙坐朝,乖废学绪。观寻来请,良符宿志。自非义均弼谐,渠能进此药石?"文伟由是益知名。后右史缺,高宗谓侍臣曰:"文伟切谏吾儿,此直臣也。"遂授之。

　　武后时,累迁凤阁侍郎,兼弘文馆学士。载初元年,为内史,后御明堂,诏文伟发《孝经》。后问:"天与帝异称云何?"文伟曰:"天、帝一也。"制曰:"郊后稷以配天,祀文王于明堂以配上帝,奈何而一?"对曰:"先儒执论不同,昊天及五方总六天帝。"后曰:"帝有六,则天不同称,固矣。"文伟不得对。后曰:"移风易俗,莫善于乐。伯牙鼓琴,钟期听之,知意在山水,是人能移风易俗矣。何取乐邪?"文伟曰:"圣人作乐,平人心,变风俗。末世乐坏,则为人所移。"后喜,赐帛。宗秦客以奸赃抵罪,文伟坐所善,贬珍州刺史。会它使者至,文伟内悸,自经死。

　　高子贡，善《太史书》，与朱敬则善，擢明经。历秘书省正字、弘文馆直学士。不得志，因弃官去。徐敬业起兵，弟敬猷统兵五千逼和州，子贡率乡人数百拒之，贼引去。以功擢朝散大夫，为成均助教。东莞公融尝为和州刺史，从子贡受业。及融谋举兵，令黄公撰见子贡，推为谋主，书疏往返，因结诸王内应。谋泄，坐死。

唐书卷一〇七
列传第三二

傅弈　吕才 方毅　陈子昂
王无竞　赵元

傅弈，相州邺人。隋开皇中，以仪曹事汉王谅。谅反，问弈："今兹荧惑入井，果若何？"对曰："东井，黄道所由，荧惑之舍，乌足怪邪？若入地上井，乃为灾。"谅怒，俄及败，弈以对免，徙扶风。

高祖为扶风太守，礼之。及即位，拜太史丞。会令庾俭以父质占候忤炀帝死，惩其事，耻以术宦，荐弈自代。弈迁令，与俭同列，数排毁之，俭不为恨。于是人多俭仁，罪弈遽且忿。

时国制草具，多仍隋旧，弈谓承乱世之后，当有变更，乃上言："龙纪、火官，黄帝废之，《咸池》、《六英》，尧不相沿，禹弗行舜政，周弗袭汤礼。《易》称'巳日乃孚，革而信也'，故曰'革之时大矣哉'。有隋之季，违天害民，专峻刑法，杀戮贤俊，天下兆庶同心叛之。陛下拨乱反正，而官名、律令一用隋旧。且惩沸羹者吹冷齑，伤弓之鸟惊曲木，况天下久苦隋暴，安得不新其耳目哉？改正朔，易服色，变律令，革官名，功极作乐，治终制礼，使民知盛德之隆，此其时也。然官贵简约，夏后官百不如虞氏五十，周三百不如商之百。"又曰："夏有乱政而作《禹刑》，商有乱政而作《汤刑》，周有乱政而作《九刑》。卫鞅为秦制法，增凿颠、抽胁、镬烹等六篇，始皇为挟书律，此失于烦，不可不监。"

是时，太仆卿张道源建言："官曹文簿繁总易欺，请减之以钤吏奸。"公卿举不为然，弈独是之，为众沮讪，不得行。

武德七年，上疏极诋浮图法曰：

西域之法，无君臣父子，以三途六道吓愚欺庸。追既往之罪，窥将来之福，至有身陷恶逆，狱中礼佛，口诵梵言，以图偷免。且生死寿夭，本诸自然；刑德威福，系之人主。今其徒矫托，皆云由佛，攘天理，窃主权。《书》曰："惟辟作福，惟辟作威，惟辟玉食。臣有作福作威玉食，害于而家，凶于而国。"

五帝三王，未有佛法，君明臣忠，年祚长久。至汉明帝始立胡祠，然惟西域桑门自传其教。西晋以上，不许中国髡发事胡。至石、苻乱华，乃弛厥禁，主庸臣佞，政虐祚短，事佛致然。梁武、齐襄尤足为戒。昔褒姒一女，营惑幽王，能亡其国，况今僧尼十万，刻缯泥像，以惑天下，有不亡乎？陛下以十万之众自相夫妇，十年滋产，十年教训，兵农两足，利可胜既邪？昔高齐章仇子他言僧尼塔庙，外见毁宰臣，内见疾妃嫱，阳谗阴谤，卒死都市，周武帝入齐，封宠其墓，臣窃贤之。

又上十二论，言益痛切。帝下弈议有司，唯道源佐其请。中书令萧瑀曰："佛，圣人也，非圣人者无法，请诛之。"弈曰："礼，始事亲，终事君。而佛逃父出家，以匹夫抗天子，以继体悖所亲。瑀非出空桑，乃尊其言，盖所谓非孝者无亲。"瑀不答，但合爪曰："地狱正为是人设矣。"帝善弈对，未及行，会传位止。

初，九年，太白躔秦分，弈奏秦王当有天下，帝以奏付王。及太宗即位，召赐食，谓曰："向所奏，几败我！虽然，自今毋有所讳而不尽言。"又尝问："卿拒佛法，奈何？"弈曰："佛，西胡黠人尔，欺诒夷狄以自神。至入中国，而纤儿幻夫摸象庄、老以文饰之，有害国家，而无补百姓也。"帝异之。

贞观十三年，卒，年八十五。弈病，未尝问医，忽醋卧，蹶然悟曰："吾死矣乎！"即自志曰："傅弈，青山白云人也。以醉死，呜乎！"遗言戒子："《六经》名教言，若可习也；妖胡之法，慎勿为。吾死当倮葬。"弈虽善数，然尝自言其学不可以传。又注《老子》，并集晋、魏以来与佛议驳者为《高识篇》。武德时，所改漏刻，定十二军号，皆诏弈云。

　　吕才，博州清平人。贞观时，祖孝孙增损乐律，与音家王长通、白明达更质难，不能决。太宗诏侍臣举善音者，中书令温彦博白才天悟绝人，闻见一接，辄究其妙；侍中王珪、魏徵盛称才制尺八凡十二枚，长短不同，与律谐契。即召才直弘文馆，参论乐事。

　　帝尝览周武帝《三局象经》，不能通，或言太子洗马蔡允恭能之，召问允恭，少通其略，老乃忘。试问才，退一昔即解，具图以闻。允恭记其旧，与才正同，由是知名。擢累太常博士。

　　帝病阴阳家所传书多谬伪浅恶，世益拘畏，命才与宿学老师删落烦讹，掇可用者为五十三篇，合旧书四十七，凡百篇，诏颁天下。才于持议儒而不俚，以经谊推处其验术，诸家共诃短之，又举世相惑以祸福，终莫悟云。

　　才之言不甚文，要欲救俗失，切时事，俾易晓也。故剟其三篇。《卜宅篇》曰：

　　　《易》称"上古穴居而野处，后世圣人易之以宫室。盖取诸《大壮》"。殷、周时有卜择之文，《诗》称"相其阴阳"，《书》卜洛食。近世乃有五姓，谓宫也，商也，角也，徵也，羽也，以为天下万物悉配属之，以处吉凶，然言皆不类。如张、王为商，武、庚为羽，是以音相谐附；至柳为宫，赵为角，则又不然。其间一姓而两属，复姓数字不得所归。是直野人巫师说尔。按《堪舆经》，黄帝对天老，始言五姓。且黄帝时独姬、姜数姓耳，后世赐族者寖多，然管、蔡、郕、霍、鲁、卫、毛、聃、郜、雍、曹、滕、毕、原、丰、郇本之姬姓，孔、殷、宋、华、向、萧、亳、皇甫本之子姓，至因官命氏，因邑赐族，本同末异，亡为配宫商哉？春秋以陈、卫、秦为水姓，齐、郑、宋为火姓，或所出之祖，所分之星，所居之地，以著由来，非宫、商、角、徵、羽相管摄也。

　　《禄命篇》曰：

汉宋忠、贾谊讥司马季主曰："卜筮者高人禄命，以悦人心；矫言祸福，以规人财。"王充曰："见骨体，知命禄；见命禄，知骨体。"此则言禄命尚矣。推索本原，固不其然。"积善之家，必有余庆"，岂建禄而后吉乎？"积恶之家，必有余殃"，岂劫杀而后灾乎？"皇天无亲，常与善人"，天人之交如影响。"有夏多罪，天命殛绝"；宋景修德，妖星退舍。"学也禄在其中"，不生当建学。文王忧勤损寿，非初值空亡；长平坑降卒，非俱犯三刑；南阳多近亲，非俱当六合；历阳成湖，不共河魁；蜀郡炎火，不尽灾厄。世有同建与禄，而贵贱殊域；共命若胎，而夭寿异科。鲁桓公六年七月，子同生，是为庄公。按历，岁在乙亥，月建申，然则值禄空亡，据法应穷贱。又触句绞六害，俏驿马，身克驿马三刑，法无官。命火也，生当病乡，法曰"为人尫弱矬陋"。而《诗》言庄公曰："猗嗟昌兮，颀而长兮。美目扬兮，巧趋跄兮。"唯向命一物，法当寿，而公薨止四十五。一不验。秦庄襄王四十八年，始皇帝生以正月，故名政。是岁壬寅正月，命俏禄，于法无官，假得禄，奴婢应少。又破驿马三刑，身克驿马，法望官不到。命金也，正月为绝，无始有终，老而吉。又建命生，法当寿，帝崩时不过五十。二不验。汉武帝以乙酉岁七月七日平旦生，当禄空亡，于法无官。虽向驿马，乃隔四辰，法少无官，老而吉。武帝即位，年十六，末年户口减耗。三不验。后魏高祖孝文皇帝生皇兴元年八月，是岁丁未，为俏禄命与驿马三刑，身克驿马，于法无官。又生子父死，中法不见父，而孝文受其父显祖之禅。礼，君未逾年，不得正位，故天子无父，事三老也。孝文率天下以事其亲，而法不合识父。四不验。宋高祖癸亥三月生，禄与命皆空亡，于法无官。又生子墓中，法宜嫡子，虽有次子，当早卒，而高祖长子先被弑，次子义隆享国。又生祖禄下，法得嫡孙财若禄。其孙劭、浚皆篡逆，几失宗祧。五不验。

《葬篇》曰：

《易》称："古之葬者，衣之以薪，不封不树，丧期无数。后世圣人易之以棺椁,盖取诸《大过》。"《经》曰:"葬者,藏也,欲人之弗得见也。"又曰:"卜其宅兆,而安厝之。"以是为感慕之所也,魂神之宅也。朝市贸迁不可知,石泉颓啮不可常,是其谋及卜筮,庶无后艰,斯则备于慎终之礼也。后代葬说出于巫史,一物有失,便谓灾及死生,多为妨禁,以售其术,附妄凭妖,至其书乃有百二十家。《春秋》:"王者七日而殡,七月而葬;诸侯五日而殡,五月而葬;大夫三月,士庶人逾月而已。"贵贱不同,礼亦异数。此直为赴吊远近之期,量事制法。故先期而葬,谓之不怀也;后期不葬,谓之殆礼也。此则葬有定期,不择年与月,一也。又曰:"丁巳,葬定公,雨,不克葬,至于戊午襄事。"君子善之。《礼》:"卜先远日"者,自末而进,避不怀也。今法已亥日用葬最凶,春秋是日葬者二十余族。此葬不择日,二也。《礼》:"周尚赤,大事用旦;殷尚白,大事用日中;夏尚黑,大事用昏。"大事者何?丧礼也。此直取当代所尚,而不择时早晚也。郑卿子产及子太叔葬简公。于是,司墓大夫室当枢路,若坏其室,即平旦而堋;不坏其室,即日中而堋。子产不欲坏室,欲待日中。子太叔曰:"若日中而堋,恐久劳诸侯大夫来会葬者。"然子产、太叔不问时之得失,惟论人事可否而已。曾子曰:"葬逢日蚀,舍于路左,待明而行。"所以备非常也。按法,葬家多取乾、艮二时,乃近夜半,文与礼乖。此葬不择时,三也。《经》曰:"立身行道,扬名于后世,以显父母。"《易》:"谓圣人之大宝曰位,何以守位曰仁。"而法曰:"官爵富贵,葬可致也;年寿修促,子姓蕃衍,葬可招也。"夫日慎一日,泽及无疆;德则不建,而祚乃无永。臧孙有后于鲁,不闻葬得吉也;若敖绝祀于荆,不闻葬得凶也。此葬有吉凶不可信,四也。今法皆据五姓为之。古之葬,并在国都之北,赵氏之葬,在九原,汉家山陵,或散处诸域,又何上利下利、大墓小墓为哉?然刘之子孙,本支不绝,赵后与六国等王。此则葬用五姓不可信,五也。且人有初贱而后贵、始泰而终否者。子文为令尹,三仕三已,展禽三黜于士师。彼家墓已定而不改,此名位不常,何也？故知荣辱升降,事关诸人,而不由于葬,六也。世之人为葬巫所欺,忘擗踊荼毒,以期徼幸。由是相茔陇,希官爵；择日时,规财利。谓辰日不哭,欣然而受吊；谓同属不得临圹,吉服避送其亲。诡敦礼俗,不可以法,七也。

帝又诏造《方域图》及教飞骑战阵图,屡称指。擢太常丞。麟德中,以太子司更大夫卒。生平豫修书及著述甚多。

子方毅,七岁能诵经。太宗闻其敏,召见,奇之,赐束帛。长为右卫铠曹参军。母丧,以毁卒。布车从母葬,通人郎余令以白粥、玄酒、生刍祭路隅,世共哀之。

陈子昂,字伯玉,梓州射洪人。其先居新城,六世祖太乐,当齐时,兄弟竞豪桀,梁武帝命为郡司马。父元敬,世高赀,岁饥,出粟万石赈乡里。举明经,调文林郎。

子昂十八未知书,以富家子,尚气决,弋博自如。它日入乡校,感悔,即痛修饬。文明初,举进士。时高宗崩,将迁梓宫长安,于是,关中无岁,子昂盛言东都胜垲,可营山陵。上书曰：

臣闻秦据咸阳,汉都长安,山河为固,而天下服者,以北假胡、宛之利,南资巴、蜀之饶,转关东之粟,而收山西之宝,长羁利策,横制宇宙。今则不然,燕、代迫匈奴,巴、陇婴吐蕃,西老千里赢粮,北丁十五乘塞,岁月奔命,秦之首尾不完,所余独三辅间耳。顷遭荒馑,百姓荐饥,薄河而右,惟有赤地；循陇以北,不逢青草。父兄转徙,妻子流离。赖天悔祸,去年薄稔,赢耗之余,几不沈命。然流亡未还,白骨纵横,阡陌无主,至于蓄积,犹可哀伤。陛下以先帝遗意,方大驾长驱,按节西京,千乘万骑,何从仰给？山陵穿复,必资徒役,率癃弊之众,兴数万之军,调发近畿,督扶稚老,铲山辇石,驱以就功,春作无时,何望有秋？雕氓遗噍,再罹艰苦,有不堪其困,则逸为盗贼,揭梃叫呼,可不深图哉！

且天子以四海为家，舜葬苍梧，禹葬会稽，岂爱夷裔而鄙中国耶？示无外也。周平王、汉光武都洛，而山陵寝庙并在西土者，实以时有不可，故遗小存大，去祸取福也。今景山崇秀，北对嵩、邙，右眄汝、海，祝融、太昊之故墟在焉。园陵之美，复何以加？且太原庤巨万之仓，洛口储天下之粟，乃欲舍而不顾，傥鼠窃狗盗，西入陕郊，东犯虎牢，取敖仓一抔粟，陛下何与遏之？

武后奇其才，召见金华殿。子昂貌柔野，少威仪，而占对慷慨，擢麟台正字。垂拱初，诏问群臣“调元气当以何道，子昂因是劝后兴明堂、大学”，即上言：

> 臣闻之于师曰：元气，天地之始，万物之祖，王政之大端也。天地莫大于阴阳，万物莫灵于人，王政莫先于安人。故人安则阴阳和，阴阳和则天地平，天地平则元气正。先王以人之通于天也，于是养成群生，顺天德，使人乐其业，甘其食，美其服，然后天瑞降，地符升，风雨时，草木茂遂。故颛顼、唐、虞不敢荒宁，其《书》曰：“百姓昭明，协和万邦，黎人于变时雍。乃命羲和，钦若昊天，历象日月星辰，敬授人时。”和之得也。夏、商之衰，桀、纣昏暴，阴阳乖行，天地震怒，山川神鬼，发妖见灾，疾疫大兴，终以灭亡，和之失也。迨周文、武创业，诚信忠厚加于百姓，故成、康刑措四十余年，天人方和。而幽、厉乱常，苛匿暴虐，诟黩天地，川冢沸崩，人用愁怨。其《诗》曰：“昊天不惠，降此大戾”，不先不后，为虐为瘵，顾不哀哉！近隋炀帝恃四海之富，凿渠决河，自伊、洛属之扬州，疲生人之力，泄天地之藏，中国之难起，故身死人手，宗庙为墟。逆元气之理也。臣观祸乱之动，天人之际，先师之说，昭然著明，不可欺也。

陛下含天地之德，日月之明，眇然远思，欲求太和，此伏羲氏所以为三皇首也。昔者，天皇大帝揽元符，东封太山，然未建明堂,享上帝,使万世鸿业阙而不照,殆留此盛德,以发挥陛下哉!臣谓和元气,睦人伦,舍此则无以为也。昔黄帝合宫,有虞总期,尧衢室,夏世室,皆所以调元气,治阴阳也。臣闻明堂有天地之制,阴阳之统,二十四气、八风、十二月、四时、五行、二十八宿,莫不率备。王者政失则灾,政顺则祥。臣愿陛下为唐恢万世之业,相国南郊,建明堂,与天下更始,按《周礼》、《月令》而成之。乃月孟春,乘鸾辂,驾苍龙,朝三公、九卿、大夫于青阳左个,负斧扆,冯玉几,听天下之政。躬藉田、亲蚕以劝农桑,养三老、五更以教孝悌,明讼恤狱以息淫刑,修文德以止干戈,察孝廉以除贪吏。后宫非妃嫔御女者,出之;珠玉锦绣、雕琢伎巧无益者,弃之;巫鬼淫祀营惑于人者,禁之。臣谓不数期且见太平云。

又言:

陛下方兴大化,而太学久废,堂皇埃芜,《诗》、《书》不闻,明诏尚未及之,愚臣所以私恨也。太学者,政教之地也,君臣上下之取则也,俎豆揖让之所兴也,天子于此得贤臣焉。今委而不论,虽欲睦人伦,兴治纲,失之本而求之末,不可得也。"君子三年不为礼,礼必坏,三年不为乐,乐必崩",奈何为天下而轻礼乐哉? 愿引胄子使归太学,国家之大务不可废已。

后召见,赐笔札中书省,令条上利害。子昂对三事。其一言:

九道出大使巡按天下,申黜陟,求人瘼,臣谓计有未尽也。且陛下发使,必欲使百姓知天子夙夜忧勤之也,群臣知考绩而任之也,奸暴不逞知将除之也,则莫如择仁可以恤孤、明可以振滞、刚不避强御、智足以照奸者,然后以为使,故辀轩未动,而天下翘然待之矣。今使且未出,道路之人皆已指笑,欲望进贤下不肖,岂可得邪?宰相奉诏书,有遣使之名,无任使之实。使愈出,天下愈弊,徒令百姓治道路,送往迎来,不见其益也。臣愿陛下更选有威重风概为众推者,因御前殿,以使者之礼礼之,谆谆戒敕所以出使之意,乃授以节。自京师及州县,登拔才良,求人瘼,宣布上意,令若家见而户晓。昔尧、舜不下席而化天下,盖黜陟幽明能折衷者。陛下知难得人,则不如少出使。彼烦数而无益于化,是烹小鲜而数挠之矣。

其二言:

刺史、县令,政教之首。陛下布德泽,下诏书,必待刺史、县令谨宣而奉行之。不得其人,则委弃有司,挂墙屋耳,百姓安得知之?一州得才刺史,十万户赖其福;不得才刺史,十万户受其困。国家兴衰,在此职也。今吏部调县令如补一尉,但计资考,不求贤良。有如不次用人,则天下嚣然相谤矣,狃于常而不变也。故庸人皆任县令,教化之陵迟,顾不甚哉!

其三言:

天下有危机,祸福因之而生。机静则有福,动则有祸,百姓安则乐生,不安则轻生者是也。今军旅之弊,夫妻不得安,父子不相养,五六年矣。自剑南尽河、陇,山东由青、徐、曹、汴,河北举沧、瀛、赵、郑,或困水旱,或顿兵疫,死亡流离略尽。尚赖陛下悯其失职,凡兵戍调发,一切罢之,使人得妻子相见,父兄相保,可谓能静其机也。然臣恐将相有贪夷狄利,以广地强武说陛下者,欲动其机,机动则祸构。宜修文德,去刑罚,劝农桑,以息疲民。蛮夷知中国有圣王,必累译至矣。

于时,吐蕃、九姓叛,诏田扬名发金山道十姓兵讨之。十姓君长以三万骑战,有功,遂请入朝。后责其尝不奉命擅破回纥,不听。子昂上疏曰:

国家能制十姓者,由九姓强大,臣服中国,故势微弱,委命下吏。今九姓叛亡,北蕃丧乱,君长无主,回纥残破,碛北诸姓已非国有,欲犄角亡叛,唯金山诸蕃共为形势。有司乃以扬名擅破回纥,归十姓之罪,拒而遣还,不使入朝,恐非羁戎之长策也。夫戎有鸟兽心,亲之则顺,疑之则乱,今阻其善意,则十姓内无国家亲信之恩,外有回纥报仇之患,怀不自安,鸟骇狼顾,则河西诸蕃自此拒命矣。且夷狄相攻,中国之福。今回纥已破,既无可言；十姓非罪，又不当绝。罪止扬名，足以慰其酋领矣。

近诏同城权置安北府，其地当碛南口，制匈奴之冲，常为剧镇。臣顷闻碛北突厥之归者已千余帐，来者未止，甘州降户四千帐，亦置同城。今碛北丧乱、荒馑之余，无所存仰，陛下开府招纳，诚覆全戎狄之仁也。然同城本无储峙，而降附蕃落不免寒饥，更相劫掠。今安北有官牛羊六千，粟麦万斛，城孤兵少，降者日众，不加救恤，盗劫日多。夫人情以求生为急，今有粟麦牛羊为之饵，而不救其死，安得不为盗乎？盗兴则安北不全，甘、凉以往，跷以待陷，后为边患，祸未可量。是则诱使乱，诲之盗也。且夷狄代有雄桀，与中国抗，有如勃起，招合遗散，众将系兴，此国家大机，不可失也。

又谓：

河西诸州，军兴以来，公私储蓄，尤可嗟痛。凉州岁食六万斛，屯田所收不能偿垦。陛下欲制河西，定乱戎，此州空虚，未可动也。甘州所积四十万斛，观其山川，诚河西喉咽地，北当九姓，南逼吐蕃，奸回不测，伺我边鄛。故甘州地广粟多，左右受敌，但户止三千，胜兵者少，屯田广夷，仓庾丰衍，瓜、肃以西，皆仰其饷，一旬不往，士已枵饥。是河西之命系于甘州矣。且其四十余屯，水泉良沃，不待天时，岁取二十万斛，但人力寡乏，未尽垦发。异时吐蕃不敢东侵者，由甘、凉士马强盛，以振其入。今甘州积粟万计，兵少不足以制贼，若吐蕃敢大入，燔蓄谷，蹂诸屯，则河西诸州，我何以守？宜益屯兵，外得以防盗，内得以营农，取数年之收，可饱士百万，则天兵所临，何求不得哉？

其后吐蕃果入寇，终后世为边患最甚。

后方谋开蜀山，由雅州道夷生羌，因以袭吐蕃。子昂上书以七验谏止之，曰：

臣闻乱生必由于怨。雅州羌未尝一日为盗，今无罪蒙戮，怨必甚，怨甚则蜂骇且亡，而边邑连兵守备不解，蜀之祸构矣。

东汉丧败，乱始诸羌，一验也。吐蕃黠猘，抗天诛者二十余年。前日薛仁贵、郭待封以十万众败大非川，一甲不返；李敬玄、刘审礼举十八万众困青海，身执贼廷，关、陇为空。今乃欲建李处一为上将，驱疲兵袭不可幸之吐蕃，举为贼笑，二验也。夫事有求利而得害者。昔蜀与中国不通，秦以金牛、美女啖蜀侯，侯使五力士栈褒斜，凿通谷，迎秦之馈。秦随以兵，而地入中州，三验也。吐蕃爱蜀富，思盗之矣，徒以障隧隔绝，顿饿喙不得噬。今撤山羌，开阪险，使贼得收奔亡以攻边，是除道待贼，举蜀以遗之，四验也。蜀为西南一都会，国之宝府，又人富粟多，浮江而下，可济中国。今图侥幸之利，以事西羌。得羌地不足耕，得羌财不足富。是过杀无辜之众，以伤陛下之仁，五验也。蜀所恃，有险也；蜀所安，无役也。今开蜀险，役蜀人，险开则便寇，人役则伤财。臣恐未及见羌，而奸盗在其中矣。异时益州长史李崇真托言吐蕃寇松州，天子为盛军师，趣转饷以备之。不三年，巴、蜀大困，不见一贼，而崇真奸藏已巨万。今得非有奸臣图利，复以生羌为资？六验也。蜀士尫孱不知兵，一虏持矛，百人不敢当。若西戎不即破灭，臣见蜀之边垂且不守，而为羌夷所暴，七验也。国家近废安北，拔单于，弃龟兹、疏勒，天下以为务仁不务广，务养不务杀，行太古三皇事。今徇贪夫之议，诛无罪之羌，遗全蜀患，此臣所未谕。方山东饥，关陇弊，生人流亡，诚陛下宁静思和天下之时，安可动甲兵、兴大役，以自生乱？又西军失守，北屯不利，边人骇情，今复举舆师投不测，小人徒知议夷狄之利，非帝王至德也。善为天下者，计大而不计小，务德而不务刑，据安念危，值利思害。愿陛下审计之。

后复召见，使论为政之要，适时不便者，毋援上古，角空言。子昂乃奏八科：一措刑，二官人，三知贤，四去疑，五招谏，六劝赏，七息兵，八安宗子。其大权谓：

　　今百度已备，但刑急罔密，非为政之要。凡大人初制天下，必有凶乱叛逆之人为我驱除，以明天诛。凶叛已灭，则顺人情，赦过宥罪。盖刑以禁乱,乱静而刑息,不为承平设也。太平之人,乐德而恶刑,刑之所加,人必惨怛,故圣人贵措刑也。比大赦,澡荡群罪,天下蒙庆,咸得自新。近日诏狱稍滋,钩捕支党,株蔓推穷,盖狱吏不识天意,以抵惨刻。诚宜广恺悌之道,救法慎罚,省白诬冤,此太平安人之务也。

官人惟贤,政所以治也。然君子小人各尚其类。若陛下好贤而不任,任而不能信,信而不能终,终而不赏,虽有贤人,终不肯至,又不肯劝。反是,则天下之贤集矣。

议者乃云"贤不可知,人不易识"。臣以为固易知,固易识。夫尚德行者无凶险,务公正者无邪朋,廉者憎贪,信者疾伪,智不为愚者谋,勇不为怯者死,犹鸾隼不接翼,薰莸不共气,其理自然。何者?以德并凶,势不相入;以正攻佞,势不相利;以廉劝贪,势不相售;以信质伪,势不相和。智者尚谋,愚者所不听;勇者徇死,怯者所不从。此趣向之反也。贤人未尝不思效用,顾无其类则难进,是以湮汨于时。诚能信任俊良,知左右有灼然贤行者,赐之尊爵厚禄,使以类相举,则天下之理得矣。

陛下知得贤须任,今未能者,盖以常信任者不效。如裴炎、刘祎之、周思茂、骞味道固蒙用矣,皆孤恩前死,以是陛下疑于信贤。臣固不然。昔人有以噎得病,乃欲绝食,不知食绝而身殒。贤人于国,犹食在人,人不可以一噎而止飧,国不可以谬一贤而远正士,此神鉴所知也。

圣人大德,在能纳谏,太宗德参三王,而能容魏徵之直。今诚有敢谏骨鲠之臣,陛下广延顺纳,以新盛德,则万世有述。

臣闻劳臣不赏,不可劝功;死士不赏,不可劝勇。今或勤劳死难,名爵不及;偷荣尸禄,宠秩妄加,非所以表庸励行者也。愿表显徇节,励勉百僚。古之赏一人,千万人悦者,盖云当也。

今事之最大者,患兵甲岁兴,赋役不省,兴师十万,则百万之家不得安业。自有事北狄,于今十年,不闻中国之胜。以庸将御冗兵,徭役日广,兵甲日敝。愿审量损益,计利害,势有不可,毋虚出兵,则人安矣。

　　虺贼干纪,自取屠灭,罪止魁逆,无复缘坐,宗室子弟,皆
得更生。然臣愿陛下重晓慰之,使明知天子慈仁,下得自安。臣
闻人情不能自明则疑,疑则惧,惧则罪生。惟赐恺悌之德,使居
无过之地。

俄迁右卫胄曹参军。后既称皇帝,改号周,子昂上《周受命颂》以媚
悦后。虽数召见问政事,论亦讦切,故奏闻辄罢。以母丧去官,服终,
擢右拾遗。

　　子昂多病,居职不乐。会武攸宜讨契丹,高置幕府,表子昂参
谋。次渔阳,前军败,举军震恐,攸宜轻易无将略,子昂谏曰:"陛下
发天下兵以属大王,安危成败在此举,安可忽哉?今大王法制不立,
如小儿戏。愿审智愚,量勇怯,度众寡,以长攻短,此刷耻之道也。夫
按军尚威严,择亲信以虞不测。大王提重兵精甲,顿之境上,朱亥窃
发之变,良可惧也。王能听愚计,分麾下万人为前驱,契丹小丑,指
日可禽。"攸宜以其儒者,谢不纳。居数日,复进计,攸宜怒,徙署军
曹。子昂知不合,不复言。

　　圣历初,以父老,表解官归侍,诏以官供养。会父丧,庐冢次,每
哀恸,闻者为涕。县令段简贪暴,闻其富,欲害子昂。家人纳钱二十
万缗,简薄其赂,捕送狱中。子昂之见捕,自筮,卦成,惊曰:"天命不
祐,吾殆死乎!"果死狱中,年四十三。

　　子昂资褊躁,然轻财好施,笃朋友,与陆余庆、王无竞、房融、崔
泰之、卢藏用、赵元最厚。

　　唐兴,文章承徐、庾余风,天下祖尚,子昂始变雅正。初,为《感
遇诗》三十八章,王适曰:"是必为海内文宗。"乃请交。子昂所论著,
当世以为法。大历中,东川节度使李叔明为立旌德碑于梓州,而学
堂至今犹存。

　　子光,复与赵元子少微相善,俱以文称。光终商州刺史。子易
甫、简甫,皆位御史。

　　王无竞者，字仲列，世徙东莱，宋太尉弘之远裔。家足于财，颇负气豪纵。擢下笔成章科，调栾城尉，三迁监察御史，改殿中。会朝，宰相宗楚客、杨再思离立偶语，无竞扬笏曰："朝礼上敬，公等大臣，不宜慢常典。"楚客怒，徙无竞太子舍人。

　　神龙初，诋权幸，出为苏州司马。张易之等诛，坐尝交往，贬广州，仇家矫制榜杀之。

　　赵元者，字贞固，河间人。祖掞，号通儒，在隋，与同郡刘焯俱召至京师，补黎阳长，徙居汲。

　　元少负志略，好论辩。来游雒阳，士争慕向，所以造谢皆搢绅选。武后方称制，惧不容其高，调宜禄尉。到职，非公事不言，弹琴莳药，如隐者之操。自伤位不配才，卒年四十九。其友魏元忠、孟诜、宋之问、崔璩等共谥昭夷先生。

　　赞曰：子昂说武后兴明堂太学，其言甚高，殊可怪笑。后窃威柄，诛大臣、宗室，胁逼长君而夺之权。子昂乃以王者之术勉之，卒为妇人讪侮不用，可谓荐圭璧于房闼，以脂泽污漫之也。瞽者不见泰山，聋者不闻震霆，子昂之于言，其聋瞽欤。

唐书卷一〇八
列传第三三

刘仁轨　裴行俭 光庭　积　倩　均
娄师德

刘仁轨,字正则,汴州尉氏人。少贫贱,好学。值乱,不能安业,每动止,画地书空,寓所习,卒以通博闻。武德初,河南道安抚大使任瑰上疏有所论奏,仁轨见其槁,为窜定数言。瑰惊异,赤牒补息州参军。转陈仓尉。部人折冲都尉鲁宁者,豪纵很法,县莫敢屈。仁轨约不再犯,而宁暴横自如,仁轨榜杀之。州以闻,太宗曰:"尉而杀吾折冲,可乎?"召诘让。仁轨对曰:"宁辱臣,臣故杀之。"帝以为刚正,更擢咸阳丞。

贞观十四年,校猎同州。时秋敛未讫,仁轨谏曰:"今兹澍泽沾足,百谷炽茂,收才十二。常日赘调,已有所妨。又供猎事,缮桥治道,役虽简省,犹不损数万。少延一旬,使场圃毕劳,陛下六飞徐驱,公私交泰。"玺书褒纳。拜新安令,累迁给事中。为李义府所恶,出为青州刺史。显庆五年,伐辽,义府欲斥以罪,使督漕,而船果覆没。坐免官,白衣随军。

初,苏定方既平百济,留郎将刘仁愿守其城,左卫中郎将王文度为熊津都督,抚纳残党。文度死,百济故将福信及浮屠道琛迎故王子扶余丰立之,引兵围仁愿。诏仁轨检校带方州刺史,统文度之众,并发新罗兵为援。仁轨将兵严整,转斗陷阵,所向无前。信等释仁愿围,退保任存城。既而福信杀道琛,并其众,招还叛亡,势张甚。

仁轨与仁愿合，则解甲休士。时定方伐高丽，围平壤不克。高宗诏仁轨拔军就新罗与金法敏议去留计。将士咸欲还，仁轨曰："《春秋》之义，大夫出疆，有可以安社稷、便国家者，得专之。今天子欲灭高丽，先诛百济，留兵镇守，制其心腹。虽孽竖跳梁，士力未完，宜厉兵秣马，乘无备，击不意，百下百全。战胜之日，开张形势，腾檄济师，声援接，虏亡矣。今平壤不胜，熊津又拔，则百济之烬复炎，高丽之灭无期。吾等虽入新罗，正似坐客，有不如志，悔可得邪？扶余丰猜贰，表合内携，势不支久。宜坚守伺变以图之，不可轻动。"众从其义，乃请益兵。

时贼守真岘城，仁轨夜督新罗兵薄城扳堞，比明，入之，遂通新罗饷道。而丰果袭杀福信，遣使至高丽、倭丐援。会诏遣右威卫将军孙仁师率军浮海而至，士气振。于是，诸将议所向，或曰："加林城水陆之冲，盍先击之？"仁轨曰："兵法避实击虚。加林险而固，攻则伤士，守则旷日。周留城，贼巢穴，群凶聚焉。若克之，诸城自下。"于是仁师、仁愿及法敏帅陆军以进，仁轨与杜爽、扶余隆由熊津白江会之。遇倭人白江口，四战皆克，焚四百艘，海水为丹。扶余丰脱身走，获其宝剑。伪王子扶余忠胜、忠志等率其众与倭人降，独酋帅迟受信据任存城未下。始，定方破百济，酋领沙吒相如、黑齿常之啸亡散，据险以应福信，至是皆降。仁轨以赤心示之，畀取任存自效，即给铠仗粮糒。仁师曰："夷狄野心难信，若受甲济粟，资寇便也。"仁轨曰："吾观相如、常之忠而谋，因机立功，尚何疑？"二人讫拔其城。迟受信委妻子奔高丽，百济余党悉平。仁师等振旅还，诏留仁轨统兵镇守。

百济再被乱，僵尸如莽，仁轨始命瘞埋吊祭焉。葺复户版，署官吏，开道路，营聚落，复防堰，赈贫贷乏，劝课耕种，为立官社，民皆安其所。遂营屯田，以经略高丽。仁愿至京师，帝劳曰："若本武将，军中奏请，皆有文理，何道而然？"对曰："仁轨之辞，非臣所能。"帝叹赏之，超进仁轨六阶，真拜带方州刺史，赐第一区，厚赉妻子，玺书褒勉。

先是,贞观、永徽中,士战殁者皆诏使吊祭,或以赠官推授子弟。显庆后,讨伐恩赏殆绝;及破百济、平壤,有功者皆不甄叙。州县购募,不愿行,身壮家富者,以财参逐,率得避免。所募皆仁劣寒惫,无斗志。仁轨具论其弊,请加慰赉,以鼓士心。又表用扶余隆,使绥定余众。帝乃以隆为熊津都督。

时刘仁愿为卑列道总管,诏率兵度海,使代旧屯,与仁轨俱还。仁轨曰:"上巡狩方岳,又经略高丽。方农时,而吏与兵悉被代,新至者未习,万一蛮夷生变,谁与捍之?不如留旧兵毕获,等级遣还。仁轨当留,未可去。"仁愿不可,曰:"吾但知准诏耳。"仁轨曰:"不然。苟利国家,知无不为,臣之节也。"因陈便宜,愿留屯。诏可。由是以仁愿为不忠。

始,仁轨任带方州,谓人曰:"天将富贵此翁邪!"乃请所颁历及宗庙讳,或问其故,答曰:"当削平辽海,颁示本朝正朔。"卒皆如言。及封泰山,仁轨乃率新罗、百济、儋罗、倭四国酋长赴会。天子大悦,擢为大司宪。迁右相,兼检校太子左中护。累功封乐城县男。

总章元年,为熊津道安抚大使,兼浿江道总管,副李勣讨高丽,平之。以疾辞位,进金紫光禄大夫,听致仕。俄召为陇州刺史,拜太子左庶子、同中书门下三品,监修国史。咸亨五年,为鸡林道大总管,东伐新罗。仁轨率兵绝瓠芦河,攻大镇七里城,破之。进爵为公,子及兄子授上柱国者三人,州党荣之,号所居为"乐城乡三柱里"。俄拜尚书左仆射兼太子宾客,仍知政事。

吐蕃入寇,命为洮河道行军镇守大使。永隆二年,加太子少傅。数乞骸骨,听解左仆射。帝幸东都,太子监国,诏仁轨与裴炎、薛元超留辅。及太子赴东都,又诏太孙重照留守,仁轨副之。武后临朝,复拜左仆射。太孙废,仁轨专知留守事。上疏辞疾,因陈吕后、禄、产祸败事以规后,后遣武承嗣赍玺书慰勉。改文昌左相、同凤阁鸾台三品。卒年八十五。诏百官赴哭,册赠开府仪同三司、并州大都督,陪葬乾陵。赐其家实封三百户。

仁轨虽贵显,不自矜踞,接旧故如布衣时。尝为御史袁异式所劾,慢辱之,胁使引决。及拜大司宪,异式尚在台,不自安,因醉以情自解。仁轨持觞曰:"所不与公者,有如此觞。"后既执政,荐为司元大夫。然宦由州县至宰辅,善致声誉,得吏下欢心。及镇洮河,奏请机急,多为中书令李敬玄抑却,仁轨乃表敬玄为帅以代己,果覆其众。裴炎下狱,仁轨方留守京师,郎将姜嗣宗以使来,因语炎事,且曰:"炎异于常久矣。"仁轨曰:"使人知邪?"曰:"知。"及还,表嗣宗知炎反状不告。武后怒,拉杀之。

子浚,官太子舍人。垂拱中,为酷吏所杀。中宗即位,以仁轨有东宫旧,再赠司空。浚子晃,开元中,为给事中,表请立碑,追谥曰文献。

裴行俭,字守约,绛州闻喜人。父仁基,隋光禄大夫,自王世充所谋归国,被害。赠原州都督,谥曰忠。

行俭幼引荫补弘文生。贞观中,举明经,调左屯卫仓曹参军。时苏定方为大将军,谓曰:"吾用兵,世无可教者,今子也贤。"乃尽畀以术。迁长安令。高宗将立武昭仪,行俭以为国家忧从此始,与长孙无忌、褚遂良秘议,大理袁公瑜擿语昭仪母,左除西州都督府长史。麟德二年,擢累安西都护,西域诸国多慕义归附。召为司文少卿。迁吏部侍郎,与李敬玄、马载同典选,有能名,时号"裴马"。行俭始设长名榜、铨注等法,又定州县升降、资拟高下为故事。

上元三年,吐蕃叛,出为洮州道左二军总管,改秦州右军,并受周王节度。仪凤二年,十姓可汗阿史那都支及李遮匐诱蕃落以动安西,与吐蕃连和,朝廷欲讨之。行俭议曰:"吐蕃叛换方炽,敬玄失律,审礼丧元,安可更为西方生事?今波斯王死,其子泥涅师质京师,有如遣使立之,即路出二蕃,若权以制事,可不劳而功也。"帝因诏行俭册送波斯王,且为安抚大食使。径莫贺延碛,风砾昼冥,导者迷,将士饥乏。行俭止营致祭,令曰:"水泉非远。"众少安。俄而云彻风恬,行数百步,水草丰美,后来者莫识其处。众皆惊,以方汉贰师将军。至西州,诸蕃郊迎,行俭召豪杰千余人自随。扬言"大热,未可以进,宜驻军须秋"。都支觇知之,不设备。行俭徐召四镇酋长,伪约畋,谓曰:"吾念此乐未始忘,敦能从吾猎者?"于是子弟愿从者万人,乃阴勒部伍。数日,倍道而进,去都支帐十余里,先遣其所亲问安否,外若闲暇,非讨袭者。又使人趣召都支。都支本与遮匐计,及秋拒使者,已而闻军至,仓卒不知所出,率子弟五百余人诣营谒,遂禽之。是日,传契箭,召诸部酋长悉来请命,并执送碎叶城。简精骑,约赍,袭遮匐。道获遮匐使者,释之,俾前往谕其主,并言都支已禽状,遮匐乃降,悉俘至京师。将吏为刻石碎叶城以纪功。帝亲劳宴,曰:"行俭提孤军,深入万里,兵不血刃而叛党禽夷,可谓文武兼备矣,其兼授二职。"即拜礼部尚书兼检校右卫大将军。

调露元年,突厥阿史德温傅反,单于管二十四州叛应之,众数十万。都护萧嗣业讨贼不克,死败系踵。诏行俭为定襄道行军大总管讨之。率太仆少卿李思文、营州都督周道务部兵十八万,合西军程务挺、东军李文暕等,总三十余万,旗帜亘千里,行俭咸节制之。

先是,嗣业馈粮,数为虏钞,军饿死。行俭曰:"以谋制敌可也。"因诈为粮车三百乘,车伏壮士五辈,赍陌刀、劲弩,以赢兵挽进,又伏精兵踵其后。虏果掠车,赢兵走险。贼驱就水草,解鞍牧马。方取粮车中,而壮士突出,伏兵至,杀获几尽。自是粮车无敢近者。

大军次单于北,暮,已立营,堑垒既周,行俭更命徙营高冈。吏白:"士安堵,不可扰。"不听,促徙之。比夜,风雨暴至,前占营所,水深丈余,众莫不骇叹,问何以知之,行俭曰:"自今弟如我节制,毋问我所以知也。"

贼拒黑山,数战皆败,行俭纵兵,前后杀虏不胜计。伪可汗泥熟匐为其下所杀,持首来降;又禽大首领奉职而还,余党走狼山。行俭既还,阿史那伏念伪称可汗,复与温傅合。明年,行俭还总诸军,顿代州之陉口,纵反间,说伏念令与温傅相贰。伏念惧,密送款,且请缚傅自效。行俭秘不布,密以闻。后数日,烟尘涨天而南,斥候惶骇,行俭曰:"此伏念执温傅来降,非佗也。且受降如受敌。"乃敕严备,遣单使往劳。既而果然。于是,突厥余党悉平。帝悦,遣户部尚书崔知悌劳军。

初,行俭许伏念以不死,侍中裴炎害其功,建言:"伏念为程务挺、张虔勖胁逐,又碛北回纥逼之,计穷而降。"卒斩伏念及温傅于都市。行俭之功不录。封闻喜县公。行俭叹曰:"浑、浚之事,古今耻之。但恐杀降则后无复来矣!"遂称疾不出。永淳元年,十姓突厥车薄叛,复为金牙道大总管,未行卒,年六十四,赠幽州都督,谥曰献。诏皇太子遣官护视家事,子孙能自立乃停。中宗即位,再赠杨州大都督。

行俭工草隶,名家。帝尝以绢素诏写《文选》,览之,秘爱其法,赉物良厚。行俭每曰:"褚遂良非精笔佳墨,未尝辄书,不择笔墨而妍捷者,余与虞世南耳。"所撰《选谱》、《草字杂体》数万言。又为营阵、部伍、料胜负、别器能等四十六诀,武后诏武承嗣就第取去,不复传。

行俭通阴阳、历术,每战,豫道胜日。善知人,在吏部时,见苏味道、王勮,谓曰:"二君后皆掌铨衡。"李敬玄盛称王勃、杨炯、卢照邻、骆宾王之才,引示行俭,行俭曰:"士之致远,先器识,后文艺。如勃等,虽有才,而浮躁炫露,岂享爵禄者哉?炯颇沈嘿,可至令长,余皆不得其死。"所引偏裨,若程务挺、张虔勖、崔智聅、王方翼、赏金毗、刘敬同、郭待封、李多祚、黑齿常之,类为世名将,傔奏至刺史将军者数十人。

尝赐马及珍鞍,令史私驰马,马蹶鞍坏,惧而逃。行俭招还之,不加罪。初,平都支、遮匐,获瓌宝不赀,蕃酋将士愿观焉,行俭因宴,遍出示坐者。有码磲盘广二尺,文彩粲然,军吏趋跌盘碎,惶怖,叩头流血。行俭笑曰:"尔非故也,何至是?"色不少吝。帝赐都支资产皿金三千余物,橐驼马牛称是,行俭分给亲故泊麾下,数日辄尽。

子光廷。

光廷字连城,早孤。母库狄氏,有妇德,武后召入宫,为御正,甚见亲宠,光廷由是累迁太常丞。以武三思婿,坐贬郢州司马。开元中，擢兵部郎中、鸿胪少卿。性静默，寡交游，虽骤历台省，人未之许，既而以职业称，议者更推之。

玄宗有事岱宗，中书令张说以天子东巡，京师空虚，恐夷狄乘间窃发，议欲加兵守边，召光廷与谋，对曰："封禅者，所以告成功也。夫成功者，德无不被，人无不安，万国无不怀。今将告成而惧夷狄，非昭德也；大兴力役，用备不虞，非安人也；方谋会同，而阻戎心，非怀远也。此三者，名实乖矣。且诸蕃，突厥为大，贽币往来，愿修和好有年矣，若遣一使，召其大臣使赴行在，必欣然应命。突厥受诏，则诸蕃君长必相率而来，我偃旗息鼓，不复事矣。"说曰："善，吾所不及。"因奏用其策，突厥果遣使来朝。

东封还，迁兵部侍郎。久之，拜中书侍郎、同中书门下平章事，兼御史大夫。迁黄门侍郎，拜侍中，兼吏部尚书、弘文馆学士。撰《摇山往则》、《维城前轨》二篇献之。手制褒美，诏皇太子、诸王于光顺门见光廷，谢所以规讽意。光廷又引寿安丞李融、拾遗张琪、著作佐郎司马利宾直弘文馆，撰《续春秋经传》，自战国讫隋。表请天子修经，光廷等作传。书久不就。时有建言唐应为金德者，中书令萧嵩请百官普议。光廷以唐符命表著天下久矣，不可改，亟奏罢之。二十年，封正平县男。初，知星者言，上象变，不利大臣，请禳之。光廷曰："使祸可禳而去，则福可祝而来也！"论者以为知命。卒，年五十八，赠太师。

初，吏部求人不以资考为限，所奖拔惟其才，往往得俊乂任之，士亦自奋。其后士人猥众，专务趋竞，铨品枉桡。光廷惩之，因行俭长名榜，乃为循资格，无贤不肖，一据资考配拟；又促选限尽正月。任门下省主事阎麟之专主过官，凡麟之裁定，光廷辄然可，时语曰："麟之口，光廷手。"素与萧嵩轻重不平，及卒，嵩奏一切罢之，光廷所引，尽斥外官。博士孙琬以其用循资格，非奖劝之谊，谥曰克平，时以为希嵩意。帝闻，特赐谥曰忠宪，诏中书令张九龄文其碑。

子积，以荫仕，累迁起居郎。开元末，寿王瑁以母宠，欲立为太子，积陈申生、戾园祸以谏，玄宗改容谢之，诏授给事中。积曰："陛下绝招谏之路，为日滋久，今臣一言而荷殊宠，则言者将众，何以锡之？"帝善其让，止不拜。俄授祠部员外郎，卒。子倩，字容卿，历信州刺史。劝民垦田二万亩，以治行赐金紫服，代第五琦为度支郎中。卒，谥曰节。子均。

均字君齐，以明经为诸暨尉。数从使府辟，硁硁以才显。张建封镇濠、寿，表团练判官。时李希烈以淮、蔡叛，建封捍贼，均参赞之。以劳加上柱国，袭正平县男。迁累膳部郎中，擢荆南节度行军司马，就拜荆南节度使。刘辟叛，先骚黔、巫，胁荆、楚，以固首尾，均发精甲三千，逆击之，贼望风奔却。加检校吏部尚书。

初，均与崔太素俱事中人窦文场，太素尝晨省文场，入卧内，自谓待己至厚，徐观后榻有频伸者，乃均也。德宗以均任方镇，欲遂相之，谏官李约上疏斥均为文场养子，不可污台辅，乃止。

元和三年，入为尚书右仆射，判度支。上日，唱、授桉、送印，皆尚书郎为之，文武四品五品、郎官、御史拜廷下，御史中丞、左右丞升阶答拜，时以为礼太重。俄检校左仆射、同中书门下平章事，为山南东道节度使，累封郇国公。以财交权幸，任将相凡十余年，荒纵无法度。卒，年六十二，赠司空。

娄师德，字宗仁，郑州原武人。第进士，调江都尉。扬州长史卢承业异之，曰："子，台辅器也，当以子孙相诿，讵论僚吏哉？"

上元初，为监察御史。会吐蕃盗边，刘审礼战没，师德奉使收败亡于洮河，因使吐蕃。其首领论赞婆等自赤岭操牛酒迎劳，师德喻国威信，开陈利害，虏为畏悦。后募猛士讨吐蕃，乃自奋，戴红抹额来应诏，高宗假朝散大夫，使从军。有功，迁殿中侍御史，兼河源军司马，并知营田事。与虏战白水涧，八遇八克。

天授初，为左金吾将军，检校丰州都督。衣皮裤，率士屯田，积谷数百万，兵以饶给，无转饷和籴之费。武后降书劳之。长寿元年，召授夏官侍郎，判尚书事，进同凤阁鸾台平章事。后尝谓师德："师在边,必待营田,公不可以劬劳惮也。"乃复以为河源、积石、怀远军及河、兰、鄯、廓州检校营田大使。入迁秋官尚书、原武县男,改左肃政御史大夫,并知政事。证圣中,与王孝杰拒吐蕃于洮州,战素罗汗山,败绩,贬原州员外司马。万岁通天二年,入为凤阁侍郎、同凤阁鸾台平章事。后与武懿宗、狄仁杰分道抚定河北,进纳言,更封谯县子、陇右诸军大使,复领营田。

圣历三年,突厥入寇,诏检校并州长史、天兵军大总管。九月,卒于会州,年七十。赠幽州都督,谥曰贞。葬给往还仪仗。

师德长八尺,方口博唇。深沈有度量,人有忤己,辄逊以自免,不见容色。尝与李昭德偕行,师德素丰硕,不能遽步,昭德迟之,恚曰:"为田舍子所留。"师德笑曰:"吾不田舍,复在何人?"其弟守代州,辞之官,教之耐事。弟曰:"人有唾面,絜之乃已。"师德曰:"未也。絜之,是违其怒,正使自乾耳。"在夏官注选,选者就桉阅簿。师德曰:"容我择之可乎?"选者不去,乃洒笔曰:"墨污尔!"

狄仁杰未辅政,师德荐之,及同列,数挤令外使。武后觉,问仁杰曰:"师德贤乎?"对曰:"为将谨守,贤则不知也。"又问:"知人乎?"对曰:"臣尝同僚,未闻其知人也。"后曰:"朕用卿,师德荐也,诚知人矣。"出其奏,仁杰惭,已而叹曰:"娄公盛德,我为所容乃不知,吾不逮远矣!"总边要、为将相者三十年,恭勤朴忠,心无适莫,方酷吏残鸷,人多不免,独能以功名始终,与郝处俊相亚,世之言长者,称娄、郝。

赞曰:仁轨等以兵开定四夷,其勇无前,至奉上则瞿瞿若不及;行俭临下以恕,师德宽厚,其能以功名始终者,盖近乎勇于敢则杀,勇于不敢则活者邪!

唐书卷一〇九
列传第三四

崔义玄 神基 神庆 琳 杨再思
季昭 窦怀贞 兢 宗楚客 晋卿
纪处讷 祝钦明 郭山恽 王玙

崔义玄,贝州武城人。隋大业乱,往见李密,密不用。河内贼黄君汉为密守柏崖,义玄见群鼠度河,稍刃有华文,曰:"此王敦亡兆也。"因说君汉以城归,乃拜君汉怀州刺史、行军总管,以义玄为司马。王世充将高毗寇河内,义玄击走之,多下屯堡。君汉以所掠子女金帛分之,拒不受。以功封清丘县公。太宗讨世充,数用其谋。东都平,转隰州都督府长史。贞观初,历左司郎中,兼韩王府长史,与王友孟神庆志趣不同,而俱以介直任。

永徽中,累迁婺州刺史。时睦州女子陈硕真举兵反。始,硕真自言仙去,与乡邻辞诀,或告其诈,已而捕得,诏释不问。于是姻家章叔胤妄言硕真自天还,化为男子,能役使鬼物,转相荧惑,用是能幻众。自称文佳皇帝,以叔胤为仆射,破睦州,攻歙残之,分遣其党围婺州。义玄发兵拒之,其徒争言硕真有神灵,犯其兵辄灭宗,众凶惧不肯用。司功参军崔玄籍曰:"仗顺起兵,犹无成;此乃妖人,埶不持久。"义玄乃署玄籍先锋,而自统众继之。至下淮戍,禽其谍数十人。有星坠贼营,义玄曰:"贼必亡。"诘朝奋击,左右有以盾郭者,义玄曰:"刺史而有避邪,谁肯死?"敕去之。由是众为用,斩首数百级,降其众万余。贼平，拜御史大夫。义玄有章句学，先儒疑缪，或音故不通者，辄采诸家，条分节解，能是正之。高宗诏与博士讨论《五经》义。

武氏为皇后，义玄赞帝决，又以后旨按长孙无忌等诛之。终蒲州刺史，年七十一。赠幽州都督，谥曰贞。后持政，赠扬州大都督，赐其家实封户二百。

子神基袭爵。

神基，长寿中，为司宾卿、同凤阁鸾台平章事。为酷吏所构。流岭南。中宗初，稍用为大理卿。

弟神庆，举明经，武后时，累迁莱州刺史。入朝，待制亿岁殿，奏事称旨。后以历官有佳政，且其父于己有功，擢拜并州长史，谓曰："并州，朕乡里，宿兵多，前长史皆尚书为之，今授卿，宜知所以委重者。"乃亲为按行图，谋日而遣。神庆始至，有诏改钱币法，州县布下，俄而物价踊昂，百贾惊扰，神庆质其非于朝，果豪猾妄为之。后喜，下制褒美。初，州隔汾为东、西二城，神庆跨水联堞，合而一之，省防御兵岁数千。神基既下狱，驰赴都告变，得召见，后出具狱示之，神庆为申理，得减死，然用是贬歂州司马。

长安中，累转礼部侍郎，数上疏陈时政。转太子右庶子，封魏县子。是时，突厥使者入见，皇太子应朝，有司移文东宫召太子。神庆谏曰："五品以上佩龟者，盖防征召之诈，内出龟以合之，况太子乎？古者召太子用玉契，此诚重慎防萌之意，不可不察。凡虑事于未萌之前，故长无悔吝之咎。今太子与陛下异宫，非朝朔望而别唤者，请降墨敕玉契。"诏可。寻诏与詹事祝钦明更日侍读东宫。历司刑卿，劾张昌宗狱，颇阔略不尽。神龙初，昌宗伏诛，坐流钦州，卒。五王得罪，缘昌宗被流者皆诏原雪，赠神庆幽州都督。

神庆子琳，明政事，开元中，与高仲舒同为中书舍人。侍中宋璟亲礼之，每所访逮，尝曰："古事问仲舒，今事问琳，尚何疑？"累迁太子少保。天宝二年卒，秘书监潘肃闻之，泫然曰："古遗爱也！"琳长子俨，谏议大夫。

其群从数十人，自兴宁里谒大明宫，冠盖骈哄相望。每岁时宴于家，以一榻置笏，犹重积其上。琳与弟太子詹事珪、光禄卿瑶俱列棨戟，世号"三戟崔家"。开元、天宝间，中外宗属无缌麻丧。初，玄宗每命相，皆先书其名，一日书琳等名，覆以金瓯，会太子入，帝谓曰："此宰相名，若自意之，谁乎？即中，且赐酒。"太子曰："非崔琳、卢从愿乎？"帝曰："然。"赐太子酒。时两人有宰相望，帝欲相之数矣，以族大，恐附离者众，卒不用。

杨再思，郑州原武人，第明经，为人佞而智。初，调玄武尉，使至京师，舍逆旅，有盗窃其衣囊，再思遇之，盗窘谢。再思曰："而苦贫，故至此。囊中橐无所事，幸留，它物可持去。"初不为人言，但假贷以还。累迁天官员外郎，历左肃政御史中丞。延载初，擢鸾台侍郎、同凤阁鸾台平章事，加兼左肃政御史大夫，封郑县侯，迁内史。

居宰相十余年，阿匼取容，无所荐达。人主所不喜，毁之；所善，誉之。畏慎足恭，未尝忤物。或曰："公位尊，何自屈折？"答曰："世路孔艰，直者先祸。不尔，岂全吾躯？"于时水涔，闭坊门以禳。再思入朝，有车陷于泞，叱牛不前，恚曰："痴宰相不能和阴阳，而闭坊门，遣我艰于行！"再思遣吏谓曰："汝牛自弱，不得独责宰相。"

张昌宗坐事，司刑少卿桓彦范劾免其官，昌宗诉诸朝，武后意申释之，问宰相："昌宗于国有功乎？"再思曰："昌宗为陛下治丹，饵而愈，此为有功。"后悦，昌宗还官。自是天下贵彦范，贱再思。左补阙戴令言赋"两脚狐"以讥之，再思怒，谪令言为长社令，士愈蚩噪。

易之兄司礼少卿同休，请公卿宴其寺，酒酣，戏曰："公面似高丽。"再思欣然，翦谷缀巾上，反披紫袍，为高丽舞，举动合节，满坐鄙笑。昌宗以姿貌幸，再思每曰："人言六郎似莲花，非也；正谓莲花似六郎耳。"其巧谀无耻类如此。俄检校右庶子。

中宗立，拜户部尚书、同中书门下三品、京师留守，封弘农郡公,加兼扬州长史,检校中书令。改侍中,郑国公,赐实封户三百,为顺天皇后奉册使。武三思诬陷王同皎,再思与李峤、韦巨源按狱,希意抵同皎死,众以为冤。复拜中书令,监修国史。迁尚书右仆射,仍同三品。卒,赠特进、并州大都督,陪葬乾陵,谥曰恭。

弟季昭,中茂才第,为殿中侍御史。武后诛驸马都尉薛绍,绍兄颛为齐州刺史,命季昭按之,不得反状,后怒,放于沙洲。赦还,为怀州司马。

窦怀贞,字从一,左相德玄子。少诡激,衣服羸俭,不为舆马豪侈事。仕累清河令,有治状。后迁越州都督、扬州长史。

神龙中,进左御史大夫兼检校雍州长史。会岁除,中宗夜宴近臣,谓曰:"闻卿丧妻,今欲继室可乎?"怀贞唯唯。俄而禁中宝扇郼卫,有衣翟衣出者,已乃韦后乳媪王,所谓莒国夫人者,故蛮婢也。怀贞纳之不辞。又避后先讳,而以字称。世谓媪婿为阿爹,怀贞每谒见奏请,辄自署"皇后阿爹",而人或谓为"国爹",轩然不惭,以自媚于后。时政令多门,赤尉由墨制授御史者众,或戏曰:"尉入台多,而县办否?"对曰:"办于异日。"问其故,答曰:"佳吏在,傥幸去,故办。"闻者皆笑。又附宗楚客、安乐公主等以取贵位,为素议所斥,名称尽矣。韦后败,斩妻献其首,贬濠州司马,再徙益州长史,乃复故名。

景云初,以殿中监召,阅月迁左御史大夫、同中书门下平章事,封中山县公。再迁侍中。方太平公主干政,怀贞倾己附离,日视事退,辄诣主第,刺取所欲。睿宗为金仙、玉真二公主营观,费巨万,谏者交疏不止,唯怀贞劝成之,躬护役作。族弟维鎏谏曰:"公位上衮,当思献可替否辅天子,而计校瓦木,杂厕工匠间,使海内何所瞻仰乎?"不答,督缮益急。时语曰:"前作后国爹,后为主邑丞。"言事公主如邑官属也。在位半岁,无所事,帝引见承天门,切责之。俄与李日知、郭元振、张说皆罢。为左御史大夫。于时,岁犯左执法,术家又言怀贞且有祸,大惧,表请为安国寺奴,不许。逾年,复同中书门下三品，兼太子詹事，监修国史。又以尚书右仆射兼御史大夫，军国重事宜共平章。玄宗受内禅，进左仆射，封魏国公。与太平公主谋逆，既败，投水死，追戮其尸，改姓毒氏。然生平所得俸禄，悉散亲族无留畜，败时，家惟粗米数石而已。

性谲诈，善谐结权贵，宦者用事，尤所畏奉，或见无须者，误为之礼。监察御史魏传弓嫉中人辅信义，欲劾奏其奸，怀贞曰："是安乐所信任者，奈何绳之？"传弓曰："王纲坏矣，正坐此属。今日杀之，明日诛，无所悔！"怀贞犹固止之。传弓者，巨鹿人，忠謇士也，终司农丞。

怀贞从子兟，字思慎，举明经，为英王府参军、尚乘直长。调郿令，修邮舍道路，设冠婚丧纪法，百姓德之。

宗楚客，字叔敖，其先南阳人。曾祖丕，后梁南弘农太守，梁亡入隋，居河东之汾阴，故为蒲州人。父岌，仕魏王泰府，与谢偃等撰《括地志》。

楚客，武后从姊子，长六尺八寸，明晰美须髯。及进士第，累迁户部侍郎。兄秦客，垂拱中，劝武后革命，进为内史，而弟晋卿典羽林兵。后兄弟并坐奸赃流岭外。岁余，秦客死，而楚客等还。俄检校夏官侍郎、同凤阁鸾台平章事。与武懿宗不协，会赐将作材营第，僭侈过度，为懿宗所劾，自文昌左丞贬播州司马，晋卿流峰州。稍为豫州长史，迁少府少监、岐陕二州刺史。久之，复以夏官侍郎同凤阁鸾台平章事。坐聘邵王妓贬原州都督。

神龙初，为太仆卿、郢国公。武三思引为兵部尚书，以晋卿为将作大匠。节愍太子败，逃于鄠，被杀，殊其首祭三思等枢，楚客请之也。俄同中书门下三品。韦后、安乐公主亲赖之，与纪处讷为党，世号"宗纪"。

景龙二年，诏突厥娑葛为金河郡王，而其部阙啜忠节赂楚客等罢之，娑葛怨，将兵患边。监察御史崔琬廷奏："楚客、处讷专威福，有无君心，纳境外交，为国取怨；晋卿专徇赃私，骄恣跋扈。并请收付狱,三司推鞫。"故事,大臣为御史对仗弹劾,必趋出,立朝堂待罪。楚客乃厉色大言:"性忠鲠,为琬诬诋!"中宗不能穷也,诏琬与楚客、处讷约兄弟两解之,故世谓帝为"和事天子"。寻迁中书令。韦氏败,与晋卿同诛。

楚客性明达。武后时,降突厥沓实力吐敦者,部落在平夏。会边书至,言吐敦反,楚客为兵部员外郎,后召问方略,对曰:"吐敦者,臣昔与之言,其为人忠义和厚,且国家与有恩,必不反。其兄之子默子者,狡悍,与吐敦不和,今言叛,疑默子为之,然无能为。"俄而夏州表默子劫部落北奔,为州兵及吐敦所禽。后张仁亶请筑三城,议者或不同,独楚客言:"万世利也。"然冒于权利,尝讽右补阙赵延禧陈符命以媚帝,曰:"唐有天下,当百世继周,陛下承母禅,周、唐一统,其符兆有八:天皇再以陛下为周王,是在唐兴周,则天立陛下为皇太子,是在周兴唐,一也;天后立文王庙,二也;唐同泰《洛水图》云:'永昌帝业',三也;谶曰:'百代不移宗',四也;孔子曰:'百世继周',五也;《桑条韦歌》,应二圣在位九十八年,而子孙相承九十八世,六也;乃二月庆云五色,天应以和,七也;去六月九日,内出瑞蒜,八也。起则天为一世,圣朝为二世,后子孙相承九十八,其数正满百世,唐之历乃三千余年。"帝大喜,擢延禧谏议大夫。识者以楚客等欺神诬君,且有大咎。又尝密语其党曰:"始,吾在卑位,尤爱宰相;及居之,又思天子,南面一日足矣。"虽外附韦氏,而内畜逆谋,故卒以败。

晋卿髭貌雄伟,声如钟。虽不学,然性倜傥。垂拱后,武后任之,宫苑、闲厩、内外众作无不总。开中岳,造明堂,铸九鼎,有力焉。

纪处讷者,秦州上邽人。为人魁岸,髭长数尺。其妻武三思妇之姊,纵使通三思,由是款昵,进为太府卿。神龙元年夏,大旱,谷价腾踊,中宗召问所以救人者。三思知之,阴讽太史迦叶志忠奏"是夜摄提入太微,近帝坐,此天子与大臣接,有纳忠之符"。帝信之,下诏褒美,赐处讷衣一副、彩六十段。与楚客并同三品,进侍中。后伏诛。

祝钦明，字文思，京兆始平人。父纵，字叔良，少通经，颇著书质诸家疑异；门人张后胤既显宦，荐于朝，诏对策高第，终无极尉。

钦明擢明经，为东台典仪。永淳、天授间，又中英才杰出、业奥《六经》等科，拜著作郎，为太子率更令。中宗在东宫，钦明兼侍读，授太子经，兼弘文馆学士。中宗复位，擢国子祭酒、同中书门下三品。进礼部尚书，封鲁国公，食实封户三百。桓彦范、崔玄暐、袁恕己、敬晖等皆从受《周官》大义，朝廷尊之。以匿亲忌日，为御史中丞萧至忠所劾，贬申州刺史。入为国子祭酒。

景龙三年，天子将郊，钦明与国子司业郭山恽阴迎韦后意，谬立议曰：

《周官》天神曰祀，地祇曰祭，宗庙曰享。《大宗伯》曰：祀大神，祭大祇，享大鬼，王有故不预，则摄而荐。追师掌后首服，以待祭祀。内司服掌后六服，祭祀则供。又九嫔，凡大祭祀，后裸献则赞瑶爵。然则后当助天子祀天神、祭地祇。郑玄称：阙狄，后助王祭群小祀服。小祀尚助，况天地哉？阙狄之上，袆、褕狄，三服皆以助祭，知袆衣助大祀也。王之祭服二：曰先王衮冕，先公鷩冕。故后助祭，亦以袆衣祭先王，褕狄祭先公。不言助祭天地，举此以明彼，反三隅也。《春秋外传》："禘郊，天子亲射其牛，王后亲舂其粢。"世妇诏后之礼事，不专主宗庙。《祭统》曰："祭也者，必夫妇亲之，所以备内外之官。"哀公问孔子曰："冕而亲迎，不已重乎？"答曰："合二姓之好，以继先圣之后，以为天地宗庙社稷主，君何谓已重焉？"则知后宜助祭。臣请因经谊，制仪典。

帝虽不睿，犹疑之，召礼官质问。于是太常博士唐绍、蒋钦绪对："钦明所引，皆宗庙礼，非祭天地者。周、隋而上，无皇后助祭事。"帝令宰相参议，绍、钦绪又引博士彭景直共议曰：

《周官》所云祀、祭、享，皆互言。《典瑞》："两圭以祀地。"《司几筵》："设祀先王昨席。"《内宗》："掌宗庙祭祀。"传曰："圣

人为能飨帝。""春秋祭祀,以时思之。"此祀天称享,享庙称祭
也。礼家凡称大祭祀,不独主天。《爵人》:"大祭祀,与量人受
举斝之卒爵。"祭天不祼,则九嫔赞瑶爵,容庙称大祭祀也。钦
明据《大宗伯》之职,以谓后有祭天地之礼。按经:"凡祀大神、
祭大祇、享大鬼,帅执事而卜宿,视涤濯,莅玉鬯,省牲镬,奉玉
齐,制大号。若王不与祭祀,则摄位。"自凡而推,兼言王祭天地
宗庙也。下言:"凡大祭祀,王后不与,则摄而荐。"直王后祭庙
一凡耳。若当助祭天地,应不列重凡。且内宗、外宗所掌,皆佐
王后庙荐,无佐祭天地语。有如助祭天地,谁当赞佐者?是则
摄荐为宗庙明甚。内司服掌后祭服,无祭天服。礼家说曰:"后
不助祭天地五岳,故无其服。"又言:"后有五辂,以重翟从祭先
王先公,以厌翟从飨诸侯,以安车朝夕见王,以翟车采桑,以辇
车游宴。"按此,后无祭天车明甚。然后助王祭天地,古无闻焉。

时左仆射韦巨源助后掎掣帝,夺政事,即傅钦明议,帝果用其
言,以皇后为亚献。取大臣李峤等女为斋娘,奉豆笾。礼成,诏斋娘
有夫者悉进官。

初,后属婚,上食禁中,帝与群臣宴,钦明自言能《八风舞》,帝
许之。钦明体肥丑,据地摇头眄目,左右顾盻,帝大笑。吏部侍郎卢
藏用叹曰:"是举《五经》扫地矣!"景云初,侍御史倪若水劾奏:"钦
明、山恽等腐儒无行,以谄佞乱常改作,百王所传,一朝堕放。今圣
德中兴,不宜使小人在朝,请斥远之,以肃具臣。"乃贬钦明饶州刺
史,山恽括州刺史。钦明于《五经》为该淹,自见坐不孝免,无以澡
祓,乃阿附韦氏,图再用,又坐是见逐,诸儒共羞之。后徙洪州都督,
入为崇文馆学士,卒。

山恽者,河东人。善治《礼》。景龙中,累迁国子司业。帝昵宴
近臣及修文学士,诏遍为伎。工部尚书张锡为《谈容娘舞》,将作大
匠宗晋卿为《浑脱舞》,左卫将军张洽为《黄獐舞》,给事中李行言歌
《驾车西河曲》,余臣各有所陈,皆鄙黩。而山恽奏:"无所习,惟知诵

诗。"乃诵《鹿鸣》、《蟋蟀》二篇,未毕,中书令李峤以其近规讽,止之。帝嘉其直,下诏褒咨,赐服一称。其后与钦明僻论阿世,不能终其守。久之,复拜国子司业。

赞曰:钦明以经授中宗,为朝大儒,乃诡圣僻说,引艳妻郊见上帝,腥德播闻,享祚不终。盖与少正卯顺非而泽,庄周以诗书破冢者同科。独保腰领死家纂,宁不幸邪! 后之托儒为奸者,可少戒云。

王屿者,方庆六世孙,少为礼家学。玄宗在位久,推崇老子道,好神仙事,广修祠祭,靡神不祈。屿上言,请筑坛东郊祀青帝,天子入其言,擢太常博士、侍御史,为祠祭使。屿专以祠解中帝意,有所禳祓,大抵类巫觋。汉以来葬丧皆有瘗钱,后世里俗稍以纸寓钱为鬼事,至是屿乃用之。

肃宗立,累迁太常卿,又以祠祷见宠。乾元三年,拜蒲同绛等州节度使,俄以中书侍郎同中书门下平章事。时大兵后,天下愿治,屿望轻,无它才,不为士议谐可,既骤得政,中外怅骇。乃奏置太一坛,劝帝身见九宫祠。帝由是专意,它议不能夺。帝尝不豫,太卜建言祟在山川。屿遣女巫乘传分祷天下名山大川,巫皆盛服,中人护领,所至干托州县,赂遗狼藉。时有一巫美而蛊,以恶少年数十自随,尤恣狡不法。驰入黄州,刺史左震晨至馆请事,门镝不启。震怒,破镝入,取巫斩廷下,悉诛所从少年,籍其赃得十余万,因遣还中人。既以闻,屿不能诘,帝亦不加罪。明年,罢屿为刑部尚书,又出为淮南节度使,犹兼祠祭使,徙浙东。召入,再迁太子少师。卒,赠开府仪同三司,谥曰简怀。

始,屿托鬼神致位将相,当时以左道进者纷纷出焉。李国祯者,以术士显,广德初,建言"唐家仙系,宜崇表福区,招致神灵,请度昭应南山作天华上宫、露台、大地婆父祠,并三皇、道君、太古天皇、中古伏羲、女娲等各为堂皇,给百户扫除"。又即义扶谷故漱祠龙,置房宇。有诏从之,乃除地课工,方岁饥,人不堪命。昭应令梁镇上疏切谏，以为有七不可："天地之神，推之尊极者，扫地可祭，精意可享。今废先王之典，为人祈福，福未至而人已困。又违神虐人，何从而致福邪？宗庙月无三祭，此不宜然。婆父之鄙语，不经见，若为地建祖庙，上天必贻向背之责。夫漱者，龙所托耳，今漱竭已久，龙安所存？不宜崇去龙之穴，破生人之产。若三皇、五帝、道君等，两京及所都各有宫庙，春秋彝飨，此复营造，是谓渎神。夫休咎丰凶本于五事，不在山川百神明矣。"即劾国祯等"动众则得人，兴工则获利，祭祀则受胙，主执则市权，营罔天听，负抱粢稆，道路相望，无时而息，人神胥怨，灾孽并至。臣昨受命，有所安辑，陛下许以权宜，今所兴造，臣谨以便宜悉停"。帝从之。镇忼慨有名士也，仕至司门郎中。玙曾孙抟，别传。

唐书卷一一〇
列传第三五

诸夷蕃将

史大奈　冯盎 智戴　子猷
阿史那社尔 忠　执失思力
契苾何力 明　黑齿常之　李谨行
泉男生 献诚　李多祚 李湛
论弓仁 惟贞　尉迟胜　尚可孤
裴玢

　　史大奈，本西突厥特勒也，与处罗可汗入隋，事炀帝。从伐辽，积劳为金紫光禄大夫。后分其部于楼烦。

　　高祖兴太原，大奈提其众隶麾下。桑显和战饮马泉，诸军却，大奈以劲骑数百背击显和，破之，军遂振。授光禄大夫。从平长安，以多，赏帛五千匹，赐姓史。从秦王平薛举、王世充、窦建德、刘黑闼，功殊等，积前后赐侍女三、杂彩万段。贞观初，擢累右武卫大将军，检校丰州都督，封窦国公，食封户三百。卒，赠辅国大将军。

　　冯盎，字明达，高州良德人，本北燕冯弘裔孙。弘不能以国下魏，亡奔高丽，遣子业以三百人浮海归晋。弘已灭，业留番禺，至孙融,事梁为罗州刺史。子宝,聘越大姓洗氏女为妻,遂为首领,授本郡太守,至盎三世矣。

隋仁寿初,盎为宋康令,潮、成等五州獠叛,盎驰至京师,请讨之。文帝诏左仆射杨素与论贼形势,素奇之,曰:“不意蛮夷中乃生是人!”即诏盎发江、岭兵击贼,平之,拜汉阳太守。从炀帝伐辽东,迁左武卫大将军。隋亡,奔还岭表,啸署酋领,有众五万。番禺、新兴名贼高法澄、洗宝彻等受林士弘节度,杀官吏,盎率兵破之。宝彻兄子曰智臣,复聚兵拒战,盎进讨,兵始合,辄释胄大呼曰:“若等识我耶?”众委戈,祖而拜,贼遂溃,禽宝彻、智臣等,遂有番禺、苍梧、朱崖地,自号总管。或说盎曰:“隋季崩荡,海内震骚,唐虽应运,而风教未孚,岭越无所属系。公克平二十州,地数千里,名谓未正,请上南越王号。”盎曰:“吾居越五世矣,牧伯惟我一姓,子女玉帛吾有也,人生富贵,如我希矣。常恐忝先业,尚自王哉?”

武德五年,始以地降,高祖析为高、罗、春、白、崖、儋、林、振八州,授盎上柱国、高州总管,封越国公。拜其子智戴为春州刺史,智彧为东合州刺史。盎徙封耿。贞观初,或告盎叛,盎举兵拒境。太宗诏右武卫将军蔺谟发江淮甲卒将讨之,魏徵谏曰:“天下初定,创夷未复,大兵之余,疫疠方作,且王者兵不宜为蛮夷动,胜之不武,不胜为辱。且盎不及未定时略州县,摇远夷,今四海已平,尚何事?反未状,当怀之以德,盎惧,必自来。”帝乃遣散骑常侍韦叔谐喻盎,盎遣智戴入侍。帝曰:“徵一言,贤于十万众。”时谟兵已出,欲遂有功,遣副将上盎可击状,帝不许,罢之。

五年,盎来朝,宴赐甚厚。俄而罗、窦诸洞獠叛,诏盎率众二万为诸军先锋。贼据险不可攻,盎持弩语左右曰:“矢尽,胜负可知矣。”发七矢毙七人,贼退走,盎纵兵乘之,斩首千余级。帝诏智戴还慰省,赏予不可计,奴婢至万人。盎善为治,阅簿最,擿奸伏,得民欢心。卒,赠左骁卫大将军、荆州都督。

子三十人,智戴知名,勇而有谋,能抚众,得士死力,酋帅皆乐属之。尝随父至洛阳,统本部锐兵宿卫。炀帝弑,引其下逃归。时盗贼多，岭峤路绝，智戴转战而前。至高源，俚帅胁为谋主，会盎至，智戴得与盎俱去。后入朝，帝劳赐加等，授卫尉少卿。闻其善兵，指云问曰："下有贼，今可击乎？"对曰："云状如树，方辰在金，金利木柔，击之胜。"帝奇其对。累迁左武卫将军。卒，赠洪州都督。

盎族人子猷，以豪侠闻。贞观中，入朝，载金一舸自随。高宗时，遣御史许瓘视其赀。瓘至洞，子猷不出迎，后率子弟数十人，击铜鼓、蒙排，执瓘而奏其罪。帝驰遣御史杨璟验讯。璟至，卑辞以结之，委罪于瓘。子猷喜，遗金二百两、银五百两。璟不受。子猷曰："君不取此，且留不得归。"璟受之，还奏其状，帝命纳焉。

阿史那社尔，突厥处罗可汗之次子。年十一，以智勇闻。拜拓设，建牙碛北，与颉利子欲谷设分统铁勒、回纥、仆骨、同罗诸部。处罗卒，哀毁如礼。治众十年，无课敛。或劝厚赋以自奉，答曰："部落丰余，于我足矣。"故首领咸爱之。颉利数用兵，社尔谏，弗纳。

贞观元年，铁勒、回纥、薛延陀等叛，败欲谷设于马猎山，社尔助击之，弗胜。明年，将余众西保可汗浮图城。会颉利灭，西突厥统叶护又死，奚利必咄陆可汗与泥孰争国，社尔引兵袭之，得其半国，有众十余万，乃自号都布可汗。谓诸部曰："始为乱破吾国者，延陀也，今我据西方，而不平延陀，是忘先可汗，非孝也。事脱不胜，死无恨。"酋长皆曰："我新得西方，须留抚定。今直弃之，远击延陀，延陀未禽，叶护子孙将复吾国。"社尔不从，选骑五万，讨延陀碛北，连兵十旬，士苦其久，稍溃去。延陀纵击，大败之，乃走保高昌，众才万人，又与西突厥不平，由是率众内属。

十年入朝，授左骁卫大将军，处其部于灵州。诏尚衡阳长公主，为驸马都尉，典卫屯兵。十四年，以交河道行军总管平高昌，诸将咸受赏，社尔以未奉诏，秋毫不敢取，见别诏，然后受，又所取皆老弱陈弊。太宗美其廉，赐高昌宝钿刀、杂彩千段，诏检校北门左屯营，封毕国公。从征辽东，中流矢，摭去复战，所部奋厉，皆有功。还，擢兼鸿胪卿。

二十一年，以昆丘道行军大总管与契苾何力、郭孝恪、杨弘礼、李海岸等五将军发铁勒十三部及突厥骑十万讨龟兹。师次西突厥，击处蜜、处真，败之。入自焉耆西，兵出不意，龟兹震恐。进屯碛石，伊州刺史韩威以千骑先进，右骁卫将军曹继叔次之。至多褐城，其王率众五万拒战。威阳却，王悉兵逐北，威与继叔合，殊死战，大破之。社尔因拔都城，王轻骑遁。社尔留孝恪守，自率精骑追蹑，行六百里。王据大拨换城，婴险自固。社尔攻凡四十日，入之，禽其王，并下五大城。遣左卫郎将权祗甫徇诸酋长，示祸福，降者七十余城，宣谕威信，莫不欢服。刻石纪功而还。因说于阗王入朝，王献马畜三百饷军。西突厥、焉耆、安国皆争犒师。孝恪之在军，床帷器用多饰金玉，以遗社尔，社尔不受。帝闻，曰："二将优劣，不复问人矣。"帝崩，请以身殉，卫陵寝，高宗不许。迁右卫大将军。永徽六年卒，赠辅国大将军、并州都督，陪葬昭陵，治冢象葱山，谥曰元。

子道真，历左屯卫大将军。咸亨初，为逻娑道副大总管，与薛仁贵讨吐蕃以援吐谷浑，为论钦陵所败，尽失其兵。诏有司问状，免死为民。

阿史那忠者，字义节，苏尼失子也。资清谨。以功擢左屯卫将军，尚宗室女定襄县主，始诏姓独著史。居父丧，哀慕过人。会立阿史那思摩为突厥可汗，以忠为左贤王。及出塞，不乐，见使者必泣，请入侍，许焉。封薛国公，擢右骁卫大将军。宿卫四十八年，无纤隙，人比之金日磾。卒，赠镇军大将军，谥曰贞，陪葬昭陵。

执失思力，突厥酋长也。贞观中，护送隋萧后入朝，授左领军将军。会颉利败，太宗令思力谕降浑、斛萨部落，稍亲近。帝逐兔苑中，思力谏曰："陛下为四海父母，乃自轻，臣窃殆之。"帝异其言。后复逐鹿，思力脱巾带固谏，帝为止。

及讨辽东，诏思力屯金山道，领突厥捍薛延陀。延陀兵十万寇河南，思力示羸，不与确，贼深入至夏州，乃整阵击败之，追蹑六百里。会毗伽可汗死，耀兵碛北而归。复从江夏王道宗破延陀余众。与平吐谷浑。

诏尚九江公主，拜驸马都尉，封安国公。坐交房遗爱，高宗以其战多，赦不诛，流巂州。主请削封邑偕往。主前卒。龙朔中，以思力为归州刺史，卒。麟德元年，复公主封邑，赠思力胜州都督，谥曰景。

契苾何力，铁勒哥论易勿施莫贺可汗之孙。父葛，隋末为莫贺咄特勒，以地近吐谷浑，隘狭多疠暍，徙去热海上。何力九岁而孤，号大俟利发。

贞观六年，与母率众千余诣沙州内属，太宗处其部于甘、凉二州，擢何力左领军将军。九年，与李大亮、薛万彻、万均讨吐谷浑于赤水川。万均率骑先进，为贼所包，兄弟皆中创堕马，步斗，士死十七八。何力驰壮骑，冒围奋击，虏披靡去。是时吐谷浑王伏允在突沦川，何力欲袭之，万均惩前败，以为不可。何力曰："贼无城郭，逐荐草美水以为生，不乘其不虞，正恐鸟惊鱼骇，后无以窥其巢穴。"乃阅精骑千余，直捣其牙，斩首数千级，获橐它、马、牛、羊二十余万，俘其妻子，伏允挺身免。有诏劳军于大斗拔谷。万均耻名出其下，乃排何力，引功自名。何力不胜愤，挺刀起，将杀之，诸将劝止。

及还，帝责谓其故，何力具言万均败状。帝怒，将解其官授何力。何力顿首曰："以臣而解万均官，恐四夷闻者，谓陛下重夷轻汉，则诬告益多。又夷狄无知，谓汉将皆然，非示远之义。"帝重其言，乃止。有诏宿卫北门，检校屯营事，尚临洮县主。十四年，为葱山道副大总管，与讨高昌，平之。

始，何力母姑臧夫人与弟沙门在凉州，沙门为贺兰都督。十六年，诏何力往视母。于是薛延陀毗伽可汗方强，契苾诸酋争附之，乃胁其母、弟使从。何力惊谓其下曰："上于尔有大恩，且遇我厚，何遽反？"皆曰："可敦、都督去矣，尚何顾？"何力曰："弟往侍足矣，我义许国，不可行。"众执之，至毗伽牙下。何力箕踞，拔佩刀东向呼曰："有唐烈士受辱贼廷邪？天地日月，临鉴吾志。"即割左耳，誓不屈。

毗伽怒，欲杀之，其妻谏而止。何力被执也，或谗之帝曰："何力入延
陀如涸鱼得水，其脱必遽。"帝曰："不然。若人心如铁石，殆不背
我。"会使至言状，帝泣下。即诏兵部侍郎崔敦礼持节许延陀尚主，
因求何力，乃得还。授右骁卫大将军。公主行有日，何力陈不可。帝
曰："天子无戏言，既许之，匹奈何？"何力曰："礼有亲迎，宜诏毗伽
身到京师，或诣灵武。彼畏我，必不来，则姻不成，而忧愤不知所出，
下必携贰，不及一年，交相疑沮。毗伽素很戾，必死，死则二子争国。
内判外携，不战而禽矣。"帝然之。毗伽果不敢迎，郁邑不得志，恚而
死，少子拔酌杀其庶兄突利失自立，国中乱，如其策云。

　　帝征高丽，诏何力为前军总管。次白崖城，中贼稍，创甚，帝自
为傅药。城拔，得刺何力者高突勃，驺使自杀之，辞曰："彼为其主，
冒白刃以刺臣，此义士也。犬马犹报其养，况于人乎？"卒舍之。俄
以昆丘道总管平龟兹。帝崩，欲以身殉，高宗谕止。

　　永徽中，西突厥阿史那贺鲁以处月、处蜜、姑苏、歌逻禄、卑失
五姓叛，寇廷州，陷金岭，略蒲类，诏何力为弓月道大总管，率左武
卫大将军梁建方，统秦、成、岐、雍及燕然都护回纥兵八万讨之。处
月酋朱邪孤注遂杀招慰使果毅都尉单道惠，据牢山以守。何力等分
兵数道，攀蘽而上，急攻之，贼大溃，孤注夜遁。轻骑穷蹑，行五百
里，孤注战死。虏渠帅六十，俘斩万余，牛马杂畜七万，取处蜜时健
俟斤、合支贺等以归。迁左骁卫大将军，封郕国公。

　　显庆中，为沮江军行军大总管，与苏定方及右骁卫大将军刘伯
英伐高丽，不克。龙朔初，复拜辽东道行军大总管，率诸蕃三十五军
进讨，帝欲自率师继之。次鸭绿水，盖苏文遣男生以精兵数万拒险，
众莫敢济。会冰合，何力引兵噪而济，贼惊，遂溃。追奔，斩首三万
级，余众降，男生脱身走。有诏班师。

　　时铁勒九姓叛，诏何力为安抚大使。何力以轻骑五百驰入其
部，虏大惊。何力喻曰："朝家知而讳误，遂及翻动，使我贳尔过，得
自新。罪在凶渠，取之则已。"九姓大喜，共擒伪叶护及特勒等二百
人以归，何力数其罪诛之，余众遂安。士卒道死者，令所在收瘗，蠲

护其家。

未几，盖苏文死，男生为弟所逐，使子诣阙请降，乃拜何力为辽东道行军大总管、安抚大使经略之，副李勣同趋高丽。勣已拔新城，留何力守。时高丽兵十五万屯辽水，引靺鞨数万众据南苏城，何力奋击，破之，斩首万级，乘胜进，拔八城。引兵还，与勣会合，攻辱夷、大行二城，克之。进拔扶余。勣勒兵未进，何力率兵五十万先趋平壤，勣继进，攻凡七月，拔之，虏其王以献。进镇军大将军行左卫大将军，徙封凉。

总章、仪凤间，吐蕃灭吐谷浑，势益张，入寇鄯、廓、河、坊等州，诏周王为洮州道、相王为凉州道行军元帅，率何力等讨之。二王不行，亦会何力卒。赠辅国大将军、并州大都督，陪葬昭陵，谥曰毅。

始，龙朔中，司稼少卿梁修仁新作大明宫，植白杨于廷，示何力曰："此木易成，不数年先可庇。"何力不答，但诵"白杨多悲风，萧萧愁杀人"之句，修仁惊悟，更植以桐。

子明，字若水，孺褓授上柱国，封渔阳县公。年十二，迁奉辇大夫。李敬玄征吐蕃，明为柏海道经略使，以战多，进左威卫大将军，袭封，赐锦袍、宝带，它物蕃夥。擢嫡子三品官。再迁鸡田道大总管，至乌德鞬山，诱附二万帐。武后时，明妻及母临洮县主皆赐姓武。以左鹰扬卫大将军卒，年四十六，赠凉州刺史，谥曰靖。

明性淹厚，喜学，长辩论。子耸，袭爵。

黑齿常之，百济西部人。长七尺余，骁毅有谋略。为百济达率兼风达郡将，犹唐刺史云。苏定方平百济，常之以所部降。而定方囚老王，纵兵大掠，常之惧，与左右酋长十余人遁去，啸合逋亡，依任存山自固，不旬日，归者三万。定方勒兵攻之，不克，常之遂复二百余城。龙朔中，高宗遣使招谕，乃诣刘仁轨降。累迁左领军员外将军、洋州刺史。

仪凤三年，从李敬玄、刘审礼击吐蕃。审礼败，敬玄欲引还，阻泥沟，兵不得出，贼屯高压官军。常之夜率敢死士五百人掩其营，杀掠数百人,贼酋跣地设弃军走。帝叹其才,擢左武卫将军,检校左羽林军,赐金帛殊等。进为河源军副使。调露中,吐蕃使赞婆等入寇,屯良非川。李敬玄之败,常之引精骑三千夜袭其军,斩首二千级,获羊马数万,赞婆等单骑去。即拜河源道经略大使。因建言河源当贼冲,宜增兵镇守,而运饷须广。乃斥地置烽七十所,垦田五千顷,岁收粟斛百余万。由是食衍士精,戍逻有备。永隆二年,赞婆营青海,常之驰掩其屯,破之,悉烧粮庑,获羊、马、甲首不赀。诏书劳赐。凡莅军七年,吐蕃憚畏,不敢盗边。封燕国公。

垂拱中,突厥复犯塞,常之率兵追击,至两井,忽与贼遇,贼骑三千方擐甲,常之见其嚣,以二百骑突之,贼皆弃甲去。其暮,贼大至,常之潜使人伐木,列炬营中,若烽燧然。会风起,贼疑救至,遂夜遁。久之,为燕然道大总管,与李多祚、王九言等击突厥骨咄禄、元珍于黄花堆,破之,追奔四十里,贼溃归碛北。会左监门卫中郎将爨宝璧欲穷追要功,诏与常之共计,宝璧独进,为虏所覆,举军没,宝璧下吏诛,常之坐无功。会周兴等诬其与右鹰扬将军赵怀节反,捕系诏狱,投缳死。

常之御下有恩,所乘马为士所箠,或请罪之。答曰:"何遽以私马鞭官兵乎?"前后赏赐分麾下,无留赀。及死,人皆哀其枉。

李谨行,靺鞨人。父突地稽,部酋长也。隋末,率其属千余内附,居营州,授金紫光禄大夫、辽西太守。武德初,奉朝贡,以其部为燕州,授总管。刘黑闼叛,突地稽身到定州,上书秦王,请节度。以战功封耆国公,徙部居昌平。高开道以突厥兵攻幽州,突地稽邀击,败之。贞观初,进右卫将军,赐氏李,卒。

谨行伟容貌,勇盖军中,累迁营州都督,家童至数千,以财自雄,夷人畏之。为积石道经略大使,论钦陵众十万寇湟中,候逻不知,士樵采半散。谨行闻虏至,即植旗伐鼓,开门以伺。钦陵疑有伏,不敢进。上元三年,破吐蕃于青海,玺书劳勉,封燕国公。卒,赠幽州都督,陪葬乾陵。

泉男生字元德，高丽盖苏文子也。九岁，以父任为先人。迁中里小兄，犹唐谒者也。又为中里大兄，知国政，凡辞令，皆男生主之。进中里位镇大兄。久之，为莫离支，兼三军大将军，加大莫离支，出按诸部。而弟男建、男产知国事，或曰："男生恶君等逼己，将除之。"建、产未之信。又有谓男生："将不纳君。"男生遣谍往，男建捕得，即矫高藏命召，男生惧，不敢入。男建杀其子献忠。男生走保国内城，率其众与契丹、靺鞨兵内附，遣子献诚诉诸朝。高宗拜献诚右武卫将军，赐乘舆、马、瑞锦、宝刀，使还报。诏契苾何力率兵援之，男生乃免。授平壤道行军大总管，兼持节安抚大使，举哥勿、南苏、仓岩等城以降。帝又命西台舍人李虔绎就军慰劳，赐袍带、金扣七事。

明年，召入朝，诏所过州县传舍作鼓吹，右羽林将军李同以飞骑仗廷宠。迁辽东大都督、玄菟郡公，赐第京师。因诏还军，与李勣攻平壤，使浮屠信诚内间，引高丽锐兵潜入，禽高藏。诏遣子赍手制、金皿，即辽水劳赐。还，进右卫大将军、卞国公，赐宝器、宫侍女二、马八十。仪凤二年，诏安抚辽东，并置州县，招流冗，平敛赋，罢力役，民悦其宽。卒，年四十六，帝为举哀，赠并州大都督。丧至都，诏五品以上官哭之，谥曰襄，勒碑著功。

男生纯厚有礼，奏对敏辩，善射艺。其初至，伏斧锧待罪，帝宥之，世以此称焉。

献诚，天授中以右卫大将军兼羽林卫。武后尝出金币，命宰相、南北牙群臣举善射五辈，中者以赐。内史张光辅举献诚，献诚让右玉钤卫大将军薛吐摩支，摩支固辞。献诚曰："陛下择善射者，然皆非华人。臣恐唐官以射为耻，不如罢之。"后嘉纳。来俊臣尝求货，献诚不答，乃诬其谋反，缢杀之。后后知其冤，赠右羽林卫大将军，以礼改葬。

李多祚，其先靺鞨酋长，号"黄头都督"，后入中国，世系湮远。

至多祚，骁勇善射，以军功累迁右鹰扬大将军。讨黑水靺鞨，诱其渠长，置酒高会，因醉斩之，击破其众。室韦及孙万荣之叛，多祚与诸将进讨，以劳改右羽林大将军，遂领北门卫兵。

张柬之将诛二张，以多祚素感概，可动以义，乃从容谓曰："将军居北门几何？"曰："三十年矣。""将军击钟鼎食，贵重当世，非大帝恩乎？"多祚泣数行下，曰："死且不忘！"柬之曰："将军知感恩，则知所以报，今在东宫乃大帝子，而嬖竖擅朝，危逼宗社。国家废兴在将军，将军诚有意乎？舍今日尚何在？"答曰："苟缘王室，惟公所使。"乃引天地以自誓，辞气毅然，柬之遂定谋。以敬晖、李湛为右羽林将军，命总禁兵，与多祚、王同皎请太子至玄武门，斩关入。及长生殿，白武后曰："诸将诛逆臣易之、昌宗，恐漏大谋，不敢豫奏，顿首请归死。"后病卧，顾湛曰："我于而父子不薄，亦豫是邪？"

中宗复位，封多祚辽阳郡王，食实户八百，子承训为卫尉少卿。湛迁大将军，封赵国公，食实户五百。帝祠太庙，特诏多祚与相王登舆夹侍。监察御史王觌谓多祚夷人，虽有功，不宜共舆辇。帝曰："朕推以心腹，卿勿复言。"

崔玄暐等得罪，多祚畏祸及，故阳厚韦氏。节愍太子诛武三思，多祚与成王千里率兵先至玄武楼下，具言所以诛三思状，按兵不战。宫闱令杨思勖方侍帝，即挺刀斩其婿羽林中郎将野呼利，兵因沮溃，多祚为其下所杀，二子亦见害，籍没其家。景云初，追复官爵，并宥家属。

湛者，义府最幼子，字兴宗，沈厚有度。六岁，授周王府文学，累迁右散骑常侍，袭河间郡公。武后徙上阳宫，留湛宿卫。顷之，复为右散骑常侍，赐铁券。三思恶之，贬果州刺史。历洛、绛二州，累迁左领军大将军。开元十年卒，赠幽州都督。初，义府以立武后故得宰相，而湛为中兴功臣，世不以其父恶为贬云。

论弓仁，本吐蕃族也。父钦陵，世相其国。圣历二年，弓仁以所统吐浑七千帐自归,授左玉钤卫将军,封酒泉郡公。神龙三年,为朔方军前锋游弈使。时张仁愿筑三受降城,弓仁以兵出诺真水、草心山为逻卫。

开元初,突厥九姓乱,弓仁引军度漠,逾白柽林,收火拔部喻多真种落,降之。跌跌思太叛,战赤柳涧,弓仁骑才五百,自新堡进,时贼四环之,众不敌,弓仁椎牛誓士自若,再宿溃围出,人服其壮。凡阅大小战数百,未尝负。赐宝玉、甲第、良田,等列莫与比。累迁左骁卫大将军、朔方副大使。会病,玄宗遣上医驰视。卒,年六十六,赠拨川郡王,谥曰忠。

孙惟贞。

惟贞名瑀,以字行。志向恢大。开元末,为左武卫将军。肃宗在灵武,以卫尉少卿募兵绥、银,阅旬,众数万。从还凤翔,迁光禄卿,为元帅前锋讨击使。战陕州,以功进殿中监。

史思明攻李光弼于河阳,周挚以兵二十万阵城下,惟贞请锐卒数千,凿数门出,自旦及午,苦战破之。光弼表为开府仪同三司。光弼讨史朝义,以惟贞守徐州。贼将谢钦让据陈,乃假惟贞颍州刺史,斩贼将,降者万人。封萧国公,实封百户。光弼病,表以自代。擢左领军卫大将军,为英武军使,卒。

尉迟胜,本王于阗国。天宝中,入朝,献名玉、良马。玄宗以宗室女妻之,授右威卫将军、毗沙府都督。归国,与安西节度使高仙芝击破萨毗、播仙。累进光禄卿。

安禄山反,胜使弟曜摄国事,身率兵五千赴难。国人固留胜,胜以少女为质而行。肃宗嘉之,拜特进,兼殿中监。广德中,进骠骑大将军,遣还,固请留宿卫。加开府仪同三司,封武都郡王,实封百户。胜请授国于曜,诏可。胜既留,乃穿筑池观,厚宾客,士大夫多从之游。从德宗至兴元,为右领军将军,历睦王傅。贞元初,曜上言:“国中以嫡承嗣,今胜让国,请立其子锐。”帝欲遣锐袭王。胜固辞,以

"曜久行国事,人安之,锐生京华,不习其俗,不可遣"。当是时,兄弟让国,人莫不贤之。睦府除,徙原王傅。卒,赠凉州都督。

尚可孤,字可孤,东部鲜卑宇文之别种,世处松、漠间。天宝末,隶范阳节度使安禄山,复事史思明。上元中,自贼所归,累授左、右威卫大将军,封白水县伯,为神策大将。以功试太常卿。徙封冯翊郡王,食实户一百五十。

鱼朝恩主卫兵,器其勇,养为子,名智德。使将兵三千,屯扶风、武功,历十余年,队伍闲整。朝恩死,诏赐氏李,名嘉勋。李希烈叛,擢为招讨,应援荆襄,使复本姓名,累战有功。

朱泚之难,召可孤,可孤率兵三千,道襄、邓而西,属贼兵锐,乃壁七盘。伪将仇敬忠等来寇,可孤击却之,遂收蓝田。德宗将迁梁州,命引兵守灞上,拜神策、京畿、渭南、商州节度招讨使。敬忠拒战,可孤急击斩之。进军与李晟收长安,为先锋。以功加检校尚书右仆射,封冯翊郡王,食实户二百。又会诸军进讨李怀光,次沙苑,卒于军,赠司空。

可孤性谨审沈壮,既有勋劳,未尝自论功,御众公严,晟数称之。

裴玢,五世祖纠,本王疏勒,武德中来朝,拜鹰扬大将军,封天山郡公,留不去,遂籍京兆。

玢初事金吾将军论惟明为偏力。德宗在奉天,以功封忠义郡王。从惟明镇鄜坊,署牙将。后节度使王栖曜卒,中军将何朝宗夜纵火作乱,玢独匿不出。迟明,禽朝宗以待命。有诏并军司马崔辂斩之,以同州刺史刘公济领节度,擢玢为司马。逾年,公济卒,乃授玢节度使。元和二年,徙山南西道。

玢为治严棱,畏远权势,不务贡奉。蔬食弊衣,居处取避风雨而已。仓库完实,百姓安之,当世将帅,未有及者。以疾辞位。入朝,不事骑仗。妻乘竹舆,二侍婢,黄碧缣服。七年卒,赠尚书左仆射,谥曰节。

赞曰：夷狄性惇固，其能知义所在者，鸷挺不可迁，盖巧不足而谅常有余。观大奈等事君，皆一其志，无有顾望，用能功绩光明，为天子倚信。至浑瑊、跌跌光颜辈，烈垂无穷，惟其谅有余故也。瑊、光颜自有传，今类其人著之篇。

唐书卷一一一
列传第三六

郭孝恪　　张俭 _{延师}　　王方翼

_昫　苏定方　　薛仁贵 _{讷 嵩 平}

_从　程务挺　　王孝杰　　唐休璟

张仁愿 _{张敬忠}　　王晙

郭孝恪，许州阳翟人。少有奇节，不治赀产，父兄以为无赖。隋乱，率少年数百附李密。密喜，谓曰："世言汝、颍多奇士，不谬也。"使与李勣守黎阳。密败，勣遣孝恪送款，封阳翟郡公，拜宋州刺史。诏与勣经略武牢以东，所定州县，委以选补。

窦建德之援洛也，孝恪上谒秦王，进计曰："王世充力竭计穷，其面缚可跂足待。建德悉众远来，粮饷阻绝，殆天亡时也。若固守武牢，以军汜水，逐机应变，禽殄必矣！"王然之。贼平，置酒大会洛阳宫，语诸将曰："孝恪策禽贼，王长先下漕，功固在诸君右。"迁上柱国。历贝、赵、江、泾四州刺史，所至有能名。改左骁卫将军，累加金紫光禄大夫。

贞观十六年，拜凉州都督，改安西都护、西州刺史。其地高昌旧都，流徙罪人与镇兵杂，限以沙碛，隔绝中国，孝恪推诚抚御，尽得其欢心。初，王师灭高昌，诏以所虏焉耆生口七百还焉耆王。王叛归欲谷设可汗，孝恪请击之，即拜西州道行军总管，率步骑三千出银山道，夜袭其王龙突骑支，虏之。帝悦，降玺书褒劳。

俄拜昆丘道副大总管，进讨龟兹，破其国城，乃自留守，遣余军分道进。龟兹国相那利遁去。孝恪以余部未平，出营于外。国人有谓孝恪曰："那利素得士心，今亡在外，势必为变，城中颇有异志，愿公备之。"孝恪忽其言，不设备。那利果率众阴与城内胡为应，薄城鼓噪，始觉之，乃率千余人合战，城中举应那利，孝恪殊死斗，中流矢卒，子待诏亦殁。将军曹继叔进兵，复拔其城。太宗责孝恪斥候不明，至颠覆，夺其官。后愍死战，更为举哀。高宗即位，追还官爵，赠待诏游击将军，赙物三百段。

次子待封，官左豹韬卫将军。咸亨初，副薛仁贵讨吐蕃，战大非川，败绩，贷死为民。

张俭，字师约，京兆新丰人。隋相州刺史、皖城郡公威孙。父植，车骑将军、连城县公。

俭，高祖从外孙也。高祖起，俭以功除右卫郎将，迁朔州刺史。时颉利可汗方强，每有求取，所遣书辄称诏敕，边吏奉承不敢却。及俭，独拒不受。大教民营田，岁收谷数十万斛。虽霜旱，劝百姓相振赡，免饥殍，州以完安。李靖既平突厥，有思结部者，穷归于俭，俭受而安辑之。其在碛北者，亲戚私相过省，俭不禁，示羁縻而已。俭徙胜州，后将不察其然，遽奏思结叛，朝廷议进讨，时俭以母丧，夺服为使者抚纳之。俭单骑入其部，召酋帅慰谕，推腹心，咸匔匔归命，因举徙代州，遂检校代州都督。俭劝垦田力耕，岁数稔，私蓄富实。俭恐虏易骄，乃建平籴法，入之官，虏悦喜，由是储斛流赢。

迁营州都督，兼护东夷校尉。坐事免，诏白衣领职。营州部与契丹、奚、霫、靺鞨诸蕃切畛，高丽引众入寇，俭率兵破之，俘斩略尽。复拜营州都督。太宗将征辽东，遣俭率蕃兵先进，略地至辽西，川涨，久未度。帝以为畏懦，召还。见洛阳宫，陈水草美恶、山川险易，并久不进状。帝悦，拜行军总管，使领诸蕃骑，为六军前锋。时高丽候者言莫离支且至，帝诏俭自新城路邀击，虏不敢出。俭进度辽,趋建安城,破贼,斩数千级。累封皖城郡公。后改东夷校尉官为都护府,即以俭为都护。永徽初,加金紫光禄大夫。卒,年六十,谥曰密。

俭兄大师,太仆卿、华州刺史、武功县男。

弟延师,左卫大将军、范阳郡公。性谨畏,典羽林兵三十年,未尝有过。卒,赠刑州都督,谥曰敬,陪葬昭陵。

俭兄弟三人门皆立戟,时号“三戟张家”。

王方翼,字仲翔,并州祁人。祖裕,隋州刺史,尚同安大长公主,官开府仪同三司,卒,谥曰文。

方翼早孤,哀毁如成人,时号孝童。母李,为主所斥,居凤泉墅。方翼尚幼,杂庸保,执苦不弃日,垦田植树,治林垠,墍完墙屋,燎松丸墨,为富家。主薨,还京师。尝夜行,见长人丈余,引弓射仆之,乃朽木也。太宗闻,擢右千牛。高宗立,而从祖女弟为皇后,调安定令,诛灭大姓,奸豪胁息。徙瀚海都护司马,坐事下迁朔州尚德府果毅,岁余代还。居母丧,哀瘠甚,帝遣侍医疗视。其友赵持满诛死,尸诸道,亲戚莫敢视,方翼曰:“栾布哭彭越,义也;周文王掩骼,仁也。绝友义,蔽主仁,何以事君?”遂往哭其尸,具礼收葬。金吾劾系,帝嘉之,不罪。

再迁肃州刺史。州无隍堑,寇易以攻,方翼乃发卒建楼堞,厮多乐水,自环,烽逻精明。仪凤间,河西蝗,独不至方翼境,而它郡民或馁死,皆重茧走方翼治下。乃出私钱作水硙,簿其赢,以济饥瘵,构舍数十楹居之,全活甚众,芝产其地。

裴行俭讨遮匐,奏为副,兼检校安西都护,徙故都护杜怀宝为庭州刺史。方翼筑碎叶城,面三门,纡还多趣以诡出入,五旬毕。西域胡纵观,莫测其方略,悉献珍货。未几,徙方翼庭州刺史,而怀宝自金山都护更镇安西,遂失蕃戎之和。

永淳初,十姓阿史那车簿啜叛,围弓月城,方翼引军战伊丽河,败之,斩首千级。俄而三姓咽面兵十万踵至,方翼次热海,进战,矢

著臂，引佩刀断去，左右莫知。所部杂虏谋执方翼为内应，方翼悉召
会军中，厚赐，以次出壁外，缚之。会大风，杂金鼓，而号呼无闻者，
杀七千人。即遣骑分道袭咽面等，皆惊溃，乌鹘引兵遁去，禽首领突
骑施等三百人，西戎震服。初，方翼次葛水，暴涨，师不可度，沈祭以
祷，师涉而济。又七月次叶河，无舟，而冰一昔合。时以为祥。

西域平，以功迁夏州都督。属牛疫，民废田作，方翼为耦耕法，
张机键，力省而见功多，百姓顺赖。明年，召方翼议西域事，引见奉
天宫，赐食帝前，帝见衣有污濯处，问其故，具对热海苦战状。视其
创，帝咨嗟久之，赐赉良厚。

俄而妖贼白铁余以绥州反，诏方翼与程务挺讨之。飞桥击贼，
火其栅，平之，封太原郡公。阿史那元珍入寇，被诏进击。时库无完
铠，方翼断六板，画虎文，钩联解合，贼马忽见，奔骇，遂败，获大将
二，因降桑乾、舍利二部。

武后时，王后属无在者，方翼自视功多，冀不坐，而后内欲因罪
除之，未得也。及务挺被杀，即并坐方翼，追入朝，捕送狱，流崖州，
卒于道，年六十三。神龙初，复官爵。方翼善书，与魏叔琬齐名。

子涴，字伯玉，与兄玛、弟瑶以文学称，时号“三王”。天授初，洵
及进士第，应制科，迁蓝田尉。以拔萃擢长安尉，因进见，武后召问
刑政，嘉之。询其族氏，对曰：“废后，臣之姑也。”后不悦，左迁亳州
司法参军。神龙初，为河南丞，武三思矫制贬临川令。宋璟辅政，召
授侍御史。出许州长史。岁旱，洵时假刺史事，开廪振民，即自劾，
玄宗赦之。累迁工部侍郎。而瑶至中书舍人。洵尝为秘书少监，数
年而瑶继职。终右散骑常侍，卒，赠户部尚书，谥曰孝。

子铕，天宝中历右补阙、殿中侍御史。瑶子铦，自有传。

苏烈，字定方，以字行，冀州武邑人，后徙始平。父邕，当隋季，
率里中数千人为本郡讨贼。定方骁悍有气决，年十五，从父战，数先
登陷阵。邕卒，代领其众，破剧贼张金称、杨公卿，追北数十里，自是
贼不舍境，乡党赖之。

贞观初，为匡道府折冲，从李靖袭突厥颉利于碛口，率骁马二百为前锋，乘雾行，去贼一里许，雾霁，见牙帐，驰杀数十百人，颉利及隋公主惶窘各遁去，靖亦寻至，余党悉降。再迁左卫中郎将。与程名振讨高丽，破之。拜右屯卫将军、临清县公。

从葱山道大总管程知节征贺鲁，至鹰娑川，贺鲁率二万骑来拒，总管苏海政连战未决，鼠尼施等复引二万骑为援。定方始休士，见尘起，率精骑五百，逾岭驰捣贼营，贼众大溃，杀千余人，所弃铠仗、牛马藉藉山野不可计。副总管王文度疾其功，谬谓知节曰："贼虽走，军死伤者众。今当结辎重阵间，被甲而趋，贼来即战，是谓万全。"又矫制收军不深入。于是马瘰卒劳，无斗志。定方说知节曰："天子诏讨贼，今反自守，何功之立哉？且公为大将，而阃外之事不得专，顾副将乃得专之，理不其然！胡不囚文度待天子命？"不从。至怛笃城，有胡人降，文度狠曰："师还而降，且为贼，不如杀之，取其资。"定方曰："此乃自作贼耳，宁曰伐叛！"及分财，定方一不取。太宗知之，比知节等还，悉下吏，当死，贷为民。

擢定方伊丽道行军大总管，复征贺鲁，以任雅相、回纥婆润为副。出金山北，先击处木昆部，破之，俟斤懒独禄拥众万帐降，定方抚之，发其千骑并回纥万人，进至曳咥河。贺鲁率十姓兵十万拒战，轻定方兵少，舒左右翼包之。定方令步卒据高，攒稍外向，亲引劲骑阵北原。贼三突步阵，不能入，定方因其乱击之，鏖战三十里，斩首数万级，贼大奔。明日，振兵复进，五弩失毕举众降，贺鲁独与处木昆屈律啜数百骑西走。定方令副将萧嗣业、回纥婆润率杂虏兵趋邪罗斯川追北，定方与雅相领新附兵绝其后。会大雪，吏请少休，定方曰："虏恃雪，方止舍，谓我不能进，若纵使远遁，则莫能禽。"遂勒兵进至双河，与弥射、步真合，距贺鲁所百里，下令阵而行，薄金牙山。方贺鲁将畋，定方纵击，破其牙下数万人，悉归所部。贺鲁走石国，弥射子元爽以兵与嗣业会，缚贺鲁以还。由是修亭障，列蹊隧，定疆畛，问疾收胔，唐之州县极西海矣。高宗临轩，定方戎服奉贺鲁以献。策功拜左骁卫大将军、邢国公，别封子庆节为武邑县公。

会思结阙俟斤都曼先镇诸胡,劫所部及疏勒、朱俱波、喝槃陀三国复叛,诏定方还为安抚大使。率兵至叶叶水,而贼壔马头川。定方选精卒万、骑三千袭之,昼夜驰三百里,至其所。都曼惊,战无素,遂大败,走马保城。师进攻之,都曼计穷,遂面缚降。俘献于乾阳殿,有司请论如法。定方顿首请曰:"臣向谕陛下意,许以不死,愿丐其命。"帝曰:"朕为卿全信。"乃宥之。葱岭以西遂定。加食邢州巨鹿三百户,迁左武卫大将军。

出为神丘道大总管,率师讨百济。自城山济海至熊津口,贼濒江屯兵,定方出左涯,乘山而阵,与之战,贼败,死者数千。王师乘潮而上,舳舻衔尾进,鼓而噪,定方将步骑夹引,直趋真都城。贼倾国来,酣战,破之,杀虏万人,乘胜入其郛,王义慈及太子隆北走。定方进围其城,义慈子泰自立为王,率众固守。义慈之孙文思曰:"王与太子出,而叔岂得擅为王?若王师还,我父子安得全?"遂率左右缒城下,人多从之,泰不能止。定方使士登城,建唐旗帜。于是泰开门请命,其将祢植与义慈降,隆及诸城送款,百济平,俘义慈、隆、泰等献东都。

定方所灭三国,皆生执其王,赏赍珍宝不胜计,加庆节尚辇奉御。未几,定方为辽东道行军大总管,俄徙平壤道。破高丽之众于浿江,夺马邑山为营,遂围平壤。会大雪,解围还。拜凉州安集大使,以定吐蕃、吐谷浑。乾封二年卒,年七十六。帝悼之,责谓侍臣曰:"定方于国有功,当褒赠,若等不言,何邪?"乃赠左骁卫大将军、幽州都督,谥曰庄。

薛仁贵,绛州龙门人。少贫贱,以田为业。将改葬其先,妻柳曰:"夫有高世之材,要须遇时乃发。今天子自征辽东,求猛将,此难得之时,君盍图功名以自显?富贵还乡,葬未晚。"仁贵乃往见将军张士贵应募。

至安地,会郎将刘君卬为贼所围,仁贵驰救之,斩贼将,系首马鞍,贼皆慑伏,由是知名。王师攻安市城,高丽莫离支遣将高延寿等率兵二十万拒战，倚山结屯，太宗命诸将分击之。仁贵恃骁悍，欲立奇功，乃著白衣自标显，持戟，腰鞬两弓，呼而驰，所向披靡；军乘之，贼遂奔溃。帝望见，遣使驰问："先锋白衣者谁？"曰："薛仁贵。"帝召见，嗟异，赐金帛、口马甚众，授游击将军、云泉府果毅，令北门长上。师还，帝谓曰："朕旧将皆老，欲擢骁勇付阃外事，莫如卿者。朕不喜得辽东，喜得虓将。"迁右领军中郎将。

高宗幸万年宫，山水暴至，夜突玄武门，宿卫皆散走，仁贵曰："当天子缓急，安可惧死？"遂登门大呼，以警宫内，帝遽出乘高。俄而水入帝寝，帝曰："赖卿以免，始知有忠臣也。"赐以御马。

苏定方讨贺鲁，仁贵上疏曰："臣闻兵出无名，事故不成，明其为贼，敌乃可服。今泥熟不事贺鲁，为其所破，虏系妻子。王师有于贺鲁部落转得其家口者，宜悉取以还，厚加赉遣，使百姓知贺鲁为暴而陛下至德也。"帝纳之，遂还其家属，泥熟请随军效死。

显庆三年，诏副程名振经略辽东，破高丽于贵端城，斩首三千级。明年，与梁建方、契苾何力遇高丽大将温沙多门，战横山，仁贵独驰入，所射皆应弦仆。又战石城，有善射者，杀官军十余人，仁贵怒，单骑突击，贼弓矢俱废，遂生禽之。俄与辛文陵破契丹于黑山，执其王阿卜固献东都。拜左武卫将军，封河东县男。

诏副郑仁泰为铁勒道行军总管。将行，宴内殿，帝曰："古善射有穿七札者，卿试以五甲射焉。"仁贵一发洞贯，帝大惊，更取坚甲赐之。时九姓众十余万，令骁骑数十来挑战，仁贵发三矢，辄杀三人，于是虏气慑，皆降。仁贵虑为后患，悉坑之。转讨碛北余众，擒伪叶护兄弟三人以归。军中歌曰："将军三箭定天山，壮士长歌入汉关。"九姓遂衰。

铁勒有思结、多览葛等部，先保天山，及仁泰至，惧而降，仁泰不纳，虏其家以赏军，贼相率遁去。有候骑言："虏辎重畜牧被野，可往取。"仁泰选骑万四千卷甲驰，绝大漠，至仙萼河，不见虏，粮尽还。人饥相食，比入塞，余兵才二十之一。仁贵亦取所部为妾，多纳赇遗，为有司劾奏，以功见原。

　　乾封初,高丽泉男生内附,遣将军庞同善、高侃往慰纳,弟男建率国人拒弗纳,乃诏仁贵率师援送同善。至新城,夜为虏袭,仁贵击之,斩数百级。同善进次金山,衄虏不敢前,高丽乘胜进,仁贵击虏断为二,众即溃,斩馘五千,拔南苏、木底、苍岩三城,遂会男生军。手诏劳勉。仁贵负锐,提卒二千进攻扶余城,诸将以兵寡劝止。仁贵曰:“在善用,不在众。”身帅士,遇贼辄破,杀万余人,拔其城,因旁海略地,与李勣军合。扶余既降,它四十城相率送款,威震辽海。有诏仁贵率兵二万与刘仁轨镇平壤,拜本卫大将军,封平阳郡公,检校安东都护,移治新城。抚孤存老,检制盗贼,随才任职,褒崇节义,高丽士众皆欣然忘亡。

　　咸亨元年,吐蕃入寇,命为逻娑道行军大总管,率将军阿史那道真、郭待封击之,以援吐谷浑。待封尝为鄯城镇守,与仁贵等夷,及是,耻居其下,颇违节度。初,军次大非川,将趋乌海,仁贵曰:“乌海地险而瘴,吾入死地,可谓危道,然速则有功,迟则败。今大非岭宽平,可置二栅,悉内辎重,留万人守之,吾倍道掩贼不整,灭之矣。”乃约赍,至河口,遇贼,破之,多所杀掠,获牛羊万计。进至乌海城,以待后援。待封初不从,领辎重踵进,吐蕃率众二十万邀击取之,粮仗尽没,待封保险。仁贵退军大非川,吐蕃益兵四十万来战,王师大败。仁贵与吐蕃将论钦陵约和,乃得还,吐谷浑遂没。仁贵叹曰:“今岁在庚午,星在降娄,不应有事西方,邓艾所以死于蜀,吾固知必败。”有诏原死,除名为庶人。

　　未几,高丽余众叛,起为鸡林道总管。复坐事贬象州,会赦还。帝思其功,乃召见曰:“畴岁万年宫,微卿,我且为鱼。前日珍九姓,破高丽,尔功居多。人有言向在乌海城下纵虏不击,以至失利,此朕所恨而疑也。今辽西不宁,瓜、沙路绝,卿安得高枕不为朕指麾邪?”于是拜瓜州长史、右领军卫将军、检校代州都督,率兵击突厥元珍于云州。突厥问曰:“唐将为谁?”曰:“薛仁贵。”突厥曰:“吾闻薛将军流象州死矣,安得复生?”仁贵脱兜鍪见之,突厥相视失色,下马罗拜,稍稍遁去。仁贵因进击,大破之,斩首万级,获生口三万,牛马称是。

永谆二年卒,年七十。赠左骁卫大将军、幽州都督,官给舆,护丧还乡里。

子讷,字慎言,起家城门郎,迁蓝田令。富人倪氏讼息钱于肃政台,中丞来俊臣受赇,发义仓粟数千斛偿之。讷曰:"义仓本备水旱,安可绝众人之仰私一家?"报上不与。会俊臣得罪,亦止。

后突厥扰河北,武后以讷世将,诏摄左威卫将军、安东道经略使。对同明殿,具言:"丑虏冯暴,以庐陵王藉言,今虽还东宫,议不坚信。若太子无动,贼不讨而解。"后纳其言。俄迁幽州都督、安东都护。改并州长史,检校左卫大将军。讷久处边,有战功。开元初,玄宗讲武新丰,诏讷为左军节度。时诸部颇失序,唯讷与解琬军不动。帝令轻骑召之,至军门,不得入。礼成,尤见慰劳。

明年,契丹、奚、突厥连和,数入边,讷建议请讨,诏监门将军杜宾客、定州刺史崔宣道与讷帅众二万出檀州。宾客议"方暑,士负戈赢粮深讨,虑恐无功",姚元崇亦持不可,讷独曰:"夏草荐茂,羔犊方息,不费馈饷,因盗资,振国威灵,不可失也。"天子方欲夸威四夷,喜奇功,乃听讷言,而授紫微黄门三品以重之。师至滦河,与贼遇,诸将不如约,为虏覆,尽亡其军。讷脱身走,而罪宣道及大将李思敬等八人,有诏斩以徇,独宾客免,尽夺讷官爵。

俄而吐蕃大酋坌达延、乞力徐等众十万寇临洮,入兰州,剽牧马,诏讷白衣摄羽林将军,为陇右防御使,与王晙击之。追及贼,战武阶驿,掎角劫之,破其众;尾北至洮水,又战长城堡,杀卤数万,禽其酋六指乡弥洪,悉收所掠及仗械不赀。时帝欲自将北伐,及讷大克,乃止行。命紫微舍人倪若水即军阰功状,拜讷左羽林大将军,复封平阳郡公,以子畅为朝散大夫。又授凉州镇军大总管,赤水、建康、河源边州皆隶节度。俄为朔方行军大总管。久之,以老致仕。卒,年七十二,赠太常卿,谥曰昭定。

讷性沈勇寡言,其用兵临大敌益壮。

弟楚玉,开元中为范阳节度使,以不职废。生子嵩。

嵩生燕、蓟间,气豪迈,不肯事产利,以膂力骑射自将。豫安禄山乱,晚为史朝义守相州。仆固怀恩破朝义,长驱河朔,嵩震惧,迎拜军门,怀恩释之,奏为检校刑部尚书、相卫洺邢等州节度使。方大乱后,人亦厌祸,嵩谨奉职,颇有治名。大历初,封高平郡王,实封二百户,号其军为昭义。迁检校尚书右仆射,更封平阳。七年卒,赠太保。

诏其弟崿知留后事,累加检校太子少师。十年,为其将裴志清所逐,以兵归田承嗣。崿奔洺州。请入朝,降服待罪银台门,赦之。乃分其地,以嵩族子择为相州刺史,雄卫州刺史,坚洺州刺史。承嗣诱雄乱,不从,遣客刺杀之。

初,嵩好蹴鞠,隐士刘钢劝止曰:“为乐甚众,何必乘危邀晷刻欢?”嵩悦,图其形坐右。

嵩子平。

平字坦涂,年十二,为磁州刺史。父丧,军吏以故事胁知留务,伪许之,已而让崿,夕以丧归。累授右卫将军,宿卫三十年。宰相杜黄裳擢为汝州刺史,治有风绩。王师讨蔡,由左龙武大将军授郑滑节度使,数战有功。始,河溢瓠子,东泛滑,距城才二里所。平按求故道出黎阳西南,因命其左裴弘泰往请魏博节度使田弘正,弘正许之。乃籍民田所当者易以它地,疏道二十里,以酾水悍,还墉田七百顷于河南,自是滑人无患。入为左金吾卫大将军。未几,复帅郑滑。

李师道平,诏分淄、青、齐、登、莱五州为平卢军,徙平为节度使。王庭凑围牛元翼,棣州危,诏平出援。平遣将李叔佐率兵二千往,刺史王稷馈饷陋狭,众溃而归,推突将马士端为帅,劫屯士万人,薄州堞。城中兵寡,平悉公帑家赀募锐卒二千迎战,以奇兵掩贼辎重,贼狼顾,遂大败,降,余党平。引谋乱者二千人斩堂皇下,胁从皆纵还田里,威震一方。诏迁检校尚书右仆射,封魏国公。在镇六年,兵铠完砺,徭赋均一。宝历初,入朝,民部路愿留,数日得出。拜检校司空、河中绛隰节度使,复得隶晋、慈二州,益兵三千。进检校司徒,更封韩。召拜太子太保。以司徒致仕。卒,年八十,赠太傅。

子从,字顺之,以荫授左清道率府兵曹参军,累迁汾州刺史,堤文谷、滤河二水,引溉公私田,汾人利之。徙濮州,储粟二万斛以备凶灾。于是山东大水,诏右司郎中赵杰为赈恤使,杰表其才,擢将作监。终左领军卫上将军。赠工部尚书。

程务挺,洺州平恩人。

父名振,隋大业末,仕窦建德为普乐令,盗不迹境。俄弃贼自归,高祖诏授永宁令,使率兵经略河北。即夜袭邺县,俘男女千余人以归,去数舍,阅妇人方乳者九十余人,还之,邺人感其仁。刘黑闼陷洺州,名振与刺史陈君宾自拔归,母妻为贼所得。名振率众千余,掠冀、贝、沧、瀛等州,邀击粮道,悉毁贼水陆饷具。黑闼怒,杀其母妻。贼平,请手斩黑闼,以其首祭母。拜营州长史,封东平郡公,赐物二千段、黄金三百两。转洺州刺史。太宗征辽东,召问方略,不合旨,帝勃然诘之,名振辩对益详,帝意解,谓左右曰:"房玄龄常在朕前,见朕嗔余人,色不能主。名振生平未识我,一旦诮让,而辞吐不屈,奇士哉!"拜右骁卫将军、平壤道行军总管。攻沙卑城,破独山阵,皆以少击众,号为名将。迁营州都督,兼东夷都护。击高丽于贵端水,焚其新城。历晋蒲二州刺史、镂方道总管。卒,赠右卫大将军,谥曰烈。

务挺少从父征讨,以勇力闻,拜右领军卫中郎将。破突厥六万骑于云州。会伪可汗阿史那伏念叛,总管李文暕等三将以次奔败。诏裴行俭讨之,以务挺副,检校丰州都督。时伏念屯金牙山,务挺与副总管唐玄表引兵赴之,伏念惧,乃间道降于行俭,故裴炎以为非行俭功,迁务挺右武卫将军,封平原郡公。

绥州部落稽白铁余据城平叛,建伪号,署置百官,进攻绥息、大斌,杀官吏,火区舍。诏务挺与夏州都督王方翼讨之,务挺生禽白铁余。进左骁卫大将军,检校左羽林军。嗣圣初,与右领军大将军张虔勖等豫废中宗、立豫王为皇帝，累被褒赉。以左武卫大将军为单于道安抚大使，御突厥。务挺善绥御，士服其威爱，突厥惮之，不敢盗边。

裴炎下狱，务挺密表申治，又素与唐之奇、杜求仁善，或言务挺与炎及徐敬业潜相援结，后遣左鹰扬将军裴绍业即军中斩之，籍其家。突厥闻务挺死，率相庆，为立祠，每出师，辄祷焉。

王孝杰，京兆新丰人。少以军功进。仪凤中，刘审礼讨吐蕃，孝杰以副总管战大非川，为虏执，赞普见之，曰"貌类吾父"，故不死，归之。武后时，为右鹰扬卫将军。孝杰居虏中久，悉其虚实。长寿元年，为武威道总管，与阿史那忠节讨吐蕃，克龟兹、于阗、疏勒、碎叶等城。武后曰："贞观中，西境在四镇，其后不善守，弃之吐蕃。今故土尽复，孝杰功也。"乃迁左卫大将军。进夏官尚书、同凤阁鸾台三品，清源县男。证圣初，复为朔方道总管，与吐蕃战不利，免。

会契丹李尽忠等叛，有诏起白衣为清边道总管，将兵十八万讨之。军至东硖石谷，与贼接。道隘虏众，孝杰率锐兵先驱，出谷整阵，与贼战。而后军总管苏宏晖以其军退，援不至，为虏所乘，军溃，孝杰堕谷死，士相蹂且尽。初，进军平州，白鼠昼入营顿伏，皆谓"鼠坎精，胡象也，白质归命，天亡之兆"。及战，乃孝杰覆焉。时张说以管记还白状，后问之，说具陈："孝杰乃心国家，敢深入，以少当众，虽败，功可录也。"乃赠夏官尚书、耿国公，以其子无择为朝散大夫。遣使者斩宏晖，使未至而宏晖已立功，遂赎罪。

唐璇，字休璟，以字行，京兆始平人。曾祖规，为后周骠骑大将军。休璟少孤，授《易》于马嘉运，传《礼》于贾公彦，举明经高第。为吴王府典签，改营州户曹参军。会突厥诱奚、契丹叛，都督周道务以兵授休璟，破之于独护山，数馘多，迁朔州长史。

永淳中，突厥围丰州，都督崔智辩战死，朝廷议弃丰保灵、夏。休璟以为不可，上疏曰："丰州控河遏寇，号为襟带，自秦、汉以来，常郡县之。土田良美，宜耕牧。隋季丧乱，不能坚守，乃迁就宁、庆，戎羯得以乘利而交侵，始以灵、夏为边。唐初，募人以实之，西北一隅得以完固。今而废之，则河傍地复为贼有，而灵、夏亦不足自安，非国家利也。"高宗从其言。垂拱中，迁安西副都护。会吐蕃破焉耆，安息道大总管韦待价等败，休璟收其溃亡，以定西土，授灵州都督。乃陈方略，请复四镇。武后遣王孝杰拔龟兹等城，自休璟倡之。

圣历中，授凉州都督、右肃政御史大夫、持节陇右诸军副大使。吐蕃大将麹莽布支率骑数万寇凉州，入洪源谷，休璟以兵数千临高望之，见贼旗铠鲜明，谓麾下曰："吐蕃自钦陵死，赞婆降，莽布支新将兵，欲以示武，且其下皆贵臣酋豪子弟，骑虽精，不习战，吾为诸君取之。"乃被甲先登，六战皆克，斩二将，获首二千五百，筑京观而还。吐蕃来请和，既宴，使者屡觇休璟，后问焉，对曰："洪源之战，是将军多杀臣士卒，其勇无比，今愿识之。"后嗟异，擢为右武威、金吾二卫大将军。

西突厥乌质勒失诸蕃和，举兵相攻，安西道闭。武后诏休璟与宰相计议，不少选，画所当施行者。既而边州建请屯置，尽如休璟策。后曰："恨用卿晚。"进拜夏官尚书、同凤阁鸾台三品。后诮杨再思、李峤、姚元崇等曰："休璟练知边事，卿辈十不当一。"改太子右庶子，仍知政事。

会契丹入塞，复以夏官尚书检校幽营等州都督、安东都护。时中宗为皇太子，休璟将行，进启曰："易之兄弟恩宠过幸，数入禁闼，非人臣所宜，愿加防察。"帝复位，召授辅国大将军、同中书门下三品、酒泉郡公。谓曰："初欲召公计事，以有北狄忧，前日直言，今未忘也。"加特进、尚书右仆射，赐邑户三百，封宋国公。

是岁大水，上疏自劾免，不许。累迁检校吏部尚书。景龙二年致仕。未几，复起为太子少师、同中书门下三品，监修国史。景云初，以特进为朔方行军大总管，备突厥；停旧封，别赐百户。明年，复请老，给一品全禄。延和元年卒，年八十六，赠荆州大都督，谥曰忠。

休璟以儒者号知兵，自碛石逾四镇，其间绵地几万里，山川夷岨，障塞之要，皆能言之，故行师料敌未尝败。初得封，以赋绢数千散赒其族，又出财数十万大为茔墓，尽葬其五服亲，当时称重。惟张仁愿议筑受降城，而休璟独谓不可，卒就之，而漠南无虏患。始老，已逾八十，犹托倚权近求复用。于是贺娄尚宫方用事，附者辄荣赫，休璟乃为子娶其义女，故复起宰相，颇为时讥訾。其当国，亦无它毗益云。

子先慎至陈州刺史，先择为右金吾卫将军。

张仁愿，华州下邽人。本名仁亶，以睿宗讳音近避之。有文武材。武后时，累迁殿中侍御史。御史郭弘霸者，称后乃弥勒佛身，又凤阁舍人张嘉福、王庆之请以武承嗣为皇太子，邀仁愿联章，仁愿正色拒之。后王孝杰为吐刺军总管，与吐蕃战不利，仁愿监其军，因入言状，孝杰坐免，擢仁愿侍御史。

万岁通天中，监察御史孙承景监清边军，战还，自图先锋当矢石状。武后叹曰："御史乃能如是乎！"擢为右肃政台中丞，诏仁愿即叙其麾下功。仁愿先问承景破敌曲折，承景实不行，所问皆穷。仁愿劾奏承景罔上，虚列房级。贬为崇仁令，以仁愿代为中丞，检校幽州都督。

默啜寇赵、定，还出塞，仁愿以兵邀之，贼引去，矢著其手，武后遣使劳问，赐药注傅。迁并州都督长史。神龙中，进左屯卫大将军，兼检校洛州长史。会谷贵多盗，仁愿一切捕杀，胔积府门，畿甸震慑，无敢犯。先是，贾敦颐尝为长史，有政绩，时人为之语曰："洛有前贾后张，敌京兆三王。"

三年，朔方军总管沙吒忠义为突厥所败，诏仁愿摄御史大夫代之。既至，贼已去，引兵踵击，夜掩其营，破之。始，朔方军与突厥以河为界，北崖有拂云祠，突厥每犯边，必先谒祠祷解，然后料兵度而南。时默啜悉兵西击突骑施，仁愿请乘虚取漠南地，于河北筑三受降城，绝虏南寇路。唐休璟以为"两汉以来皆北守河，今筑城虏腹中，终为所有"。仁愿固请，中宗从之。表留岁满兵以助功，咸阳兵二百人逃归,仁愿禽之,尽斩城下,军中股栗,役者尽力,六旬而三城就。以拂云为中城,南直朔方,西城南直灵武,东城南直榆林,三垒相距各四百余里,其北皆大碛也,斥地三百里而远。又于牛头朝那山北置烽候千八百所。自是突厥不敢逾山牧马,朔方益无寇,岁损费亿计,减镇兵数万。初建三城也,不置壅门、曲敌、战格。或曰:"边城无守备,可乎?"仁愿曰:"兵贵攻取,贱退守。寇至,当并力出拒,敢回望城者斩,何事守备,退衄其心哉!"后常元楷代为总管,始筑壅门,议者益重仁愿而轻元楷。

景龙二年,拜左卫大将军、同中书门下三品,封韩国公。春还朝,秋复督军备边,帝为赋诗祖道,赏赉不赀。迁镇军大将军。睿宗立,乃致仕。加兵部尚书,禀禄全给。开元二年卒,赠太子少保。

仁愿为将,号令严,将吏信伏,按边抚师,赏罚必直功罪。后人思之,为立祠受降城,出师辄享焉。宰相文武兼者,当时称李靖、郭元振、唐休璟、仁愿云。在朔方奏用御史张敬忠、何鸾、长安尉寇泚、鄠尉王易从、始平主簿刘体微分总军事,太子文学柳彦昭为管记,义乌尉晁良贞为随机,皆著称,后至大官,世名仁愿知人。

子之辅,至赵州刺史。

张敬忠自监察御史累迁吏部郎中,开元七年拜平卢节度使。

王晙;沧州景城人,后徙洛阳。父行果,为长安尉,知名。晙少孤,好学。祖有方奇之,曰:"是子当兴吾宗。"长豪旷,不乐为衔检事。擢明经第,始调清苑尉,历除殿中侍御史。会朔方元帅魏元忠讨贼不利,劾奏副将韩思忠败,律当诛。晙以"思忠偏裨,权不己制,且其人勇智可惜,不宜独诛",固争,得释,晙亦出为渭南令。

景龙末,授桂州都督。州有兵,旧常仰饷衡、永。晙始筑罗郛,罢戍卒;埭江,开屯田数千顷,以息转漕,百姓赖之。后求归上冢,州人诣阙留。有诏:"桂往罹寇暴,户口雕瘵,宜即留,以须政成。"在桂逾期年,人丐刻石颂德。初,刘幽求放封州,广州都督周利贞欲必杀之,道出晙所,晙知其故,留不遣。利贞移书督趣,幽求惧曰:"执且难全,正恐累君,奈何?"晙曰:"公之坐,非朋友所绝。晙在,终不忍公无罪就死。"俄崔湜等诛,幽求复执政,故诏幽求为刻石辞。迁鸿胪少卿,充朔方军副大总管、安北大都护,丰安、定远等城并授节度。进太仆少卿、陇右群牧使。

开元二年,吐蕃以精甲十万寇临洮,次大来谷,其酋坌达延以兵踵而前。晙率所部二千与临洮军合,料奇兵七百,易胡服,夜袭,去贼五里,令曰:"前遇寇,士大呼,鼓角应之。"贼惊,疑伏在旁,自相斗死者万计。俄而薛讷至武阶,距大来二十里,贼阵两军间,亘一舍而近。晙往迎讷,夜使壮士衔枚鏖突,虏骇引去,追至洮水,败之,俘获如积。以功加银青光禄大夫、清源县男,兼原州都督;以子玭为朝散大夫。又进并州都督长史。

明年,突厥默啜为拔曳固所杀,其下多降,分置河曲。既而小杀继降,降者稍稍叛去。晙上言:

突厥向以国乱,故款塞,与部落无间也。延儵北风,何尝忘之?今徙处河曲,使内伺边鄙,久必为患。比者不受要约,兵已屡动,擅作烽区,闭障行李。虏脱南牧,降帐必与连衡,以相应接,表里有敌,虽韩、彭、孙、吴,无所就功。请至农隙,令朔方军大陈兵,召酋豪,告以祸福,啖以金缯,且言南方麋鹿鱼米之饶,并迁置淮右、河南宽乡,给之程粮。虽一时之劳,然不二十年,渐服诸华,料以充兵,则皆劲卒。议者若谓降狄不可以南处,则高丽旧俘置沙漠之西,城傍编夷居青、徐之右,何独降胡不可徙欤?

臣复料议者必曰:"故事,置于河曲,前日已宁,今无独异。"且往者颉利破亡,边鄙安定,故降户得以久安。今虏未殄灭,此降人皆戚属,固不与往年同已。臣请以三策料之:悉其部落置内地,获精兵之实,闭黠虏之患,此上策也;亭障之下,蕃华参处,广劝戍,为备拟,费甚人劳,下策也;直之朔塞,滋成祸萌,此无策也。不然,前至河冰,且必有变。"

书未报,而虏已叛,乃敕晙将并州兵济河以讨。晙间行,卷甲舍幕趋
山谷,夜遇雪,恐失期,誓于神曰:"晙事君不以忠,不讨有罪,天所
殛者,当自蒙罚,士众无罪。心诚忠,而天监之,则止雪反风,以奖成
功。"俄而和霁。时叛胡分二道走,晙自东道追及之,获级三千。以
功迁左散骑常侍、朔方行军大总管。改御史大夫。跌跌部及仆固都
督勺磨等散保受降城之鄙,潜引突厥内扰,晙密言上,尽诱而诛之。
拜兵部尚书,复为朔方军大总管。

　　九年,兰池胡康待宾据长泉反,陷六州,诏郭知运与晙讨平之。
封清源公,官一子。玄宗以宫人赐知运等,晙独不敢取,曰:"臣之事
君,犹子事父,讵有常近闱掖而臣子敢当乎?誓死以免。"见听。初,
晙奏:"朔方兵力有余,愿罢知运,独当戍。"未报,而知运至,故不
协。晙所降附,知运辄纵击,贼意晙卖己,乃复叛。晙坐贬梓州刺史。
改太子詹事、中山郡公。进吏部尚书、太原尹。代张说为兵部尚书、
同中书门下三品,充朔方军节度大使,河北、河西、陇右、河东之军
尽属。是冬,帝亲郊,追会大礼,晙以冰壮,请留将兵待边,手敕慰
勉。会有人告许州刺史王乔谋反,辞逮晙,诏源乾耀、张说杂讯,无
状,以党与贬蕲州刺史,迁定州。复以户部尚书为朔方军节度使。
卒,赠尚书左丞相,谥曰忠烈。

　　晙气貌伟特,时谓为熊虎相。感慕节义,有古人风。其操下肃
壹,吏人畏爱。始,二张之诬魏元忠,晙独上疏申治。宋璟曰:"魏公
全矣,子再触逆鳞,其殆乎!"晙曰:"魏公以忠获罪,苟得辨,虽死弗
悔。"

　　晙卒后,信安王祎讨奚于幽州,告捷,且言"战时,士咸见晙与
部将高昭麾兵赴敌",天子嗟异。户部郎中阳伯成上疏,请封晙墓,
表异之,优其子孙。帝乃遣使祭晙庙,进诸子官。

　　赞曰:唐所以能威振夷荒、斥大封域者,亦有虎臣为之牙距也。
至师行数千万里,穷讨殊斗,猎取其国由鹿豕然,可谓选值其才欤!
夫宰相代天秩物,燮化人神,惟有德者宜之。若休璟、仁愿,用以丞

弼,非强所不能邪? 据功名之地,则绰绰矣。

唐书卷一一二
列传第三七

王义方　　员半千 <small>石抱忠</small>

韩思彦 <small>琬</small>　　苏安恒　　薛登

王求礼　　柳泽 <small>范奭</small>

冯元常 <small>元淑</small>　　蒋钦绪 <small>沈清</small>

　　王义方，泗州涟水人，客于魏。孤且婺，事母谨甚。淹究经术，性謇特，高自标树。举明经，诣京师，客有徒步疲于道者，自言："父宦远方，病且革，欲往省，困不能前。"义方哀之，解所乘马以遗，不告姓名去，由是誉振一时。不肯造请贵势，太宗使宰相听其论。于是尚书外郎独孤恽以儒显，给事中许敬宗推恽确论，义方引逮百家异同，连拄飘，直出其上。左右为恽不平，辄罢会。补晋王府参军，直弘文馆。魏徵异之，欲妻以夫人之侄，辞不取。俄而徵薨，乃取女。人问其然，曰："初不附宰相，今感知己故也。"

　　素善张亮，亮抵罪，故贬吉安丞。道南海，舟师持酒脯请福，义方酹水誓曰："有如忠获戾，孝见尤，四维廓氛，千里安流。神之听之，无作神羞。"是时盛夏，涛雾蒸涌，既祭，天云开露。人壮其诚。吉安介蛮夷，梗悍不驯，义方召首领，稍选生徒，为开陈经书，行释奠礼，清歌吹竽，登降跽立，人人悦顺。久之，徙洹水丞。而亮兄子皎自朱崖还，依义方。将死，诿妻子，愿以尸归葬，义方许之。以皎妻少，故与之誓于神，使奴负枢，辍马载皎妻，身步从之。既葬皎原武，归妻其家，而告亮墓乃去。迁云阳丞。

显庆元年，擢侍御史，不再旬，会李义府纵大理囚妇淳于，迫其丞毕正义缢死，无敢白其奸。义方自以兴县属，不三时拜御史，且疾当世附离匪人以欺朝廷，内决劾奏，意必得罪，即问计于母。母曰："昔王母伏剑，成陵之谊。汝能尽忠，吾愿之，死不恨。"义方即上言："天子置公卿大夫士，欲水火相济，盐梅相成，不得独是独非也。昔尧失之四凶，汉高祖失之陈豨，光武失之逄萌，魏武失之张邈。彼圣杰之主，然皆失于前而得于后。今陛下抚万邦而有之，蛮区夷落，罪无逃罚，况辇毂下奸臣肆虐乎？杀人灭口，此生杀之柄，不自主出，而下移佞臣，履霜坚冰，弥不可长。请下有司杂治正义死状。"即具法冠对仗，叱义府下，跪读所言。帝方安义府狡佞，恨义方以孤士触宰相，贬莱州司户参军。岁终不复调，往客昌乐，聚徒教授。母丧，隐居不出。卒，年五十五。

义方为御史时，买第，后数日，爱廷中树，复召主人曰："此佳树，得无欠偿乎？"又予之钱。其廉不贪类此。始，魏徵爱其材也，每恨太直，后卒以疾恶不容于时。既死，门人员半千、何彦先行丧，莳松柏冢侧，三年乃去。

彦先，齐州全节人。武后时，位天官侍郎。

员半千字荣期，齐州全节人。其先本彭城刘氏，十世祖凝之，事宋，起部郎，及齐受禅，奔元魏，以忠烈自比伍员，因赐姓员，终镇西将军、平凉郡公。

半千始名余庆，生而孤，为从父鞠爱，羁丱通书史。客晋州，州举童子，房玄龄异之，对诏高第，已能讲《易》、《老子》。长与何彦先同事王义方，以迈秀见赏。义方常曰："五百岁一贤者生，子宜当之。"因改今名。凡举八科，皆中。咸亨中，上书自陈："臣家资不满千钱，有田三十亩，粟五十石。闻陛下封神岳，举豪英，故齎钱走京师。朝廷九品无葭莩亲，行年三十，怀志洁操，未蒙一官，不能陈力归报天子。陛下何惜玉陛方寸地，不使臣披露肝胆乎？得天下英才五千，与榷所长，有一居先，臣当伏死都市。"书奏，不报。

调武陟尉，岁旱，劝令殷子良发粟振民，不从。及子良谒州，半千悉发之，下赖以济。刺史大怒，囚半千于狱。会薛元超持节度河让太守曰："君有民不能恤，使惠出一尉，尚可罪邪？"释之。俄举牧，高宗御武成殿，问："兵家有三阵，何谓邪？"众未对，半千进曰："臣闻古者星宿孤虚，天阵也；山川向背，地阵也；偏伍弥缝，人阵也。臣谓不然。夫师以义出，沛若时雨，得天之时，为天阵；足食约费，且耕且战，得地之利，为地阵；举三军士如子弟从父兄，得人之和，为人阵。舍是，则何以战？"帝曰："善。"既对策，擢高第。

历华原、武功尉。厌卑剧，求为左卫胄曹参军。使吐蕃，将行，武后曰："久闻尔名，谓为古人，乃在朝邪！境外事不足行，宜留待制。"即诏入阁供奉。迁司宾寺主簿。稍与丘悦、王勮、石抱忠同为弘文馆直学士，又与路敬淳分日待制显福门下。擢累正谏大夫，兼右控鹤内供奉。半千以控鹤在古无有，而授任者皆浮狭少年，非朝廷德选，请罢之，忤旨，下迁水部郎中。会诏择牧守，除棣州刺史。复入弘文馆为学士。武三思用事，以贤见忌，出豪、蕲二州刺史。半千不颛任吏，常以文雅粉泽，故所至礼化大行。睿宗初，召为太子右谕德，仍学士职。累封平原郡公。表丐骸骨，有诏听朝朔望。

半千事五君，有清白节，年老不衰，乐山水自放。开元九年，游尧山、沮水间，爱其地，遂定居。卒，年九十四，即葬焉。吏民哭野中。

抱忠，长安人。名属文。初置右台，自清道率府长史为殿中待御史，进检校天官郎中，与侍郎刘奇、张询古共领选，寡廉洁，而奇号清平，二人坐綦连耀伏诛。

悦，河南人。亦善论撰，仕至岐王傅。

韩思彦字英远，邓州南阳人。游太学，事博士谷那律。律为匪人所辱，思彦欲杀之，律不可。万年令李乾祐异其才，举下笔成章、志烈秋霜科,擢第。授监察御史,昌言当世得失。高宗夜召,加二阶,待诏弘文馆,仗内供奉。

巡察剑南,益州高赀兄弟相讼,累年不决,思彦敕厨宰饮以乳。二人瘖,啮肩相泣曰:"吾乃夷獠,不识孝义,公将以兄弟共乳而生邪!"乃请辍讼。至西洱河,诱叛蛮降之。会蜀大饥,开仓赈民,然后以闻,玺书褒美。使并州,方贼杀人,主名不立,醉胡怀刀而污,讯掠已服。思彦疑之,晨集童儿数百,暮出之,如是者三。因问:"儿出,亦有问者乎?"皆曰:"有之。"乃物色推讯,遂禽真盗。

后太白昼见,劝帝修德答天谴。帝让中书令李义府曰:"八品官能言得失,而卿冒没富贵,主何事邪?"义府谢罪。司农武惟良擅用并州赋二百万缣,思彦劾处死,武后为请而免。义府与诸武共潜思彦,出为山阳丞。初,尉迟敬德子姓陷大逆,思彦按释其冤,至是赠黄金良马,思彦不受。至官阅月,自免去,放迹江、淮间。久之,补建州司户参军。帝召问:"不见卿久,今何官邪?"思彦泣道所以然。帝谓宰相:"此亦太屈。"复召为御史。

俄出为江都主簿,又徙苏州录事参军。罢,客汴州。张僧彻者,庐墓三十年,诏表其闾,请思彦为颂,饷缣二百,不受。时岁凶,家窭甚,僧彻固请,为受一匹,命其家曰:"此孝子缣,不可轻用。"上元中,复召见。思彦久去朝,仪矩梗野,拜忘蹈舞,又诋外戚擅权,后恶之。中书令李敬玄劾奏思彦见天子不蹈舞,负气鞅鞅,不可用。时已拜乾封丞,故徙朱鸢丞。迁贺州司马,卒。

始,思彦在蜀,引什邡令邓恽右坐,曰:"公且贵,愿以子孙诿公。"比其斥,而恽已为文昌左丞。

子琬。

琬字茂贞,喜交酒徒,落魄少崖检。有姻劝举茂才,名动里中。刺史行乡饮饯之,主人扬觯曰:"孝于家,忠于国,今始充赋,请行无筭爵。"儒林荣之。擢第,又举文艺优长、贤良方正,连中。拜监察御史。景云初,上言:

国安危在于政。政以法,暂安焉必危;以德,始不便焉终治。夫法者,智也;德者,道也。智,权宜也;道,可以久大也。故以智治国,国之贼;不以智治国,国之福。

贞观、永徽之间,农不劝而耕者众,法施而犯者寡;俗不偷薄,器不行窳;吏贪者士耻同列,忠正清白者比肩而立;罚虽轻而不犯,赏虽薄而劝;位尊不倨,家富不奢;学校不励而勤,道佛不惩而戒;土木质厚,裨贩弗蛊。其故奈何?杂以皇道也。自兹以来,任巧智,斥謇谔;趋势者进,守道者退;谐附者无黜剥之忧,正直者有后时之叹;人趋家竞,风俗沦替。其故奈何?行以霸道也。贞观、永徽之天下,亦今日天下,淳薄相反,由治则然。

夫巧者知忠孝为立身之阶,仁义为百行之本,托以求进,口是而心非,言同而意乖,陛下安能尽察哉!贪冒者谓能,清贞者谓孤,浮沉者为黠,刚正者为愚。位下而骄,家贫而奢。岁月渐渍,不救其弊,何由变浮之淳哉?不务省事而务捉搦。夫捉搦者,法也。法设而滋章,滋章则盗贼多矣。法而益国,设之可也。比法令数改,或行未见益,止未知损。譬弈者一棋为善,而复之者愈善,故曰设法不如息事,事息则巧不生。圣人防乱未然,天下何由不治哉?

永淳时,雍丘令尹元贞坐妇女治道免官,今妇夫女役常不知怪。调露时,河内尉刘宪父丧,人有请其员者,有司以为名教不取,今谓为见机。太宗朝,司农以市木橦倍价抵罪,大理孙伏伽言:“官木橦贵,故百姓者贱。臣见司农识大体,未闻其过。”太宗曰:“善。”今和市颛刻剥,名为和而实夺之。往者学生、佐史、里正每一员阙,拟者十人,今当选者亡匿以免。往选司从容有礼,今如仇敌贾贩。往官将代,储什物俟其至;今交罢,执符纷竞校在亡。往商贾出入万里,今市井至失业。往家藏镪积粟相夸,今匿赀示羸以相尚。往夷狄款关,今军屯积年。往召募,人贾其勇;今差勒,阖宗逃亡。往仓储盈衍,今所在空虚。

　　夫流亡之人非爱羁旅、忘桑梓也，敛重役亟，家产已空，邻
伍牵连，遂为游人。穷诈而犯禁，救死而抵刑。夫乱绳已结，急
引之则不可解。今刻薄吏能结者也，举劾吏能引者也，则解者
不见其人。愿取奇材卓行者，量能授官。

又言：

　　仕路太广，故弃农商而趋之。一夫耕，一妇蚕，衣食百人，
欲储蓄有余，安可得乎？

书入，不报。

　　出监河北军，兼按察使。先天中，赋绢非时，于是谷贱缣益贵，
丁别二缣，人多徙亡。珦曰："御史乃耳目官，知而不言，尚何赖？"又
上言："须报则弊已甚，移檄罢督乃闻。"诏可。开元中，迁殿中侍御
史，坐事贬官，卒。

　　苏安恒，冀州武邑人。博学，尤明《周官》、《春秋左氏》学。武后
末年，太子虽还东宫，政事一不与，大臣畏祸无敢言。安恒投匦上书
曰："陛下膺先圣顾托，受嗣子揖让，应天顺人，二十余年，岂不闻虞
舜塞裳、周公复辟事乎？今太子孝谨，春秋盛壮，使统临宸极，何异
陛下身抚天下哉！胡不传位东宫，休安圣躬？自昔天下无二姓并兴，
且梁、河内、建昌诸王，以亲得封，恐万岁后不能良计，宜退就公侯，
任以闲简。又陛下二十余孙，无尺土封，非长久计也，请以都督府要
州分而王之。纵今尚幼，且择立师傅，养成德器，藩屏皇家。"书奏，
后虽猜克，不能无感，乃召见赐食，厚慰遣之。

　　明年，复谏曰："臣闻天下者，高祖、太宗之天下。有隋失驭，群
雄鹿骇，唐家亲事戎旅，以平宇县，指河为誓，非李氏不王，非功臣
不封。陛下虽居正统，实唐旧基。前日太子在谅暗，相王非长嗣，唐
祚中弱，故陛下因以即位。今太子年德已盛，尚贪有大宝，忘母子之
恩，蔽其元良，以据神器，何施颜面见唐家宗庙、大帝陵寝哉！臣谓
天意人事，还归李氏。物极则复，器满则覆；当断不断，将受其乱。诚
能高揖万机，自怡圣心，史臣书之，乐府歌之，斯盛事也。臣闻见过

不谏非忠,畏死不言非勇。陛下以臣为忠,则择是而用;以为不忠,则斩臣头以令天下。"书闻,不报。

于是魏元忠为张易之兄弟所构,狱方急,安恒独申救,曰:

> 王者有容天下之量,故济其心;能进天下之善,故除其恶。不然,则神鬼冯怒,阴阳纷舛。陛下始革命,勤秉政枢,博逮谋猷,天下以为明主。暮年猒急,谗佞炽结,水火相灾,百姓不亲,五品不逊,天下以为暗君。邪正糅进,狱讼冤剧。何昔是而今非邪?居安忘危之失也。
>
> 窃见元忠廉直有名,位宰相,履忠正,邪佞之徒嫉之若仇。易之兄弟无功无德,但以冯附,不阅数期,位势隆极,指马献蒲,先害善良。自元忠下狱,人人偶语,谓易之交乱,且及四国。烈士抚髀,忠臣钳口,惧易之之权,恐先谏受戮,虚死无名。况贼房方强,赋敛重困,而自纵谗慝,摇变遐迩。臣恐四夷低目窥觇,为边鄙患,百姓托义以清君侧,逐鹿之人叩关而至,陛卫左右,从中以应,争锋朱雀之门,问鼎大明之宫,陛下何以谢之?臣今计者,莫若收雷电之威,解恢恢之纲,复爵还位,君臣如初,则天下幸甚。陛下纵不能斩佞臣,塞人望,且当抑夺荣宠,剪其羽翅,无使骄横为社稷之忧。

疏奏,易之等大怒,遣刺客邀杀之,赖凤阁舍人桓彦范等悉力营解,乃免。

神龙初,为习艺馆内教。节愍太子难,或谗安恒豫谋,死狱中。睿宗立,知其枉,诏赠谏议大夫。

薛登,常州义兴人。父士通,为隋鹰扬郎将。江都乱,与州民闻人嗣安据城拒贼。武德初,持地自归,授东武州刺史。辅公祏反,士通与贼将西门君仪战,破之。及平,封临汾侯。终泉州刺史。

登通贯文史,善议论,根证该审,与徐坚、刘子玄齐名。调阌中主簿。天授中,累迁左补阙。时选举滥甚,乃上疏曰:

> 比观举荐,类不以才,驰声假誉,互相推引,非所谓报国求

贤者也。古之取士，考素行之原，询乡邑之誉，崇礼让，明节义，以敦朴为先，雕文为后。故人崇劝让，士去轻浮，以计贡贤愚为州之荣辱。昔李陵降而陇西惭，干木隐而西河美。名胜于利，则偷竞日销；利胜于名，则贪暴滋煽。盖冀缺以礼让升而晋人知礼，文翁以经术教而蜀士多儒。未有上好而下不从者也。汉世求士，必观其行，故士有自修，为闾里推举，然后府寺交辟。魏取放达，晋先门阀，梁、陈荐士特尚词赋。隋文帝纳李谔之言，诏禁文章浮词，时泗州刺史司马幼之表不典实得罪，由是风俗稍改。炀帝始置进士等科，后生复相驰竞，赴速趋时，缉缀小文，名曰策学，不指实为本，而以浮虚为贵。

方今举士，尤乖其本。明诏方下，固已驱驰府寺之廷，出入王公之第，陈篇希恩，奏记誓报。故俗号举人皆称觅举。觅者，自求也，非彼知之义。是以耿介之士羞于自拔，循常小人弃疏取附。愿陛下降明制，颁峻科，断无当之游言，收实用之良策，文试效官，武阅守御。昔吴起将战，左右进剑，吴子辞之；诸葛亮临阵，不亲戎服，盖不取弓剑之用也。汉武帝闻司马相如之文，恨不与同时，及其至也，终不处以公卿之位，非所任故也。汉法，所举之主，终身保任。杨雄之坐田仪，成子之得魏相，赏罚之令行，则请谒之心绝，退让之义著，则贪竞之路销。请宽年限，以容简汰，不实免官，得人加赏，自然见贤不隐，贪禄不专矣。

时四夷质子多在京师，如论钦陵、阿史德元珍、孙万荣，皆因入侍见中国法度，及还并为边害。登谏曰：

臣闻戎、夏不杂，古所戒也。故斥居塞外，有时朝谒，已事则归，三王之法也。汉、魏以来，革袭衣冠，筑室京师，不令归国。较其利害，三王是而汉、魏非，拒边长而质子短。昔晋郭钦、江统以夷狄处中夏必为变，武帝不纳，卒有永嘉之乱。伏见突厥、吐蕃、契丹往因入侍，并被奖遇，官戎秩，步黄门，服改毡裘，语习楚夏，窥图史成败，熟山川险易。国家虽有冠带之名，而狼子孤恩，患必在后。

昔申公奔晋，使子狐庸为吴行人，教吴战阵，使之叛楚。汉迁五部匈奴于汾、晋，卒以刘、石作难。窃计秦并天下，及刘、项用兵，人士凋散。以冒顿之盛，乘中国之虚，而高祖困厄平城，匈奴卒不入中国者，以其生长碛漠，谓穹庐贤于城郭，毡罽美于章绂，既安所习，是以无窥中国心，不乐汉故也。元海五部散亡之余而能自振者，少居内地，明习汉法，鄙单于之陋，窃帝王之称。使其未尝内徙，不过劫边人缯彩、曲蘖归阴山而已。

今皇风所覃，含识革面，方由余效忠，日磾尽节。然臣虑备豫不谨，则夷狄称兵不在方外，非贻谋之道。臣谓愿充侍子可一切禁绝，先在国者不使归蕃，则夷人保疆，边邑无争。

武后不纳。

久之，出为常州刺史。属宣州贼钟大眼乱，百姓溃震，登严勒守备，阖境赖安。再迁尚书左丞。景云中，为御史大夫。僧慧范怙太平公主势，夺民邸肆，官不能直，登将治之，或劝以自安，答曰："宪府直枉，朝奏暮黜可矣。"遂劾奏，反为主所构，出岐州刺史。迁太子宾客。开元初，为东都留守，再为太子宾客。登本名谦光，以与皇太子名同，诏赐今名。坐子累归田里，家苦贫，诏给致仕禄。卒，年七十三，赠晋州刺史。

王求礼，许州长社人。武后时，为左拾遗、监察御史。后方营明堂，雕饰谲怪，侈而不法。求礼以为"铁鸷金龙、丹腹珠玉，乃商琼台、夏瑶室之比，非古所谓茅茨棌椽者。自轩辕以来，服牛乘马，今辇以人负，则人代畜"，上书讥切。久不报。

契丹叛，使孙万荣寇河北。诏河内王武懿宗御之，懦扰不进，贼败数州去。懿宗乃条华人为贼诖误者数百族，请诛之。求礼劾奏曰："诖误之人无良边吏教习，城不完固，为虏胁制，宁素持叛心哉？懿宗拥兵数十万，闻敌至，走保城邑，今乃移祸无辜之人，不亦过乎？请斩懿宗首以谢河北。"懿宗大惧，后尽赦其人。

当是时,契丹陷幽州,馈挽屈竭,左相豆卢钦望请停京官九品以上两月奉助军兴。求礼曰:"公禄万钟,正可辍,仰禄之人可奈何?"钦望拒不应。既奏,求礼历阶进曰:"天子富有四海,何待九品奉,使宰相夺之以济军国用乎?"姚璹曰:"秦、汉皆有税塓以佐军,求礼不识大体。"对曰:"秦、汉虚天下事边,奈何使陛下效之?"后曰:"止。"

久视二年三月,大雨雪,凤阁侍郎苏味道等以为瑞,率群臣入贺。求礼让曰:"宰相燮和阴阳,而季春雨雪,乃灾也。果以为瑞,则冬月雷,渠为瑞雷邪?"味道不从。既贺者入,求礼即厉言:"今阳气愤升,而阴冰激射,此天灾也。主荒臣佞,寒暑失序,戎狄乱华,盗贼繁兴,正官少,伪官多,百司非贿不入,使天有瑞,何感而来哉?"群臣震恐,后为罢朝。然以刚正故,宦龃龉。神龙初,终卫王府参军。

柳泽,蒲州解人。曾祖亨,字嘉礼,隋大业末,为王屋长,陷李密,已而归京师。姿貌魁异,高祖奇之,以外孙窦妻之。三迁左卫中郎将,寿陵县男。以罪贬邛州刺史,进散骑常侍。代还,数年不得调。持兄丧,方葬,会太宗幸南山,因得召见,哀之。数日,入对北门,拜光禄少卿。亨射猎无检,帝谓曰:"卿于朕旧且亲,然多交游,自今宜少戒。"亨由是痛饬厉,谢宾客,身安静素,力吏事。终检校岐州刺史,赠礼部尚书、幽州都督,谥曰恭。

泽耿介少言笑,风度方严。景云中,为右率府铠曹参军,四岁不迁。先是,中宗时,长宁、宜城、安定诸公主及后女弟、昭容上官与其母郑、尚宫柴、陇西夫人赵及姻联数十族,皆能降墨敕授官,号斜封。及姚元崇、宋璟辅政,白罢斜封官数千员。元崇等罢去,太平公主尽奏复之。泽诣阙上疏曰:

　　臣闻药不毒不可以蠲疾,词不切不可以补过。故习甘旨者,非摄养之方;迩谀佞者,非治安之宜。臣窃见神龙以来,纲纪大坏,内宠专命,外嬖制权,因贵凭势,卖官鬻爵。妃主之门同商贾然,举选之署若阛阓然,屠贩者由邪忝官,废黜者因奸冒进。天下涝乱，几危社稷，赖陛下聪明神武，拯溺举坠。耳目所亲，岂可忘鉴诫哉？且斜封官者，皆仆妾私谒，迷谬先帝，岂尽先帝意邪？陛下即位之初，用元崇等计，悉以停废，今又收用之。若斜封之人不可弃邪，韦月将、燕钦融不应褒赠，李多祚、郑克乂不容荡雪也。陛下何不能忍于此而能忍于彼？使善恶混并，反覆相攻，道人以非，劝人以僻。今天下咸称太平公主与胡僧慧范以此误陛下，故语曰："姚、宋为相，邪不如正；太平用事，正不如邪。"臣恐流通致远，积小为大，累微成高。勿谓何伤，其祸将长；勿谓何害，其祸将大。

又言：

尚医奉御彭君庆以巫觋小伎超授三品，奈何轻用名器，加非其人？臣闻赏一人而千万人悦者，赏之；罚一人而千万人劝者，罚之。惟陛下裁察。

疏入，不报。

泽入调，会有诏选者得言事。乃上书曰：

顷者韦氏蛊乱，奸臣同恶，政以贿成，官以宠进，言正者获戾，行殊者见疑，海内寒心，人用不保。陛下神圣勇智，安宗社于已危，振黎苗之将溺。乃今蠲烦省徭，法明德举，万邦恺乐，室家胥欢。《诗》曰："靡不有初，鲜克有终。"惟陛下慎厥初，修其终。《书》曰："惟德罔小，万邦惟庆；惟不德罔大，坠厥宗。"甚可惧也。

夫骄奢起于亲贵，纲纪乱于宠幸。禁之于亲贵，则天下从；制之于宠幸，则天下畏。亲贵为而不禁，宠幸挠而不制，故政不常，令不一，则奸诈起而暴乱生焉，虽朝施暮戮，而法不行矣。陛下欲亲与爱，莫若安之福之。夫宠禄之过，罪之阶也，谓安之邪？骄奢之淫，危之梯也，谓福之邪？前事不忘，后之师也。陛下敷求俊哲，使朝夕纳诲。其有逆于耳、谬于心者，无速罚，姑求之道；顺于耳、便于身者，无急赏，姑求之非道。羞淫巧者拒之，则淫巧息；进忠谠者赏之，则忠谠进。

臣闻生于富者骄,生于贵者懒。《书》曰:"罔淫于逸,罔游于乐。"今储宫肇建,王府复启,愿采温良、博闻、恭俭、忠鲠者为之僚友,仍请东宫置拾遗、补阙,使朝夕讲论,出入侍从,授以训诰,交修不逮。

臣又闻"驰骋畋猎,令人发狂"。今贵戚打球击鼓,飞鹰奔犬,狎比宵人,盘游薮泽。《书》曰:"内作色荒,外作禽荒。"惟陛下诞降谋训,劝以学业,示之以好恶,陈之以成败,则长享福禄矣。

臣闻"富不与骄期而骄自至,骄不与罪期而罪自至,罪不与死期而死自至"。顷韦庶人、安乐公主、武延秀等可谓贵且宠矣,权侔人主,威震天下。然怙侈灭德,神怒人弃,岂不谓爱之太极、富之太多乎?"殷鉴不远,在夏后之世。"今陛下何劝?其皇祖谋训之则乎!陛下何惩?其孝和宠任之失乎!故爱而知其恶,憎而知其善。夫宠爱之心未有能免,要去其太甚,闲之以礼,则可矣。诸王、公主、驸马,陛下之所亲爱也,矫枉监戒,宜在厥初,使居宠思危,观过务善。《书》曰:"三风十愆,卿士有一于身,家必丧,邦君有一于身,国必亡。"惟陛下黜奢僭骄怠,进朴素行业,以勖其非心。

臣闻"常厥德,保厥位;厥德匪常,九有以亡"。愿陛下不作无益,不启私门,不差刑,不滥赏,则惟德是辅,惟人之怀,天禄永终矣。

睿宗善之,拜监察御史。

开元中,转殿中侍御史,监岭南选。时市舶使、右威卫中郎将周庆立造奇器以进,泽上书曰:"'不见可欲,使心不乱',是知见可欲而心必乱矣。庆立雕制诡物,造作奇器,用浮巧为珍玩,以谲怪为异宝,乃治国之巨蠹,明王所宜严罚者也。昔露台无费,明君不忍;象箸非大,忠臣愤叹。庆立求媚圣意,摇荡上心。陛下信而使之乎,是宣淫于天下;庆立矫而为之乎,是禁典之所无赦。陛下新即位,固宜昭宣菲薄,广示节俭,岂可以怪好示四方哉!"书奏,玄宗称善。历迁太子右庶子。为郑州刺史,未行,卒,赠兵部侍郎。

泽从祖范、奭。

范,贞观中为侍御史,时吴王恪好田猎,范弹治之。太宗曰:"权万纪不能辅道恪,罪当死。"范进曰:"房玄龄事陛下,犹不能谏止畋猎,岂宜独罪万纪?"帝怒,拂衣起。顷之,召谓曰:"何廷折我?"范谢曰:"主圣则臣直,陛下仁明,臣敢不尽愚?"帝乃解。高宗时,历尚书右丞、扬州大都督府长史。

奭字子邵。以父隋时使高丽卒焉,故往迎丧,号踊尽哀,为夷人所慕。贞观中,累迁中书舍人。外孙为皇后,迁中书侍郎,进中书令。皇后挟媚道觉,罢为吏部尚书。后废,贬爱州刺史。许敬宗等构奭通官掖,谋行鸩毒,与褚遂良朋党,罪大逆。遣使杀之,没其家,期以上亲并流岭表,奭房隶桂州为奴婢。

神龙初,乃复官爵,子孙亲属缘坐者悉免。开元初,泽兄涣为中书舍人,上言:"臣从伯祖奭,去显庆三年与褚遂良等五门同被谴戮,虽被原雪,而子孙殆尽,唯曾孙无忝客籍龚州。陛下先天后诏书,尝任宰相家并录其后。况臣之伯祖无辜被诛,今藁窆未还,后嗣侨处,愿许伯祖归葬,孤孙北迁。"于是诏无忝护奭枢归乡里,官给丧事。无忝后历潭州都督。

冯元常,相州安阳人,其先盖长乐信都著姓。曾祖子琮,北齐右仆射。叔祖慈明,有文辞,仕隋为内史舍人。奉诏讨李密,为密将所缚,身数创,密厚礼之,情谓曰:"东都危殆,我欲率四方贤豪建功业,幸公同之。"慈明曰:"公家事先帝,名在王室,乃挟玄感举兵,亡命至今,复图反噬,何耶?"密囚之。俄为翟让所杀。武德初,赠吏部尚书,谥壮武。

元常举明经及第,调浚仪尉。高宗时,擢累监察御史、剑南道巡察使,兴利除害,蜀人顺赖。历尚书左丞。尝密谏帝中宫权重,宜少抑,帝虽置其计,而内然之,由是为武后所恶。元常在职修举,识鉴澄远,帝委遇特厚。及不豫,诏平章百司奏事。武后擅朝,嵩阳令樊文进瑞石，后暴石朝堂示百官。元常奏石妄伪，不可以示群臣。后怒，出为陇州刺史。会天下岳牧集乾陵，后不欲元常得会，故道徙眉州刺史。剑南有光火盗，夜掠人，昼伏山谷。元常喻以恩信，约悔过自新，贼相率脱甲面缚。贼平，转广州都督，诏便驿走官。安南酋领李嗣仙杀都护刘延祐，劫州县，诏元常讨之。率士卒航海，驰檄先示祸福，贼党多降，元常纵兵斩首恶而还。虽有功，犹以拂旨见怨，不录功。凡三徙，终不得至京师，卒为酷吏周兴所陷，追赴都，下狱死。

元常闺门雍睦，有礼法，虽小功丧不御私室。神龙中，旌其家，大署曰‘忠臣之门’。天下高其节，凡名族皆愿通婚。

从弟元淑，及后时，历清漳、浚仪、始平三县令，右善去恶，人称为神明。与奴仆日一食，马日一秣，所至不挈妻子，斥奉余以给贫穷。或讥其近名，元淑曰：“吾性也，不为苦。”中宗降玺书劳勉，付状史官。元淑约洁过于元常，然刚直不及也。终祠部郎中。

蒋钦绪，莱州胶水人。颇工文辞，擢进士第，累迁太常博士。中宗始亲郊，国子祭酒祝钦明建言，皇后应亚献，欲以媚韦氏。天子疑之，诏礼官议。众曲意阿徇，钦绪独抗言不可，诸儒壮其节。历吏部员外郎。始，韩琬为高邮主簿，使京师，自负其才，有不遇之言题客舍。它日，钦绪见之，笑曰：“是子叹后时耶？”久之，琬举贤良方正，钦绪擢其文异等，因谓曰：“朋友之过免未？”琬曰：“今日乃见君子之心。”其务荐引士类此。

钦绪精治道，驭吏整严，虽铢秒罪不贷。出为华州长史。萧至忠自晋州被召，过钦绪，钦绪本姻家，因戒曰：“以君才不患不见用，患非分而求耳。”至忠竟及祸。开元十三年，以御史中丞录河南囚，宣尉百姓，振穷乏。徙吏部侍郎，历汴、魏二州刺史，卒。

性孤洁自守，唯与贾曾、郭利贞相友云。

子沇，亦专洁博学，少有名。以孝廉授洛阳尉，迁监察御史，与兄演、溶、弟清俱为才吏，有名天宝间。始，河南尹韩朝宗、裴迥尝委

讯覆检句，而处事平，剖断精允，群寮莫能望也。乾元中，历陆浑、盩
厔、咸阳、高陵四县令，美政流行，长老纪焉。郭子仪军出其县，敕麾
下曰："蒋沇，贤令，供亿当有素，士得蔬饭足矣，毋挠其清也！"迁长
安令，以刑部郎中兼侍御史，领渭桥运出纳使。

元载持政，守道士类不迁，沇以故滞郎位，不得调。常衮代相，
闻士议恨沇屈，故擢御史中丞、东都副留守。再迁大理卿，持法明
审，号称职。德宗出奉天，沇奔行在，为贼所拘，欲诱署伪职，沇绝食
不应命，窜伏里中，不复见。京师平，乃出，擢右散骑常侍。卒年七
十四，赠工部尚书。

清举明经中第，调巩丞。东京留守李憕贤之，表为判官，与憕同
死安禄山乱，赠礼部侍郎。敬宗时，录其孙鄘为伊阙令。初，清蒙难，
以秩卑不及谥。大和初，其出吏部郎中王高言之朝，追谥曰忠。

唐书卷一一三
列传第三八

唐临 _{皎 绍} 张文瓘 _{文琮 锡}
文收 徐有功 _{商 彦若}

唐临，字本德，京兆长安人。周内史瑾之孙。其先自北海内徙。武德初，隐太子讨王世充，临以策进说，太子引直典书坊，授右卫率府铠曹参军。太子废，出为万泉丞。有轻囚久系，方春，农事兴，临说令可且出囚，使就畎亩。不许。临曰："有所疑，丞执其罪。"令移疾，临悉纵归，与之约，囚如期还。

再迁侍御史。大夫韦挺责著位不肃，明日，挺越次与江夏王道宗语，临进曰："王乱班。"道宗曰："与大夫语，何至尔！"临曰："大夫亦乱班。"挺失色，众皆悚伏。俄持节按狱交州，出冤系三千人。累迁大理卿。高宗尝录囚，临占对无不尽，帝喜曰："为国之要在用法，刻则人残，宽则失有罪，惟是折中，以称朕意。"它日复讯，余司断者辄纷诉不臣，独临所讯无一言。帝问故，答曰："唐卿断囚不冤，所以绝意。"帝叹曰："为狱者固当若是。"乃自述其考曰"形如死灰，心若铁石"云。

永徽元年，拜御史大夫。萧龄之尝任广州都督，受赇当死，诏群臣议，请论如法，诏戮于朝堂。临建言："群臣不知天子所以议之之意。在律有八。王族戮于隐，议亲也；刑不上大夫，议贵也。今龄之贪赃狼扈，死有余咎。陛下以异于它囚，故议之有司，又令入死，非尧、舜所以用刑者，不可为后世法。"帝然之。龄之，齐高帝五世孙，由是免死。

临累迁吏部尚书。初，来济谪台州，李义府谪普州，临奏许祎为江南巡察使，张伦剑南巡察使。祎与济善，而伦与义府有隙。武后常右义府，察知之，谓临遣所私督其过，坐免官。起为潮州刺史，卒，年六十。

临俭薄寡欲，不好治第宅。性旁通，专务掩人过。见妻子，必正衣冠。

兄皎，武德初，为秦王府记室，从王征讨，掌书檄。贞观中，官吏部侍郎。先是，选集四时补拟，不为限。皎请以冬初集，尽季春止，后遂为法。终益州长史，赠太常卿。

子之奇，给事中。坐章怀太子属徙边。后除括苍令，与徐敬业起兵，诛。

临孙绍。

绍，神龙时为太常博士。迁左台侍御史、度支员外郎，常兼博士。韦庶人请妃、公主、命妇以上葬给鼓吹，诏可。绍曰："鼓吹本军容，黄帝战涿鹿，以为警卫，故曲有《灵夔吼》、《雕鹗争》、《石坠崖》、《壮士怒》之类。惟功臣诏葬，得兼用之。男子有四方功，所以加宠。虽郊祀天地，不参设，容得接闺阃哉？在令，五品官昏葬，无给鼓吹者，唯京官五品，则假四品，盖班秩在夫若子。请置前诏，用旧典。"不省。

中宗始郊，国子祭酒祝钦明等知韦后能制天子，欲迎谄之，即奏以皇后亚献，安乐公主终献，又四时及列帝诞日，遣使者诣陵如事生。绍以为非礼，引正谊固争。帝又诏武氏陵及诸武墓皆置守户，绍谓："昊、顺二陵守户五百，与昭陵同。在令，先世帝王陵户二十，今虽崇奉外家，宜准附常典。又亲王墓户十，梁、鲁乃追赠，不可逾真王。褒德卫卒，至逾宗庙，不可明甚，请罢之。"又言："比群臣务厚葬，以俑人象骖眩耀相矜，下逮众庶，流宕成俗。愿按令切敕裁损，凡明器不许列衢路，惟陈墓所。昏家盛设障车，拥道为戏乐，邀货捐资动万计,甚伤化紊礼,不可示天下。"事虽不从,议者美叹。

睿宗即位,数言政损益,再迁给事中,兼太常少卿。先天二年,玄宗讲武骊山,诏以典仪坐失军容,当斩。帝怒甚,执纛下,左右犹冀少贷,金吾将军李邈遽传诏斩之。时深咎邈,帝亦悔,俄诏罢邈官,摈于家。

张文瓘字稚圭,贝州武城人。隋大业末,徙家魏州之昌乐。幼孤,事母、兄以孝友闻。贞观初,第明经,补并州参军。时李勣为长史,尝叹曰:"稚圭,今之管、萧,吾所不及。"勣入朝,文瓘与属僚二人皆饯,勣赠二人以佩刀、玉带,而不及文瓘。文瓘以疑请,勣曰:"子无为嫌。若某,尤豫少决,故赠以刀,欲其果于断;某放诞少检,故赠以带,俾其守约束。若子才,无施不可,焉用赠?"因极推引。再迁水部员外郎。时兄文琮为户部侍郎,于制,兄弟不并台阁,出为云阳令。累授东西台舍人,参知政事。乾封二年,迁东台侍郎、同东西台三品,遂与勣同为宰相。俄知左史事。

时高宗造蓬莱、上阳、合璧等宫,复征讨四夷,京师养厩马万匹,帑廥寖虚。文瓘谏曰:"王者养民,逸则富以康,劳则怨以叛。秦、汉广事四夷,造宫室,至二世土崩,武帝末年户口减半。夫制治于未乱,保邦于未危。人罔常怀,怀于有仁。臣愿抚之,无使劳而生怨。隋监未远,不可不察。"帝善其言,赐缯锦百段,为减厩马数千。

改黄门侍郎,兼太子右庶子,又兼大理卿。不旬日,断疑狱四百,抵罪者无怨言。尝有小疾,囚相与斋祷,愿亟视事。时以执法平恕方戴胄。后拜侍中,兼太子宾客。诸囚闻其迁,皆垂泣,其得人心如此。性严正,未尝回容,诸司奏议,悉心纠驳,故帝委之。或时移疾,佗宰相奏事,帝必问与文瓘议未。若不者,曰:"往共筹之。"或曰:"已议。"即皆报可。

新罗叛,帝将出兵讨之。时文瓘病卧家,自力请见,曰:"吐蕃盗边,兵屯境未解,新罗复叛,议者欲出师,二虏俱事,臣恐人不堪弊,请息兵修德,以怀异俗。"诏可。

初,同列以堂馔丰余,欲少损。文瓘曰:"此天子所以重枢务、待贤才也,吾等若不任职,当自引避,不宜节减,以自取名。"众乃止。卒,年七十三,赠幽州都督,谥曰懿。以尝事孝敬皇帝,诏陪葬恭陵。

四子:潜,为魏州刺史;沛,同州刺史;洽,卫尉卿;涉,殿中监。父子皆至三品,时谓"万石张家"。韦温诛,涉为乱兵所杀。

文琮,好自写书,笔不释手。子弟谏止,曰:"吾好此,不为倦。"贞观中,为治书侍御史,迁亳州刺史。永徽初,献《文皇帝颂》,优制褒美,拜户部侍郎。坐房遗爱从母弟,出为建州刺史。州尚淫祀,不立社稷,文琮下教曰:"春秋二社本于农,今此州废不立,尚何观?比岁田亩卒荒,或未之思乎!神在于敬,可以致福。"于是始建祀场,民悦从之。卒于官。

子锡,久视初,为凤阁侍郎、同凤阁鸾台平章事,代其甥李峤为宰相。请还庐陵王,不为张易之所右。与郑杲俱知选,坐泄禁中语,又赇谢巨万,时苏味道亦坐事,同被讯,系凤阁,俄徙司刑三品院。锡按辔专道,神气不慑,日膳丰鲜,无损贬。味道徒步赴逮,席地莱食。武后闻之,释味道,将斩锡,既而流循州。神龙中,累迁工部尚书,兼修国史,东都留守。韦后临朝,诏同中书门下三品,旬日,出为绛州刺史。累封平原郡公,卒。

文琮从父弟文收,终太子率更令。善音律,著《新乐书》十余篇。

徐有功,名弘敏,避孝敬皇帝讳,以字行,国子博士文远孙也。举明经,累补蒲州司法参军,袭封东莞县男。为政仁,不忍杖罚,民服其恩,更相约曰:"犯徐参军杖者,必斥之。"讫代不辱一人。累迁司刑丞。时武后偕位,畏唐大臣谋己。于是周兴、来俊臣、丘神勣、王弘义等揣识后指,置总监牧院诸狱,捕将相,俾相钩逮,掩搦护送,楚掠凝惨。又污引天下豪杰,驰使者即按,一切以反论。吏争以周内穷诋相高，后辄劝以官赏，于是以急变相告言者无虚日。朝野震恐，莫敢正言，独有功数犯颜争枉直，后厉语折抑，有功争益牢。

时博州刺史琅邪王冲，责息钱于贵乡，遣家奴督敛，与尉颜余庆相闻知，奴自市弓矢还。会冲坐逆诛，魏州人告余庆豫冲谋，后令俊臣鞫治，以反状闻。有司议："余庆更永昌赦，法当流。"侍御史魏元忠谓："余庆为冲督偿、通书，合谋明甚，非曰支党，请殊死，籍其家。"诏可。有功曰："永昌赦令：'与虺贞同恶，魁首已伏诛，支党未发者原之。'《书》曰：'歼厥渠魁'，律以'造意为首'，寻赦已伏语，则魁首无遗。余庆赦后被言，是谓支党。今以支为首，是以生入死。赦而复罪，不如勿赦；生而复杀，不如勿生。窃谓朝廷不当尔。"后怒曰："何谓魁首？"答曰："魁者，大帅；首者，元谋。"后曰："余庆安得不为魁首？"答曰："若魁首者，虺贞是已。既已伏诛，余庆今方论罪，非支党何？"后意解，乃曰："公更思之。"遂免死。当此时，左右及卫仗在廷陛者数百人，皆缩项不敢息，而有功气定言详，截然不桡。

有韩纪孝者，受徐敬业伪官，前已物故，推事使顾仲琰籍其家，诏已报可。有功追议曰："律，谋反者斩。身亡即无斩法，无斩法则不得相缘。所缘之人亡，则所因之罪减。"诏从之，皆以更赦免，如此获宥者数十百姓。

累转秋官郎中。凤阁侍郎任知古、冬官尚书裴行本等七人被诬当死，后谓宰相曰："古人以杀止杀，我今以恩止杀，就群公丐知古等，赐以再生，可乎？"俊臣、张知默固请如法，后不许。俊臣独引行本更验前罪。有功奏曰："俊臣违陛下再生之赐，不可以示信。"于是悉免死。

道州刺史李仁褒兄弟为人诬构，有功争不能得。秋官侍郎周兴劾之曰："汉法附下罔上者斩，面欺者亦斩。在古，析言破律者杀。有功故出反囚，罪当诛，请按之。"后不许，犹坐免官。

俄起为左肃政台侍御史，辞曰："臣闻鹿走林而命系庖厨者，势固自然。陛下以法官用臣，臣守正行法，必坐此死矣。"后固授之。天下闻有功复进，洒然相贺。时有诏："公坐流、私坐徒以上会赦免，逾百日不首者,复论。"有功奏曰:"陛下宽殊死罪,已发者原之,是通改过之心、自新之路。故律,告赦前事,以其罪坐之。若无告言,所犯终不自发;如告言赦前事,则与律乖。今赦前之罪,不自言者,还以法论,即恩虽布天下,而一罪不能贷,臣窃为陛下不取。"后更诏五品以上议可。

又上疏曰:"天下员有定,比选者日多,选曹诿嘱公行,嚣谤满路。唐季人多逆节,鞫讯结断,刑惨狱严,革命岁久,其流弗改。事表生情,法外构理,而刻薄吏驱扇成奸。虽朝堂进表,列匦内牒,叫阍弗听,叩鼓弗闻,使申其冤,正增其枉。诚令天官铨注有所不平、法司推断舞法深诋、三司理匦受所上章拥塞不白者皆许臣按验劾发,夺禄贬劳,不越月逾时,可致刑措。"后纳之。

窦孝谌妻庞为其奴怖以妖祟,教为夜解,因告以厌诅。给事中薛季昶鞫之,庞当死。子希瑊讼冤,有功明其枉。季昶劾有功党恶逆,当弃市。有功方视事,令史泣以告。有功曰:"岂吾独死,而诸人长不死邪?"安步去。后召诘曰:"公比断狱多失出,何耶?"对曰:"失出,臣小过;好生,陛下大德。"后默然。庞得减死,有功免为民。

起拜左司郎中,转司刑少卿。与皇甫文备同按狱,诬有功纵逆党。久之,文备坐事下狱,有功出之。或曰:"彼尝陷君于死,今生之,何也?"对曰:"尔所言者私忿,我所守者公法,不可以私害公。"

尝谓所亲曰:"大理,人命所系,不可阿旨诡辞,以求苟免。"故有功为狱,常持平守正,以执据冤罔,凡三坐大辟,将死,泰然不忧,赦之,亦不喜,后以此重之。所全活甚众,酷吏为少衰,然疾之如仇矣。改司仆少卿。卒,年六十八,赠司刑卿。中宗即位,加赠越州都督,遣使就第吊祭,赐物百段,授一子官。开元初,窦希瑊等请以己官让有功子忱,以报旧德,由是自大理司直迁恭陵令。会昌中,追谥忠正。

初,鹿城主簿潘好礼慕有功为人,论之曰:"昔称张释之为廷尉,天下无冤人,今有功断狱,亦天下无冤人。然释之当汉文帝时,中外无事,守法而已。有功居革命之际,周兴、来俊臣等掩义隐贼,崇饰恶言,以诬盛德,有功守死明道,身滨殆者数矣,此其贤于释之明甚。"或称有功仁恕过汉于、张。起居舍人卢若虚曰:"徐公当雷霆之震,而能全仁恕,虽千载未见其比。"

五世孙商。

赞曰:徐有功不以唐、周贰其心,惟一于法,身蹈死以救人之死,故能处猜后、酷吏之间,以恕自将,内挫虐焰,不使天下残于燎,可谓仁人也哉! 议者谓过汉于、张,渠不信夫!

商字义声,或字秋卿,客新郑再世,因为新郑人。幼隐中条山。擢进士第。大中时,擢累尚书左丞。宣宗诏为巡边使,使有指,拜河中节度使。突厥残种保特峨山,以千帐度河自归,诏商绥定。商表处山东宽乡,置备征军,凡千人,襞纸为铠,劲矢不能洞。徙节山南东道,襄多山棚,为票贼,商取材卒为捕盗将,别为屯营,寇所发,辄迹捕,捕必得,遂为精兵。江西都将反,韦宙乘传抵山南发兵,商命部将韩季友以捕盗营士往。贼平,宙表留季友所部为纲纪。咸通初,以刑部尚书为诸道盐铁转运使,封东莞县子。四年,进同中书门下平章事,出为荆南节度使。累进太子太保,卒。

子彦若,事僖宗为中书舍人。昭宗立,再用为御史中丞。张浚师败太原,以彦若为户部侍郎、同中书门下平章事。俄代李茂贞为凤翔节度使,不得入,还为御史大夫。乾宁初,复当国,进位太保、齐国公。崔胤专政,以彦若位己右,不悦,以平章事为清海军节度使,卒于镇,而行军司马刘隐因主留务。方时多难,彦若最见信于帝,有以事自陈者,帝曰:"汝当问彦若。"其所倚任如此。

唐书卷一一四
列传第三九

崔融 从 能 慎由 安潜 彦曾
徐彦伯　苏味道
豆卢钦望 史务滋　崔元综　周允元

　　崔融,字安成,齐州全节人。擢八科高第。累补宫门丞、崇文馆学士。中宗为太子时,选侍读,典东朝章疏。武后幸嵩高,见融铭《启母碣》,叹美之。及已封,即命铭《朝觐碑》。授著作佐郎,迁右史,进凤阁舍人。时有司议关市,行人尽征之,融上疏谓:"《周官》九赋,其七曰关市。以市多淫巧,而关通末游,欲止抑之,故加税耳。然唯敛工商,而不及往来。今一切通取,则事不师古。且四人异业旧矣,复动而摇之。市者,兼受善恶也。若甚,则细人无所容,细人无所容,久必为乱。天下之关必险道,市必要津,豪宗、恶少在焉,闻一旦变法,或致骚动,恐南走蛮,北走狄。今江津、河浒列铺率税,检覆稽留,加主司僦略邀丐,则商人废业。魏、晋、齐、隋所不行,况陛下乎?有如师兴费广,虽倍筹商旅、加敛齐人可也。"后纳之。

　　张易之兄弟颇延文学士,融与李峤、苏味道、麟台少监王绍宗降节佞附。易之诛,贬袁州刺史。召授国子司业。与修《武后实录》劳,封清河县子。融为文华婉,当时未有辈者。朝廷大笔,多手敕委之,其《洛出宝图颂》尤工。撰《武后哀册》最高丽,绝笔而死,时谓思苦神竭云。年五十四。赠卫州刺史,谥曰文。膳部员外郎杜审言为融所奖引,为服缌麻。

六子,其闻者禹锡、翘。禹锡,开元中,中书舍人,赠定州刺史,谥曰贞。翘,礼部尚书,赠荆州大都督,谥曰成。

孙巨,右补阙,亦有文。

曾孙从。

从字子义,少孤贫,与兄能偕隐太原山中。会岁饥,拾橡实以饭,讲学不废。擢进士第。从山南严震府为推官,以母丧免。兄弟庐墓,手蓺松柏。丧阕,不应辟命。久之,韦皋引为西山运务使。奏迁判官,摄守邛州。前刺史有以盗系狱,辞已具。从疑其冤,纵不治,俄得真盗。皋卒,刘辟反,欲并东川。从以书谕止辟,辟怒,从乃募兵婴城守。辟方悉兵拒高崇文,战而败,从完州自如。卢坦表宣州副使。

入为殿中侍御史,迁吏部员外郎。异时,史给选者成牒,以先后丐赇,从一限出之,后遂为法。裴度为御史中丞,奏以右司郎中知杂事。度已相,代为中丞。所弹治,不屈权幸。事系台阁而付仗内者,必请还有司。荐引御史,务取质重廉退者。李條以宠得京兆尹,为庄宪太后山陵桥道使,务以减末徭费为功,至不治道,辒车留渭桥,久不得进。从三劾之,无少贷。

俄授陕虢观察使。迁尚书右丞。王承宗请割德、棣而遣子入侍也,宪宗选堪使者,以命从。议者谓承宗很谲,非单使可屈。次魏,田弘正请以五百骑从,辞之,惟童骑十数,疾趋镇。集军士球场宣诏,为陈逆顺大节祸福之效,音辞畅厉,士感动,承宗自失,貌愈恭,至泣下,即按二州户口、符印上之。还为山南西道节度使。帝欲遂相,监军使揣知,为用事者求金,从不肯答,用是不得相。长庆初,由尚书左丞领鄜坊节度。属部多神策屯军,数乱法骄横,吏不能制,从一绳以法,下皆重足畏之。党项互市羊马,类先遗帅守,从独不取,而厚慰待之,羌不敢盗境。宝历初,为东都留守。故事,留司官入宫城门列,晨衙见留守。吏诞傲,久废,至是复行。

召拜户部尚书。宰相李宗闵以从裴度、李德裕所善，内不喜。从求致仕，除太子宾客，分司东都，告满百日去。于是众哗语不平，宗闵惧，复授检校尚书左仆射、淮南节度副大使，知节度事。扬州凡交易赀产、奴婢有贯率钱，畜羊有口筭，又贸曲牟其赢，以佐用度，从皆蠲除之。官吏俸帛常加估以给，独节度使则否，从皆与之同。大和六年卒，年七十二。下有刲股肉以祭者。赠司空，谥曰贞。

从为人严伟，立朝棱棱有风望，不喜交权利，忠厚而让。阶品当立门戟，终不请。位方镇，内无声妓娱玩。士大夫贤之。

能字子才。朱泚之乱，浑瑊以朔方军战武功，引佐幕府。进累侍御史。河东郑儋表为判官。累迁黔中观察使，以谗坐贬。从为中丞，奏以自代。由将作监授岭南节度使，与从皆秉节居镇，世传为荣。卒，年六十八，赠礼部尚书。

从子慎由、安潜。能子彦曾。

慎由字敬止。聪警强记，资端厚，有父风采。由进士第擢贤良方正异等。郑滑高铢辟府判官。入为右拾遗，进翰林学士。授湖南观察使。召还，由刑部侍郎领浙西。入迁户部侍郎，判户部。始，慎由苦目疾，不得视，医为治刮，适愈而召。

俄进工部尚书、同中书门下平章事。与萧邺有隙，邺辅政，引刘瑑，而出慎由为东川节度使。初，宣宗饵长年药，病渴且中躁，而国嗣未立。帝对宰相欲肆赦，患无其端。慎由曰："太子，天下本。若立之，赦为有名。"帝恶之，不答。邺等乘是潜去之，时大中十二年也。

咸通初，徙华州刺史，改河中节度使。以吏部尚书请老，授太子太保，分司东都。卒，赠司空，谥曰贞。子胤，别传。

安潜字进之。进士擢第。咸通中，历江西观察、忠武节度使。乾符初，王仙芝寇河南，安潜募人增陴缮械，不以力费仰朝廷。首请会兵讨捕，号令精明，贼畏之，不犯陈许境。使大将张自勉将兵七千援宋州。时宋威屯曹州，而官军数却，贼围宋益急。自勉收南月城，斩贼二千级，仙芝夜解去。宰相郑畋建言：“请以陈许兵三千隶宋威。”而威忌自勉，乞尽得安潜军，使自勉隶麾下。畋谓威有疑忿，必杀自勉，奏言：“今以兵悉界威，是自勉以功受辱。安潜抗贼有功，乃取锐兵付威，后有缓急，何以战？是劳不蒙赏，无以示天下。”诏止以四千付威，余还自勉。

俄代高骈领西川节度。吏倚骈为奸利者，安潜皆诛之，数更除缪政，于是盗贼衰，蜀民以安。宰相卢携素厚骈，乃诬以罪，罢为太子宾客，分司东都。

僖宗避贼剑南，召为太子少师。王铎任都统，表以自副。铎解兵，安潜复为少师、东都留守。青州王敬武卒，诏拜平卢节度使，检校太师兼侍中。会敬武子师范专地，不得入而还。后迁太子太傅。卒，赠太子太师，谥贞孝。

安潜于吏事尤长，虽位将相，阅具狱，未尝不身听之。

彦曾，咸通初，由太仆卿为徐州观察使。晓律令，然卞急，为政刚猛。徐军素骄，而彦曾长于抚民，短治军，士多怨之。

初，蛮寇五管，陷交趾，诏节度使孟球募兵三千往屯，以八百人戍桂林。旧制，三年一更。至期请代，而彦曾亲吏尹戡、徐行俭贪不恤士，乃议禀赐乏，请无发兵，复留屯一年。戍者怒，杀都将王仲甫，胁粮料判官庞勋为将，取库兵，剽湘、衡，虏丁壮，合众千余北还，自浙西趋淮南，达泗口。所过先遣俳儿弄木偶，伺人情，以防邀遏。彦曾命牙将田厚简慰劳，而用都虞候元密伏甲任山馆击贼。勋遣吏给言士思归，不敢遏。请至府解甲自归，彦曾斩其吏。勋陷宿州，发帑钱募兵，亡命者从乱如归，船千艘，与骑夹岸，噪而进。彦曾料丁男乘城。或劝率众奔兖州，彦曾曰：“我，方帅也，奉命守此，惟有死尔。”斩议者一人号于众。俄而勋傅城，城中大雾如堕。彦曾悉诛贼家属，勋众四面超堋入，囚彦曾大彭馆。有曹君长者说勋曰：“贵者不并处,今朝廷未以留后命公,盖观察使存尔。"勋乃杀彦曾于寝,自监军使逮官属皆死。始,彦曾治第郑州,引水灌沼,水十步忽化为血。署张佛筵,液蜜为人,一昔鼠啮皆断首。徐有子亭,下潴为沱,彦曾导清河灌之,镌石龙首注溜,蔽以屋。徐人谓屋覆龙,于文为"庞";清河,崔望也,为吞噬云。赠刑部尚书。乾符中,录其子祐之为荥阳尉。

徐吏有路审中者,彦曾知其能,颇任之。既遇害,赂守卒,敛藏其尸。张玄稔攻徐州,审中率死士应官军,开南白门,官兵入,因得破勋。后位岚州刺史。郑畋谓审中节贯神明,请擢为右羽林将军,诏可。

有许铎者,罢武城令,客于徐,勋胁以官,不从。彦曾官属被囚,铎潜馈资粮,及死,为收瘗,匿免其子弟,贼平,乃皆归其丧。诏拜石首令,赐银绯。僚官焦璐、温廷皓、李棁、崔蕴、柳泰、卢崇嗣、韦廷范赠官有差,录其子官之。

徐彦伯,兖州瑕丘人,名洪,以字显。七岁能为文。结庐太行山下。薛元超安抚河北,表其贤,对策高第。调永寿尉、蒲州司兵参军。时司户韦暠善判,司士李亘工书,而彦伯属辞,时称"河东三绝"。迁职方员外郎,奉迎中宗房州,进给事中。武后撰《三教珠英》,取文辞士,皆天下选,而彦伯、李峤居首。迁宗正卿,出为齐州刺史。帝复位,改太常少卿。以修《武后实录》劳,封高平县子。为卫州刺史,政善状,玺书嘉劳。移蒲州,以近畿,会郊祭,上《南郊赋》一篇,辞致典缛。擢修文馆学士、工部侍郎。历太子宾客。以疾乞骸骨,许之。开元二年卒。

彦伯事寡嫂谨,抚诸侄同己姓。秉笔累朝,后来翕然慕仿。晚为文稍强涩,然当时不及也。

始,武后时,大狱兴,王公卿士以语言为酷吏所引,死徙不可计。彦伯著《枢机论》,以谓:"言者,德之柄,行之主,志之端,身之文也。群子之枢机,动则物应,得失之见也。可以济身,亦以覆身,否泰荣辱一系之。能审思而应，精虑而动，择其交以后谈，则悔吝何由而生？怨恶何由而至？如此乃可以言也。"以为戒世云。

苏味道，赵州栾城人。九岁能属辞，与里人李峤俱以文翰显，时号"苏李"。逮冠，州举进士，中第。累调咸阳尉。吏部侍郎裴行俭才之，会征突厥，引管书记。裴居道为左金吾卫将军，倩味道作章，搅笔而具，闲彻清密，当时盛传。

延载中，以凤阁舍人检校侍郎、同凤阁鸾台平章事，岁余为真。证圣元年，与张锡俱坐法系司刑狱。锡虽下吏，气象自如，味道独席地饭蔬，为危惴可怜者。武后闻，放锡岭南，才降味道集州刺史。召为天官侍郎。圣历初，复以凤阁侍郎、同凤阁鸾台三品。更葬其亲，有诏州县治丧事。味道因役庸过程，遂侵毁乡人墓田，萧至忠劾之，贬坊州刺史。迁益州大都督府长史。张易之败，坐党附，贬眉州刺史。复还益州长史，未就道卒，年五十八，赠冀州刺史。

味道练台阁故事，善占奏。然其为相，特具位，未尝有所发明，脂韦自营而已。常谓人曰："决事不欲明白，误则有悔，摸棱持两端可也。"故世号"摸棱手"。性友爱。其弟味元，味元尝请托不遂，因慢折之，味道怡然不屑。所论著行于时。

豆卢钦望，雍州万年人。祖宽，隋文帝外孙，为梁泉令。高祖定关中，与郡守萧瑀率豪姓进款。擢累殿中监。子怀让，尚万春公主。诏宽用魏太和诏，去"豆"姓，著"卢"。贞观中，迁礼部尚书、左卫大将军，芮国公。卒，赠特进、并州都督，陪葬昭陵，谥曰定。复其旧姓。

钦望累官越州都督、司宾卿。长寿二年，拜内史，封芮国公。李昭德被罪，有司劾奏钦望阿顺昭德不执正，附臣罔君，贬赵州刺史。入为司府卿，迁秋官尚书。中宗还东宫，拜太子宫尹。进文昌右相、同凤阁鸾台三品。罢为太子宾客。帝复位，擢尚书左仆射、平章军国重事。钦望居宰相积十余年，方易之、三思等怙势宣烝，窥间王室，戮忠戚，觖冀非常，不能有所裁抑，独谨身谆谆自全。进开府仪同三司,检校安国相王府长史。卒,年八十,赠司空、并州大都督,陪葬乾陵,谥曰元。

武后时,宰相又有史务滋、崔元综、周允元,略可述者附左方。

史务滋,宣州溧阳人。累吏劳,迁司宾卿,进拜纳言。后革命,诏务滋等十人分行天下。雅州刺史刘行实兄弟为侍御史来子珣诬其反,诏务滋与来俊臣杂治,俊臣言务滋与囚善,掩其反状,后命俊臣并治,遂自杀。

崔元综,郑州新郑人。祖君肃,武德中为黄门侍郎、鸿胪卿。元综,天授初以鸾台侍郎、同凤阁鸾台平章事。性恪慎,坐政事堂,束带,终日不休偃,尤护细概。外若谨厚,而中刻薄。每受制鞫狱,必澡垢索疵,不入死不肯止,人畏鄙之。未几,坐事流振州,搢绅为庆。会赦还,除监察御史。迁蒲州刺史,致仕。善摄生,年九十余卒。

周允元字汝良,豫州安城人。自右肃政御史中丞,拜检校凤阁侍郎、同凤阁鸾台平章事。武后宴宰相,诏陈书传善言,允元曰:“耻其君不如尧、舜。”武三思劾奏语指斥,后曰:“闻其言足以诫,安得为过?”卒,赠贝州刺史。

唐书卷一一五
列传第四〇

狄仁杰 光嗣　　　兼谟
郝处俊 象贤　朱敬则 仁轨

　　狄仁杰,字怀英,并州太原人。为儿时,门人有被害者,吏就诘,众争辨对,仁杰诵书不置,吏让之,答曰:"黄卷中方与圣贤对,何暇偶俗吏语耶?"举明经,调汴州参军。为吏诬诉,黜陟使阎立本召讯,异其才,谢曰:"仲尼称观过知仁,君可谓沧海遗珠矣。"荐授并州法曹参军。亲在河阳,仁杰登太行山,反顾,见白云孤飞,谓左右曰:"吾亲舍其下。"瞻怅久之,云移乃得去。同府参军郑崇质母老且疾,当使绝域。仁杰谓曰:"君可贻亲万里忧乎?"诣长史蔺仁基请代行。仁基咨美其谊,时方与司马李孝廉不平,相语曰:"吾等可少愧矣!"则相待如初,每曰:"狄公之贤,北斗以南,一人而已。"

　　稍迁大理丞,岁中断久狱万七千人,时称平恕。左威卫大将军权善才、右监门中郎将范怀义坐误斧昭陵柏,罪当免,高宗诏诛之。仁杰奏不应死,帝怒曰:"是使我为不孝子,必杀之。"仁杰曰:"汉有盗高庙玉环,文帝欲当之族,张释之廷净曰:'假令取长陵一抔土,何以加其法?'于是罪止弃市。陛下之法在象魏,固有差等。犯不至死而致之死,何哉?今误伐一柏,杀二臣,后世谓陛下为何如主?"帝意解,遂免死。数日,授侍御史。左司郎中王本立怙宠自肆,仁杰劾奏其恶,有诏原之。仁杰曰:"朝廷借乏贤,如本立者不鲜。陛下惜有罪,亏成法,奈何?臣愿先斥,为群臣戒。"本立抵罪。繇是朝廷肃然。使岐州，亡卒数百剽行人，道不通。官捕系盗党穷讯，而余曹纷纷不能制。仁杰曰："是其计穷，且为患。"乃明开首原格，出系者，禀而纵之，使相晓，皆自缚归。帝叹其达权宜。

迁度支郎中。帝幸汾阳宫，为知顿使。并州长史李冲玄以道出妒女祠，俗言盛服过者，致风雷之变，更发卒数万改驰道。仁杰曰："天子之行，风伯清尘，雨师洒道，何妒女避邪？"止其役。帝壮之，曰："真丈夫哉！"出为宁州刺史，抚和戎落，得其欢心，郡人勒碑以颂。入拜冬官侍郎、持节江南巡抚使。吴、楚俗多淫祠，仁杰一禁止，凡毁千七百房，止留夏禹、吴太伯、季札、伍员四祠而已。

转文昌右丞，出豫州刺史。时越王兵败，支党余二千人论死。仁杰释其械，密疏曰："臣欲有所陈，似为逆人申理；不言，且累陛下钦恤意。表成复毁，自不能定。然此皆非本恶，诖误至此。"有诏悉谪戍边。囚出宁州，父老迎劳曰："狄使君活汝耶！"因相与哭碑下。囚斋三日乃去。至流所，亦为立碑。初，宰相张光辅讨越王，军中恃功，多暴索，仁杰拒之。光辅怒曰："州将轻元帅邪？"仁杰曰："乱河南者一越王，公董士三十万以平乱，纵使暴横，使无辜之人咸坠涂炭，是一越王死，百越王生也。且王师之至，民归顺以万计，自缒而下，四面成蹊。奈何纵邀赏之人杀降以为功，冤痛彻天？如得上方斩马剑加君颈，虽死不恨！"光辅还，奏仁杰不逊，左授复州刺史。徙洛州司马。

天授二年，以地官侍郎同凤阁鸾台平章事。武后谓曰："卿在汝南有善政，然有谮卿者，欲知之乎？"谢曰："陛下以为过，臣当改之；以为无过，臣之幸也。谮者乃不愿知。"后叹其长者。时太学生谒急，后亦报可。仁杰曰："人君惟生杀柄不以假人，至簿书期会，宜责有司。尚书省决事，左、右丞不句杖，左、右丞相不判徒，况天子乎？学徒取告，丞、簿职耳，若为报可，则胄子数千，凡几诏耶？为定令示之而已。"后纳其言。

会为来俊臣所构，捕送制狱。于时，讯反者一问即臣，听减死。俊臣引仁杰置对，答曰："有周革命，我乃唐臣，反固实。"俊臣乃挺系。其属王德寿以情谓曰:"我意求少迁,公为我引杨执柔为党,公且免死。"仁杰叹曰:"皇天后土,使仁杰为此乎!"即以首触柱,血流沫面。德寿惧而谢。守者寖弛,即丐笔书帛,置褚衣中,好谓吏曰:"方暑,请付家彻絮。"仁杰子光远得书上变,后遣使案视。俊臣命仁杰冠带见使者,私令德寿作谢死表,附使以闻。后乃召见仁杰,谓曰:"臣反何耶?"对曰:"不臣反,死笞掠矣。"示其表,曰:"无之。"后知代署,因免死。武承嗣屡请诛之,后曰:"命已行,不可返。"时同被诬者凤阁侍郎任知古等七族悉得贷。御史霍献可以首叩殿陛苦争,欲必杀仁杰等,乃贬仁杰彭泽令,邑人为置生祠。

万岁通天中,契丹陷冀州,河北震动,擢仁杰为魏州刺史。前刺史惧贼至,驱民保城,修守具。仁杰至,曰:"贼在远,何自疲民? 万一虏来,吾自办之,何预若辈?"悉纵就田。虏闻,亦引去,民爱仰之,复为立祠。俄转幽州都督,赐紫袍、龟带,后自制金字十二于袍,以旌其忠。

召拜鸾台侍郎,复同凤阁鸾台平章事。时发兵戍疏勒四镇,百姓怨苦。仁杰谏曰:

天生四夷,皆在先王封域之外。东距沧海,西隔流沙,北横大漠,南阻五岭,天所以限中外也。自典籍所纪,声教所暨,三代不能至者,国家既已兼之。诗人矜薄伐于太原,化行于江、汉,前代之遐裔,而我之域中,过夏、商远矣。今乃用武荒外,邀功绝域,竭府库之实,以争碎确不毛之地,得其人不足以增赋,获其土不可以耕织。苟求冠带远夷,不务固本安人,此秦皇、汉武之所行也。传曰:"与覆车同轨者未尝安。"此言虽小,可以喻大。

臣伏见国家师旅岁出,调度之费狃以寖广,右戍四镇,左屯安东,杼轴空匮,转输不绝,行役既久,怨旷者多。上不是恤,则政不行;政不行,则害气作;害气作,则虫蟘生,水旱起矣。方今关东荐饥,蜀汉流亡,江、淮而南,赋敛不息。人不复本,则相率为盗,本根一摇,忧患非浅。所以然者,皆贪功方外,耗竭中国也。昔汉元帝纳贾捐之之谋而罢珠崖，宣帝用魏相之策而弃车师田。贞观中，克平九姓，册拜李思摩为可汗，使统诸部，夷狄叛则伐，降则抚，得推亡固存之义，无远戍劳人之役。今阿史那斛瑟罗，皆阴山贵种，代雄沙漠，若委之四镇，以统诸蕃，建为可汗，遣御寇患，则国家有继绝之美，无转输之苦。损四镇，肥中国，罢安东，实辽西，省军费于远方，并甲兵于要塞，恒、代之镇重，而边州之备丰矣。

　　且王者外宁，容有内危。陛下姑敕边兵谨守备，以逸待劳，则战士力倍；以主御客，则我得其便；坚壁清野，寇无所得。自然深入有颠踬之虑，浅入无虏获之益。不数年，二虏不讨而服矣。

又请废安东，复高姓为君长，省江南转饷以息民，不见纳。

张易之尝从容问自安计，仁杰曰："惟劝迎庐陵王可以免祸。"会后欲以武三思为太子，以问宰相，众莫敢对。仁杰曰："臣观天人未献唐德。比匈奴犯边，陛下使梁王三思募勇士于市，逾月不及千人。庐陵王代之，不浃日，辄五万。今欲继统，非庐陵王莫可。"后怒，罢议。久之，召谓曰："朕数梦双陆不胜，何也？"于是，仁杰与王方庆俱在，二人同辞对曰："双陆不胜，无子也。天其意者以儆陛下乎！且太子，天下本，本一摇，天下危矣。文皇帝身蹈锋镝，勤劳而有天下，传之子孙。先帝寝疾，诏陛下监国。陛下掩神器而取之，十有余年，又欲以三思为后。且姑侄与母子孰亲？陛下立庐陵王，则千秋万岁后常享宗庙；三思立，庙不祔姑。"后感悟，即日遣徐彦伯迎庐陵王于房州。王至，后匿王帐中，召见仁杰语庐陵事。仁杰敷请切至，涕下不能止。后乃使王出，曰："还尔太子！"仁杰降拜顿首，曰："太子归，未有知者，人言纷纷，何所信？"后然之。更令太子舍龙门，具礼迎还，中外大悦。初，吉顼、李昭德数请还太子，而后意不回，唯仁杰每以母子天性为言，后虽忮忍，不能无感，故卒复唐嗣。

寻拜纳言，兼右肃政御史大夫。突厥入赵、定，杀掠甚众，诏仁杰为河北道行军元帅，假以便宜。突厥尽杀所得男女万计，由五回道去,仁杰追不能逮。更拜河北安抚大使。时民多胁从于贼,贼已去,惧诛,逃匿。仁杰上疏曰:"议者以为虏入寇,始明人之逆顺,或迫胁,或愿从,或受伪官,或为招慰。诚以山东之人重气,一往死不为悔。比缘军兴,调发烦重,伤破家产,剔屋卖田,人不为售。又官吏侵渔,州县科役,督趣鞭笞,情危事迫,不循礼义,投迹犬羊,以图赊死,此君子所愧,而小人之常。民犹水也,壅则为渊,疏则为川,通塞随流,岂有常性。昔董卓之乱,神器播越,卓已诛禽,部曲无赦,故事穷变生,流毒京室。此由恩不溥洽,失在机先。今负罪之伍,潜窜山泽,赦之则出,不赦则狂。山东群盗,缘兹聚结。故臣以为边鄙暂警不足忧,中土不宁可为虑也。夫持大国者不可以小治,事广者不可以细分。人主所务,弗检常法。愿曲赦河北,一不问罪。"诏可。

还,除内史。后幸三阳宫,王公皆从,独赐仁杰第一区,眷礼卓异,时无辈者。是时李楷固、骆务整讨契丹,克之,献俘含枢殿,后大悦。二人者,本契丹李尽忠部将,尽忠入寇,楷固等数挫王师,后降,有司请论如法。仁杰称其骁勇可任,若贷死,必感恩纳节,可以责功。至是凯旋,后举酒属仁杰,赏其知人。授楷固左玉钤卫大将军、燕国公,赐姓武;务整右武威卫将军。

后将造浮屠大像,度费数百万,官不能足,更诏天下僧日施一钱助之。仁杰谏曰:"工不役鬼,必在役人;物不天降,终由地出。不损百姓,且将何求?今边垂未宁,宜宽征镇之徭,省不急之务。就令顾作,以济穷人,既失农时,是为弃本。且无官助,理不得成。既费官财,又竭人力,一方有难,何以救之?"后由是罢役。

圣历三年卒,年七十一。赠文昌右相,谥曰文惠。仁杰所荐进,若张柬之、桓彦范、景晖、姚崇等,皆为中兴名臣。始居母丧,有白鹊驯扰之祥。中宗即位,追赠司空。睿宗又封梁国公。子光嗣、景晖。

光嗣,圣历初,为司府丞。武后诏宰相各举尚书郎一人,仁杰荐光嗣,由是拜地官员外郎,以称职闻。后曰:"祁奚内举,果得人。"历淄、许、贝三州刺史。母丧,夺为太府少卿,固让,睿宗嘉其诚,许之。

累迁扬州长史，以罪贬歙州别驾，卒。

景晖，官魏州司功参军，贪暴为虐，民苦之，因共毁其父生祠，不复奉。至元和中，田弘正镇魏博，始奏茸之，血食不绝。

族孙兼谟。

兼谟字汝谐，及进士第。辟襄阳使府，刚正有祖风。令狐楚执政，荐授左拾遗，数上书言事。历刑部郎中、蕲邓郑三州刺史。岁旱饥，发粟赈济，民人不流徙。改苏州，以治最，擢给事中。左藏史盗度缣帛，文宗以经赦，诏勿治，兼谟封还诏书，帝问之，对曰："典史犯赃，不可免。"帝曰："朕已赦其长官，吏亦宜宥，与其失信，宁失罪人。"既而曰："后或事有不可，勿以还诏为惮。"迁御史中丞。帝曰："御史台朝廷纲纪，一台正，则朝廷治，朝廷正，则天下治。畏忌顾望，则职业废矣。卿，梁公后，当嗣家声，不可不慎。"兼谟顿首谢。江西观察使吴士矩加给其军，擅用上供钱数十万。兼谟劾奏："观察使为陛下守土，宣国诏条，知临戎赏士，州有定数，而与夺由己，贻弊一方，为诸道觖望，请付有司治罪。"士矩繇是贬蔡州别驾。历兵部侍郎、河东节度使。还为尚书左丞。武宗子岘封益王，命兼谟为傅。俄领天平节度使，辞疾，以秘书监归洛阳，迁东都留守，卒。

郝处俊，安州安陆人。父相贵，因隋乱，与妇翁许绍据峡州，归国，拜滁州刺史，封甑山县公。处俊甫十岁而孤，故吏归千缣赙之，已能让不受。及长，好学，嗜《汉书》，崖略暗诵。贞观中，第进士，解褐著作佐郎，袭父爵。兄弟友睦，事诸舅谨甚。再转滕王友，耻为王府属，弃官去。久之，召拜太子司议郎，累迁吏部侍郎。高丽叛，诏李勣为浿江道大总管，处俊副之。师入高境，未阵，贼遽至，举军危骇。处俊方据胡床，体胖，安餐干糒不顾，密畀料精锐击之，房郤，众壮其谋。

入拜东台侍郎。时浮屠卢伽逸多治丹，曰"可以续年"。高宗欲遂饵之，处俊谏曰："修短固有命，异方之剂，安得轻服哉？昔先帝诏浮屠那罗迩娑寐案其方书为秘剂，取灵花怪石，历岁乃能就。先帝饵之，俄而大渐，上医不知所为。群臣请显戮其人，议者以为取笑夷狄，故法不得行。前鉴不远，惟陛下深察。"帝纳其言，弟拜卢伽逸多为怀化大将军，进处俊同东西台三品。

咸亨初，幸东都，皇太子监国，诸宰相皆留，而处俊独从。帝尝曰："王者无外，何为守御？而重门击柝，庸待不虞邪？我尝疑秦法为宽，荆轲匹夫耳，匕首窃发，群臣皆荷戟侍，莫敢拒。岂非习慢使然？"处俊对曰："此乃法急耳。秦法，辄升殿者，夷三族。人皆惧族，安有敢拒邪？魏曹操著令曰：'京城有变，九卿各守其府。'后严才乱，与徒数十人攻左掖门，操登铜爵台望之，无敢救者。时王修为奉常，闻变，召车骑未至，领官属步至宫门。操曰：'彼来者，必王修乎！'此由修察变识几，故冒法赴难。向若拘常，则遂成祸矣。故王者设法不可急，亦不可慢。《诗》曰'不懈于位，人之攸墍'，仁也；式遏寇虐，无俾作慝，刑也。《书》曰'高明柔克，沈潜刚克'，中道也。"帝曰："善"。

转中书侍郎，监修国史。初，显庆中，令狐德棻、刘胤之撰国史，其后许敬宗复加绪次。帝恨敬宗所纪失实，更合宰相刊正，且曰："朕昔从幸未央宫，辟仗既过，有横刀伏草中者，先帝敛辔却，谓朕曰：'事发，当死者数十人，汝可命出之。'史臣惟叙此为实。"处俊曰："先帝仁恩溥博，类非一。臣之弟处杰被择供奉，时有三卫误拂御衣者，惧甚。先帝曰：'左右无御史，我不汝罪。'"帝曰："此史臣应载。"处俊乃表左史李仁实欲删整伪辞，会仁实死而止。

上元初，帝观酺翔鸾阁，时赤县与太常音技分东西朋，帝诏雍王贤主东，周王显主西，因以角胜，处俊曰："礼所以示童子无诳者，恐其欺诈之心生也。二王春秋少，意操未定，乃造党使相夸，彼俳儿优子，言辞无度，争负胜，相讥诮，非所以导仁义，示雍和也。"帝遽止，叹曰："处俊远识，非众臣所逮。"迁中书令，兼太子宾客，检校兵部尚书。

帝多疾，欲逊位武后，处俊谏曰："天子治阳道，后治阴德，然则帝与后犹日之与月,阳之与阴,各有所主,不相夺也。若失其序,上谪见于天,下降灾诸人。昔魏文帝著令,帝崩,不许皇后临朝。今陛下奈何欲身传位天后乎?天下者,高祖、太宗之天下,非陛下之天下,正应谨守宗庙,传之子孙,不宜持国与人,以丧厥家。"中书侍郎李义琰曰:"处俊言可从,惟陛下不疑。"事遂沮。又兼太子左庶子,拜侍中,罢为太子少保。

开耀元年卒,年七十五。赠开府仪同三司、荆州大都督。帝哀叹其忠,举哀光顺门,祭以少牢,赗绢布八百段、米粟八百石,诏百官赴哭,官庀葬事。子北叟固辞,未听。裴炎为白帝曰:"处俊陁死,诿臣曰:'生无益于国,死无烦费,凡诏赐,愿一罢之。'"帝闻恻然,答其意,止赗物而已。

处俊资约素,土木形骸,然临事敢言,自秉政,在帝前议论谆谆,必傅经义,凡所规献,得大臣体。武后虽忌之,以其操履无玷,不能害。与舅许圉师同里,俱宦达;乡人田氏、彭氏以高赀显。故江、淮间为语曰:"贵如郝、许,富如田、彭。"

孙象贤,垂拱中,为太子通事舍人,后素衔处俊,故因事诛之。临刑,极骂乃死,后怒,令离磔其尸,斫夷祖、父棺冢。自是讫后世,将刑人,必先以木丸窒口云。

朱敬则,字少连,亳州永城人。以孝义世被旌显,一门六阙相望。敬则志尚恢博,好学,重节义然诺,善与人交,振其急难,不现报于人。与左史江融、左仆射魏元忠善。咸亨中,高宗闻其名,召见,惜之,为中书令李敬玄所毁,故授洹水尉。久之,除右补阙。

初,武后称制,天下颇流言,遂开告密罗织之路,兴大狱,诛将相大臣。至是,已革命,事益宁。敬则谏曰:

臣闻李斯之相秦也,行申、商之法,重刑名之家;杜私门,张公室;弃无用之费,损不急之官;惜日爱功,亟战疾耕。既庶而富,遂屠诸侯。此救弊之术也。故曰:"刻薄可施于进趋,变诈可陈于攻战。天下已平,故可易之以宽简,润之以淳和。秦乃不然,淫虐滋甚,往而不反,卒至土崩。此不知变之祸也。

陆贾、叔孙通事汉祖,当荥阳、成皋间,粮饷穷,智勇困,未尝敢开一说,效一奇,唯进豪猾贪暴之人。及区宇适定,乃陈《诗》、《书》,说礼乐,开王道。高帝忿然曰:"吾以马上得之,安事《诗》、《书》?"对曰:"马上得之,可马上治之乎?"帝默然。于是贾著《新语》,通定礼仪。此知变之善也。向若高帝斥二子,置《诗》、《书》,重攻战,尊首级,则复道争功,拔剑击柱,晷漏之不保,何十二帝二百年乎?故曰:仁义者,圣人之蘧庐;礼者,先王之陈迹。祠祝毕,刍狗捐;淳精流,糟粕弃。仁义尚尔,况其轻乎?

国家自文明以来,天地草昧,内则流言,外则构难。故不设钩距,无以顺人;不切刑罚,无以息暴。于是置神器,开告端,故能不出房闼,而天下晏然易主矣。臣闻急趋者无善迹,促柱者无和声;拯溺不规行,疗饥不鼎食。即向时秘策,今之刍狗也。愿鉴秦、汉之失,考时事之宜,毁蘧庐,遗糟粕;下宽大之令,流旷荡之泽,去姜斐之角牙,顿奸险之芒刃,塞罗织之妄源,扫朋党之险迹,旷然使天下更始,岂不乐哉!

后善其言。

迁正谏大夫,兼修国史。乃请高史官选,以求名才。侍中韦安石尝阅其稿史,叹曰:"董狐何以加!世人不知史官权重宰相,宰相但能制生人,史官兼制生死,古之圣君贤臣所以畏惧者也。"时赋敛繁重,民多荡析,后数召入禁中访失得。进同凤阁鸾台平章事。张易之构魏元忠、张说,欲诛之,无敢言者。敬则独奏曰:"元忠、说秉心忠一,而所坐无名,杀之失天下望。"乃得不死。

以老疾还政事,俄改成均祭酒、冬官侍郎。易之等集名儒撰《三教珠英》,又绘武三思、李峤、苏味道、李迥秀、王绍宗等十八人像以为图,欲引敬则,固辞不与,世絜其为人。出为郑州刺史,遂致仕。侍御史冉祖雍诬奏与王同皎善,贬涪州刺史。既明其非罪,改庐州。代还,无淮南一物,所乘止一马,子曹步从以归。卒年七十五。

敬则与三从昆弟居四十年,赀产无异。及执政,每以用人为先,细务不省也。岭表蛮叛,以裴怀古有文武才,用为桂州都督,蛮服其威惠,相率降。荐魏知古为凤阁舍人,张思敬为右史,皆称职。初,二张权宠盛,敬则密谓敬晖曰:"公若假太子令,举北军诛易之兄弟,两飞骑力耳"。晖卒用其策。始崔实、仲长统、王朗、曹冏论封建,指秦为失,敬则以为秦、汉世礼义陵迟,不可复用周制封诸侯,著论明之,儒者以为知言。

睿宗嗣位,尝曰:"神龙以来,忠于本朝者,李多祚、王同皎、韦月将、燕钦融并褒复矣,尚有遗者耶?"刘幽求曰:"朱敬则忠正义烈,天下所推,往为宗楚客、冉祖雍等所诬,谪守刺史。长安中,尝语臣曰:'相王必受命,当悉心事之。'及韦氏干纪,臣遂见危赴难。虽天诱其衷,亦敬则启之。"于是追赠秘书监,谥曰元。

敬则兄仁轨,字德容,隐居养亲。常诲子弟曰:"终身让路,不枉百步;终身让畔,不失一段。"有赤乌、白鹊栖所居树,按察使赵承恩表其异。及卒,郭山恽、员半千、魏知古共谥为孝友先生。

赞曰:武后乘唐中衰,操杀生柄,劫制天下而攘神器。仁杰蒙耻奋忠,以权大谋,引张柬之等,卒复唐室,功盖一时,人不及知。故唐吕温颂之曰:"取日虞渊,洗光咸池。潜授五龙,夹之以飞。"世以为名言。方高宗举天下将以禅后,处俊固争,不使妻乘夫,阴反阳,至奸人衔怨,仇齿以逞。盖所谓谊形于主耶。敬则一谏,而罗织之狱衰,时而后言者欤!

唐书卷一一六
列传第四一

王綝 俌 遂 抟 　韦思谦 承庆 嗣立

恒 济 弘景 　陆元方 象先 景倩 景融

希声 余庆 璪 　王及善 　李日知

杜景佺 　李怀远 景伯 彭年

王綝，字方庆，以字显。其先自丹杨徙雍咸阳。父弘直，为汉王元昌友。王好畋游，上书切谏，王稍止，然益疏斥。终荆王友。

方庆起家越王府参军，受司马迁、班固二史于记室任希古，希古它迁，就卒其业。武后时，迁累广州都督。南海岁有昆仑舶市外区琛琲，前都督路元睿冒取其货，舶酋不胜忿，杀之。方庆至，秋毫无所索。始，部中首领沓墨，民诣府诉，府曹素相饷谢，未尝治。方庆约官属不得与交通，犯者痛论以法，境内清畏。议者谓治广未有如方庆者，号第一，下诏赐瑞锦、杂彩，以著善政。转洛州长史，封石泉县子。迁鸾台侍郎、同凤阁鸾台平章事，进凤阁侍郎。

神功初，清边道大总管武攸宜破契丹凯还，且献俘，内史王及善以孝明帝忌月，请鼓吹备而不作。方庆曰："晋穆帝纳后，当康帝忌月，时以为疑。荀讷谓《礼》有忌日无忌月，自月而推，则忌时忌年，愈无理据。世用其言。臣谓军方大凯，作乐无嫌。"诏可。武后幸玉泉祠，以山道险，欲御腰舆。方庆奏："昔张猛谏汉元帝'乘船危,就桥安。'帝乃从桥。今山阿危峭,隧道曲狭,比于楼船,又复甚危,陛下奈何轻践畏途哉?"后为罢行。方庆尝以"令,期及大功丧,未葬,不听朝贺;未除,弗豫享宴。比群臣不遵用,颓紊教谊,不可长。"有诏申责,内外畏之。

后尝就求羲之书,方庆奏:"十世从祖羲之书四十余番,太宗求之,先臣悉上送,今所存惟一轴。并上十一世祖导、十世祖洽、九世祖珣、八世祖昙首、七世祖僧绰、六世祖仲宝、五世祖骞、高祖规、曾祖褒并九世从祖献之等凡二十八人书共十篇。"后御武成殿遍示群臣,诏中书舍人崔融序其代阅,号《宝章集》,复以赐方庆,士人歆其宠。以老乞身,改麟台监,修国史。中宗复为皇太子,拜方庆检校左庶子。

后欲季冬讲武,有司不时办,遂用明年孟春。方庆曰:"按《月令》'孟冬,天子命帅讲武,习射御,角力'。此乃三时务农,一时讲武,安不忘危之道。孟春不可以称兵。兵,金也,金胜木。方春木王,而举金以害盛德,逆生气。孟春行冬令,则水潦为败,雪霜大挚,首种不入。今孟春讲武,以阴政犯阳气,害发生之德,臣恐水潦败物,霜雪捐稼,夏麦不登。愿陛下不违时令,前及孟冬,以顺天道。"手制褒允。

是岁,真拜左庶子,进封公,奉入同职事三品,兼侍太子读书。方庆奏:"人臣于天子未有斥太子名者,晋山涛《启事》称皇太子不名。孝敬为太子,更'弘'为'崇';沛王为太子,更'贤'为'文'。今东宫门殿名多嫌触,请一改之,以协旧典。"制可。长安二年卒,赠兖州都督,谥曰贞。中宗复位,以东宫旧臣,赠吏部尚书。

方庆博学,练朝章,著书二百余篇,尤精《三礼》。学者有所咨质,酬复渊诣,故门人次为《杂礼答问》。家聚书多,不减秘府,图画皆异本。方庆殁后,诸子不能业,随皆散亡。

孙俌。六世孙玙,别传。玙曾孙抟。

赞曰:李德裕著书称:"方庆为相时,子为眉州司士参军。武后曰：'君在相位，何子之远？'对曰：'庐陵是陛下爱子，今尚在远，臣之子庸敢相近？'以比仓唐悟文侯事。"嗟乎，君子哉！虽造次不忘悟君于善。及建言不斥太子名，以动群臣，示中兴之渐，所谓人难言者，于方庆难乎哉！德裕之称，为不诬矣。

　　俌字灵龟。明经，调莫州参军，辟范阳节度使张守珪幕府。时契丹屈烈部将谋入寇，河北骚然。俌至虏中，胁说祸福，虏乃不入。安禄山叛，拜博陵、常山二太守，副河北招讨。卒，赠太常卿。自褒至俌，六世封石泉云。俌孙遂。

　　遂好兴利，操下以严。累迁邓州刺史、太府卿、西北供军使。与度支潘孟阳争营田事，宪宗怒，出遂为柳州刺史。亲吏韦行素、柳季常当受课料两池，吏见遂斥，即抵以罪。始，诏书出，左丞吕元膺劾："遂补吏犯赃，法当坐，而诏称'清能业官'，按遂犯有状，不宜谓清。且柳，大州，不相使治。"帝喻之，乃下。会兵宿淮西，亟财赋，藉遂干强，拜宣歙观察使。蔡已平，师东讨李师道，召为光禄卿、淄青行营粮料使。辞卿职，换检校左散骑常侍，兼御史大夫。始，调兵食岁三百万，俄而贼诛，遂簿羡赀百万以献，帝高其能。于时析齐为三镇，即拜遂沂兖海观察使。

　　遂资褊刻，杖扑皆逾制。盛夏，治署舍墙垣，程督惨峭。将吏素悍戾，遂辄骂曰："反残贼！"人人羞忿。裨校王弁与役人浴于川，语曰："天方雨，墙且毁，等罪耳！"乃谋乱。明日，遂方燕，弁率其党挟兵进，遂惊，匿厕下，执而数其罪，杀之。其副张敦实、官属李矩甫皆死。弁自知留事。帝以沂、海新定，畏青、郓亦摇，乃拜弁开州刺史。至徐州，械送京师，斩东市。监军上遂所制杖，出示于朝为戒云。

　　抟字昭逸。擢进士第，辟佐王铎滑州节度府，累迁苏州刺史。久之，以户部侍郎判户部。乾宁初，进同中书门下平章事。董昌诛，出为威胜节度使。未行，加检校尚书右仆射、浙东西宣抚使。会钱镠兼领二浙，故留拜门下侍郎、同中书门下平章事、判度支。昭宗建嫡后，抟请因赦天下以尊大其礼。正拜右仆射，迁司空，封鲁国公。

初，中官权盛，帝欲翦抑之。自石门还，政一决宰相，群宦不平，构藩镇内胁天子。抟曰："人君务平心大体，御万物，偏听产乱，古所戒也。今奄人盗威福，逼制君上，道路人皆知之。方朝廷多难，未可卒除，当徐以计去之。事急，且有变。"崔胤与抟并位，素忌抟明达有谋，即劾抟为中官外应。会胤罢宰相，疑抟挤斥，乃厚结朱全忠荐己复辅政，即诬抟与枢密使宋道弼、景务修交私，将危社稷。全忠因显疏其尤。光化三年，罢为工部侍郎，贬溪州刺史。又贬崖州司户参军事，赐死蓝田驿。

韦思谦，名仁约，以近武后父讳为嫌，遂以字行。其先出雍州杜陵，后客襄阳，更徙为郑州阳武人。八岁丧母，以孝闻。及进士第，累调应城令，负殿，不得进官。吏部尚书高季辅曰："予始得此一人，岂以小疵弃大德邪？"擢监察御史。常曰："御史出使，不能动摇山岳，震慑州县，为不任职。"中书令褚遂良市地不如直，思谦劾之，罢为同州刺史。及复相，出思谦清水令。或吊之，答曰："吾狷直，触机辄发，暇恤身乎？丈夫当敢言地，要须明目张胆以报天子，焉能碌碌保妻子邪？"沛王府长史皇甫公义引为仓曹参军，谓曰："公非池中物，屈公为数旬客，以重吾府。"

改侍御史，高宗贤之，每召与语，虽甚倦，徙倚轩槛，犹数刻罢。疑狱剧事，多与参裁。武候将军田仁会诬奏御史张仁祎，帝廷诘，仁祎儒不得对。思谦为辨其枉，因言仁会营罔陷人不测者，词旨详畅，帝善之，仁祎得不坐。累迁右司郎中、尚书左丞，振明纲辖，朝廷肃然。进御史大夫。

性謇谔，颜色庄重，不可犯。见王公，未尝屈礼。或以为讥，答曰："耳目官固当特立。雕、鹗、鹰、鹯，岂众禽之偶？奈保屈以狎之？"帝崩，思廉扶疾入临，涕泗冰须，俯伏号绝，诏给扶侍。转司属卿，复为右肃政大夫。故事，大夫与御史钧礼，思谦独不答。或以为疑，思谦曰:"班列固有差,奈何尚姑息邪?"垂拱初,封博昌县男,同凤阁鸾台三品。转纳言,辞疾,不许,诏肩舆以朝,听子孙侍。以太中大夫致仕,卒,赠幽州都督。

子承庆、嗣立。

承庆字延休。性谨畏,事继母为笃孝。擢进士第,补雍王府参军,府中文翰悉委之。王为太子,迁司议郎。

仪凤中,诏太子监国,太子稍嗜声色,兴土功。承庆见造作玩好浮广,倡优鼓吹欢哗,户奴小人皆得亲左右、承颜色,恐因是作威福,宜加绳察,乃上疏极陈其端,又进《谕善箴》,太子颇嘉纳。承庆尝谓人所以扰浊浮躁,本之于心,乃著《灵台赋》,讥揣当世,亦自广其志。太子废,出为乌程令。累迁凤阁舍人,掌天官选。属文敏无留思,虽大诏令,未尝著藁。失大臣意,出为沂州刺史。

明堂灾,上疏谏,以"文明、垂拱后,执政者未满岁,率以罪去,大抵皆恶逆不道。夫构大厦,济巨川,必择文梓、艅艎。若亟毁而败,则是庇朽木、乘胶船也。臣谓陛下求贤之意切,而取人之路宽,故一言有合,而付大任。夫以尧举舜,犹历试诸难,况庸庸者可超处辅相,以百揆万机畀小人哉?"书闻不报。未几,复为舍人,掌选。病免,改太子谕德。历豫、虢二州刺史,有善政。转天官侍郎,修国史。凡三掌选,铨授平允,议者公之。

长安中,拜凤阁侍郎、同凤阁鸾台平章事。张易之诛,承庆以素附离,免冠待罪。时议草赦令,咸推承庆,召使为之,无挠色误辞,援笔而就,众叹其壮。然以累犹流岭表。岁余,拜辰州刺史,未行,以秘书员外少监召,兼修国史,封扶阳县子。诏撰《武后纪圣文》,中宗善之。迁黄门侍郎,未拜,卒。帝悼之,召其弟相州刺史嗣立会葬,因拜黄门侍郎继其位。赠礼部尚书,谥曰温。

嗣立字延构,与承庆异母。少友悌,母遇承庆严,每笞,辄解衣求代,母不听,即遣奴自捶,母感寤,为均爱。世比晋王览。第进士,累调双流令,政为二川最。承庆解凤阁舍人,武后召嗣立谓曰:"尔父尝称二子忠且孝,堪事朕。比兄弟称职,如而父言。今使卿兄弟自相代。"即拜凤阁舍人。

时学校废,刑滥及善人,乃上书极陈:"永淳后,庠序隳散,胄子衰缺,儒学之官轻,章句之选弛。贵阀后生以微幸升,寒族平流以替业去。垂拱间,仕入弥多,公行私谒,选补逾滥;经术不闻,猛暴相夸。陛下诚下明诏,追三馆生徒,敕王公以下子弟一入太学,尊尚师儒,发扬劝奖,海内知向。然后审界铨总,各程所能。以之临人,则官无旷,民乐业矣。

又曰:"扬豫以来,大狱屡兴,穷治连捕,数年不绝。大猾伺间,阴相影会,构似是之言,正不赦之辜,恣行楚惨,类自诬服,王公士人,至连颈就戮。道路藉藉,咸知其非,而锻练已成,不可翻动。小则身诛,大则族夷,相缘共坐者庸可胜道?彼皆报仇复嫌,苟图功求官赏耳。臣愿陛下廓天地之施、雷雨之仁,取垂拱以来罪无重轻所不赦者,普皆原洗。死者还官,生者沾恩,则天下了然,知向所陷罪,非陛下意也。"

长安中,拜凤阁侍郎、同凤阁鸾台平章事。时州县非其人,后以为忧。李峤、唐休璟曰:"今朝廷重内官,轻外职,每除牧守,皆诉不行,非过累不得遣。请选台阁贤者分典大州,自近臣始。"后曰:"谁为朕行?"嗣立曰:"内典机要,非臣所堪,请先行以示群臣。"后悦,以本官检校汴州刺史,由是左肃政大夫杨再思等十八人悉补外。未几,承庆知政事,嗣立以成均祭酒徙魏、洛二州,政无它异。坐善二张,贬饶州长史。繇相州刺史入为黄门侍郎。转太府卿、修文馆大学士。

中宗景龙中,拜兵部尚书、同中书门下三品。时崇饰观寺,用度百出。又恩幸食邑者众,封户凡五十四州,皆据天下上腴。一封分食数州,随土所宜,牟取利入。至安乐、太平公主,率取高赀多丁家,无复如平民有所捐免,为封户者亟于军兴。监察御史宋务光建言"愿停征封,一切附租庸输送。"不纳。嗣立建言:

今廪帑耗竭，无一岁之储。假遇水旱，人须赈给，不时军兴，士待资装，陛下何以具之？伏见营立寺观，累年不绝，鸿侈繁丽，务相矜胜，大抵费常千万以上。转徙木石，废功害农；地藏开发，蛰虫伤露。上圣至慈，理必不然。准之道法则乖，质之生人则捐。陛下岂不是思？

又食封之家，日月猥众，凡用户部丁六十万人课二绢，则固一百二十万。臣见太府岁调绢才百万匹，少则十之二，有所贷免，曾不半在。比诸封家，所入已寡。国初功臣，共定天下，食封不三十家，今横恩特赐，家至百四十以上。天下租赋，在公不足，而私有余。又封家征求，各遣奴皂，凌突侵渔，百姓怨叹。或贸易断盗，诛责纷纭，曾无少息。下民窭乏，保以堪命？臣愿以丁课一送太府，封家诣左藏仰给，禁止自征，以息重困。

臣闻设官建吏，本于治人而务安之也。明官得其人，则天下治。古者取士，先乡曲之誉，然后辟于州；州已试，然后辟五府；五府著闻，乃升诸朝。得不谓所择悉而所历深乎？今之取人，未试而遽迁，务进徼幸，比肩系踵。故文者治官，则回邪赃污；武者治军，则庸懦怯弱。补授亡限，员外置官，吏困供承，官竭资奉，国家大事，岂甚于此？

古者，设爵待士，才者有之。不才者进，则有才之路塞。贤人据正，远侥幸之门。侥幸开，则贤者隐矣。贤者隐，则人不安；人不安，国将危矣。刺史、县令，治人之首，比年不加简择，京官坐负及声称下者乃典州，吏部年高不善刀笔者乃拟县。朝轻用人，何以治国？愿下有司，精加汰择。凡诸曹侍郎、两省、二台及五品以上清望官，当先选用刺史、县令，所冀守宰称职，以兴太平。

帝不听。

嗣立与韦后属疏，帝特诏附属籍，顾待甚渥。营别第骊山鹦鹉谷，帝临幸，命从官赋诗，制序冠篇，赐况优备，因封嗣立逍遥公，名所居曰清虚原幽楼谷。嗣立献木杯、藤盘数十物。唐隆初，拜中书令。韦后败，几死于乱，宁王为救免。出为许州刺史，以定策立睿宗，赐封百户，徙汝州。入为国子祭酒、太子宾客。坐示楚客等削遗制事，不执正，贬岳州别驾。再徙为陈州刺史。开元中，河南道巡察使表其廉，欲复用，会卒，年六十六，赠兵部尚书，谥曰孝。

初，嗣立代承庆为凤阁舍人、黄门侍郎；承庆亦代为天官侍郎及知政事。父子并为宰相，世罕其比。有二子恒、济，知名。

恒，开元初为砀山令，政宽惠，吏民爱之。天子东巡，州县供张，皆鞭扑趣办，恒不立威而事给。姑子御史中丞宇文融荐恒有经济才，让以其位，擢殿中侍御史。累转给事中，为陇右、河西黜陟使。时河西节度使盖嘉运恃左右援，横恣不法，妄列功状，恒劾奏之，人代其恐，出为陈留太守，卒。

济，开元初调鄄城令。或言吏部选县令非其人，既众谢，有诏问所以安人者，对凡二百人，惟济居第一，不能对者悉免官。于是擢济醴泉令，侍郎卢从愿、李朝隐并贬为刺史。济四迁户部侍郎，为太原尹。著《先德诗》四章，世服其典懿。天宝中，授尚书左丞，凡三世居之。济文雅，颇能修饰政事，所至有治称。终冯翊太守。子奥，夏令，亦以能政闻。

嗣立孙弘景，擢进士第，数佐节度府。以左补阙召为翰林学士。苏光荣为泾原节度使，弘景当草诏，书辞不如旨，罢学士。迁累度支郎中。张仲方黜李吉甫谥得罪，宪宗意弘景摘助，出为绵州刺史。李夷简镇淮南，奏以自副。召入，再迁给事中。驸马都尉刘士泾赂权近，擢太仆卿，弘景上还诏书，穆宗使喻："其先人昌有功，朕所以念功睦亲者。"弘景固执，帝怒，使宣慰安南。由是有名。

时萧俛辅政，弘景议论常佐佑之。还，再迁吏部侍郎，铨综平序，贵幸惮其严，不敢恩以私。历陕虢观察使，召拜尚书左丞，驳正吏铨所除六十余官不当进资，于是郑纲、丁公著、杨嗣复皆夺俸，郎吏肃然，望风修整。吏部员外郎杨虞卿以累下吏，诏弘景与御史详谳。虞卿私造门，弘景厉言曰："有诏按公，尚私谒邪？"虞卿多朋助，自谓必见纳，及是，惶恐去。迁礼部尚书、东都留守。卒，年六十六，赠尚书左仆射。

弘景以直道进，议论持正有守，当时风教所倚赖，为长庆名卿。

陆元方，字希仲，苏州吴人。陈给事黄门侍郎琛之曾孙。伯父柬之，善书名家，官太子司议郎。

元方初明经，后举八科皆中。累转监察御史。武后时，使岭外，方涉海，风涛惊壮，舟人惧，元方曰："吾受命不私，神岂害我？"趣使济，而风讫息。使还，除殿中侍御史，擢凤阁舍人、秋官侍郎。为来俊臣所陷，后置不罪。迁鸾台侍郎、同凤阁鸾台平章事。坐附会李昭德，贬绥州刺史。擢天官侍郎，兼司卫卿。或言其荐引皆亲党，后怒，免官，令白衣领职。元方荐人如初，后召让之，对曰："举臣所知，不暇问仇党。"又荐其友崔玄暐有宰相才。后知无它，复拜鸾台侍郎、同凤阁鸾台平章事。后尝问外事，对曰："臣备位宰相，大事当白奏，民间碎务，不敢以闻。"忤旨，下除太子右庶子。进文昌左丞，卒。

元方素清慎，再执政，每进退群臣，后必先访问，外秘莫知。临终，取奏稿焚之，曰："吾阴德在人，后当有兴者。"又曰："吾当寿，但领选久，耗伤吾神。"有一柙，生平所缄钥者，殁后，家人发之，乃前后诏敕。赠越州都督。

诸子皆美才，而象先、景倩、景融尤知名。

象先器识沈邃，举制科高第，为扬州参军事。时吉顼与元方同为吏部侍郎，顼擢象先为洛阳尉，元方不肯当，顼曰："为官择人，岂以吏部子废至公邪？"卒以授。俄迁监察御史。累授中书侍郎。景云中，进同中书门下平章事，监修国史。

初，太平公主谋引崔湜为宰相，湜曰："象先人望，宜干枢近，若不者，湜敢辞。"主不得已为言之，遂并知政事。然其性恬静寡欲，议论高简，为时推向。湜尝曰："陆公加于人一等。"公主既擅权，宰相争附之，象先未尝往谒；及谋逆，召宰相议，曰："宁王长，不当废嫡立庶。"象先曰:"帝得立,何也?"主曰:"帝有一时功,今失德,安可不废?"对曰:"立以功者,废必以罪。今不闻天子过失,安得废?"主怒,更与窦怀贞等谋,卒诛死。时象先与萧至忠、岑羲等坐为主所进,将同诛,玄宗遽召免之,曰:"岁寒然后知松柏之后凋也!以保护功,封兖国公,赐封户二百。

初,难作,睿宗御承天楼,群臣稍集,帝麾曰:"助朕者留,不者去!"于是有投名自验者。事平,玄宗得所投名,诏象先收按,象先悉焚之。帝大怒,欲并加罪,顿首谢曰:"赴君之难,忠也。陛下方以德化天下,奈何杀行义之人?故臣违命,安反侧者,其敢逃死?"帝寤,善之。时穷治忠、羲等党与,象先密为申救,保全甚众,当时无知者。

罢为益州大都督府长史、剑南按察使,为政尚仁恕。司马韦抱真谏曰:"公当峻扑罚以示威,不然,民慢且无畏。"答曰:"政在治之而已,必刑法以树威乎?"卒不从,而蜀化。累徙蒲州刺史,兼河东按察使。小史有罪,诚遣之,大吏白争,以为可杖,象先曰:"人情大抵不相远,谓彼不晓吾言邪?必责者,当以汝为始。"大吏惭而退。尝曰:"天下本无事,庸人扰之为烦耳。弟澄其源,何忧不简邪?"故所至民吏怀之。

入为太子詹事,历户部尚书,知吏部选事,母丧免。起为扬州大都督府长史。迁太子少保。卒,年七十二,赠书左丞相,谥曰文贞。

始,象先名景初,睿宗曰:"子能绍先构,是谓象贤者。"乃赐名焉。

弟景倩为扶沟丞。河南按察使毕构覆州县殿最,欲必得实。有吏言状曰:"某强清,某诈清,惟景倩曰真清。"终监察御史。

景融长七尺,美姿质,宽中而厚外。博学,工笔扎。以荫补千牛,转新郑令,政有风绩。累迁工部尚书、东京留守。卒,赠广陵郡都督。景融于象先,后母弟也。象先被答,景融谏,不入,则自楚,母为损威,人多其友。四世孙希声。

希声博学善属文，通《易》、《春秋》、《老子》，论著甚多。商州史郑愚表为属。后去，隐义兴。久之，召为右拾遗。时恰腐秉权，岁数歉，梁、宋尤甚。希声见州县刓敝，上言当谨视盗贼。明年，王仙芝反，株蔓数十州，遂不制。擢累歙州刺史。昭宗闻其名，召为给事中，拜户部侍郎、同中书门下平章事。在位无所轻重，以太子少师罢。李茂贞等兵犯京师，舆疾避难。卒，赠尚书左仆射，谥曰文。

元方从父余庆。

余庆，陈右卫将军珣孙，方雅有祖风。已冠，名未显，兄玄表啧曰："尔名宦不立，奈何？"余庆感激，闭户诵书三年，以博学称。举制策甲科，补萧尉。累迁阳城尉。武后封嵩山，以办具劳，擢监察御史。圣历初，灵、胜二州党项诱北胡寇边，诏余庆招慰，喻以恩信，蕃酋率众内附。迁殿中侍御史、凤阁舍人。后尝命草诏殿上，恐惧不能得一词，降左司郎中。久之，封广平郡公、太子右庶子。

余庆于寒品晚进，必悉力荐藉。人有过，辄面折，退无一言。开元初，为河南、河北宣抚使，荐富春孙逖、京兆韦述、吴兴蒋洌、河南达奚珣，后皆为知名士。迁大理卿。终太子詹事，谥曰庄。

雅善赵贞固、卢藏用、陈子昂、杜审言、宋之问、毕构、郭袭微、司马承祯、释怀一，时号"方外十友"。余庆才不逮子昂等，而风流敏辩过之。

初，武后时，酷吏用事；中宗朝，幸臣贵主斜封大行，蹈利啬祸之人，与相干没，虽亟贵骤用，而戮不反踵。余庆以道自将，虽仕不赫赫，讫无悔尤。

子璪，字仲采。举明经，补长安尉，以清干称。开元初，中朝臣子弟不任京畿，改新乡令，人为立祠。用按察使宇文融荐，迁渑池令。累迁兵部郎中，柬旷骑使。还，除洛阳令，时车驾在洛，摧勒奸豪，人不敢犯，为中书令萧嵩所器。嵩罢，佗宰相俾阴廉嵩短，璪曰："与人交，过且不可言，况无有邪？"以是忤贵近，出为太原少尹。累徙西河太守,封平恩县男。属邑多虎,前守设槛阱,璥至,彻之,而虎不为暴。

　　王及善,洺州邯郸人。父君愕,有沈谋。隋乱,并州人王君廓掠邯郸,君愕往说曰:"隋氏失御,豪俊共救其乱,宜抚纳遗氓而保全之,观时变,待真主。足下无尺寸之地、兼旬之粮,劫众而兴,但恣残剽,所过失望,窃为足下羞之。"君廓谢曰:"计安出?"答曰:"井陉之险可先取。"君廓从其言,遂屯井陉山。高祖入关,与君廓偕来,拜君愕大将军,封新兴县公,累迁左武卫将军。从太宗征辽,领左屯营兵,与高丽战驻跸山,死于阵。赠左卫大将军、幽州都督、邢国公,陪葬昭陵。

　　及善以父死事,授朝散大夫,袭邢国公爵。皇太子弘立,擢及善左奉裕率。太子宴于宫,命宫臣掷倒,及善辞曰:"殿下自有优人,臣苟奉令,非习翼之美。"太子谢之。高宗闻,赐绢百匹。除右千牛卫将军,帝曰:"以尔忠谨,故擢三品要职。群臣非搜辟,不得至朕所。尔佩大横刀在朕侧,亦知此官贵乎?"病免。召为卫尉卿。垂拱中,历司属卿。山东饥,诏为巡抚赈给使。拜春官尚书。出为秦州都督、益州长史,加光禄大夫,以老病致仕。

　　神功元年,契丹扰山东,擢魏州刺史。武后劳曰:"逆虏盗边,公虽病,可与妻子行,日三十里,为朕卧治,为屏蔽也。"因延问朝政得失。及善陈治乱所宜,后悦曰:"御寇末也,辅政本也,公不可行。"留拜内史。来俊臣系狱当死,后欲释不诛,及善曰:"俊臣凶狡不道,引亡命,污戮善良,天下疾之。不剚绝元恶,且摇乱胎祸,忧未既也。"后纳之。庐陵王之还,密赞其谋。既为皇太子,又请出外朝,以安群臣。

　　及善不甚文,而清正自将,临事不可夺,有大臣节。时二张怙宠,每侍宴,无人臣礼,及善数裁抑之,后不悦曰:"卿年高,不宜侍游燕,但检校阁中。"及善即移病余月,后不复问。叹曰:"中书令可一日不见天子乎?"遂乞骸骨,犹不许,改文昌左相、同凤阁鸾台三品。卒，年八十二，赠益州大都督，谥曰贞，陪葬乾陵。

李日知，郑州荥阳人。及进士第。天授中，历司刑丞。时法令严，吏争为酷，日知犹平宽无文致。尝免一囚死，少卿胡元礼执不可，曰：“吾不去曹，囚无生理。”日知曰：“仆不去曹，囚无死法。”皆以状谳，而武后用日知议。

神龙初，为给事中。母老病，取急调侍，数日须发辄白。母未及封而卒。方葬，吏乃赍赠制，日知殒绝于道，左右为泣，莫能视。巡察使路敬潜欲表其孝，使求状，辞不报。服除，累迁黄门侍郎。

景龙初，同中书门下平章事，转御史大夫，仍知政事。初，安乐公主馆第成，中宗临幸，燕从官，赋诗，日知卒章，独以规诚。睿宗它日谓曰：“向时虽朕亦有敢谏，非公挺直，何能尔？”即拜侍中。先天元年，罢为刑部尚书。屡乞骸骨，许之。日知将有请，不谋于家，归乃治行，妻惊曰：“产利空空，何辞之遽？”日知曰：“仕至此，已过吾分。人亦何猒之有？若猒于心，无日而足也。”既罢，不治田园，唯饰台池，引宾客与娱乐。开元三年卒。

日知贵，诸子方总角，皆通婚名族，时人讥之。后少子伊衡以姜为妻，鬻田宅，至兄弟讼阋，家法遂替云。

杜景佺，冀州武邑人。性严正。举明经中第。累迁殿中侍御史。出为益州录事参军。时隆州司马房嗣业徙州司马，诏未下，欲即视事，先笞责吏以示威。景佺谓曰：“公虽受命为司马，州未受命，何急数日禄邪？”嗣业怒，不听。景佺曰：“公持咫尺制，真伪莫辨，即欲搅乱一府，敬业扬州之祸，非此类邪？”叱左右罢去，既乃除荆州司马，吏歌之曰：“录事意，与天通；州司马，折威风。”由是寖知名。

入为司刑丞，与徐有功、来俊臣、侯思止专治诏狱，时称“遇徐、杜者生，来、侯者死”。改秋官员外郎，与侍郎陆元方按员外郎侯味虚罪，已推，辄释之。武后怒其不待报，元方大惧，景佺独曰：“陛下明诏六品、七品官，文辨已定，待命于外，今虽欲罪臣，奈明诏何？”

宰相曰："诏为司刑设,何预秋官邪?"景佺曰:"诏令一布,无台、寺之异。"后以为守法,擢凤阁舍人。迁洛州司马。

延载元年,检校凤阁侍郎、同凤阁鸾台平章事。后尝季秋出梨华示宰相以为祥,众贺曰:"陛下德被草木,故秋再华,周家仁及《行苇》之比。"景佺独曰:"阴阳不相夺伦,渎即为灾。故曰:'冬无愆阳,夏无伏阴,春无凄风,秋无苦雨。'今草木黄落,而木复华,渎阴阳也。窃恐陛下布德施令,有所亏紊。臣位宰相,助天治物,治而不和,臣之咎也。"顿首请罪。后曰:"真宰相!"会李昭德下狱,景佺苦申救,后以为面欺,左迁溱州刺史。入拜司刑卿。圣历元年,复以凤阁侍郎同凤阁鸾台平章事。契丹入寇,陷河北数州,虏已去,武懿宗欲尽论其罪,景佺以为协从可原,后如其议。罢为秋官尚书。坐漏省内语,降司刑少卿。出为并州长史,道病卒,赠相州刺史。初名元方,垂拱中改今名。

李怀远,字广德,邢州柏仁人。少孤,嗜学。宗人欲藉以高荫,怀远辞,退而曰:"因人之势,高士耻之。假荫而官,吾志邪?"擢四科第,累转司礼少卿,出为本州刺史,改冀州,迁扬、益二都督府长史,徙同州刺史。治尚清简。累迁鸾台侍郎,进同凤阁鸾台平章事,封平乡县男。以左散骑常侍同中书门下三品,爵赵郡公,赐实封户三百。以老,听致仕。中宗还京师,召知东都留守,复加同中书门下三品。

怀远久贵,益素约,不治居室。尝乘款段马,仆射豆卢钦望谓曰:"公贵显,顾当然邪?"答曰:"吾幸其驯,不顾它骏。"神龙二年卒,帝赐锦衾敛,自为文祭之,赠侍中,谥曰成。

子景伯,景龙中为谏议大夫。中宗宴侍臣及朝集使,酒酣,各命为《回波词》,或以诌言媚上,或要丐谬宠,至景伯,独为箴规语以讽帝,帝不悦。中书令萧至忠曰:"真谏官也。"景云中,进太子右庶子。时有建言置督府非是,诏群臣普议,景伯与太子舍人卢俌议:"今天下诸州分隶都督,专生杀刑赏。使授非其人,则权重衅生,非强干弱枝、经邦轨物之谊。愿罢都督,留御史,以时按察,秩卑任重,以制奸宄便。"繇是停都督。终右散骑常侍。

　　子彭年,有才,剖析明悟。历迁中书舍人、吏部侍郎。与李林甫善。常慕山东著姓,为婚姻,引就清列。典选七年,卒以赃败,长流临贺郡。天宝十二载,擢为济阴太守,徙冯翊。天子幸蜀,陷于贼,胁以伪官,忧愤死,赠礼部尚书。

唐书卷一一七
列传第四二

裴炎 <small>仙先</small>　刘祎之 <small>郭翰</small>
魏玄同 <small>恬</small>　李昭德　吉顼

　　裴炎,字子隆,绛州闻喜人。宽厚,寡言笑,有奇节。补弘文生,休浣,它生或出游,炎读书不废。有司欲荐状,以业未就,辞不举,服勤十年,尤通《左氏春秋》。举明经及第。补濮州司仓参军,历御史、起居舍人,浸迁黄门侍郎。调露二年,同中书门下三品。进拜侍中。高宗幸东都,留皇太子京师,以炎调护。帝不豫,太子监国,诏炎与刘齐贤、郭正一于东宫平章政事,及大渐,受遗辅太子,是为中宗。改中书令。旧,宰相议事门下省,号政事堂,长孙无忌以司空、房玄龄以仆射、魏征以太子太师皆知门下省事,至炎,以中书令执政事笔,故徙政事堂于中书省。

　　中宗欲以后父韦玄贞为侍中,授乳媪子五品官,炎固执不从,帝怒曰:“我意让国与玄贞,岂不可?何惜侍中邪?”炎惧,因与武后谋废帝。后命炎、泪、刘祎之率羽林将军程务挺、张虔勖勒兵入宫,宣太后令,扶帝下殿,帝曰:“我何罪?”后曰:“以天下与玄贞,安得无罪?”乃废帝为庐陵王,更立豫王为皇帝。以定策功,封永清县男。

　　后已持政,稍自肆,于是武承嗣请立七庙,追王其先,炎谏曰:“太后天下母,以盛德临朝,宜存至公,不容追王祖考,示自私。且独不见吕氏事乎!”后曰:“吕氏之王,权属生人,今追崇先世,在亡迹异,安得同哉!”炎曰:“蔓草难图,渐不可长。”后不悦而罢。承嗣又讽太后诛韩王元嘉、鲁王灵夔，以绝宗室望，刘祎之、韦仁约畏默不敢言，炎独固争，后愈衔怒。未几，赐爵河东县侯。

豫王虽为帝，未尝省天下事。炎谋乘太后出游龙门，以兵执之，还政天子。会久雨，太后不出而止。徐敬业兵兴，后议讨之，炎曰："天子年长矣，不豫政，故竖子有辞。今若复子明辟，贼不讨而解。"御史崔察曰："炎受顾托，身总大权，闻乱不讨，乃请太后归政，此必有异图。"后乃捕炎送诏狱，遣御史大夫骞味道、御史鱼承晔参鞫之。凤阁侍郎胡元范曰："炎社稷臣，有功于国，悉心事上，天下所知，臣明其不反。"纳言刘齐贤、左卫率蒋俨继辨之，后曰："炎反有端，顾卿未知耳。"元范、齐贤曰："若炎反，臣辈亦反矣。"后曰："朕知炎反，卿辈不反。"遂斩于都亭驿。

炎被劾，或勉其逊辞，炎曰："宰相下狱，理不可全。"卒不折节。籍其家，无儋石之赢。初，炎见裴行俭突厥有功，沮薄之，乃斩降虏阿史那伏念等五十余人，议者恨其媢克，且使国家失信四夷，以为阴祸有知云。睿宗立，赠太尉、益州大都督，谥曰忠。

元范者，申州义阳人。介廉有才，以炎故，流死巂州。

炎从子伷先。

伷先未冠，推荫为太仆丞。炎死，坐流岭南。上变求面陈得失，后召见，盛气待之，曰："炎谋反，法当诛，尚何道？"伷先对曰："陛下唐家妇，身荷先帝顾命，今虽临朝，当责任大臣，须东宫年就德成，复子明辟，奈何遽王诸武，斥宗室？炎为唐忠臣，而戮逮子孙，海内愤怨。臣愚谓陛下宜还太子东宫，罢诸武权。不然，豪杰乘时而动，不可不惧！"后怒，命曳出，杖之朝堂，长流瀼州。

岁余，逃归，为吏迹捕，流北廷。无复名检，专居贿，五年至数千万。娶降胡女为妻，妻有黄金、骏马、牛羊，以财自雄。养客数百人，自北廷属京师，多其客，诇候朝廷事，闻知十常七八。时补阙李秦授为武后谋曰："谶言'代武者刘'，刘无强姓，殆流人乎？今大臣流放者数万族，使之叶乱，社稷忧也。"后谓然，夜拜秦授考功员外郎，分走使者，赐墨诏，尉安流人，实命杀之。伷先前知，以橐它载金币、宾客奔突厥，行未远，都护遣兵追之，与格斗，为所执，械系狱，以状闻。会武后度流人已诛，畏天下姗诮，更遣使者安抚十道，以好言自解释曰："前使使尉安有罪，而不晓朕意，擅诛杀残忍不道，朕甚自咎。今流人存者一切纵还。"繇是伷先得不死。

中宗复位，求炎后，授伷先太子詹事丞。迁秦、桂、广三州都督。坐累且诛，赖宰相张说右之，免官。久乃擢范阳节度使，太原、京兆尹。以京师官冗，奏罢畿县员外及试官。进工部尚书。年八十六，以东京留守累封翼城县公，卒官下。

刘祎之，字希美，常州晋陵人。

父子翼，字小心，在隋为著作郎。峭直有行，尝面折僚友短，退无余訾。李伯药曰："子翼晋人，人都不慊。"贞观初，召之，辞以母老，诏许终养。江南道巡察使李袭誉嘉其孝，表所居为孝慈里。母已丧，召拜吴王府功曹参军，终著作郎、弘文馆直学士。

祎之少与孟利贞、高智周、郭正一俱以文辞称，号"刘孟高郭"，并直昭文馆。俄迁右史、弘文馆直学士。上元中，与元万顷等偕召入禁中，论次新书凡千余篇。高宗又密与参决时政，以分宰相权，时谓'北门学士'。兄懿之，亦给事中，同两省。先是，姊为内官，武后遣至外家问疾，祎之因贺兰敏之私省之，坐流巂州。后为丐还，除中书舍人。

仪凤中，吐蕃寇边，帝访侍臣所以置之、讨之之宜，人人异谋，祎之独劝帝："夷狄犹禽兽，虽被冯陵，不足校，愿戢威，纾百姓之急。"帝内其言。俄拜相王府司马，检校中书侍郎，帝谓曰："卿家忠孝，朕子赖卿以师矩，冀蓬在麻不扶而挺也。"

后既立王为帝，以其参奉大议，愈亲之，擢中书侍郎、同中书门下三品，赐爵临淮县男。方是时，诏令丛繁，祎之思致华敏，裁可占授，少选可待也。司门员外郎房先敏坐累贬卫州司马，诉于相府，内史骞味道谓曰："太后旨。"祎之曰："乃上从有司所奏云。"后闻，以

味道归非于上,贬青州刺史,加祎之太中大夫,赐物百段。后因曰:
"君为元首,臣为股肱,以手足疾移于腹背,尚为一体乎?祎之引咎
于己,忠臣也。"纳言王德真推顺曰:"戴至德无异才,惟能归善于
君,为时所服。"后曰:"善"。后私语凤阁舍人贾大隐曰:"后能废昏
立明,盍反政以安天下?"大隐表其言,后怒曰:"祎之乃负我!"垂拱
中,或告祎之受归诚州都督孙万荣金,与许敬宗妾私通,太后遣肃
州刺史王本立鞫治,以敕示祎之,祎之曰:"不经凤阁鸾台,何谓之
敕!"后以为拒制使,赐死于家,年五十七。

初,祎之得罪,睿宗以旧属申理之,姻友冀得释。祎之曰:"吾死
矣。太后威福由己,而帝营救,速吾祸也!"在狱上疏自陈。临诛,洗
沐,神色自若。命其子执笔占为表,子号塞不能书,祎之乃自捉笔,
得数纸,词恳哀到,人皆伤之。麟台郎郭翰、太子文学周思钧怅叹其
文,后恶之,贬翰巫州司法参军,思钧播州司仓参军。睿宗嗣位,赠
祎之中书令。

翰者,尝为御史,巡察陇右,多所按劾。次宁州,时狄仁杰为刺
史,民争言有异政。翰就馆,以笔纸置于案,谓僚属曰:"入其境,其
政可知,愿荐使君美于朝,毋久留。"即命驾去。性宽简,读《老子》至
"和其光,同其尘",慨然曰:"大雅君子,以保其身。"乃辞宪官,改麟
台郎云。

魏玄同,字和初,定州鼓城人。祖士廓,仕齐为轻车将军。玄同
进士擢第,调长安令。累官司列大夫。坐与上官仪善,流岭外。既
废,不自护藉,乃驰逐为生事。上元初,会赦还,工部尚书刘审礼表
其材,拜岐州长史。再迁吏部侍郎。永淳元年,诏与中书、门下同承
受进止平章事,封巨鹿男。上疏言选举法弊曰:

方今人不加富、盗贼未衰、礼谊寖薄者,下吏不称职,庶官
非其才,取人之道有所未尽也。武德、贞观,庶事草创,人物固
乏。天胙大圣,享国永年,异人间出。诸色入流,岁以千计,官
有常员,人无定限,选集猥至,十不收一,取舍淆紊。

　　夏、商以前,制度多阙。至周,焕然可观。诸侯之臣不皆命天子,王朝庶官不专一职。穆王以伯冏为太仆正,命曰:"慎简乃僚。"此乃自择下吏之言也。太仆正,特中大夫耳,尚以僚属委之,则三公、九卿亦当然也。故太宰、内史并掌爵禄废置,司徒、司马别掌兴贤诏事,是分任群司而统以数职,王命其大者,而自择其小者。

　　汉制,诸侯自置吏四百石以下,其傅、相大臣则汉为置之;州郡掾史、督邮、从事,悉任之牧守。

　　自魏、晋以后,始归吏部,而迄于今。以刀笔量才,簿书察行,法与世弊,其来久矣。尺丈之量,钟庾之器,非所及则不能度,非所受则无以容,况天下之大、士类之众,可委数人手乎?又尸厥任者,间非其选,至为人择官,为身择利,下笔系亲疏,措情观势要,悠悠风尘,此焉奔竞,使百行折之一面,九能断之数言,不亦难乎?

　　且臣闻莅官者,不可以无学。《传》曰:"学以从政,不闻以政入学。"今贵戚子弟一皆早仕,弘文、崇贤、千牛、辇脚之类,程较既浅,技能亦薄,而门阀有素,资望自高。夫所谓胄子者,必裁诸学,少则受业,长而入官,然后移家事国,谓之德进。夫少仕则不务学,轻试则无才。又勋官、三卫、流外之属,不待州县之举,直取书判,非先德后言之谊。

　　　臣闻国之用人,如人用财,贫者止糟糠,富者余粱肉。故当衰弊之乏,则磨策朽钝以驭之;太平多士,则遴柬髦俊而使之。今选者猥多,宜以简练为急。窃见制书,三品至九品并得荐士,此诚仄席旁求意也。但褒贬不明,故上不忧黜责,下不尽搜扬,莫慎所举,而苟以应命。且惟贤知贤,圣人笃论。皋陶既举,不仁者远。身苟滥进,庸及知人?不择举之贤,而责所举之滥,不可得已。以陛下圣明,国家德业,而不建经久之策,但顾望魏、晋遗风,臣窃惑之。愿少遵周、汉之规,以分吏部选,即所用详,所失鲜矣。

不纳。进拜文昌左丞、鸾台侍郎、同凤阁鸾台三品。迁地官尚书,检校纳言。玄同与裴炎缔交,能保终始,故号"耐久朋"。

先是,狄仁杰督太原运,失米万斛,将坐诛,玄同救免。而河阳令周兴未知也,数于朝堂听命。玄同曰:"明府可去矣,毋久留。"兴以为沮己,衔之,至是诬玄同言"太后老矣,当复皇嗣。"后不察,赐死于家,年七十三。初,监察御史房济监刑,谓曰:"丈人盍上变?冀召见,得自陈。"玄同曰:"人杀与鬼杀等耳,不能为告事人!"

玄同子恬,字安礼,事亲以孝闻。第进士,为御史主簿。开元中,至颍王傅。

李昭德,雍州长安人。父乾祐,贞观初为殿中侍御史。郿令裴仁轨私役门卒,太宗欲斩之,乾祐曰:"法令与天下共之,非陛下独有也。仁轨以轻罪致极刑,非画一之制。刑罚不中,则民无所措手足。"帝意解,繇是免死。迁侍御史。母卒,庐墓侧,负土成坟。帝遣使就吊,表异其闾。历治书侍御史,有能名。永徽初,擢御史大夫,为褚遂良所恶,出为邢、魏二州刺史。乾祐虽强直,而昵小人。尝为书与所善吏,刺取朝廷事,迷隐其辞,为吏所卖,遂良白发于朝,坐流欢州。召拜沧州刺史。入为司刑太常伯,举雍州司功参军崔擢为尚书郎,不得报,私语擢所以然。后擢犯罪,告乾祐漏禁中语以自赎,诏免官,卒。

昭德强干有父风,擢明经,累官御史中丞。永昌初,坐事贬振州陵水尉。还为夏官侍郎。如意元年,拜凤阁侍郎、同凤阁鸾台平章事。武后营神都,昭德规创文昌台及定鼎、上东诸门,标置华壮。洛有二桥,司农卿韦机徙其一直长夏门,民利之,其一桥废,省巨万计。然洛水岁淙啮之,缮者告劳。昭德始累石代柱,锐其前,厮杀暴涛,水不能怒,自是无患。俄检校内史。薛怀义讨突厥,以昭德为行军长史,不见房还。

武承嗣任文昌左相,昭德谏曰:"承嗣已王,不宜典机衡,以惑众庶。且父子犹相篡夺,况姑侄乎?"后矍然曰:"我未之思也。"乃罢承嗣为太子少保。洛阳人王庆之率险佞数百人请以承嗣为皇太子，后不许；固请，后遣昭德诘其故。昭德笞杀庆之，余党散走。因奏曰："自古有侄为天子而为姑立庙乎？以亲亲言之，天皇，陛下夫也；皇嗣，陛下子也。当传之子孙为万世计。陛下承天皇顾托而有天下，又立承嗣，臣见天皇不来食矣。"后乃止。承嗣恨，潜短之。后曰："吾任昭德而获安枕，是代我劳，非而所知也。"有人获洛水白石而赤文者，献阙下曰："此石赤心，故以献。"昭德叱曰："洛水余石岂尽能反邪？"时来俊臣、侯思止舞文法，数诬陷大臣，人皆慑惧。昭德每奏其诬罔不道状，卒榜杀思止，其党稍摧沮。

然昭德颇怙权，为众指目。鲁王府功曹参军丘愔上疏曰："臣闻魏冉诛庶族以安秦，忠也，弱诸侯以强国，功也；然也入自专，击断无忌，威震人主，不闻有王，张禄一言而卒用忧死。向使昭王不即觉悟，则秦之霸业或不传子孙。陛下天授以前，万机独断，公卿百执具职而已。自长寿以来，厌怠细政，擢委昭德，乘总权纲，而才小任重，负气强愎，声盲下民，刍狗同列，刻薄庆赏，多所矫虔，声威翕习，天下杜口。臣伏见南台敕目，群臣奏请，陛下制已曰'可'，而昭德建言不可，制又从之。且人臣参奉机密，献可替否，事或便利，不豫咨谋；而画可已行，方兴驳异，是扬露擅命，以示于人，归美引咎，谊不类此。一切奏谳皆承风指，阴相傅会。臣观其胆，乃大于身，鼻息所冲，上拂云汉。夫小家治生，有千百之赏，将以托人，尚忧失授，况天下之重，可轻委寄乎？履霜坚冰，须防其渐。大权一去，收之良难。顾陛下察臣之言。"又果毅邓注著《石论》数千言，述其专恣，凤阁舍人逢弘敏以闻。后由是恶之，谓姚璹曰："诚如所言，昭德固负国矣！"乃贬钦州南宾尉。俄召授监察御史。

万岁通天二年，来俊臣诬以逆谋，既而俊臣亦下狱，同日诛。时甚雨，众庶莫不冤昭德而快俊臣。神龙二年，赠左御史大夫。建中三年，加赠司空。

吉顼，洛州河南人。长七尺，性阴克，敢言事。举进士及第。调明堂尉。父哲为易州刺史，坐赇当死，顼往见武承嗣，自陈有二女弟，请侍王巾盥者。承嗣喜，以辖车迎之。三日未言，问其故，答曰："父犯法且死，故忧之。"承嗣为表贷哲死，迁顼龙马监。

　　刘思礼谋反，顼上变事，后命武懿宗杂讯，因讽囚引近臣高阀生平所牾者凡三十六姓，捕系诏狱，榜楚百惨，以成其狱，同日论死，天下冤之。擢右肃政台中丞。

　　来俊臣下狱，司刑当以死，状三日不下。顼从武后游苑中，因间言："臣为陛下耳目，知俊臣状入不出，人以为疑。"后曰："朕以俊臣有功，徐思之。"顼曰："于安远告虺贞反，今为成州司马。俊臣诬杀忠良，罪恶如山，国蟊贼也，尚何惜？"于是后斩俊臣，而召安远为尚食奉御。

　　突厥陷赵、定，授检校相州刺史，且募兵制虏南向。顼辞不知武，后曰："贼方走，藉卿坐镇耳。"初，太原温彬茂死高宗时，封一笥书，诿妻曰："吾死后，须年及垂拱献之。"垂拱初，妻上其书，言后革命事及突厥至赵去，故后知虏且还。顼至，募士无应者，俄诏以皇太子为元帅，应募日数千。顼还言状，后曰："人心若是邪？卿可为群臣道之。"顼诵语于朝，诸武恶之。

　　始，顼善张易之、殿中少监田归道、凤阁舍人薛稷、正谏大夫员半千、夏官侍郎李迥秀，皆为控鹤内供奉。顼又强敏，故后倚为腹心。圣历二年，进天官侍郎、同凤阁鸾台平章事。为刺史时，武懿宗讨契丹，退保相州。后争功殿中，懿宗陋短俯偻，顼严语侵之，无所容假。后怒曰："我在，乃藉诸武，它日安可保？"衔之。

　　张易之兄弟以宠盛，思自全，问顼计安出。顼曰："公家以幸进，非有大功于天下，势必危。吾有不朽策，愿效之，非止保身，且世世不绝胙。"易之流涕请，顼曰："天下思唐久矣！庐陵斥外，相王幽闭。上春秋高，武诸王非海内属意。公盍从容请相王、庐陵，以副人望？易吊为贺之资也。"易之、昌宗乘间如顼教，后意乃定。既而知顼与谋，召见问状，顼对："庐陵、相王皆陛下子，先帝顾托于陛下，当速有所付。"乃还中宗。

明年，顼坐弟冒伪官贬琰川尉，及辞，召见，泣曰："臣去国，无复再谒，顾有所言。然病棘，请须臾间。"后命坐，顼曰："水土皆一盎，有争乎？"曰："无"。曰："以为涂，有争乎？"曰："无"。曰："以涂为佛与道，有争乎？"曰："有之"。顼顿首曰："虽臣亦以为有。夫皇子、外戚，有分则两安。今太子再立，而外家诸王并封，陛下何以和之？贵贱亲疏之不明，是驱使必争，臣知两不安矣。"后曰："朕知之，业已然，且奈何？"顼寻徙始丰尉，客江都，卒。

中宗之立，顼实倡之，会得罪，无知者。睿宗初，有发明其忠，乃下诏赠御史大夫。

赞曰：异乎，炎之暗于几也！知中宗之不君，不知武后之盗朝，假虎翼而责其搏人，死固宜哉！昭德、顼进不以道，君子耻之。虽然，一情区区，抑武兴唐，其助有端，则贤炎远矣。祎之、玄同漏言及诛，不失所以事君者云。

唐书卷一一八
列传第四三

张廷珪　　韦凑 <small>见素 谔 颋 知人</small>

<small>维 绳 虚心</small> 韩思复 <small>朝宗 佽</small>

宋务光 <small>吕元泰</small>　辛替否　李渤

裴潾 <small>张皋</small>　李中敏 <small>李款 李甘</small>

张廷珪,河南济源人。慷慨有志尚。第进士,补白水尉。举制科异等。累迁监察御史,按劾平直。武后税天下浮屠钱,营佛祠于白司马坂,作大象,廷珪谏,以为:"倾四海之财,殚万民之力,穷山之木为塔,极冶之金为象,然犹有为之法,不足高也。填塞涧穴,覆压虫蚁,且巨亿计。工员穷窭,驱役为劳,饥渴所致,疾疹方作。又僧尼乞丐自赡,而州县督输,星火迫切,鬻卖以充,非浮屠所谓随喜者。今天下虚竭,苍生雕弊,谓宜先边境,实府库,养人力。"后善之,召见长生殿,赏慰良厚,因是罢役。

会诏市河南河北牛羊、荆益奴婢,置监登、莱,以广军资。廷珪上书曰:"今河南牛疫,十不一在,诏虽和市,甚于抑夺。并市则价难准,简择则吏求贿,是牛再疫,农重伤也。高原耕地夺为牧所,两州无复丁田,牛羊践暴,举境何赖?荆、益奴婢多国家户口,奸豪掠买,一入于官,永无免期。南北异宜,至必生疾,此有损无益也。抑闻之,君所恃在民,民所恃在食,食所资在耕,耕所资在牛;牛废则耕废,耕废则食去,食去则民亡,民亡则何恃为君?羊非军国切要,假令蕃滋,不可射利。"后乃止。

张易之诛,议穷治党与。廷珪建言:"自古革命,务归人心,则以刑胜治。今唐历不移,天地复主,宜以仁化荡宥。且易之盛时,趋附奔走半天下,尽诛则已暴,罚一二则法不平,宜一切洗贷。"中宗纳之。

神龙初,诏白司马坂复营佛祠,廷珪方奉诏抵河北,道出其所,见营筑劳亟,怀不能已,上书切争,且言:"自中兴之初,下诏书,弛不急,斥少监杨务廉,以示中外。今土木复兴,不称前诏;掘壤伐木,寝害生气,愿罢之,以纾穷乏。"帝不省。寻为中书舍人。再迁礼部侍郎。

玄宗开元初,大旱,关中饥,诏求直言。廷珪上疏曰:"古有多难兴国,殷忧启圣,盖事危则志锐,情苦则虑深,故能转祸为福也。景龙、先天间,凶党构乱,陛下神武,汛扫氛垢,日月所烛,无不濡泽,明明上帝,宜锡介福。而顷阴阳愆候,九谷失稔,关辅忧剧。臣思天意,殆以陛下春秋鼎盛,不崇朝有大功,轻尧、舜而不法,思秦、汉以自高,故昭见咎异,欲日慎一日,永保大和,是皇天于陛下眷顾深矣,陛下得不奉若休旨而寅畏哉!诚愿约心削志,考前王之书,敦素朴之道,登端士,放佞人,屏后宫,减外厩,场无蹴鞠之玩,野绝从禽之乐,促远境,罢县戍,矜惠茕独,蠲薄徭赋,去淫巧,捐珠璧,不见可欲,使心不乱。或谓天戒不足畏,而上帝冯怒,风雨迷错,荒馑日甚,则无以济下矣;或谓人穷不足恤,而亿兆携离,愁苦昏垫,则无以奉上矣。斯安危所系,祸福之原,奈何不察?今受命伊始,华夷百姓清耳以听,刮目以视,冀有闻见,何遽孤其望哉?"

再迁黄门侍郎。监察御史蒋挺坐法,诏决杖朝堂,廷珪执奏:"御史有谴,当杀杀之,不可辱也。"士大夫服其知体。

王琚持节巡天兵诸军,方还,复诏行塞下,议者皆谓将袭回纥,廷珪陈五不可,且言:"中国步多骑少,人赍一石粮,负甲百斤,盛夏长驱,昼夜不休,劳逸相绝,其势不敌,一也。出军掩袭,兵不数万,不可以行，废农广馈，饥岁不支，二也。千里远袭，其谁不知？贼有斥候，必能预防，三也。狄人兽居碛漠，譬之石田，克而无补，四也。天下无年，当养人息兵，五也。"又请复十道按察使，巡视州县，帝然纳之，因诏陆象先等分使十道。时遣使赍缯锦至石国市犬马，廷珪曰："犬马非土性弗畜，珍禽异兽不育于国，不宜劳远人致异物，愿省无益之故，救必然之急，天下之幸。"

坐漏禁内语，出为沔州刺史。频徙苏、宋、魏三州。初，景龙中，宗楚客、纪处讷、武延秀、韦温等封户多在河南、河北，讽朝廷诏两道蚕产所宜，虽水旱得以蚕折租。廷珪谓："两道倚大河，地雄奥，股肱走集，宜得其欢心，安可不恤其患而殚其力？若以桑蚕所宜而加别税，则陇右羊马、山南椒漆、山之铜锡铅锴、海之蜃蛤鱼盐，水旱皆免，宁独河南、北外于王度哉？愿依贞观、永徽故事，准令折免。"诏可。在官有威化。入为少府监，封范阳县男。以太子詹事致仕。卒，赠工部尚书，谥贞穆。

廷珪伟姿仪，善八分书，与李邕友善，及邕踬于仕，屡表荐之，人尚其方介云。

韦凑，字彦宗，京兆万年人。祖叔谐，贞观中为库部郎中，与弟吏部郎中叔谐、兄主爵郎中季武同省，时号"三列宿"。

凑，永淳初，解褐婺州参军事。徙资州司兵，观察使房昶才之，表于朝，迁扬州法曹。州人孟神爽罢仁寿令，豪纵，数犯法，交通贵戚，吏莫敢绳，凑按治，杖杀之，远近称伏。入为相王府属，时姚崇兼府长史，尝曰："韦子识远文详，吾恨晚得之。"六迁司农少卿。忤宗楚客，出为贝州刺史。

睿宗立，授鸿胪少卿。徙太府，兼通事舍人。时改葬故太子重俊，有诏加谥，又诏雪李多祚等罪，议赠官。凑上言：

> 王者发号出令，必法大道，善善著，恶恶明也。赏罚所不加，则考行立谥以褒贬之。臣议其君，子议其仪，曰"灵"曰"厉"者，不敢以私乱公也。臣伏见故太子与多祚等拥北军，犯

宸居,破扉斩关,兵指黄屋,骑腾紫微,和帝御玄武门亲谕逆顺,太子据鞍自若,督众不止;逆党悔非,回兵执贼,多祚伏诛,太子乃遁去。明日帝见群臣,涕数行下,曰"几不与公等相见",其为危甚矣!

臣子之礼,过位必趋,蹙路马乌有诛。昔汉成帝为太子,行不敢绝驰道。秦师免胄过周北门,王孙满策其必败。推此,则太子称兵宫中,为悖已甚。以斩三思父子而嘉之乎,则弄兵讨逆以安君父可也;因欲自立,则是为逆,又奚可褒?此时韦氏逆未明,义未绝,于太子母也,子无废母之理;非中宗命废之,则又劫父废母。且君或不君,臣安可不臣? 父或不父,子安可不子?晋太子申生谥曰恭,汉太子据谥曰戾,今太子乃谥节闵,臣所未谕。愿与议谥者质于御前,使臣言非耶,甘鼎镬之诛,申大义示天下;臣言是耶,咸蒙冰释,不复异议。如曰未然,奈何使后世乱臣贼子资以为辞?宜易谥以合经礼,多祚等罪云"免"而不云"雪"。

帝瞿然,引内阁中,劳曰:"诚如卿言。业已尔,奈何?"对曰:"太子实逆,不可以褒,请质行以谥。"时大臣亦重改,唯罢多祚等赠官。

景云初,作金仙等观,凑谏,以为:"方农月兴功,虽赏出公主,然高直售庸,则农人舍耕取顾,趋末弃本,恐天下有受其饥者。"不听。凑执争,以"万物生育,草木昆蚑伤伐甚多,非仁圣本意"。帝诏外详义。中书令崔堤、侍中岑羲曰:"公敢是耶?"凑曰:"食厚禄,死不敢顾,况圣世必无死乎?"朝廷为减费万计。出为陕、汝、岐三州刺史。

开元初,欲建碑靖陵,凑以古园陵不立碑,又方旱不可兴工,谏而止。迁将作大匠。诏复孝敬皇帝庙号义宗,凑谏曰:"《传》云:'必也正名。'礼:祖有功,宗有德,其庙百世不毁。商有三宗,周宗武王,汉文帝为太宗,武帝为世宗。历代称宗者,皆方制海内,德泽可尊,列于昭穆,是谓不毁。孝敬皇帝未尝南面,且别立寝庙,无称宗之义。"遂罢。

迁右卫大将军，玄宗谓曰："故事，诸卫大将军与尚书更为之，近时职轻，故用卿以重此官，其毋辞！"寻徙河南尹，封彭城郡公。会洛阳主簿王钧以赇抵死，诏曰："两台御史、河南尹纵吏侵渔，《春秋》重责帅，其出凑曹州刺史，侍御史张洽通州司马。"久之，迁太原尹，兼北都军器监，边备修举，如赐时服劳勉之。及病，遣上医临治。卒，年六十五，赠幽州都督，谥曰文。子见素。

见素字会微，质性仁厚。及进士第，授相王府参军，袭父爵，擢累谏议大夫。天宝五载，为江西、山南、黔中、岭南道黜陟使，绳纠吏治，所至震畏。迁文部侍郎，平判皆诵于口，铨叙平允，官有丐求，辄下意听纳，人多德之。

十三载，玄宗苦雨潦阅六旬，谓宰相非其人，罢左相陈希烈，诏杨国忠审择大臣。时吉温得幸，帝欲用之。温为安禄山所厚，国忠惧其进，沮止之。谋于中书舍人窦华、宋昱，皆以见素安雅易制，国忠入白帝，帝亦以相王府属，有旧恩，遂拜武部尚书、同中书门下平章事、集贤院学士，知门下省事。

明年，禄山表请蕃将三十二人代汉将，帝许之，见素不悦，谓国忠曰："禄山反状暴天下，今又以蕃代汉，难将作矣。"国忠不应，见素曰："知祸之牙不能防，见祸之形不能制，焉用彼相？明日当恳论之。"既入，帝迎谕曰："卿等有疑禄山意耶？"国忠、见素趋下，流涕具陈禄山反明甚，诏复位，因以禄山表置帝前乃出。帝令中官袁思蓺传诏曰："此姑忍，朕徐图之。"由是奉诏。然每进见，未尝不为帝言之，帝不入其语。未几，禄山反，从帝入蜀。陈玄礼之杀国忠也，兵伤其首，众传声曰："毋害韦公父子！"获免。帝令寿王赐药傅创。次巴西，诏兼左相，封豳国公。

肃宗立，与房琯、崔涣持节奉传国玺及册，宣扬制命，帝曰："太子仁孝，去十三载已有传位意，属方水旱，左右劝我且须丰年。今帝受命，朕如释负矣。烦卿等远去，善辅导之。"见素涕泣拜辞，又命见素子谔及中书舍人贾至为册使判官，谒见肃宗于顺化郡。肃宗闻琯名且旧，虚怀待之；以见素尝附国忠，礼遇独减。

是岁十月丙申，有星犯昴，见素言于帝曰："昴者，胡也。天道谪见，所应在人，禄山将死矣。"帝曰："日月可知乎？"见素曰："福应在德，祸应在刑。昴金忌火，行当火位，昴之昏中，乃其时也。既死其月，亦死其日。明年正月甲寅，禄山其殪乎！"帝曰："贼何等死？"答曰："五行之说，子者视妻所生。昴犯以丙申，金，木之妃也；木，火之母也。丙火为金，子申亦金也。二金本同末异，还以相克，贼殆为子与首乱者更相屠戮乎！"及禄山死，日月皆验。

明年三月至凤翔，拜尚书右仆射，罢知政事。初，行在所承丧乱后，兵吏三铨簿领炀散，选部文符伪滥，帝欲广怀士心，至者一切补官，不加检复。见素奏宜明条纲以为持久，帝未及从。既还都，选者猥集，补署无所，日诉于朝，乃追行其言。会郭子仪亦为仆射，徙见素太子太师，诏至蜀郡奉迎太上皇。以功食实封三百户。上元初，以疾求致仕，许之，诏朝朔望。宝应元年卒，年七十六，赠司徒，谥忠贞。子谔。

赞曰：杨国忠本与安禄山争宠，故捕吉温以激其乱，阴储蜀赀，待天子之出，则己与韦见素流涕争禄山反状，将信所言，以久其权。见素能言禄山反，不能言所以反，是佐国忠败王室也，玄宗不悟，仍相之。卒为后帝所薄，然犹完其要领，幸矣。谓见素为前知，果非也。

谔历京兆府司录参军。国忠之死，军聚不解，陈玄礼请杀贵妃以安众，帝意犹豫，谔谏曰："臣闻以计胜色者昌，以色胜计者亡。今宗庙震惊，陛下弃神器，奔草莽，惟割恩以安社稷。"因叩头流血。帝寤，赐妃死，军乃大阅。擢谔御史中丞，为置顿使。乘舆将行，或曰"国忠死，不可往蜀，请之河、陇"，或请幸太原、朔方、凉州，或曰如京师，杂然不一。帝心向蜀，未能言。谔曰："今兵少，不能捍贼，还京非万全计，不如至扶风，徐图去就。"帝问于众，众然之，遂至扶风，乃决西幸。后终给事中。

颛字周仁,谓弟益之子。蚤孤,事姊恭顺。及长,身不衣帛。通阴阳象纬,博知山川风俗,论议典据。以门调补千牛备身。自鄠尉判入等,授万年尉。历御史、补阙,与李约、李正辞列进讽谏,数移大事。裴垍、韦贯之、李绛、崔群、萧俛皆布衣旧,继为宰相,朝廷典章多所咨逮,尝曰:“吾侪五人,智不及一韦公。”长庆初为大理少卿。累迁给事中。敬宗立,授御史中丞,为户部侍郎,徙吏部。卒,赠礼部尚书。

所著《易缊解》,推演终始,有深谊。既喜接士,后出莫不造门。而李逢吉方结党与,擅国政,颇傅会之,素议遂衰。然节俭自居,天下推其尚云。

知人字行哲,叔廉子。弱而好古。以国子举授校书郎。高宗时,擢州参军八人为中台郎,知人自荆府兵曹迁司库员外郎,兼判司戎大夫事。未几卒。子维、绳。

维字文纪。进士对策高第,擢武功主簿。督役乾陵,会岁饥,均力劝功,人不知劳。坐徐敬业亲,贬五泉主簿。徙内江令,教民耕桑,县为刻颂。迁户部郎中,善裁剖,时员外宋之问善诗,故时称“户部二妙”。终太子右庶子。

绳长文辞。扶养宗属孤幼无异情。举孝廉,以母老不肯仕。逾二十年,乃历长安尉,威行京师。擢监察御史,更泗、泾、郿三州刺史。天宝初,入为秘书少监,玄宗尚文,视其职如尚书丞、郎。绳刊是图简,以善职称。终陈王傅。

虚心字无逸,维子。举孝廉。迁大理丞、侍御史。神龙中,按大狱,仆射窦怀贞、侍中刘幽求有所轻重,虚心据正不桡。景龙中,属羌叛,既禽捕,有诏悉诛,虚心惟论酋长死,原活其余。迁御史中丞。历荆、潞、扬三大都督府长史。荆州有乡豪,负势干法,虚心籍其訾入之官。以庐江多盗,遂县舒城,盗贼为衰。入为工部尚书、东京留守。累封南皮郡子。卒,赠扬州大都督,谥曰正。

弟虚舟，历洪、魏二州刺史，有治名。入为刑部侍郎。

初，维为郎，莳柳于廷，及虚心兄弟居郎省，对之辄敛容。自叔谦后，至郎中者数人，世号"郎官家"。

韩思复，字绍出，京兆长安人。祖伦，贞观中历左卫率，封长山县男。思复少孤，年十岁，母为语父亡状，感咽几绝，故伦特爱之，尝曰："此儿必大吾宗"。然家富有，金玉、车马、玩好未尝省。笃学，举秀才高第，袭祖封。永淳中，家益婆，岁饥，京兆杜瑾者，以百绫饷思复，思复方并日食，而绫完封不发。

调梁府仓曹参军，会大旱，辄开仓赈民，州劲责，对曰："人穷则滥，不如因而活之，无趣为盗贼。"州不能诎。转汴州司户，仁恕，不行鞭罚。以亲丧去官，鬻薪自给。姚崇为夏官侍郎，识之，擢司礼博士。五迁礼部郎中。建昌王武攸宁母亡，请鼓吹，思复持不可而止。坐为王同皎所荐，贬始州长史。迁滁州刺史，州有铜官，人铲凿尤苦，思复为贾他郡，费省获多。有黄芝五生州署，民为刻颂其祥。徙襄州。

入拜给事中。帝作景龙观，思复谏曰："祸难初弭，土木遽兴，非忧物恤人所急。"不见省。严善思坐谯王重福事，捕送诏狱，有司劾善思"任汝州刺史，与王游；至京师，不暴王谋，但奏东都有兵气。匿反闵上，宜伏诛"。思复曰："往韦氏擅内，谋危社稷，善思诣相府，白陛下必即位。今诏追善思，书发即至，使有逆节者，肯遽奔命哉？请集百官议"。议多同，善思得免死，流静州。迁中书舍人，数指言得失，颇见纳用。

开元初为谏议大夫。山东大蝗，宰相姚崇遣使分道捕瘗。思复上言："夹河州县，飞蝗所至，苗辄尽，今游食至洛。使者往来，不敢显言。且天灾流行，庸可尽瘗？望陛下悔过责躬，损不急之务，任至公之人，持此诚实以答谴咎，其驱蝗使一切宜罢。"玄宗然之，出其疏付崇，崇建遣思复使山东按所损，还，以实言。崇又遣监察御史刘沼覆视，沼希宰相意，悉易故牒以闻，故河南数州赋不得蠲。崇恶之,出为德州刺史。拜黄门侍郎。帝北巡,为行在巡问赈给大使。迁御史大夫,性恬澹,不喜为绳察,徙太子宾客,进爵伯。累迁吏部侍郎。复为襄州刺史,治行名天下。代还,仍拜太子宾客。卒,年七十四,谥曰文。天子亲题其碑曰"有唐忠孝韩长山之墓"。故吏卢僎、邑人孟浩然立石岘山。

初,郑仁杰、李无为者,隐居太白山,思复少从二人游,尝曰:"子识清貌古,恨仕不及宰相也。"子朝宗。

朝宗初历左拾遗。睿宗诏作乞寒胡戏,谏曰:"昔辛有过伊川,见被发而祭,知其必戎。今乞寒胡非古不法,无乃为狄?又道路藉藉,咸言皇太子微服观之。且匈奴在邸,刺客卒发,大忧不测,白龙鱼服,深可畏也。况天象变见,疫疠相仍,厌兵助阴,是谓无益。"帝称善,特赐中上考。帝传位太子,朝宗与将军庞承宗谏曰:"太子虽睿圣,宜且养成盛德。"帝不听。累迁荆州长史。

开元二十二年,初置十道采访使,朝宗以襄州刺史兼山南东道。襄州南楚故城有昭王井,传言汲者死,行人虽暍困,不敢视。朝宗移书谕神,自是饮者亡恙,人更号韩公井。坐所任吏擅赋役,贬洪州刺史。天宝初,召为京兆尹,分渭水入金光门,汇为潭,以通西市材木。出为高平太守。始,开元末,海内无事,讹言兵当兴,衣冠潜为避世计,朝宗庐终南山,为长安尉霍仙奇所发,玄宗怒,使侍御史王铁讯之,贬吴兴别驾,卒。

朝宗喜识拔后进,尝荐崔宗之、严武于朝,当时士咸归重之。

朝宗孙佽,字相之,性清简。元和初第进士。自山南东道使府入为殿中侍御史。累迁桂管观察使,部二十余州,自参军至县令无虑三百员,吏部所补才十一,余皆观察使商才补职。佽下车,悉来谒,一吏持籍请补缺员,佽下教曰:"居官治,吾不夺;其不奉法,无望纵舍。缺者,须按籍取可任任之。"会春服使至,乡有豪猾厚进贿使者,求为县令,使者请佽,佽许之。既去,召乡豪责以桡法,笞其背,以令部中,自是豪右畏戢。时诏置五管监兵,尽境赋不足充其费,佽处以俭约,遂为定制,众以为难。卒,赠工部侍郎。

宋务光，字子昂，一名烈，汾州西河人。举进士及第，调洛阳尉。迁右卫骑曹参军。神龙元年，大水，诏文武九品以上官直言极谏。务光上书曰：

后王乐闻过，罔不兴；拒谏，罔不乱。乐闻过则下情通，下情通则政无缺，此所以兴也。拒谏则群议壅，群议壅则上孤立，此所以乱也。

臣尝观天人相与之际，有感必应，其间甚密，是以教失于此，变生于彼。《易》曰："天垂象，见吉凶，圣人象之。"窃见自夏以来，水气勃戾，天下多罹其灾，洛水暴涨，漂损百姓。《传》曰："简宗庙，废祠祀，则水不润下。"夫王者即位，必郊祀天地，严配祖宗。自陛下御极，郊、庙、山川不时荐见。又水者阴类，臣妾之道，气盛则水泉溢，顷虹霓纷错，暑雨滞霤，阴胜之沴也。后廷近习或有离中馈之职以干外政，愿深思天变，杜绝其萌。

又自春及夏，牛多病死，疫气浸淫。《传》曰："思之不睿，时则有牛祸。"意者万机之事，陛下未躬亲乎？晁错曰："五帝其臣不及，则自亲之。"今朝廷贤佐虽多，然莫能仰陛下清光。愿勤思法宫，凝就大化。以万方为念，不以声色为娱；以百姓为忧，不以犬马为乐。臣闻三五之君不能免淫沴，顾备御存乎人耳。灾兴细微，安之不怪，驻祸变已成，骇而图之，犹水决治防、病困求药，虽复俛偄，尚何救哉！夫塞变应天，实系人事。今霖雨即闭坊门，岂一坊一市能感发天道哉？必不然矣。故里人呼坊门为宰相，谓能节宣风雨。天工人代，乃为虚设。

又数年以来，公私罄竭，户口减耗，家无接新之储，国乏俟荒之蓄。陛下近观朝市，则以为既庶且富；试践闾陌，则百姓衣马牛之衣，食犬彘之食，十室而九。丁壮尽于边塞，孀孤转于沟壑，猛吏奋毒，急政破资。马困斯佚，人穷斯诈。起为奸盗，从而刑之，良可叹也。今人贫而奢不息，法设而伪不止；长吏贪冒，选举以私；稼穑之人少，商旅之人众。愿坦然更化，以身先之。凋残之后,缓其力役;久弊之极,训以敦庞。十年之外,生聚方足。

臣闻太子者,君之贰,国之本,所以守器承祧,养民赞业。愿择贤能,早建储副,安社稷,慰黎元。姻戚之间,谤议所集,积疑成患,凭宠生灾,爱之适以害之也。如武三思等,诚不宜任以机要,国家利器,庸可久假于人?秘书监郑普思、国子祭酒叶静能挟小道浅术,列朱紫,取银黄,亏国经,悖天道。《书》曰:"制治于未乱,保邦于未危。"此诚治乱安危之秋也。愿陛下远佞人,亲有德,乳保之母、妃主之家,以时接见,无令媟黩。

疏奏不省。俄以监察御史巡察河南道。时滑州输丁少而封户多,每配封人,皆亡命失业。务光建言:"通邑大都不以封。今命侯之家专择雄奥,滑州七县,而分封者五,王赋少于侯租,入家倍于输国。请以封户均余州。"又请"食赋附租庸岁送,停封使,息传驿之劳",不见纳。以考最,进殿中侍御史。迁右台。尝荐汝州参军事李钦宪,后为名臣。卒,年四十二。

时又有清源尉吕元泰,亦上书言时政曰:"国家者,至公之神器,一正则难倾,一倾则难正。今中兴政化之始,几微之际,可不慎哉?自顷营寺塔,度僧尼,施与不绝,非所谓急务也。林胡数叛,獯房内侵,帑藏虚竭,户口亡散。夫下人失业,不谓太平;边兵未解,不谓无事;水旱为灾,不谓年登;仓廪未实,不谓国富。而乃驱役饥冻,雕镂木石,营构不急,劳费日深,恐非陛下中兴之要也。比见坊邑相率为浑脱队,骏马胡服,名曰'苏莫遮'。旗鼓相当,军阵势也;腾逐喧噪,战争象也;锦绣夸竞,害女工也;督敛贫弱,伤政体也;胡服相欢,非雅乐也;浑脱为号,非美名也。安可以礼义之朝,法胡虏之俗?《诗》云:'京邑翼翼,四方是则。'非先王之礼乐而示则于四方,臣所未谕。《书》曰:'谋时寒若。'何必裸形体,灌衢路,鼓舞跳跃而索寒焉?"书闻不报。

辛替否,字协时,京兆万年人。景龙中为左拾遗。时置公主府官属，而安乐府补授尤滥；武崇训死，主弃故宅，别筑第，侈费过度；又盛兴佛寺，公私疲匮。替否上疏曰：

古之建官不必备，九卿有位而阙其选。故赏不僭，官不滥，士有完行，家有廉节；朝廷余奉，百姓余食；下忠于上，上礼于下；委裘无仓卒之危，垂拱无颠沛之患。夫事有惕耳目，动心虑，作不师古，以行于今，臣得言之。陛下倍百行赏，倍十增官，金银不供于印，束帛不充于锡，何所愧于无用之臣、无力之士哉？

古语曰："福生有基，祸有胎"。且公主，陛下爱子也，选贤嫁之，设官辅之，倾府库以赐之，壮第观以居之，广池籞以嬉之，可谓至重至怜也。然用不合古义，行不根人心，将变爱成憎，转福为祸。何者？竭人之力，费人之财，夺人之家，怨也。爱一女，取三怨于天下，使边疆士不尽力，朝廷士不尽忠。人心散矣，独持所爱，何所恃乎？向使鲁王赏同诸婿，则有今日之福，无曩日之祸。人徒见其祸，不知祸所来，所以祸者，宠过也。今弃一宅，造一宅，忘前悔，忽后祸，臣窃谓陛下乃憎之，非爱之也。臣闻君以人为本，本固则邦宁，邦宁则陛下夫妇母子长相保也。愿外谋宰臣，为久安计，不使奸臣贼子有以伺之。

今疆场危骇，仓廪空虚，卒输不充，士赏不及，而大建寺宇，广造第宅。伐木空山，不给栋梁；运土塞路，不充墙壁。所谓佛者，清净慈悲，体道以济物，不欲利以损人，不荣身以害教。今三时之月，掘山穿地，损命也；殚府虚帑，损人也；广殿长廊，荣身也。损命则不慈悲，损人则不爱物，荣身则不清净，宁佛者之心乎？昔夏为天子二十余世而商受之，商二十余世而周受之，周三十余世而汉受之，由汉而后，历代可知已。咸有道之长，无道之短，岂穷金玉修塔庙享久长之祚乎？臣以为减雕琢之费以赒不足，是有佛之德；息穿掘之苦以全昆虫，是有佛之仁；罢营构之直以给边垂，是有汤、武之功；回不急之禄以购廉清，是有唐、虞之治。陛下缓其所急，急其所缓，亲未来，疏见在，失真实，冀虚无，重俗人之所为，而轻天子之业，臣窃痛之。

今出财依势，避役亡命，类度为沙门，其未度者，穷民善人耳。拔亲树知，岂离朋党，畜妻养孥，非无私爱，是致人毁道，非广道求人也。陛下常欲填池堑，捐苑囿，以赈贫人。今天下之寺无数，一寺当陛下一宫，壮丽用度尚或过之。十分天下之财而佛有七八，陛下何有之矣？虽役不食之人、不衣之士，犹尚不给，况必待天生地养、风动雨润而后得之乎？臣闻国无九年之储，曰非其国。今计仓廪，度府库，百僚共给，万事用度，臣恐不能卒岁。假如兵旱相乘，则沙门不能擐甲胄，寺塔不足穰饥馑矣。

帝不省。

睿宗立，罢斜封官千余人，俄诏复之。方营金仙、玉真观。替否以左补阙上疏曰：

臣谓古之用度不时、爵赏不当、国破家亡者，口说不若身逢，耳闻不若目见，臣请以有唐治道得失，陛下所及见者言之。

太宗，陛下之祖，拨乱立极，得至治之体。省官清吏，举天下职司无虚授，用天下财帛无枉费；赏必待功，官必得才，为无不成，征无不服。不多寺观而福禄至，不度僧尼而咎殃灭。阴阳不愆，五谷遂成，粟腐帛烂。万里贡赋，百蛮归款。享国久长，多历年所。陛下何惮而不法之？

中宗，陛下之兄，居先帝之业，忽先帝之化，不听贤臣之言，而悦子女之意。虚食禄者数千人，妄食土者百余户；造寺蠹财数百亿，度人免租、庸数十万。是故国家所出日加，所入日减，仓乏半岁之储，库无一时之帛。所恶者逐，逐必忠良；所爱者赏，赏皆谗慝。朋佞喋喋，交相倾动。夺百姓之食以养残凶，剥万人之衣以涂土木。人怨神怒，亲忿众离，水旱疾疫，六年之间，三祸为变。享国不永，受终于凶妇，取讥万代，诒笑四夷，陛下所见也。若法太宗治国，太山之安可致也；法中宗治国，累卵之危亦可致也。

　　顷淫雨不解，谷荒于垄，麦烂于场，入秋亢旱，霜损虫暴，草木枯黄，下人咨嗟，未知所济。而营寺造观，日继于时，道路流言，计用缗钱百余万。陛下知仓有几岁储？库有几岁帛？百姓何所活？三边何所输？民散兵乱，职此由也。而以百万构无用之观，受天下之怨。陛下忍弃太宗之治本，不弃中宗之乱阶；忍弃太宗久长之谋，不弃中宗短促之计。何以继祖宗、观万国耶？陛下在韦氏时，切齿群凶；今贵为天子，不改其事，恐复有切齿于陛下者。

　　往见明敕，一用贞观故事。且贞观有营寺观，加浮屠、黄老，益无用之官，行不急之务者乎？往者和帝之怜悖逆也，宗晋卿劝为第宅，赵履温劝为园亭，工徒未息，义兵交驰，亭不得游，宅不得息，信邪僻之说，成骨肉之刑，陛下所见也。今兹二观，得无晋卿之徒阴劝为之，冀误骨肉？不可不察也。惟陛下停二观以须丰年，以所费之财给贫穷、填府库，则公主福无穷矣。

疏奏，帝不能用，然嘉切直。

稍迁右台殿中侍御史。雍令刘少微恃权贪赃，替否按之，岑羲屡以为请，替否曰："我为宪司，惧势以纵罪，谓王法何？"少微坐死。迁累颍王府长史。卒，年八十。

　　李渤，字浚之，魏横野将军、申国公发之裔。父钧，殿中侍御史，以不能养母废于世。渤耻之，不肯仕，刻志于学，与仲兄涉偕隐庐山。尝以列御寇拒粟，其妻怒，是无妇也；乐羊子拾金，妻让之，是无夫也。乃摭古联德高蹈者，以楚接舆、老莱子、黔娄先生、于陵子、王仲儒、梁鸿六人图象赞其行，因以自儆。久之，更徙少室。

　　元和初，户部侍郎李巽、谏议大夫韦况交章荐之，诏以右拾遗召。于是河南少尹杜兼遣吏持诏、币即山敦促，渤上书谢："昔屠羊说有言：'位三旌，禄万钟，知贵于屠羊，然不可使吾君安施。'彼贱贾也。犹能忘己爱君。臣虽欲盗荣以济所欲，得无愧屠羊乎？"不拜。

洛阳令韩愈遗书曰：

> 有诏河南敦喻遗公，朝廷士引颈东望，若景星、凤鸟始见，争先睹之为快。方今天子仁圣，小大之事皆出宰相，乐善言如不得闻，自即大位，凡所出施者无不得宜。勤俭之声，宽大之政，幽闺妇女、草野小子饱闻而厌道之。愈不通于古，请问先生，兹非太平世欤？加又有非人力而至者，年谷屡熟，符贶委至。干纪之奸不战而拘累，强梁之凶销铄缩栗，迎风而委伏。其有一事未就正，视若不成人。四海所环，无一夫甲而兵者。若此时也，遗公不疾起与天下士乐而享之，斯无时矣。昔孔子知不可为而为之不已，迹接于诸侯之国。今可为之时，自藏深山，牢关而固拒，即与仁义者异守矣。想遗公冠带就车，惠然肯来，舒所畜积，以补缀盛德之阙，利加于时，名垂将来。踊跃怀企，顷刻以冀。又窃闻朝议，必起遗公，使者往若不许，即河南必继以行。拾遗微若不至，更加高秩。如是辞少就多，伤于廉而害于义，遗公必不为也。善人进，其类皆有望于公。公不为起，是使天子不尽得良臣，君子不尽得显位，人庶不尽被惠利，其害不为细。必审察而谛思之，务使合于孔子之道乃善。

渤心善其言，始出家东都，每朝廷有阙政，辄附章列上。

元和九年讨淮西，上平贼三术：一曰感，二曰守，三曰战。感不成，不失为守；守不成，不失为战。又上《御戎新录》，乃以著作郎召，渤遂起。岁余，迁右补阙，以直忤旨，下迁丹王府谘议参军，分司东都。十三年，上言：

> 至德以来，天下思致治平，迄今不称者，人倦而不知变。天以变通之运遗陛下，陛下顺而革之，则悠久。宜乘平蔡之势，以德羁服恒、兖无不济，则恩威畅矣。昔舜、禹以匹夫宅四海，其烈如彼；今以五圣营太平，其难如此。臣恐宰相群臣蕴晦术略，启沃有所未尽，使陛下翘然思文、武、禹、汤而不获也。宜正六官叙九畴，修王制、月令，崇孝悌，敦九族，广谏路，黜选举，复俊造，定四民，省抑佛、老，明刑行令，治兵御戎。愿下宰相公卿

大夫议,博引海内名儒,大开学馆,与群臣参讲,据经稽古、应
时便俗者,使切磋周复,作制度,合宣父继周之言。谨上五事:
一礼乐,二食货,三刑政,四议都,五辨仇。

渤虽处外,然志存朝廷,表疏凡四十五献。擢为库部员外郎。会
皇甫镈辅政,务剥下佐用度,而渤奉诏吊郗士美丧,在道上言:"渭
南长源乡户四百,今才四十;阌乡户三千,而今千。它州县大抵类
此。推其敝,始于摊逃人之赋。假令十室五逃,则均责未逃者,若抵
石于井,非极泉不止,诚繇聚敛之臣割下媚上。愿下诏一赐禁止,计
不三年,人必归于农。夫农国之本,本立,而太平可议矣。"又言:"道
路茀不治,驿马多死。"宪宗得奏咨骇,即诏出飞龙马数百给畿驿。
渤既以峭直触要臣意,乃谢病归。

穆宗立,召拜考功员外郎。岁终,当校考。渤自宰相而下升黜
之,上奏曰:"宰相偡、文昌、植,陛下即位,倚以责功,安危治乱系
也。方陛下敬大臣,未有昵比左右自骄之心,而天下事一以付之。偡
等不推至公,陈先王道德,又不振被旧典,复百司之本。政之兴废在
赏罚。偡等未闻慰一首公,使天下吏有所劝;黜一不职,使尸禄有所
惧。士之邪正混然无章。陛下比幸骊山,宰相、学士皆股肱心腹,宜
皆知之,不先事以谏,陷君于过。偡与学士杜元颖等请考中下。御
史大夫李绛、左散骑常侍张惟素、右散骑常侍李益谏幸骊山,郑覃
等谏畋游,得事君之礼,请考上下。崔元略当考上下,前考于羣不
实,羣以贿死,请降中下。大理卿许季同,任羣者,应考中下;然顷陷
刘辟,弃家以归,宜补厥过,考中中。少府监裴通职修举,考应中上;
以封母,舍嫡而追所生,请考中下。"奏入,不报。会渤请急,冯宿领
考功,以"考课令取岁中善恶为上下,郎中校京官四品以下黜陟之,
由三品上为清望官,岁进名听内考,非有司所得专。渤举旧事为褒
贬,违朝廷制,请如故事"。渤议遂废。

会魏博节度使田弘正表渤为副,元颖劾奏:"渤卖直售名,资狂
躁,干进不已,外交方镇求尉荐,不宜在朝。"出为虔州刺史。渤奏还
信州移税钱二百万,免赋米二万石,废冗役千六百人。观察使上状。

不阅岁,迁江州刺史。

度支使张平叔敛天下逋租,渤上言:"度支所收贞元二年流户赋钱四百四十万,臣州治田二千顷,今旱死者千九百顷。若徇度支所敛,臣惧天下谓陛下当大旱责民三十年逋赋。臣刺史,上不能奉诏,下不忍民穷,无所逃死,请放归田里。"有诏蠲责。渤又治湖水,筑堤七百步,使人不病涉。

入为职方郎中,进谏议大夫。时敬宗晏朝紫宸,入阁,帝久不出,群臣立屏外,至顿仆。渤见宰相曰:"昨论晏朝事,今益晚,是谏官不能移人主意,渤请出阁待罪。"会唤仗,乃止。退上疏曰:"今日入阁,陛下不时见群臣,群臣皆布路跛倚。夫跛倚形诸外,则忧思结诸内。忧倦既积,灾衅必生,小则为旱为孽,大则为兵为乱。《礼》:'三谏不听,则逃之。'陛下新即位,臣至三谏,恐危及社稷。"又言:"左右常侍职规讽,循默不事,若设官不责实,不如罢之"。俄充理匦使,建言:"事大者以闻,次白宰相,下以移有司。有司不当,许再纳匦。妄诉者加所坐一等,以绝冒越。"诏可。

时政移近幸,纪律荡然,渤劲正不顾患,通章封无阕日。天子虽幼昏,亦感寤,擢给事中,赐金紫服。

五坊卒夜斗,伤县人,鄠令崔发怒,敕吏捕捽,其一中人也,释之。帝大怒,收发送御史狱。会大赦、改元,发以囚坐鸡干下,俄而中人数十持挺乱击,发败面折齿,几死,吏哀请乃去,既而囚皆释,而发不得原。渤上疏曰:"县令曳辱中人,中人殴御囚,其罪一也。然令罪在赦前,而中人在赦后,不置于法,臣恐四夷闻之,慢倍之心生矣。"渤又诵言:"前神策军在慢城,篡京兆进食牙盘,不时治,致宦人益横。"帝以问左右,皆曰"无之"。帝谓渤有党,出为桂管观察使。它日,宰相李逢吉等见帝曰:"发暴中人诚不敬,然其母故宰相韦贯之姊,年八十,忧发成疾。陛下方孝治,宜少挺之。"帝恻然曰:"比谏官但言发枉,未尝道此。"即遣使送发于家,且扶尉其母。韦拜诏,泣对使者杖发四十。犹夺其官。至文宗,乃用发为怀州长史。

桂有漓水,出海阳山,世言秦命史禄伐粤,凿为漕,马援讨征

侧，复治以通馈；后为江水溃毁，渠遂庼浅，每转饷，役数十户济一
艘。渤酾浚旧道，郫泄有宜，舟楫利焉。逾年，以病归洛。大和中，
召拜太子宾客。卒，年五十九，赠礼部尚书。

渤孤操自将，不苟合于世，人咸谓之沽激。屡以言斥，而悻直不
少衰，守节者尚之。

裴潾，本河东闻喜人。笃学，善隶书。以荫仕。元和初，累迁左
补阙。于是两河用兵，宪宗任宦人为馆驿使，检稽出纳。有曹进玉
者，尤恃恩倨甚，使者过，至加捽辱，宰相李吉甫奏罢之。会伐蔡，复
以中人领使。潾谏曰："凡驿，有官专尸之，畿内以京兆尹，道有观察
使、刺史相监临，台又御史为之使，以察过阙。犹有不职，则宜明科
条督责之，谁不惕惧？若复以宫闱臣领之，则内人而及外事，职分乱
矣。夫事不善，诚于初；体有非，不必大。方开太平，澄本正末，宜塞
侵官之原、出位之渐。"帝虽不用，而嘉其忠，擢起居舍人。

帝喜方士，而柳泌为帝治丹剂，求长年。帝御剂，中躁病渴。潾
谏曰：

夫除天下之害者，常受天下之利；共天下之乐者，常飨天
下之福。故上自黄帝、颛顼、尧、舜、禹、汤、文、武，咸以功济生
人，天皆报以耆寿，垂荣无疆。陛下以孝安宗庙，以仁牧黎庶，
攘划祅凶，复张太平，宾礼贤俊，待以终始。神功圣德，前古所
不及。陛下躬行之，天地宗庙必相陛下以亿万之永。今乃方士
韦山甫、柳泌等以丹术自神，更相称引，诡为陛下延年。臣谓士
有道者皆匿名灭景，无求于世，岂肯干谢贵近，自鬻其伎哉？今
所至者，非曰知道，咸求利而来。自言飞炼为神，以诱权贿，伪
穷情得，不耻通亡。岂可信厥术、御其药哉？

臣闻人食味、别声、被色而生者也。味以行气，气以实志。
水火盐梅以亨鱼肉，宰夫和之，齐之以味，君子食之，以平其
心。夫三牲五谷，禀五行以生也，发为五味。天地生之，所以奉
人，圣人节调，以致康强。若乃药剂者，所以御疾，岂常进之饵

哉？况又金石性托酷烈，而烧治积年，包炎产毒，未易可制。夫秦、汉之君亦信方士矣，如卢生、徐福、栾大、李少君，后皆诈谲无成功。事暴前策，皆可验视。

《礼》："君之药，臣先尝之；父之药，子先尝之。"臣、子一也。愿以所治剂，俾其人服之，竟一岁以考真伪，则无不验矣。帝怒，贬江陵令。

穆宗立，泌等诛，召潾，再迁刑部郎中。前率府仓曹参军曲元衡杖民柏公成母死，有司以死在辜外，推元衡父荫赎金，公成受赇不诉，以赦免。潾议曰："杖捶者，官得施所部，非所部，虽有罪，必请有司，明不可擅也。元衡非在官，公成母非所部，不可以荫免。公成取赇仇家，利母之死，逆天性，当伏诛。"有诏无衡流，公成论死。久之，潾给事中为汝州刺史，越法杖人辄死，以太子左庶子分司东都。迁左散骑常侍、集贤殿学士。改刑部侍郎，为华州刺史。召拜兵部侍郎，出为河南尹，复还旧官。卒，赠户部尚书，谥曰敬。

潾以道自任，悉心事上，疾党附，不为权近所持。尝裒古今辞章，续梁昭明太子《文选》，自号《大和通选》，上之。当时文士非与游者皆不取，世恨其隘。宪宗竟以药弃天下，世益谓潾知言。

穆宗虽诛泌，而后稍稍复惑方士。有布衣张皋者，上疏曰："神虑澹则血气和，嗜欲胜则疾疢作。古之圣贤务自颐养，不以外物桡耳目、声色败情性，繇是和平自臻，福庆用昌。在《易》，'无妄之疾，勿药有喜'，在《诗》，'自天降康，降福穰穰'，此天人符也。然则药以攻疾，无疾不用药也。高宗时，处士孙思邈达于养生，其言曰：'人无故不应饵药。药有所偏助，则藏气为不平'。推此论之，可谓达见至理。夫寒暑为贼，节宣乖度，有资于医，尚当重慎。故《礼》称：'医不三世，不服其药。'庶士犹尔，况天子乎？先帝晚节喜方士，累致危疾，陛下所自各，不可蹈前覆、迎后悔也。今人人窃议，直畏忤旨，莫敢言。臣蓬荜之生，非以邀宠，顾忠义可为者，闻而默，则不安，愿陛下无忽。"帝善其言，诏访皋，不获。

李中敏字藏之,系出陇西。元和中,擢进士第。性刚峭,与杜牧、李甘善,其文辞气节大抵相上下。沈传师观察江西,辟为判官。入拜侍御史。

郑注诬逐宰相宋申锡,天下以目。大和六年,大旱,文宗内忧,诏询所以致雨者。中敏时以司门员外郎上言:"雨不时降,夏阳骄愆,苗欲槁枯,陛下忧勤,降德音,俾下得尽言。臣闻昔东海误杀一孝妇,大旱三年。臣顷为御史台推囚,华封儒杀良家子三人,陛下赦封儒死。然三人者,亦陛下赤子也。神策士李秀杀平民,法当死,以禁卫,刑止流。宋申锡位宰相,生平馈致一不受,其道劲正,奸人忌之,陷不测之辜,狱不参验,衔恨而没,天下士皆指目郑注。臣知数冤必列诉上帝,天之降灾,殆有由然。汉武帝国用空竭,桑弘羊兴管榷之利,然卜式请亨以致雨。况申锡之枉,天下知之,何惜斩一注以快忠臣之魂,则天且雨矣。"帝不省。中敏以病告满,归颍阳。注诛,以司勋员外郎召。

累迁谏议大夫,为理匦使,建言:"上书者将纳于匦,有司审其副,有不可,辄却之。臣谓匦出禁中,暮而入,为下开必达之路,广聪明,直枉结。若有司先裁可否,恐事不重密,非穷塞得自申意。请一裁诸上。"诏可。迁给事中。仇士良以开府阶荫其子,中敏曰:"内谒者监安得有子?"士良惭恚。繇是复弃官去。开成末,为婺、杭二州刺史,卒于官。

中敏所善李款,字言源。长庆初第进士,为侍御史。注自邠宁入朝,款伏阁劾奏:"注内通敕使,外结朝臣,往来两地,卜射赇谢。"帝不省。后寖用事,款被斥去。注死,繇仓部员外郎累迁江西观察使。终澧王傅。

李甘字和鼎。长庆末,第进士,举贤良方正异等。累擢侍御史。郑注侍讲禁中,求宰相,朝廷哗言将用之,甘显倡曰:"宰相代天治物者,当先德望,后文艺。注何人,欲得宰相?白麻出,我必坏之。"既而麻出,乃以赵儋为邠坊节度使,甘坐轻肆,贬封州司马。而李训内亦恶注，繇是注卒不相。甘终于贬。

　　始，河南人杨牢，字松年，有至行。甘方未显，以书荐于尹曰："执事之部孝童杨牢，父茂卿，从田氏府。赵军反，杀田氏，茂卿死。牢之兄蜀，三往索父丧，虑死不果至。牢自洛阳走常山二千里，号伏叛垒，委发赢骸，有可怜状，仇意感解，以尸还之。单缣冬月，往来太行间，冻肤皲瘃，衔哀雨血。行路稠人为牢泣，归责其子，以牢勉之。牢为儿践操如此，未闻执事门喑而书显之，岂树风扶教意耶？且乡人能啮疽刳胅，急亲之病，皆一时决耳，犹蒙表其闾，脱之徭，上有大礼则差问以粟帛。今河北骄叛，万师不能攘，而牢徒步请尸仇手，与夫含腐忍疮者孰多？牢绝乳即能诗，洛阳儿曹壮于牢者皆出其下。闻牢之赎丧，潞帅偿其费，其葬也，滑帅赙之财，斯执事之事，他人既篡之矣。即有称牢于上者，执事能无恨其后乎？"其激卬自任类此。牢后亦擢进士第。

　　赞曰：夫以下摩上，士所甚患，然取名最多，故上失德则与下争名，而后有诛夷斥窜事。然或依古肆言，高而难从，以邀主贾直者，逆之似伤道，行之不切时，此言事常弊也。若廷珪数子，优游弥缝，皆中时病，非所谓贾直自荣者也。至渤争晏朝，潾谏方士，甘斥郑注不可作宰相，排宠救危，不得不尔，贤哉！

唐书卷一一九
列传第四四

武平一　李乂　贾曾_至
白居易　行简　敏中

　　武平一，名甄，以字行，颍川郡王载德子也。博学，通《春秋》，工文辞。武后时，畏祸不敢与事，隐嵩山修浮图法，屡诏不应。中宗复位，平一居母丧，迫召为起居舍人，丐终制，不见听。景龙二年，兼修文馆直学士。时天子暗柔不君，韦后烝乱，外戚盛。平一重斥语，即自请抑母党，上言："去岁荧惑入羽林，太白再经天，太阳亏，月犯大角。臣闻灾不妄生，上见下应，信如景响。《诗》曰：'唯此文王，小心翼翼，昭事上帝，聿怀多福。'陛下天性孝爱，戚属外家，恩洽泽濡。臣一宗，阶三等，家数侯，朱轮华毂，过许、史、梁、邓远甚。恩崇者议积，位厚者衅速，故月满必亏，日中则移，时不再来，荣难久藉。昔永淳之后，王室多难，先圣从权，故臣家以宗子窃禄疏封。今上圣复辟，宜退守园庐，乃再假光宠，爵封如初，高班厚位，遂超涯极。故阴气僭阳，河、洛泛溢。昔王族骄盈，梅福上书；窦氏专纵，丁鸿进谏。且后妃之家，恩过宠深，一朝覆没，遂无噍类。愿思抑损之宜、长远之策，推远时权，以全亲亲。"帝慰勉，不许。迁考功员外郎。

　　于时，太平、安乐公主各立党相根毁，亲贵离阋，帝患之，欲令敦和，以访平一。因上书曰："病之在四体者，迹分而易逐；居心腹者，候邃而难治。刑政乖舛，四支疾也；亲权猜间，心腹患也。《书》曰：'克明俊德，以亲九族，九族既睦，平章百姓。'《诗》曰：'协比其邻,婚姻孔云.'是知亲族以辑睦为义也。自顷权贵猜防,外和内离,怨结姻娅,疑生骨肉。邀荣之徒,诡献忠款;膏唇之伍,苟输谗计。胁肩邸第之中,嚅颐媪宦之侧。故过从绝,猜嫌构,亲爱乖,党与生。积霜成冰,祸不可既。愿悉召近亲贵人,会宴内殿,告以辑睦,申以恩勤,斥奸人,塞谗路。若犹未已,则舍近图远,抑慈示严,惟陛下之命。"帝美其忠切,卒不用。

初,崔日用自言明《左氏春秋》诸侯官族。它日,学士大集,日用折平一曰:"君文章固耐久,若言经,则败绩矣。"时崔湜、张说素知平一该习,劝令酬诘,平一乃请所疑。日用曰:"鲁三桓,郑七穆,奈何?"答曰:"庆父、叔牙、季友,桓三子也。孟孙至彘凡九世,叔孙舒、季孙肥凡八世。郑穆公十一子,子然及士子、子孔三族亡,子羽不为卿,故称七穆,子罕、子驷、子良、子国、子游、子印、子丰也。"一坐惊服。平一问日用曰:"公言齐桓公、楚庄王时,诸侯属齐若凡几?平公、灵王时,诸侯属晋、楚凡几?晋六卿,齐、楚执政几何人?"日用谢曰:"吾不知,君能知乎?"平一条举始末,无留语。日用曰:"吾请北面。"阖坐大笑。

后宴两仪殿,帝命后兄光禄少卿婴监酒,婴滑稽敏给,诏学士嘲之,婴能抗数人。酒酣,胡人袜子、何懿等唱'合生',歌言浅秽,因倨肆,欲夺司农少卿宋廷瑜赐鱼。平一上书谏曰:"乐,天之和,礼,地之序;礼配地,乐应天。故音动于心,声形于物,因心哀乐,感物应变。乐正则风化正,乐邪则政教邪,先王所以达废兴也。伏见胡乐施于声律,本备四夷之数,比来日益流宕,异曲新声,哀思淫溺。始自王公,稍及闾巷,妖伎胡人、街童市子,或言妃主情貌,或列王公名质,咏歌蹈舞,号曰'合生'。昔齐衰,有《行伴侣》,陈灭,有《玉树后庭花》,趋数驽僻,皆亡国之音。夫礼慊而不进即销,乐流而不反则放。臣愿屏流僻,崇肃雍,凡胡乐,备四夷外,一皆罢遣。况两仪、承庆殿者,陛下受朝听讼之所,比大飨群臣,不容以倡优媟狎亏污邦典。若听政之暇,苟玩耳目,自当奏之后廷可也。"不纳。

玄宗立,贬苏州参军,徙金坛令。平一见宠中宗,时虽宴豫,尝因诗颂规诫,然不能卓然自引去,故被谪。既谪而名不衰。开元末,卒。孙元衡、儒衡别传。

李乂,字尚真,赵州房子人。少孤。年十二,属文,中书令薛元超曰:"是子且有海内名。"第进士、茂才异等,累调万年尉。长安三年,诏雍州长史薛季昶选部吏才中御史者,季昶以乂闻,擢监察御史。劾奏无避。景龙初,叶静能怙势,乂条其奸,中宗不纳。迁中书舍人、修文馆学士。

帝遣使江南,发在所库赀以赎生,乂上疏以为:"江南鱼鳖之利,衣食所资。江湖之生无既,而府库之财有限,与其拯物,不如忧民。且鬻生之徒惟利所视,钱刀日至,纲罟岁广,施之一朝,营之百倍。若回所赎之赀,减方困之徭,其泽多矣。"

韦氏之变,诏令严促,多乂草定。进吏部侍郎,仍知制诰。与宋璟等同典选事,请谒不行,时人语曰:"李下无蹊径"。改黄门侍郎,封中山郡公。制敕不便,辄驳正。贵幸有求官者,睿宗曰:"朕非有靳,顾李乂不可过耳!"谏罢金仙、玉真二观,帝虽不从,优容之。太平公主干政,欲引乂自附,乂深自拒绝。

开元初,姚崇为紫微令,荐乂侍郎,外托引重,实去其纠驳权,畏乂明切也。未几,除刑部尚书。卒,年六十八,赠黄门监,谥曰贞。遗令薄葬,毋还乡里。

乂沈正方雅,识治体,时称有宰相器。葬日,苏颋、毕构、马怀素往祖之,哭曰:"非公为恸而谁恸欤!"乂事兄尚一、尚贞孝谨甚,又俱以文章自名,弟兄同为一集,号《李氏花萼集》,乂所著甚多。尚一终清源尉,尚贞博州刺史。

贾曾,河南洛阳人。父言忠,貌魁梧,事母以孝闻,补万年主簿。护役蓬莱宫,或短其苛,高宗廷诘,辩列详谛,帝异之,擢监察御史。方事辽东,奉使禀军饷,还,奏上山川道里,并陈高丽可破状。帝问:"诸将材否?"对曰:"李𪟝旧臣,陛下所自悉。庞同善虽非斗将,而持军严。薛仁贵票勇冠军，高侃忠果而谋，契苾何力性沈毅，虽忌前，有统御才。然夙夜小心，忘身忧国，莫逮于勣者。"帝然所许，众亦以为知言。累转吏部员外郎。李敬玄兼尚书，言忠尚气，及主选，不能下，贬邵州司马。失武懿宗意，下狱几死，左除建州司户参军，卒。

曾少有名，景云中，为吏部员外郎。玄宗为太子，遴选宫僚，以曾为舍人。太子数遣使采女乐，就率更寺肄习，曾谏曰："作乐崇德，以和人神。《韶》、《夏》有容，《咸》、《英》有节，而女乐不与其间。昔鲁用孔子几霸，戎有由余而强，齐、秦遗以女乐，故孔子行，由余出奔。良以冶容哇咬，蛊心丧志，圣贤疾之最甚。殿下渴贤之美未彰，好伎之声先闻，非所以追启诵、嗣尧舜之烈也。余闲宴私，后廷伎乐，古亦有之，犹当秘隐，不以示人，况阅之所司，明示群臣哉！愿下令屏倡优女子，诸使者采召，一切罢止。"太子手令嘉答。

俄擢中书舍人，以父嫌名不拜，徙谏议大夫，知制诰。天子亲郊，有司议不设皇地祇位，曾请合享天地如古制并从祀等坐。睿宗诏宰相礼官议，皆如曾请。开元初，复拜中书舍人，曾固辞。议者谓中书乃曹司，非官称，嫌名在礼不讳，乃就职。与苏晋同掌制诰，皆以文辞称，时号"苏贾"。后坐事贬洋州刺史。历虔、郑等州刺史，迁礼部侍郎，卒。子至。

至字幼邻，擢明经第，解褐单父尉。从玄宗幸蜀，拜起居舍人，知制诰。帝传位，至当撰册，既进稿，帝曰："昔先天诰命，乃父为之辞，今兹命册，又尔为之，两朝盛典，出卿家父子手，可谓继美矣。"至顿首，呜咽流涕。历中书舍人。

至德中，将军王去荣杀富平令杜徽，肃宗新得陕，且惜去荣材，诏贷死，以流人使自效。至谏曰："圣人诛乱，必先示法令，崇礼义。汉始入关，约法三章，杀人者死，不易之法也。按将军去荣以朔方偏裨提数千士，不能整行列，挟私怨杀县令，有犯上之逆。或曰去荣善守，陕新下，非去荣不可守，臣谓不然。李光弼守太原，程千里守上党，许叔冀守灵昌，鲁炅守南阳，贾贲守雍丘，张巡守睢阳，初无去荣，未闻贼能下也。以一能而免死，彼弧矢绝伦、剑术无前者，恃能犯上，何以止之！若舍去荣，诛将来，是法不一而招罪人也。惜一去荣，杀十去荣之材，其伤盖多。彼逆乱之人，有逆于此而顺于彼乎？乱富平而治于陕乎？悖县令，能不悖于君乎？律令者，太宗之律令，陛下不可以一士小材，废祖宗大法。"帝诏群臣议，太子太师韦见素、文部郎中崔器等皆以为："法者，天地大典，王者不敢专也。帝王不擅杀，而小人得擅杀者，是权过人主。开元以前，无敢专杀，尊朝廷也；今有之，是弱国家也。太宗定天下，陛下复鸿业，则去荣非至德罪人，乃贞观罪人也。其罪祖宗所不赦，陛下可易之耶？"诏可。

蒲州刺史以河东濒贼，彻傅城庐舍五千室，不使贼得保聚，民大扰。诏遣至尉安，官助营完，蒲人乃安。坐小法，贬岳州司马。

宝应初，召复故官，迁尚书左丞。杨绾建请依古制，县令举孝廉于刺史升天子礼部。诏有司参议，多是绾言。至议以为："自晋后，衣冠迁徙，人多侨处，因缘官族，所在占籍。今乡举取人未尽，请广学校，增国子博士员，十道大州得置大学馆，诏博士领之，召置生徒。使保桑梓者，乡里举焉；在流寓者，庠序推焉。"议者更附至议。转礼部侍郎，待制集贤院。

大历初，徙兵部。累封信都县伯，进京兆尹。七年，以右散骑常侍卒，年五十五，赠礼部尚书，谥曰文。

白居易，字乐天，其先盖太原人。北齐五兵尚书建，有功于时，赐田韩城，子孙家焉。又徙下邽。父季庚，为彭城令，李正己之叛，说刺史李洧自归，累擢襄州别驾。

居易敏晤绝人，工文章。未冠，谒顾况。况，吴人，恃才少所推可，见其文，自失曰："吾谓斯文遂绝，今复得子矣！"贞元中，擢进士、拔萃皆中，补校书郎。元和元年，对制策乙等，稠骜屋尉，为集贤校理，月中，召入翰林为学士。迁左拾遗。

四年，天子以旱甚，下诏有所蠲贷，振除灾沴。居易见诏节未详，即建言乞尽免江淮两赋，以救流瘠，且多出宫人。宪宗颇采纳。

是时，于頔入朝，悉以歌舞人内禁中，或言普宁公主取以献，皆頔嬖爱。居易以为不如归之，无令頔得归曲天子。李师道上私钱六百万，为魏徵孙赎故第，居易言："徵任宰相，太宗用殿材成其正寝，后嗣不能守，陛下犹宜以贤者子孙赎而赐之。师道人臣，不宜掠美。"帝从之。河东王锷将加平章事，居易以为："宰相天下具瞻，非有重望显功不可任。按锷诛求百计，不恤雕瘵，所得财号为'羡余'以献。今若假以名器，四方闻之，皆谓陛下得所献，与宰相。诸节度私计曰：'谁不如锷？'争衰割生人以求所欲。与之则纲纪大坏，不与则有厚薄，事一失不可复追。"是时，孙琦以禁卫劳，擢凤翔节度使，张奉国定徐州、平李锜有功，迁金吾将军。居易为帝言："宜罢琦，进奉国，以竦天下忠臣心。"度支有囚系阌乡狱，更三赦不得原。又奏言："父死，系其子，夫久系，妻嫁，债无偿期，禁无休日，请一切免之。"奏凡十余上，益知名。

会王承宗叛，帝诏吐突承璀率师出讨，居易谏："唐家制度，每征伐，专委将帅，责成功，比年始以中人为都监。韩全义讨淮西，贾良国监之；高崇文讨蜀，刘贞亮监之。且兴天下兵，未有以中人专统领者。神策既不置行营节度，即承璀为制将，又充诸军招讨处置使，是实统。恐四方闻之，必轻朝廷。后世且传中人为制将自陛下始，陛下忍受此名哉？且刘济等洎诸将必耻受承璀节制，心有不乐，无以立功。此乃资承宗之奸，挫诸将之锐。"帝不听。既而兵老不决，居易上言："陛下讨伐，本委承璀，外则卢从史、范希朝、张茂昭。今承璀进不决战，已丧大将，希朝、茂昭数月乃入贼境，观其势，似阴相为计，空得一县，即壁不进，理无成功。不亟罢之，且有四害。以府帑金帛、齐民膏血助河北诸侯，使益富强，一也。河北诸将闻吴少阳受使，将请洗涤承宗，章一再上，无不许，则河北合从，其势益固。与夺恩信，不出朝廷，二也。今暑湿暴露，兵气熏渗，虽不顾死，孰堪其苦？又神策杂募市人，不恤于役，脱奔逃相动，诸军必摇，三也。回鹘、吐蕃常有游侦，闻讨承宗历三时无功，则兵之强弱，费之多少，彼一知之，乘虚入寇，渠能救首尾哉？兵连事生，何故蔑有？四也。

事至而罢,则损威失柄,只可逆防,不可追悔。"亦会承宗请罪,兵遂罢。

后对殿中,论执强鲠,帝未谕,辄进曰:"陛下误矣。"帝变色,罢,谓李绛曰:"是子我自拔擢,乃敢尔,我叵堪此,必斥之!"绛曰:"陛下启言者路,故群臣敢论得失。若黜之,是箝其口,使自为谋,非所以发扬盛德也。"帝悟,待之如初。岁满当迁,帝以资浅,且家素贫,听自择官。居易请如姜公辅以学士兼京兆户曹参军,以便养,诏可。明年,以母丧解,还,拜左赞善大夫。

是时,盗杀武元衡,京都震扰。居易首上疏,请亟捕贼,刷朝廷耻,以必得为期。宰相嫌其出位,不悦。俄有言"居易母堕井死,而居易赋《新井篇》,言浮华,无实行,不可用"。出为州刺史。中书舍人王涯上言不宜治郡,追贬江州司马。既失志,能顺适所遇,托浮屠生死说,若忘形骸者。久之,徙忠州刺史。入为司门员外郎,以主客郎中知制诰。

穆宗好畋游,献《续虞人箴》以讽,曰:

　　唐受天命,十有二圣。兢兢业业,咸勤厥政。鸟生深林,兽在丰草。春搜冬狩,取之以道。鸟兽虫鱼,各遂其生。民野君朝,亦克用宁。在昔玄祖,厥训孔彰:"驰骋畋猎,俾心发狂。"何以效之,曰羿与康。曾不是诚,终然覆亡。高祖方猎,苏长进言:"不满十旬,未足为欢。"上心既悟,为之辍畋。降及宋璟,亦谏玄宗。温颜听纳,献替从容。璟趋以出,鹞死握中。噫!逐兽于野,走马于路。岂不快哉,衔橛可惧。审其安危,惟圣之虑。

俄转中书舍人。田布拜魏博节度使,命持节宣谕,布遗五百缣,诏使受之,辞曰:"布父仇国耻未雪,人当以物助之,乃取其财,谊不忍。方谕问旁午,若悉有所赠,则贼未珍,布赏竭矣。"诏听辞饷。

是时,河朔复乱,合诸道兵出讨,迁延无功。贼取弓高,绝粮道,深州围益急。居易上言:"兵多则难用,将众则不一。宜诏魏博、泽潞、定、沧四节度,令各守境,以省度支赏饷。每道各出锐兵三千,使李光颜将。光颜故有凤翔、徐、滑、河阳、陈许军无虑四万,可径薄贼,开弓高粮路,合下博,解深州之围,与牛元翼合。还裴度招讨使,使悉太原兵西压境,见利乘隙夹攻之,间令招谕以动其心,未及诛夷,必自生变。且光颜久将,有威名,度为人忠勇,可当一面,无若二者。"于是天子荒纵,宰相才下,赏罚失所宜,坐视贼,无能为。居易虽进忠,不见听,乃丐外迁。为杭州刺史,始筑堤捍钱塘湖,钟泄其水,溉田千顷;复浚李泌六井,民赖其汲。久之,以太子左庶子分司东都。复拜苏州刺史,病免。

文宗立,以秘书监召,迁刑部侍郎,封晋阳县男。大和初,二李党事兴,险利乘之,更相夺移,进退毁誉,若旦暮然。杨虞卿与居易姻家,而善李宗闵,居易恶缘党人斥,乃移病还东都,除太子宾客分司。逾年,即拜河南尹,复以宾客分司。开成初,起为同州刺史,不拜,改太子少傅,进冯翊县侯。会昌初,以刑部尚书致仕。六年,卒,年七十五,赠尚书右仆射,宣宗以诗吊之。遗命薄葬,毋请谥。

居易被遇宪宗时,事无不言,湔剔抉摩,多见听可,然为当路所忌,遂摈斥,所蕴不能施,乃放意文酒。既复用,又皆幼君,偃蹇益不合,居官辄病去,遂无立功名意。与弟行简、从祖弟敏中友爱。东都所居履道里,疏沼种树,构石楼香山凿八节滩,自号醉吟先生,为之传。暮节惑浮屠道尤甚,至经月不食荤,称香山居士。尝与胡杲、吉旼、郑据、刘真、卢真、张浑、狄兼谟、卢贞燕集,皆高年不事者,人慕之,绘为《九老图》。

居易于文章精切,然最工诗。初,颇以规讽得失,及其多,更下偶俗好,至数千篇,当时士人争传。鸡林行贾售其国相,率篇易一金,甚伪者,相辄能辩之。初,与元稹酬咏,故号"元白";稹卒,又与刘禹锡齐名,号"刘白"。其始生七月能展书,姆指"之"、"无"两字,虽试百数不差;九岁暗识声律。其笃于才章,盖天禀然。敏中为相,请谥,有司曰文。后履道第卒为佛寺。东都、江州人为立祠焉。

赞曰:居易在元和、长庆时,与元稹俱有名,最长于诗,它文未能称是也,多至数千篇,唐以来所未有。其自叙言:"关美刺者,谓之讽谕；咏性情者，谓之闲适；触事而发，谓之感伤；其它为杂律。"又讥"世人所爱惟杂律诗，彼所重，我所轻。至讽谕意激而言质，闲适思澹而辞迂，以质合迂，宜人之不爱也。"今视其文，信然。而杜牧谓："纤艳不逞，非庄士雅人所为。流传人间，子父女母交口教授，淫言媟语入人肌骨不可去。"盖救所失不得不云。

观居易始以直道奋，在天子前争安危，冀以立功，虽中被斥，晚益不衰。当宗闵时，权势震赫，终不附离为进取计，完节自高。而稹中道徼险得宰相，名望漼然。呜呼，居易其贤哉！

行简字知退，擢进士，辟卢坦剑南东川府。罢，与居易自忠州入朝，授左拾遗。累迁主客员外郎，代韦词判度支桉，进郎中。长庆时，振武营田使贺拔志岁终结课最，诏行简阅实，发其妄，志惧，自刺不殊。行简敏而有辞，后学所慕尚。宝历二年卒。

敏中字用晦，少孤，承学诸兄。长庆初，第进士，辟义成节度使李听府，听一见，许其远到。迁右拾遗，改殿中侍御史，为符澈邠宁副使，澈卒以能政闻。御史丞高元裕荐为侍御史，再转左司员外郎。武宗雅闻居易名，欲召用之。是时，居易足病废，宰相李德裕言其衰茶不任事，即荐敏中文词类其兄而有器识。即日知制诰，召入翰林为学士。进承旨。

宣宗立，以兵部侍郎同中书门下平章事，迁中书侍郎，兼刑部尚书。德裕贬，敏中抵之甚力，议者訾恶。德裕著书亦言"惟以怨报德为不可测"，盖斥敏中云。历尚书右仆射、门下侍郎，封太原郡公。自员外，凡五年十三迁。

崔铉辅政，欲专任，患敏中居右。会党项数寇边，铉言宜得大臣镇抚，天子向其言，故敏中以司空、平章事兼邠宁节度、招抚、制置使。初，帝爱万寿公主，欲下嫁士人。时郑颢擢进士第，有阀阅，敏中以充选。颢与卢氏婚，将授室而罢，衔之。敏中自以居外，畏颢谮，自诉于帝。帝曰："朕知久矣。若用颢言，庸相任耶？"顾左右取书一函，发视，悉颢所上，敏中乃安。及行，帝御安福楼以饯，颁玺书谕尉，赐通天带，卫以神策兵，开府辟士，礼如裴度讨淮西时。次宁州，诸将已破羌贼，敏中即说谕其众，皆愿弃兵为业。乃自南山并河按屯保，回绕千里。又规萧关通灵威路，使为耕战具。逾年，检校司徒，徙剑南西川，增骡军，完创关壁。治蜀五年，有劳，加兼太子太师，徙荆南。

懿宗立，召拜司徒、门下侍郎，还平章事。数月足病不任谒，固求避位，不许，中使者劳问，俾对别殿，毋拜。右补阙王谱奏言："敏中病四月，陛下坐朝，与他宰相语不三刻，安暇论天下事？愿听其请，无使有持宠旷贵之讥。"书闻，帝怒，斥谱阳翟令。给事中郑公舆申救，不听。谱者，侍中珪之远裔。未几，加敏中中书令。自裴度以勋德居，而敏中以恩泽进。

咸通二年，南蛮扰边，召敏中入议，许挟扶升殿。固求免，乃出为凤翔节度使。三奏愿归守坟墓，除东都留守，不敢拜，许以太傅致仕。诏书未至，卒，册赠太尉。博士曹邺责其病不坚退，且逐谏臣，举怙威肆行，谥曰丑。

唐书卷一二〇
列传第四五

桓彦范　卢袭秀　薛季昶　杨元琰　仲昌
敬晖　崔玄暐　涣　纵　碣
张柬之　袁恕己　高

　　桓彦范，字士则，润州丹杨人。以门荫调右翊卫，迁司卫主簿。狄仁杰曰："君之才，当自光大，毋恤于初。"厚为礼。寻擢监察御史，迁累中丞。

　　长安中，为司刑少卿。张昌宗引妖人迎占，言计不轨。宋璟请穷治其奸，武后以昌宗尝自归，不许。彦范谏曰："昌宗谬横恩，苞祸心，亿测天命，皇神降怒，自擿其咎。推原厥情，盖防事暴之日得引首以免，未败则候时为逆。此凶诡之臣，营惑圣心。既自归露，而尚与妖人祈福禳解，则果于必成，初无悔意。今而宥之，诚恐昌宗自谓应运，天下浩然从之。父在，子称尊为逆子；君在，臣图位为逆臣。逆而不诛，社稷惧亡。请付三司考治。"不纳。时内史李峤等屡奏："往为酷吏破家者，请皆宥雪。"依违未从。彦范复上言："自文明后得罪，惟扬、豫、博三州不免，它可悉赦。"疏十上，卒见听。尝曰："大理，人命所县，不可便辞诡合以自免。"

　　张柬之将诛易之等，引与定策。于是，以彦范、敬晖为左、右羽林将军，属以禁兵。进中宗每北门起居，因得谒陈秘计。神龙元年正月，彦范、晖率羽林兵与将军李湛、李多祚、杨元琰、薛思行等千骑五百人讨贼。令湛、多祚就东宫迎中宗至玄武门，彦范等斩关入，士皆鼓噪。时武后处迎仙宫之集仙殿，斩易之等庑下。后闻变而起，见中宗曰："乃汝耶？竖子诛，可还宫。"彦范进曰："太子今不可以归！往天皇弃群臣，以爱子托陛下。今久居东宫，群臣思天皇之德，不血刃，清内难，此天意人事归李氏。臣等谨奉天意，惟陛下传位，万世不绝，天下之幸。"后乃卧，不复言。明日，中宗复位，以彦范为侍中，封谯郡公，赐实封五百户。上书戒帝曰：

《诗》以《关雎》为始，言后妃者人伦之本，治乱之端也。故舜之兴以皇、英，而周之兴以任、姒。桀奔南巢，祸阶末嬉；鲁桓灭国，惑始齐姜。伏见陛下临朝视政，皇后必施帷殿上，预闻政事。臣愚谓古王者谋及妇人，皆破国亡身，倾辀继路。且以阴乘阳，违天也；以妇凌夫，违人也。违天不祥，违人不义。故《书》曰："牝鸡之晨，惟家之索。"《易》曰："无攸遂，在中馈。"言妇人不得预外政也。伏愿上以社稷为重，令皇后无居正殿，干外朝，深居宫掖，修阴教以辅佐天子。

又道路籍籍，皆云胡僧慧范托浮屠法，诡惑后妃，出入禁奥，渎挠朝政。陛下尝轻骑微服，数幸其居，上下污慢，君臣亏替。臣谓兴化致治以康乂国家者，繇进善而弃恶。孔子曰："执左道以乱政者杀，假鬼神以危人者杀。"今慧范乱政危人者也，不急诛，且有变。除恶务本，愿早裁之。

帝屡昏，狃左右，不能有所省纳。

俄墨敕以方士郑普思为秘书监，叶静能为国子祭酒。彦范执不可，帝曰："要已用之，不可止。"彦范曰："陛下始复位，制诏：'军国皆用贞观故事。'贞观时，以魏徵、虞世南、颜师古为监，以孔颖达为祭酒，如普思等方伎猥下，安足继踪前烈。臣恐物议谓陛下官不择才，以天秩加私爱。"不从。

时武三思以迁太后衔恚，虑不利诸武；而韦后雅为帝宠畏，且三思与烝乱，由是朋谗奇中。未几，罢彦范等政事。五月，加特进，封扶阳郡王，赐姓韦，同后属籍，锡金银、锦绣，皆以铁券恕十死，令朝朔望。寻出为洛州刺史,改濠州。王同皎谋诛三思,事泄,三思诬彦范等同逆,阴令许州司功参军郑愔上变。乃贬彦范泷州司马,敬晖崖州司马,袁恕己窦州司马,崔玄暐白州司马,张柬之新州司马,悉夺勋封。三思又疏韦后隐秽榜于道,请废之。帝震怒,三思猥曰:"此殆彦范辈为之。"命御史大夫李承嘉鞠状,物色其人。承嘉即奏:"彦范、晖、柬之、恕己、玄暐暴讪摇变,内托废后,而实危君。人臣无将,当伏诛。"诏有司议罪。大理丞李朝隐执奏:"彦范等未讯即诛,恐为仇家诬蔑,请遣御史按实。"卿裴谈请即诛斩,家籍没。帝业尝许以不死,遂流瀼州,禁锢终身,子弟年十六以上谪徙岭外。擢承嘉金紫光禄大夫、襄武郡公,后又赐采五百段、锦被一。进谈刑部尚书,而贬朝隐。三思又讽节愍太子请夷彦范等三族,帝不从。三思虑五人者且复用,乃纳崔湜计,遣周利贞矫制杀之。利贞至贵州,逢彦范,即缚曳竹槎上,肉尽,杖杀之,年五十四。

睿宗即位,彦范等并追复官爵,赐实封二百户,还其子孙,谥曰忠烈。开元六年,诏与晖、玄暐、柬之、恕己勤劳王家,皆配享中宗庙庭。建中三年,复赠彦范为司徒,晖太尉,玄暐太子太师,柬之司徒,恕己太子太傅。

彦范工属文,然不甚喜观书,所志惟忠孝大略。居若不能言,及议论帝前,虽被诘让,而安辞定色,辨争愈切。

诛二张也,柬之勒兵景运门,将遂夷诸武。洛州长史薛季昶劝曰:"二凶虽诛,产、禄犹在,请除之。"会日暮事遽,彦范不欲广杀,因曰:"三思机上肉尔,留为天子藉手。"季昶叹曰:"吾无死所矣!"俄而三思窃入宫,因韦后反盗朝权。同功者叹曰:"死我者,桓君也。"彦范亦曰:"主上昔为英王,故吾留武氏使自诛定。今大事已去,得非天乎!"初,将起事,告其母。母曰:"忠孝不并立,义先国家可也。"

御史李福业者,尝与彦范谋,及被杀,福业亦流番禺。后亡匿吉州参军敬元礼家,吏捕得,元礼俱坐死。福业将刑,谢元礼曰:"子有亲,吾甚愧恨。"元礼曰:"公穷而归我,我得已乎?"见者伤之。

时监察御史卢袭秀亦坐与桓、敬善,为冉祖雍所按,不屈。或报曰:"南使至,桓、敬已死。"袭秀泫然。祖雍怒曰:"彦范等负国,君乃流涕。且君下狱,诸弟皆纵酒无忧色,何邪?"对曰:"我何负哉?正坐与彦范善耳。今尽杀诸弟则已,如独杀袭秀,恐公不得高枕而瞑!"祖雍色动,握其手曰:"当活公。"遂得不坐。

袭秀者,其祖方庆,武德中,为察非掾,秦王器之。尝引与议建成事,方庆辞曰:"母老矣,丐身归养。"王不逼也。贞观中,为稿城令。

彦范弟玄范,官至常州刺史;臣范,工部侍郎。

薛季昶者,绛州龙门人。武后时上书,自布衣擢监察御史,以累左迁平遥尉,复拜御史。屡按狱如旨,擢给事中。夏官郎中侯味虚将兵讨契丹,不利,妄言"贼行有蛇虎导军"。后恶其诡,拜季昶为河北道按察使。季昶驰至军,斩味虚以闻,威震北方。稿城尉吴泽射杀驿使,髡民女发为髢,州不能劾,季昶杖杀之。然后布恩信,甄表善良。或传季昶囊为味虚笞辱,故深文报怨。自给事中数月为御史中丞,坐事左迁。久乃入为雍州长史,迁文昌左丞,为洛州长史。

预诛易之等功,进户部侍郎。五王失柄,出季昶荆州长史,贬儋州司马。初,季昶与昭州首领周庆立、广州司马光楚客不叶,惧二怨,不敢往。叹曰:"吾至是邪!"即具棺沐浴,仰药死,葬昭州。睿宗立,诏赠左御史大夫,同彦范等赐一子官。

季昶刚烈,然喜入语以为实,后虽不辨理,不能得也。而敦爱故旧,礼有名士,其长可盖所缺云。

杨元琰者,字温,虢州阌乡人,汉太尉震十八代孙。生数岁未言,相者视曰:"语迟者神定,必为重器。"及长,秀眉美须髯,崇肩博颐。居父丧,七日不食。服除,补梓州参军、平棘令,课第一,御史府表其政,玺书褒厉。再擢永宁军副使,忤用事者免。载初中,为安南副都护,三徙为荆府长史,五迁州刺史,咸有风绩。

初，张柬之代为荆州，共乘舻江中，私语外家革命，元琰悲涕慷慨，志在王室。柬之执政，故引为右羽林将军，谓曰："江上之言，君叵忘之，今可以勉！"乃与李多祚等定计斩二张。进云麾将军，封弘农郡公，实封户五百，赐铁券恕十死。

敬晖等为武三思所构，元琰知祸未已，乃诡计请祝发事浮屠，悉还官封。中宗不许。晖闻，尚戏曰："胡头应祝。"以多鬓似胡云。元琰曰："功成不退，惧亡。我不空言。"晖感之，然已不及计。晖等死，独元琰全。

再迁卫尉卿，又上官封，愿追宠其亲，帝哀怜，赠越州都督长史。李多祚死太子难，元琰坐厚善，系狱，萧至忠救之，免。睿宗立，数上书乞骸骨，不听。四迁刑部尚书，封魏国公。徙太子宾客，诏设位东宫，太子为拜。俄致仕。开元六年卒，年七十九，谥曰忠。生平无留畜，中外食其家常数十人。临终，敕诸子薄葬。

子仲昌，字蔓。以通经为修文生。累调，不甚显。以河阳尉对策，玄宗擢第一，授蒲州法曹参军，判入异等，迁监察御史。坐累为孝义令。鸾降庭树，太守萧恕表其政，徙下邽。终吏部郎中。仲昌资长于吏，常分父邑租振宗党。御身以约，善与人交，士乐从之游云。

敬晖，字仲晔，绛州平阳人。弱冠举明经。圣历初，为卫州刺史。是时，河北经突厥所骚，方秋而城，晖曰："金汤非粟不守，岂有弃农亩，事池隍哉？"纵民归敛，阖部赖安。迁夏官侍郎，出为泰州刺史，改洛州长史。武后幸长安，为副留守，以治干闻，玺书劳之，多赐物段。

长安二年，授中台右丞。以诛二张功，加金紫光禄大夫，为侍中、平阳郡公，实封五百户，进封齐国。晖表请诸武王者宜悉降爵，繇是皆为公。三思愤。俄封平阳郡王，加特进，罢政事。

初，易之已诛，薛季昶请收诸武，晖亦苦谏，不从。三思浊乱，晖每椎坐怅恨，弹指流血。寻及贬，又放琼州，为周利贞所害。睿宗时，追复官爵,又赠秦州都督,谥曰肃愍。

崔玄暐,博陵安平人,本名烨,武后时,有所避,改焉。少以学行称,叔父秘书少监行功器之。举明经,为高陵主簿。居父丧尽礼。庐有燕,更巢共乳。母卢,有贤操,常戒玄暐曰:"吾闻姨兄辛玄驭云:'子姓仕宦,有言其贫窭不自存,此善也;若赀货盈衍,恶也。'吾尝以为确论。比见亲表仕者务多财以奉亲,而亲不究所从来。必出于禄廪则善,如其不然,何异盗乎?若今为吏,不能忠清,无以戴天履地。宜识吾意。"故玄暐所守以清白名。母亡,哀毁,甘露降庭树。

后以库部员外郎累迁凤阁舍人。长安元年,为天官侍郎,当公介然,不受私谒,执政忌之,改文昌左丞。不逾月,武后曰:"卿向改职,乃闻令史设斋相庆,此欲肆其贪耳。卿为朕还旧官。"乃复拜天官侍郎,厚赐彩物。三年,授鸾台侍郎、同凤阁鸾台平章事,兼太子左庶子。四年,迁凤阁侍郎。先是,酷吏诬籍数百家,玄暐开陈其枉,后感悟,皆为原洗。宋璟劾张昌宗不轨事,玄暐颇助璟。及有司正昌宗罪,而玄暐弟昇为司刑少卿,执论大辟。兄弟守正如此。

后久疾,宰相不召见者累月。及少间,玄暐奏言:"皇太子、相王皆仁明孝友,宜侍医药,不宜引异姓出入禁闼。"后慰纳。以诛二张功为中书令、博陵郡公。后迁上阳宫,顾玄暐曰:"诸臣进皆因人,而玄暐我所擢,何至是?"对曰:"此正所以报陛下也。"俄拜博陵郡王,罢政事,册其妻为妃,赐实封五百户,检校益州大都督府长史,知都督事。会贬,又流古州。道病卒,年六十九,谥曰文献。

玄暐三世不异居,家人怡怡如也。贫寓郊墅,群从皆自远会食,无它爨,与昇尤友爱。族人贫孤者,抚养教励。后虽秉权,而子弟仕进不使逾常资,当时称重。少颇属辞,晚以非己长,不复构思,专意经术。

子璩,亦有文。开元二年诏:"玄暐、柬之,神龙之初,保义王室,奸臣忌焉,谪殁荒海,流落变迁,感激忠义。宜以玄暐子璩、柬之孙愻,并为朝散大夫。"璩终礼部侍郎。璩子涣。

　　涣博综经术,长论议。十岁居父丧,毁辟加人,陆元方异之。起家亳州司功参军,还调。于是入判者千余,吏部侍郎严挺之施特榻试《彝尊铭》,谓曰:"子清庙器,故以题相命。"累迁司门员外郎。杨国忠恶不附己,出为巴西太守。玄宗西狩,迎谒于道。帝见占奏,以为明治体,恨得之晚,房琯亦荐之,即日拜门下侍郎、同中书门下平章事。

　　肃宗立,与韦见素等同赴行在。时京师未复,举选不至,诏涣为江淮宣谕选补使。收采遗逸,不以亲故自嫌。常曰:"抑才虞谤,吾不忍为。"然听受不甚精,以不职罢为左散骑常侍,兼余杭太守、江东采访防御使。入迁吏部侍郎、集贤院待制。简淡自处,时望尤重。迁御史大夫。

　　元载辅政,与中官董秀桀结固宠,涣疾之,因进见,慨然论载奸。代宗曰:"载虽非重慎,然协和中外无间然,能臣也。"对曰:"和之为贵者,由礼节也,不节之以礼,焉得和?今干戈甫定,品物思义。载为宰相,宜明制度,易海内耳目。而怙权树党,毁法为通,鬻恩为恕,附下苟容,乃幽国卑主术,臣所未喻。"帝默然。会涣兼税地青苗钱物使,以钱给百官,而吏用下直为使料,上直为百司料。载讽皇城副留守张清摛其非,诏尚书左丞蒋涣按实,且载所恶,由是贬道州刺史。卒,赠太子太傅,谥曰元。子纵。

　　纵繇协律郎三迁监察御史。会诏择令长,授蓝田令,德化大行,县人立碑颂德。涣之贬,纵弃金部员外郎就养。

　　后为汴西水陆运、两税、盐铁等使。王师围田悦,乏食,诏纵饷四节度粮,军无乏。德宗出奉天,方镇兵未至。纵劝李怀光奔命,悉军财称所须。怀光兵疲久战,次河中,迁延不进。纵以金帛先度,曰:"济者即赐"。众趋利争西,遂及奉天。迁京兆尹,上言:"怀光反覆不情,宜备之。"及帝徙梁州,追扈不及,左右短纵素善怀光,殆不来。帝曰:"知纵才,朕也,非尔辈所及。"后数日至,授御史大夫。处大体,不急细事,狱诉付成僚属而已。

自兵兴,内外官冗溢,时议并省。纵奏:"兵未息,仕进者多绪,在官则累迁,有功而褒赏,不可废也。比选集,乃据阙留人,怨望滋结。朝廷频诏录劳,而诸道叙优日广。若停减吏员,非但承优者无官可叙,亦恐序进者无路胜置矣。"诏可。

贞元元年,天子郊见,为大礼使。岁旱用屈,纵撙裁文物,俭而不陋。除吏部侍郎,寻为河南尹。时兵虽定,民雕耗,纵治简易,蠲略细苛。先是戍边者道由洛,储饩取于民。纵始令官办,使五家相保,自占发敛,以绝胥史之私。又引伊、洛溉高仰,通利里闬,人甚宜之。入为太常卿,封常山县公。卒,年六十二,赠吏部尚书,谥曰忠。

初,涣为元载所抑,纵讫载世,不求闻达。涣有嬖妾,纵以母事之。妾刚酷,虽纵显官而数笞诟,然率妻子候颜色,承养不懈,时以为难。孙碣。

碣字东标,及进士第,迁右拾遗。武宗方讨泽潞,碣建请纳刘稹降,忤旨,贬邓城令。稍转商州刺史。擢河南尹、右散骑常侍,再为河南尹,邑有大贾王可久,转货江、湖间。值庞勋乱,尽亡其赀,不得归。妻诣卜者杨乾夫咨在亡。乾夫名善数,而内悦妻色,且利其富。既占,阳惊曰:"乃夫殆不还矣!"即阴以百金谢媒者,诱聘之,妻乃嫁乾夫,遂为富人。它年徐州平,可久困甚,丐衣食归闾里,往见妻。乾夫大怒,诟逐之。妻诣吏自言,乾夫厚纳贿,可久反得罪。再诉,复坐诬。可久恨叹,遂失明。碣之来,可久陈冤,碣得其情,即敕吏掩乾夫并前狱史下狱,悉发赇奸,一日杀之,以妻还可久。时淫潦,狱决而霁,都民相语,歌舞于道。徙陕虢观察使。军乱,贬怀州司马,卒。

张柬之,字孟将,襄州襄阳人。少涉经史,补太学生。祭酒令狐德棻异其才,便以王佐期之。中进士第,始调清源丞。永昌元年,以贤良召,时年七十余矣。对策者千余,柬之为第一。授监察御史,迁凤阁舍人。

时突厥默啜有女请和亲，武后欲令武延秀娶之。柬之奏：“古无天子取夷狄女者。”忤旨，出为合、蜀二州刺史。故事，岁以兵五百戍姚州，地险瘴，到屯辄死。柬之论其弊曰：

臣按姚州，古哀牢国，域土荒外，山岨水深。汉世未与中国通，唐蒙开夜郎、滇、筰，而哀牢不附。东汉光武末，始请内属，置永昌郡统之。赋其盐布毡罽以利中土。其国西大秦，南交趾，奇珍之贡不阙。刘备据蜀，甲兵不充，诸葛亮五月度泸，收其产入以益军，使张伯岐选取劲兵，以增武备。故《蜀志》称亮南征后，国以富饶。此前世置郡，以其利之也。今盐布之税不供，珍奇之贡不入，戈戟之用不实于戎行，赍货之资不输于大国。而空竭府库，驱率平人，受役蛮夷，肝脑涂地。臣窃为陛下惜之。

昔汉历博南山，涉兰仓水，更置博南、哀牢二县。蜀人愁苦，行者作歌曰：“历博南，越兰津，度兰仓，为他人。”盖讥其贪珍奇之利，而为蛮夷所驱役也。汉获其利，人且怨歌。今减耗国储，费调日引，使陛下赤子身膏野草，骸骨不归，老母幼子哀号望祭于千里之外。朝廷无丝发利，而百姓蒙终身之酷，臣窃为国家痛之。

往诸葛亮破南中，即用渠率统之，不置汉官，不留戍兵。言置官留兵有三不易：“置官必夷汉杂居，猜嫌将起；留兵转粮，为患滋重；后忽反叛，劳费必甚。故粗设纲纪，自然久定。”臣谓亮之策，诚尽羁縻蛮夷之要。今姚州官属，既无固边厌寇之心，又无亮且纵且抢之伎。唯诡谋狡算，恣情割剥；扇动酋渠，遣成朋党；折支诏笑，取媚蛮夷，拜跪趋伏，无复为耻；提挈子弟，啸引凶愚，聚会捕博，一掷累万。凡逋逃亡命在彼州者，户赢二千，专事剽夺。且姚州本龙朔中武陵主簿石子仁奏置，其后长史李孝让、辛文协死于群蛮，诏遣郎将赵武贵讨击，兵无噍类，又以将军李义总继往，而郎将刘惠基战死，其州遂废。臣窃以亮有三不易，其言卒验。

垂拱中，蛮郎将王善宝、昆州刺史爨乾福复请置州，言课税自支,不旁取于蜀。及置,州掾李棱为蛮所杀。延载中,司马成琛更置泸南七镇,戍以蜀兵,蜀始扰矣。且姚府总管五十七州间,皆巨猾游客。国家设官,所以正俗防奸,而无耻之吏,败谬至此。今劫害未止,恐惊扰之祸日滋。宜罢姚州,隶嶲府,岁时朝觐同蕃国;废泸南诸镇,而设关泸北,非命使,不许交通;增嶲屯兵,择清良吏以统之。臣愚以为便。

疏奏不纳。俄为荆州大都督府长史。

长安中,武后谓狄仁杰曰:"安得一奇士用之?"仁杰曰:"陛下求文章资历,今宰相李峤、苏味道足矣。岂文士龌龊,不足与成天下务哉?"后曰:"然。"仁杰曰:"荆州长史张柬之虽老,宰相材也。用之必尽节于国。"即召为洛州司马。它日又求人,仁杰曰:"臣尝荐张柬之,未用也。"后曰:"迁之矣。"曰:"臣荐宰相而为司马,非用也。"乃授司刑少卿,迁秋官侍郎。后姚崇为灵武军使,将行,后诏举外司可为相者,崇曰:"张柬之沈厚有谋,能断大事,其人老,惟亟用之。"即日召见,拜同凤阁鸾台平章事,进凤阁侍郎。

诛二张也,柬之首发其谋。以功擢天官尚书、同凤阁鸾台三品、汉阳郡公,实封五百户。不半岁,以汉阳郡王加特进,罢政事。柬之既失权,愿还襄州养疾,乃授襄州刺史。中宗为赋诗祖道,又诏群臣饯定鼎门外。至州,持下以法,虽亲旧无所纵贷。会汉水涨啮城郭,柬之因垒为堤,以遏湍怒,阖境赖之。又恳辞王爵,不许。俄及贬,又流泷州,忧愤卒,年八十二。景云元年,赠中书令,谥曰文贞,授一子官。柬之刚直不傅会,然遂于学,论次书数十篇。

子愿、漪。愿仕至襄州刺史。漪以著作佐郎侍父襄阳,恃其家立功,简接乡人,乡人怨之。

初,易之等诛后,中宗犹监国告武氏庙,而天久阴不霁。侍御史崔浑奏:"陛下复国,当正唐家位号,称天下心。奈何尚告武氏庙?请毁之,复唐宗庙。"帝嘉纳。是日诏书下,雾翳澄驳,咸以为天人之应。

袁恕己,沧州东光人。仕累司刑少卿,知相王府司马。与诛二张,又从相王统南衙兵备非常,以功加银青光禄大夫、中书侍郎、同中书门下三品,封南阳郡公,实封五百户。

将作少匠杨务廉者,以工巧进。恕己恐其复启游娱侈丽之渐,言于中宗曰:"务廉位九卿,忠言嘉谟不闻,而专事营构以媚上,不斥之,亡以昭德。"乃授陵州刺史。

未几,拜中书令、特进、南阳郡王,罢政事。例及贬,又流环州,为周利贞所逼,恕己素饵黄金,至是饮野葛数升,不死,愤懑,抔土以食,爪甲尽,不能绝,乃击杀之。谥曰贞烈。孙高。

高字公颐。少慷慨有节尚。擢进士第。代宗时,累迁给事中。建中中,拜京畿观察使。坐累贬韶州长史,复拜给事中。德宗将起卢杞为饶州刺史,高当草诏,见宰相卢翰、刘从一曰:"杞当国,矫诬阴贼,斥忠谊,傲明德,反易天常,使宗祐失守,天下疣痏,朝廷不置以法,才示贬黜,今还授大州,天下其谓何?"翰等不悦,命舍人作诏。诏出,高执不下,奏曰:"陛下用杞为相,出入三年,附下罔上,使陛下越在草莽,群臣愿食其肉且不猒。汉法,三光不明,雨旱不时,皆宰相请罪,小者免,大者戮。杞罪万诛,陛下赦不诛,止贬新州,俄又内移,今复拜刺史,诚失天下望。"帝曰:"杞不逮,是朕之过。朕已再赦。"答曰:"杞天资诡险,非不逮,彼固所余。赦者,止赦其罪,不宜授刺史。愿问外廷,并敕中人听于民。若亿兆异臣之言,臣请前死。"谏官亦力争帝前。帝曰:"与上佐可乎?"群臣奉诏。翌日,遣使慰高曰:"朕惟卿言切至,已如奏。"太子少保韦伦曰:"高言劲挺,自是陛下一良臣,宜因优礼。"

贞元二年,帝以大盗后关辅百姓贫,田多荒芜,诏诸道上耕牛,委京兆府劝课。量地给牛,不满五十亩不给。高以为圣心所忧,乃在穷乏。今田不及五十亩即是穷人,请两户共给一牛。从之。卒,年六十,中外怅惜。宪宗时,李吉甫言其忠謇,特赠礼部尚书。

文宗开成三年,又诏:"玄昈曾孙郢为监察御史,晖曾孙元膺河南丞，柬之四世孙憬寿安尉，恕己曾孙德文校书郎。始，帝访御史中丞狄兼谟以仁杰功，且言五王遗烈，乃求其后，秩以官。唯彦范后无闻云。

赞曰：五王提卫兵诛嬖臣，中兴唐室，不淹辰天下晏然，其谋深矣。至谓中宗为英王，不尽诛诸武，使天子藉以为威，何其浅耶？衅牙一咎，为艳后、竖儿所乘，劫持戮辱，若放豚然，何哉？无亦神夺其明，厚韦氏毒，以兴先天之业乎？不然，安李之功，贤于汉平、勃远矣！

唐书卷一二一
列传第四六

刘幽求　　钟绍京　　崔日用

日知　　**王琚**　张㧑　　**王毛仲**　李守德

陈玄礼

刘幽求，冀州武强人。圣历中，举制科中第。调阆中尉，刺史不礼，弃官去。久之，授朝邑尉。桓彦范等诛张易之、昌宗，而不杀武三思，幽求谓彦范曰："公等无葬地矣。不早计，后且噬脐。"不从。既，五王皆为三思构死。

临淄王入诛韦庶人，预参大策，是夜号令诏敕一出其手。以功授中书舍人，参知机务，爵中山县男，实封二百户，授二子五品官，二代俱赠刺史。睿宗立，进尚书右丞、徐国公，增封户至五百，赐物千段、奴婢二十人、第一区、良田千亩、金银杂物称是。

景云二年，以户部尚书罢政事。不旬月，迁吏部，拜侍中。玺诏曰："顷王室不造，中宗厌代，戚孽专乱，将陨社稷，朕与王公皆几于难。幽求处危思奋，翊赞圣储，协和义士，震殄元恶。国家之复存，繄幽求是赖，厥庸茂焉，朕用嘉之。虽胙以土宇，而赋入未广。昔西汉行封，更择多户；东京定赏，复增大邑。宜加赐实封二百户，子子孙孙传国无绝，特免十死，铭诸铁券，以传其功。"先天元年，为尚书右仆射、同中书门下三品，监修国史。

幽求自谓有劳于国，在诸臣右，意望未满，而窦怀贞为左仆射，崔湜为中书令，殊不平，见于言面。已而湜等附太平公主，有逆计。

幽求与右羽林将军张晖定计,使晖说玄宗曰:"湜等皆太平党与,日夜阴计,若不早图,且产大害,太上不得高枕矣。臣请督羽林兵除之。"帝许之。未发也,而晖漏言于侍御史邓光宾,帝惧,即列其状。睿宗以幽求等属吏,劾奏以疏间亲,罪应死。帝密申右之,乃流幽求于封州、晖于峰州、光宾于绣州。明年,太平公主诛,即日召复旧官,知军国事,还封户,赐锦衣一袭。

开元初,进尚书左丞相,兼黄门监,俄以太子少保罢。姚崇素忌之,奏幽求郁怏散职,有怨言。诏有司鞫治,宰相卢怀慎等奏言:"幽求轻肆不恭,失大臣体,乖崖分之节。"翌日,贬睦州刺史,削实封户六百。迁杭、郴二州,恚愤卒于道,年六十一,赠礼部尚书,谥曰文献。六年,诏与苏瓌配享睿宗庙廷。建中中,追赠司徒。

钟绍京,虔州赣人。初为司农录事,以善书直凤阁。武后时署诸宫殿、明堂及铭九鼎,皆其笔也。景龙中,为苑总监,会讨韦氏难,绍京帅户奴、丁夫从。事平,夜拜中书侍郎,参知机务。明日,进中书令、越国公,实封五百户,赉赐与刘幽求等。既当路,以赏罚自肆,当时恶之。因上疏让官,睿宗用薛稷谋,进户部尚书,出为彭州刺史。

玄宗即位,复拜户部尚书,增实封,改太子詹事。不为姚崇所喜,与幽求并以怨望得罪,贬果州刺史,赐封邑百户。后坐它事,贬怀恩尉,悉夺阶封,再迁温州别驾。十五年入朝,见帝泣曰:"陛下忘畴日事邪,忍使弃死草莽!且同时立功者,今骨已朽,而独臣在,陛下不垂愍乎?"帝恻然,即日授太子右谕德。久之,迁少詹事。年逾八十,以官寿卒。绍京嗜书画,如王羲之、献之、褚遂良真迹,藏家者至数十百卷。建中中,追赠太子太傅。

崔日用,滑州灵昌人。擢进士第,为芮城尉。大足元年,武后幸长安,陕州刺史宗楚客委以顿峙,馈献丰甘,称过宾使者。楚客叹其能,亟荐之,擢为新丰尉,迁监察御史。阴附安乐公主,得稍迁。神龙中,郑普思纳女后宫,日用劾奏,中宗初不省,廷争切至,普思由是得罪。时诸武若三思、延秀及楚客等权宠交煽,日用多所结纳,骤拜兵部侍郎。宴内殿,酒酣,起为《回波舞》,求学士,即诏兼修文馆学士。

帝崩,韦后专制,畏祸及,更因僧普润、道士王晔私谒临淄王以自托,且密赞大计。王曰:"谋非计身,直纾亲难尔。"日用曰:"至孝动天,举无不克。然利先发,不则有后忧。"及韦氏平,夜诏权雍州长史,以功授黄门侍郎,参知机务,封齐国公,赐实户二百。坐与薛稷相忿竞,罢政事,为婺州长史。历扬、汴、兖三州刺史。

由荆州长史入奏计,因言:"太平公主逆节有萌,陛下往以宫府讨有罪,臣、子势须谋与力,今据大位,一下制书定矣。"帝曰:"畏惊太上皇,奈何?"日用曰:"庶人之孝,承顺颜色;天子之孝,惟安国家,定社稷。若令奸宄窃发,以亡大业,可为孝乎?请先安北军而后捕逆党,于太上皇固无所惊。"帝纳之。及讨逆,诏权检校雍州长史,以功益封二百户,进吏部尚书。

会帝诞日,日用采《诗·大、小雅》二十篇及司马相如《封禅书》献之,借以讽谕,且劝告成事。有诏赐衣一副、物五十段,以示无言不酬之义。

久之,坐兄累,出为常州刺史。后以例减封户三百,徙汝州。开元七年,诏曰:"唐元之际,日用实赞大谋,功多不宜减封,复食二百户。"徙并州长史,卒年五十。并人怀其惠,吏民数百皆缟服送丧。赠吏部尚书,谥曰昭。再赠荆州大都督。

日用才辩绝人,而敏于事,能乘机反祸取富贵。先天后,求复相,然亦不获也。尝谓人曰"吾平生所事,皆适时制变,不专始谋。然每一反思,若芒刺在背"云。

子宗之,袭封。亦好学,宽博有风检,与李白、杜甫以文相知者。

日用从父兄日知,字子骏,少孤贫,力学,以明经进至兵部员外郎。与张说同为魏元忠朔方判官,以健吏称。迁洛州司马,会谯王重福之变，官司逃，日知独率吏卒助屯营击贼，以功加银青光禄大夫。迁殿中少监，建言“厩马多，请分牧陇右，省关畿刍调”。授荆州长史，四迁京兆尹，封安平县侯。坐赃，为御史李如璧所劾，贬歙县丞。后历殿中监，进中山郡公。说执政，荐为御史大夫，帝不许，遂为左羽林大将军，而自用崔隐甫。隐甫縡是怨说。日知俄授太常卿。自以处朝廷久，每入谒，必与尚书齿，时谓“尚书里行”。终潞州长史，谥曰襄。

王琚，怀州河内人。少孤，敏悟有才略，明天文象纬。以从父隐客尝为凤阁侍郎，故数与贵近交。时年甫冠，见驸马都王同皎，同皎器之。会谋刺武三思，琚义其为，即与周璟、张仲之等共计。事泄亡命，自佣于扬州富商家，识非庸人，以女嫁之，厚给以赀，琚亦赖以济。睿宗立，琚自言本末，主人厚赍使还长安。玄宗为太子，间游猎韦、杜间，息休树下，琚以儒服见，且请过家，太子许之。至所庐，乃萧然娄陋。坐久，杀牛进酒殊丰厚，太子骇异。自是每到韦、杜，辄止其庐。

初，太子在潞州，襄城张暐为铜鞮令，性豪殖，喜宾客弋猎事，厚奉太子，数集其家。山东倡人赵元礼有女，善歌舞，得幸太子，止暐第，其后生子瑛者也。太子已平内难，召暐，拜宫门郎，与姜皎、崔涤、李令问、王守一、薛伯阳等并侍左右。令问累擢殿中少监，守一太仆少卿。此数人以东宫皆势重天下。

琚是时方补诸暨县主簿，过谢东宫，至廷中，徐行高视，侍卫何止曰：“太子在！”琚怒曰：“在外惟闻太平公主，不闻有太子。太子本有功于社稷，孝于君亲，安得此声？”太子遽召见，琚曰：“韦氏躬行弑逆，天下动摇，人思李氏，故殿下取之易也。今天下已定，太平专思立功，左右大臣多为其用，天子以元妹，能忍其过，臣窃为殿下寒心。”太子命坐，且泣曰：“计将安便？”琚曰：“昔汉盖主供养昭帝，其后与上官杰谋杀霍光，不及天子，而帝犹以大义去之。今太子功定天下，公主乃敢妄图，大臣树党，有废立意。太子诚召张说、刘幽求、

郭元振等计之,忧可纾也。”太子曰:“先生何以自隐而日与寡人
游?”琚曰:“臣善丹沙,且工谐隐,顾比优人。”太子喜,恨相知晚。翌
日,授詹事府司直、内供奉,兼崇文学士。日以诸王及姜皎等入侍,
独琚常豫秘谋。不逾月,迁太子舍人,兼谏议大夫。太子受内禅,擢
中书侍郎。

　　公主谋益甚,幽求、晊谋先事诛之,侍御史邓光宾漏谋,不克,
皆得罪。久之,琚见事迫,请帝决策。先天二年七月,乃与岐王、薛
王、姜皎、李令问、王毛仲、王守一以铁骑至承天门。太上皇闻外哗
噪,召郭元振升承天楼,闭关以拒,俄而侍御史任知古召募数百人
于朝堂,不得入。少选,琚从帝至楼下,诛萧至忠、岑羲、窦怀贞,斩
常元楷李慈北阙下、贾膺福李猷于内客省。事平,琚进户部尚书、封
赵国公,皎工部尚书、楚国公,毛仲辅国大将军、霍国公,守一太常
卿、晋国公,各食实户五百;令问殿中监、宋国公,实户三百。琚、皎、
令问辞不就,以旧官增户二百。于是帝召燕内殿,赐金银杂皿皆一
床、帛二千、第一区。

　　帝于琚眷委特异,豫大政事,时号“内宰相”。每见阁中,视日薄
乃得出。遇休日,使者至第召之,而皇后亦使尚宫劳琚母,赐赉接
足,群臣不能无望。或说帝曰:“王琚、麻嗣宗皆谲诡纵横,可与履
危,不可与共安。方天下已定,宜益求纯朴经术士以自辅。”帝悟,稍
疏之。俄拜御史大夫,持节巡天兵以北诸军。改紫微侍郎,道未至,
拜泽州刺史,削封户百。历九刺史,复封户。又改六州、二郡。

　　琚自以立勋,至天宝时为旧臣,性豪侈,其处方面,去故就新,
受馈遗至数百万,侍儿数十,宝帐备具,阖门三百口。既失志,稍自
放,不能遵法度。在州与官属小史酋豪饮谑、搏博、藏钩为乐。每徙
官,车马数里不绝。从宾客女伎驰弋,凡四十年。李邕故与琚善,皆
华首外迁,书疏往复,以谴谪留落为慊。右相李林甫恨琚恃功使气,
欲除之,使人劾发琚宿赃,削封阶,贬江华员外司马。又使罗希奭深
按其罪,琚惧,仰药,未及死,希奭缢之。时人哀其无罪。始,琚为中
书侍郎,母居洛阳,来京师,让琚曰:“尔家上世皆州县职,今汝无攻

城野战劳，以谄佞取容，海内切齿，吾恐汝家坟墓无人复扫除也”。琚卒不免。宝应元年，赠太子少保。

太平之诛，张時召还为大理卿，封邓国公，实封户三百，进京兆尹，入侍宴乐，出主京邑，时人以为宠，然自以干治称。累迁太子詹事，判尚书左右丞，再为羽林大将军，三至左金吾大将军，以年高加特进。子履冰、季良，弟晤，仕皆清近。時尝还乡上冢，帝赐诗及锦袍缯彩。乘驲就道，子弟车马联咽。使者赐赉，敕州县供拟，居处尊显。天宝五载卒，年九十，赠开府仪同三司。履冰，历金吾将军，季良，殿中监，俱列棨戟。

王毛仲，高丽人。父坐事，没为官奴，生毛仲，故长事临淄王。王出潞州，有李守德者，为人奴，善骑射，王市得之，并侍左右，而毛仲为明悟。景龙中，王还长安，二人常负房箙以从。王数引万骑帅长及豪俊，赐饮食金帛，得其欢心。毛仲晓旨，亦布诚结纳，王嘉之。

韦后称制，令韦播、高嵩为羽林将军，押万骑，以苛峭树威。果毅葛福顺、陈玄礼诉于王，王方与刘幽求、薛崇简及利仁府折冲麻嗣宗谋举大计，幽求讽之，皆愿效死，遂入讨韦氏。守德从帝止苑中，而毛仲匿不出，事定数日，乃还，不之责，例擢将军。

王为皇太子，以毛仲知东宫马驼鹰狗等坊。不旬岁，至大将军，阶三品。与诛萧至忠等，以功进辅国大将军，检校内外闲厩，知监牧使，进封霍国公，实封户五百。与诸王及姜皎等侍禁中，至连榻而坐。帝暂不见，惘惘若有失，见则释然。开元九年，诏持节为朔方道防御讨击大使，与左领军大总管王晙、天兵军节度使张说、幽州节度使裴伷先等数计事。

毛仲始见饰擢，颇持法不避权贵，为可喜事。两营万骑及闲厩官吏惮之无敢犯，虽官田草莱，樵敛不敢欺。于牧事尤力，娩息不訾。初监马二十四万，后乃至四十三万，牛羊皆数倍。莳茼麦、苜蓿千九百顷以御冬。市死畜，售绢八万。募严道僰僮千口为牧圉。检勒刍菽无漏隐，岁赢数万石。从帝东封，取牧马数万匹，每色一队，相间如锦绣,天子才之。还,加开府仪同三司,自开元后,唯王仁皎、姚崇、宋璟及毛仲得之。

然资小人,志既满,不能无骄,遂求为兵部尚书,帝不悦,毛仲鞅鞅。及与葛福顺为姻家,而守德及左监门将军卢龙子唐地文、左右威卫将军王景耀高广济数十人与毛仲相倚杖为奸。毛仲恃旧,最不法。中使至其家称诏,毛仲不甚恭,位卑者,或踞见,迕意即侮谇,以气凌之,直出其上。高力士、杨思勖等衔之。毛仲有两妻,其一上所赐,皆有国邑。尝生子,帝命力士就赐,仍授子五品官,还,问曰:"毛仲喜乎?"力士奏:"毛仲熟视臣曰:'是子亦何辱三品官?'帝怒曰:"前毛仲负我,未尝为意,今以婴儿顾云云。"力士等知帝怒,它日,从容曰:"北门奴官皆毛仲所与,不除之,必起大患。"后毛仲移书太原索甲仗,少尹严挺之以闻,帝恐毛仲遂乱,匿其状。十九年,有诏贬瀼州,福顺壁州,守德严州,卢龙子、唐地文振州,王景耀党州,高广济道州,并为别驾员外置。毛仲四子悉夺官,贬恶地,缘坐数十人。有诏缢毛仲于零陵。

守德本名宜得,立功乃改今名,位武卫将军。尝遇故主于道,主走避,守德命左右迎之至第,亲上食奉酒,主流汗不敢当。数日,入奏曰:"臣蒙国恩过分,而故主无寸禄,请解官授之。"帝嘉其志,擢为郎将。

陈玄礼宿卫宫禁,以淳笃自检。帝尝欲幸虢国夫人第,谏曰:"未宣敕,不可轻去就。"帝为止。后在华清宫,正月望夜,帝将出游,复谏曰:"宫外旷野无备豫,陛下必出游,愿归城阙。"帝不能夺。安禄山反,谋诛杨国忠阙下,不克,至马嵬,卒诛之。从入蜀。还,封蔡国公。及李辅国迁帝西内,玄礼以老卒。

赞曰:幽求之谋,绍京之果,日用之智,琚之辩,皆足济危纾难,方多故时,必资以成功者也。雄迈之才,不用其奇则狱然不满,诚不可与共治平哉!姚崇劝不用功臣,宜矣。然待幽求等恨太薄云。毛仲小人,志得而骄,不足论已。